ESSAIS

SUR LA

Guerre Russo-Japonaise

PAR

LE CAPITAINE DE SALIGNY

DE L'INFANTERIE COLONIALE

« Enfin je commence à voir clair, et j'écris avec confiance ; « Au commencement était l'action. »
(GOETHE, *Faust*.)

« Un de nos règlements a bien raison de poser ce principe, que la seule chose infamante, c'est l'inaction. L'inaction, c'est la faute absolue, parce que c'est la faute sans espoir d'une compensation quelconque, forte ou faible. »
(Lieutenant-colonel MAISTRE, *Spicheren*.)

AVEC CINQ CROQUIS

LIBRAIRIE MILITAIRE BERGER-LEVRAULT

PARIS
Rue des Beaux-Arts, 5—7

NANCY
Rue des Glacis, 18

1913

ESSAIS SUR LA GUERRE RUSSO-JAPONAISE

Extrait de la *Revue Militaire générale*.

(Berger-Levrault, éditeurs.)

ESSAIS

SUR LA

Guerre Russo-Japonaise

PAR

LE CAPITAINE DE SALIGNY
DE L'INFANTERIE COLONIALE

« Enfin je commence à voir clair, et j'écris avec confiance : « Au commencement était l'action. »
(GOETHE, *Faust*.)

« Un de nos règlements a bien raison de poser ce principe, que la seule chose infamante, c'est l'inaction. L'inaction, c'est la faute absolue, parce que c'est la faute sans espoir d'une compensation quelconque, forte ou faible. »
(Lieutenant-colonel MAISTRE, *Spicheren*.)

AVEC CINQ CROQUIS

LIBRAIRIE MILITAIRE BERGER-LEVRAULT

PARIS	NANCY
Rue des Beaux-Arts, 5—7	Rue des Glacis, 18

1913

Au Général Maistre

Ces pages sont vôtres, mon Général. Me sera-t-il permis de les offrir, par votre entremise, aux éducateurs de l'armée française? Leurs noms sont sur toutes les lèvres, et dans tous les cœurs leur doctrine qui, d'heure en heure, va se purifiant. Parmi les balbutiements et les contradictions, tout ce qu'il peut y avoir de bon dans ces très modestes Essais est leur, et doit leur faire retour.

Le reste m'appartient en propre.

PRÉFACE

Malgré moi je fais un rapprochement entre cette guerre de Mandchourie et celle de Bohême, en 1866, où le canon de Sadowa, qui plaçait la Prusse au premier rang des puissances militaires de l'Europe, nous a tous surpris en France. J'étais alors à la veille de ma sortie de l'École de Saint-Cyr, et je me souviens que, pour nous, toutes les causes du succès des Prussiens se sont résumées en une seule, un engin, le fusil à aiguille; les autres, les vraies, leur supériorité en énergie et en moral sur les Autrichiens, nous échappèrent; nous avons payé cher cette erreur que nous ne devons plus commettre si nous voulons nous assimiler les enseignements de la guerre de Mandchourie. Ne nous contentons pas de nous abriter derrière notre canon, en nous disant que les Russes n'avaient qu'un canon à tir accéléré et n'étaient pas préparés à son emploi. La valeur du matériel a de l'importance, mais une importance secondaire. La défaite des Russes a des causes autrement profondes.

Le capitaine de Saligny dans sa remarquable étude met ces causes en pleine lumière; la première phrase du chapitre qu'il leur consacre, il l'emprunte au général Cardot : « ... je veux leur dire, une fois de plus, que les terribles engins modernes dont ils nous assomment sont pourtant dans les deux camps, ce qu'ils oublient sans cesse..., je les conjure de se rappeler que le secret de la victoire ne se met pas dans une armoire de fer; que nous devons le chercher en dernière analyse où il est : dans le cœur des combattants, et que c'est folie ou crime de le chercher ailleurs ! »

C'est là que le capitaine de Saligny a cherché ce secret, à la

poursuite duquel nous sommes tous, dans son étude si vivante
et si fortement documentée; elle est longue, mais on la lit comme
le plus passionnant des romans.

Je ne connais pas le capitaine de Saligny, il appartient à
l'armée coloniale, je ne l'ai jamais rencontré, et, lorsque j'ai
pris la direction de la *Revue*, il avait rejoint son poste dans
l'Afrique équatoriale; j'estime que l'officier qui a écrit ces essais
sur la guerre russo-japonaise a l'âme d'un vrai chef.

Son ouvrage doit être le livre de chevet de tous nos officiers;
ils pourront trouver d'autres livres où les opérations sont dé-
crites avec plus de détails, aucun ne les fera mieux vivre avec
les combattants, et, en compagnie des attachés de toutes les
puissances, partager leur existence, voir les qualités et les défauts
des uns et des autres, subir comme eux l'influence des événements et assister en quelque sorte au drame. Aucun n'est plus
digne des méditations de tous les officiers de notre armée et de
tous ceux qui s'intéressent à la grandeur de la France.

Tout est à lire dans cette passionnante étude, le texte et les
notes, toutes les notes; je ne puis croire que ceux qui auront lu
les chapitres où de Saligny fait défiler devant nous les chefs et
les soldats des deux armées, en qui ils se reconnaîtront quelquefois, ne lisent l'ouvrage jusqu'au bout et n'en retirent confiance en eux-mêmes et volonté.

Général DE LACROIX.

INTRODUCTION

Quel intérêt peuvent présenter les travaux tactiques, les essais d'histoire militaire, les conférences ébauchées par un orateur improvisé, dont la bonne volonté s'efforce de remplacer, sans les faire oublier, les autres qualités absentes? Certains ironistes sceptiques affirment qu'ils sont incontestablement utiles... à leur auteur. Je n'ai pas besoin de dire que, si je partageais cette opinion, je ne prendrais point la parole.

Ma conviction intime est qu'ils peuvent profiter à tous, mais à une seule condition : c'est que tous se trouvent d'accord sur le but poursuivi, sinon en communion d'idées, au moins en intimité absolue. Il n'est donc pas inutile de commencer par s'expliquer.

De modestes essais ne sont pas un cours, heureusement : il manque simultanément à l'auteur l'indispensable autorité et le talent qui sait parfois voiler sous la perfection de la forme les défectuosités du fond. Aussi bien ne s'agit-il nullement de dogmatiser *ex cathedra*, mais d'utiliser les études, les lectures antérieures que d'autres ont pu ne point faire, d'échanger des impressions, de remuer des idées. Ces idées, ces impressions, peut-être embryonnaires chez l'auteur, voilà le domaine commun : l'auditoire s'en emparera, les méditera, trouvera parfois en elles les germes de magnifiques floraisons intellectuelles et morales.

Il s'agit donc de remuer des idées, un peu superficiellement peut-être faute de temps; d'effleurer tout au moins, dans l'intérêt commun, chacune de ces idées; de temps à autre également, de s'écarter du sujet mais pour y revenir bien vite.

Comme les sciences physiques, les sciences militaires sont essentiellement expérimentales. Le mathématicien, qui ne fait guère

*

que développer les corollaires de définitions arbitraires, gravissant les échelons qu'il a lui-même édifiés, peut connaître la volupté d'arriver de plain-pied à la vérité absolue, définitive, intangible. Le tableau change dès qu'on entre au laboratoire : l'observation, l'expérimentation, l'interprétation, doivent alors collaborer sans cesse à la recherche d'une vérité souvent bien relative, qu'elles n'effleurent qu'en tâtonnant. De ces méthodes et de ces résultats notre extraordinaire enseignement secondaire ne donne qu'une idée des plus vagues. Les théories scientifiques ne sont que des espèces de « classeurs », d'une complication plus ou moins ingénieuse, où nous voulons cataloguer, avec l'illusion d'une méthode définitive, les mille et mille petits faits, les multiples observations, quotidiennement enregistrés ; mais, des casiers trop étroits, les dossiers finissent par déborder : force nous est de démolir et, sur des plans nouveaux, d'agencer de nouveaux systèmes, où nous continuons à classer. Il y a là pour nous une impérieuse nécessité : « Tous les hommes qui ont réussi ont été d'accord sur un point : ils ont été causalistes. Ils ont cru que les choses n'obéissaient pas à la chance, mais à une loi. » (EMERSON, *La Conduite de la Vie.*) Mais les lois physiques sont des lois-limites, asymptotes à la réalité : la matière rebelle se refuse à obéir littéralement aux articles, en apparence rigoureux, de ce code éternellement provisoire. Lois menteuses, sans doute?..... Non point : mais au contact brutal des réalités quotidiennes, il semble que l'Idée se déforme, en se heurtant douloureusement. ·

A quelles insurmontables difficultés les sciences militaires, à leur tour, vont-elles donc venir se heurter? Observation incomplète, hâtive, sans nulle garantie scientifique; expérimentation à peu près impossible; et cependant il faut appliquer la méthode, il faut interpréter : question de vie ou de mort pour une armée qui veut préparer l'avenir.

Nous nous proposerons d'interpréter les résultats de la récente guerre russo-japonaise : sujet de passionnante actualité..... le mot fera peut-être sourire. Aujourd'hui cependant, les faits ne sont pas encore assez connus pour pouvoir être consciencieusement étudiés. Mais cette situation peut se prolonger : si les Russes avouent, ce qui sera pénible pour leur amour-propre, s'ils avouent sans exagération, ce qui sera plus pénible encore, il est douteux que les Japonais, malgré leur orgueil légitime, renoncent au mystère dont ils ont su s'entourer si complètement, et nous prennent gracieusement pour confidents de leur force..... et de leurs faiblesses. Il est donc temps d'étudier tout cela.

De cette guerre nous essaierons d'abord une esquisse rapide, autant que possible colorée et peuplée, non point d'abstractions, mais de créatures humaines que nous regarderons vivre, lutter, succomber, triompher.

Mais, pour interpréter, il nous faudra bien critiquer, là où la critique s'imposera ; et parfois cette critique ira plus loin que ceux qu'elle semblera viser, plus loin que les lignes inertes de l'armée de Kouropatkine..... Eh bien, nous critiquerons, la mort dans l'âme, mais sans hésitation. « La cavalerie française, a dit « Wellington qui l'avait regardée d'assez près, est la première du « monde, car elle charge à fond. » Dans la guerre contre les abus, dans ce perpétuel conflit du temps de paix où se joue l'existence nationale, nous revendiquerons la fière devise pour l'armée française tout entière ; et nous chargerons à fond.

Certainement la mort dans l'âme : et ce n'est point une vaine formule, une vulgaire précaution oratoire. La critique est une tâche bien ingrate : on la dédaigne comme soi-disant trop aisée ; on lui reproche, avec une logique discutable, d'arriver en retard, après les événements, et Clausewitz est obligé de plaider les circonstances atténuantes : « Cette découverte de la vérité après « coup est permise à la critique, et l'on ne doit point pour cela « la mépriser ; c'est sa tâche immédiate, beaucoup plus facile « d'ailleurs que la conception heureuse au moment de l'action. » Elle a pu encourir la haine de Marmont, de beaucoup d'autres plus obscurs ; elle s'en console, car d'autres l'ont encouragée ; et ses plus implacables ennemis sont généralement les grands hommes en simili-marbre.

Mais celui qui veut, surtout dans son propre pays, interpréter les événements, se trouve face à face avec un pénible devoir. La coupe est tellement amère, par instants, que la critique la repousse et s'en prend à soi-même, comme Clausewitz encore en des pages ironiques... moins mordantes toutefois que celles consacrées aux généraux de 1806, artisans de la « grande catastrophe ».

A ces heures de découragement, la critique se prend à rêver du séduisant refuge que lui propose une sereine philosophie : « Il faut bien comprendre, dit le général Langlois, que les hommes « de guerre appelés à diriger une action arrivent sur le terrain « avec une éducation militaire qui a pris naissance et s'est déve- « loppée dans un certain milieu, dans un certain courant d'idées « dont quelques-unes, parfois beaucoup, sont fausses; il serait « absolument injuste de rendre ces chefs responsables des résul- « tats médiocres d'une éducation militaire dévoyée. La responsa- « bilité remonte plus haut, ou plutôt elle est à partager entre tous « les éléments qui constituent le milieu ambiant dans lequel une « génération a vécu. » — Donc commentons les faits ; ne jugeons pas les hommes, irresponsables produits du milieu. Est-ce possible?

Produits de leur milieu, ce n'est point contestable. Critiquer, d'autre part, ce n'est pas dénigrer, encore moins flétrir : en signalant impartialement les erreurs et les fautes, nous devons nous attacher à respecter très sincèrement ceux-là qui ont pu les commettre. Seulement, si l'homme est essentiellement faillible, il lui répugne d'en convenir et il tolère rarement qu'on le lui dise : dès l'instant qu'on se permet de discuter ses actes, il estime qu'on cesse de le respecter... La critique n'y peut rien.

Irresponsables pourquoi, du moins moralement? Est-ce logique, dans un métier où l'on s'est acharné à vouloir constamment des responsables théoriques, désignés d'avance, au risque d'assurer l'impunité des vrais coupables?... Mais la peine morale consiste précisément à s'entendre juger : c'est pourquoi devant la critique l'homme se cabre instinctivement, s'il n'est pas d'une trempe supérieure. De ce milieu, il n'est pas seulement le produit, mais parfois l'un des créateurs parfaitement responsables : on a généralement les milieux qu'on mérite; pendant des années,

largement, il en a bénéficié : il n'est que juste qu'il mette la main
à la poche quand sonne l'heure du règlement des comptes ; pour
améliorer ce milieu, il n'a probablement rien fait : il est légitime
de le lui faire observer ; parfois même il a combattu le progrès ;
ceux qui demandaient à aller de l'avant, il les a impitoyablement
retenus, bridés, découragés, brisés : ici, il ne saurait être question
de revanche, mais seulement de réhabilitation ; et, pour réhabiliter ceux-ci, il faut bien dire, au moins à mots couverts, ce que
l'on pense de ceux-là.

A mots couverts, indulgents le plus possible. Le critique peut
se tromper lui aussi ; il est le premier à le reconnaître, en demandant qu'on l'absolve en faveur de ses intentions. S'il est digne,
au surplus, du nom de penseur, pour ceux que sa parole serait
susceptible de blesser involontairement, il conservera toujours
au fond du cœur des trésors d'indulgence, de pitié, mieux que
cela... car, à défaut d'admiration, il convient d'aimer les vaincus.
Que dirons-nous, s'il nous faut mettre en cause ceux-là mêmes
qui naguère nous ont tendu la main, ces frères d'armes que, malgré les espaces, nous sentons si proches de nous, dont nous avons
partagé les espoirs et les déceptions, dont les souffrances et les
joies, pendant dix-huit interminables mois, ont été constamment nos joies et nos souffrances ? En Extrême-Orient, les échos
du canon de Mandchourie nous ont fait maintes fois tressaillir :
et nous remémorant instinctivement — sourira qui voudra —
un mot tendre et profond, souvent nous avons eu bien mal à leur
poitrine !..... Aujourd'hui la tourmente est passée. « Si j'étais roi
« de Prusse, s'écriait Varnhagen, je ferais rédiger cette histoire
« avec soin, les plus grands maîtres devraient y puiser leurs
« inspirations, les causes de la catastrophe seraient dévoilées
« sans pitié, ses conséquences seraient clairement mises en évi-
« dence. » Déjà là-bas les bons ouvriers peinent pour reconstruire ;
autour du monument dont ils auront le droit d'être fiers, peut-
être, pour nous faire place, consentiront-ils à se serrer un peu ;
sans doute nous permettront-ils de prendre une humble part à
l'œuvre de régénération. Pour eux nous travaillerons de grand

cœur, et nous aurons conscience d'avoir travaillé pour nous-
mêmes.

Pourtant il nous faudra parfois nous émouvoir : à traiter certains sujets en périodes ternes, grisâtres, volontairement neutralisées, nous risquerions de faire naître cette impression que ce
sont là choses sans importance, quand il s'agit de la patrie. « Ce
« n'est pas, qu'on veuille bien le croire, sans un véritable serre-
« ment de cœur, que nous étalons, que nous mettons à nu les
« fautes, l'incroyable inertie, les défaillances morales. Peut-être
« nous reprochera-t-on de ne pas avoir imité le geste des fils de
« Noé en jetant un voile sur toutes ces tristesses ? C'eût été faillir
« à la tâche que nous avons entreprise, c'eût été manquer à notre
« devoir ! Quel a été notre but ? Chercher dans l'étude des causes
« de la défaite des enseignements capables, non pas seulement
« d'éclairer nos esprits, mais encore et surtout de tremper nos
« cœurs en vue des luttes de l'avenir. Tenir systématiquement
« sous le boisseau les plus essentielles de ces causes, les causes
« morales, c'eût été nous abuser nous-même et tromper les au-
« tres ; c'eût été faire œuvre dangereuse, œuvre néfaste ! » (Lieutenant-colonel MAISTRE). Au surplus, formuler carrément sa
pensée, c'est faire preuve, non seulement de sincérité, mais
d'énergie ; c'est exercer son caractère, c'est faire acte de soldat. Il
y faut un certain courage : contre les autres et contre soi-même.

Il nous reste encore bien des écueils à éviter. Signaler les fautes,
celles des armées comme celles des partis, c'est un moyen, jamais
un but. Le but c'est la victoire, que seule une foi robuste sera
capable d'aller chercher, et qui demeurera la récompense de
l'audace joyeuse, jamais la compensation d'une morne résignation. Si la critique doit mépriser cet optimisme de commande
qui prescrit de « toujours dire à un supérieur que tout est par-
« fait » (1), qu'elle redoute également le pessimisme infécond.
Son devoir ne consiste pas à se lamenter vainement sur les rem-
parts, mais à prophétiser l'irrésistible énergie sur quoi repose

---

(1) G. BAPST, *Souvenirs du Maréchal Canrobert*, à propos de la guerre de Crimée.

le désir sincère de se battre : « Nous allons leur tomber sur la
« peau et ferme ! » écrit Gœben le 4 août 1870. — Voilà déjà la
moitié du succès.

Nous répéterons donc avec le lieutenant-colonel Maistre :
« Quelques raisons que nous croyions avoir, dans un moment
« de découragement, de douter de l'avenir, écartons de nous le
« pessimisme. Étudions, méditons plus encore les grandes crises
« de l'histoire, de notre histoire. Réchauffons en nous la foi dans
« ces phénomènes transcendants que font éclore les grandes ten-
« sions morales. Continuons à croire à ces paroxysmes, toujours
« capables, comme autrefois, alors que tout paraissait perdu, de
« tout sauver. Entretenons discrètement, mais invinciblement,
« au fond de nos cœurs, la petite flamme bleue ! Rappelons-nous
« que convulsions nationales, phénomènes transcendants et
« paroxysmes, ont une terre de prédilection : la nôtre; que notre
« pays est, avant tous les autres, leur patrie, et ne cessons jamais
« d'entendre la voix de Gambetta : Français, élevez vos âmes !... »

Ce trésor sacré, laborieusement amassé au cours de luttes sécu-
laires, nos alliés le possèdent également. Ici, comme là-bas, on
doit se sentir assez riche de traditionnel héroïsme pour regarder
l'avenir en face et prendre pour devise la belle parole de Goethe :
« *Das Wunder ist des Glaubens liebstes Kind* (1). »

Il ne saurait être question d'ébaucher ici un précis de la guerre
de Mandchourie : les études du lieutenant-colonel Bardonnaut,
du commandant Meunier, de la *Revue militaire des Armées étrangères*, peuvent satisfaire les plus difficiles; avec les sources dont
on dispose actuellement, il semble impossible de faire mieux.
Nous nous contenterons donc de résumer succinctement les diverses phases de la lutte; quelques renseignements sur les effectifs, quelques réflexions sur les événements et les hommes, com-
pléteront le programme. Aux amoureux du détail — à défaut
d'une précision momentanément inaccessible — nous conseillerons
la lecture des ouvrages qui nous ont servi à nous documenter.

_____

(1) *Faust :* la Nuit.

Ceux qui désireront se créer une opinion personnelle devront refaire ces mêmes lectures. Néanmoins, pour leur faciliter la tâche, nous n'avons pas craint de multiplier les notes, les citations. Et puis, pour faire revivre les événements, il nous a fallu interroger par le menu quelques témoins entre les plus compétents. Grâce au général Hamilton, au colonel Gertsch, au major von Tettau, nous aurons réussi, peut-être, à mettre en lumière une peinture fidèle et animée des désastres de l'armée russe : des tâtonnements du début, des maladresses de toute la campagne, de la lutte poignante entre la décevante réalité et ces forces morales qui s'obstinaient à ne point mourir. Il nous fallait un cadre digne de ces hommes dont on a pu dire jadis : « Après les avoir tués, il faut encore les renverser ! » Nous reproduirons même *in extenso* quelques épisodes parmi les plus caractéristiques.

Quant aux officiers russes, c'est avec une absolue sincérité, sans aucune indulgence, qu'ils ont tenu à signaler les fautes commises; nous ne négligerons point leurs précieux témoignages. Les mémoires justificatifs du général Kouropatkine nous fourniront des renseignements fort intéressants; mais l'auteur, préoccupé de répondre aux reproches qui ne l'ont pas épargné, adopte souvent l'attitude qu'il aurait dû conserver sur les champs de bataille de Mandchourie : pour se défendre, il attaque et ne semble pas toujours absolument impartial.

Nous trouverons également, parmi les correspondants de la presse, des observateurs de premier ordre, en tête desquels, au risque d'effaroucher sa modestie, nous citerons Ludovic Naudeau. Il oppose volontiers les faits aux dogmes, les journalistes aux « hommes compétents qui, par manque d'objectivité et égarés « par un incurable pédantisme, se sont si souvent trompés dans « leurs prévisions » (1). Mais un fait ne signifie pas grand'chose quand on ne l'interprète point : aussi les interprète-t-il; seule-

---

« (1) Les journalistes sont, cela va de soi, des gens infiniment moins sûrs d'eux-mêmes, plus méfiants que les militaires; ils sont habitués professionnellement à douter de tout, à se croire incompétents en tout et à avoir plus de respect pour les faits que pour les dogmes. » (Ludovic NAUDEAU.)

ment ses conclusions diffèrent parfois des nôtres. Il nous sera
sans doute permis de le dire sans acrimonie. Car chacun d'entre
nous finit toujours par se laisser aller à faire cette interprétation
dans le sens qui le séduit davantage — et dogmatise, qu'il le
veuille ou non... Faut-il en gémir? Le dogme, n'est-ce point la
première étincelle du feu sacré, de l'enthousiasme; le mythe
dont nous parlent Gustave Le Bon, Georges Sorel, et qui pousse
l'humanité (1)?

Enfin nous avons tenu à étayer le plus possible certaines de nos
appréciations, afin d'emprunter à d'autres l'autorité qui nous
manque et de n'avoir pas à démarquer plus ou moins maladroitement tel passage d'un livre, où s'expriment nos idées
avec une perfection que nous serions impuissant à atteindre.

Quant à la forme affirmative des opinions, on voudra bien nous
la pardonner et y substituer mentalement, toutes les fois qu'on
le jugera convenable, la forme dubitative, plus modeste et que
nous évitons, par crainte uniquement de nous endormir pesam-
ment, sur des phrases interminables.

---

(1) « Un Dieu.... combat maintenant avec les Japonais, et ce Dieu plus puissant
mille fois que ceux de leur mythologie, il s'appelle l'Illusion, il s'appelle le Feu Sacré,
il s'appelle l'Enthousiasme. » (Ludovic NAUDEAU.)

PRINCIPAUX OUVRAGES CONSULTÉS

Général CARDOT, *Essais sur la Doctrine.*
Lieutenant-colonel MAISTRE, *Spicheren.*
Revue Militaire générale.
Revue Militaire des Armées étrangères.
Lieutenant-colonel BARDONNAUT, *Du Yalou à Liao-yang.*
Commandant MEUNIER, *La Guerre russo-japonaise.*
Major LÖFFLER, *La Guerre russo-japonaise.*
Grand État-major allemand, *Kriegsgeschichtliche Einzelschriften.*
Marquis DE LA MAZELIÈRE, *Le Japon.*
M. COURANT, *Okubo.*
A. BELLESSORT, *La Société japonaise.*
G. WEULERSSE, *Le Japon d'aujourd'hui.*
Général SIR JAN HAMILTON, *A Staff Officer's Scrap Book.*
Colonel FRITZ GERTSCH, *Vom Russisch-Japanischen Kriege.*
Major VON TETTAU, *Achtzehn Monate mit Russlands Heeren in der
Mandschurei.*
Colonel GAEDKE, *Japans Krieg und Sieg.*
Comptes rendus de conférences faites à l'académie d'État-major
Nicolas (Lavauzelle).
Journal des Sciences Militaires, « Questions de tactique d'artillerie ».
Lieutenant-colonel SELIVATCHEFF, *Le Régiment de Pétrovsky sur la
colline Poutiloff.*
Général RENNENKAMPF, *La Bataille de Moukden.*
Capitaine SOLOVIEV, *Impressions d'un chef de compagnie.*
Colonel NOVITZKY, *Lettres sur les Journées de Moukden* (*Nouvelle
Revue*).
Capitaine de frégate SEMENOV, *L'Expiation.*
Capitaine de frégate SEMENOV, *L'Agonie d'un cuirassé.*
Capitaine de frégate SEMENOV, *Le Prix du sang.*
Général MARTINOV, *La Triste expérience de la guerre russo-japo-
naise.*
Lieutenant-colonel NEZNAMOV, *L'Expérience de la guerre russo-
japonaise.*
Lieutenant-colonel KVITKA, *Journal d'un Cosaque du Transbaïkal.*
Général KOUROPATKINE, *Rechenschaftbericht an den Zaren.*
Général KOUROPATKINE, *Memoiren.*
Ch. Victor THOMAS, *Trois mois avec Kuroki.*

Villetard de Laguérie, *Trois mois avec le maréchal Oyama*.
G. de La Salle, *En Mandchourie*.
R. Recouly, *Dix mois de guerre en Mandchourie*.
R. Kann, *Journal d'un correspondant de guerre*.
L. Naudeau, *Correspondances adressées au Journal*.
de Schack, *Six mois en Mandchourie*.
The War in the Far East by the military correspondent of the Times.
Lord Brooke, *An Eye-witness in Manchuria*.
G. Erastoff, *La Déroute*.
Major von Luttwitz, *Das Angriffs-Verfahren der Japaner*.
Beiheft zum Militär Wochenblatt : « Die Schlacht am Shaho ».
Beiheft zum Militär Wochenblatt : « Die Schlacht bei Mukden ».
K. Ogava, *The Russo-japanese war* (vues photographiques). Tokio.
O. von Schwartz, *Zehn Monate Kriegskorrespondent beim Heere Kuropatkins*.
Colonel E. Rostagno, *Les Armées russes en Mandshourie*.

Mission topographique d'Annam, mai 1908-mai 1909.

ESSAIS

SUR LA

GUERRE RUSSO-JAPONAISE

LIVRE I

LES ÉVÉNEMENTS

> « Mais pour préparer, pour fabriquer les enfonceurs
> du champ de bataille, il faudra enseigner à nos hom-
> mes autre chose que ce que nous leur montrons sur
> nos champs de manœuvre ; il faudra revenir aux choses
> simples. » (Général CARDOT.)

I — LES PRODROMES

§ 1 — Causes de la guerre

De l'étude de cette guerre on a cru devoir conclure que désormais « toutes les chances de victoire seront du côté de la nation « qui combattra pour une cause juste ». Ce sont là, certainement, de très nobles idées ; pas absolument neuves, sans doute, puisque Jules Simon s'écriait déjà, au Corps législatif, en 1867 : « Ce qui « importe, ce n'est pas le nombre des soldats, c'est la cause qu'ils « ont à défendre. Si les Autrichiens ont été battus à Sadowa, « c'est qu'ils ne tenaient pas à vaincre pour la maison de Habs- « bourg. » Mais, pour mon compte, je me déclare tout à fait ·impuissant à soumettre à ce critérium le conflit de 1904... et beaucoup d'autres antérieurs. En quelques lignes, rappelons les faits :

En 1895, le Japon enlève à la Chine vaincue Formose, les

Pescadores, le Liao-toung; la France, la Russie, l'Allemagne, l'obligent à abandonner le Liao-toung.

En retour de ces bons offices, la Russie obtient de la Chine, en 1896, la concession, l'exploitation, la garde du Transmandchourien; puis, en 1898, la cession à bail du Liao-toung; enfin, en 1900, à la suite des troubles xénophobes, elle occupe la Mandchourie... provisoirement.

Comme ce provisoire dure encore en 1903, le Japon, assuré de l'alliance anglaise, réclame, se fâche; et, depuis longtemps préparé à la lutte, craignant peut-être de voir fuir l'occasion, brusque le dénouement, attaque.

Pour des raisons légitimes, puisqu'elles intéressent son développement et la sécurité de ses nationaux dans un pays perpétuellement troublé, la Russie veut s'établir dans une province appartenant à la Chine, considérée comme « minus habens ». Pour les mêmes raisons, non moins légitimes, le Japon veut mettre la main sur ce territoire. De quel côté se trouve la justice? Je laisse à d'autres le soin de prononcer : j'inclinerais volontiers du côté de la Chine, fort peu intéressante d'ailleurs... et qui attend toujours patiemment qu'on lui restitue l'objet litigieux.

Quoi qu'il en soit, en mai 1903, il y a litige, antagonisme aigu. Le devoir des deux parties est de se préparer à soutenir leurs droits puisque, avec ou sans justice, il y a toujours des droits... Quelle est, à ce moment, leur situation réciproque?

§ 2 — Théâtre des opérations

Les contrées où vont, pendant dix-huit mois, se heurter les armées ennemies, se partagent en trois zones distinctes : à l'ouest, une plaine fertile, bien arrosée; à l'est, des montagnes, souvent dénudées, avec des altitudes moyennes de 300 à 1.500 mètres, atteignant exceptionnellement 2.500 mètres; entre les deux des mamelons. Nous laissons de côté la géologie, science passionnante du reste, estimant qu'elle n'a que peu de choses à voir avec la conduite des armées.

Le climat est exagérément continental : température oscillant de — 20° en janvier à + 35° en juillet; saison des pluies assez irrégulière (1), vers le mois d'août, transformant la plaine en marécage. Pour agir militairement, on ne dispose guère que du printemps et de l'automne.

En dehors de la Corée, les débarquements ne peuvent s'effectuer qu'aux points suivants : Takouchan, Pitseouo, Talienouan, Dalny, Port-Arthur, Kintcheou, Port-Adams, Kaiping, In-keou.

En Mandchourie, comme en Sibérie orientale, la plaine est d'une fertilité, d'une richesse exceptionnelles, et peut assurer le ravitaillement. De juin à octobre, il y a beaucoup de hautes cultures; la plus remarquable est le gaolian, qui peut atteindre jusqu'à 3 mètres.

Les routes sont de simples pistes (2).

---

(1) « Le 29 mai, nous quittâmes La-tseu-chan par une très forte chaleur. Le changement de saison commençait; de temps à autre tombaient de grosses ondées, le baromètre baissait. En général, nous pensions voir arriver bientôt la saison des pluies qui, théoriquement, devait commencer le 15 juin. Idée peu réconfortante, car, d'après les récits de ceux qui connaissaient le pays, les vallons allaient se changer en torrents impétueux; aussi nous attendions-nous à demeurer, pendant des semaines, coupés de toute communication, de tout ravitaillement, condamnés à la famine ou bien à la noyade; perspective peu séduisante! Ces récits venaient-ils du royaume des légendes, ou ne fut-ce réellement qu'un hasard si, pendant ces deux années de guerre, nous ne vîmes point cette saison des pluies, sur quoi la stratégie des Russes avait échafaudé tous ses plans? Voilà ce que je ne saurais élucider. » (Major von Tettau.)

« De saison des pluies proprement dite, il ne semble pas y en avoir en Mandchourie, bien que l'on ait sur ce sujet écrit et raconté bien des choses..... Il y a parfois, comme en Europe, quelques journées pluvieuses intercalées dans de longues périodes de beau temps..... Au bout de deux ou trois jours, les rivières grossissent tellement que les gués deviennent impraticables; le passage est radicalement interrompu, et la plaine se métamorphose en fondrière marécageuse. Vienne à cesser la pluie, les eaux baissent, et dans une journée, reprennent à peu près leur niveau antérieur; et bientôt également le sol s'affermit et s'assèche.

« La plus longue période de pluies subie par nous dura du 13 au 20 août : cela tomba sans arrêt, jour et nuit, avec une violence dont, en Europe, on ne se fait pas la moindre idée. Sans répit l'eau grondait le long des pentes. Un ruisseau où, précédemment, nous trouvions à peine de quoi nous baigner, s'était transformé en rivière; une rivière, où se jetait le ruisseau en question, et qui nous venait tout juste aux genoux, débordait en torrent furieux. La pluie cessa le 20; le 21 on pouvait passer à cheval. Le mouvement suspendu pouvait reprendre le 23; et le 24 le soleil avait séché la terre. » (Colonel Gertsch.)

(2) « Les voitures des indigènes ont une grande importance pour la conduite des opérations sur les mauvais chemins de Mandchourie : longues de 4 à 5 mètres, très massives, montées sur deux immenses roues pleines, garnies çà et là de rivets en fer. Dans les brancards s'attelle un petit cheval dont le rôle consiste à maintenir l'équilibre, régler et diriger la marche, tandis que des mulets (de trois à cinq) tirent sur des cordes. Ces voitures traînent, par les pires chemins, des charges incroyables. C'est chose merveilleuse que l'adresse de ces animaux de trait, surtout des chevaux de timon, et que l'habileté des conducteurs. Sans ces voitures, il serait bien difficile d'organiser des transports en Mandchourie. » (Colonel Gertsch.)

§ 3 — Les belligérants

Transformé brusquement par la révolution de 1868-1873, le Japon a su accomplir une prodigieuse évolution militaire. La loi de recrutement de 1895, qui appelle tous les nationaux de dix-sept à quarante ans, a son plein effet en 1904 : elle donne 300.000 hommes aux divisions actives, 100.000 hommes aux brigades de réserve; modifiée en septembre, elle fera marcher immédiate- ment 90.000 réservistes de plus. L'effort de mobilisation de 1904-1905 sera considérable et procurera plus de 1.200.000 hommes (23.970 officiers, 1.096.300 hommes, 100.000 auxiliaires).

La Russie pourrait, théoriquement, mobiliser 5 millions d'hommes. Mais la nécessité de continuer, en Europe, à faire face à l'Ouest, la capacité de transport limitée du Transsibérien, les troubles intérieurs, ne permettront qu'un effort assez réduit, sensiblement inférieur à celui de la guerre contre les Turcs : en chiffres ronds 22.000 officiers, 1.365.000 hommes.

Comparons rapidement les deux armées :

1° Organisation. — La division japonaise comprend toutes les armes et services : 2 brigades d'infanterie (à 2 régiments de 3 bataillons de 4 compagnies); 1 régiment de cavalerie (à 3 escadrons); 1 régiment d'artillerie (à 2 groupes de 3 batteries); 1 bataillon de pionniers; 1 bataillon du train; 1 équipage de pont; 1 détachement sanitaire; 7 colonnes de munitions, dont 4 d'infanterie; 4 colonnes de vivres (de un jour chaque); 1 section télégraphique; 1 dépôt de remonte; 6 hôpitaux de campagne.

En dehors des 13 divisions actives, il existe : 2 brigades indé-pendantes de cavalerie (à 2 régiments de 4 escadrons); 2 bri-gades d'artillerie (à 3 régiments de 6 batteries); 1 bataillon de chemins de fer.

On créera, pour la campagne, des régiments d'obusiers (à 6 bat-teries de 4 pièces) et des batteries de mitrailleuses automatiques Hotchkiss (à 6 pièces), ces dernières à la fin de 1904 seulement (le 6 novembre pour la IIe armée).

Les plus jeunes classes de réservistes marchent comme troupes de remplacement afin de maintenir les effectifs au complet. Les autres réservistes, ou kobi, forment des brigades de réserve (à 3 régiments de 2 bataillons); les territoriaux forment des divisions de réserve.

L'organisation est minutieuse et rigoureusement uniforme : compagnie à 235 hommes, escadron de 150 cavaliers, batterie de 6 pièces.

Somme toute, une armée de première ligne de 350.000 fantassins, 6.500 cavaliers, 650 pièces (dont 270 de montagne); en deuxième ligne 100.000 réservistes et 130.000 territoriaux.

Le corps d'armée russe (type Mandchourie) comprendra en principe : 2 divisions d'infanterie (à 2 brigades de 2 régiments de 3 ou 4 bataillons de 4 compagnies); 1 régiment de cavalerie (à 6 sotnias); 12 ou 16 batteries divisionnaires (de 8 pièces montées); 1 bataillon de sapeurs; plus les divers services, à l'exclusion du train qui n'existe pas.

En 1902, il n'y avait en Mandchourie que : 6 brigades de tirailleurs de la Sibérie Orientale (à 4 régiments de 2 bataillons de 4 compagnies); 17 batteries; 30 escadrons; 4 brigades de gardes-frontière. Au printemps de 1903, on y a envoyé une brigade du Xe corps, une brigade du XVIIe corps et les 2 groupes de 3 batteries correspondants. En automne, on vient de créer une 7e et une 8e brigades de tirailleurs.

Les compagnies sont de 230 hommes, l'escadron de 150 cavaliers, la batterie de 8 pièces (6 pièces pour les batteries à cheval). Mais il n'y a rien de bien fixe, rien d'uniforme; c'est un peu le régime du débrouillage et de la fantaisie.

Au total 60.000 fantassins, 30.000 pogranitza (gardes-frontière), 5.000 cavaliers, 200 pièces sur le théâtre de la guerre, entre Vladivostok et Port-Arthur.

Chaque régiment a 64 éclaireurs à pied, prélevés sur les compagnies; chaque régiment de tirailleurs possède en outre 150 éclaireurs montés.

2° Encadrement. — Les Japonais appliquent les principes allemands au recrutement et à l'avancement des officiers, dont l'unité d'origine est aussi absolue que possible. « Ils ne se recru-« tent plus en temps de paix que parmi les élèves de l'École spé-« ciale militaire. La plupart d'entre eux proviennent d'ailleurs « des Écoles de cadets, où ils peuvent entrer dès l'âge de huit

« ans. L'École spéciale militaire fournit des officiers à l'infan-
« terie, la cavalerie, l'artillerie et le génie. Ils passent ensuite
« dans une école d'application spéciale à l'arme à laquelle ils
« appartiennent. » (*Revue militaire des Armées étrangères*, février 1904.) L'arrivisme, le favoritisme, semblent chose inconnue
dans leurs rangs.

Chez les Russes, on peut signaler les caractéristiques suivantes :
haut commandement assez mal défini; extrême variété d'origine des cadres, qui proviennent, soit des écoles militaires, soit
des écoles de younkers (4 écoles militaires d'infanterie, 2 de
cavalerie, 2 d'artillerie, 1 du génie; 7 écoles de younkers d'infanterie, 1 de cavalerie, 2 de cosaques); mélange du choix et
de l'ancienneté, le choix étant à peu près réservé aux officiers
sortis des Académies (d'État-major, de l'artillerie, du génie, etc.);
privilèges de la Garde où chaque grade équivaut au grade supérieur dans le reste de l'armée. On parle quelquefois de ce que
Dragomirow appelle malicieusement l'« exploitation » du métier militaire.

3° Armement, équipement, alimentation. — Le fusil japonais Arisaka, modèle 1901, est du calibre de 6^{mm}5, à chargeur
de 5 cartouches; tir très rasant, vitesse initiale 726 mètres.

Le canon Arisaka (celui de campagne et celui de montagne)
de 75^{mm} a été, sans la moindre vergogne ni le moindre effort
intellectuel, pillé par morceaux dans les usines . d'Occident :
culasse Canet, frein Nordenfeldt, roues Krupp, tourillons Creusot...
nom japonais. C'est une pièce « robuste, légère, basse, à voie
« étroite, mais de puissance relativement faible. » (Capitaine
CUREY.) Gargousse et projectile séparés, de trois à cinq coups
par minute; vitesse initiale 457 mètres; poids de la pièce attelée
1.650 kilos; portée 5.200 mètres (4.300 mètres pour le canon de
montagne).

Les obusiers, de 12^{cm} et de 15^{cm}, viennent de chez Krupp.
Rien à dire du sabre ni de la carabine..... toujours Arisaka.

Chaque fantassin a un outil portatif.

Après quelques tâtonnements, l'habillement est bien compris :
dès le début, on adopte la nuance kaki, les fourrures en hiver. Le
sac pèse 25 kilos, mais il y a un paquetage de combat plus léger.

La ration est analogue à celle d'un Européen; mais, sur le champ de bataille, grâce à la rusticité de la race, on la simplifiera au delà de toute limite. On s'efforcera de munir chaque compagnie d'un fourneau porté par deux chevaux de bât.

Le fusil russe Mossin, modèle 1891, est du calibre de 7^{mm}6 à chargeur de 5 cartouches; balle de 14 grammes (3 grammes de plus que la balle japonaise), vitesse initiale 620 mètres.

Le canon à tir rapide de 76^{mm}2, modèle 1900, commence à peine à être mis en service (1) : quatre à cinq coups par minute, vitesse initiale 480 mètres, portée 5.600 mètres, poids 1.986 kilos. Le vieux matériel est à tir accéléré : canon de campagne de 86^{mm}9; canon de montagne de 63^{mm}5, qui fait d'ailleurs presque complètement défaut. Il existe encore des « canons de batterie » de 10^{cm}, des mortiers de campagne de 15^{cm}, et quelques mitrailleuses (6 compagnies de 8 pièces).

Une centaine d'outils portatifs par compagnie.

L'habillement, l'équipement, sont lourds et peu pratiques; pas de sac; arrimage des cartouches très défectueux; paquetage incommode.

La ration est copieuse; les troupes ont des cuisines roulantes.

Assez fréquemment Russes et Japonais feront usage, dans le combat rapproché, de grenades à main, sortes de bombes improvisées sur place avec des moyens de fortune.

4º *Tactique d'infanterie.* — Nous emprunterons aux *Kriegsgeschichtliche Einzelschriften* quelques renseignements sommaires

---

(1) L'artillerie de campagne russe était précisément, quand la guerre éclata, en train de recevoir des pièces à recul sur affût. En Extrême-Orient on reçut en janvier 1904 ces pièces à tir rapide modèle Poutilov, de 76^{mm}2. Elles n'avaient point de boucliers. Les défectuosités du mécanisme de recul, notamment le peu de solidité du récupérateur, d'autres vices de construction encore, susceptibles d'occasionner des dégradations, durent pendant la campagne causer de sérieux déchets. On se plaignait également du poids considérable de la pièce et des soubresauts de l'affût pendant le tir. Les batteries de montagne avaient l'ancien matériel et ne reçurent des pièces à tir rapide qu'en août 1904; celles-ci, au début de la guerre, étaient justement en cours d'essais. L'artillerie du IVe sibérien était primitivement pourvue de vieilles pièces de 86^{mm}9 à fermeture à vis. Comme les pièces Poutilov ne comportaient pas d'obus brisants, pendant la deuxième partie de la campagne, on fit venir sur le théâtre des opérations un certain nombre de ces pièces d'ancien modèle. A la fin de la guerre seulement, on envoya de Russie une batterie à tir rapide munie de boucliers (modifiée M 1902). (Grand État-Major allemand, *Einzelschriften*, 39-40.)

sur la tactique des deux infanteries; mais nous neperdrons pas de vue que les règlements allemands sont en coquetterie réglée avec la doctrine des « feux décisifs ».

Japon. — « D'après les enseignements de cette guerre, dans « l'instruction du temps de paix, on doit s'être attaché tout spé- « cialement à l'instantanéité du déploiement de fortes chaînes « de tirailleurs destinées à agir par le feu, — en règle générale, « entrée en ligne par compagnies entières —; à la rapidité du « mouvement en avant, exécuté, si possible, sans longues pauses « de tir; à l'emploi des outils portatifs pour se cramponner au « terrain conquis et lutter aux abords des positions fortifiées; « à la judicieuse utilisation des accidents du sol; aux mouve- « ments offensifs exécutés de nuit. » (Grand État-major alle- mand.)

Les Japonais évitent les formations schématiques. Voici ce- pendant, à titre d'exemple, une répartition des 48 compagnies d'une division, signalée par le colonel Csicserics von Bacsany, attaché militaire autrichien : 26 compagnies en chaîne et sou- tiens; 2 en réserves régimentaires; 8 en réserves de brigade; 4 en réserve divisionnaire; 8 à la réserve de l'armée. (Voir Capitaine CULMANN, *Les Pertes en Mandchourie.*)

Russie. — « Pour tenir plus sûrement les masses dans la main « de leur chef, on avait fini, entre tous les genres de feux men- « tionnés par les Instructions, — feu individuel traînant ou ra- « pide, feu par chargeurs, feu de salve — par faire à peu près « exclusivement usage des salves.

« La saine conception de la tactique des feux, la notion de la « complexité des formes du combat moderne, étaient étrangères « à l'armée russe; témoin la classification schématique des pro- « cédés d'attaque en deux catégories. Les Instructions de Dra- « gomirov distinguent, dans l'attaque d'infanterie, l'assaut pro- « prement dit et la marche d'approche jusqu'à la position des « feux décisifs, supposée à 300 ou 400 mètres de l'ennemi, où se « prépare cet assaut. C'est encore au schéma que recourt le Rè- « glement quand il traite de l'échelonnement en profondeur : « pour l'exécution de l'attaque décisive à la baïonnette, il éta- « blit une distinction entre la troupe de combat et la réserve « générale, et fournit des données numériques sur cet échelon-

« nement. La troupe de combat se partage à son tour en secteurs ;
« chaque secteur en ligne de combat et réserves particulières.
« La formation de combat est caractérisée par l'étroitesse des
« fronts — bataillon 280 mètres, régiment 700 mètres, brigade
« 1.067 mètres, division 2.130 mètres, corps d'armée 3.200 mè-
« tres —, la réduction des distances, et l'extrême profondeur.
« Celle d'un régiment d'infanterie découle du schéma ci-après :

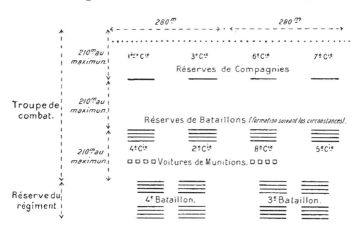

« ..... L'entrée en ligne des réserves doit se faire parcimonieu-
« sement, le commandement devant, jusqu'au dernier moment,
« en conserver à sa disposition. Les instructions russes escomp-
« tent que les réserves des bataillons seront épuisées à 200 ou
« 300 mètres de l'ennemi. On n'envisage point la supériorité du
« feu comme la condition primordiale de l'exécution de l'assaut.
« La dernière poussée s'effectue par bonds de 30 mètres. On
« n'insiste pas sur la nécessité d'engager jusqu'au dernier homme
« pour obtenir la décision. La rupture du lien tactique n'est pas
« considérée comme un mal. On ne semble point convaincu de
« la nécessité de mener simultanément l'attaque de front et de
« flanc. Pour pouvoir, autant que possible, faire face à toutes
« les situations, il est d'usage de tenir éloignée en réserve plus
« de la moitié de l'effectif total. Comme conséquence de cette
« pratique, les réserves, en admettant que l'on puisse se résoudre

« à les engager, interviennent généralement trop tard pour
« amener la décision. — La défensive doit aboutir à une contre-
« attaque générale. On recommande de conserver plus longtemps
« encore de fortes réserves. S'engagent-elles en temps utile, c'est
« ordinairement dans une riposte presque exclusivement fron-
« tale, en ordre serré, sans tirer un coup de fusil. » (Grand État-
major allemand.)

A Ouafangkeou, par exemple, la 1re division de tirailleurs,
sur ses 36 compagnies (12 sont absentes) en aura 8 déployées en
chaîne et soutiens, 16 en réserves régimentaires, 12 en réserve
générale.

En somme, dès le début du combat, les Japonais mettent en
ligne 5.000 fusils, les Russes 1.500 ; ceux-ci exposent 4.200 hommes
au feu contre 5.600 hommes chez ceux-là.

5º *Les flottes.* — Les Japonais possèdent : 7 cuirassés,
1 garde-côtes cuirassé, 7 croiseurs cuirassés, 19 croiseurs protégés,
4 croiseurs, un grand nombre de torpilleurs. Ils disposent de
nombreux points d'appui, rapprochés, bien organisés, et de 30.000
excellents marins.

Les Russes ont en Extrême-Orient : 7 cuirassés, 4 croiseurs
cuirassés, 7 croiseurs protégés, 2 garde-côtes, des torpilleurs, etc.
Comme points d'appui : Vladivostok médiocrement fortifié ;
Port-Arthur dont la défense. sur le front de terre n'existe guère
qu'à l'état de projet. Le matériel est bon : le personnel passable.

§ 4 — L'attaque

1º *L'attaque.* — Elle est foudroyante, et nous ne lui enlè-
verons point ce caractère en nous attardant à des discussions
oiseuses sur la philosophie du droit international. Prêtons seulement l'oreille à la critique officieuse allemande : « Les conven-
« tions connues sous le nom de Droit des gens n'exigent pas,
« ainsi qu'il était d'usage dans les guerres du Moyen Age, une
« cérémonieuse déclaration de guerre fixant l'ouverture des hos-
« tilités. La rupture des relations diplomatiques donne toute
« latitude dans l'emploi de la force qui ne doit plus chercher qu'à

« briser la volonté de l'ennemi. » (Major LÖFFLER). Le 6 février, le ministre japonais quitte Pétersbourg.

Le 6 février — n'oublions pas de tenir compte du temps nécessaire à l'embarquement des troupes et de la différence de longitude — l'amiral Togo quitte Sasebo avec la flotte et la 12e division.

Dans la nuit du 8 au 9 la flotte russe, assaillie dans Port-Arthur et surprise, a trois unités mises hors de combat pour longtemps.

Le 9 un croiseur et une canonnière russes sont coulés à Tchemulpo où le débarquement commence.

La guerre est déclarée le 10 par la Russie, par le Japon le 12, pendant que Togo essaie d' « embouteiller » la flotte immobilisée à Port-Arthur.

2° **Mobilisation russe.** — Pendant les trois premiers mois, on ne mobilise que les troupes de Sibérie et d'Extrême-Orient :

Le 6 février, on forme, avec des volontaires d'Europe, un troisième bataillon dans chaque régiment de tirailleurs sibériens ; les brigades de la Sibérie Orientale se changent dès lors en divisions : les 7e et 8e sont affectées aux deux forteresses ; 6 forment les Ier, IIe, IIIe corps d'armée sibériens ; 1 réunie à 1 division de réservistes sibériens devient le IVe corps sibérien.

Le 10 février, on mobilise 3 divisions d'infanterie de Sibérie (réservistes) à 4 régiments (de 4 bataillons) ayant chacun pour origine un bataillon actif. On appelle le 3e bataillon de sapeurs sibériens et la brigade cosaque du Transbaïkal (1er tour). On convoque les 2e et 3e tours du Transbaïkal pour former une division cosaque.

Le 21 février, le général Kouropatkine et l'amiral Makharov sont adjoints au vice-roi amiral Alexeiev, comme commandants des forces de terre et de mer.

Les troupes ci-dessus sont présentes en Mandchourie vers la fin du mois d'avril.

En mars on forme : 2 compagnies de mitrailleuses ; 1 brigade de cavalerie du Caucase ; 4 bataillons de sapeurs ; 1 bataillon de pontonniers ; 1 compagnie d'aérostiers ; 1 parc de campagne.

Le 20 avril on mobilise : 1 division cosaque d'Orenbourg (2e tour) et 1 brigade cosaque de l'Oural (2e tour).

Il semble que, sous la pression des circonstances, on se trouve en plein désarroi, réduit aux expédients, aux improvisations. Les corps d'armée sibériens s'organisent au petit bonheur, au mépris des liens du temps de paix : mutilés, celui-ci d'un régiment, cet autre d'une division; beaucoup composés presque exclusivement de réservistes. Et ce désordre de mauvais augure, cette surprise en flagrant délit d'organisation, évoque impérieusement l'image du coup de pied qui bouleverse une paisible fourmilière.

Le général Rutkovski l'a dit au major von Tettau : c'est dans « la complète désorganisation de l'armée dès le début de la guerre » qu'il faut chercher l'une des causes principales des défaites de Mandchourie.....

La mobilisation s'étend ensuite à la Russie d'Europe :

Le 3 mai, on mobilise, outre 1 brigade de dragons, les Xe et XVIIe corps (qui ont déjà chacun une brigade en Mandchourie) : ils reçoivent 70 % de réservistes; par mesure d'économie, aucune période d'instruction ne précède leur embarquement; la cavalerie et l'artillerie qui leur appartenaient organiquement sont désorganisées. Ces troupes arriveront du 20 juin au 27 juillet.

Le 9 juin, 5 brigades de réserve forment 10 divisions de réserve : 4 relèvent dans leurs garnisons les Xe et XVIIe corps; 2 restent disponibles; 4 constituent les Ve et VIe corps sibériens, leur artillerie étant prélevée sur des corps d'armée actifs. Ces deux corps n'ont aucune instruction; le Ve débarquera du 8 au 22 août. Autres troupes mobilisées : 6 batteries de montagne à tir rapide, 1 compagnie d'artillerie de siège, 2 régiments de mortiers, 1 compagnie de mitrailleuses, 1 bataillon de télégraphistes.

Le 29 juin, le Ier corps d'armée emprunte à d'autres corps son artillerie et ses troupes techniques. Il débarquera du 30 août au 8 octobre, en même temps que le VIe corps sibérien.

§ 5 — Les plans de campagne

1° *Russie*. — Le raisonnement des Russes doit être à peu près le suivant : l'ennemi peut débarquer environ 250.000 hommes en trois échelons ; il lui faut huit jours pour mobiliser, huit jours pour transporter chaque échelon : le 15 mars il sera donc en forces.

Il y a 2.140 kilomètres de Moscou à Tcheliabinsk ; puis 3.250 kilomètres jusqu'à Irkoutsk ; puis la coupure du Baïkal 230 kilomètres ; puis 2.170 kilomètres jusqu'à Kharbine avec un matériel insuffisant. Donc, en septembre seulement, on peut avoir la supériorité numérique indispensable pour vaincre.

Donc, se tenir prêt à empêcher tout débarquement vers Vladivostok et Nioutchouang ; ne pas se préoccuper de la Corée où l'on ne saurait s'engager sans crainte d'être coupé.

Mais de Vladivostok à Nioutchouang, il y a plus de 500 kilomètres en terrain difficile ; il ne saurait donc être question d'une seule masse centrale jouant des « lignes intérieures ». Il faut se scinder en deux groupes, dont le principal, vers Liaoyang, sera l'armée de Mandchourie. Gagner du temps pour renforcer cette armée : la résistance des troupes de couverture y pourvoira et l'arrivée de la saison des pluies arrêtera net les opérations, au moment psychologique. Mettre seulement une forte garnison à Port-Arthur, premier enjeu de la lutte, dont les défenses sont médiocres. Comme conséquence, à la fin d'avril, le groupement des forces est le suivant :

a) Pour défendre Vladivostok, Linievitch avec 30.000 hommes : 2e et 8e divisions de tirailleurs, brigade de cavalerie de l'Oussouri, troupes de forteresse ;

b) A Liaoyang, Kouropatkine avec le gros de l'armée, 40.000 à 45.000 hommes : 1re et 5e divisions de tirailleurs, 1re division de Sibérie, brigades des Xe et XVIIe corps ;

c) En couverture sur le Yalu, Zassoulitch avec le détachement de l'Est, 20.000 à 25.000 hommes : 3e et 6e divisions de tirailleurs, brigade du Transbaïkal ;

d) En couverture à Nioutchang, Kondratovitch avec le détachement du Sud, 10.000 à 15.000 hommes : 9e division de tirailleurs ;

e) A Port-Arthur, Stœssel avec 40.000 hommes : 4e et 7e divisions de tirailleurs, troupes de forteresse.

Au total 125.000 à 150.000 hommes : 147 bataillons, 75 escadrons, 50 batteries.

Ce plan est, en somme, rationnel. Il est seulement regrettable que Port-Arthur et Vladivostok (où l'on pourrait peut-être se contenter d'une division) immobilisent autant de bataillons; première conséquence des économies mal comprises et de la négligence apportée, en temps de paix, à l'entretien des forteresses; conséquence irréparable!..... Quant à l'intervention, au nord de la Corée, d'une « armée de l'Oussouri », elle a été très discutée et semble très discutable : dans ce pays montagneux et pauvre, les mouvements d'une armée devaient être bien difficiles (1).

Ajoutons, dès maintenant, que, grâce à une voie provisoire construite sur la glace du Baïkal, dès le 1er avril on put faire passer les 65 machines et les 2.000 wagons qui faisaient défaut; que la section du Baïkal, grâce à l'activité déployée, sera terminée plus de deux ans avant la date prévue, le 25 septembre 1904.

« La tâche d'exploiter, dans ces conditions, une voie ferrée de « 8.000 kilomètres de développement, dépassait comme effort « tout ce qui avait jamais été tenté dans ce genre. » (*Revue militaire des Armées étrangères.*) Le général Kouropatkine demandait qu'on lui fournît quotidiennement 14 trains jusqu'à Khar-

---

(1) « Quand on songe que ces déplacements des troupes de l'Asie orientale absorbèrent complètement jusqu'à la fin d'avril la voie ferrée à l'est du Baïkal, on ne peut s'empêcher de se demander pourquoi l'on ne concentra point, au sud de Vladivostok, sur la frontière de Corée, toutes les troupes de l'Oussouri et de l'Amour, en réservant les lignes du Transbaïkal et de l'Est-Chinois au transport immédiat des troupes d'Europe par Kharbine jusqu'à Liaoyang. Il semble presque que l'on ait conservé l'espoir d'en finir avec les Japonais sans avoir besoin des corps européens, et retardé le plus possible le transport de ces derniers. » (Major VON TETTAU.)

Hors de Vladivostok, et en réalité à la frontière de Corée, sur le Tioumen, se trouvaient (à la fin de la guerre) la 2ᵉ division de tirailleurs, deux régiments d'étapes et, poussé plus en avant, un détachement de trois régiments cosaques, placés sous les ordres du général Kossagovski. Déjà, dans la première partie, j'ai soulevé la question de savoir pourquoi, au début, toutes les troupes présentes dans l'Oussouri et l'Amour au sud de Vladivostok n'avaient pas été concentrées sur la frontière de Corée. Pourtant la position de l'armée de Mandchourie eût été indubitablement bien améliorée si elle avait été soutenue, au cours de ses opérations, par le mouvement en avant simultané d'une armée poussée de Vladivostok en Corée. Tandis qu'au début de la guerre on envoya d'ici trois divisions renforcer l'armée de Mandchourie, empêchant ainsi sur la ligne de l'Est-Chinois le transport des troupes d'Europe.

« Une intervention sérieuse, qui aurait tout au moins forcé les Japonais à laisser en Corée un corps d'occupation plus nombreux, ne se produisit nullement du côté de Vladivostok : on redoutait une offensive japonaise contre cette place et l'Oussouri et l'on estima nécessaire, pour y parer, d'y conserver ces troupes et d'autres de nouvelle formation. Ainsi, plus de trois divisions furent complètement perdues pour les opérations. » (Major VON TETTAU.)

bine et 12 de Kharbine à Moukden. Il en obtint : sur Kharbine
10 en mars, 12 en mai, 13 en juin-septembre, puis de 14 à 16;
sur Moukden 12 en mars-juin, 14 à 16 en juillet-octobre, puis
de 16 à 20. De mars à décembre 1904 on transporta 620.000
hommes, 160.000 chevaux, 1.000 canons, 1 million de tonnes
de munitions et d'approvisionnements. On ne doit donc pas s'en
prendre au faible rendement de la voie ferrée si l'issue de cette
guerre n'a pas été bien différente.....

2° *Japon*. — En présence d'une situation que l'on estime
analogue à celle de 1894, on prend à Tokio des dispositions sensiblement identiques :

Détruire ou immobiliser la flotte ennemie;

Débarquer une armée en Corée et franchir le Yalu pour inquiéter le flanc gauche des Russes au cas où ils voudraient s'a-
vancer vers le sud;

Prendre pied dans le Liaotoung avec les autres armées, dont
l'une s'emparera de Port-Arthur, tandis que les autres marche-
ront au nord, à la bataille;

Laisser au Japon deux divisions, les 7e et 8e, destinées peut-
être à être éventuellement opposées à la problématique armée
russe de l'Oussouri; peut-être, une fois Port-Arthur conquis de
haute lutte, à coopérer à une action contre Vladivostok.

Ce plan fut littéralement exécuté, jusqu'à la prise de Port-
Arthur exclusivement : avec prudence et méthode, mais lentement; et cette lenteur peut être critiquée :

Assez exactement fixés sur les forces ennemies et leur répartition, ils devaient avant tout éviter toute perte de temps : agir
comme la foudre. L'occupation préalable de la Corée était peut-
être superflue : ce pays en pleine décadence, cet Annam du nord,
n'avait pas même un fantôme d'armée et ne pouvait songer à
mal. Attaqué quelques semaines plus tôt, Port-Arthur, mal fortifié, mal organisé, pouvait succomber. L'armée, complètement
disponible, poursuivait alors, à une tout autre allure, une campagne dont la physionomie eût été bien différente. En aucun cas
on ne pouvait espérer frapper au cœur la puissance russe, détruire entièrement son armée : l'objectif était géographique, la
mainmise sur des territoires importants. — A la guerre il n'y a

rien d'absolu (1). Au moment de la paix, on aurait eu le droit de se montrer exigeant.

Donc prudence excessive, lenteur exagérée; comme conséquence, augmentation des efforts et des risques, diminution des résultats.

Audaces Fortuna juvat!

---

(1) « En ce qui concerne la valeur de Vladivostok, je dois dire qu'au début de la guerre cette forteresse, extraordinairement délaissée, eût pu être aisément la proie de l'ennemi. Mais, grâce à l'activité et à l'expérience du général Kazbek, désigné comme gouverneur en janvier 1905, elle s'est transformée en une place semi-permanente très forte, de 80 kilomètres de périmètre, armée de 1.500 pièces de tout calibre. C'est une œuvre tout bonnement étonnante, accomplie dans l'espace de six mois..... Quant au siège, je n'y crois plus, depuis que j'ai pu étudier de près l'état de la forteresse. » (Major VON TETTAU.)

II — DU YALU A LIAOYANG

§ 1 — La Ire armée japonaise en Corée

1° Débarquements. — Le 8 février, 4 bataillons de la 12e division débarquent à Tchemulpo : 2 vont occuper Séoul, 2 restent à organiser la base de débarquement où doivent aboutir les transports, par Fusan et Mokpo. Puis 2 régiments de la 4e division occupent Séoul, en attendant l'arrivée des kobi (réserves) mobilisés. La 12e division débarque.

L'ennemi étant signalé vers Antjou, la division, couverte par deux compagnies et le 12e régiment de cavalerie, se porte sur Piengyang (220 kilomètres) suivie de son artillerie de montagne (sur bâts) et envoyant ses bagages par mer sur Tchinampo. Une escarmouche se produit à Antjou le 27 février. Le régiment de cavalerie et quatre bataillons y sont établis en couverture le 11 mars.

Pendant ce temps la Garde et la 2e division se sont concentrées à Hiroshima. Elles débarquent à Tchinampo en quatre échelons : la Garde du 18 au 25 mars, la 2e division du 24 au 29 mars.

2° Marche vers le nord. — La marche sur Antjou, rendue très pénible par le dégel, s'exécute en trois colonnes et dure du 20 mars au 4 avril (de 4 à 8 kilomètres par jour). Les convois vont par mer sur le port d'Antjou.

Puis (l'ennemi, évalué à 2.000 sabres, étant jugé peu redoutable), la marche vers Ouitjou se poursuit sur une seule route que l'on travaille à améliorer.

Des escarmouches ont eu lieu le 28 mars; la couverture est constituée par trois groupes : l'avant-garde du général Asada, 2 régiments de cavalerie, 3 bataillons, 2 batteries; la flanc-garde du général Sasaki, 1 escadron, 3 bataillons, 2 batteries; à l'ouest, la cavalerie de la Garde couvrant les ports de mer pour assurer les convois de vivres.

Une tempête éclate le 8 avril et enlève les ponts : il faudra treize jours pour couvrir les 150 kilomètres d'Antjou au Yalu. Cette marche est extrêmement pénible; mais la brigade Michtchenko n'essaie pas de l'entraver et se contente de démonstrations insignifiantes (1).

L'avant-garde Asada est à Ouitjou le 8 avril : elle y restera isolée pendant douze jours !

La flanc-garde Sasaki occupe Yengpieng le 12, Tchangsieng le 21.

Le gros de la Ire armée japonaise arrive au sud de Ouitjou le 21.

3° *Passage du Yalu.* — Sur le Yalu, large de 5 kilomètres et non guéable, les Russes concentrent le détachement de l'Est : 17.000 fusils, 3.000 chevaux, 66 pièces, 8 mitrailleuses. Le général Zassoulitch a pour instructions de contenir l'ennemi, en se repliant sur Liaoyang et évitant de s'engager à fond. Mais « combattre en retraite n'est pas combattre, puisqu'il s'agit « précisément — et c'est là le grand art — de refuser le combat « tout en ayant l'air de l'accepter ou de l'offrir, parfois même « de l'imposer » (Lieutenant-colonel MAISTRE) (2). Du reste, Kouropatkine ne lui facilite guère sa tâche. Entre Liaoyang et le Yalu, c'est un perpétuel échange de notes, de télégrammes, qui révèlent l'incertitude, l'inquiétude, la nervosité du commandement : demandes incessantes de comptes rendus insignifiants, ordres de bien assurer la retraite du détachement, de n'abandonner aucun trophée, d'éviter une retraite précipitée, d'opposer une résistance énergique, de maintenir le contact (3).

Kuroki se prépare à forcer le passage avec 36.000 fantassins, 1.100 cavaliers, 128 pièces, dont quelques obusiers de campagne. Les préparatifs, reconnaissances, constructions de ponts et d'é-

---

(1) « La route circule parmi des collines escarpées et boisées, positions successives sur lesquelles une poignée de Boers auraient harcelé et très sérieusement retardé la marche de toute une armée. Comment les Cosaques n'ont-ils pas su profiter de l'occasion ? » (Général HAMILTON.)

(2) « ...Une mission aussi délicate que celle qui consiste à faire semblant d'accepter une chose dont on ne veut pas et qui peut vous être offerte avec insistance, voire imposée brutalement. » (Général CARDOT.)

(3) *Revue militaire des Armées étrangères :* « Il est donc de toute importance que nos premières rencontres, même si elles se terminent par une retraite devant des forces plus nombreuses, mettent en relief la supériorité de nos troupes. »

paulements dissimulés, se font avec toute la minutie, l'amour du détail, particuliers à cette race industrieuse, qui sait présenter avec art, merveilleusement finie et empaquetée, la camelote qu'elle débite. Ils durent du 21 au 28 avril.

Zassoulitch ne bouge pas, n'intervient pas (1), se contente d'occuper les emplacements que Kouropatkine, du quartier général de Liaoyang, lui indique par le menu ! Au lieu de garder son monde sous la main, en faisant surveiller l'ennemi par ses éclaireurs montés et sa nombreuse cavalerie, il fait de la défensive en cordon ! Sur ses flancs s'égarent des détachements, trop faibles pour résister, trop forts s'il ne s'agit que de découverte : 2.000 fusils, 1.500 chevaux, 14 pièces, devant 4 canonnières (2).

Attaqué mollement le 30 — les Japonais lui font la partie belle en lui dévoilant ainsi leurs intentions — il défend à son subordonné Kastalinski de reculer, et se fait accrocher le 1er mai, pendant que la 12e division déborde sa gauche (3). La tactique

---

(1) « Le commandement japonais avait tout spécialement donné des ordres, afin que personne ne se montrât sur les hauteurs voisines du Yalu. Suivant toute apparence, les Russes ne se doutèrent pas, jusqu'au dernier moment, de la présence à Ouitjou de forces ennemies aussi importantes, puisque jusqu'à la fin ils dispersèrent leurs forces et, pendant le jour, n'observèrent pas la moindre précaution. » (Colonel Gertsch.)

(2) « Sur la rive nord, à portée de fusil de ce détachement (l'avant-garde Asada) de 2.000 fusils, 500 chevaux, 12 pièces, les Russes avaient 6.000 fantassins, 1.000 cavaliers, 30 pièces. Depuis longtemps. sur les lieux, ils auraient pu disposer de moyens d'information absolument parfaits. Toutes les barques étaient de leur côté, et le Yalu ne constituait pas un sérieux obstacle à l'offensive. S'ils ne se jugeaient pas en forces, ils pouvaient en vingt-quatre heures doubler leur effectif et tripler celui de leur cavalerie. Le hasard faisait le jeu des lieutenants de Kouropatkine : la fortune semblait d'humeur à se laisser courtiser..... Pendant quatre jours, les Russes ne firent même pas l'ombre d'une tentative pour saisir cette chance qui, d'heure en heure, leur glissait entre les doigts. » (Général Hamilton.)

« ...Il était inconcevable que la Ire armée japonaise tout entière se contentât d'un rôle démonstratif et que, juste au moment où les Russes venaient de se concentrer à Tsiulientcheng, les Japonais envoyassent par mer, de Tchinampo à Antong, un corps expéditionnaire indépendant pour couper leur ligne de communication sur Fenghoangtcheng. » (Général Hamilton.)

(3) « Le général Kastalinski, contusionné à la tête pendant la canonnade du 30, se rendit compte que, en présence de la supériorité de l'ennemi, une résistance sur la position de l'Aiho occasionnerait des pertes absolument stériles. Le 30 au soir, il fit savoir à son chef que les Japonais, pendant la nuit, feraient évidemment passer leurs batteries dans les îles et commenceraient au petit jour à bombarder la position. Puisque son détachement ne devait jouer là qu'un rôle passif, en risquant des pertes énormes, il avait l'intention d'évacuer cette position de nuit et de se replier sur la hauteur à l'ouest du ruisseau de Hantouhotseu et au nord de Toutchentsa. Le général Zassoulitch lui ordonna alors de rester en position : au début du bombardement,

des Russes est plus qu'hésitante : le commandement ignore ce
qui se passe, c'est un aide-major en déroute qui lui apprend la
retraite précipitée de l'aile gauche; il n'y a pas plus de liaisons
dans le sens du front que dans le sens de la profondeur. Dans le
désarroi d'une retraite décousue, par des chemins que l'on n'a
su ni améliorer ni reconnaître, on perd 22 pièces, 6 mitrailleuses,
plusieurs centaines de prisonniers. Pourtant les Japonais, fatigués et un peu méfiants, se sont arrêtés de 10 heures du matin
à 1 heure du soir, pour se reposer, et n'esquissent même pas la
poursuite. Pertes 2.400 Russes contre 1.100 Japonais.

Bien éclairé, concentré dès le 29 avril, avec un simple rideau
sur la position retranchée, son artillerie, plus faible, hors de portée
des pièces ennemies arrêtées par le fleuve, il semble que le chef
du détachement de l'Est eût pu, le 1er mai au matin, saluer par
un arrosage copieux, préalablement repéré, l'arrivée sur cette
position des deux divisions japonaises; peut-être jouer un mauvais tour à celle qui le débordait, puis disparaître.

On peut présumer quelle eût été, dans ces conditions, la circonspection de Kuroki : après cette éclatante victoire, il n'occupe que le 6 Fenghoangtcheng évacué la veille, où il se concentre sans aller plus loin (1).

« Le général Zassoulitch avait pour mission de ne pas s'en-
« gager contre des forces supérieures; il savait que, de son chef,

---

les troupes auraient la faculté de reculer de 200 ou 400 mètres, afin de se mettre à
l'abri; mais il ne pouvait approuver l'évacuation. Puis, quand le colonel Oranovski,
chef d'état-major du détachement de l'Est, qui, pendant toute la canonnade du 30,
était resté sur la position de Tsiulientcheng, revint le soir auprès de son chef et lui
rendit compte que, non seulement le général Kastalinski, mais encore tous les officiers
supérieurs, voulaient pendant la nuit se retirer sans combat, le général Zassoulitch
quitta son quartier général le 1er mai de grand matin pour se rendre à Tsiulientcheng,
encourager les troupes par sa présence et les convaincre de la nécessité de ne pas abandonner la position sans combattre. » (Major von TETTAU.)

(1) « Les magasins abandonnés par les Russes à Fenghoangtcheng renfermaient
des approvisionnements considérables en munitions d'infanterie et d'artillerie et en
vivres, principalement de la farine et des vêtements d'hiver. Ils n'existaient certainement pas avant la guerre et avaient donc été spécialement constitués pour les
troupes qui, sur le Yalu, devaient interdire aux Japonais l'accès de la Mandchourie :
c'est-à-dire le détachement Zassoulitch. Et c'est une nouvelle preuve que Kouropatkine estimait que celui-ci pourrait, avec les forces dont il disposait, se maintenir
indéfiniment sur le Yalu. On n'avait rien fait pour évacuer ces magasins : conclusion,
Zassoulitch également avait été surpris par sa défaite, comme pouvait seul l'être
quelqu'un qui n'avait pour ainsi dire jamais envisagé semblable éventualité. » (Colonel GERTSCH.)

« il ne pouvait attendre aucune aide. On a peine à comprendre
« que les renseignements qu'il possédait sur l'ennemi ne l'aient
« pas amené à évacuer, dans la nuit même, une position dont
« l'occupation ultérieure était devenue sans objet. Il y eut là
« vraisemblablement un manque de sentiment des responsabi-
« lités, bien plutôt qu'une fausse appréciation des forces et des
« projets de l'adversaire. Craignant d'encourir des reproches en
« évacuant prématurément cette importante position, il pré-
« féra s'en faire chasser par l'ennemi. » (Colonel GAEDKE.)

Désormais les autres armées japonaises peuvent venir : Oku
débarque à Pitseouo, du 6 au 20 mai, au milieu de difficultés
inouïes, sans que personne vienne le déranger (1). Dans l'armée,
comme dans la flotte, on juge sévèrement cette attitude (Voir
SÉMÉNOV, *L'Escadre de Port-Arthur*, p. 223 et suiv.) : « Pour
« essayer de calmer les esprits le haut commandement fit courir
« le bruit que cette inaction faisait partie du plan du général
« Kouropatkine, qui aurait demandé lui-même au vice-roi de
« laisser les Japonais débarquer auprès de Port-Arthur, pour
« éviter une descente à Nioutchouang, car sur terre la victoire
« n'était pas douteuse. On citait même le précepte d'un grand
« capitaine, qui disait connaître douze moyens de débarquer une
« armée et pas un seul de la réembarquer en cas d'échec. » (SÉ-
MÉNOV.)

§ 2 — La IIe armée japonaise dans le Liaotoung

Cette IIe armée comprend les 1re, 3e et 4e divisions, bientôt
suivies de la 5e qui s'établit en couverture face au nord ; plus

---

(1) « Lorsque j'insinuai à un officier d'état-major haut placé dans l'entourage du
commandant en chef que l'on devait riposter au débarquement des Japonais par une
offensive immédiate, il me répondit textuellement : « Naturellement, nous ne savons
« pas ce que compte faire le général Kouropatkine ; mais, dans son état-major, on est
« d'avis qu'il faut laisser les Japonais débarquer tranquillement et pénétrer en Mand-
« chourie. Le plus tôt sera le mieux. Alors nous pourrons ici, chez nous, les battre
« d'un seul coup et terminer ainsi rapidement la guerre. Si nous les empêchions de
« débarquer, pour remporter des succès partiels, on ne saurait prévoir la fin de cette
« guerre et nous ne pourrions les détruire complètement. » (Major VON TETTAU.)
« Dans le milieu des officiers étrangers, on agita beaucoup la question d'une offensive des Ier et IIIe sibériens et de la 5e division de tirailleurs sur Pitseouo. Le général
Kouropatkine, auquel l'officier d'état-major attaché à notre groupe avait parlé de
notre opinion, aurait déclaré que « plus les Japonais débarqueraient de monde au nord
« de Port-Arthur, mieux cela vaudrait, et qu'il ne fallait pas les troubler. » (Major VON
TETTAU.)

1 brigade d'artillerie et 1 de cavalerie, 1 régiment d'obusiers, 1 parc léger de siège : 50.000 hommes, 2.700 chevaux, 216 pièces. — Les Russes ont : dans les montagnes, Keller successeur de Zassoulitch, avec 16.000 fusils, 5.000 cavaliers, 60 pièces; vers Inkeou, Stackelberg avec 17.000 fusils, 1.200 cavaliers, 70 pièces; à Liaoyang, Kouropatkine, avec 27.000 fusils, 1.200 cavaliers, 113 pièces,; à Port-Arthur, 40.000 hommes.

1° *Investissement de Port-Arthur.* — Stœssel, visiblement obsédé par l'idée de vagues débarquements sur tout le pourtour de la presqu'île, organise sans conviction à Nantchan une première ligne de défense formidable. Le 21 mai, prudemment, Oku s'avance avec 30 bataillons, 7 escadrons, 33 batteries; il a laissé en couverture, face au nord, 18 bataillons, 13 escadrons, 9 batteries; environ 30.000 hommes et 200 pièces bombardent Nantchan le 25. Stœssel dispose de la 4ᵉ division de tirailleurs, du 5ᵉ régiment de tirailleurs, et d'une centaine de pièces (13.000 hommes).

Le 26, de 3 heures du matin à 7 heures du soir, les Japonais attaquent énergiquement : au moment où ils vont manquer de munitions, ils voient les Russes se retirer lentement, leur ayant tué 4.000 hommes, et ne perdant que 800 hommes et une grosse artillerie assez médiocre.

Or, cette position de Nantchan n'a été défendue que par le colonel Tretiakov avec le 5ᵉ tirailleurs! Malgré des demandes de secours réitérées pendant toute la journée, sur la position de Nankoualing, à 10 kilomètres du combat, une division entière est restée immobile sous la surveillance des généraux Fock et Stœssel. Et, à la suite de ce fait d'armes, celui-ci a cru devoir proposer celui-là pour la croix de Saint-Georges (Voir compte rendu du procès Stœssel).....

Laissant devant la place le parc de siège et la 1ʳᵉ division, Oku remonte vers le nord.

2° *Débarquement des IIIᵉ et IVᵉ armées.* — Pendant que Kuroki exécute des démonstrations vers l'ouest et que l'on simule vers Inkeou une tentative de débarquement, les autres armées prennent pied : Nogi à Dalny avec la 11ᵉ division, qui assiégera Port-Arthur de concert avec la 1ʳᵉ et sera renforcée en juin par la 9ᵉ division et les 1ʳᵉ et 4ᵉ brigades de réserve. Oku aura désormais sous ses ordres les 3ᵉ, 4ᵉ et 5ᵉ divisions, les 1ʳᵉ brigades de cavalerie et d'artillerie, puis en juin la 6ᵉ division et la 11ᵉ brigade de réserve.

A Takouchan débarque Kawamura avec la 10ᵉ division : il saura « faire du volume », réussira à en imposer aux Russes ; et ceux-ci, croyant à la présence de ce côté d'une armée entière, n'oseront prendre franchement l'offensive contre la 1ʳᵉ ou la 11ᵉ armée.

3° *Offensive de Stackelberg.* — Cette offensive a été vainement conseillée, avant le 6 mai, par la plupart des officiers étrangers. Comme Stœssel se lamente quotidiennement sur l'état de la forteresse, le projet en question sourit au namiestnik Alexeiev qui le mûrit jusqu'au 19 mai et l'impose à Kouropatkine en lui laissant le choix de l'objectif. Kouropatkine ne se décide que le 27 à choisir l'armée d'Oku : possible le 10 mai, dangereuse le 26 après Nantchan, le 1ᵉʳ juin l'opération n'est plus qu'une aventure (1).

On charge Stackelberg de la mener à bonne fin avec 30.000 fusils, 2.500 chevaux, 94 pièces, ramassés à droite et à gauche depuis le 5 juin et qui le 15, en pleine bataille, achèveront seulement de se concentrer à Ouafangkeou autour du 1ᵉʳ sibérien. Il doit agir avec prudence « contre le rideau qui fait face au nord », en cherchant à écraser « les fractions avancées de faible effectif » et évitant de s'engager à fond ; éventuellement, enlever la position de Kintcheou et marcher sur Port-Arthur.

Oku dispose de 35.000 fusils, 2.000 cavaliers, 216 pièces : les 3ᵉ et 5ᵉ divisions attaqueront de front la « position éventuelle » que les Russes organisent depuis le 8 ; la 4ᵉ débordera vers l'ouest, par un mouvement à large envergure, que la cavalerie russe n'éventera qu'au dernier moment.

L'attaque japonaise commence le 14 : la droite russe, où sont entassées les réserves et qui n'est pas attaquée sérieusement, demeure complètement inactive. Stackelberg ordonne pour le

---

(1) « A l'état-major du vice-roi, on envisageait tout autrement l'exécution de l'offensive. On s'y livrait, dès le 5 juin, à l'allégresse anticipée d'un nouveau Sedan que l'on ménagerait aux Japonais. » (Colonel GAEDKE.)

15 l'offensive à sa gauche qui sera renforcée par une brigade: mais dans cet ordre « catégorique », ce qu'il précise surtout, ce sont les directions d'une retraite possible!..... L'artillerie russe, étalée sur les crêtes, se fait écraser; l'infanterie, en s'engageant, ne met en ligne que deux bataillons sur neuf. Les comptes rendus de la cavalerie mettent cinq heures à faire 10 kilomètres. Il faut dix heures à la brigade Glasko pour traverser les 7 kilomètres du champ de bataille; après quoi, elle se laisse arrêter par de la cavalerie à pied. Les ordres, mal rédigés, sont mal transmis; on échange, par notes courtoises, des banalités quelconques. La retraite, déterminée par l'entrée en ligne de la 4e division, est pénible malgré l'absence de poursuite. Les Russes perdent 3.600 hommes et 17 pièces; les Japonais, 1.200 hommes (1).

Le 21, après un combat d'arrière-garde, Stackelberg est à Kaiping.

4o *Sur mer.* — L'escadre de Vladivostok coule trois transports, sur lesquels se trouve le parc de siège destiné à l'attaque de Port-Arthur.

§ 3 — La Ire armée japonaise dans les montagnes

1o *Situation et premiers mouvements.* — Pendant ce temps s'accomplissent vers l'est des événements qui démontrent, une fois de plus, les difficultés et l'importance de cette guerre de montagne, un peu négligée de nos jours en dépit des souvenirs napoléoniens. — Le général Keller occupe tous les chemins entre le Taitseho et Simoutcheng, sur le front Sikouyang—Taouan—Motouling—Siouyen; la cavalerie, Rennenkampf à gauche, Michtchenko à droite, ne fera guère parler d'elle (2);

---

(1) « Le général Stackelberg accuse la brigade de la 35e division, l'état-major, puis la cavalerie qui n'a pas répondu à ses exigences. En réalité tous lui paraissent coupables, sauf lui-même : l'état-major, la brigade Glasko, la cavalerie du général Simonov, l'artillerie. Ni la brigade, ni la cavalerie, ni l'artillerie, d'après lui, n'ont fait ce qui leur était ordonné. Nous répétons que c'est peu de donner un ordre : il faut le faire exécuter et veiller sans cesse à son exécution. » (Lieutenant-colonel KOMAROV.)

(2) « Jugement du général Fujii, chef d'état-major de Kuroki : Dans un tel moment de crise, Michtchenko aurait dû s'employer, soit à prolonger l'aile gauche russe à Ouafangkeou, soit à attaquer la Ire armée; mais il était encore avant-hier au contact de nos patrouilles, complètement inerte, si bien que l'on peut considérer ses forces

tous les cols sont fortifiés, avec une position principale à Latseu-chan. C'est l'attitude passive d'un dispositif schématique d'a-vant-postes, sans masse disponible, sans manœuvre possible. — Couvert par quelques détachements mixtes, Kuroki a une bri-gade (Asada, de la Garde) à Siouyen, en liaison avec la 10e divi-sion, trois brigades à Fenghoangtcheng, la 12e division vers Haiyangyamen.

Perdu dans les détails d'un commandement nouveau pour lui, Keller se rend bien compte instinctivement du mal, mais ne devine pas les remèdes (1). Il les cherche à tâtons : malgré Kouropatkine, il voudrait modifier son dispositif en vue de l'of-fensive; le 28 mai, il pousse deux colonnes sur Saimatseu et Fen-ghoangtcheng, mouvement dangereux qui tombe dans le vide, sans résultats (2). Nouvelles modifications..... Les 7 et 8 juin,

comme gaspillées purement et simplement..... Nos flancs-gardes ont eu environ une douzaine d'escarmouches, où les Cosaques et la cavalerie russe se sont révélés tout à fait impuissants et ont été repoussés avec une facilité relative..... Face à la colonne de droite, Rennenkampf est à Saimatseu avec un détachement principalement composé de cavalerie. Il fait tentatives sur tentatives, généralement sans aucun suc-cès. Mais, du moins, il essaie quelque chose..... Sur l'autre flanc, Michtchenko nous inquiète beaucoup moins, car il est beaucoup moins actif. En fait, je puis presque affir-mer qu'il n'a absolument rien fait sur ce théâtre d'opérations. »'(Général HAMILTON.)

(1) « Jusqu'ici cette attitude complètement passive avait eu pour résultat d'en-tretenir la plus complète obscurité sur les forces et les positions de l'ennemi : la 1re ar-mée était-elle encore à Fenghoangtcheng, ou n'y avait-elle laissé que de faibles grou-pes, tandis que, derrière ce rideau, elle allait vers l'ouest se réunir à la IIe armée pour marcher sur Haitcheng? Les renseignements ne concordaient point. Le général Keller reconnut de suite qu'à la seule condition d'accrocher cet ennemi, il pourrait faire la lumière et l'empêcher de mouvoir ses forces à son gré. Mais il lui fallait, pour cela, l'agrément du commandant en chef. Et, préalablement, il s'agissait pour lui de faire connaissance avec ses troupes et avec la situation. » (Major VON TETTAU.)

« Mais on persistait à professer cette extraordinaire doctrine que, les montagnes étant impraticables, l'ennemi ne disposait pour avancer que des chemins portés sur la carte. Je communiquai au comte Keller mes impressions à cet égard; il était de mon avis, estimant également que toutes ces innombrables positions ne pouvaient qu'entraver les troupes en paralysant toute initiative. Que ces montagnes ne fussent point impraticables, nous pûmes nous en convaincre par nous-mêmes dans nos pro-menades..... Comme des chats, nos petits chevaux escaladaient les ravins escarpés; bien rare fut pour nous l'obligation de mettre pied à terre et de les conduire par la figure. Nous vimes ainsi clairement que, par les temps secs, il n'y avait là d'obstacle ni pour l'infanterie, ni pour les bêtes de somme. » (Major VON TETTAU.)

(2) « On avait l'impression que la 1re armée appuyait à l'ouest pour marcher sur Haitcheng et que les démonstrations exécutées par des forces peu importantes n'a-vaient pour but que de tendre un voile sur le front du détachement de l'Est. Le comte Keller était donc d'avis de se lancer à l'attaque, pour tomber sur le flanc de cette ar-mée si elle était en mouvement, ou la fixer si elle était encore à Fenghoangtcheng. « Il faut que nous finissions par prendre l'initiative, sans la laisser toujours aux Japo-« nais. » Judicieux avis, réconfortantes paroles..... Il me dit que nous prendrions l'of-

Kuroki se remue pour couvrir les débarquements, sans du reste tromper Keller. Celui-ci, à la suite de l'offensive de Stackelberg, reçoit l'ordre d'envoyer, le 15 juin, 6 bataillons à Aichantchan. Puis il exécute sur Siaolitchouan une reconnaissance sans résultats et reçoit l'ordre formel de rester sur la défensive (1).

Pour comprendre les événements, il est nécessaire de connaître la conception que Kouropatkine se forme de la situation pendant la deuxième quinzaine de juin, conception erronée dont la responsabilité remonte vraisemblablement aux auteurs de comptes rendus pessimistes venus de la région de Siouyen.

On signale de ce côté « trois ou quatre divisions japonaises concentrées »; il n'y a en réalité que la 10e division (Kawamura) et la brigade Asada. Conclusion : les 5 brigades qui font face au général Keller sont constituées par la 12e division renforcée de 3 brigades de réserve. Connaissant, d'autre part, la composition de l'armée d'Oku, on s'attend à voir l'ensemble des forces ennemies marcher sur Kaiping ou sur Haitcheng. Kouropatkine adopte donc le dispositif ci-après :

Face au sud, à Kaiping, Stackelberg avec 36 bataillons, 3 régiments cosaques et 1 de dragons. Barrant la direction Siouyen — Kaiping, Zaroubaiev avec 20 bataillons et 4 régiments cosaques. Barrant la direction Siouyen — Haitcheng, Zassoulitch avec

---

fensive pour tâter l'ennemi et déchirer le voile; mais qu'il fallait encore attendre l'agrément du commandant en chef.....

« ..... Le 3 juin, par un temps superbe, on était de retour à Lianchankouan. Le général Keller interpella de nouveau les troupes que nous rencontrâmes, pour leur expliquer que cette marche n'avait pas été tout à fait sans résultats, puisque « c'était « avec les jambes du soldat que l'on remportait la victoire ». Sans aucun doute, ces troupes avaient beaucoup souffert, par ce temps défavorable, sur ces chemins difficiles. Le général Kastalinski affirmait, en tout cas, que le seul résultat de l'expédition était la mise hors service de 8.000 paires de bottes. » (Major von TETTAU.)

(1) Il est juste de faire remarquer le danger de ces reconnaissances dans le vide :
« Pour marcher sur Saimatseu, il fallait exécuter un mouvement de flanc sur un étroit chemin dont l'issue, à Saimatseu, se trouvait aux mains de l'ennemi. S'il s'y maintenait, tout en poussant des forces sérieuses de Toumentsa sur Tsaohokeou, la trappe se refermait sur nous. Il fut heureux que les Japonais n'eussent point eu vent de l'entreprise projetée..... Le général Romanov reçut l'ordre, avec 6 bataillons, 1 batterie, 5 sotnias, de maintenir ouverte la porte de sortie du détachement qui marchait sur Saimatseu : à cet effet, un bataillon occuperait le Fenchouiling ouest, et le reste se porterait au sud sur Fenghoangtcheng. Cette mission n'était pas tout à fait claire : d'après le général Keller, si l'ennemi mettait en mouvement des forces supérieures, Romanov occuperait la position du Fenchouiling ouest; mais celle-ci se trouvait à l'ouest du débouché du chemin de Saimatseu, qu'elle ne pouvait donc assurer. » (Major von TETTAU.)

31 bataillons et 1 régiment cosaque. Face à l'est, Keller avec 14 bataillons et 2 régiments cosaques et demi; à sa gauche Rennenkampf avec 5 bataillons et 3 régiments cosaques. A Liaoyang, 4 bataillons et 2 sotnias.

La dispersion des forces ne saurait être plus complète : sur 110 bataillons, 51, près de la moitié, font face à l'imaginaire « armée de Takouchan » qui pourrait foncer sur Haitcheng et couper ainsi la retraite de Stackelberg. Dans cette crainte, le 29 juin, Kouropatkine concentrera à Simoutcheng, sous les ordres de Zassoulitch, 41 bataillons et 18 sotnias, en le faisant renforcer par la 5e division de tirailleurs venue de Tachekiao, la 31e division venue de Haitcheng (dont la 1re brigade arrive de Russie), la brigade cosaque de l'Oural et 2 bataillons du 8e régiment de Tomsk.

2o *Offensive de Kuroki.* — Le 24 juin, Kuroki prend l'offensive, sur trois colonnes d'une division chacune, la brigade Asada l'ayant rejoint; les Russes auraient l'occasion belle de contenir deux de ces colonnes et d'écraser la troisième de tout leur poids : entre les divisions de la 1re armée les communications latérales sont des plus précaires. Mais Keller, démesurément affaibli, reste immobile à attendre le choc (1). Sur sa droite, le 27 juin, Kawamura enlève le col de Taling aux détachements Levestam (1re brigade de la 2e division d'infanterie de Sibérie et 21e tirailleurs) et Michtchenko. Ce dernier recule sur Tachekiao; Rennenkampf sur Sikouyang. Les détachements russes, presque sans résistance, se replient sur Taouan et Latseuchan (2). Les Japonais sont à Papouling, Motianling, Fankiapoutseu.

---

(1) « La 1re armée s'étend ainsi sur un front qui, flancs-gardes comprises, atteint environ 80 kilomètres, chaque colonne remontant une vallée étroite, séparée de ses voisines par des crêtes montagneuses élevées..... Ces dispositions, évidemment nécessaires, n'en sont pas moins dangereuses : nécessaires, parce que les routes, ou plutôt les pistes, sont si étroites et si mauvaises qu'une division est l'effectif maximum qui puisse être ravitaillé, pendant un temps prolongé, par une artère de ce genre; dangereuses parce qu'elles offrent une occasion de se distinguer au général russe qui, s'il sait manœuvrer avec rapidité, secret, décision, serait en situation d'occuper deux de ces colonnes, tandis qu'il jetterait sur la troisième des forces d'une supériorité écrasante. » (Général HAMILTON.)

(2) « L'emplacement (des défenses du Motianling) est bien choisi. De longs éperons se détachent des hauteurs, sur les deux flancs de la vallée, et se recouvrent, semblant à distance former une muraille verte continue et escarpée. Le champ de tir est

Le 4 juillet, un retour offensif des Russes sur Motianling échoue, mal préparé et décousu. Inquiet maintenant pour la direction Saimatseu—Moukden, Kouropatkine envoie comme renfort la 9ᵉ division du Xᵉ corps qui vient d'arriver : une brigade à Sikouyang; une brigade avec Keller auquel font retour les 6 bataillons de la 3ᵉ division de tirailleurs détachés après le 15 juin.

3º *Offensive de Keller.* — Dans la nuit du 17 juillet, Keller prend l'offensive, avec 24 bataillons seulement sur les 40 dont il dispose maintenant, contre la 2ᵉ division retranchée à Tchamatao, Motianling, Chingkeouling. Au lieu d'agir énergiquement sur les flancs, il entasse derrière son centre une artillerie et des réserves inutilisées : offensive hésitante, simples reconnaissances, dirait-on. Résultat unique, les pertes : 1.500 Russes, 500 Japonais (1).

---

satisfaisant, et il me semble que, si les Russes nous avaient attendus là, nous aurions perdu bien du monde..... En quittant ces solides redoutes semi-permanentes et ces lignes de retranchements, je ne puis me défendre de sympathiser avec ceux qui ont peiné là, des semaines entières, uniquement pour évacuer et battre en retraite dès l'apparition des avant-gardes japonaises. Après la défaite actuelle, je ne puis rien imaginer de plus pénible pour le moral d'une armée. » (Général HAMILTON.)

(1) « Je dois exprimer ma très ferme conviction que, si 'es forces russes avaient été hardiment commandées, si chaque chef de bataillon avait été décidé à s'accrocher dès l'abord à l'ennemi et avait agi en conséquence, elles auraient certainement réussi avant 7 heures du matin, malgré leurs formations trop compactes, à percer les lignes japonaises..... Au moment précis où il fallait faire l'effort désespéré, décisif, une étrange léthargie, une sorte de paralysie de la volonté, semble les avoir envahis. » (Général HAMILTON.)

« Je ne puis comprendre pourquoi les Russes ne renouvelèrent pas leur attaque, au début de l'engagement, tandis que le brouillard les favorisait, et que les Japonais ne tenaient le col et ses abords qu'avec trois pauvres bataillons. » (Général HAMILTON.)

« Les neuf dixièmes des Russes n'attaquèrent pas du tout. Quelques-uns s'avancèrent à bonne portée, beaucoup n'allèrent pas si loin. Un moment, ils s'exposèrent, avec un admirable sang-froid, à des pertes cruelles, dans une situation désavantageuse. Puis, avec un égal mépris du danger, ils regagnèrent leur bivouac..... Bien qu'il convienne d'admirer la bravoure, sous quelque aspect qu'elle se manifeste, il est pourtant certain que, depuis Jéricho, jamais position tenue par de bonnes troupes n'est tombée devant une simple démonstration, quelque formidable que celle-ci ait pu paraître. » (Général HAMILTON.)

« On ne peut discerner le but de toutes ces entreprises. Après leur défaite du 1ᵉʳ mai sur le Yalu, les Russes avaient eu jusqu'à la fin de juin pour décider s'ils s'arrêteraient, ou non, au Motianling. Ils fortifièrent les cols sans doute, mais ne firent rien pour les défendre énergiquement..... Depuis le 24 juin, ils étaient informés de la marche des Japonais. De Tensuiten (près de Taouan), ils pouvaient, en quelques heures, atteindre et occuper les débouchés fortifiés par eux; ils les abandonnèrent jusqu'à ce que les Japonais y fussent établis, puis se mirent en mouvement comme par sursaut. Mais ils n'agirent que superficiellement et en dispersant leurs forces.

« Ce fut superficiellement qu'ils tentèrent, les 17 et 19 juillet, de reprendre le Mo-

La riposte de Kuroki est immédiate : la 12e division, renforcée de 2 bataillons de la 2e, va chasser la gauche russe de Tchaotao, ce qui permettra à la Ire armée de franchir en toute sécurité la vallée du Langho. La position du général Gerschelmann est à peu près inexpugnable : il s'y cramponne donc, un peu passivement, pendant toute la journée du 18. Le 19, un régiment de la brigade Sasaki exécute, pour déborder sa droite de concert avec les deux bataillons de renfort, une marche de 30 kilomètres en pleine montagne. Comme l'autre régiment de la brigade Sasaki est en couverture contre le détachement Rennenkampf — qui d'ailleurs n'interviendra pas le moins du monde —, Gerschelmann lutte donc, à armes à peu près égales, contre la seule brigade Kigoshi. Il laisse traîner le combat et attend patiemment pendant sept heures la réussite de la manœuvre japonaise. Pourtant, un unique bataillon suffirait peut-être à contenir cette manœuvre qui finit par transformer en déroute une retraite commencée en très bon ordre après une résistance plus qu'honorable. De part et d'autre on a perdu 350 hommes; mais la brigade russe

---

tianling. Une fois convaincus d'avoir commis une faute en l'abandonnant, ils devaient, pour le reconquérir, mettre en ligne toutes les forces disponibles, c'est-à-dire, pour le moment, trois divisions au moins. A celles-ci, les Japonais ne pouvaient opposer, le 17, que la 2e division et la moitié de la Garde, et, sur la route du Motianling, rien que la 2e division; la 12e était trop loin pour intervenir, et les Russes pouvaient le savoir. Mais, au lieu de jouer sur une seule carte la partie décisive, ils n'aventurèrent que quatre régiments sans la moindre artillerie.

« La dispersion des forces, ce furent ces continuelles reconnaissances de compagnies et de bataillons, après que l'on sut les débouchés du Motianling occupés par l'ennemi. Ces compagnies, ces bataillons ne pouvaient que tirailler avec les avant-postes, puis revenir, avec quelques têtes cassées, rendre compte que les Japonais étaient là. Pour établir ce point, il n'était besoin que de petites patrouilles de cavalerie qui auraient observé l'ennemi; il n'y avait rien de plus à découvrir. Les reconnaissances n'auraient eu un sens que si l'on avait eu sérieusement l'intention de prendre l'offensive. Ce n'était pas le cas des Russes. Quand, par hasard, ils attaquaient, ils se battaient le regard tourné vers l'arrière. Ce fut assez visible le 17 juillet.

« Toutes leurs entreprises, du 4 au 22 juillet, éveillent l'impression qu'ils n'agissaient que sans but proprement dit, sans que le besoin s'en fît clairement sentir. Ils voulaient prendre l'offensive : alors, ils poussaient en avant un certain nombre de régiments. Mais ils ne croyaient pas au succès : ils gardaient donc l'artillerie en arrière afin de couvrir la retraite. Ils avaient entendu parler de « reconnaissances offensives » : pour en faire, ils envoyèrent, le 4, un régiment, ultérieurement quelques bataillons ou compagnies. Mais ils ne savaient ni ce qu'ils faisaient, ni ce qu'ils voulaient : car jamais ils ne les firent suivre du gros de leurs forces. Ils agissaient d'après des mots exprimant des conceptions tactiques dont le sens leur échappait; d'après des phrases et des syllabes sonores, auxquelles ils accordaient partout un grand crédit, sans jamais mûrir leurs résolutions en toute connaissance de cause. » (Colonel GERTSCH.)

est démoralisée pour de longs jours. Kuroki est à deux étapes de Liaoyang (1).

§ 4 — La IIe armée japonaise dans la plaine

1º *La situation.* — Examinons le moral des combattants : Kouropatkine, désireux de temporiser, craignant de voir tout ou partie de l'armée de Kuroki marcher directement sur Moukden, ne peut se décider à agir, en dépit des objurgations du vice-roi et de la cour de Russie; il se plaint de manquer de moyens de transport, mais ne semble guère se préoccuper d'organiser, à l'exemple des Japonais, des trains de fortune avec les voitures du pays; s'il fait, en parlant d'offensive, quelques concessions aux idées en vogue, ses lieutenants savent à quoi s'en tenir. Il ne leur laisse d'ailleurs un peu d'initiative que pendant les quelques heures d'un combat, et bouleverse quotidiennement l'ordre de bataille. Beaucoup d'entre eux commencent à se décourager, Keller tout le premier. Les troupes ont confiance dans l'avenir, mais sont persuadées qu'il n'y a rien à faire dans cette montagne; les Sibériens commencent à savoir se battre; il n'en est pas de même des troupes récemment arrivées d'Europe.

Dans l'autre camp, Oyama, arrivé vers la mi-juillet, et Oku

---

(1) « Le plan de l'attaque japonaise était maintenant complètement dévoilé. Que pensa Gerschelmann? Son pouls se prit-il à battre plus vite? C'était pour lui l'instant fatidique où un général doit justifier de toute son existence..... C'était le moment, ou jamais, de lancer sa réserve, jusqu'au dernier homme, au secours de son aile droite; ou, du moins, de jeter ses cosaques dans les tranchées, sur les mamelons escarpés et dénudés, leurs chevaux harnachés tout près derrière eux, afin de tenir ne fût-ce qu'une demi-heure, le temps de dégager l'infanterie. (Général Hamilton.)

« De 8 heures du matin à 1 heure du soir, il n'avait devant lui qu'une faible brigade; le 14e régiment japonais était à plusieurs kilomètres du théâtre de l'action, et le 47e n'était pas encore disponible. Mais la défense resta absolument passive. Plus tard, lorsque le régiment du colonel Imamura, le 14e, fit sentir son action sur le flanc droit de Gerschelmann, une nouvelle et plus fructueuse occasion s'offrait de faire une contre-attaque. A ce moment, le plan des Japonais devait être d'une évidence manifeste pour un chef de quelque expérience. Une partie de leurs forces tenait la position de front, sans paraître vouloir avancer à distance décisive, tant que le reste, détaché dans ce but, ne serait pas à portée d'intervenir contre le flanc droit. Jusque-là, et tant que les deux fractions de la 12e division seraient séparées par une chaîne montagneuse, il avait le loisir d'amener toute sa réserve..... » (Général Hamilton.)

(Le général Hamilton croyait, en écrivant ces lignes, que Gerschelmann disposait à Tchaotao de sa division entière. Néanmoins ses critiques conservent, à notre avis, une certaine valeur.)

sont plus que jamais résolus à ne pas se départir de leur prudence méthodique; Nodzu, qui réunit la 10e division et la 10e brigade de réserve (IVe armée), manœuvre en liaison avec les Ire et IIe armées : le commandement russe continue à s'exagérer les forces de cette « armée de Takouchan » dont il redoute perpétuellement l'intervention; Kuroki, rendu audacieux par le succès, ne demande qu'à aller de l'avant. Les soldats également voudraient en finir à tout prix.

Au milieu de juin, la 10e division est encore seule et, malgré le désir du grand quartier général de Tokio, les difficultés insurmontables du terrain mettent Kawamura dans l'impossibilité absolue de tenter quoi que ce soit contre Stackelberg; il est forcé de s'immobiliser à Siouyen. Dès que la IIe armée commence à s'approcher de Kaiping, il enlève Taling, le 27 juin, et, par des démonstrations énergiques, fixe devant lui les troupes susceptibles de coopérer à une action contre Oku.

Au commencement de juillet on a reçu à Liaoyang le reste des Xe et XVIIe corps.

Vers l'est, en deux groupes, 48 bataillons vont faire face à Kuroki : à gauche Sloutchevski avec le Xe corps (9e division et 1 brigade de la 31e division); à droite Keller (3e et 6e divisions de tirailleurs).

Zassoulitch avec 28 bataillons (5e division de tirailleurs du IIe sibérien, 1 brigade du IVe sibérien, 1 brigade de la 31e division) et Michtchenko sont opposés à Nodzu auquel on attribue « 2 divisions et 1 brigade de réserve de l'armée de Takouchan ».

Zaroubaiev et Stackelberg opposent 48 bataillons à l'armée d'Oku, renforcée, assure-t-on, d' « une division de l'armée de Takouchan ».

En réserve à Haitcheng, 16 bataillons; 4 bataillons à Liaoyang.

D'après Kouropatkine, il manque à chaque régiment 800 hommes malades ou détachés.

Du 21 juin au 4 juillet, Stackelberg, au contact de la IIe armée, a surmené son corps d'armée sans que l'on puisse discerner clairement ses intentions (1). Le 8 juillet, les Japonais occupent les

---

(1) « Quant à savoir quelle fut l'idée directrice du général de Stackelberg dans l'organisation de son système de reconnaissances, de couverture et d'arrière-gardes, cela ne nous est pas possible, en l'absence de toute donnée précise sur les ordres

retranchements de Kaiping après un engagement insignifiant. Kouropatkine vient présider en personne à l'organisation d'un front défensif : Inkeou — Tachekiao — Simoutcheng, couvrant Haitcheng contre les IIe et IVe armées. La nouvelle de l'affaire de Tchaotao le rappelle du côté d'Hanping. Aussitôt après son départ, la IIe armée attaque.

2° *Combat de Tachekiao*. — Zaroubaiev est installé sur une position archifortifiée : l'artillerie bien masquée (en dehors des épaulements préparés par le génie) a consciencieusement étudié son tir; l'infanterie attend dans des tranchées blindées le moment d'occuper ses tranchées de combat; des cheminements défilés ont été organisés; il y a là 33.000 fusils, 4.500 chevaux, 112 pièces. Oku leur opposera 37.000 fantassins, 1.400 cavaliers, 216 pièces : sa cavalerie, avec la moitié de la 4e division, s'en ira vers Inkeou déborder la droite ennemie.

Le 23, vers 1 heure du soir, on s'engage sur le front : les batteries russes tiennent parfaitement tête aux pièces japonaises; la cavalerie renseigne bien.

Pendant toute la journée du 24, Stackelberg, avec le Ier sibérien, n'a pas grand'chose à faire : son artillerie continue à riposter avec succès à une violente canonnade; son infanterie n'a même pas à occuper les tranchées de combat; le soir il aura perdu 50 hommes. Il n'en réclame pas moins avec insistance l'ordre de la retraite.

A sa gauche, au IVe sibérien, un combat d'usure acharné se développe de 5 heures à 11 heures du matin. L'offensive russe, ordonnée pour midi aux généraux Chileiko et Michtchenko, est plus qu'hésitante et se laisse contenir par une contre-attaque assez molle de la 5e division. De 6 heures à 10 heures du soir, riposte et offensive très violente contre le centre russe : quatre assauts successifs sont repoussés. Mais Zaroubaiev, impressionné, semble-t-il, par des renseignements venus du grand quartier

reçus par lui du général Kouropatkine. Nous ne pouvons que constater la dispersion des forces, l'abus des détachements, les changements de chefs d'arrière-garde, les marches et contre-marches de tout un corps d'armée pendant un mois pour aboutir finalement à engager deux bataillons et une batterie, avec une adresse d'ailleurs indiscutable, dans le combat de Kaiping. » (*Revue militaire des Armées étrangères.*)

général, ordonne la retraite : elle s'exécute, de nuit, sur Haitcheng, sans être troublée le moins du monde. Pertes : 600 Russes,
1.300 Japonais (1).

Les Japonais occupent Inkeou le 25, mais, le 30, sont arrêtés
net devant le front Haitcheng—Simoutcheng.

3° *Port-Arthur*. — Pendant ce temps, du 26 juin au 31 juillet,
les 75.000 hommes de Nogi enlèvent, après des combats vio-
lents, les trois lignes de défense extérieures de Port-Arthur et
investissent la place.

§ 5 — La perte des montagnes

1° *Combat de Simoutcheng*. — A l'est, les IVe et Ire armées vont attaquer sur toute la ligne, simultanément. La 5e division, qui possède de l'artillerie de montagne, va d'abord renforcer Nodzu.

Le 30 juillet, celui-ci tâte la position ennemie, dont la gauche
est particulièrement forte. Il donne l'ordre d'attaquer le 31 :
10e brigade de réserve à droite ; puis 10e division déployée de
Simoutcheng à Tapoutseu ; 5e à gauche vers Yankiakeou.

L'attaque échoue. Mais à 9 heures intervient la 17e brigade de
la 3e division, flanc-garde de droite d'Oku : elle prend d'enfilade,
à la droite russe, le détachement Michtchenko, qui recule en
perdant 6 pièces. A leur gauche, par contre, les Russes se maintiennent victorieusement. Ils ont encore de fortes réserves et la
2e brigade de la 35e division arrive d'Haitcheng à leur secours.
Mais, dans ce terrain difficile, les mouvements sont lents ; leur

---

(1) « Le général Zaroubaiev, avec de simples directives d'un caractère général,
avait une entière liberté d'action. » (KOUROPATKINE, *Rechenschaftbericht*.)

« Mais on faisait entrer en ligne de compte, au quartier général russe, dès avant
Liaoyang, un grand nombre de divisions de réserve japonaises qui, à ce moment-là,
n'existaient nullement. Dans son mémoire justificatif, le général Kouropatkine
reproche au général Zaroubaiev d'avoir manqué de fermeté en se repliant sans
nécessité après le combat indécis de Tachekiao. Mais, en réalité, si ce brave général
rompit l'engagement, c'est, à ma connaissance personnelle, que le grand quartier
général russe lui envoya directement la fausse nouvelle du débarquement, ce même
jour, d'une nouvelle division ennemie près d'Inkeou ou de Kaiping, ce qui rendait
sa situation intenable. » (Colonel GAEDKE.)

attitude défensive condamne les Russes à la passivité; l'idée de manœuvre est absente : ils ne peuvent utiliser ces réserves qu'à contenir les Japonais. Ceux-ci se cramponnent au sol; et, à 5ʰ 30, une contre-attaque centrale des Russes sur Tapoutseu ne peut venir à bout de l'aile gauche de la 10ᵉ division.

La retraite commence à 11 heures du soir, sans doute d'après les indications du grand quartier général russe : contenues par l'artillerie ennemie, la 5ᵉ division et la 17ᵉ brigade ne réussissent pas à la troubler; en dépit des ordres de Nodzu, la 10ᵉ division ne peut entamer la poursuite « vu l'état de ses troupes ». En deux colonnes, par Pailoutouen et Simouling, les Russes reculent sur Haitcheng où ils sont le 1ᵉʳ août au soir.

A cette date, le détachement de l'est a battu en retraite, lui aussi, et n'est plus qu'à 35 kilomètres de Liaoyang; comme de cette ville à Haitcheng il y a 70 kilomètres, Kouropatkine prescrit d'évacuer la position du détachement du sud et de se replier : le IIᵉ sibérien sur Aichantchan et Kousantseu, les Iᵉʳ et IVᵉ sur Aichantchan. Après un combat d'arrière-garde le 2 août, la IIᵉ armée occupe Haitcheng et Nioutchouang, dont l'importance est grande pour le ravitaillement.

2⁰ Combat de Yuchouling. — La 12ᵉ division japonaise, après Tchaotao, s'est retranchée à Sikouyang : le général Slout-chevski a reçu, le 21 juillet, l'ordre de l'attaquer pour l'empê-cher de marcher sur Moukden. Il dispose de tout le Xᵉ corps, moins une brigade laissée à Hanping, 20.000 fantassins, 2.500 ca-valiers, 88 pièces. Près de lui, à Pensikou, Lioubavine, qui rem-place Rennenkampf blessé, a été renforcé par le régiment de Pskov et le 2ᵉ régiment du Daghestan : 3.000 fusils, 4.000 che-vaux, 12 pièces. Il y a enfin à Liaoyang 24 bataillons du XVIIᵉ corps en réserve.

Sloutchevski sait, par sa cavalerie et ses aérostiers, qu'il n'a que peu de monde devant lui; mais Kouropatkine lui recom-mande d'agir avec prudence et méthode. Du 22 au 29, il organise une position à Tongkiapou et améliore les chemins. Le 29 il donne l'ordre d'offensive : l'avant-garde « accepte le combat », le gros « prend position », les colonnes de gauche et de droite « surveillent, protègent, couvrent les flancs! » C'est en effet ce qui va se produire à Yuchouling, où cette avant-garde s'installe le 30 (1).

Le 31 précisément, sur l'ordre de Kuroki, la 12e division, renforcée par un régiment de réserve de la Garde (à 2 bataillons) et ne conservant en réserve que trois bataillons, prend l'offensive sur deux colonnes : 6 bataillons prennent pour objectif Yuchouling, 5 bataillons Penling. Le général Okasaki, avec 3 bataillons de la 2e division, partant de Tchamatao, doit déborder la droite des Russes. Deux compagnies de la réserve surveillent la direction de Pensikou, où l'on peut craindre l'intervention de tout ou partie du détachement Lioubavine.

A Yuchouling, les avant-postes russes sont complètement surpris au petit jour (2); mais l'ordre se rétablit et les Japonais

---

(1) « Complètement d'accord avec le général Kouropatkine, le général Sloutchewski estimait que la marche sur Sikouyang devait être conduite avec prudence et méthode. D'après les informations reçues, les forces japonaises à Sikouyang variaient de 3.000 hommes à une division; lui-même les avait observées hier du ballon, et il était convaincu que nous n'avions pas beaucoup de monde devant nous. Mais le commandant en chef lui avait recommandé la prudence..... Il avait déclaré qu'il fallait éviter un échec, qui produirait un effet déplorable sur les troupes et en Russie. Cette marche en avant, conduite méthodiquement, consistait en ceci : l'on cherchait à atteindre, par une marche de jour ou de nuit, un emplacement à peu de distance en avant de la position actuelle, et l'on s'y enterrait; quand on s'y était bien fortifié, on se portait sur une autre plus en avant, et ainsi de suite. » (Major von Tettau.)

« Cette conception de la situation et le plan qui en découlait étaient absolument impeccables. Mais, en face d'un ennemi vigilant et merveilleusement servi par d'innombrables espions chinois, les deux conditions essentielles du succès d'un plan, bon, médiocre ou mauvais, étaient le secret dans la préparation et la promptitude dans l'exécution. Un indice, peu important, mais peut-être significatif, du concept russe de ces conditions essentielles, est fourni par l'envoi à l'aile gauche de ballons qui procédèrent à des ascensions solennelles. Or, comme moyen d'attirer l'attention, un ballon peut rendre des points au système américain des affiches aériennes. Une chose est certaine en tout cas : les règles de secret et de promptitude mises en œuvre par Kouropatkine furent insuffisantes pour tromper la surveillance du colonel Hagino. » (Général Hamilton.)

(2) « Le 3e bataillon du 122e de Tambov fut complètement surpris par l'attaque et bousculé avec de grosses pertes. Le coup de main fut favorisé par la nature boisée du terrain : la hauteur occupée par ce bataillon était couverte de broussailles de la taille d'un homme. Il y eut alerte au camp de Tambov : devant lui, de cette hauteur, l'ennemi dirigeait son feu sur les tentes. Sous la protection des 8e et 15e compagnies qui occupaient contre le bivouac de petits monticules, le régiment, abandonnant ses tentes, se replia sur une crête à l'ouest du ravin où il avait bivouaqué. Le déploiement se fit sous le feu de l'ennemi, qui poussait vivement pour exploiter son succès. Pour l'empêcher de percer, le lieutenant-colonel Lipovan, commandant le 2e bataillon, prit spontanément l'offensive. Sans doute ce bataillon subit de grosses pertes et dut se replier, son chef étant blessé mortellement; mais l'attaque avait atteint son but : les Japonais étaient arrêtés, et le régiment de Tambov pouvait se déployer et se fortifier sur sa nouvelle position. » (Major von Tettau.)

« Un mannequin de paille, revêtu d'un vieil uniforme russe, montait la garde à

arrêtés, définitivement semble-t-il, ne gagnent plus un pouce de terrain ; leur dernière tentative échoue complètement à 7 heures du soir. L'artillerie russe remplit sa mission d'une manière satisfaisante ; mais le commandant du Xe corps n'emploie que 16 pièces sur 88 !

A Penling, le général Martson est attaqué de front à 7 heures du matin : sa brigade n'est pas encore remise des émotions de Tchaotao et ne résiste que mollement. A 8 heures du matin elle recule ; vers 10 heures, prise en flanc par le détachement Okasaki, elle est mise en pleine déroute, dans la direction de Lipiyou. Elle ne s'arrête qu'à Tongkiapou.

Quatre sotnias de Terek-Kouban, avec des mitrailleuses, arrêtent Okasaki ; trois bataillons protègent contre la colonne japonaise de Penling l'aile droite des défenseurs de Yuchouling.

Du détachement Lioubavine on n'a pas entendu parler. A la gauche du Xe corps, le général Grekov se croit, à tort, menacé d'être débordé. Mais une brigade du XVIIe corps arrive de Liaoyang à Hanping.

Pendant la nuit, sans doute à la nouvelle des événements de Yangtseling, Sloutchevski ordonne la retraite « à cause de la

---

l'endroit où le petit poste s'était laissé surprendre. N'importe quel observateur, de la crête voisine, à l'ouest du Makurayama, aurait pu croire à cette vue que, de ce côté, l'on était tout à fait sur ses gardes. Cette sentinelle de paille me semble absolument emblématique.

« A 250 mètres à l'ouest de l'attaque des Japonais se trouvait le col de Makurayama et à 200 mètres en arrière — mais ils l'ignoraient — les deux bataillons russes chargés de défendre ce secteur dormaient confortablement dans leur camp. Mais l'eussent-ils su, les Japonais n'auraient pas agi avec plus de promptitude. Sans perdre un instant, comme une meute, ils se ruèrent sur les traces du petit poste en fuite vers le col. Sur l'autre versant, les premiers coups de feu avaient donné l'alarme ; et de l'ouest, une foule en désordre, à demi habillée, à demi éveillée, se précipitait vers le col en question..... En arrivant au sommet, à leur grande stupéfaction, les Japonais se trouvèrent nez à nez avec cette foule à moitié nue, désorganisée, essoufflée, de soldats vraisemblablement sans chefs. Instantanément aplatis contre terre, pour vendre chèrement leur vie, ils ouvrirent le feu sur cette masse qui, à bout portant, s'offrait à leurs coups. Bien que dans la proportion de deux contre un, les Russes avaient tout contre eux..... Dans ces conditions, il est tout à fait à leur honneur qu'il n'y ait pas eu de panique et qu'ils aient pu disputer la possession du col pendant au moins une demi-heure..... Je dois ajouter que ceux qui se trouvaient dans cet abominable pétrin firent preuve, pour la plupart, d'un merveilleux sang-froid. On remarqua spécialement un jeune officier qui se débarbouillait et se peignait soigneusement, au milieu du sifflement des balles et du crépitement des fusils. » (Général HAMILTON.)

situation stratégique ». La poursuite est assez molle. Les Japonais ont perdu 420 hommes, les Russes 2.400 hommes (1).

3° *Combat de Yangtseling.* — Kuroki a résolu de prendre, le 31 juillet, l'offensive sur toute la ligne : apprenant que la gauche russe se renforce, il craint de voir écraser sa 12e division ; pour la sauver, il va foncer sur Keller « sans perdre une minute..... » Mais son audace rêve d'un succès doublement décisif : déborder simultanément le corps d'armée de Keller et le corps d'armée de Sloutchevski. C'est peut-être beaucoup !.....

La position de Yangtseling est extrêmement forte et bien organisée, défendue par des troupes aguerries. Kuroki n'a là que 20 bataillons, 78 pièces : la brigade Asada, en deux colonnes, avec 3 escadrons et 12 pièces, débordera la droite de Keller ; l'autre brigade de la Garde, avec 1 escadron et 30 pièces, entretiendra le combat de front ; à droite, en position d'attente, les 8 bataillons de la 2e division avec 36 pièces resteront près de la route du col.

Les colonnes d'Asada, complètement éreintées, dans une région difficile, privées de leurs communications téléphoniques coupées, se voyant isolées du reste de l'armée, trouvent « mau-

---

(1) « Au quartier général du X⁰ corps, on déclarait que la retraite était la conséquence absolument forcée de la situation stratégique. Évidemment, après un échec à Yuchouling, la retraite du détachement de l'Est amenait un nouveau mouvement de recul, l'on ne pouvait s'éterniser dans la défensive sur une position aussi avancée, derrière le Lang-ho, et les troupes n'étaient plus capables d'offensive. Mais si le combat de Yuchouling avait été un succès, la situation stratégique n'aurait nullement imposé la retraite. Renforcé par le XVIIe corps, on aurait bien vite arrêté les Japonais qui poursuivaient le détachement de l'Est.....

« .....Les Japonais, à qui on laissait toute initiative, surent, après une surprise heureuse, concentrer leurs forces au point décisif. Mais le régiment de Tambov eût pu, peut-être, reprendre sa position perdue et la victoire revenir au camp russe si, dès le début, la réserve s'était portée au secours de ce régiment ; mais ce fut goutte à goutte que lui arrivèrent les renforts ; le dernier des trois bataillons qu'on lui envoya n'arriva sur les lieux que vers 5 heures du soir. Sur les 24 bataillons du corps, 7 seulement, 16 pièces sur 88, menèrent le combat au point décisif. Ces troupes se battirent merveilleusement ; leurs chefs furent, jusqu'au soir, animés du désir de prendre l'offensive ; mais cette misérable tactique de positions paralysa les résolutions du commandement. » (Major von Tettau.)

« Si les rôles avaient été inversés à Pensikou, il se serait trouvé un Okasaki pour ramasser tous les hommes qu'il aurait eus sous la main, y compris les malades et les blessés légèrement atteints, et les lancer vers le sud, sur Tchaotao ou le Makurayama ; non point d'un geste hésitant, sans résultat possible, mais de tout cœur, telle une avalanche s'ouvrant sa route vers la vallée. Rien de pareil ne se produisit. » (Général Hamilton.)

vais regard » aux Russes et tiraillent de loin toute la journée, sans s'engager sérieusement : elles ne perdront en tout que 61 hommes.

Le centre voit son artillerie réduite au silence, ne progresse qu'avec une désespérante lenteur et n'atteint que vers 6 heures du soir le village de Yamalingtseu, à 1.200 mètres des tranchées ennemies.

L'artillerie de la droite est également dominée : il faut faire donner la 2e division. L'assaut qu'elle se prépare à livrer vers 5 heures échouera vraisemblablement. Mais, à 5h 10, Keller est tué; Kastalinski ordonne la retraite sur Latseuchan.

Retraite incompréhensible (1), que rien ne semble motiver : le général Kouropatkine parle de l'abandon prématuré par le 23e tirailleurs de l'importante position dont la défense lui était confiée. Les récits des témoins oculaires placés dans le camp japonais ne semblent point attacher à cet incident, l'enlèvement de quelques tranchées avancées, la même signification que les rapports du commandement russe.

Retraite grosse de conséquences, puisqu'elle doit nécessiter par contre-coup, servir à justifier du moins, l'abandon de Yuchouling, de Simoutcheng et d'Haitcheng.

§ 6 — Les portes de Liaoyang

1o *La situation.* — Du 1er au 23 août, les Japonais ne bougent pas : ils réorganisent leurs lignes de communications et remettent en exploitation la voie ferrée. En juillet, douze trains par jour vont de Dalny à Port-Adams, soit un trafic quotidien de

---

(1) « Je ne puis m'empêcher de signaler tout l'intérêt d'une contre-attaque lancée droit sur le Motianling. Il paraît que les Russes avaient une division en réserve à Siaolintseu. Si, après avoir tranquillement déjeuné, elle avait surgi de là, elle serait apparue vers 4 heures sur la crête pour marcher ensuite sur le Mótianling et n'aurait trouvé en travers de sa route que l'état-major et les officiers étrangers; à moins qu'elle ne préférât prendre en flanc très proprement la droite japonaise exagérément étendue. » (Général HAMILTON.)

« Pourquoi les Russes qui faisaient face à la 2e division ont-ils abandonné le champ de bataille? C'est ce qu'il est impossible d'expliquer, tant que l'on n'aura pas de renseignements du côté russe. Peut-être à cause de la mort du brave général Keller; peut-être parce qu'ils avaient été avisés de leur échec dans le secteur nord; mais certainement pas parce que les troupes de Kuroki avaient battu celles de Keller. » (Général HAMILTON.)

1.300 tonnes; on ne saurait donc se passer des lignes d'étapes :
Antong—Fenghoangtcheng pour la Ire armée, Dalny—Port-
Adams pour la IIe, Takouchan — Siouyen pour la IVe. A chaque
division sont rattachées quatre colonnes de vivres d'un jour
chaque et quatre de munitions. Des commissaires militaires exploitent le pays aussi largement que possible. Outre les convois
réguliers, assurés par les 110.000 hommes militarisés du train
auxiliaire (charrettes à trois coolies, de 150 kilos), il y a des convois d'étapes sur voitures louées aux indigènes.

Les pluies, du reste, interviennent enfin; le Tangho est monté
de 40 centimètres à 4 mètres..... Pourtant, il faudrait coûte que
coûte avancer tambours battants, ne pas laisser au moral un peu
ébranlé des Russes (1) le temps de se relever, à leurs renforts le
temps de débarquer. Les Japonais n'ont reçu que peu de monde :
en juin, la 10e brigade de réserve, la 6e division, la brigade de réserve de la Garde; en juillet, la 11e brigade de réserve et le 29e régiment de réserve.

La Ire armée tient les routes de Fenghoangtcheng et de Sikouyang à Liaoyang; la IVe est dans la vallée du Sidaho; la IIe
vers Haitcheng.

Les Russes également ont organisé peu à peu leurs convois et
leurs magasins d'étapes; il y a eu là un gros effort de la part de
l'état-major. Mais on manque toujours de convois légers, de
« train de montagne », soit par suite d'économies mal comprises,
soit parce qu'il est toujours difficile d'improviser.

De la droite à la gauche, leurs corps d'armée sont disposés
comme suit : à Aichantchan, sur une position très forte, patiemment organisée, couverte vers Nioutchouang par le détachement
Kossagovski (2 bataillons et demi, 9 sotnias, 4 pièces), Ier sibérien, IVe sibérien et division de cavalerie Samsonov (en réserve),
IIe sibérien (5e division seulement); vers le Miaoling, les déta-

---

(1) « Ce séjour de trois semaines à Hanping constitue dans mes souvenirs la plus
triste période de toute la campagne. Toute idée d'offensive s'était évanouie; tout le
monde était convaincu qu'il faudrait songer à la retraite qu'on appelait de tous ses
vœux : le plus tôt serait le mieux. Ici, dans les montagnes, il ne fallait pas compter
sur un succès, mais là-bas, à Liaoyang, dans la plaine, éclaterait la supériorité des
troupes russes; moi-même, alors, j'en étais bien persuadé! S'attarder à Hanping,
c'était, avant d'atteindre cette plaine tant désirée, courir au-devant d'une nouvelle
défaite. Que la pluie recommençât, et ce serait l'anéantissement. » (Major von
TETTAU.)

ehements Troubetskoï et Tolmatchev rattachés au IIᵉ sibérien
(chacun 1 bataillon, 12 sotnias, 6 pièces) dans des montagnes
peu praticables où une manœuvre sérieuse est difficile; ces troupes
forment le groupe du sud, commandé par Zaroubaiev. A Latseuchan le IIIᵉ sibérien; à Hanping le Xᵉ corps; vers Liaoyang, en réserve le XVIIᵉ corps et la brigade Michtchenko; ces
trois corps constituent le groupe de l'Est commandé par Bilderling et couvert par Lioubavine du côté de Pensikou et, vers
l'ouest, à Talinho, par le détachement Grekov (1 bataillon, 12 sotnias, 6 pièces).

« Dans ces conditions, déclare Kouropatkine, je regarde comme
« possible de ne pas nous borner à des combats d'arrière-garde.....
« Je décide d'accepter le combat sur ces positions, avec toutes
« les forces affectées à leur défense, pour repousser l'ennemi et
« passer à l'offensive s'il se présente une occasion favorable. » —
Cette offensive, Oyama la prend le 24 août.

2° Combat d'Hanping. — Contre les 36.000 fusils, 1.200 cavaliers, 114 pièces de Kuroki, Bilderling peut mettre en ligne
42.000 fantassins, 1.500 cavaliers, 192 pièces. Il ne parle, bien
entendu, que de « résister énergiquement sur les positions » et
insiste sur la description de celle qu'on ira occuper..... après la
prochaine retraite! — Kuroki précise les objectifs de ses colonnes
et ordonne d'attaquer le 26 : la Garde sur Latseuchan, les 2ᵉ et
12ᵉ divisions sur Hanping; chaque division ne garde en réserve
que deux ou trois bataillons.

L'attaque commence le 25 aux avant-postes, au moment même
où, sur l'ordre de Bilderding, le Xᵉ corps se prépare à prendre
une offensive partielle; elle se poursuit furieusement toute la
nuit. Au IIIᵉ sibérien, Ivanov, menacé d'être débordé vers l'ouest,
appelle à lui 8 bataillons et 16 pièces du XVIIᵉ corps. Sloutchevski, de plus en plus déprimé par la vue des montagnes,
« croyant savoir » qu'il a devant lui 30.000 Japonais, renonce à
défendre avec son Xᵉ corps sa position principale, n'y laisse
qu'un simple rideau, et organise vers Peikeou une « arrière-posi-
tion » où il s'installe (1).

---

(1) « Le général Sloutchevski me raconta que le général Bilderling lui avait prescrit d'étendre son aile droite jusque sur la hauteur 300 et d'y relever les troupes du

Le 26 à midi, une contre-attaque exécutée par un régiment du XVIIe corps paralyse l'offensive de la Garde qui se contentera d'entretenir très mollement la lutte avec le IIIe sibérien.

Attaqué avec acharnement, mais infructueusement, pendant toute la nuit du 25 au 26, le Xe corps, à 7 heures du matin, n'a plus qu'un seul bataillon en réserve; il demande vainement des renforts à Bilderling; puis, comme l'élan des divisions ennemies semble brisé, il se reconstitue une réserve en retirant du feu 8 bataillons. Il persiste, d'ailleurs, à garder inemployée plus de la moitié de son artillerie.

Vers 3 heures, à la suite d'un violent orage, une crue menace le pont de bateaux de Kinkiatouen..... A l'extrême gauche du Xe corps, le 122e régiment, exténué et dont le colonel vient d'être tué, se retire en désordre abandonnant 6 pièces. Les Japonais, encore plus fourbus, ne profitent même pas de l'occasion (1).

Enfin, à 8 heures du soir, arrive de ce côté une brigade du XVIIe corps : tout le monde s'attend, pour le 27, à une offensive décisive..... A minuit, Kouropatkine donne directement aux corps d'armée l'ordre de la retraite : 2 batteries la couvrent vers Hanping, au point sensible. Pénible et lente, elle pourrait devenir désastreuse. Mais l'ennemi, harassé, n'a plus la force de poursuivre (2); il ne commencera que dans la soirée du 27.

IIIe sibérien. Le Xe corps avait maintenant à défendre un front de plus de 20 verstes; il n'était pas en état de le faire..... Il avait donc demandé au commandant en chef de lui renvoyer le 33e régiment d'Iéletz et la 2e brigade de la 31e division, ou de l'autoriser à passer le Tangho et à restreindre son front. » (Major von Tettau.)

(1) « Mais comment Kuroki avait-il pu enlever ces rochers presque inaccessibles?... Si les premiers groupes russes rencontrés à mi-chemin sur les pentes de Peikeou avaient fourni une résistance assez opiniâtre pour permettre aux défenseurs des escarpements de la crête de venir garnir les ouvrages préparés, alors — ils devaient en faire ultérieurement la preuve, dans des circonstances plus défavorables, après s'être laissé arracher la moitié de cette crête, — ils auraient pu opposer à l'assaillant une résistance insurmontable. Mais il devait en être autrement : aujourd'hui, comme le 31 juillet au Makurayama, la négligence des avant-postes et leur emploi défectueux ont causé la défaite de toute une armée. » (Général Hamilton.)

(2) « Les Russes avaient une occasion unique de nous attaquer sur l'un ou l'autre flanc; ils l'ont laissée échapper faute d'initiative. A notre aile gauche, ils ont fait preuve d'énergie et, par là-même, nous ont extrêmement gênés..... Si l'attaque des IIe et IVe armées avait fait long feu, pour une cause imprévue quelconque, l'ennemi pouvait lancer plusieurs divisions par la grand'route pour accabler notre gauche. Enfin, tout est bien qui finit bien; et la meilleure chance, il l'a certainement perdue en ne se jetant pas par Pensikou sur notre aile droite et sur ses derrières. » (Général Hamilton.)

« Toutes les tentatives des Japonais pour pousser plus avant échouèrent; partout

« Chacun agit isolément..... Le commandant du groupe de l'Est
« a pourtant un moyen puissant de faire sentir son action, une
« réserve de 22.000 hommes et 110 pièces de canon. Il se borne
« à en détacher des fractions plus ou moins importantes, pour
« rétablir l'équilibre rompu en divers points du champ de ba-
« taille; elle n'est pas pour lui le poids additionnel qui doit faire
« pencher la balance en sa faveur. » (Lieutenant-colonel BAR-
DONNAUT.)

ils furent repoussés avec de grosses pertes. Ce résultat fut dû en première ligne à
l'artillerie russe qui, par son feu, empêcha l'ennemi de déployer ses batteries sur les
hauteurs en avant. Des 14 batteries du Xe corps, 8 seulement prirent part à la lutte;
il n'aurait pourtant pas été difficile d'en installer davantage. » (Major von TETTAU.)

« Le général Zourikov fut mandé au téléphone par le commandant en chef qui lui
demanda des renseignements sur la situation et donna l'ordre ci-après : « Le général
« Ianjoul réoccupera cette nuit même et coûte que coûte la position abandonnée par
« le régiment de Tambov et reprendra les canons perdus. » — Notre déception fut
grande, quand le général Zourikov nous fit savoir qu'il avait reçu du quartier général,
vers minuit. un télégramme du général Kouropatkine prescrivant de ramener immédiatement le corps d'armée sur la rive gauche du Tangho et de la défendre opiniâtrément. Quelle cause pouvait avoir amené le commandant en chef, qui, deux heures
plus tôt, ordonnait une offensive énergique, à ce changement d'attitude? L'effet
produit sur nous par cette nouvelle fut accablant! Combien dut-il l'être plus encore
sur les officiers et les soldats, animés par le sentiment du succès remporté, et ne comprenant plus la raison de tant de sacrifices, puisqu'il fallait encore reculer!.....

« Nous trouvâmes à Kinkiatouen le général Sloutchevski en train de monter à
cheval pour se rendre au pont avec son état-major et y diriger en personne le passage
du corps d'armée. Ce soir-là, j'admirai le vieux général, car la situation était extrêmement critique. Au débouché se pressaient les troupes : le régiment de Koslov
n'était passé qu'en partie; l'artillerie du détachement Vassiliev était encore sur le
pont, et déjà arrivaient sur la rive orientale les régiments de la brigade Ianjoul. Il y
avait donc encombrement de ce côté de la rivière : en attendant son tour, l'infanterie
stationnait près du pont, en masses compactes, et il en arrivait sans cesse. A l'est
du Tangho, les Russes n'avaient plus maintenant une seule batterie : seules, quatre
compagnies du 124e de Voroneje couvraient le passage à Chounchouantseu; l'infanterie japonaise tiraillait avec elles. Nos regards se fixaient sur les hauteurs de l'autre
rive, éloignées du point de passage de 2 kilomètres seulement, et sur le plateau au
nord-est d'Hanping. Nous nous attendions d'un moment à l'autre à voir l'artillerie japonaise ouvrir le feu sur les troupes qui se pressaient en masses épaisses aux
abords du pont. Çà et là se montraient des cavaliers, des éclaireurs d'artillerie, semblait-il. Mais nos pièces battaient les hauteurs par un feu continu à shrapnells; dès
que les cavaliers apparaissaient, elles passaient au tir rapide pour empêcher la mise
en batterie de l'artillerie ennemie. Que, malgré tout, les Japonais n'aient pas tenté
d'en amener une en position pour canonner le point de passage, voilà qui reste incompréhensible pour moi. Le succès eût été colossal!.....

« Mais, grâce à l'inaction absolue des Japonais, la retraite s'accomplit dans le plus
grand ordre..... Graduellement, sur la rive droite, les masses s'éclaircirent et les dernières troupes finirent par traverser. Par leur feu, les deux batteries avaient cloué
sur place l'artillerie ennemie et tenu l'infanterie à distance respectueuse, de sorte
que le feu, dirigé sur le point de passage, n'occasionna aucune perte; elles amenèrent
les avant-trains et se replièrent à leur tour sur Siaotountseu. A ce moment, le soleil
se couchait. Le général ordonna de détruire le pont : une compagnie, avec les éclai-

3º *Retraite d'Aichantchan.* — Les IIe et IVe armées se disposent à attaquer la position d'Aichantchan : de la gauche à la droite, 4e, 6e et 3e divisions, 5e et 10e divisions, la 10e brigade de kobi en réserve. Le mouvement offensif doit commencer par la droite (IVe armée).

Le 26, il n'y a que des escarmouches insignifiantes. Le 27, Zassoulitch, inquiété par une faible flanc-garde de la IVe armée, fait appuyer vers le nord-est le détachement Tolmatchev. A 2 heures du matin, Kouropatkine ordonne la retraite sur le Chaho à mi-chemin de Liaoyang. Mais le terrain détrempé ralentit les mouvements; et elle ne commence qu'à midi pour Stackelberg et Zaroubaiev, qui la font couvrir par les arrière-gardes Rutkovski et Kossovitch. Les lignes d'Aichantchan sont aban-

---

reurs du régiment de Voroneje, protégea, sur la rive orientale, cette destruction qui demanda une demi-heure. Jusqu'à la dernière minute, le général resta sur place avec son état-major; l'opération terminée, la compagnie passa sur les pontons.... Quand la dernière voiture de l'équipage se fut mise en mouvement, quand le dernier homme eut traversé, les pontons conduits par les éclaireurs de Voroneje descendirent le Tangho vers le Taitseho. Alors seulement se retira l'état-major.....

« Mais cette difficile situation du Xe corps ne prenait pas fin avec le passage du Tangho. Les chemins, incomplètement séchés après les fortes pluies du milieu d'août, avaient été absolument défoncés par l'orage des deux dernières journées. Particulièrement mauvaise était la section de route au sud-est de Siaotountseu, où les hauteurs de la rive gauche serraient de près la rivière et formaient un étroit défilé : ce passage resserré était, par suite de la crue, inondé sur une distance assez considérable, avec une profondeur de deux pieds d'eau et plus.

« On avait, il est vrai, dès le 26, dirigé sur Siaotountseu les trains des 2e et 3e échelons, et, le 27 à la première heure, les trains de combat et les petits bagages, mais on n'avait point compté avec cet état des chemins. A notre arrivée, assez tard dans la nuit, au défilé de Seutsouitseu, nous eûmes un spectacle que je n'oublierai jamais. Quatre files de véhicules, — canons, colonnes de munitions, bagages, — étaient à peu près complètement embourbées dans la vase de cet étroit passage inondé. Confusément les cris, les appels des conducteurs retentissaient dans la nuit. Machinalement, nous regardions les hauteurs là-bas, au nord de Peisemou, où nous nous attendions à voir, d'un moment à l'autre, la lueur des coups de canon. Si les Japonais, poussant au delà du Tangho, avaient, de ces hauteurs, ouvert le feu sur le défilé avec leur artillerie de montagne, c'était la perte des batteries et des trains qui n'avaient pu encore effectuer leur passage..... Mais tout demeura calme, et l'ennemi ne risqua point la moindre tentative pour troubler la retraite du corps d'armée.

« Le général Zourikov, chef d'état-major, demeura sur place très avant dans la nuit, pour débrouiller en personne le pêle-mêle des véhicules..... Le 28, au matin, les dernières voitures avaient passé; on ne laissait rien en arrière. » (Major VON TETTAU.)

« A 5 heures du soir, il parut qu'on pouvait espérer voir l'artillerie de la 12e division, et peut-être aussi l'infanterie de la 2e ainsi que sa batterie de montagne, venir à portée du pont avant que le gros des Russes eût effectué son passage. Si elles avaient réussi, c'eût été une deuxième édition du drame de la Bérésina. On avait encore une heure et demie de jour, et tout était possible..... » (Général HAMILTON.)

données sans combat : dans le camp japonais, on n'en revient littéralement pas (1).

La IIe armée occupe Aichantchan, mais perd complètement le contact. La IVe tiraille, sans grande conviction, avec les arrière-gardes de Zassoulitch : celui-ci s'est mis en mouvement dès 8 heures du matin, découvrant ainsi le flanc gauche de Zaroubaiev.

Le 28, le commandant du groupe du sud prescrit de tenir ferme sur les positions : Zassoulitch, toujours inquiet, recule encore, sans prévenir son chef. Comme les arrière-gardes sont serrées de près, Zaroubaiev ordonne la retraite, mais tient bon avec son IVe sibérien afin de sauver Stackelberg, dont les convois sont en détresse dans les fondrières. Malgré ses ordres, Zassoulitch recule toujours, bien que la pression de l'ennemi soit très modérée de ce côté. Rutkovski est tué; son arrière-garde, malgré trois charges à la baïonnette, perd une batterie embourbée. A midi l'on est hors d'affaire et la poursuite s'arrête.

Au total, les Japonais perdent environ 200 hommes, les Russes 33 officiers et 782 hommes : 1 officier et 28 hommes seulement pour les troupes de Zassoulitch.....

Dans ses *Mémoires*, Kouropatkine reproche à certains de ses subordonnés, Bilderling entre autres, d'avoir manqué de fermeté, en ne se déclarant point partisans d'une résistance quelconque, au sud et à l'est, à une étape de Liaoyang. Il nous confesse cependant que, s'il a voulu cette résistance, c'est uniquement pour gagner du temps.

Évidemment les télégrammes de Pétersbourg ne sont guère faits pour l'encourager. En juin déjà, l'on « faisait reposer sur lui toute la responsabilité pour le sort de Port-Arthur »; en août, on lui rappelle, à propos d'offensive éventuelle, « qu'étant sur « les lieux, il est le meilleur juge, mais qu'il ne doit pas perdre « de vue la responsabilité qu'il encourrait en cas de défaite » (2).

---

(1) « Pendant la nuit du 26, l'ennemi, qui faisait face aux IIe et IVe armées, commença à se retirer d'Aichantchan. Nous n'en fûmes informés que le 27 à 6^h 23 du matin. Ce mouvement, tout à fait inattendu pour nous, n'était jamais entré sérieusement dans nos calculs. Nous reconnaissions, comme tout le monde, qu'Aichantchan était la meilleure position que l'on pût trouver entre Kaiping et Liaoyang. Il était également connu de tous que l'ennemi avait dépensé une somme considérable d'énergie, de temps et d'argent, pour ajouter à la force naturelle du terrain par des ouvrages et des défenses de toute espèce. » (Général HAMILTON.)

(2) *Revue militaire des Armées étrangères.*

Sans doute, il ne cesse de penser à la bataille décisive : mais il ne la livrera qu'à Liaoyang, à son heure. Si la Fortune, plus matinale, se présente à un autre moment, il ne la recevra pas. — Et peut-être, après tout, ne désire-t-il que reculer cette échéance qu'il redoute ; peut-être, une fois à Liaoyang, rêvera-t-il d'une bataille décisive..... quelque part du côté de Moukden ; peut-être les subordonnés qu'il incrimine ne sont-ils point les seuls à manquer de fermeté ?

§ 7 — Liaoyang

1º *La situation.* — Le 29 août, les Russes, serrés d'assez près par l'ennemi, arrivent sur la position de Liaoyang.

Depuis cinq mois, une tête de pont semi-circulaire de 19 kilomètres de développement, couvrant huit ponts, dont sept militaires, et appuyée sur huit forts et huit redoutes d'organisation semi-permanente, a été établie sur la rive gauche du Taïtsého. Des défenses accessoires de toutes sortes la précèdent. A 4 kilomètres en avant, une ligne de villages a été mise en état de défense.

A 3 ou 4 kilomètres plus au sud-est, une « position avancée » tient les extrémités des derniers contreforts des montagnes, qui dominent la tête de pont : le terrain est assez favorable à la défense ; mais les retranchements, commencés vers le 10 août seulement, sont relativement imparfaits (1). La situation n'est pas neuve : « La nouvelle position..... on l'a à peine fortifiée. C'est « qu'on en est fatigué : a-t-on assez remué de terre, percé de « créneaux, abattu d'arbres sans utilité ! Pourquoi cette position « serait-elle décidément la bonne, plutôt que telle autre qui pa- « raissait meilleure, qu'on a préparée au mieux, et sur laquelle

---

(1) « La retraite sur Liaoyang était remise à la prochaine fois : nous nous faisions à l'idée de rester encore quelques jours à Hanping. La 2ᵉ brigade de la 31ᵉ division avait enfin fait retour au corps d'armée, mais sans le renforcer aucunement, le commandant en chef l'ayant gardée à sa disposition. Au contraire, le Xᵉ corps s'était encore affaibli, ayant dû, sur l'ordre du général Kouropatkine, envoyer le 34ᵉ régiment d'Ieletz aux travaux des retranchements de Liaoyang. On avait fini par se rendre compte, au grand quartier général, que ces retranchements ne se prêtaient point à une défense énergique : le général Kouropatkine avait donc décidé de recevoir l'attaque japonaise sur une « position avancée », le long d'une crête se dirigeant de Choutouai au nord de Yayutchi et de Mindiafan sur Tsaofantouen et les hauteurs au nord de Sinlitouen, Siaoyantseu et Mayetouen ; un régiment de chacun des Xᵉ et XVIIᵉ corps, IIIᵉ et IVᵉ sibériens, devait fortifier cette position. » (Major VON TETTAU.)

« on ne s'est pas battu? » (Lieutenant-colonel MAISTRE.) — On a
bien fauché le gaolian en avant; mais les parapets, non masqués, sont visibles de loin; le talus qui protège les défenses accessoires, raide du côté de l'assaillant, lui offrira gracieusement un
dernier abri au moment même de l'assaut. A l'extrême gauche,
sur les mamelons de la rive droite, de l'aveu même de Kouropatkine (1), on n'a pour ainsi dire rien fait.

Les Russes disposent de forces importantes : 7 corps d'armée
(1er, IIe, IIIe, IVe et Ve sibériens, Xe et XVIIe corps), la 1re division d'infanterie sibérienne, 2 régiments du 1er corps d'Europe
qui sont en train de débarquer, 2 divisions et 3 brigades de cavalerie, 6 batteries de mortiers, de la grosse artillerie. En tenant
compte de 14.800 manquants (chiffre donné par Kouropatkine),
de 15.000 détachés, de 15.000 malades, il semble que l'on doive
trouver : 140.000 fantassins (181 bataillons), 15.000 cavaliers,
502 pièces de campagne, 42 de montagne, 40 pièces lourdes,
24 mitrailleuses, 7 bataillons de sapeurs. Pourtant, d'après le
Rechenschaftbericht, il n'y aurait eu que 116.000 fantassins.....

Les Japonais ont 8 divisions (Garde, 2e, 3e, 4e, 5e, 6e, 10e,
12e divisions), 3 brigades de réserve (Garde, 10e, 11e), 2 brigades d'artillerie indépendantes, 2 de cavalerie, 40 mortiers,
115.000 fusils, 4.500 chevaux, 450 pièces. Ils n'ont encore reçu
qu'un assez petit nombre d'hommes de remplacement.

Au point de vue moral, nous connaissons déjà les idées de
Kouropatkine. Celles de ses généraux ne se sont pas sensiblement modifiées : ils espèrent la victoire, d'un espoir un peu vague,
sans savoir comment ils l'obtiendront. Quant aux troupes, elles
en ont assez de reculer; la plupart d'entre elles — celles qui ont
combattu — ont fait en tactique des progrès sensibles; les mauvaises impressions des semaines passées se sont vite effacées,
grâce au caractère insouciant de la race : elles sont pleines d'ardeur et de foi dans leur supériorité. Jamais le moral n'a été meilleur : et c'est l'instant d'en profiter ..... (2).

---

(1) *Rechenschaftbericht*, pages 73-74.
(2) « Le moral était élevé : de l'avis général, le lendemain on compléterait la défaite
des Japonais. Sans doute, les derniers combats avaient affaibli et lassé les troupes.
Mais la majeure partie de l'armée, tout le XVIIe corps, la moitié du Ve sibérien,
n'avaient pas encore donné : et la fatigue de l'ennemi devait être plus grande encore. »
(Major VON TETTAU.)

Les Japonais n'ont pas varié : toujours le même fanatisme patriotique, le même calme; une nuance de fatigue, toutefois, qui se traduit par l'âpre volonté d'en finir. « Les battre ! dit un « officier au colonel Gertsch, rien que les battre? Nous en se- « rions honteux ! Ce que nous voulons, c'est les prendre. » Et l'on parle de Sedan, dont approche l'anniversaire.... On sera audacieux, imprudent s'il le faut, téméraire jusqu'à la folie.

Minutieusement, Kouropatkine, dans des ordres interminables, décrit les secteurs, la réserve, la tête de pont, la sécurité des flancs et des « extrêmes flancs ». — « Si l'ennemi continue à « avancer, l'armée lui opposera une résistance énergique. » Rien de plus !

Oyama destine au combat de front les IIe et IVe armées, l'artillerie indépendante, les obusiers. La Ire armée « refoulera l'ennemi », traversera le Taïtsého le plus vite possible et débordera la gauche russe. Le général Oumezawa, avec la brigade de réserve de la Garde, constituée en détachement mixte, protégera le flanc droit en passant le fleuve à Pensikou.

Sur la « position avancée » des Russes sont en train de s'établir, de la droite à la gauche : les Ier et IIIe sibériens, et X^e corps sur la rive sud; le XVIIe corps sur la rive nord. En réserve : les IIe, IVe et V^e sibériens, la division Samsonov; Michtchenko couvre le flanc droit. Mais de gros détachements (Kossagovski, Lioubavine, Madritov, etc.), 16 bataillons, 50 sotnias, 56 pièces, errent dans le vide, sur les bords du fleuve, vers les « extrêmes-flancs », et font face, pour la plupart, à des périls imaginaires. Ils sont perdus pour le champ de bataille.

2° *Journée du 30 août.* — Avant le premier coup de canon, Stackelberg, dont le Ier sibérien a été très éprouvé par les derniers combats, s'inquiète et demande déjà des renforts. Malgré l'épouvantable canonnade dirigée contre eux par 108 pièces — à une distance exagérée, il est vrai — les Sibériens tiennent bon et font face à quatre divisions japonaises : les 5e et 3e obliquent vers l'est, les 6e et 4e vers l'ouest. La 11e brigade de réserve doit venir combler le vide qui se forme entre les deux groupes. Les deux premières divisions arrivent à 800 mètres des Russes, mais ne peuvent aller plus avant; retardée par les mauvais chemins, la 6ᵉ ne se déploie qu'à midi et se trouve arrêtée net à 900 mètres de Mayetouen; à l'extrême gauche, la 4ᵉ, qui doit rester à la disposition d'Oyama, complètement dépourvu de réserve générale, n'engage que quatre bataillons, appuyés par son artillerie. De leur ballon (à Nanpalitchouan) et de la hauteur 99; les Russes observent ces déploiements : les réserves de Stackelberg entrent en ligne. A midi, Kouropatkine les fait soutenir par 7 bataillons du IVᵉ sibérien, puis, vers l'ouest, où Michtchenko dispute le terrain pied à pied, par un régiment et douze pièces qui contre-attaquent brillamment vers 5ʰ 30. L'attaque japonaise est arrêtée, mais la fusillade continue, malgré la pluie qui commence à tomber.

Oyama craint une offensive russe contre l'aile droite de la IVᵉ armée; et l'attaque reprend pendant la nuit, soutenue par l'entrée en ligne de toute la réserve d'artillerie : la 5ᵉ division et une partie de la 3ᵉ parviennent, au prix de pertes énormes (1), à prendre pied à l'entrée de la grande trouée qui sépare le Iᵉʳ sibérien du IIIᵉ (entre Sinlitouen et Tsaofantouen); la 3ᵉ division arrive jusqu'aux défenses accessoires, mais, sous la fusillade, parmi l'explosion des mines, elle est rejetée à 400 mètres des tranchées russes; les 6ᵉ et 4ᵉ divisions ne gagnent pas un pouce de terrain.

Le IIIᵉ sibérien, canonné depuis l'aube par 96 pièces, attaqué furieusement par la 10ᵉ division et la 10ᵉ brigade de réserve, met tout son effectif en ligne. Son artillerie contribue à repousser les tentatives des 5ᵉ et 3ᵉ divisions contre la grande trouée, que vient combler le détachement Poutilov (IVᵉ sibérien). Sloutchevski, moins menacé, lui envoie six bataillons et le fait soutenir par son artillerie. Les Japonais parviennent bien à enlever à la baïonnette une tranchée avancée à un bataillon du 23ᵉ tirailleurs (qui, sur 502 hommes, en perd 304); mais là s'arrête leur succès; dans la soirée, ils sont même contre-attaqués par le 22ᵉ tirailleurs. Pendant la nuit, ils se contentent de se retrancher, Nodzu ayant prescrit à ses troupes de régler leur mouvement sur celui de la Garde.

---

(1) « On ne connaît les pertes que du 1ᵉʳ bataillon : 9 officiers, 26 sous-officiers, 237 hommes tués; 10 officiers, 27 sous-officiers, 277 hommes blessés. Du côté russe, le 3ᵉ tirailleurs perdait 55 % des officiers, 28 % des hommes. » (État-major allemand.)

Devant l'aile gauche du IIIe sibérien et l'aile droite du Xe corps, celle-ci, après avoir attaqué de 8 heures du matin à 2 heures du soir, ébauche à peine de timides démonstrations avec l'appui du 29e régiment de réserve (1); il semble que les instructions de Kuroki lui enjoignent de se régler sur la 10e division : les deux divisions s'attendent mutuellement..... Cette attitude passive influe sans doute sur celle de la 3e brigade de la 2e division, qui reste absolument immobile devant l'aile gauche du Xe corps russe.

Les Japonais sont décimés; les Russes ont perdu 3.500 hommes. L'influence de Kouropatkine a d'ailleurs été insignifiante : « Son « rôle n'a pas dépassé celui d'un commandant de parc satis- « faisant aux demandes de munitions qui lui sont adressées. Sa « réserve générale, considérée exclusivement comme réservoir « d'alimentation des réserves de corps d'armée, se fatigue en « mouvements inutiles..... Elle semble n'être à ses yeux qu'un « bouclier à opposer aux coups de l'adversaire, et non un glaive « pour l'attaquer. Lorsque lui vient l'idée de la contre-attaque, « il envoie..... un régiment et douze canons. » (Lieutenant-colonel BARDONNAUT.)

A minuit, ordre du quartier général russe : « Demain, 31 août, « l'armée continuera à occuper la position. On ne se bornera pas « à une défense passive, mais on attaquera partout où cela pa-

---

(1) « Au Xe corps, tout le poids du combat avait porté sur le 36e régiment d'Orlov (aidé du 11e tirailleurs) et le 34e de Sievsk, soutenu par un bataillon du 122e de Tambov. Les autres unités n'avaient, pour ainsi dire, pas donné, ou n'étaient intervenues que l'après-midi, une fois l'attaque arrêtée. Dans l'artillerie, les 1re et 2e batteries de la 9e brigade étaient restées sous le feu sans interruption, de l'aube au coucher du soleil, chaque pièce ayant consommé en moyenne 375 projectiles, les autres, à cause du champ de tir défavorable et de l'invisibilité des batteries ennemies, n'avaient qu; faiblement participé à la lutte. » (Major von TETTAU.)

« En ce qui concerne la valeur des avant-lignes, il est très instructif de remarquer qu'au Xe corps les deux bataillons qui occupaient la « position principale » — le massif indiqué par Kouropatkine en personne comme « clef de la position » — ne prirent aucune part au combat; et que les fractions qui tenaient la « position avancée » ne furent préservées d'une défaite que par l'intervention de renforts importants. » (Major von TETTAU.)

« On ne pouvait discerner le but de cette attaque, puisque le 4e régiment et la 1re brigade n'y prenaient aucune part..... Nous apprîmes dans la soirée que le général Hasegawa avait prescrit à toute la division de prendre l'offensive, mais que cet ordre n'avait été exécuté que dans la 2e brigade par le seul 3e régiment, le chef du 4e régiment ayant estimé l'attaque trop difficile. Et Asada? Lui aussi, trouvant la chose trop risquée, n'avait rien fait. » (Colonel GERTSCH.)

« raîtra possible et utile d'après le jugement des commandants
« de corps d'armée. »

Les Russes espèrent la victoire et reconstituent leurs réserves :
ce n'est pas encore la retraite !..... Oyama juge qu'il faut brusquer les choses ; à 6 heures du soir, il ordonne à Kuroki d'exécuter
la manœuvre prévue, avec la moitié de son armée, en débordant
la gauche ennemie : passer le Taïtsého au gué de Lientoouan,
direction Kouankoufeng, en construisant pour l'artillerie un
pont de bateaux à Kankouantouen.

3o *Journée du 31 août.* — Les Japonais, mettant en ligne
toute leur artillerie, continuent avec acharnement l'attaque,
commencée pendant la nuit, des positions du Ier sibérien : la
5e division est clouée sur place, sous un violent feu d'artillerie.
La 3e abandonne à 6 heures du matin les positions conquises, et
ne fournit, jusqu'à midi, que des attaques partielles, sans ensemble ; vers 1 heure, elle enlève quelques tranchées avancées,
grâce à l'appui de l'artillerie lourde ; mais à 1[h] 45, elle est repoussée après un corps à corps, et la situation demeure inchangée.
La 6e division attaque Mayetouen à 4 heures du matin, se voit
repousser et reste là épuisée, incapable d'un nouvel effort : à lui
seul, son 23e régiment a perdu 1.085 hommes. Quant à la 4e division, mal éclairée par la 1re brigade de cavalerie et gênée par
l'obligation de rester à la disposition d'Oyama, elle s'engage à
peine et se laisse même attaquer par l'infanterie du détachement
Michtchenko ; vers 4 heures, elle finit par recevoir l'ordre de déborder la droite ennemie, mais, à la suite d'un contre-ordre,
perd son temps jusqu'à la nuit. — A 7[h] 30, le combat cesse sur
toute la ligne.

Les 5e et 3e divisions se préparent à reprendre l'assaut pendant la nuit : elles trouveront à minuit les tranchées russes évacuées (1).

_____

(1) D'après Villetard de Laguérie, le 1er bataillon du 34e régiment (3e division) n'a
plus, le 31 au soir, que 50 hommes commandés par le caporal Seichi Uchida, blessé
à la poitrine et à la main gauche.

Le major von Lüttwitz signale les pertes suivantes : IIe armée, 10.207 hommes du
30 août au 2 septembre, soit 20 % ; 3e régiment de la Garde, le 30 août, 20 officiers et
1.200 hommes ; 15e brigade de la 2e division, du 1er au 2 septembre, 44 officiers et
1.264 hommes.

Devant le IIIe sibérien, l'action est plus languissante et se borne à peu près à une lutte d'artillerie. La 10e division, attendant sans doute l'entrée en ligne de la Garde, ne fait que des tentatives partielles et infructueuses; à 10^h 30 du soir, un assaut plus sérieux échoue à 500 mètres des tranchées. La Garde ne fait rien, esquissant même un mouvement de recul. La 3e brigade de la 2e division n'intervient pas plus que la veille.....

Au nord-est, Kuroki commence sa manœuvre : la 12e division passe de grand matin, la brigade Okasaki (15e de la 2e division) à 1 heure du soir. Le pont ne sera terminé qu'à 9 heures du soir : jusque-là, Kuroki n'aura que 17 bataillons et 4 batteries de montagne (1)!

Les dragons du XVIIe corps rendent compte, heure par heure, de ces événements. A 11 heures seulement, Bilderling donne l'ordre d'occuper avec une brigade la position de Si-kouantouen et de faire battre le passage du fleuve par une « avant-garde d'artillerie ». Et il a sous la main 32 bataillons et 118 pièces!.....

---

(1) « J'ai montré précédemment que, ni la Garde, ni la brigade Matsunaga ne pouvaient matériellement appuyer à l'est, abandonnant la route mandarine aux entreprises vers le sud d'un ennemi victorieux avec qui elles sont encore en contact étroit. Au lieu de 60.000 hommes, Kuroki devrait se contenter de 20.000. A l'instar du Rubicon, le Taïtsého ne constitue point pour les troupes un obstacle infranchissable; mais, une fois le pied sur l'autre rive, le général engageait une tout à fait grosse partie. Inutile de brûler ses pontons : les projectiles ennemis s'en chargeraient assez vite, dès qu'il se révèlerait le plus faible.....

« Le quartier général n'était pas encore remis de l'émotion de l'autre nuit, quand on lui avait signalé par erreur, — la suite le démontra, — l'offensive imminente de forces ennemies évaluées à plus d'une division.

« Pendant cette nuit du 30, la 12e division entière s'apprêtait à franchir le Taïtsého et le gros de la 2e se concentrait dès 10 heures à Koououyu, pour suivre par Heuyu et le gué de Lientoouan. Leurs lignes de communications convergeaient à Hanping sur le Tangho. La brigade Matsunaga, à 20 kilomètres au sud-ouest, la Garde plus loin encore dans la même direction, contenaient une division russe. Les seules troupes disponibles pour faire face à une offensive contre les hauteurs au delà de Souanmiao-tseu et de Seutsouitseu, étaient en tout et pour tout quatre compagnies japonaises..... Si une brigade russe, dégringolant de ses positions, avait écrasé ces quatre compagnies, si même un simple bataillon les avait tournées par la vallée du Tangho, rien, absolument rien ne pouvait sauver Hanping d'un coup de main, si ce n'est des coolies et des échelons de ravitaillement.....

« Un coup d'audace sur Hanping, par cette masse victorieuse, sur un front que les Japonais avaient commencé à évacuer la nuit venue, aurait coupé en deux la 1re armée et, même après un échec, tellement désorganisé ses transports que, pour plusieurs semaines, elle eût été mise hors de cause. » (Général HAMILTON.)

Le général Dobrjinski (35ᵉ division) occupe la position en question avec 8 bataillons et 48 pièces ; 8 bataillons, 6 sotnias, 56 pièces en réserve.

Kuroki se retranche à l'est de Kouankoufeng, s'éclaire vers l'ouest, canonne Dobrjinski, et, vers 6 heures du soir, envoie en reconnaissance un escadron et un bataillon par Taiyao sur Yentaï où on lui a signalé des groupes ennemis.

Au Xᵉ corps, devant qui les Japonais ne donnent plus signe de vie, le général Vassiliev voudrait prendre enfin l'offensive : Sloutchevski hésite et en réfère à Kouropatkine qui refuse. — « L'initiative est une force, c'est le mouvement, c'est l'action. » Elle culbutera peut-être le plan stratégique..... mais l'ennemi en même temps. « Est-ce que, après tout, le succès tactique n'est « pas le but final de toute opération de guerre ?..... Tous les « efforts, quels qu'ils soient, sont productifs, en tactique comme « dans la nature, aucune source d'énergie ne se dépense en pure « perte. Mais il faut qu'il y ait énergie employée, il faut qu'il y « ait effort. Un effort qui reste en puissance est inexistant. » (Lieutenant-colonel MAISTRE.)

Que Stackelberg, accablé par quatre divisions ennemies, se défende héroïquement mais passivement, passe encore. Qu'Ivanov, encore endolori des assauts de la veille, oublie de riposter, c'est une faute sans doute, mais elle est excusable. Mais qu'un commandant de corps d'armée, d'un corps d'armée relativement frais et dispos, que nul adversaire n'inquiète, nous dise gravement « que le mouvement en avant n'est pas désirable » (1) —

---

(1) « Le général Vassiliev, chef du secteur de gauche, résolut de se porter en avant et d'attaquer l'ennemi en retraite. Il en rendit compte au commandant du corps d'armée, le priant de mettre à sa disposition les deux bataillons du 122ᵉ de Tambov restés à Soumiaotsouan. Mais celui-ci ne voulut pas prendre cette responsabilité et avisa téléphoniquement le commandant en chef de l'intention du général Vassiliev. Le général Kouropatkine refusa d'autoriser le mouvement en avant !

« Pendant ce temps était arrivé un nouveau compte rendu du général Vassiliev, faisant connaître qu'il avait occupé les villages de Tatouentseu et de Choutouai, délogé par le feu de son artillerie les Japonais de Siaotouentseu, et qu'il se proposait d'attaquer les hauteurs de Seutsouitseu—Souiyu. Il terminait ainsi : « La capture « de ces hauteurs n'est pas une opération risquée ; j'attends votre approbation, l'envoi « d'une batterie et l'autorisation de disposer des deux bataillons de Tambov. » Le chef d'état-major répondit : « Le mouvement en avant de l'aile gauche pour l'occupa-« tion des hauteurs à l'ouest de Souiyu n'est point à désirer, car vous étendriez ainsi « votre front et vous affaibliriez partout. Le commandant du corps d'armée a prescrit « aux deux bataillons de Tambov de ne pas bouger : ils resteront en réserve au sud

alors que vaincre c'est avancer — voilà ce qu'on ne saurait concevoir.....

Eh bien! Cela se conçoit, malheureusement. Le général Ouchatz-Ogarovitch écrira, quelques mois plus tard, après Moukden : « La « victoire tactique sur un point n'améliore pas toujours la situa- « tion stratégique générale ; bien plus, elle peut conduire parfois « à une situation générale sans issue. »

Cette doctrine pernicieuse, nous ne saurions nous dispenser d'en signaler au passage les conséquences désastreuses ; et de répondre avec Clausewitz : « Heureuse l'armée où se produisent « fréquemment des actes de hardiesse intempestive! » Sur le champ de bataille, sous le feu, oublions délibérément toutes les rhapsodies « stratégiques »; laissons aux magasins d'habille- ment cette soi-disant prudence, qui n'agit point de peur d'agir mal à propos. Et surtout, revenons aux choses simples : « J'ai « trouvé l'ennemi, j'ai ma brigade! — je tape dans le tas, avec « ma brigade autant que possible, parce que je suis brigadier. « Si mon divisionnaire vient me dire : Attendez un peu, je vou- « drais taper avec ma division. — Très bien, mon général, je « tenais précisément le même discours il n'y a qu'un instant à « mes colonels. Mais si on ne me dit rien, si on ne me retient pas, « je tape dans le tas avec mes moyens. » (Général CARDOT.)

Les « choses simples » ne sont pas en honneur à l'armée de Mandchourie, et les lieutenants de Kouropatkine ont peut-être une excuse. A 5 heures du soir, celui-ci prescrit d'exécuter des « ordres éventuels » rédigés la veille : repli sur la « position prin-

---

« de Souˑniaotsouan. Le commandant en chef vous invite, au cas où vous n'auriez « pas de forces considérables devant vous, à ramener en réserve le plus de monde « possible, pour nos opérations actives ultérieures..... Je lui ai communiqué votre « intention de vous porter en avant : Son Excellence n'a pas approuvé ce projet et a « ordonné de se conformer aux instructions qui précèdent. » Au reçu de cet ordre, le général Vassiliev ramena ses troupes en arrière. L'idée d'offensive était étouffée dans l'œuf. » (Major VON TETTAU.)

« Comme j'ai souvent critiqué l'excessive prudence des Japonais, il n'est que juste de signaler l'énormité des risques courus par Kuroki cette nuit-là..... Il avait la con- ception très nette du danger. Il avait été décidé que, pour préparer le passage du fleuve, la 2e division attaquerait et enlèverait les positions russes des hauteurs au sud et au sud-ouest de Seutsouitsou. Mais, ces retranchements ayant paru formi- dables, et comme on croyait fermement que Kouropatkine avait ordonné la retraite, on s'était décidé à ne plus s'occuper des Russes, en raison de leur manque supposé d'initiative, et à confier à quatre compagnies la mission de les tenir en respect. Jamais hypothèse ne fut plus justifiée : les Russes ne bronchèrent pas. » (Général HAMILTON.)

cipale » que défendront les IIe et IVe sibériens; le XVIIe corps restera en position; les Ier, IIIe, V^e sibériens (moins le détachement Orlov), le Xe corps (moins une brigade passée au IIe sibérien) s'établiront en réserve sur la rive droite; Michtchenko sur le flanc droit, Samsonov derrière le flanc gauche (1).

4º *Journée du 1er septembre.* — Ce mouvement, d'exécution délicate, se termine sans incident vers 4 heures du matin (2). Les troupes de Zaroubaiev occupent les retranchements de la tête de pont : IVe sibérien (30 bataillons, 6 sotnias, 54 pièces, 1 bataillon de sapeurs) à l'ouest, jusqu'à la voie ferrée; IIe sibérien (12 bataillons, 2 sotnias, 32 pièces, 1 bataillon de sapeurs) la droite au chemin de fer; « brigade combinée » du Xe corps (8 bataillons, 24 pièces) la gauche au Taïtsého; en réserve la 2e brigade de la 6e division de tirailleurs avec 2 batteries, 2 régiments de la 71e division du Ve sibérien, 4 batteries de mortiers. De plus, deux nouveaux détachements, Kondratovitch (6 bataillons de la 9e division de tirailleurs, 2 sotnias, 8 pièces) à Lioutsiatchouan, et Smolenski (4 bataillons et 3 batteries du Xe corps) à Moutchan, « flanquent » la position. A chaque instant Kouropatkine détache de nouvelles unités des corps d'armée qu'il destine à l'offensive décisive !

Oyama (qui attend incessamment la 9e brigade de réserve) donne ses ordres pour la « poursuite » de l'ennemi, que la 4e division doit déborder vers l'ouest. En réalité, aux IIe et IVe ar-

---

(1) « Ce plan devait conduire à un succès honorable, sinon décisif; mais il avait son côté faible : il ne tenait aucun compte des facteurs moraux. L'ordre de reculer sur la rive droite du Taïtsého, après l'annonce des brillants résultats obtenus dans la soirée précédente, devait exercer une influence déprimante sur les chefs et sur les soldats. Au projet d'une vigoureuse offensive, personne ne croyait plus. Chacun avait la sensation que l'armée voulait simplement se soustraire à une étreinte menaçante; la confiance, qui régnait jusque-là, fit place au découragement. » (Major von Tettau.)

(2) « La queue du Xe corps n'arriva au bivouac de Sintcheng que le 1er septembre à 9 heures du matin. Cette arrivée tardive était causée par le fait qu'on emportait avec soi une grande quantité d'outils de parc. Le général Velitchko, inspecteur du génie de l'armée, avait fait établir sur les pentes orientales de la hauteur 148, entre celle-ci et la « position avancée », un grand dépôt de ces outils que l'on n'avait pu évacuer faute de moyens de transport. Le général Kouropatkine avait prescrit de les faire emporter par les troupes, au départ de la position, afin de ne pas abandonner ces trophées à l'ennemi. Pour ne pas mécontenter les hommes, le général Sloutchevski avait promis 25 kopeks pour chaque outil rapporté; cette promesse de récompense fit son effet, et l'on ramena environ 2.500 outils. » (Major von Tettau.)

mées, on occupe la position évacuée par les Russes, on rétablit l'ordre, on se réapprovisionne, on se repose un peu, on envoie des reconnaissances. Seules les 5e et 10e divisions essaient, sans grand succès, de pousser de l'avant. Pendant la nuit, quelques bataillons de la 4e division cherchent vainement à enlever par surprise la redoute D et le fort n° 4. Et c'est tout.

Au quartier général russe, on continue l'organisation méthodique du désordre : on constitue de pièces et de morceaux les « brigades combinées » Eck et Orlov pour aller appuyer l'aile droite de Dobrjinski (1); puis on envoie Orlov aux mines de Yentaï avec de vagues instructions. En revanche, on ne semble pas se préoccuper beaucoup des liaisons, qui laissent fort à désirer : pendant toute la bataille, la transmission des ordres et des comptes rendus se fera avec une déplorable irrégularité, une invraisemblable lenteur, qui seront peut-être la cause principale des irréparables mécomptes éprouvés au nord du Taïtsého.

Au XVIIe corps, la 3e division reste face à la Garde, dont elle est séparée par le fleuve; la 35e division, sur la position de Sikouantouen, regarde les mouvements de Kuroki en spectatrice désintéressée; entre les deux et en arrière la brigade Eck; la cavalerie d'Orbeliani sur le flanc gauche. Plus à gauche encore, aux mines de Yentaï, la division de cosaques Samsonov envoie des patrouilles dans la direction de Pensikou. Tout ce monde, chacun pour son compte, travaille..... ou plutôt ne fait rien. Kouropatkine rédige des notes : « Il faut me présenter au « plus tôt des propositions en vue du passage à l'offensive. Il « est fort à désirer qu'aujourd'hui l'on se rassemble, que de- « main l'on se concentre, et qu'après-demain 3 septembre l'on « attaque (2). »

---

(1) « Le Ve sibérien n'était pas encore complètement arrivé et ses unités avaient été débarquées plus au nord : une brigade de la 54e division, sous les ordres du général Orlov, était à Chahopou, à environ 35 kilomètres de Liaoyang, où elle ne fut appelée que le 2 septembre. D'autres détachements, plus faibles, avaient été envoyés si loin, pour la protection des flancs, que, pendant la bataille, il ne fut plus question d'eux. Si l'on avait tout fait venir pour la lutte décisive, on aurait pu disposer de plus de 200 bataillons. » (Major VON TETTAU.)

(2) « En face de Liaoyang, sur la rive droite, bivouaquaient des masses considérables, que j'évaluai à plusieurs divisions. » (Colonel GERTSCH.)

« Nous trouvâmes le Xe corps au bivouac au nord de Sintcheng. Le 122e de Tambov et le 124e de Voroneje, avec le 2e groupe de la 31e brigade d'artillerie, avaient été

Kuroki n'a point l'intention d'attendre aussi longtemps : il ne désire pas l'offensive, il la décide immédiate. Plus ardent qu'Oyama, il croit les Russes en pleine retraite ; il s'imagine n'avoir affaire à l'ouest qu'à des flancs-gardes. Point de départ erroné sans doute, mais qui, grâce à une inébranlable décision, à une superbe énergie dans l'exécution — et c'est là ce qu'il faut retenir de ces journées de luttes ardentes, — mènera la Iʳᵉ armée à la victoire. Il se prépare donc à marcher dans cette direction, la 15ᵉ brigade (Okasaki) sur le « Manjouyama », la 12ᵉ division plus au nord ; et, pour se constituer une réserve, il reprend à la Garde le 29ᵉ régiment de kobi (1), qui le rejoint vers midi. On lance au nord de Kankouantouen un second pont de bateaux.

Dès 8 heures du matin, la 15ᵉ brigade déployée est couchée à 2 kilomètres du Manjouyama ; son artillerie engage avec les batteries russes une canonnade, sans grands résultats de part et d'autre, à la faveur de laquelle l'infanterie gagne du terrain : à 1ʰ 30, elle n'est plus qu'à 1.000 mètres.

A ce moment, Okasaki est avisé qu'il y a des Russes aux mines de Yentaï (vraisemblablement Samsonov) et que la 12ᵉ division ne peut plus continuer à marcher vers l'ouest ; puis que l'ennemi se retranche au sud des mines (la brigade Orlov) et que la 12ᵉ di-

---

laissés à Liaoyang pour défendre le secteur est du front sud. Le détachement de la hauteur au nord-est de Moutchan, sur l'ordre formel du commandant en chef, avait encore été renforcé d'un bataillon du régiment de Sievsk et de la 1ʳᵉ batterie de la 9ᵉ brigade d'artillerie, de sorte qu'il comptait à présent 3 bataillons et 24 pièces..... Le gros du Xᵉ corps, laissé à Sintcheng en réserve générale, ne comprenait plus que 21 bataillons, 4 sotnias, 58 pièces de campagne, 8 de montagne, 2 mortiers de campagne : de 26.000 hommes, son effectif était tombé à 12.000 hommes par suite des pertes et des nombreux détachements.

« Des projets d'offensive, il n'était plus question pour l'instant ; sans doute, les troupes épuisées avaient besoin de repos. Le commandant en chef voulait, pendant ce repos, concentrer et réorganiser sa réserve sur la rive droite. Mais il perdait un jour précieux, laissant le temps aux Japonais de faire traverser le reste de la 2ᵉ division et de se préparer à l'attaque.

« Comme le bivouac du Xᵉ corps était complètement exposé aux vues, et à 5 kilomètres seulement des hauteurs au sud de Soumiaotsouan, le général Sloutchevski avait proposé de le transférer à Chanouakoutseu : le commandant en chef répondit qu'il n'y aurait pas grand mal à ce que quelques projectiles tombassent, par hasard, sur le corps d'armée. Mais il était beaucoup plus grave de dévoiler complètement nos intentions à l'ennemi. Du spectacle de ce grand bivouac, où l'on faisait paisiblement la cuisine, il pouvait parfaitement conclure qu'aujourd'hui 1ᵉʳ septembre, aucun danger ne le menaçait sur la rive droite, mais qu'il devait se hâter de devancer nos projets. » (Major von Tettau.)

(1) Réserve de deuxième ligne ; celle de première ligne s'appelle yobi.

vision va lui faire face. Kuroki s'inquiète : il appelle à lui la 3ᵉ brigade de la 2ᵉ division (Matsunaga), laissée avec la Garde au sud du fleuve, et prescrit au détachement Oumezawa, qui est au nord de Pensikou, de se rabattre sur Yentaï. ... Néanmoins, en présence de l'inertie de son adversaire, Okasaki décide d'attaquer quand même. Kuroki l'y autorise. Mais l'artillerie de la 15ᵉ brigade, complètement dominée par les Russes, doit suspendre son tir; elle ne pourra le reprendre qu'avec l'aide des batteries de gauche de la 12ᵉ division. Enfin, à la tombée de la nuit, Okasaki n'est plus qu'à 500 mètres de son objectif, tapi dans le gaolian au pied des pentes.

A 8 heures, il se lance à l'assaut et enlève d'abord Sikouantouen, puis le Manjouyama, à un régiment (le 137ᵉ) dont le colonel, désespérant de recevoir les ordres qu'il réclame ...., est allé les chercher lui-même. Il est 10 heures du soir. Une contre-attaque d'un bataillon du 139ᵉ est sur le point de chasser les Japonais de la hauteur, mais finit par être repoussée. Le général Dobrjinski renonce à la lutte : à 4ʰ 50 du matin, il rend compte à Bilderling, en demandant l'appui de la brigade Eck...

Quelques mots sur le rôle du détachement Oumezawa (brigade de kobi de la Garde, 4 bataillons, 1 batterie de campagne, 1 de montagne, 1 escadron). A la fin d'août, il fait face sur le Taïtsého aux détachements Groulev (11ᵉ régiment, 4 pièces, 2ᵉ régiment du Daghestan, quelques mitrailleuses) à Pensikou, et Lioubavine; les troupes de ce dernier sont complètement dispersées, y compris le 214ᵉ régiment d'infanterie, dans les montagnes, de Ouiniounin à Sankiatseu et au col de Daling.....

Le 27 août, le 11ᵉ régiment (XVIIᵉ corps), rappelé dans l'ouest (où il va rejoindre la brigade Orlov), est relevé par le 213ᵉ avec 8 pièces. Mais le détachement russe abandonne Pensikou et se retire sur Siatchitchantsa. Lioubavine arrive alors à Pensikou avec 8 sotnias et 4 pièces. Le 31, à 4 heures du matin, Oumezawa l'attaque, le rejette sur Siatchitchantsa et le poursuit jusqu'à Kouanlintseu, puis, le 1ᵉʳ septembre, jusqu'à Sientchantseu, où le trouvent les ordres de Kuroki.

5⁰ *Journée du 2 septembre.* — Les Japonais commencent l'attaque de la « tête de pont » de Liaoyang. La IIᵉ armée, dont

l'infanterie est arrêtée sur le front Yutsiatchouantseu—Sipa-
litchouan, commence à 9ʰ 40 du matin un furieux bombardement avec 180 pièces de campagne et 32 canons lourds. La
IVᵉ armée, dont l'ardeur semble plus grande, est arrêtée cependant par les feux du détachement de Moutchan, et doit laisser
la parole à son artillerie (108 pièces de campagne, 16 pièces
lourdes). Cette canonnade, qui dure toute la journée, ne semble
pas avoir été très efficace.

Dans le camp russe, la matinée est marquée par une démonstration exécutée par des troupes de Kondratovitch et de la réserve de Zaroubaiev, sur l'ordre de Kouropatkine, dans le but
« d'empêcher le passage du fleuve par des fractions de l'armée
d'Oku ». Le mouvement commence vers 10 heures, et tout se
borne à un engagement insignifiant avec la 4ᵉ division (1).

Pendant la nuit du 2 au 3, les Japonais renouvellent leurs tentatives infructueuses : 4ᵉ division contre la redoute D ; 3ᵉ et 5ᵉ divisions contre les forts 4 et 3 ; 10ᵉ division sur Youichouanmiao
et le fort 2.

Mais Zaroubaiev commence à craindre de manquer de munitions.

Kouropatkine n'apprendra qu'à 11 heures du matin la perte
du Manjouyama. Pendant la nuit, il a rédigé ses ordres pour l'offensive, qu'il dirigera en personne, tandis qu'à l'ouest de Liaoyang la cavalerie de Grekov surveillera le cours du Taïtsého :
Bilderling, ayant sous ses ordres Dobrjinski et Eck, deviendra
« avant-garde »; Sloutchevski « colonne de droite » avec un
Xᵉ corps tout rapiécé; Stackelberg, avec un Iᵉʳ sibérien mutilé,

---

(1) « Le 2 septembre, vers 11ʰ 35, une longue colonne de cavalerie s'avança par le
pont du chemin de fer. Le passage dura jusqu'à 12ʰ 20, d'où l'on peut conclure qu'elle
comprenait deux divisions ; elles se rangèrent en bataille entre la ville et le remblai
de la voie ferrée. Ce devait être Michtchenko, dont quelquefois déjà nous avions
entendu parler. Que voulait-il donc? Recommencer Mars-la-Tour? On l'eût dit.
Mais alors, ce serait certainement une nouvelle chevauchée de la mort. On n'exécute
point ces charges-là avec d'aussi misérables chevaux. Ce qui devait s'ensuivre nous
captivait au plus haut point. Mais pourquoi avoir passé le fleuve, si ce n'était pour
attaquer? Certainement, il avait été informé d'abord des événements de la rive
gauche et s'était résolu à tenter l'aventure : une folie sans doute, mais du moins un
acte sublime, qui le conduirait à la mort, mais en même temps à la gloire. La renommée
historique, bien pâlie, des Cosaques, il allait la reconquérir en frappant un grand
coup. Mais la sublime folie n'eut point lieu : peu après leur déploiement, les divisions
se replièrent derrière la ville. Elles durent repasser le fleuve dans la soirée. » (Colonel
GERTSCH.)

« colonne de gauche »; Orlov, détachement d'extrême-gauche, avec des réservistes sans instruction, qui viennent à peine de débarquer; les sotnias d'Orbeliani et de Samsonov, en avant du front et sur le flanc gauche; Ivanov avec des lambeaux du IIIe sibérien, et la division de cavalerie Michtchenko derrière le centre, en « réserves éventuelles ». Direction générale: Sakoutouen.

Kuroki a appris le matin que « la IIe armée compte atteindre « le Taïtsého dans la journée ». Comme il va recevoir la brigade Matsunaga, il décide une attaque générale de la Ire armée et donne ses ordres : à la Garde de passer le fleuve et d'enlever la hauteur 151 à la 3e division russe; à la 2e division d'occuper le massif 131 et de marcher sur Lotataï; à la 12e de marcher sur Sandopa.....

Il s'agit maintenant pour les Russes de reprendre le Manjouyama, où la brigade Okasaki dort, épuisée, sous la garde de quelques postes (Matsunaga n'arrivera que dans la soirée). — Accablé de comptes rendus vagues, contradictoires, Kouropatkine ne semble pas voir très clairement la situation : il met, d'abord, le Xe corps, puis seulement la division Vassiliev, à la disposition de Bilderling et ordonne à Stackelberg de prendre l'offensive entre Orlov et le XVIIe corps. A tous, il recommande la prudence.

Dès 8 heures du matin, Dobrjinski fait préparer l'attaque par 12 batteries auxquelles s'ajouteront bientôt les 3 batteries de Vassiliev. Mais, comme l'infanterie russe n'avance pas, ni les Japonais, ni leur artillerie, masquée à présent au nord et au sud-ouest de Kouankoufeng, ne s'exposent, en se découvrant, à se faire écraser par ces 120 pièces qui font rage toute la journée. Enfin, entre 10 heures et 11 heures, tandis que la brigade Eck occupe le massif 131, Dobrjinski avec 4 bataillons, Vassiliev avec 8, attaquent chacun pour son compte : il n'y a même pas d'unité de commandement, l'échec ne se fait pas attendre; seul un régiment de Vassiliev, le 121e, réussit à déloger des pentes du massif 131 trois compagnies ennemies, et repousse, vers 1 heure du soir, une contre-attaque de six compagnies. Bilderling décide de ne pas tenter de nouvel effort avant l'intervention d'Orlov.....

A 5 heures du soir, Gerschelmann entre en ligne avec le reste du Xe corps (9 bataillons) pour « soutenir en cas de besoin l'attaque du Manjouyama par le XVIIᵉ corps ». Sloutchevski, investi par Kouropatkine du commandement de toutes les fractions présentes (sauf la brigade Eck), se met à la recherche de Bilderling pour lui demander des renseignements sur la situation, ne le trouve pas et, comme sur ces entrefaites l'attaque a commencé et ne tourne pas bien...., s'en va avec ses 9 bataillons.

A 6 heures en effet, Eck, à la tête de 8 bataillons, déloge l'ennemi de Sikouantouen; en même temps Vassiliev, d'une part, le colonel Istomine, de l'autre, avec des bataillons de 3 régiments (137ᵉ, 138ᵉ, 139ᵉ), arrivent au pied du Manjouyama. Leurs attaques partielles, décousues, échouent jusqu'à 8 heures; à ce moment, un nouvel assaut pousse jusqu'aux tranchées, mais ne peut tenir devant un feu rapide à bout pourtant : il semble bien qu'alors Vassiliev abandonne la partie; mais les troupes d'Istomine restent collées au sol à 150 mètres de ces tranchées. A 11 heures elles attaquent encore; personne ne les soutient, leur chef est mortellement blessé. Le lieutenant-colonel Matov le remplace : il fait encore, à 2 heures du matin, une tentative désespérée, qu'une contre-attaque repousse définitivement sur Sakoutouen. Depuis la veille, Okasaki a perdu 1.039 hommes.....

Quant à la Garde japonaise, elle ne donne pas signe de vie et reste immobile au sud du Taïtsého, large d'une centaine de mètres et guéable en plusieurs endroits (1).

_____

(1) « Le 2 septembre, à 1 kilomètre à l'ouest de la bifurcation des deux chemins de Siapou, nous trouvâmes. le général Watanabe et restâmes auprès de lui. Nous apercevions à nos pieds le Taïesého, dont nous pouvions suivre le cours jusqu'à Liaoyang, avec des vues étendues sur la ville et ses abords. La lutte battait son plein. Droit devant nous, sur la hauteur entre Changkiafang et Tasipou, se trouvaient deux batteries de campagne russes, et sur celle au nord de Changkiafang une batterie lourde de huit pièces. Toutes tiraient sur cinq batteries japonaises qui occupaient une série de positions à la bifurcation des chemins de Siapou..... Je connaissais déjà suffisamment Watanabe pour savoir que le rôle joué par la Garde depuis le 30 août lui déplaisait, et je comprenais qu'il brûlât d'entreprendre quelque chose..... Malgré l'impassibilité étudiée du Japonais, la joyeuse passion de l'esprit d'entreprise illuminait tous les visages. Nous-mêmes, les neutres, cédions à cette impression, puissamment stimulés par la perspective de ce coup de main que, dans les manœuvres du temps de paix, n'importe quelle armée européenne aurait taxé de folie, mais qui, avec de pareils soldats, sous des chefs comme Watanabe et Ohara, devait certainement réussir. » (Colonel GERTSCH.)

« Le général Watanabe nous conta qu'il avait demandé au commandant de la Garde la permission de s'emparer des deux batteries de campagne qui, de la rive opposée, contrebattaient l'artillerie de la Garde. Il était sûr d'y réussir. Une patrouille cosaque,

Avec une brigade de réservistes sans instruction, sans cohésion (2e de la 54e division), renforcée de 2 batteries, 4 sotnias, 1 bataillon de sapeurs et du détachement Groulev, Orlov est arrivé le 1er septembre à midi aux mines de Yentaï pour « couvrir le flanc gauche du XVIIe corps »; il entre en liaison avec Samsonov et se fait couvrir par le 11e régiment, face à l'est, avec 12 pièces, dans une tranchée entre les mines et Fanchen. Il a d'ailleurs en poche, il recevra encore, assez d'ordres et de notes contradictoires, pour faire tout ce qu'il voudra : se porter en avant pour aider le XVIIe corps et, devant des forces supérieures, se replier sur la gare de Yentaï pour couvrir la voie ferrée (Bilderling), — avancer à la pointe du jour, pour agir sur le flanc droit de la position ennemie attaquée par le XVIIe corps (Bilderling); — garder le contact avec Bilderling et le soutenir, par le plus court chemin, s'il est attaqué sur sa position de Sikouantouen (Kharkhevitch, grand quartier général); — ne marcher qu'en liaison avec Stackelberg (Kouropatkine).....

A 6 heures du matin, il demande des éclaircissements à Bilderling : pas de réponse. Puis une note de Dobrjinski, lui parlant du combat de nuit du Manjouyama, sans en indiquer le résultat..... Mais il voit l'ennemi sur les hauteurs au sud de Tayao, Tayaopou, et engage avec lui la lutte d'artillerie. Enfin, comme la fusillade et la canonnade augmentent vers Sakoutouen, il se décide à marcher à la rescousse vers 8h 30 en laissant aux mines 2 bataillons et 8 pièces : 216e à gauche, 11e à droite, 215e en réserve.

La cavalerie et les mitrailleuses d'Orbeliani, engagées en avant de lui, disparaissent; son infanterie, son artillerie qui ne voit rien, sont perdues dans le gaolian. Le 216e est assailli de front et sur son flanc droit; puis c'est le tour du 11e : on a affaire à la 12e brigade de la 12e division, qui marche sur les mines, entièrement déployée. Orlov envoie à la recherche de Stackelberg pour demander du secours. A 1 heure, le 215e charge au centre,

en se repliant, lui avait indiqué où le Taïtsého était guéable. Il ferait alors canonner vigoureusement les batteries ennemies par les cinq batteries en position au col à l'est de notre emplacement, et traverserait le fleuve avec toute sa brigade pour enlever les pièces à la baïonnette. Jusqu'à présent, le général Hasegawa n'a pas encore donné son consentement à cette proposition. » (Colonel GERTSCH.)

en ordre serré, sans succès. Stackelberg ne donne pas signe de
vie; mais arrive une note du quartier général qui recommande
de se montrer « particulièrement prudent » : Orlov ordonne donc
de battre en retraite sur la station de Yentaï. Dans ces conditions, malgré les efforts du chef qui, pendant deux heures, cherche
à maintenir un peu d'ordre, cette retraite se fait piteusement :
les réservistes se débandent, s'affolent..... A 3 heures, Orlov rencontre enfin Stackelberg, qui le reçoit fort mal et l'envoie se
faire blesser, dans une attaque stérile, à la tête de son dernier
bataillon (1). Les 215e et 216e ont 100 tués, 640 blessés.

Stackelberg, parti le matin de Lioutsiatchouan, a reçu du
grand quartier général l'ordre de s'arrêter, puis de se remettre
en mouvement. Arrivé à 2 heures du côté de Siaotamenkéou,
il essaie avec un régiment de rétablir la situation, puis remet
l'attaque à la nuit. A 5ʰ 30, il fait recueillir par le détachement
Zapolski (6 compagnies et 4 pièces) Samsonov qui, à la nouvelle
de l'approche d'Oumezawa, évacue les mines, qu'il a très honorablement défendues. Bien que Kouropatkine lui recommande
de ne pas avancer, il songe toujours à son attaque de nuit..... puis,
réflexion faite, s'en retourne sur Lilienkéou (2). Son artillerie et,
plus au sud, celle de Michtchenko (80 pièces au total), ont arrêté

---

(1) « A la brigade Sasaki incombait la tâche d'enlever les hauteurs au sud des
mines : trois batteries de montagne lui étaient adjointes. Ces hauteurs sont naturellement très susceptibles de défense : une série de sommets escarpés constituent
des points d'appui difficilement attaquables; cette forte position était occupée par
la division Orlov..... Sasaki attaqua sur un front large et compact et, dans un
laps de temps relativement court, parvint à déloger l'ennemi. La forte réserve des
Russes se livra ensuite à la contre-attaque habituelle, mais celle-ci s'écroula sous le
feu des tirailleurs japonais. Étant données la proportion des forces engagées et la
nature du terrain, ou bien la défense s'est montrée particulièrement maladroite,
ou bien l'attaque a été l'un des plus brillants faits d'armes de toute la guerre. »
(Colonel GERTSCH.)

(2) « Mais le Iᵉʳ sibérien également, ce corps d'armée aguerri, sur l'intervention
duquel on fondait les plus belles espérances, faillit ce jour-là complètement à son
devoir. Affaibli par les rudes combats des dernières journées, peut-être aussi moralement déprimé par l'abandon de ces positions au sud de Liaoyang qu'il avait héroïquement défendues, il arriva sur le terrain au moment où commençait la déroute du
détachement Orlov. Il saisit cette occasion de renoncer à l'offensive prescrite et resta
immobile aux environs de Siaomiaotseu. Le général Stackelberg rendit compte que
son corps d'armée se trouvait hors d'état de prendre l'offensive. Pourquoi le Iᵉʳ sibérien, parti à la pointe du jour de Lioutsiatchouan, arriva-t-il si tard à la bataille?
Je l'ignore. Si son attaque avait immédiatement suivi celle d'Orlov, il n'est pas douteux qu'à l'aile gauche russe l'engagement aurait eu une tout autre issue. » (Major
von TETTAU.)

les progrès de la 12e division. Quant à Oumezawa, après s'être mis en route, il a dû faire demi-tour pour arrêter un retour offensif de Lioubavine et se trouve encore du côté de Chanping-taitseu.

L'anxiété de Kuroki est grande, car il commence à se rendre compte de la situation et se demande si le « bluff » réussira jusqu'au bout (1). Précisément Kouropatkine médite pour le lendemain une offensive à l'extrême gauche. Mais les nouvelles arrivées dans la nuit sont mauvaises : Zaroubaiev demande que Kondratovitch le renforce; Bilderling a complètement échoué au Manjouyama; Stackelberg se déclare « hors d'état d'accepter le combat »; Samsonov parle d'Oumezawa..... Kouropatkine songe à la retraite. En ce moment même, au sud du Taïtsého, on distribue du biscuit aux troupes « *in case of Russian emergency* » (2).

6° *Journée du 3 septembre.* — Cette retraite est prescrite à 6 heures du matin (3), pendant que Kuroki réitère à la

---

(1) « Si nous nous étions portés en avant, hier 3 septembre, l'ennemi aurait pu nous envelopper avec un effectif quadruple du nôtre. Il est vraiment bien heureux que le général Kouropatkine ne soit pas venu et n'ait pas tenté, à un moment quelconque, depuis avant-hier, une attaque générale avec ses forces supérieures. Dans la soirée du 31 août, nous avions l'intention d'amuser l'ennemi jusqu'à ce que, Matsunaga ayant été repris à la Garde, les 2e et 12e divisions fussent au complet. Nous voulions laisser alors un rideau devant le massif 131 et pousser droit à l'ennemi, dans la direction du chemin de fer, par Hoyingtaï et Sakoutouen. Cependant, lorsque nous apprîmes qu'Orlov, avec une division presque entière, était en situation d'opérer contre notre flanc droit, aux mines de charbon, nous fûmes paralysés; car c'était une opération par trop risquée que de jeter toutes nos forces dans une trouée, en laissant sur nos deux ailes un ennemi supérieur en nombre. Aussi notre général se trouvat-il dans un embarras fort pénible pendant toute la journée d'hier.

« Indubitablement, les Russes pouvaient disposer de treize divisions pour nous écraser s'ils y avaient été fermement résolus. Mais ils ont montré beaucoup d'hésitation et jusqu'à présent nous avons eu une chance incroyable. Kouropatkine s'imagine encore, je suppose, que nous avons six divisions..... Le 1er septembre, Nishi n'avait avec lui que les 16e et 30e régiments; dans l'après-midi arriva le 29e et, le 2 au soir, Matsunaga amena le 4e. Chaque renfort arriva juste à point nommé pour nous sauver. Si donc plus tard vous voulez apprendre aux soldats l'impérieuse nécessité de faire leur devoir, qu'il s'agisse de marcher ou de se battre, avec toutes leurs forces et toute leur énergie, vous pourrez leur raconter l'histoire du Manjouyama. » (Général HAMILTON.)

(2) « M. Okabe nous distribua à chacun deux paquets de biscuit *in case of Russian emergency*, en cas d'irruption des Russes, nous dit-il. » (VILLETARD DE LAGUÉRIE.)

(3) « Pourtant, l'irréparable mot « retraite » a été prononcé par l'un des deux chefs; et l'autre qui, une heure plus tôt, était tout à fait au bout de son rouleau, remporte la victoire ! » (Général HAMILTON.)

Garde l'ordre d'enlever le massif 151, ne voyant plus que ce moyen d'amener la décision sur cette partie du champ de bataille.

Le mouvement doit s'opérer de la manière suivante : dans la nuit du 3 au 4, les troupes de Zaroubaiev évacueront la rive gauche, en envoyant le plus tôt possible Kondratovitch à la station de Yentaï, et en laissant une forte arrière-garde pour défendre contre les Japonais le passage du Taïtsého. Le reste de l'armée couvrira la manœuvre contre Kuroki et rompra par fractions successives, la droite la première. Il y aura donc, face à l'est : le XVIIᵉ corps, la droite appuyée au massif 151 ; à gauche, Michtchenko à l'est de Siaomiaotseu ; puis, à Lilienkéou, le IIIᵉ sibérien, avec le Xᵉ corps en réserve en arrière ; Stackelberg à Toutamenkéou, sa gauche couverte par Zapolski (11 compagnies et 10 pièces) à 2 kilomètres à l'ouest des mines ; enfin Samsonov, un peu en retrait à Koutsiatseu.

Au sud du Taïtsého, le bombardement continue, l'infanterie japonaise est à 300 mètres des retranchements. Le soir, on donne l'assaut : les 5ᵉ et 10ᵉ divisions prennent pied dans le fort nº 2 ; mais à minuit seulement l'ennemi occupe l'ensemble des ouvrages évacués graduellement par les Russes qui passent le fleuve et détruisent tous les ponts. Il semble que les 4ᵉ, 6ᵉ et 10ᵉ divisions soient destinées en principe à exécuter la poursuite ; mais elles sont exténuées, en désordre, et leur action est à peu près nulle.

La Garde ne bouge toujours pas, et ne s'aperçoit même pas en temps utile de l'abandon du massif 151. Dans la soirée, Kuroki lui prescrit de venir le rejoindre par Kankouantouen en deux échelons : Hasegawa dirige le premier par Hanping et laisse le second en observation sur le fleuve.

Le reste de la Iʳᵉ armée est donc condamné à l'immobilité ; elle échange avec les Russes une canonnade assez peu nourrie qui cesse vers 2ʰ 30. La brigade Matsunaga relève la brigade Okasaki ; celle-ci passe en réserve. Oumezawa n'est pas encore arrivé.

Tous les trains de l'armée russe partent pour Moukden. Le détachement Kondratovitch arrive dans la soirée à la station de Yentaï.

7° *Journée du 4 septembre.* — Les IIe et IVe armées occupent Liaoyang et se réorganisent; seules des fractions de la 10e division passent le fleuve. Pendant ce temps, Kuroki ignore les événements; aux premières nouvelles, il ordonne de poursuivre, à 1[h] 30 : 2e division sur Lotataï, 12e sur Sandopa, Garde et 29e kobi en réserve au Manjouyama. Mais les troupes n'en peuvent plus : le mouvement ne commence que dans la soirée pour la 2e division, pour la 12e à 10 heures du soir; le premier échelon de la Garde est à Kouankoufeng vers 4 heures; le deuxième, qui reçoit l'ordre de traverser à Souanmiaotseu, n'arrivera que dans la nuit.

Seul Oumezawa, en marche sur Sankiatseu, rencontre les flancs-gardes russes établies à Toumentseu—Manioutouen : Zapolski à gauche, Kondratovitch à droite, Samsonov couvrant le flanc droit. Son attaque, commencée à 5 heures, est repoussée à 6[h] 45. Comme il reste au contact, Stackelberg renforce ces détachements qui finissent par disposer de 15 bataillons, 19 sotnias, 14 pièces.

Pendant ce temps, le reste du Ier corps d'Europe débarque à Moukden qu'il doit défendre en cas de besoin. Au milieu de difficultés de toutes sortes, la retraite s'exécute dans un ordre relatif (1). A 8 heures du soir, Kouropatkine prescrit de la continuer pendant la nuit. Les troupes s'établiront sur le Chiliho, dans l'ordre suivant, de l'ouest à l'est : IIe et IVe sibériens,

---

(1) « Sur la route transformée en marécage s'avançait en pataugeant, sombre et monstrueux torrent humain, tohu-bohu de soldats, de chevaux, de canons, de voitures, de femmes, de Chinois, de mercantis, ce qui avait été la fière armée russe. Ce n'étaient plus les troupes capables de se battre que j'avais vues encore la veille, c'étaient les lamentables débris d'une armée anéantie avant d'avoir été vaincue. Celui qui était surpris par ce flot était saisi et entraîné dans une poussée irrésistible..... De Sandopa à Chiliho, nous nous trouvâmes au milieu de la cohue, serrés dans une horde de cosaques sommeillant sur leurs chevaux, et fûmes poussés en avant à une allure de colimaçons. De 4 heures à 9 heures du matin, nous restâmes pris dans cet agglomérat humain, parcourant un espace de 5 kilomètres qu'au trot il eût été facile de couvrir en vingt minutes. Je n'oublierai jamais les cinq heures passées au milieu de ces hommes qui se traînaient, hébétés et engourdis, la lassitude et l'irritation peintes sur leur front, bien qu'aucun juron de soldat n'eût une seule fois rompu le silence inquiétant de cette masse. Les seules paroles que j'ai entendues furent la conversation de deux officiers cosaques qui chevauchaient près de moi. L'un d'eux, un lieutenant, disait : « C'est heureux que les Japonais ne tirent pas sur nous des hauteurs que voilà ! » A quoi l'autre, un capitaine, répondit : « Je voudrais qu'ils « le fissent, cela vaudrait mieux; au moins tout serait fini. » (O. VON SCHWARTZ, *Revue Militaire générale*, avril 1908.)

XVIIe corps, Ier et IIIe sibériens; X^e corps en réserve à Chaho-pou; Grekov et Michtchenko éclairant vers le sud, Samsonov vers l'est; V^e sibérien à Moukden.

Entre 2 et 3 heures du matin, vers Siaotamenkéou, des fractions de la 12e division livrent un combat acharné, sans résultats, à l'arrière-garde du Ier sibérien (1). Oumezawa continue à escarmou-cher. La 2e division, esquissant la poursuite, arrive à 5 heures du matin à la station de Yentaï. C'est le dernier acte de la bataille.

Les 5 et 6 septembre, les Russes continuent sur Moukden où ils s'établissent le 7 sur la rive droite du Hounho (le Xe corps reste sur la rive gauche pour occuper la tête de pont). Ils ont perdu 501 officiers, 15.974 hommes; les Japonais 793 officiers, 23.325 hommes.

8º Port-Arthur. — A Port-Arthur, du 7 au 25 août, Nogi exécute, avec un matériel insuffisant, un bombardement intensif entremêlé d'attaques « brusquées » infructueuses qui lui coûtent 15.000 hommes. La flotte russe essaie de forcer le blocus, en liaison avec l'escadre de Vladivostok : ses meilleures unités sont coulées, dispersées, rejetées dans le port. Elle n'existe plus désormais.....

Nous avons voulu insister, avec quelques développements, sur ces événements de Liaoyang, auxquels il est permis d'ap-pliquer l'épithète de décisifs. Ces longues journées de luttes héroïques ont été tout spécialement fécondes en enseignements de toutes sortes. Nous n'en retiendrons pourtant qu'une leçon, la plus haute de toutes, formulée naguère par de Moltke : « A la « guerre, dès le début des opérations, tout n'est qu'incertitude, « — hors les réserves de volonté et d'énergie accumulées dans « l'âme du chef. »

Dans le camp japonais bien des fautes ont été commises. Grâce

---

(1) « Suivant les Japonais, le combat aurait été si violent, la mêlée si confuse, que, dans la nuit, on n'aurait pu distinguer quel était le vainqueur. Le matin seulement, l'ennemi s'étant replié, ils auraient reconnu que la victoire s'était prononcée en leur faveur. La mission des Russes qui s'étaient opposés là au mouvement en avant des Japonais, ne pouvait être que d'arrêter ceux-ci jusqu'à 5 heures du matin; ils l'avaient remplie, et pouvaient donc se retirer sans qu'il fût question de défaite. » (Colonel GERTSCH.)

« Le capitaine Jardine, qui était avec cette brigade, me disait que, toutes les fois que l'un des deux adversaires chargeait à la baïonnette, l'autre en faisait autant de son côté. » (Général HAMILTON.)

à leur supériorité numérique, au bénéfice de leur position, les Russes avaient la partie tellement belle, au point de vue matériel, que la tâche d'Oyama pouvait passer pour particulièrement ingrate : ses conceptions ont donc été et, malgré la victoire, restent des plus discutables. L'exécution, d'autre part, ne saurait être présentée comme un modèle, et nous avons déjà signalé, au passage, bien des défectuosités : liaison insuffisante entre les trois armées, attaques décousues de certaines divisions, emploi peu judicieux de la 4e, regrettable mollesse de la 10e et de la Garde.....

De toutes ces erreurs, le commandement russe n'a pas su profiter. Elles ont été, au contraire, très largement rachetées par le calme et l'opiniâtreté du quartier général japonais, par la merveilleuse ardeur des soldats de Kuroki, par la fermeté d'âme et la joyeuse énergie de leurs chefs.

Kouropatkine a perpétuellement hésité; il n'a pas voulu courir de risques. — Celui qui ne veut rien risquer, doit renoncer à faire la guerre. « Certes, la situation de l'armée le 3 septembre « au matin n'était guère favorable à la continuation de l'offen-« sive; mais elle était bien loin d'être désespérée (1). Une volonté « ferme chez le chef, et ces sous-ordres découragés, ces troupes « dont un grand nombre n'étaient pas encore entrées en ligne, « se ruaient à de nouveaux exploits : car l'ennemi également « devait avoir subi de lourdes pertes, témoin son attitude ab-« solument expectante pendant la journée du 2. Un chef à l'âme « robuste, à la volonté de fer, au lieu de s'avouer vaincu, au « lieu de reculer, eût violenté la victoire et contraint l'Histoire « à proclamer son triomphe..... » (Grand État-major allemand.)

Le généralissime russe, attendant toujours que le voile se déchirât de lui-même, ne semble pas avoir fait le moindre effort pour agir : il s'en est laissé conter par trois pauvres brigades fourbues. Lui aussi s'est perdu dans le gaolian (2) !

---

(1) « Mais, malgré tout, je n'avais point l'impression que ces troupes qui nous croisaient fussent incapables de se battre, à condition naturellement que les liens tactiques fussent rétablis. La plupart des fantassins avaient encore leur équipement complet, les cartouchières pleines; les troupes, sans doute, étaient bien lasses, indolentes et mornes; mais aussi bien que vers le nord, où elles allaient, on aurait pu les pousser vers l'est, à l'ennemi. » (O. von Schwartz.)

(2) Propos d'un officier japonais du quartier général de la Ire armée :

« Comme vous le savez, nous étions très inquiets pour notre flanc droit pendant le combat sur la rive droite du fleuve, non seulement à cause de la présence d'Orlov

« Les généraux de la 1re armée mirent tout leur cœur à leur
« rôle : avec les dents et les ongles; pas de réserves, chaque offi-
« cier, chaque soldat luttant comme un chat sauvage. Jamais
« le commandant en chef russe n'engagea toute son armée *con*
« *amore*, comme l'eût certainement fait Skobelev, dans le vrai
« style aventureux du tout ou rien. » (Général HAMILTON.)

La cause est entendue : « Ce n'est pas à Moukden, non plus
« qu'à Tsoushima, mais bien à Liaoyang, que les Russes ont
« perdu la partie. » (Grand État-major allemand.)

---

aux mines de Yentaï, mais aussi en raison du terrain à un mille ou deux plus à l'est.
Il y avait là un vallon qui se prêtait bien, pour un chef de cavalerie entreprenant, à
un coup de main sur la colline du Nid d'Hirondelle et le pont de bateaux. Nous avons
fait naturellement notre possible pour parer à une tentative de ce genre, et les hauteurs au nord étaient occupées par deux bataillons de réserve; mais ceux-ci étaient
trop faibles pour tenir effectivement tout le terrain. Ce qui nous rendait particulièrement anxieux, c'était de savoir que, lors même que Kouropatkine se serait exagéré
nos forces, ses subordonnés qui étaient au contact direct avec nous devaient connaître
notre faiblesse; car le passage du fleuve par la 12e division fut surveillé par de petits
groupes de cavalerie russe qui se retirèrent sans tirer un coup de fusil. L'infanterie
les délogea complètement rien qu'en avançant et les deux bataillons de réserve occu-
pèrent les hauteurs sans difficulté et sans combat..... En tout cas, nous avons trompé
Kouropatkine sur nos effectifs, partie grâce à nos fronts étendus, partie en prenant
l'offensive avec la plus grande vigueur possible, malgré notre désespérante faiblesse.
Mais le jeu était dangereux; plus fort était le bluff, plus grande aurait été la perte,
si Kouropatkine avait ouvert les yeux, au lieu de les tenir hermétiquement clos. »
(Général HAMILTON.)

III — DE LIAOYANG A SIPINGKAI

§ 1 — Bataille du Chaho

1° La situation. — Comme les Japonais ne le poursuivent pas, Kouropatkine renonce à son intention primitive de reculer jusqu'à Tieling. Après quelques tâtonnements, le 9 septembre, son armée occupe les emplacements suivants : le IIe sibérien et le Xe corps dans la « tête de pont » de Moukden, au sud du Hounho, avec le XVIIe corps en réserve ; à l'est, vers Foulin, le Ier sibérien ; plus à gauche, vers Fouchoun, le IIIe sibérien, ayant sous sa dépendance 3 détachements d'extrême gauche : Lioubavine (6 bataillons, 12 sotnias, 14 pièces) au Kaotouling, Peterev (3 bataillons, 6 sotnias, 4 pièces) au Daling, Eck (9 bataillons, 4 sotnias, 20 pièces) à Yinpan, ce dernier couvert lui-même vers Sintsintin par Madritov (1 bataillon, 2 groupes d'éclaireurs, 2 sotnias, 2 pièces) ; à l'ouest, Dembovski avec 10 bataillons, 10 sotnias, 24 pièces, 1 compagnie de sapeurs du Ve sibérien (le reste de ce corps d'armée est morcelé entre divers détachements) ; à l'extrême droite, entre le Hounho et le Liaoho, Kossagovski (6 bataillons et demi, 9 sotnias, 16 pièces) ; en réserve générale, au nord de Moukden, le IVe sibérien et le Ier corps. La cavalerie couvre le front, Grekov à droite (12 sotnias, 6 pièces), Michtchenko au centre (24 sotnias, 10 pièces), Samsonov à gauche vers Fendiapou (18 sotnias, 6 pièces).

D'après le colonel Gædke, la « tête de pont » consiste en fort peu de chose. Le général Sloutchevski s'occupe de la compléter, au sud du Hounho, par une triple ligne de retranchements minutieusement organisés. On crée également, au nord du fleuve, large de 500 mètres mais guéable en de nombreux points, deux fronts fortifiés : Moukden—Kiousan face au sud-est ; Houta—Yansitouen face à l'ouest.

Pendant tout le mois de septembre arrivent de nombreux renforts : outre des hommes de complément, le Ier corps, le VIe sibérien, 3 batteries de montagne, 1 compagnie d'artillerie de siège, 1 parc aérostatique, 1 bataillon de pontonniers. Tout compris, cela fait maintenant 250 bataillons, 143 escadrons, 744 pièces, 32 mitrailleuses. En comptant le bataillon à 600 hommes, on trouve 150.000 fantassins et 16.000 cavaliers. Kouropatkine, dans son rapport, n'accuse que 147.000 fusils; d'après des sources dignes de foi, il en aurait 181.000 (1).

Oyama a d'abord laissé les IIe et IVe armées aux abords de Liaoyang, presque entièrement sur la rive gauche du Taïtsého, ne poussant sur la rive droite que la 1re armée vers les mines de Yentaï et la brigade Oumezawa à Banyapoutseu. En fait de ren-forts, il ne reçoit guère que des hommes de complément, dont il a le plus pressant besoin, et la 2e brigade de cavalerie (prince Kanin); la 5e brigade de kobi n'arrivera que le 13 octobre, en pleine bataille, avec les premières unités de la 8e division. Tout compris, en comptant le bataillon à plus de 800 hommes, il ne disposera guère que de 120.000 fusils, 6.000 cavaliers, 492 pièces, 12 mitrailleuses. Mais il n'a, vers la fin de septembre, que 8 divi-sions actives et 5 brigades de kobi.

Au milieu du mois, les IIe et IVe armées passent au nord du Taïtsého : la IVe armée (10e division à droite, 5e à gauche) est couverte par des tranchées établies à 2 ou 3 kilomètres au sud du chemin de fer des mines; la IIe est entre la route mandarine et le Chaho (3e division à droite, 6e au centre, 4e à gauche), à peu près à la même hauteur; la 1re brigade de cavalerie, entre le Chaho et le Hounho, éclaire vers l'ouest jusqu'au delà du Hounho.

Dès le 10 septembre, Kouropatkine, inquiet pour sa gauche, envoie le IIe sibérien vers Heisounpou, à 13 kilomètres au nord-est de Banyapoutseu. Dans la matinée du 17, 2 bataillons et quelques sotnias de Lioubavine se heurtent à Oumezawa : si Lioubavine faisait marcher tout son détachement, si le IIe sibé-rien l'appuyait, la situation des Japonais de ce côté serait bien compromise. Les 21 et 22, une reconnaissance de 7 sotnias et 1 batterie pousse jusqu'à Kaotaitseu. Ces tentatives ont pour unique résultat de donner l'éveil à Kuroki : il fait appuyer son armée le plus possible vers l'est pour la rapprocher d'Oumezawa

(1) *Kriegsgeschichtliche Einzelschriften*, 45-46, page 10.

et ramène en deuxième ligne la 12e division, qui se tient prête à marcher au secours de celui-ci.....

Le 26 septembre, un rescrit impérial met le général Grippenberg à la tête d'une deuxième armée de Mandchourie (VIe sibérien, VIIIe corps, 5 brigades de tirailleurs, etc.). Kouropatkine se décide à prendre l'offensive. Relativement bien renseigné par sa cavalerie sur la position de l'ennemi, malgré la manière assez peu judicieuse dont il a organisé l'exploration, il persiste néanmoins à s'exagérer les forces d'Oyama, auquel il attribue généreusement 10 divisions actives et plus de 8 brigades de réserve (1). Il se propose de reconquérir jusqu'au Liaoho le terrain perdu, en débordant la droite ennemie. Il oublie que, pour les Japonais, la question vitale se débat dans la plaine, près du chemin de fer, qu'ils sont plus aptes que les Russes à la guerre de montagnes où l'offensive peut être aisément contenue (2); il choisit, pour diriger cette manœuvre décisive, un général qui,

---

(1) *Rechenschaftbericht*, page 94.

(2) « Pendant la première partie de la guerre, dans les montagnes au sud de Liaoyang, les troupes russes n'avaient éprouvé que des déboires. On m'avait toujours expliqué : « Oui, ici, dans les montagnes, nous ne sommes pas habitués à nous battre; « mais, dès que nous serons en plaine, notre supériorité éclatera. » Et maintenant, on avait l'occasion d'attaquer en plaine : sur le front et le flanc gauche de l'ennemi, le terrain était tel qu'on l'avait souhaité. Pourtant, le commandant en chef voulait diriger son attaque sur le flanc droit, c'est-à-dire dans une région où jusqu'ici chefs et soldats avaient constamment fait faillite. Les motifs en sont difficiles à saisir : les seize nouvelles pièces de montagne, récemment arrivées d'Europe, pouvaient difficilement justifier, à elles seules, l'espoir de meilleurs résultats dans la zone montagneuse.

« Le général Sloutchevski m'expliqua, pendant la première marche, le mouvement tournant du groupe de l'Est et du détachement Rennenkampf contre la droite ennemie : on voulait empêcher les Japonais de se replier sur la Corée par les montagnes, leur couper la retraite et les anéantir en une bataille. En cas de réussite, ajoutait le général, le 1er décembre Port-Arthur serait débloqué et la campagne terminée.

« Il est bien possible que le commandant en chef ait formé vaguement ce projet. Il voulait organiser son attaque de manière à pouvoir, par l'anéantissement de son adversaire, tirer tout le parti possible de la victoire prévue. Quelles eussent été, après un succès, les conséquences d'un tel plan? C'est chose absolument compréhensible, et cela ne fait pas question. Mais, à mon avis, pour escompter une victoire, il fallait, comme la foudre, tomber droit sur l'ennemi et l'assaillir à l'improviste de front et sur son flanc gauche. Le moindre succès même aurait eu, au point de vue moral, des conséquences inouïes; et quand bien même il n'eût pas été possible d'en finir en une bataille, la guerre ne s'en serait pas moins terminée fort vite en faveur des Russes. Mais la vitesse, la surprise, la convergence des efforts, étaient incompatibles avec la division de l'armée en deux groupes, l'attitude démonstrative de l'un, l'offensive excentrique de l'autre dans un terrain difficile. A l'ennemi l'on donnait le temps de prendre ses contre-dispositions, et même de s'assurer le bénéfice de l'initiative. » (Major von TETTAU.)

tout dernièrement, à Moukden, se déclarait opposé à toute reprise immédiate des opérations actives..... Il prend dès le 28 les
dispositions suivantes :

Bilderling avec le groupe de l'Ouest, XVIIe et X^e corps, brigade cosaque de l'Oural et 2e brigade d'Orenbourg (64 bataillons,
40 escadrons, 190 pièces, 2 bataillons de sapeurs), marchera sur
la station et les mines de Yentaï : rassemblé sur le Chaho, il
devra atteindre le deuxième jour le front Lingsipou—Chahopou,
où il se retranchera, en poussant ses avant-gardes jusqu'au
Chiliho.

Stackelberg avec le groupe de l'Est, Ier, IIe et IIIe sibériens,
division cosaque de Sibérie (73 bataillons, 34 escadrons, 170 pièces,
32 mitrailleuses, 3 bataillons de sapeurs), se rassemblera à hauteur de Heisounpou et débordera la droite ennemie établie à
Banyapoutseu.

A l'aile droite, Dembovski, renforcé (12 bataillons, 16 sotnias,
32 pièces, 2 bataillons du génie), gagnera Tchanchan par la rive
droite du Hounho et y établira un pont, avec double tête de
pont. A l'extrême droite, Kossagovski (6 bataillons et demi,
9 sotnias, 16 pièces) marchera à l'est du Liaoho, en liaison avec
Dembovski.

A l'aile gauche, Rennenkampf, avec les détachements Lioubavine, Péterev et Eck légèrement diminués (13 bataillons,
16 sotnias, 30 pièces), poussera par Matsioundan et Daling sur
Siaosyr; en cours de route, un contre-ordre le fera se rabattre
par Sankiatseu sur Pensikou. A l'extrême gauche, Madritov
(1 bataillon, 2 groupes d'éclaireurs, 2 sotnias, 2 pièces) marchera
sur Saimatseu.

En réserve générale la brigade Michtchenko, le Ier corps et
le IVe sibérien, qui seront le premier jour de marche sur la rive
nord du Hounho, de part et d'autre de la route mandarine.

Le VIe sibérien restera au nord de Moukden « pour couvrir
l'arrière ».

Cette offensive est annoncée aux troupes le 2 octobre, un peu
bruyamment peut-être. On s'y prépare très ostensiblement.....
tellement qu'Oyama, croyant sans doute à une feinte, ne prend
nullement ses précautions, malgré l'insistance de Kuroki à lui
signaler le danger.....

Un ordre confidentiel de Kouropatkine fixe au 5 octobre le commencement des opérations.

2° *L'offensive russe.* — 1° **Journée du 5 octobre.** — *a) Groupe de l'Ouest.* — Le groupe de l'Ouest se met en marche sur quatre colonnes précédées par trois avant-gardes. Il occupe le soir les positions suivantes :

Au XVIIe corps : avant-garde, 2e brigade de la 3e division à Lingsipou ; 1re brigade de la 3e division (8 bataillons, 24 pièces, 5 escadrons) à Tasoudiapou ; 35e division (16 bataillons, 48 pièces) à Souyatouen.

Au Xe corps : avant-garde Rebinkine, 2e brigade de la 31e division (8 bataillons, 24 pièces, 1 sotnia) à Chahopou ; avant-garde Mau, 1re brigade de la 31e division (8 bataillons, 16 pièces, 1 sotnia) à Houantchan ; 9e division, sur deux colonnes, vers Siaoorrtouen, aux abords de la route mandarine.

Le général Grekov (12 sotnias, 6 pièces) éclaire entre Hounho et Chaho ; le colonel Chadiko (brigade de l'Oural) entre le Chaho et le chemin de Moukden à Banyapoutseu (1).

b) Groupe de l'Est. — Son mouvement a commencé dès le 4. Il occupe, le 5, le front Yentaotseu—Tchihouatchon : Ier sibérien à droite en deux colonnes ; à gauche le IIIe sibérien sur deux colonnes également (3e division de tirailleurs à droite, 6e division de tirailleurs et 2e brigade de la 2e division d'infanterie de Sibérie à gauche) ; le IIe sibérien reste à Heisounpou.

---

(1) « Le grand jour du départ était venu. La nuit avait été glaciale..... Mais nous étions bien disposés ; joyeux de quitter notre maussade fanza, d'avancer, d'assister une fois enfin à cette superbe offensive qui nous mènerait à la victoire. Car ces deux idées de victoire et d'offensive sont associées si intimement dans le cœur des soldats, qu'elles se pénètrent et se confondent.....

« Je ne connaissais point l'ordre d'opérations : je ne le vis que plus tard, après la bataille. Mais je me figurais l'offensive telle qu'on nous l'a enseignée, telle que nous l'avons dans la peau, dans le sang : en avant de toutes nos forces ; et de toute notre vitesse droit à l'ennemi ! Si je l'avais connu, cet ordre, avec ses prescriptions pour l'organisation d'une position dès le deuxième jour de marche, mes espérances se fussent écroulées rudement. Mais, en dépit de mon ignorance de ce document, pas un instant je ne devais ressentir la plus minime impression de participer à une offensive quelconque.....

« ..... Dans l'ouverture se montra un aide de camp du général Sloutchevski : « Le « général vous fait dire que, demain, il va faire à cheval la reconnaissance de la posi- « tion. » — Juste ciel ! Ai-je bien entendu ? Est-ce un rêve, un accablant cauchemar ? Nous en sommes à l'offensive, je pense : qu'avons-nous à faire d'une position ! Hélas ! ce n'était pas un rêve, mais une lamentable réalité. » (Major von TETTAU.)

2° **Journée du 6 octobre.** — *a*) *Groupe de l'Ouest.* — Le soir, le XVIIe corps a son avant-garde à Hounlinpou et Lioutankeou; son gros à Daliantouen et Lingsipou.

Au Xe corps, l'avant-garde Rebinkine occupe Hounpaotchan et Sintchouan (détachement Solomko); l'avant-garde Mau, vers les hauteurs au nord-est de Tounsonho; le gros est à Chahopou. — Partout on établit des tranchées.

En avant du XVIIe corps, Grekov éclaire bien; mais le colonel Chadiko reste derrière l'infanterie, ne laissant en avant du front que les deux sotnias affectées au Xe corps.

Touché par un contre-ordre, Dembovski passe le Hounho à Matouran et s'établit à Daouankanpou, avec une avant-garde vers Sintaitseu.

A la suite d'un rapport d'espion, Bilderling inquiet prescrit à son groupe de rester immobile le 7. Kouropatkine approuve (1).

b) *Groupe de l'Est.* — Le 6 au soir, les positions sont les suivantes : Ier sibérien à Houtchitai et Taikiamiaotseu, avant-garde à Tsaikiatouen; les six sotnias du colonel Grekov sont vers Fendiapou, pour reconnaître le front Sialiouhotseu—Banyapoutseu, et se relier à Michtchenko, que Kouropatkine vient d'envoyer à Luanfantouen.

Le IIe sibérien est à Heisounpou, sa couverture à Yinpan, à l'est de Kandolisan.

Le gros du IIIe sibérien à Panmouling et Pakiatseu; ses avant-gardes au Tseutouling et au Kaotouling; le colonel Troukhine (2 bataillons, 3 groupes d'éclaireurs, 2 pièces, 1 sotnia) en flanc-garde à Tchanhouantchai.

---

(1) « La veille au soir, un espion tout à fait sûr avait apporté la nouvelle que neuf divisions étaient concentrées à Yentaï..... Cela changeait la situation. (On ne voit pas trop en quoi, l'exactitude du renseignement mise à part, puisque l'ordre d'opérations en prévoyait quatre entre Liaoyang et Yentaï, deux à l'ouest de la voie ferrée, deux aux mines, soit huit divisions faciles à concentrer en un jour; on devait donc s'y attendre !)..... Lui, Sloutchevski, ne croyait pas qu'il fût pratique de continuer le mouvement, tant que le groupe de l'Est ne serait pas aux prises avec l'ennemi. Il vaudrait mieux rester en place, peut-être même reculer un peu pour trouver une bonne position sur laquelle, une fois retranchés, nous pourrions repousser l'attaque japonaise ! Dans un rapport au général en chef, il lui avait soumis cette proposition... Qu'il le voulût ou non, Kouropatkine en viendrait là. En tout cas, il avait déjà prescrit de commencer dès aujourd'hui à organiser des retranchements. — Ces nouvelles, je l'avoue, me cassèrent bras et jambes. Voilà donc quel était le commencement — la fin de cette fameuse offensive ! » (Major von Tettau.)

La division Samsonov, à Tounkou, reconnaît le front Houn-lintseu—Tchanhouantchai, ainsi que les chemins menant du front Tapeikou—Kaotaitseu au secteur Banyapoutseu—Sienchantseu, et se relie à Rennenkampf qui arrive vers Sankiatseu sur le Taïtsého.

Des reconnaissances d'officiers établissent que l'ennemi est retranché sur les hauteurs escarpées au sud de Banyapoutseu, avec une avant-ligne fortifiée sur le front Houtchitai—Tounkéou.

3º **Journée du 7 octobre.** — Le groupe de l'Ouest ne bouge pas. Au groupe de l'Est, Kouropatkine prescrit un jour de repos : seules des fractions du IIIe sibérien poussent jusqu'à Tchinsisai—Chinhailing, tandis que Samsonov bouscule des patrouilles ennemies dans la vallée Chinhailing—Likiaouopan. Cette inconcevable lenteur enlève aux Russes l'occasion de remporter un très gros succès sur les 6 bataillons, 1 escadron, 1 batterie d'Oumezawa, isolés à Banyapoutseu, et qu'on pourrait complètement déborder sur les deux flancs... . Mais déjà les Japonais ont constaté l'offensive russe et prennent leurs dispositions en conséquence.

A 2 heures du matin, Kuroki donne ses ordres spontanément : Oumezawa reculera pour prendre position à Lioutchoudia; la 12e division occupera les hauteurs au sud de Yintsienpou; la Garde se retranchera, 1re brigade à Tankiapoutseu, 2e à Tchanhaitouen; la 2e division restera en position au nord-ouest des mines de Yentaï; la 2e brigade de cavalerie éclairera vers Chiliho.

Le soir, le bataillon d'étapes de Pensikou signale vers Sankiatseu 2.000 sabres et 6 pièces, qui, bientôt renforcés de 3 bataillons, marchent sur Pensikou en poussant des fractions de l'autre côté du fleuve. Ces nouvelles déterminent Oumezawa à quitter, de lui-même, Banyapoutseu, puis à envoyer à Pensikou 1 bataillon du 4e kobi et 4 pièces pour protéger les magasins de Pensikou et Sikouyang (cartouches Mourata pour les réservistes) en se joignant aux trois compagnies d'étapes du 39e kobi.

Oyama approuve Kuroki et prescrit aux trois armées de « se concentrer sur leurs positions actuelles et de se préparer à contre-attaquer à la première occasion ». La IIe armée ne bouge pas, mais la IVe est renforcée par les 3e et 11e brigades de kobi et la 1re brigade d'artillerie, et s'établit : 10e division sur le chemin de fer des mines, 5e division à gauche vers Lamipou, sur la route mandarine; 10e, 3e et 11e brigades de kobi et 1re brigade d'artillerie en arrière.

A 4 heures du soir, un détachement mixte d'un régiment d'infanterie, venu de Yentaï, chasse une avant-garde russe d'Oulitaitseu sur Chiliho. La 1re brigade de cavalerie escarmouche tout à fait à l'ouest, du côté d'Hokeoutai.

4o **Journée du 8 octobre.** — *a*) *Groupe de l'Ouest.* — En attendant des nouvelles de Stackelberg, Kouropatkine prescrit au groupe de l'Ouest de ne pas bouger et de se contenter de faire occuper par le gros des corps d'armée la position qu'ont fortifiée les avant-gardes : le XVIIe corps tient le front Tsounlounyentouen—Tchenlioutankeou—Pankiaopou, en poussant son avant-garde sur le Chiliho. Le Xe corps est à Sankiatseu—Houhouan-houatien; ses avant-gardes à Hounpaotchan, Ningouantouen, Mankiafen (1).

Pour combler le vide qui existe entre ses deux groupes, le général en chef russe se décide à faire entrer en ligne, à gauche du Xe corps, le IVe sibérien, auquel il subordonne l'avant-garde du général Mau.

b) *Groupe de l'Est.* — Dès l'aube, Oumezawa s'est replié; il s'établit : le 1er kobi et un bataillon du 4e de part et d'autre du col de Taling; deux compagnies du 2e kobi au Touminling; le reste en réserve à Lioutchoudia. Stackelberg trouve donc vide la position qu'il se proposait d'attaquer le 9, après avoir serré le 8 sur ses avant-gardes. Le 8 au soir, le Ier sibérien a son avant-garde à Sounouopoutseu, une flanc-garde dans la direction de Yintsienpou; celle du IIe sibérien est au sud de Ouitseukeou. Au IIIe sibérien, la colonne de gauche (6e division de tirailleurs),

_____

(1) « La reprise projetée du mouvement en avant fut contremandée par le commandant en chef « en raison du manque de nouvelles du groupe de l'Est ». Celui de l'Ouest reçut l'ordre de rester immobile et de compléter les retranchements de ses positions, spécialement de celles des avant-gardes..... En cas d'offensive ennemie, le gros devait occuper l'ex- « position d'avant-garde », devenue ainsi « position principale », tandis que l'ancienne position du gros sur le Chaho devenait « position de repli ». Le quatrième jour de l'offensive, on était donc parvenu sans encombre à une petite étape des cantonnements initiaux; et là, derrière une double, une triple ligne d'ouvrages, on attendait l'attaque de l'ennemi. » (Major von Tettau.)

qui a dû céder son artillerie de campagne à la colonne de droite (3e division de tirailleurs), est à Tchouikiapoutseu—Likiapoutseu, à 13 kilomètres de Pensikou; la 3e division marche sur Houloutseukeou. Samsonov occupe Sienchantseu, après avoir chassé de petits groupes ennemis des environs de Kaotaitseu.

Laissant un détachement à Sankiatseu, Rennenkampf atteint le front Kaotaitseu—Ouiniounin, avec deux compagnies au col à l'est de Seiko, sur le chemin de Pensikou. Les faibles avant-postes japonais reculent lentement sur les retranchements du Meisan et du Laouthalasa, sans même être bousculés; et ils ne consistent qu'en une compagnie et demie !

A Pensikou, le colonel Hirata (du 39e kobi) forme en trois groupes les sept compagnies dont il dispose : celui de droite sur les hauteurs à l'est de Riououobio; celui du centre, avec 8 pièces, sur le Meisan et le Laouthalasa; celui de gauche au Sekisan et les hauteurs à l'ouest; 1 peloton du génie couvre le pont de Riououobio. Il ne reste pas un homme à Pensikou.

c) *Réserve générale.* — Le Ier corps est le 8 à Paitchitchaï et Losientouen; la cavalerie de Michtchenko vers Luanfantouen.

Le VIe sibérien, qui a laissé une brigade à Tiéling, et auquel on n'a donné ni cavalerie, ni éclaireurs, a passé le Hounho et se trouve depuis le 7 dans la région de Tataï, Lantchanpou, Tasoudiapou.

5º **Journée du 9 octobre.** — a) *Groupe de l'Ouest.* — Pour aider Stackelberg, Kouropatkine prescrit à Bilderling de faire, en poussant un peu ses avant-gardes, une simple démonstration qui suffira, pense-t-il, à immobiliser, à « fixer » l'ennemi (1). Conception bien discutable ! Au même moment, Oyama se décide à prendre l'offensive dès que la manœuvre des Russes se dessinera suffisamment.

Au XVIIe corps, l'avant-garde chasse les avant-postes en-

_____

(1) « De grand matin, le commandant du groupe de l'Ouest avisa le Xe corps que, les 9 et 10, le groupe de l'Est commencerait l'attaque décisive : « Le commandant en « chef estime désirable que les gros des Xe et XVIIe corps avancent sur l'emplacement « primitif des avant-gardes, qui se porteront un peu en avant, pour empêcher l'ennemi « de renforcer les troupes opposées au groupe de l'Est. Les avant-gardes devront s'a-« vancer juste assez, pour n'être pas entraînées à s'engager à fond. » (Major von Tettau.)

nemis de Orrtaitseu, Tchouantaitseu, Oulitaitseu; le détache
ment Stakhovitch (1 bataillon, 6 escadrons, 2 pièces) s'empare
de Tadousanpou où la brigade Grékov vient le rejoindre; la
35e division occupe Lioutankeou et Lioukiasankiatseu; la 1re brigade de la 3e division, Lantseutaï.

Au Xe corps, l'avant-garde Rebinkine marche sur Fankiatouen et envoie le colonel Solomko (4 bataillons et 2 batteries)
chasser les Japonais de Kouchoutseu; le gros s'avance sur le
front Hounpaotchan—Ningouantouen.

Les trois brigades du VIe sibérien se fortifient à Tchaokialintseu, Lantchanpou, Pentientseu. Le détachement Dembovski
reste vers Daouankanpou.

b) *Centre*. — Le détachement Mau occupe les hauteurs à l'est
de Tantsaitchi. Le IVe sibérien a deux régiments de sa 2e division à Sialiouhotseu et sur le Sanjoshisan, où ils se retranchent;
et sa 3e division à Siaheinioutouen. Michtchenko marche sur
Tapou. Des fractions de ces unités escarmouchent avec l'ennemi (1).

Le Ier corps a son avant-garde à Tounsonho; son gros à
Luanfantouen—Sahotouen. Le quartier général est à Sankiatseu au nord du Chaho.

c) *Groupe de l'Est*. — Kouropatkine prescrit à Stackelberg de
remettre son attaque au 10; mais ce contre-ordre arrive trop

---

(1) « Tout le terrain était couvert de Russes : ici pas de gaolian, pas le moindre
couvert; et ils se tenaient là en masses compactes — cavalerie, infanterie, canons —
formations que je n'avais jamais vues, pendant ces dernières années, en dehors des
grandes revues..... La marche de semblables colonnes ne saurait être rapide; mais
elle n'est pas forcément lente comme celle des Russes, qui coupaient de pauses très
longues des bonds extrêmement courts.....

« A 1 heure, les colonnes d'infanterie russe, dans la vallée de Siaotakeou—Sankiatseu, ayant sans doute pris correctement leurs intervalles, se déployèrent en une
chaîne continue qui me donna l'impression d'une force irrésistible et de l'imminence
d'un épouvantable choc..... Mais ces longues lignes s'arrêtèrent subitement. Étrange
hésitation ! Elles restèrent immobiles dix minutes, vingt minutes; et je commençai
à comprendre qu'elles se retranchaient hors de portée des Japonais ! Toute crainte
s'était évanouie. Je ne puis analyser cette sensation, cet instinct : mais le fait est que
je me trouvais très calme et parfaitement convaincu que les Russes, faute d'avancer,
venaient de perdre cet ascendant moral, principale force de l'offensive.....

« Les mouvements des Russes aux environs de Siaotakeou et du Terayama (colline
de la Pagode) semblent, depuis quelque temps, étrangement hésitants. Des colonnes
comprenant les trois armes avancent parfois vers l'est, puis rebroussent chemin, puis
s'en vont au nord-ouest; deux brigades s'arrêtent au nord du Terayama; puis, de
Tchanliouhotseu, une brigade s'en va de nouveau au sud vers le Sanjoshisan. »
(Général HAMILTON.)

tard..... Le commandant du groupe de l'Est se propose de pousser ses avant-gardes jusqu'au front Tchenkouling—Touminling—Taling—Ouiniounin, sa droite à Pakiatseu, sa gauche au gué de Iaounsoun.

Le Ier sibérien forme deux colonnes et une flanc-garde : celle-ci (4e tirailleurs et 1 batterie) marche par Fendiapou sur Sialiouho-tseu, prend le contact avec le IVe sibérien, repousse les avant-postes japonais et atteint le soir Pakiatseu.

La colonne de droite, général Krause (1er, 2e, 3e tirailleurs, 24 pièces, 6 mitrailleuses), qui a pour objectif Yintsienpou, au nord du Tchenkouling, s'égare et débouche sur Chanpingtaitseu, derrière la colonne de gauche; le général Gerngross l'y garde pour la renvoyer sur Yintsienpou par le Tchaosanling.

La colonne de gauche, général Kondratovitch (9e division), marche de Banyapoutseu sur Siatchitchantsa et envoie deux avant-gardes : colonel Lissovski (33e et 8 pièces), sur Kaokiapou, au nord du Touminling; colonel Moutchelov (34e et 8 pièces), sur Sientchantseu. Lissovski est arrêté par le feu d'une batterie japonaise établie au sud-est de Kaokiapou; Moutchelov atteint son objectif, y relève des fractions de la division Samsonov, et y prend le contact avec le 24e tirailleurs du IIIe sibérien.

Au IIIe sibérien, la 6e division va de Tchouikiapoutseu à Iogou; la flanc-garde de gauche du colonel Troukhine passe le Taïtsého, établit deux ponts et occupe les hauteurs au sud de Iaounsoun; Stackelberg garde la 3e division de tirailleurs en réserve à Tapeikou.

Le IIe sibérien (5e division de tirailleurs) est également en réserve à Siapingtaitseu.

Samsonov marche de Sientchantseu contre le front Liout-choudia—Pensikou et se heurte à l'ennemi vers Kaokiapou et Kosantchisensan : les Japonais résistent avec acharnement, malgré l'intervention du 24e tirailleurs envoyé du IIIe sibé-rien. Les Russes sont rejetés sur la hauteur au sud-ouest de Sientchantseu, où l'avant-garde de gauche du Ier sibérien les relève.

Rennenkampf marche sur deux colonnes : Peterev au nord du Taïtsého, objectif Pensikou; Lioubavine (2e brigade du

Transbaïkhal et 1 batterie de la garde-frontière) au sud du fleuve. Contre la position du colonel Hirata, les efforts de Peterev se brisent; pourtant, soutenu par 2 bataillons et 6 pièces de la 6ᵉ division envoyés par Ivanov de Kaotaitseu, il enlève le Meisan et le Hachirayama. Lioubavine prend position à 2 kilomètres de Pensikou; mais Rennenkampf lui refuse l'infanterie et les quelques pièces qu'il réclame : il craint de se heurter à des forces supérieures, se contente de bombarder le pont de Riououobio, puis renvoie sa batterie dont les munitions sont épuisées.

L'occasion est perdue : laissant à Yintsienpou la 23ᵉ brigade, le commandant de la 12ᵉ brigade, Shimamura, arrive le soir à la rescousse avec son infanterie et la majeure partie de son artillerie. Il envoie au Touminling le 47ᵉ et se rend à Pensikou avec le 14ᵉ et une batterie. Le combat est terminé : Hirata a perdu le tiers de son effectif. A 2 heures du matin, Shimamura envoie 1 bataillon à Riououobio, 1 bataillon et la batterie au Laouthalasa, 1 bataillon en réserve à Seiko.

Pour couvrir Sikouyang, la 2ᵉ brigade de cavalerie reçoit l'ordre de passer à l'extrême droite, vers laquelle l'inspecteur des étapes dirige d'urgence 300 hommes nouvellement arrivés (1).

Stackelberg décide de ne faire le 10 que des reconnaissances (2).

3º *L'offensive japonaise.* — 1º **Journée du 10 octobre.** —

En somme, l'offensive russe, au Chaho, consistera essentielle-

---

(1) « Le poste important de Tchaotao et ses magasins, occupés hier soir par le prince Kanin, sont probablement à l'abri d'un danger immédiat. La garnison d'infanterie également a été portée de 70 à 350 fusils, avec tout ce qu'on a pu mendier dans un rayon de 40 kilomètres..... Le 11, à 5ʰ 20, Kuroki et son état-major discutaient le moyen de ravitailler les troupes de Pensikou, maintenant que les cosaques, passant le Taïtsého, les coupaient de Tchaotao, d'où, jusque-là, elles tiraient le nécessaire. La question semblait particulièrement urgente. A 5ʰ 30, des demandes pressantes de munitions d'infanterie et d'artillerie arrivèrent de toutes parts; il y eut encore de vives discussions. » (Général HAMILTON.)

(2) « Faute de renseignements sur les emplacements et les forces de l'ennemi, le général Stackelberg estima trop aventureux de poursuivre l'attaque le lendemain 10... Il prescrivit donc, dès l'après-midi du 9, de laisser ce jour-là les troupes en position, et d'employer son temps à reconnaître les positions avancées de l'ennemi et le terrain des attaques..... Son intention de différer l'attaque d'une journée semblait en conformité avec les vues du commandant en chef qui, dans un télégramme arrivé le 9 à midi, tout en exprimant le désir de voir occuper Banyapoutseu, recommandait de conduire prudemment le mouvement en avant ultérieur. » (Major von TETTAU.)

ment à résister, non plus sur une position minutieusement organisée, mais derrière des villages moins bien fortifiés : ce sera tout bénéfice pour les Japonais, plus manœuvriers, qui vont déborder ces villages dans les intervalles de corps d'armée sans liaison, le long des talus, par le lit encaissé des rivières, et les faire tomber successivement. L'offensive pourtant, ce n'est pas une simple étiquette, qu'il suffise d'épingler au bas d'un ordre d'opérations, pour définitivement cataloguer « Hors concours » les conceptions du premier état-major venu ! C'est l'incessante manifestation d'une volonté active et irréductible qui manœuvre, avance et s'impose finalement !

Cette offensive, les divisions japonaises vont la prendre comme il convient.

S'estimant suffisamment éclairé sur la situation, Oyama décide d'attaquer et fixe les objectifs : à la IIe armée le front Pankiaopou—Taipintchouan ; Ningouantouen à la IVe ; le front Siatchitchantsa—Fendiapou à la Ire, qui attendra pour prononcer son mouvement en avant que la IVe armée se soit emparée d'Oulitaitseu.

Kouropatkine ne veut pas faire bouger le groupe de l'Ouest tant que la manœuvre de Stackelberg ne se sera pas dessinée. Il se contente d'intervenir directement dans le commandement du Xe corps par une série d'ordres et de contre-ordres qui ne facilitent guère la tâche de ce corps d'armée (1). Il semble s'impatienter maintenant de la lenteur du groupe de l'Est et presse Stackelberg, qui lui répond que la besogne est lourde et que Pensikou ne saurait être enlevé avant le 12 ou 13 octobre (2).

_____

(1) « Un télégramme du général Kouropatkine au chef d'état-major du Xe corps prescrivait d'occuper la hauteur à l'ouest de Kouchoutseu avec trois bataillons au plus, de choisir derrière le Chiliho et de fortifier pour le reste de l'avant-garde une position qui pourrait ultérieurement servir au Xe corps de position principale. A plusieurs points de vue, cet ordre mérite d'attirer l'attention : on voit d'abord que, pour le général Kouropatkine, la future offensive consiste à cheminer de position en position ; il peut ensuite sembler étrange que, non content d'empiéter sur les attributions de ses sous-ordres en réglant lui-même par le menu l'emploi des plus minimes détachements, le commandant en chef, passant par-dessus les chefs de groupe et même de corps d'armée, adresse des ordres directs à un chef d'état-major. » (Major VON TETTAU.)

(2) « Certainement, toute l'opération exigeait, — on aurait déjà pu le voir à plusieurs reprises, — la rapidité et la vigueur du mouvement en avant. Il est seulement

a) *Groupe de l'Ouest.* — Les avant-gardes de la IIe armée vont
tâter le terrain et chasser les faibles détachements russes : celles
de la 4e division (4 bataillons, 3 batteries) sur Koukiatseu et
Youkiatientseu; celles de la 6e (3 bataillons, 3 batteries) prennent Tadousanpou à 5 heures; celles de la 3e (3 bataillons,
2 batteries) enlèvent Tchouantaitseu à 5[h] 30 et se préparent à
coopérer à l'attaque d'Oulitaitseu. — L'avant-garde du XVIIe
corps rejoint derrière le Chiliho le reste de la 3e division; Stakhovitch recule sur Yenkiaouan, Grékov sur Likiatouen. Ce jour-là,
le VIe sibérien avance de 2 kilomètres, son avant-garde à Tchaokialintseu; Kouropatkine lui prescrit de déférer aux demandes
de renfort de Bilderling, en évitant l'émiettement des unités et
« ne perdant pas de vue qu'il forme réserve stratégique »; Dembovski reste à Daouankanpou, son avant-garde à Sintaitseu : à
3 heures, la 1re brigade de cavalerie japonaise a poussé jusqu'à
Sandepou.

A la IVe armée, la 5e division attaque Oulitaitseu où se livre
un combat sérieux; avec l'aide de la 8e brigade et d'une partie
de l'artillerie de la 10e division, la localité est occupée dans la
soirée. La 10e division tâte, vers Kouchoutseu, les fractions les
plus avancées des détachements Solomko et Mau. — Au Xe corps
russe, on se fortifie sur le front Hounpaotchan—Ningouantouen;
l'avant-garde Rebinkine se retranche à Fankiatouen sur le
Chiliho; à 10 heures du soir, l'évacuation d'Oulitaitseu par le
XVIIe corps oblige Solomko à se replier de Kouchoutseu également derrière le Chiliho (1).

b) *Groupe du Centre.* — Conformément aux ordres reçus, la
2e division et la Garde restent dans leurs tranchées. Le IVe sibérien et le détachement Mau continuent à installer leurs avant-
gardes sur le Sanjoshisan et la colline de la Pagode; Michtchenko

---

bizarre que ce soit au moment précis où le groupe rencontre de réels obstacles, qu'on
le presse d'agir vite, alors que, jusque-là, sciemment et volontairement, le commandant en chef lui a, sans aucun motif, fait perdre plusieurs jours précieux. » (Major
von Tettau.)

(1) « Vers 11 heures du soir, le général Rebinkine rendit compte que l'avant-garde
du XVIIe corps avait évacué Oulitaitseu. A Kouchoutseu, le colonel Solomko
était donc menacé sur son flanc droit : le général demandait des instructions..... Le
mouvement de recul de l'avant-garde du XVIIe corps était, en raison de l'ordre reçu
d'éviter de s'engager à fond, absolument justifié; il est seulement étrange qu'il n'ait
pas été exécuté simultanément par les deux corps d'armée. » (Major von Tettau.)

est à l'aile gauche. Pendant toute la journée, l'artillerie japonaise tire sur des troupes russes en mouvement, l'artillerie russe riposte; une partie de l'artillerie de la 10e division prend part à cette canonnade (1).

c) *Groupe de l'Est*. — Pour Stackelberg, la journée se passe à correspondre avec le quartier général. Il a l'intention d'attaquer le 11 : Ier sibérien sur Tchenkouling, Touminling, Taling; IIIe sibérien (auquel seront subordonnés Samsonov et Rennenkampf) sur Pensikou par les deux rives du Taïtsého, en se reliant au Ier sibérien par un détachement laissé vers Hoeling.

A Pensikou, le major Honda, qui remplace Hirata blessé, utilise le brouillard pour reprendre de grand matin les positions perdues, le Hachirayama, puis le Meisan; il s'y maintient en dépit de violentes contre-attaques à la baïonnette. Le général Inouye, commandant la 12e division, envoie comme réserve à Pensikou le 24e régiment de sa 23e brigade, dont le 46e régiment avec 2 batteries demeure au Tchenkouling en liaison avec la Garde. Quant à la 2e brigade de cavalerie, elle est en route pour Sikouyang, où les Russes ne tentent absolument rien (2).

---

(1) « A 1 heure plusieurs longues colonnes russes parurent subitement sur le massif de collines d'Orroua et à l'est. Sur les pentes méridionales elles déployèrent des lignes de tirailleurs : presque d'un seul bloc, une chaîne d'environ trois kilomètres de front se mit à descendre ces pentes, en bon ordre et rapidement. Derrière, suivaient en réserve des pelotons, des compagnies, des bataillons. C'était un mouvement offensif qui promettait beaucoup.....

« A 1h 30 le centre de la chaîne atteignit le palier inférieur de la hauteur au nord de Sankiatseu et s'arrêta..... On pouvait croire encore qu'ils cherchaient à se reconnaître, que l'on donnait, peut-être, les derniers ordres pour l'attaque décisive. Patience donc! Mais presque aussitôt on les vit terrasser. Ils s'organisaient défensivement. L'esprit d'offensive s'était envolé..... Ils n'attaquaient pas, les braves Russes : ils venaient à l'ennemi et prenaient position pour attendre son choc. » (Colonel GERTSCH.)

(2) « Stackelberg a, sur l'extrême droite japonaise, une supériorité de six contre un. Dans l'après-midi et la soirée du 9, il a enlevé deux grosses montagnes, qui dominent et battent dans une certaine mesure les tranchées de Pensikou. Au lieu d'aller immédiatement de l'avant et, à la faveur du crépuscule, d'utiliser ces hauteurs comme points d'appui, pour briser les dernières résistances, il s'endormit sur ses lauriers. » (Général HAMILTON.)

« Hier matin, les Russes ont livré un rude assaut sous la protection des feux du Meisan, la position enlevée par eux, qui a vers le sud-est un bon champ de tir et commande cette partie de nos lignes. Ils ont voulu aborder à la baïonnette, et le bataillon du major Honda a pu tout juste, sans plus, les repousser par le feu. Sans le tir plongeant du Meisan sur nos tranchées, nos pertes eussent été légères; en fait, elles ont été cruelles. Mais ce matin le gros de la 12e division est venu nous renforcer. Il était temps, étant donné l'assaut désespéré qui devait se produire à 4 heures, exactement

2° **Journée du 11 octobre.** — Kouropatkine recommande encore au groupe de l'Est « de ne pas perdre une minute », et prescrit au groupe de l'Ouest de reprendre les positions perdues la veille. Oyama médite de rejeter les Russes vers le nord-est, la IIᵉ armée devant prendre comme points de direction Lingsipou et Chahopou.

a) *Groupe de l'Ouest.* — Au XVIIᵉ corps, la 3ᵉ division occupe, sur le Chiliho, Orrtchidiatseu, Yendounioulou, Lounouanmiao, Chiliho ; la 35ᵉ division, en réserve à Tchenlioutankeou, doit envoyer son 138ᵉ régiment soutenir l'avant-garde Rebinkine du Xᵉ corps.

La IIᵉ armée se lance à l'attaque dès l'aube. La 4ᵉ division n'a guère affaire qu'aux cavaliers de Grékov (1), mais le voisinage du VIᵉ sibérien l'inquiète : après une résistance acharnée, elle rejette une fraction du détachement Stakhovitch de Tayou-tchounpou sur Tsounlounyentouen ; elle se fortifie pour la nuit à Tayoutchounpou et à Likiatouen. La 6ᵉ division enlève Yen-kiaouan au détachement Stakhovitch. La 3ᵉ division attaque Yendounioulou ; contre-attaquée, sous un feu violent, elle ne s'en empare que très tard dans la soirée.

Dès le matin, Bilderling demande du secours au VIᵉ sibérien, dont le chef, général Sobolev, refuse et n'avance, dans l'après-midi, de quelques kilomètres, que sur l'ordre de Kouropatkine. Quant à Dembovski, il reste toujours immobile à Daouankanpou et Sintaïtseu (2).

---

au même endroit..... Par bonheur, au lieu d'un pauvre bataillon, nous en avions quatre tout frais prêts à les recevoir derrière de solides retranchements terminés juste à point nommé. Jamais, même au Manjouyama, l'ennemi n'avait fait d'aussi héroïques efforts..... Mais leurs formations étaient trop compactes en face de nos lignes bien retranchées. Ils se présentaient en masse et seulement un huitième de leur effectif pouvait faire usage du fusil. » (Général HAMILTON.)

(1) « Les pertes de la cavalerie de l'armée, pendant toute la période des opérations du 8 au 18 octobre, se montèrent en moyenne à 1 officier et 12 hommes par six sotnias ou escadrons. Encore le gros de ces pertes fut-il supporté par les détachements des généraux Michtchenko et Samsonov. » (KOUROPATKINE, *Memoiren.*)

(2) « Le général Sobolev avait répondu qu'en raison des instructions du général Kouropatkine il ne se trouvait pas en mesure de faire droit à cette demande ; mais que, si lui, Bilderling, se trouvait dans l'obligation de battre en retraite, il couvrirait son flanc droit en acceptant le combat sur les positions fortifiées par le VIᵉ sibérien. Comme l'enveloppement de l'aile droite du XVIIᵉ corps s'accentuait de plus en plus,

A la nuit, Bilderling porte de Tchenlioutankeou sur Lounouan-miao les trois régiments disponibles de la 35e division : à 11 heures, par une brillante attaque, les 139e et 140e reprennent Yendou-nioulou.

Devant le Xe corps se déploie la IVe armée : la 5e division, soutenue par une partie de l'artillerie de la 10e, attaque l'avant-garde Rebinkire qui, renforcée le soir seulement par 2 batail-lons, se maintient en position au prix de pertes énormes (1). — La 10e division conserve une attitude expectante au sud du San-kaisekisan; sa brigade de droite et une partie de son artillerie coopèrent par leur feu à l'enlèvement de la colline de la Pagode par la 2e division.

Inquiet pour la liaison entre les groupes de l'Ouest et du Centre, Kouropatkine fait occuper Yinpan par 2 bataillons du gros du Xe corps.

b) *Groupe du Centre.* — A 3 heures du matin, la Garde, 1re bri-gade à droite, 2e brigade à gauche, déloge des hauteurs à l'est des mines les avant-postes de la 1re brigade de la 3e division du

---

à midi, sur la demande du général Bilderling, le VIe sibérien reçut du général Kouro-patkine l'ordre de porter son avant-garde à Ouantchouantseu, c'est-à-dire à 4 kilo-mètres en avant. » (Major von Tettau.)

(1) « Tandis que, sur la position avancée, l'avant-garde Rebinkine était engagée dans une lutte sanglante contre un ennemi supérieur, le gros du Xe corps se trouvait à 4 kilomètres en arrière sur la position principale, simple spectateur du combat. Tandis que, sous nos yeux, se faisait écraser l'artillerie de l'avant-garde, les 48 pièces de la 9e brigade d'artillerie demeuraient en réserve sans faire quoi que ce fût. Mais il se produisit un fait plus remarquable encore : le général Rebinkine avait, lui aussi, conservé une batterie en réserve à Sintchouan; vers midi, à ma grande stupéfaction, je la vis se mettre en mouvement dans notre propre direction : le général Rebinkine la renvoyait au gros, « parce qu'il ne trouvait pas à l'employer! »…..

« On ne fit rien, pourtant, pour soutenir immédiatement cette avant-garde qui lut-tait avec acharnement, en fâcheuse posture, contre un adversaire supérieur. Sans doute, vers midi, on fit avancer entre la route mandarine et la voie ferrée le 138e avec un groupe de batteries de la réserve du XVIIe corps, pour appuyer l'attaque du géné-ral Rebinkine sur la hauteur de Kouchoutseu. Mais la nouvelle de la mise en mou-vement de deux divisions japonaises sur la route mandarine fit suspendre cette inter-vention « jusqu'à éclaircissement de la situation »…..

« L'avant-garde avait déjà engagé toutes ses réserves sur la ligne de feu, quand, à 4h 30, on la fit encore soutenir par deux bataillons du 35e de Briansk; il était déjà trop tard pour qu'ils pussent intervenir dans la lutte….. Les deux batteries du général Rebinkine étaient, dans la soirée, complètement désemparées et incapables de bou-ger : elles avaient perdu 30 % de leur personnel, plus de 50 chevaux pour la 8e batterie et 92 pour la 6e. Les troupes avaient résisté héroïquement sur leur position. Mais on se demande vainement dans quel but on avait laissé l'avant-garde s'engager, puisqu'on ne voulait pas la soutenir! Exemple remarquable de la valeur douteuse des avant-lignes. » (Major von Tettau.)

IVe sibérien, qui occupe Pakiatseu et le Sanjoshisan; son aile droite progresse assez facilement grâce à l'appui du bataillon du 46e laissé en liaison par la 12e division; mais la gauche est arrêtée net par les Sibériens soutenus par Michtchenko. Les Russes se battent avec acharnement : ni la Garde, ni la 3e brigade de la 2e division ne peuvent les chasser du Sanjoshisan.

Les Ire et IVe armées sont donc arrêtées sur toute la ligne; la situation est menaçante. Le général Okasaki la sauve en demandant vers 3 heures à enlever, avec sa 15e brigade de la 2e division, la colline de la Pagode aux six compagnies du détachement Mau qui l'occupent (1) : c'est chose faite à 5 heures du soir, après un très brillant assaut et un assez long corps-à-corps sur la colline, que les Russes défendent pied à pied (2).

Deux retours offensifs du général Mau, une furieuse attaque de nuit d'un régiment du IVe sibérien venu de Sialiouhotseu, ne réussissent pas à reprendre la colline (3). Sans attendre la reprise du combat, ordonnée par Kuroki pour la nuit, les Russes se replient sur tout le front : Mau sur les hauteurs d'Orroua, le IVe sibérien sur celles au nord de Sialiouhotseu—Tchanliouhotseu, Michtchenko à l'aile gauche.

Inquiet pour l'aile gauche du groupe de l'Ouest, Kouropatkine fait avancer la tête du Ier corps : 145e et 1 batterie sur le Sankaisekisan, 146e et 1 batterie et demie sur la hauteur à l'est

---

(1) « Chose encore plus singulière : vers midi une longue chaîne de tirailleurs était arrivée du nord-est entre Sankiatseu et le Sanjoshisan, et s'était couchée dans cette dépression, complètement masquée dans le maïs et le gaolian. Il pouvait y avoir là 4 ou 5 compagnies, vraisemblablement en première ligne d'un régiment. A 200 ou 300 mètres en avant, un mouvement de terrain aplati commandait complètement la plaine entre Sankiatseu et Panlatchantseu. Pendant l'attaque de la brigade Okasaki on devait s'attendre à voir à chaque instant les tirailleurs russes surgir de ce pli de terrain, d'où leur feu pouvait efficacement prendre les Japonais en flanc, à moins qu'ils ne préférassent, dans une contre-attaque plus efficace encore, foncer énergiquement sur le flanc d'Okasaki. Pourtant l'attaque japonaise les prit visiblement au dépourvu; soit qu'après plusieurs heures d'inaction absolue, le sommeil eût gagné jusqu'au dernier homme ; soit qu'ils n'eussent pris aucune disposition de sûreté. On ne saurait expliquer autrement l'attitude de ces tirailleurs. Ils restèrent couchés dans le maïs jusqu'à ce que la colline de la Pagode fût enlevée. A 5h 30 ils se replièrent. » (Colonel GERTSCH.)

(2) « Mais au nord de la colline, il y avait de solides gars qui se refusaient absolument à déguerpir. Il en est ainsi chez les Russes : quand toute résistance semble impossible, ils commencent à se battre à outrance. » (Général HAMILTON.)

(3) Pertes de la 15e brigade : 112 tués, 809 blessés.

de Tantsaitchi. Quant à Oyama, il se propose de frapper un grand coup sur Fendiapou, où il suppose le centre de gravité des forces russes : dans ce but, il retire du front la 5e division que remplaceront des brigades de kobi.....

c) *Groupe de l'Est.* — Dès l'aube, plus de 100 pièces bombardent la position japonaise, puis l'infanterie se déploie : le Ier sibérien (9e division à droite) devant le Tchenkouling, le Toumin-ling, le Taling ; le IIIe sibérien et le détachement Rennenkampf (renforcé par 5 bataillons du IIIe sibérien) devant les hauteurs au nord et à l'est de Pensikou ; en réserve à Siatchitchantsa, le IIe sibérien (5e division), une batterie de mortiers et la 1re brigade de la 1re division du Ier sibérien. Le temps est clair et chaud, l'attaque pénible. La tactique de chaque arme est passable, mais la tactique d'ensemble très médiocre : les bataillons s'engagent isolément ; parfois le commandement les arrête près du but ; l'artillerie lutte de trop loin ; elle disperse ses efforts ; au lieu d'aider l'infanterie, elle la gêne fréquemment. Pourtant les Russes ont beau jeu, en dehors de leur écrasante supériorité numérique : car le général Inouye est condamné à la défensive pure, par secteurs isolés commandés par les chefs de bataillon.....

A midi, les Japonais n'ont pas perdu un pouce de terrain. Stackelberg lance de nouveau ses troupes à l'assaut, mais se garde bien d'engager le IIe sibérien : six fois Rennenkampf et le IIIe sibérien reviennent à la charge, vainement ; ils sacrifient 5.000 hommes. Les Japonais perdent un tiers de leur effectif. Kuroki leur envoie le dernier régiment de la 12e division, le 46e, qui ne laisse qu'un bataillon à l'aile droite de la Garde. La 5e brigade de kobi, débarquée le 10 à Antong, est dirigée à marches forcées sur Sikouyang.

Le soir, Stackelberg, jugeant la partie perdue et craignant d'être débordé, veut contremander l'attaque de nuit projetée ; le contre-ordre arrive trop tard et l'attaque se produit.

Le 2e kobi de la Garde et 1 bataillon du 4e, ayant en réserve 1 compagnie du 24e, occupent le Taling, dont les abords sont relativement faciles ; 1 peloton du 2e kobi garde le mamelon à l'est du col. A 3 heures du matin, on repousse 2 bataillons russes ; à 5 heures, des fractions des 34e et 36e tirailleurs enlèvent le mamelon et anéantissent le peloton à la baïonnette ; mais au lieu de s'y fortifier et de continuer l'attaque, elles se retirent, ne laissant là que peu de monde. Le colonel Ota du 2e kobi, avec la compagnie du 24e et 3 pelotons du 2e, appuyé par 2 pièces, après une contre-attaque infructueuse, parvient à chasser les Russes; les trois compagnies japonaises ont 93 tués et 253 blessés.

Au Touminling il y a le 47e et une batterie; un saillant rocheux de la ligne de défense est tenu par une compagnie. A la nuit, des fractions du 33e tirailleurs sont accrochées au sol à très courte distance et donnent l'assaut à 3 heures du matin : la compagnie en question contre-attaque, mais est presque anéantie, sans officiers; seulement les Russes ne font rien pour exploiter leur succès; ils seront définitivement repoussés le 12 au matin.

Au IIIe sibérien et au détachement Rennenkampf, il n'y a pas d'attaque de nuit.

Lioubavine est chargé d'un mouvement débordant au sud du fleuve; mais, loin de lui donner l'infanterie qu'il réclame, on rappelle de Iaounsoun sur la rive nord le détachement Troukhine. Shimamura pousse sur la rive sud, vers les hauteurs au sud de Riououobio, un bataillon improvisé (2 compagnies du 39e kobi, 2 du 4e kobi, 1 compagnie du 14e). Trouvant ainsi le chemin barré, Lioubavine se replie vers l'est; Samsonov, qui couvre la gauche de Lioubavine, en fait autant : il se croit menacé du côté de Sikouyang. La 2e brigade de cavalerie n'y arrivera pourtant que le 11 au soir : de telle sorte que le bataillon improvisé, qui doit opérer en liaison avec elle, repasse le fleuve et retourne à Pensikou.

Stackelberg prend ses dispositions pour passer à la défensive (1).

---

(1) « Ainsi donc, une fois de plus, c'était la terreur d'engager les réserves : on n'osait pas jouer cartes sur table, parce que l'on songeait aux conséquences éventuelles d'une partie perdue. La critique est désarmée; je ne table que sur les faits : dans le camp russe, de l'extrême droite à l'extrême gauche, partout de timides demi-mesures, toujours des réserves employées goutte à goutte; chez les Japonais, la mise en œuvre franche, au point décisif, de toute la puissance, sans que la terreur des suites possibles d'un échec puisse les détourner de leur aventureuse audace !

« La division et demie opposée au groupe Stackelberg, sous les ordres du chef de la 12e division, soutenait un combat désespéré : comme réserves quelques bataillons seulement; la brigade de kobi de la Garde, surtout, qui, près de Pensikou, avait repoussé les héroïques assauts d'un ennemi plusieurs fois supérieur, était à bout de forces, épuisée; il lui eût été bien difficile de résister à un nouvel assaut, exécuté en liaison avec un mouvement enveloppant conduit sur la rive sud. » (Major von TETTAU.)

3° Journée du 12 octobre. — Kouropatkine ne semble pas se douter de l'échec de Stackelberg : il envisage avec optimisme la situation du groupe de l'Ouest, auquel il donne l'ordre de continuer la lutte sur ses « positions avancées ». Il semble d'ailleurs qu'un certain désordre commence à régner au quartier général russe (1).

a) *Groupe de l'Ouest.* — A la IIe armée, les 6e et 3e divisions profitent de la nuit pour s'approcher à 800 mètres des positions ennemies, sur lesquelles les unités sont déjà complètement mélangées.

Tandis que la 1re brigade de cavalerie reste du côté de Sandepou, la 4e division menace à Tsounlounyentouen le détachement Stakhovitch ; l'avant-garde du VIe sibérien refuse d'intervenir ; à 4h 30, Stakhovitch est rejeté sur Hounlinpou. Les Japonais occupent Tsounlounyentouen et Lataï.

La 6e division, appuyée par une très nombreuse artillerie, attaque Orrtchidiatseu, Siaodountaï, Yendounioulou, où on lui oppose une résistance acharnée; vers 10h 30, un bataillon japonais, bientôt soutenu par un régiment, déborde à l'ouest et au nord la première de ces localités, en cheminant par le lit encaissé du Chiliho : Orrtchidiatseu et Siaodountaï sont enlevés, ainsi que Lantseutaï où l'on prend une batterie russe; il est environ

_____

(1) « La journée du 12 est remarquable par une série d'ordres et de contre-ordres qui ont indiscutablement contribué aux déboires de ce jour-là. Bien que les commandants de groupe fussent ses délégués, le général Kouropatkine n'en persista pas moins à envoyer directement ses ordres aux corps d'armée et à régler par le menu l'emploi des troupes..... Après l'ordre du 11 au soir, de continuer la lutte sur les positions avancées, arriva le 12, à 7h 37 du matin, au quartier général du Xe corps, un ordre direct du chef d'état-major de l'armée qui...., prescrivait de revenir immédiatement sur la position principale Lioutankeou—Hounpaotchan. Le général Sloutchevski reçut encore directement l'ordre de rassembler au moins une division en réserve du Xe corps et de la conserver le plus longtemps possible, comme suprême ressource.

« Le général Sloutchevski avait déjà prescrit au général Rebinkine de revenir à Hounpaotchan, quand arriva, à 8h 35, une note du commandant du groupe de l'Ouest : ignorant la décision du commandant en chef, il avait résolu de se maintenir sur les positions avancées. Cette décision, pleinement justifiée, dénotait un sentiment exact des responsabilités : après avoir accepté la lutte sur cette position avancée et avoir engagé une violente fusillade avec l'infanterie ennemie terrée à 300 ou 400 pas des tranchées du XVIIe corps, il était impossible de se replier en plein jour sans risquer l'anéantissement..... Là-dessus, le Xe corps reçut encore simultanément deux nouveaux ordres : l'un, du commandant en chef, d'arrêter la réserve derrière l'aile gauche et de se tenir prêt à soutenir le général Mau ; l'autre, du commandant de groupe d'arrêter la réserve derrière l'aile droite, pour combler, en cas de besoin, le vide existant entre les Xe et XVIIe corps.

« Entre ces ordres contradictoires, parvenir à se tirer d'affaire n'était pas chose facile. » (Major von TETTAU.)

11ʰ 30. Une charge assez molle de sept escadrons russes est repoussée par l'aile gauche de la division. Yendounioulou, assailli de toutes parts, résiste encore jusqu'à 1 heure du soir.

A midi, la 3ᵉ division, que gêne le voisinage du Xᵉ corps russe, est encore arrêtée devant Yendounioulou et Chiliho; ses progrès sont extrêmement lents. Après la chute du secteur ouest du XVIIᵉ corps, elle déborde Chiliho par l'ouest et l'occupe à 4ʰ 20. Le soir, elle sera à Pankiaopou.

Le XVIIᵉ corps essaie immédiatement de reconquérir le terrain perdu : avec des fractions ralliées de la première ligne et des troupes venues de Lounouanmiao, on organise un retour offensif sur Siaodountaï; il échoue sous le feu rapide des Japonais. A midi, l'avant-garde du VIᵉ sibérien se décide enfin à engager un régiment, le 219ᵉ..... (1), qui s'arrête, puis fait demi-tour, sous une grêle de shrapnells. — Alors le commandant du XVIIᵉ corps donne l'ordre aux derniers défenseurs de l'avant-ligne de se replier : retraite difficile, au cours de laquelle, à Chiliho, on perd encore 4 pièces de canon. Son intention est de reformer son corps d'armée en défendant, avec le détachement Stakhovitch, la 2ᵉ brigade de la 55ᵉ division (mise enfin à sa disposition sur l'ordre de Kouropatkine) et la 35ᵉ division, le front Hounlinpou—Tchenlioutankeou—Pankiaopou; la 3ᵉ division se reformant en réserve à Tchoulintseu. De plus, Bilderling a ordonné au Xᵉ corps d'envoyer 6 bataillons à Lioutankeou. Mais l'ordre donné à 4ʰ 30 par le général Volkov n'est plus exécutable : la majeure partie de la 35ᵉ division est déjà engagée en première ligne; le reste, submergé par la retraite désordonnée de cette première ligne, recule au nord du Chaho, serré de près par l'ennemi (2).

---

(1) De la 2ᵉ brigade de la 55ᵉ division. Vers 4 heures on essaie également d'engager le 285ᵉ vers Bataï :

« En raison de la persistance d'un feu violent et de la supériorité numérique de « l'ennemi qui occupait ces tranchées, le commandant du 285ᵉ ne voulut pas s'engager « à fond et prescrivit aux compagnies qui avaient commencé l'attaque de se replier « et de réoccuper notre position fortifiée ». Ainsi s'exprime le rapport du commandant de l'avant-garde du VIᵉ sibérien. » (Major von Tettau.)

(2) « Quelquefois, d'aventure, un officier poussait vers une de ces masses de fugitifs et fonçait dans le tas, la cravache à la main. Mais à quoi bon ! Les pelisses épaisses amortissaient les coups; quant à l'effet moral, autant n'en point parler. Ces gens s'écartaient d'un pas ou deux et poursuivaient tranquillement leur route, sans plus se soucier du supérieur. Il eût fallu, disait le lieutenant-colonel B..., tirer à coups

Devant le Xe corps, la 5e division (rassemblée la veille au soir à Kouchoutseu, sur l'ordre d'Oyama) se déploie de nouveau, mais sans attaquer : il n'y a de ce côté qu'une lutte d'artillerie. Vers 2 heures Sloutchevski envoie au XVIIe corps le 36e régiment d'Orlov et 2 bataillons du 35e de Briansk. Mais, le soir, sa situation est grave : débordé sur ses deux flancs, il se replie sur Chahopou (1).

Le détachement Dembovski n'a pas donné signe de vie. Quant au VIe sibérien, il se retire sans combattre sur sa position fortifiée de Lantcharpou—Pentientseu. Nous n'insisterons point : la critique se trouve désarmée. Elle se prend seulement à songer

---

de revolver sur les poltrons qui lâchaient honteusement les camarades restés là-bas sur la position; mais cela n'eût pas servi à grand'chose. Le nombre des fuyards était déjà trop grand. » (O. von SCHWARTZ.)

(1) « Le capitaine Bredov venait d'apporter la nouvelle de cette retraite absolument inattendue. A 8 heures du soir seulement, de Hantchenpou, le général Volkov avisa le Xe corps du recul de son corps d'armée derrière le Chaho. Vers 4 heures d'abord, des caissons en désordre, au trot, avaient été arrêtés sans trop de peine. Mais à 5 heures, tandis que l'artillerie japonaise avançait et criblait de feux la position principale, quelques isolés, puis des fractions entières étaient arrivés, en retraite. « Je courus au-devant, disait le compte rendu, et tentai de rétablir l'ordre; « mais la retraite au delà de la position principale continua sans interruption. Il ne « restait plus, avec les bataillons encore en ordre, qu'à occuper la position de Liou- « tankeou pour couvrir la retraite du corps d'armée : elle s'accomplit tranquillement, « malgré le violent feu de shrapnells entretenu par l'ennemi.....

« Comme cette retraite dégarnissait le flanc droit du Xe corps; comme il n'y avait point à compter sur l'aide de nos voisins de gauche qui « ne se maintenaient eux- « mêmes que péniblement; comme enfin, sur les 18 bataillons laissés au corps d'armée, « 8 déjà engagés depuis plusieurs jours avaient besoin de repos » (Rapport du Xe corps), le général Sloutchevski, sans ordres du commandant du groupe de l'Ouest, décida de se replier sur la position fortifiée de Chahopou et de commencer à minuit l'éva- cuation de la précédente position. A 7^h 30, on venait d'envoyer un officier d'état-major rendre compte de cette décision au commandant en chef dont le cantonnement pour cette nuit était inconnu : si bien que l'on perdit un temps considérable avant de le découvrir à Lioutsientouen.

« Peu après le départ de cet officier, arriva, à 6 heures du soir, un ordre du général Kouropatkine au groupe de l'Ouest : « Demain 13, on défendra avec le plus grand « acharnement les positions occupées. » Ordre évidemment expédié avant la nouvelle de la retraite du XVIIe corps. Le général Sloutchevski renvoya donc son propre offi- cier d'ordonnance au quartier général de l'armée, que l'on venait de découvrir sur ces entrefaites, pour rendre compte au commandant en chef de la situation réelle et lui demander sa décision..... Le général Sakharov, chef d'état-major de l'armée, fit remarquer à cet officier « que le XVIIe corps, malgré son recul, ne manquerait point, « au reçu de l'ordre de défendre opiniâtrément ses positions de la journée, de réoccuper « lesdites positions, couvrant ainsi la droite du Xe corps ». Comme conclusion, au nom du commandant en chef, il ordonnait au Xe corps de se maintenir « coûte que coûte » sur la position de Hounpaotchan.

« Mais, avant le retour de l'officier d'ordonnance, arriva à 11^h 15 du soir, un ordre télégraphique du commandant du groupe de l'Ouest « de se replier de nuit sur la ligne « du Chaho. » (Major von TETTAU.)

involontairement à ce simple colonel allemand qui, le 16 août, gardait un pont sur la Moselle..... et qui marcha tout de même au canon !

b) *Groupe du Centre.* — Pendant la nuit, du 11 au 12, le centre russe est assailli furieusement sur toute la ligne par les Ire et IVe armées (moins les 12e et 5e divisions).

A 1 heure du matin, la 10e division, appuyée à droite par la 11e brigade de kobi et en arrière par la 10e, enlève le Sarkaisekisan et le Nansan : arrivés, sans être vus, à quelques centaines de pas, les Japonais engagent un combat acharné à la baïonnette ; à la pointe du jour, leur supériorité numérique leur assure le succès (1). Le colonel du 145e russe se fait massacrer dans Tantsaitchi, avec 200 braves, plutôt que de se rendre (2). La 1re brigade de la 37e division du Ier corps se replie sur le front Tsanditouen—hauteur au sud de Hamatan, où la 2e brigade la renforce ; on lui envoie comme réserve, de Tounsantseu à Tounsonho, le 88e, trois batteries et un régiment cosaque. Dans cette nouvelle position, elle repousse à 9 heures du soir une attaque de la 10e division.

Depuis le 11 au soir, devant la 2e division et la Garde, les fractions avancées du IVe sibérien reculent en défendant le terrain pied à pied. La 15e brigade, Okasaki, attaque à 3 heures du matin les hauteurs d'Orroua, en chasse à 5^h 10 le détachement Mau, puis s'y retranche sous une pluie de shrapnells ; les Russes se retirent sur le Lotosan. De midi à 3 heures, l'artillerie d'Okasaki avance jusqu'à la colline de la Pagode ; mais contre le Lotosan toutes les tentatives échouent, y compris une attaque de nuit, conduite à la faveur d'un orage.

Matsunaga (3e brigade de la 2e division) occupe à 3 heures du matin le Sanjoshisan ouest, puis, à 6^h 30, attaque les hauteurs au sud-est de Sialiouhotseu qu'il enlève à 10^h 30, grâce à l'appui de son artillerie qui a suivi de près l'infanterie (3). A midi, ses

---

(1) Pertes de la division : 60 officiers et 1.250 hommes.

(2) La particulière bravoure des Russes qui avaient combattu là s'affirma, en dehors de leur résistance acharnée, par ce fait que beaucoup de leurs blessés tirèrent, après le combat, sur les Japonais qui s'approchaient pour les recueillir. » (Colonel GERTSCH.)

(3) Et de l'artillerie de la 2e brigade de la Garde.

troupes épuisées se reposent. A 2 heures il reçoit l'ordre de marcher sur le Tchaosanling, pour renforcer l'aile droite menacée par des troupes ennemies signalées du côté de l'est.

La 2ᵉ brigade de la Garde chasse à 2ʰ 30 du Watanabeyama et du Hachimakiyama des fractions de la 1ʳᵉ brigade de la 3ᵉ division du IVᵉ sibérien; à 7 heures, elle enlève Pakiatseu, où elle prend trois caissons d'une batterie russe surprise, mais est arrêtée à 9ʰ 20 devant les hauteurs de Domonshi : elle est en effet séparée de sa 1ʳᵉ brigade; et le colonel Kasa, qui couvre et éclaire vers l'est avec les deux régiments de cavalerie de la Garde et de la 2ᵉ division, signale la présence d'environ 10.000 Russes du côté de Tatsoupou.

La 1ʳᵉ brigade de la Garde marche, à 3 heures du matin, sur Manhouapou, d'où elle chasse quelques faibles partis et les cosaques de Michtchenko, puis occupe à 7 heures, sans combat, les hauteurs au nord de ce village. Après un repos, elle déloge du Sanjoshisan est quelques groupes ennemis, et vers 11ʰ 30 s'installe au Bajisan sans combat.

Les Russes se sont repliés sur les hauteurs de Domonshi, le gros de l'avant-garde du IVᵉ sibérien vers Siaheinioutouen. Kouropatkine médite de faire intervenir, du côté du Bajisan, d'abord les fractions disponibles du Iᵉʳ corps (1), puis le IIᵉ sibérien (2).

c) *Groupe de l'Est.* — Stackelberg ne songe plus « qu'à se garer

---

(1) « Dans le vallon à l'est de Tounsonho se tenaient les dernières réserves du centre, fractions des 37ᵉ et 22ᵉ divisions. A notre stupéfaction nous y vîmes trois régiments partir vers le nord-est. Nous pensions déjà que c'était l'indice du commencement de la retraite; nous apprîmes par la suite que ces régiments, avec quatre batteries, étaient allés sur Maorrtchan (Bajisan) soutenir l'aile gauche du IVᵉ sibérien : ils arrivèrent après minuit et repartirent sans s'être engagés. » (Major von Tettau.)

(2) « Vers 10 heures, le général Zaroubaiev reçut du commandant en chef une note d'où il résultait que celui-ci escomptait un mouvement de recul momentané du centre, mais semblait toujours ignorer la situation du groupe Stackelberg. Elle disait : « .....Comme cependant je persiste à ne pas considérer comme définitive la perte de « vos positions, je vous ordonne de vous replier dans la direction générale d'Orrtao-« keou. Dans cette retraite, vous devez disputer le terrain pied à pied et résister « opiniâtrément sur les hauteurs au nord d'Hamytan. Au cas où ce combat acharné « contre un ennemi supérieur vous mettrait dans l'obligation d'abandonner vos posi-« tions actuelles, je vous autorise à demander de ma part au commandant du groupe « de l'Est d'envoyer à Fendiapou le IIᵉ sibérien, qui s'y placera sous vos ordres..... » (Major von Tettau.)

d'une offensive japonaise et d'une tentative d'enfoncement ».
(Major von Tettau.) Le 12 au matin, il se contente de faire
exécuter sur toute la ligne une violente canonnade; pourtant il
semble qu'il se garde bien de prévenir Kouropatkine de son changement d'attitude (1).

A midi, on ne se bat plus qu'au sud du Taïtsého, où Samsonov se heurte au bataillon improvisé qui a repris sa position
de la veille sur les hauteurs de Riououobio... La brigade de
cavalerie Kanin, arrivée à Sikouyang, en repart à 6 heures du
matin avec 350 fantassins dans la direction de Pensikou; après
une marche très pénible où l'on a peine à faire suivre les affûts
des mitrailleuses, elle arrive vers 11 heures et ouvre un feu violent. Samsonov surpris file vers l'est, suivi par une partie de la
brigade japonaise. Le reste va mitrailler les bataillons russes
tenus en réserve à Chokako (2)...

Ivanov retire du combat toutes les unités engagées et rassemble son IIIe sibérien vers Kaotaitseu; dans la nuit, sans
prévenir Stackelberg, il recule jusqu'au Kaotouling.

Rennenkampf, qui attaquait encore le matin le front est de
Pensikou, privé de ses cinq bataillons du IIIe sibérien, et apprenant l'échec de Samsonov, se replie sur Sankiatseu.

Et pourtant, en ce moment, Inouye est à bout de forces et
fait venir de l'ouest, en toute hâte, le dernier bataillon de sa
12e division : le bataillon Honda, à Pensikou, a perdu tous ses
officiers; de ses cinq compagnies, trois n'ont plus qu'une ving-

---

(1) « En exprimant avec une telle précision ses intentions au sujet du renforcement
du général Zaroubaiev, le général Stackelberg ne pouvait malheureusement se résoudre à définir catégoriquement l'attitude qu'il comptait prendre sur le front : « Aux
« Ier et IIe sibériens, télégraphie-t-il, j'ai donné l'ordre d'avancer, de ne reculer en
« aucun cas. » Quelle adroite amphibologie! N'était-il point préférable, puisqu'on
reconnaissait l'impossibilité de persévérer dans l'offensive, de prescrire aux généraux Ivanov et Gerngross de se borner à la défensive, et de rendre compte dans
ce sens au commandant en chef? La terreur des responsabilités, l'éternel besoin d'un
tuteur hiérarchique, empêchaient un chef, même autoritaire comme l'était le général Stackelberg, de faire preuve d'initiative au moment voulu et de renoncer à
une offensive déjà condamnée. » (Capitaine Markov, de l'état-major du groupe de
l'Est.)

(2) « Il semble étrange que la cavalerie russe n'ait pas disputé jusqu'au bout aux
Japonais le terrain d'où ils pouvaient impunément menacer l'infanterie de la rive
droite; ou du moins, si elle se sentait inférieure à sa tâche, qu'elle n'ait pas prévenu
les réserves campées sur cette rive et les camarades qui luttaient sur les pentes, pour
leur dire de veiller au grain. » (Général Hamilton.)

taine d'hommes, une en a 16, la dernière 12! Le détachement perd 1.765 hommes. Et le vide entre la 12ᵉ division et la Garde n'est plus comblé que par les deux régiments de cavalerie du colonel Kasa...

Toujours inquiet, Stackelberg ne peut se résoudre à se priver du IIᵉ sibérien pour l'envoyer à Zaroubaiev. Il finit par le diriger sur le Ouaitochan, après avoir correspondu toute la journée à ce sujet avec Kouropatkine (1).

Parmi cet inextricable fouillis de vagues démonstrations, d'escarmouches quelconques et de combats sanglants, qui constitue le drame de Chaho, après un interminable prologue aboutissant enfin au lever de rideau du 11 octobre, cette journée du 12 est bien la journée décisive. Il nous faut donc, avant d'aller plus loin, nous arrêter quelques instants, afin de jeter un coup d'œil sur l'ensemble du champ de bataille.

Pour Kouropatkine, il s'agit de battre une armée dont le centre de gravité doit se trouver du côté de Yentai, à peu près au milieu du front. Le généralissime russe a l'intention d'engager tout d'abord ses deux ailes, séparées par un large vide, en arrière duquel il laissera sa réserve à l'affût. Mais, s'il a voulu monter cette manœuvre *a priori*, il ne l'exécutera qu'*a posteriori*, quand il saura ce que fait l'ennemi.

Car il suppose, *a priori*, il espère que les Japonais, laissant dans les montagnes leur droite à peu près dégarnie, concentreront toute leur puissance au centre et du côté de l'ouest. La réserve russe interviendra; Bilderling demeurera inexpugnable sur ses positions fortifiées (2); et Stackelberg, avec une écrasante supériorité numérique, attaquera à fond vers l'est, débordera Pensikou, balayant tout sur son passage, se rabattra sur Yentai et remportera la victoire.

Mais, *a posteriori*, des scrupules l'assiègent : il se pourrait, après tout, qu'Oyama songeât à dégarnir son centre au profit

---

(1) « L'échec de ses troupes sur toute la ligne doit avoir lourdement pesé sur le général Stackelberg; son état-major était très inquiet pour la sécurité du groupe de l'Est. » (Lord Brooke.)

(2) « Cette tactique d'attirer l'ennemi sur les positions de défense russes, le général Kouropatkine l'avait encore avant la bataille de Moukden, et il la manifesta devant plusieurs attachés militaires en leur disant : « Les Japonais s'écraseront « contre les formidables positions de l'armée. » (Colonel E. Rostagno.)

de son aile droite. Alors la réserve russe, perçant ce centre dégarni, provoquerait « l'événement ». Il se pourrait encore... Le champ des hypothèses s'entr'ouvre, illimité. Sans doute, pour interdire définitivement à son adversaire toute tentative dangereuse, Kouropatkine dispose d'un moyen bien connu, le plus simple de tous : s'engager brutalement sur tout le front, sans perdre une minute, sans arrière-pensée, sans restriction mentale. Pour paralyser celui qu'il craint tant de voir remuer, il n'a qu'à lui mettre rudement la main au collet, à lui tomber dessus furieusement, de tout son poids. L'idée ne lui vient pas d'en user de la sorte ; il préfère se réserver pour je ne sais quelles parades plus savantes : Bilderling et Stackelberg attaqueront... avec circonspection.

Cette conception soi-disant offensive, cette prudence méthodique qui veut affubler l'aigle russe de lunettes de cantonnier, porte en soi, qu'on le veuille ou non, tous les germes de la défaite : qui dit circonspection dit lenteur ; et l'offensive lente appelle le désastre.

Pour réaliser ces projets, quels moyens va-t-on mettre en œuvre ? Cette volonté chancelante nous fait prévoir d'ores et déjà la préparation défectueuse d'un « système » mal agencé. Puisqu'il n'est plus question d'attaquer franchement, tout va dépendre de l'ennemi : on ne saurait se contenter d'une arme robuste et rustique à la fois ; il faut une machine à plusieurs fins, un mécanisme fragile, d'une ingénieuse complication, susceptible de répondre à l'imprévu... à tous les imprévus possibles. Constituer des groupes, des armées pourvues de tous leurs moyens d'action ; les faire suivre de réserves, — le strict indispensable — destinées, non pas à les recueillir en cas d'échec, mais à les soutenir offensivement, de toute leur masse, au bon moment ; leur donner leur mission, leur point de direction, puis dire : *Gott mit uns...* c'est bon quand on tire l'épée en lançant au loin le fourreau, c'est bon quand on attaque ; c'est infiniment dangereux quand on rêve de « se faire attaquer », quand on veut réserver l'avenir, quand on songe bien moins à vaincre qu'à se préserver d'un désastre !

Kouropatkine, qui voudrait tout prévoir, s'obstinera à diriger en personne, jusqu'à la dernière minute, des groupes d'importance variable, détachements, divisions, corps d'armée, armées : Kossagovski, Dembovski, Sobolev, Bilderling, Meyendorf, Zaroubaiev, Michtchenko, Stackelberg, Rennenkampf, tous indépendants les uns des autres ; il se bercera du vain espoir de leur donner l'impulsion d'ensemble ; quand il s'avouera son erreur, quand il mettra ceux-ci sous les ordres de ceux-là, l'heure sera passée : il ne réussira qu'à augmenter la confusion.

Et maintenant, que vaudra l'exécution ? Les hésitations du chef nous permettent de prophétiser l'irrésolution des sous-ordres. Et pourtant, la bataille que va livrer ce chef est bien celle qu'il a rêvée : tout marche au gré de ses désirs.

En dépit du temps gaspillé, Stackelberg ne trouve que fort peu de monde en travers de sa route : il a la partie belle pour attaquer à fond, tout le monde jusqu'au dernier homme se lançant avec rage sur un ennemi détesté, pour l'aborder à tout prix, obstinément, et le détruire impitoyablement.

Mais voici que, pour préparer sa bataille, il prend modèle sur Kouropatkine, avec le même mépris des liens tactiques, et, sous prétexte d'organiser des groupes, désorganise, avant le premier coup de fusil, les unités constituées (1). Et puis, comme il ne s'agit pas de vaincre, mais de parer à toutes les éventualités, on ne s'engage que goutte à goutte (2) ; la circonspection méthodique se traduit naturellement par une excessive lenteur. On a les yeux fixés, non point sur l'objectif, sur l'ennemi à anéantir, mais sur le corps d'armée voisin : si Zaroubaiev pouvait, sans

---

(1) « Le mélange des unités et le morcellement des régiments en bataillons, au cours des opérations du IIIᵉ sibérien et des troupes adjointes, attire spécialement l'attention. Dans le combat décisif du 11, le commandant de la 6ᵉ division de tirailleurs n'avait sous ses ordres que quatre des douze bataillons de sa division ; cinq bataillons et demi appartenaient au IVᵉ sibérien. En même temps, cinq bataillons de cette 6ᵉ division étaient affectés à la colonne Rennenkampf et commandés par le général Eck, chef de la 71ᵉ division... Les groupes d'artillerie chargés de préparer l'attaque du général Danilov n'étaient pas sous son commandement. » (Général KOUROPATKINE, Memoiren.)

(2) « Il me semblait, à moi, que l'on commettait une erreur en renforçant ainsi la ligne de feu. Toute la journée, le baron Stackelberg envoya au travail de petits paquets, un bataillon ou deux à la fois — effectifs insuffisants, à mon avis, pour faire pencher la balance ; ce qu'il eût fallu, ç'eût été lancer en avant des forces réellement sérieuses. Sans aucun doute, la tâche des Russes était difficile, mais nullement irréalisable pour une ligne de feu plus puissante, étant donnée la faiblesse numérique des Japonais. » (Lord BROOKE.)
« L'avance russe a été lente, très lente. » (R. RECOULY.)

trop tarder, secouer l'arbre vigoureusement, pour faire tomber les fruits mûrs, qu'on n'aurait plus qu'à ramasser (1)!

Zaroubaiev ne secoue rien! Alors la circonspection s'aggrave et devient de la timidité (2); elle se communique aux commandants de corps, qui se voient déjà bousculés par l'ennemi (3); elle gagne les divisionnaires qui marchent sans ensemble et sans conviction, ne risquent qu'un minimum de bataillons, renoncent à exploiter les succès obtenus. Les efforts héroïques des unités qui s'acharnent à donner l'exemple sublime sont condamnés à demeurer stériles (4).

---

(1) « A notre désappointement, sinon à notre surprise, nous apprenons que le IVe sibérien du général Zaroubaiev n'a fait aucun progrès : devant lui, comme devant nous, l'ennemi tient encore les hauteurs. » (Lord BROOKE.)

(2) « Au Ier sibérien, comme au IIIe, des unités isolées remportèrent des succès sérieux : la victoire semblait proche; mais, au lieu de soutenir ces avant-gardes victorieuses, on les rappela en arrière. De jour, on n'entreprit aucune attaque, remettant tout à la nuit; puis on renonça également à l'attaque de nuit. » (Général KOUROPATKINE, *Memoiren*.)

(3) « Bien que le général Ivanov disposât encore des 11e et 12e tirailleurs gardés en réserve, et de quelques bataillons d'autres régiments qui n'avaient pris aucune part au combat, il rendit compte au chef du groupe de l'Est qu'au lieu de faire reprendre au général Rennenkampf la position abandonnée par lui et de l'y soutenir, il jugeait nécessaire, dans la nuit du 12 au 13, de se replier sur la position au nord de Kaotaitseu pour y concentrer son corps d'armée dans l'attente de l'attaque japonaise. Malgré une indubitable supériorité numérique, malgré les efforts héroïques et les succès partiels de maintes unités, le IIIe sibérien et les troupes adjointes ne remportèrent donc aucun avantage. » (Général KOUROPATKINE, *Memoiren*.)

(4) « Le général Kondratovitch, qui devait attaquer le Taling avec neuf bataillons, donna l'ordre suivant : « Le 34e tirailleurs, un bataillon du 35e et deux du 36e atta-« queront avant la pointe du jour sous les ordres du lieutenant-colonel Moutchelov. » Le général crut donc devoir déléguer sa propre mission au lieutenant-colonel chef du 34e tirailleurs et rester en arrière avec deux bataillons. Ces sept bataillons attaquèrent isolément : tentatives simultanées contre quelques points des positions ennemies, sans unité de direction. De nouveau, quelques fractions réussirent, mais ne furent pas soutenues en temps utile et durent être rappelées en arrière ou se replier spontanément. Avec une particulière bravoure avancèrent sept compagnies du 34e sous les ordres du capitaine Moskvin. Enflammés par l'exemple de leur chef, les braves tirailleurs donnèrent l'assaut à la baïonnette contre les défenseurs du premier sommet. Toujours corps à corps, ils en prirent ensuite deux autres, le dernier très élevé, avec deux étages de tranchées. Restait un seul sommet, le plus élevé, dominant toute la ligne. Au petit jour, l'ennemi ouvrit un feu violent sur les sommets en notre pouvoir. Informé de la situation difficile du capitaine Moskvin, le lieutenant-colonel Moutchelov, au lieu de le soutenir, prescrivit au reste du 34e de se replier sur la position primitive. Le général Kondratovitch disposait encore de plus de la moitié de ses troupes qui n'avaient pris aucune part au combat; pourtant, il n'exploita nullement le succès du capitaine Moskvin. Les deux bataillons du 36e attaquèrent aussi chacun un sommet, qu'ils enlevèrent, mais ne furent pas soutenus, ne purent tenir sous un feu violent et se replièrent. A cette attaque de nuit prirent donc part sept compagnies du 34e et deux bataillons du 36e; en somme,

Telle est l'offensive du groupe de l'Est. Elle nous autorise à prévoir ce que sera la défensive de ce groupe de l'Ouest, dont on prépare depuis des jours la démoralisation en lui répétant qu'il est trop faible pour se risquer hors des tranchées-abris...

Ici, le programme comporte une résistance opiniâtre derrière une triple ligne de retranchements, où viendra se briser l'offensive japonaise : avant-ligne du Chiliho, ligne principale du Tsoungho, position de repli du Chaho... Il y a tant de positions qu'on s'y perd; et l'on va s'y perdre en effet !

Dans l'idée de Kouropatkine, la « résistance décisive » doit se produire sur le Tsoungho : c'est sur la partie est de ce front que le groupe du Centre, défendant à peine son avant-ligne — de la colline du Temple au Sankaisekisan — tiendra bon toute la journée; c'est à l'ouest que l'on prévoit l'intervention possible du VIe sibérien.

Se conformant à cette idée, le Xe corps laisse écraser son avant-garde pendant la journée du 11, et ne tente rien, le lendemain, contre un adversaire peu mordant; ne lui enseignait-on pas, tout récemment à Liaoyang, « que le mouvement en avant n'est pas à désirer »?... De même, à l'aile droite, le VIe sibérien « se résigne à attendre son tour d'être battu » (1).

Mais le XVIIe corps s'engage à fond sur l'avant-ligne. Bilderling l'approuve : Kouropatkine et lui ne s'entendent point; et, comme tous deux commandent simultanément, entre les ordres de l'un et les contre-ordres de l'autre la confusion n'a plus de bornes (2).

---

trois bataillons trois quarts sur les neuf dont disposait le général : cependant nous jugeâmes la partie perdue. » (Général KOUROPATKINE.)

« L'obscurité n'arrêta pas le combat. Les hommes de Kondratovitch ayant pris pied au Touminling, à une cinquantaine de mètres du sommet, rampaient à la faveur de la nuit vers les tranchées ennemies, dans l'espoir de s'en rapprocher assez pour charger à la baïonnette. » (Lord BROOKE.)

« Dans la nuit du 11 au 12, la colonne Lissovski poursuit le cours de ses succès. Le 33e tirailleurs, sous les ordres du colonel Vladimirov, attaqua le contrefort, délogea les Japonais à la baïonnette, et occupa au petit jour le point culminant. Mais, comme nos troupes ne le soutenaient pas, et que l'artillerie ennemie l'inondait de projectiles, il recula de cent à cinq cents pas. Là fut tué le colonel Vladimirov... » (Général KOUROPATKINE, *Memoiren.*)

(1) Colonel E. ROSTAGNO.

(2) « Le 11, le chef du groupe de l'Ouest reçut l'ordre suivant : « En cas de pas-« sage des Japonais à l'offensive générale, les avant-gardes contiendront l'ennemi, « reconnaîtront ses forces, et, sous la pression d'effectifs supérieurs, se replieront

Dans ces conditions, que va-t-il advenir de ce malheureux corps d'armée? Le 11 au soir, il n'a plus en réserve que 3 bataillons, 4 escadrons, 4 batteries; ses deux divisions sont mélangées, sur le Chilîho, dans un inextricable pêle-mêle (1); dans un désordre qui interdit toute action féconde et prépare la débandade (2); dans un désordre qui commence à gagner les corps d'armée voisins (3), et auquel le commandement ne peut guère remédier, en admettant qu'il s'y efforce (4).

Le résultat n'est pas douteux : tout comme au groupe de l'Est, des bataillons se sacrifient, sans que personne les soutienne;

« sur la position fortifiée du gros pour y recevoir le combat décisif... » Cet ordre n'était qu'une confirmation des instructions antérieures, d'après lesquelles l'engagement décisif du groupe de l'Ouest devait avoir lieu sur un front désigné et fortifié d'avance. Conformément à cette résolution, la position du VIe sibérien avait été également choisie de manière à protéger l'aile droite du groupe contre un mouvement débordant de l'ennemi. Le commandant du XVIIe corps donna le 11 l'ordre — basé sur des instructions inconnues — de recevoir le combat, non sur la position principale, mais sur l'avant-ligne. » (Général KOUROPATKINE, Memoiren.)

« Le 12, de bonne heure, le commandant du groupe de l'Ouest reçut du commandant de l'armée un ordre qui lui signalait la possibilité de tomber, avec son aile droite, sur les derrières de l'armée d'Oku, et lui prescrivait de se replier immédiatement sur la position principale du front Lioutankeou — Hounpaotchan. De l'avis du commandant du XVIIe corps, partagé par le chef du groupe de l'Ouest, cet ordre était d'une exécution difficile, l'ennemi ayant déjà commencé son mouvement en avant. » (Général KOUROPATKINE, Memoiren.)

(1) « Le 12 au matin, le XVIIe corps n'était donc guère en mesure de livrer un combat acharné. Sur l'avant-ligne, où l'on n'attendait point la décision, les fractions des 3e et 35e divisions se trouvaient pêle-mêle sur un front de 6 verstes. La réserve divisionnaire consistait en deux compagnies, celle du corps en trois bataillons; et, le 11, pas plus pour nous que pour les Japonais, il n'y avait eu d'engagement sérieux. » (Général KOUROPATKINE, Memoiren.)

(2) « Quand il s'agissait d'avancer, les diverses fractions de la ligne de combat manquaient d'une exacte cohésion. Cette cohésion ne naissait que quand il était question de retraite : il suffisait que n'importe quelle unité pliât, pour que les groupes voisins se crussent autorisés, au lieu d'aider à reconquérir le terrain perdu, à se replier également, même si l'ennemi ne les pressait point. » (Général KOUROPATKINE, Memoiren.)

(3) « Où se trouvait le reste du VIe sibérien? Je ne pus satisfaire ma curiosité et questionnai un aide de camp qui venait de descendre de cheval en raison du feu d'artillerie et se tenait là à pied. « Ah! grand Dieu! où est le corps d'armée? Mais qui « peut le savoir! Le diable sait ce que nous faisons là; mais nous l'ignorons. » (O. VON SCHWARTZ.)

(4) « Chemin faisant, je repassai devant la fanza de l'état-major de la division. On s'y trouvait dans des dispositions très combatives, non pas tant contre les Japonais que contre le nouveau commandant du corps d'armée, le général Volkov. De son quartier général, en effet, avaient afflué cette nuit des ordres innombrables, avec toutes sortes de prescriptions de détail, tout à fait en dehors de ses attributions, et dont l'exécution entraînait le changement de plusieurs bivouacs, privant naturellement les troupes de sommeil. » (O. VON SCHWARTZ.)

d'autres, prématurément usés par cette défensive tueuse des énergies, se battent beaucoup plus mollement (1). Cela finit par la déroute.

Quant au divisionnaire, « commandant de la ligne de feu », il demeure impassible en arrière (2); et, comme il n'a plus de réserve, son rôle se borne à assurer, avec un à-propos assez discutable, le remplacement de ses subordonnés tués ou blessés (3). Lui donne-t-on des troupes fraîches? Il se contente de noter l'heure exacte de cet important événement (4); d'une intervention plus active, l'idée ne lui vient même pas (5). Ce n'est

---

(1) « Quand l'ennemi fit avancer des forces considérables et nous attaqua, non seulement en flanc, mais à dos, alors seulement le général Sachtchouk donna l'ordre de se replier et de s'établir dans le village de Lantseutai, un peu au nord de Siaodountai. Mais il était déjà trop tard. Occupant rapidement Siaodountai, les Japonais grimpèrent sur les toits et, à courte portée, couvrirent d'une pluie de balles nos troupes qui se repliaient en masses épaisses. La retraite dégénéra en désordre, et nous perdîmes deux batteries de la 2ᵉ brigade établies près de Lantseutai. Le colonel Vannovski (remplaçant Sachtchouk blessé) fit d'énergiques efforts pour rétablir l'ordre, mais sans y réussir... A ce moment, les détachements voisins, qui occupaient Yendounioulou, Oulige, Chiliho, et que les Japonais n'attaquaient presque pas, commencèrent à plier, par suite de la retraite de l'aile droite, sans rien tenter pour améliorer la situation de celle-ci. La retraite des troupes des secteurs du centre et de la gauche fut désordonnée, bien que l'ennemi ne les pressât point...

« ...Entre 1ʰ 30 et 3 heures du soir, le régiment de Morchansk évacua Yendounioulou; derrière lui les deux bataillons du régiment de Zaraïsk commencèrent à se replier. Ces six excellents bataillons gardèrent un ordre parfait, prêts à lutter avec acharnement. Leurs pertes étaient tout à fait insignifiantes. Pendant cette retraite, le colonel Vannovski, s'adressant au colonel Martinov, le pria de soutenir la contre-attaque qu'il projetait; il lui fut répondu que lui, Martinov, jugeait son aile droite exposée et se retirait. » (Général Kouropatkine, *Memoiren*.)

(2) « D'une mine impassible, le général Ianjoul accueillait cette avalanche de mauvaises nouvelles, qui ne semblaient presque plus l'intéresser. » (O. von Schwartz.)

(3) « Le général Ianjoul se tourna vers ses officiers et leur dit d'une voix ferme : « Messieurs, le commandant du 9ᵉ régiment est tué (ici il retira sa casquette et se « signa), et le général Sachtchouk est blessé. J'ai déjà désigné les remplaçants. » (O. von Schwartz.)

« Que le commandement du très important secteur de droite (en remplacement du général Sachtchouk) ait été donné à un officier d'état-major, le colonel Vannovski, qui commandait une division de dragons et que les troupes ignoraient, voilà ce qu'on ne peut expliquer que par un sentiment de méfiance à l'égard des chefs directs de ces troupes, les généraux Iakoubovski et Ianjoul. » (Général Kouropatkine, *Memoiren*.)

(4) « Seul le général Ianjoul conserva encore son calme : « N'oubliez pas, dit-il « à son aide de camp, de noter l'heure de cet important événement, il est 10ʰ 50. » (O. von Schwartz.)

(5) « Sur les instances du général baron Bilderling, le commandant du VIᵉ sibérien mit à la disposition du groupe de l'Ouest une brigade de la 55ᵉ division, formée des 219ᵉ et 220ᵉ avec quatre batteries. Dès 9 heures du matin, la tête de cette brigade atteignait à Tchenlioutankeou la position principale du XVIIᵉ corps. Le comman-

pas un cas isolé : on dirait qu'au XVIIe corps tous les généraux sont absents (1). C'est que l'exemple vient de haut (2)...

La conception, la préparation, l'exécution, se valent. Aux échelons les plus élevés de la hiérarchie, les caractéristiques sont les mêmes : personne ne sait son rôle, personne n'est à sa place. En bas, c'est le désordre avec toutes ses conséquences. Sur les dernières scènes, il est temps que le rideau tombe.

4° L'épuisement final. — 1° **Journée du 13 octobre.** — Oyama donne ses ordres pour la continuation de l'offensive, qui doit pousser jusqu'au Chaho, et indique les objectifs : IIe armée Lingsipou—Chahopou ; IVe armée Tchientchanlintseu—Lousoutouen ; Ire armée Tounkiafen—Taïkou ; la brigade Matsunaga (3e de la 2e division) agira offensivement pour chercher, par le Tchaosanling, à couper la retraite de Stackelberg. Mais l'épuise-

---

dant de ce corps, à la nouvelle de la retraite de son aile droite, demanda que l'on mît à sa disposition un des régiments nouvellement arrivés, afin de rétablir le combat de ce côté. Cette demande fut accueillie, et le 219e désigné à cet effet. Le chef de la 3e division reçut du corps d'armée l'ordre suivant : « Il y a lieu de charger un officier « de conduire ce régiment à l'endroit où sa présence est le plus nécessaire. » A midi, le général Laiming, commandant la 55e division, reçut l'ordre de « diriger un régiment « sans artillerie sur Siaodountai, à droite des 9e et 10e régiments, pour s'y mettre à « la disposition du général Ianjoul ». A 1 heure, le régiment se remit en marche, mais, pour des causes inconnues, non point vers l'aile droite du XVIIe corps, mais vers le centre... Chemin faisant, le 219e dépassa les groupes des régiments de Morchansk et de Zaraïsk et poursuivit dans la direction de Yendounioulou. Comment l'arrivée du 219e ne fut-elle pas pour le colonel Martinov le signal de suspendre sa retraite et de concourir à la contre-attaque ? Mystère... » (Général Kouropatkine, *Memoiren.*)

« Pourquoi le général Ianjoul, ayant reçu mission de guider à l'attaque le 219e, ne remplit-il point cette mission ? C'est ce qu'on ignore. » (Général Kouropatkine, *Memoiren.*)

(1) « Les 11 et 12, l'effectif du XVIIe corps ne comptait pas moins de six généraux : pourtant le combat du 12 fut conduit par le seul général Sachtchouk et les colonels Stakhovitch, Krischtopenko, Martinov, de Witte et Groulev. L'action des divisionnaires, les généraux Ianjoul et Dobrjinski, fut à peine sensible et n'eut que peu d'effet. Quant aux brigadiers présents, les généraux Glasko, Iakoubovski, Stepanov, ce qu'ils firent ce jour-là, on n'en sait absolument rien. » (Général Kouropatkine, *Memoiren.*)

(2) « Du village de Lioutankeou, à notre gauche, déboucha vers nous une cavalcade de six cavaliers, qui s'approcha jusqu'à une centaine de pas, puis fit demi-tour. C'était le général Volkov avec son état-major intime. De rapprochement avec le général Ianjoul, il ne semblait pas encore avoir été question. » (O. von Schwartz.)

« Pendant deux heures environ j'observai le général Bilderling, sans qu'il adressât même un seul mot à son entourage, sans qu'il donnât un seul ordre. Et cela au moment où, peut-être, la situation aurait pu être rétablie... » (O. von Schwartz.)

ment des troupes commence à se faire sentir ; et il semble bien que l'on ne dispose plus de réserve générale, puisque, toutes les fois que cette réserve devrait intervenir, on est obligé de s'adresser à des unités déjà engagées : 5e, 2e et 6e divisions... La tête de la 8e division ne commence qu'à arriver à Liaoyang.

Kouropatkine ne songe plus qu'à se défendre : il donne l'ordre au IIe sibérien de soutenir Zaroubaiev (1) ; puis il prescrit à ce dernier de se replier plus au nord « sur une position à son choix » ; enfin, l'après-midi du 13, il se décide à mettre Dembovski et le VIe sibérien à l'entière disposition de Bilderling. Mais cette intervention tardive n'est plus destinée à déclancher une offensive fructueuse : elle ne peut plus que seconder la défensive du reste de l'armée russe serré de près par l'ennemi (2).

a) *Groupe de l'Ouest.* — Le groupe s'est installé tant bien que mal sur ses positions du Chaho. Au XVIIe corps, la 35e division occupe Daliantouen—Lingsipou—Lamoutouen, son artillerie en arrière du centre ; la 3e division se fortifie à Koukiatseu—Tsaofantaï, quatre bataillons prêtés par le Xe corps à Yinkouan ; on se fortifie également du côté de Hantchenpou.

Au VIe sibérien, Bilderling prescrit d'occuper, le 14, le front Tchaokialintseu—Daliantouen ; mais Dembovski (qu'il croit encore à l'ouest du Hounho) reçoit l'ordre de ne pas bouger..... alors que sa cavalerie atteindra, ce jour-là, Yentchoulintseu.

Le Xe corps, réduit à 16 bataillons, occupe le front Youkialatseu — hauteurs au nord de Houtai et de Koukiatseu — Tchientchanlintseu ; un seul bataillon en réserve à Chahopou ;

---

(1) « La situation difficile du centre et la crainte de le voir enfoncer par l'ennemi, avaient amené, le 13 de grand matin, le général Kouropatkine à revenir sur sa décision de la veille au soir de laisser le IIe sibérien à la disposition du groupe de l'est. Tandis que le 13, à 9h 45 du matin, le général Stackelberg était informé (du 12 à 10h 15 du soir) que le IIe sibérien était de nouveau à son entière disposition, à 11h 05 du matin un ordre (expédié à 5 heures par le général Kouropatkine) lui prescrivait « d'envoyer immédiatement, dès réception, toute la réserve disponible du IIe sibérien « se joindre au IVe sibérien ». Et voici de nouveau en pleine lumière la défectuosité des liaisons : à cet ordre, d'une importance si capitale, il n'avait pas fallu moins de six heures pour arriver à destination. » (Major von TETTAU.)

(2) « Tandis que, devant un ennemi très inférieur en nombre, les deux ailes de l'armée russe n'avaient plus rien à espérer, même d'un succès, les Japonais allaient porter tous leurs efforts sur le centre, qu'ils voulaient enfoncer, et poursuivaient vigoureusement leur but, sans se préoccuper de la situation éventuellement périlleuse de leurs derrières et de leurs flancs. » (Major von TETTAU.)

la 31e brigade d'artillerie au nord de Lamoutouen, la 9e en deux groupes au sud de Chahopou et au nord-est de Koukatseu (1).

A la IIe armée, la 1re brigade de cavalerie escarmouche vers Likiatouen. Mais l'offensive de l'armée subit un temps d'arrêt très marqué :

La 4e division occupe, dès 11 heures du matin, le front Tatai— Tchanlinpou—Kisiaotouen; elle essaie vainement d'enlever Lingsipou et s'arrête sur ses positions.

La 6e division occupe Hounlinpou à 7 heures du matin, puis à 11 heures le front Kisiaotouen—Tchoulintseu, d'où elle engage la lutte d'artillerie; Oku lui enlève sa 11e brigade qui, renforcée de huit batteries de la réserve d'armée, s'en va couvrir le flanc droit de la 3e division et la relier à la IVe armée (en remplacement de la 5e division définitivement gardée en réserve à Kouchoutseu).

La 3e division occupe le front Tchansintien—Kianhoutouen, face au Xe corps; à sa droite, la 11e brigade de la 6e division est à Ouankialoutseu. De ce côté également, on n'échange guère que des coups de canon.

b) *Groupe du centre.* — Au centre, la lutte est plus acharnée. Pendant la nuit, la 11e brigade de kobi a vainement attaqué

---

(1) « Vers midi, le général Sloutchevski reçut du général Kouropatkine l'ordre de détacher deux bataillons sur les hauteurs de Tchientchanlintseu, pour couvrir le flanc droit du 1er corps et se relier à lui (deux bataillons du 124e de Voroneje). Avec seize bataillons, il était impossible d'occuper solidement la position en prélevant encore une réserve sérieuse; le général résolut donc de tout mettre en première ligne, et demanda au général Bilderling de lui renvoyer ses six bataillons, pour constituer sa réserve. A Chahopou, il n'y avait plus qu'un seul bataillon, le 1er du 33e.....

« Considérant l'attaque comme imminente, le général Sloutchevski était soucieux, par suite de ce manque de réserve. A sa demande de restitution des six bataillons, le général Bilderling avait répondu qu'ils resteraient, pour commencer, au XVIIe corps, que l'ennemi continuait à essayer de déborder. Si le Xe corps avait besoin de secours, il lui enverrait, non seulement ces six bataillons, mais encore une partie de la réserve du XVIIe corps.

« Mais cette communication ne tranquillisa nullement le commandant du Xe corps : insistant sur la situation périlleuse que lui créait le manque de réserves suffisantes, il demanda, à 5h 35, au commandant du groupe, que la 2e brigade de la 9e division fît retour au Xe corps, et que les six bataillons revinssent à la tombée de la nuit, pour ne point éveiller l'attention de l'ennemi..... En dépit des assurances données, la brigade ne rejoignit point le 13 au soir..... Malgré tout, le XVIIe corps redoutait pour le soir une attaque contre son aile droite, et, ne comptant que fort peu sur l'appui du VIe sibérien, on conserva la brigade du Xe corps, contrairement aux ordres donnés par le commandant du groupe de l'ouest. » (Major VON TETTAU.)

le Djosan, défendu par des fractions de la 37ᵉ division et du détachement Mau. La réserve d'artillerie de la IVᵉ armée occupe alors
le Sankaisekisan et prend furieusement à partie les batteries
russes, tandis que la 10ᵉ division déborde l'ennemi en marchant
sur Tounsonho. Vers 10 heures du matin, les Russes commencent à se replier lentement : la 37ᵉ division occupe les hauteurs
au nord de Tchimiaotseu; à 5 heures les Japonais sont à Tounsonho. Débordé sur le Djosan, Mau, pendant la nuit, se replie au
nord-est jusqu'à Orrtaokeou.

Vers midi Zaroubaiev reçoit l'ordre de ramener ses troupes en
arrière : il décide de tenir jusqu'à la nuit, la retraite ne pouvant
s'effectuer en plein jour qu'au prix de pertes énormes.

A la 2ᵉ division (15ᵉ brigade), il n'y a eu pendant toute la
matinée qu'une violente canonnade. Vers 2 heures, Okasaki
reçoit l'ordre d'attaquer le Lotosan et le Lengesan; tandis que
l'artillerie détourne sur elle le feu des batteries russes, l'infanterie progresse rapidement; à 3ʰ 45, le 16ᵉ régiment est à 70 mètres des tranchées du Lotosan, qu'il enlève à 5 heures au détachement Mau, après un terrible assaut (1); devant le Lengesan
(occupé par le IVᵉ sibérien), le 30ᵉ régiment reste couché de
4ʰ 45 à 7 heures; à 8 heures les Russes évacuent. La brigade
Okasaki perd 637 hommes.

La Garde attaque à 6 heures du matin, en laissant son 3ᵉ régiment en flanc-garde sur le Rioukasan et le Kakoreisan. A gauche,
depuis 8 heures jusqu'à la nuit, le 4ᶜ régiment, malgré un petit
succès partiel et un corps-à-corps prolongé, ne peut progresser
dans la direction de Domonshi. A droite, la 1ʳᵉ brigade cherche
à enlever au général Chileiko le Lienhouasan que ses deux bataillons de droite tentent de déborder par Manioutouen : prévenu
par Michtchenko, le 85ᵉ russe (Iᵉʳ corps) fait échouer cette manœuvre; une seconde tentative est encore repoussée par le 85ᵉ

---

(1) « Les adversaires se tenaient tête à 10 mètres de distance : cela dura peut-être
une minute, une éternité. Puis ils se rejoignirent, on eût dit corps à corps, pour se
séparer de nouveau, à coups de baïonnettes, à coups de crosses, à coups de pierres;
mais pas un coup de feu, bien peu du moins. Il n'y avait là qu'environ 70 Japonais
et peut-être 50 à 60 Russes. La crise dura cinq bonnes minutes, puis les Japonais
parurent céder..... mais ils revinrent à la charge, les braves gens ! Et, comme les Russes
regagnaient leurs tranchées, ils y pénétrèrent sur leurs talons et la position fut conquise. De droite et de gauche, de continuels renforts cheminèrent sur les flancs du
mamelon : à 5ʰ 30 toute la crête était noire de Japonais. » (Général HAMILTON.)

et le 4e tirailleurs. L'artillerie japonaise, à Pakiatseu, est trop loin pour soutenir l'infanterie; l'ennemi contre-attaque par Domonshi. L'échec de la 1re brigade est complet : elle se replie dès 2 heures du soir sur le Sanjoshisan-est, poursuivie par les Russes.

A ce moment, le général Alexeiev débouche du Ouaitochan avec 6 bataillons et demi et 3 batteries du IIe sibérien, et marche sur le 3e régiment de la Garde : celui-ci n'attend pas l'assaut et se replie sur Manhouapou; Alexeiev le poursuit de ses feux et occupe le Kakoreisan à 6 heures, puis se retire pendant la nuit, en conformité, vraisemblablement, avec les intentions du commandement russe (1).

La brigade Matsunaga (3e de la 2e division), après une marche de nuit très dure, arrive à Manhouapou et se heurte, à 5 heures du matin, aux 3e et 20e tirailleurs qui défendent le Tchaosanling : elle est repoussée et n'arrive à tenir que grâce à l'appui de son artillerie. A 1 heure du soir, le 17e tirailleurs, envoyé par Stackelberg avec deux batteries du IIe sibérien, attaque le flanc gauche de Matsunaga qui se trouve réduit à la défensive, mais tient bon. Les Russes se replient pendant la nuit (2).

c) *Groupe de l'Est.* — Le 13, de grand matin, Stackelberg écrit à Kouropatkine : « J'ai prescrit au groupe de lutter sur ses positions jusqu'à la dernière extrémité : il n'est pas question de retraite!..... Le recul du IVe sibérien a dégarni mon flanc droit; je demande donc qu'on assure la protection de ce flanc et de mes derrières : je suis hors d'état de le faire moi-même, n'ayant plus une seule réserve. » Puis il envoie une partie du IIe sibérien renforcer sa couverture au Tchaosanling. Enfin,

_____

(1) « N'aurait-il pas été possible de pousser l'attaque plus avant? Je ne saurais en être juge. Toutefois, l'on pouvait penser qu'entreprise plus tôt et avec des forces plus considérables, elle aurait fait prendre une tournure décisive à l'engagement du centre. Vraisemblablement ce fut l'approche de la nuit et surtout la retraite du IVe sibérien, commencée à 6 heures du soir, qui empêchèrent Alexeiev de poursuivre son succès. » (Major von Tettau.)

« Vers 6 heures du soir, après un combat insignifiant, on occupa le massif dominant la vallée de Maorrtchan. Mais les troupes assaillantes ne voulurent point marcher coude à coude avec le IVe sibérien : elles avaient reçu l'ordre de se replier et de se tenir prêtes à couvrir la retraite du Ier sibérien. » (Kouropatkine, *Memoiren.*)

(2) Le IVe sibérien, couvert par les fractions de la 22e division du Ier corps, se replie en excellent ordre par Tchanheinioutouen sur Fendiapou où il arrive à 7 heures du matin, le 14.

sur l'ordre formel de Kouropatkine, il se décide à faire intervenir au Ouaïtochan le détachement Alexeïev, reste du IIe sibérien.

A midi, Kouropatkine l'informe de la situation et lui prescrit
« de ramener ses troupes vers le nord, en liaison plus étroite avec
le reste de l'armée ». La retraite commence à 7 heures du soir :
Ier sibérien sur Kouantai—Heisounpou, IIe sur Taikiamiaotseu,
IIIe sur Panmouling.

A 8h 15 du soir, Kouropatkine prescrit de se retirer « à hauteur
de Banyapoutseu ». En conséquence, Stackelberg envoie des
contre-ordres; mais, par suite de la défectuosité des liaisons,
ils n'arrivent pas en temps utile et les vrais emplacements sont,
le 14 au matin : IIe sibérien entre Yansintouen et Sounouopoutseu, Ier au nord de Banyapoutseu (à Kandolisan et Yama-
lintseu), IIIe à Tchinsisai—Houanling; Rennenkampf en retraite de Sankiatseu vers le Kaotouling.

Le groupe Inouye est trop faible et trop épuisé pour inquiéter
cette retraite; il ne reçoit que le soir, à Pensikou, la 5e brigade
de kobi.

2o **Journée du 14 octobre.** — Le 14, les Japonais doivent continuer l'attaque.

a) *Groupe de l'Ouest.* — A 7 heures du matin, Bilderling ordonne
au VIe sibérien d'attaquer le front Tatai—Hounlinpou : à droite
la 72e division bouscule des détachements japonais à Sintaitseu
et Sankiatseu, mais à 11h 30 est arrêtée devant Tatai après avoir
enlevé Ouantchouantseu à la flanc-garde de la 4e division; à
gauche la 55e division ne réussit pas à prendre Tchanlinpou;
assailli par un feu violent, dans des formations trop compactes,
le corps d'armée recule en désordre en abandonnant 2 canons
et 5 caissons. A 4 heures du soir, il revient à la charge et
réoccupe Ouantchouantseu, mais s'y retranche sans pousser plus
avant. Bilderling le rappelle sur le front Tchaokialintseu—Daliantouen.

A 6 heures du soir seulement, Dembovski fait son apparition
(14 bataillons, 16 sotnias, 32 pièces), marche sur Foukiatchouantseu et chasse de Likiatouen la cavalerie japonaise qui, pendant
toute la journée, a soutenu la 4e division; puis il s'arrête. Quant

aux cosaques du général Grekov, ils ne donnent pas signe de vie (1).

La 6ᵉ division, réduite à une brigade (la 24ᵉ), a passé la nuit à Tchoulintseu et soigneusement reconnu la position russe Lingsipou—Lamoutouen : obligée d'attaquer les deux villages simultanément, elle se fait soutenir par deux bataillons et demi de la 4ᵉ division; à midi, elle est à 600 mètres de Lingsipou, mais ne peut avancer davantage. Alors deux compagnies, se glissant dans le lit du Chaho, ouvrent le feu par surprise, à 400 mètres, sur les tranchées au sud du village, qui sont enlevées à 2ʰ 30. Puis, à la faveur d'un violent orage, les Japonais pénètrent dans Lingsipou où s'engage une lutte acharnée; à la nuit, les Russes ne tiennent plus que dans la partie nord-ouest. A 11 heures du soir, une contre-attaque, exécutée par six compagnies du XVIIᵉ corps, rentre dans le village, mais ne réussit pas à s'y maintenir.

La 3ᵉ division commence son attaque au milieu de la nuit, 3 bataillons sur Houtai, 6 sur Youkialatseu; après trois assauts successifs, de 3ʰ 30 à 5ʰ 30, les Russes cèdent le terrain; les 24 pièces postées au sud de Chahopou sont enlevées par surprise. La 3ᵉ division attaque alors simultanément à gauche Lamoutouen, au centre Chahopou défendu par deux bataillons, à droite la 1ʳᵉ brigade de la 9ᵉ division russe qui fait face au sud-ouest sur la rive gauche du Chaho. Soutenus par leur artillerie, les Japonais s'emparent du sud de Chahopou et rejettent les défenseurs dans la partie de ce village située sur la rive droite du Chaho que le feu des mitrailleuses japonaises fait bientôt évacuer.

Sloutchevski n'a plus de réserves (2) : il redemande encore

---

(1) « La position du détachement Dembovski semblait particulièrement favorable pour le lancer, toutes forces réunies, sur le flanc de l'ennemi; mais il s'était déjà affaibli en laissant en couverture sur la rive droite du Hounho sa brigade de cavalerie et deux bataillons, bien que la protection de ce flanc fût déjà confiée à la brigade cosaque d'Orenbourg du détachement Grekov..... Cette timidité, qui ne songeait qu'à protéger les flancs et les derrières, ne permettait jamais de s'assurer au point décisif la supériorité numérique. » (Major von TETTAU.)

(2) « L'attaque de la 3ᵉ division aurait échoué de toutes façons si le Xᵉ corps avait eu une réserve..... Il n'en avait plus, car les six bataillons que le XVIIᵉ corps devait lui restituer le 13 au soir n'étaient pas encore arrivés. Dès que le général Sloutchevski connut le succès de l'ennemi, il envoya immédiatement deux cosaques rechercher cette brigade de la 9ᵉ division qu'il supposait n'avoir pas été touchée par l'ordre de retour, ou s'être égarée dans l'obscurité; dans le même but, il dépêcha un officier

au XVIIᵉ corps ses six bataillons, qui ne commenceront à arriver
enfin que vers 9 heures du matin. Vers midi, Kouropatkine lui
annonce que les troupes disponibles vont contre-attaquer l'ennemi du côté de Tchiensantakantseu—Koukiatseu. En même
temps, Bilderling lui prescrit de reprendre Chahopou. Il se
décide alors à lancer à l'attaque le 36ᵉ régiment qui vient de
lui être rendu par le XVIIᵉ corps : deux bataillons réoccupent
le nord de Chahopou ; deux bataillons se logent sur la rive gauche
à l'est du village. Comme personne ne les soutient, à 8 heures du
soir, laissant quelques fractions dans le nord de Chahopou, ils
se replient au sud de Patakiatseu ; toute l'artillerie recule, pour
la nuit, au nord de cette dernière localité. Sur la rive gauche
du Chaho, les Russes n'occupent que Lamoutouen. Mais la
3ᵉ division japonaise, complètement épuisée, n'est plus susceptible d'aucun effort...

La contre-attaque projetée par Kouropatkine devait être
exécutée par des fractions du Iᵉʳ corps : mais la 37ᵉ division,
aux prises avec la IVᵉ armée, n'était pas disponible ; restait la
22ᵉ, déjà dispersée de tous côtés. On finit par réunir deux régiments (86ᵉ et 88ᵉ), cinq batteries, un régiment de cosaques qu'on
lance, vers 1 heure du soir, sur Houtailintseu et Tchientchanlintseu : la 3ᵉ division et la 11ᵉ brigade de la 6ᵉ division repoussent ces troupes, qui se replient sur Lioutsientouen et Luanfantouen.

b) *Groupe du Centre.* — A la droite du groupe du Centre, la
37ᵉ division s'est repliée la veille sur les hauteurs au nord de
Tchimiaotseu—Tounsonho. Elle y est attaquée par la 10ᵉ brigade de kobi vers Tounsonho et la 11ᵉ brigade de kobi vers

---

d'état-major pour la conduire à Chahopou. Il apprit ainsi que le général Dobrjinski,
commandant la 35ᵉ division, avait gardé les six bataillons, « s'attendant lui-même
« à être attaqué ». Enfin, vers 9 heures, trois bataillons du 36ᵉ d'Orlov arrivèrent
à Chahopou ; le quatrième ne revint qu'à midi ; mais les deux bataillons du 35ᵉ qui
occupaient Lamoutouen ne purent en être retirés en pleine action. Les soldats du
régiment d'Orlov coururent au secours de Chahopou, mais ne purent empêcher la
partie au sud de la rivière de tomber aux mains de l'ennemi ; ils n'arrivèrent à se maintenir quelque temps que dans les fermes de la partie septentrionale.....

« On était toujours inquiet de l'absence prolongée de la 2ᵉ brigade de la 9ᵉ division
et de celle de la brigade Mau.....

« Le détachement Mau avait reçu l'ordre de rejoindre le Xᵉ corps, avait longtemps
erré à l'aventure et, finalement, avait été retrouvé très tard à Foudiakou par un
officier d'état-major. » (Major VON TETTAU.)

Tchimiaotseu vers 2 heures après midi; la 10e division est en réserve. Cette attaque est précédée et accompagnée d'un bombardement intense exécuté par 12 batteries de la IVe armée portées vers Mankiafen; elle est appuyée à droite par 4 batteries de l'aile gauche de la 2e division, à gauche par les 8 batteries de la 11e brigade de la 6e division (qui attaque en ce moment les hauteurs à l'est de Ouahopoutseu et porte son artillerie à l'est de Tchienhouanhouatien). Les Russes évacuent leur position et se replient sur Orrtaokeou, poursuivis par des feux terribles d'infanterie et d'artillerie; un violent orage favorise leur retraite.

Le soir, les troupes de la 6e division se rassemblent à Tchientchanlintseu, pour rejoindre le lendemain leur division à la IIe armée.

La 15e brigade de la 2e division occupe à 7 heures du matin, sans combat, les hauteurs au sud de Tchaotchimiaotseu; son artillerie contribue à déloger du Bakenjisan la brigade Michtchenko et le 4e tirailleurs, puis prend part à la lutte contre la 37e division russe. Là se borne son rôle le 14.

Dès le 13 au soir, Oyama, après l'échec de la Garde, a envoyé de Hounkiatchouan à Panlatchantseu (quartier général de Kuroki) le gros de la 5e division, ne gardant en réserve à Hounkiatchouan que le détachement Yamada (41e régiment, 20e kobi, 5 batteries).

La Garde, après une marche très prudente dans les mamelons, attaque vers 5 heures du soir, sur le Bakenjisan, la brigade Michtchenko et le 4e tirailleurs qui se replient sur Orrtaokeou à la faveur de l'orage.

La 5e division marche sur le Ouaitochan : devant elle les dernières fractions de la 5e division du IIe sibérien repassent le Chaho.

Conformément aux ordres d'Oyama, les troupes japonaises, du reste extrêmement fatiguées, ne franchissent pas la rivière et ne poursuivent pas l'ennemi.

Dans la soirée du 14, Kouropatkine commence à se reconstituer une réserve prélevée sur le groupe du centre, et la rassemble vers Sankiatseu et Losientouen : 85e et 87e régiments avec un groupe d'artillerie du Ier corps; deux régiments de la 3e division d'infanterie sibérienne, du IVe sibérien.

c) *Groupe de l'Est.* — Il semble que Stackelberg ait eu l'intention de lancer le 14 le Ier sibérien dans la direction de Fendiapou, afin de prendre en flanc les Japonais engagés contre Zaroubaiev..... Mais, pendant la journée, Kouropatkine lui prescrit d'envoyer 25 bataillons à Losientouen, pour faire partie de la réserve générale. Stackelberg y dirige Gerngross avec la 9e division de tirailleurs, les 19e et 20e tirailleurs (IIe sibérien) et le 213e (Ve sibérien). La 1re division de tirailleurs est à Kandolisan; le reste du IIe sibérien au nord de Banyapoutseu; le IIIe sibérien a ses arrière-gardes sur le front Tchantchouitseu—Ouanfouling—Kaotouling. Les fractions du IIe sibérien, qui escarmouchent, ce jour-là, du côté du Ouaitochan, repassent le Chaho.

Inouye concentre ses troupes et marche sur Tchantchitsiaotseu avec la 12e division et la 5e brigade de kobi; la 2e brigade de cavalerie passe le Taitsé-ho et couvre son flanc droit; la brigade Matsunaga (3e de la 2e division), à sa gauche, franchit le Tchaosanling et marche sur Chanpingtaitseu. La brigade Oumezawa s'en va, en réserve, à Sankiatseu (4 kilomètres au sud-ouest de Chahopou.)

3o Journée du 15 octobre. — Oyama décide de suspendre l'offensive, au moins pour quelques heures, et de remettre un peu d'ordre dans ses divisions qui commencent à en avoir besoin : la 5e division fera retour à la IVe armée; la 3e brigade de la 2e division et la 11e brigade de la 6e rejoindront leurs divisions. On s'établira sur les fronts ci-après : détachement Inouye, au sud de Banyapoutseu; reste de la Ire armée, Taikouatouen—Sinlountouen; IVe armée, Poutsaooua—Tchientchanlintseu; IIe armée, Chahopou—Lingsipou. Seule, la IIe armée aura donc à combattre sérieusement ce jour-là.

a) *Groupe de l'Ouest.* — La 1re brigade de cavalerie et la 4e division ne font guère qu'escarmoucher à l'aile gauche : le détachement Dembovski et le VIe sibérien, d'accord avec Bilderling, semblent considérer leur mission comme terminée.

Dès le matin, la 6e division continue l'attaque de Lamoutouen : mais, à 6 heures du matin, une violente poussée de trois bataillons russes contre Lingsipou paralyse son action; à 7h 30, une fois les Russes rejetés de Lingsipou, le mouvement reprend contre Lamoutouen : à 9 heures la 24ᵉ brigade n'en est plus qu'à 600 mètres, mais elle est incapable de pousser plus loin. Vers 11 heures, Oku fait intervenir sa réserve d'artillerie, 13 batteries. Mais une nouvelle contre-attaque des Russes sur Lingsipou arrête encore les Japonais. Enfin, vers 3 heures arrivent les têtes de colonne de la 11ᵉ brigade : à 4 heures le sud de Lamoutouen est enlevé; à 4ʰ 40 les Russes évacuent complètement le village.

En même temps, à la suite d'un malentendu, le XVIIᵉ corps évacue le secteur compris entre la voie ferrée et Lingsipou : ce mouvement de recul partiel oblige tout le corps d'armée à se replier sur le front Tsaofantai—Yinkouan—Kouantouen, sous la protection d'une violente canonnade qui, pendant quarante minutes, arrose le terrain un peu au hasard; l'artillerie du VIᵉ sibérien et son 285ᵉ régiment couvrent également cette retraite.

Après l'épuisement de la veille, la 3ᵉ division n'est plus susceptible d'un effort bien considérable. Elle laisse donc le Xᵉ corps tranquille et se contente d'attaquer les 86ᵉ et 88ᵉ régiments du Iᵉʳ corps sur les hauteurs au nord-est de Koukiatseu dont elle s'empare à 10 heures du matin. A Tchiensantakantseu, les Russes tiennent jusqu'à 3 heures. L'intervention du détachement Yamada de la IVᵉ armée les en déloge, en leur prenant 2 canons. Les Japonais attaquent dans la soirée la hauteur de l'« Arbre isolé ».

Au Xᵉ corps, l'inquiétude est grande : enfin, à midi, la brigade Mau rejoint Patakiatseu; et, vers 6 heures, Kouropatkine y envoie comme renfort le 85ᵉ du Iᵉʳ corps. A droite Vassiliev occupe des tranchées depuis Kouantouen jusqu'à la route mandarine (2ᵉ brigade de la 31ᵉ division et deux bataillons du 35ᵉ); à gauche se trouve Gerschelmann (9ᵉ division); une sotnia se relie au Iᵉʳ corps à Oukiatouen; des fractions du 36ᵉ occupent le nord de Chahopou; l'artillerie est au sud de Patakiatseu, de part et d'autre de la route mandarine, et canonne les Japonais.

b) *Groupe du Centre*. — Au centre règne un calme à peu près absolu. La IVᵉ armée occupe le front Tchientchanlintseu—Poutsaooua. La 2ᵉ division (15ᵉ brigade) est sur le Bakenjisan; la Garde, sur le Kinchosan et le Sensan fait face au nord et au nord-est.

Du côté russe, la 37ᵉ division est à l'ouest d'Orrtaokeou;

les deux brigades du IVe sibérien occupent le Tosan, ayant à leur gauche Michtchenko et le 4e tirailleurs.

Gerngross arrive dans la journée à Losientouen : Kouropatkine, installé à Houantchan, dispose dès maintenant en réserve de 41 bataillons et demi (12 du Ier sibérien, 6 du IIe, 8 du IVe, 4 du Ve, 11 et demi du Ier corps). Il a l'intention de reprendre le lendemain l'offensive avec cette réserve et le groupe de l'Ouest : mais, au quartier général russe, semble régner un désordre de mauvais augure, et d'ailleurs parfaitement compréhensible...

c) *Groupe de l'Est.* — La 12e division et la 5e brigade de kobi, flanquées à droite par la 2e brigade de cavalerie, s'avancent un peu du côté de Siapingtaitseu. En face, la 1re brigade de la 5e division de tirailleurs (IIe sibérien) est retranchée de Tsaïkiatouen à Kandolisan; la 1re division de tirailleurs (Ier sibérien) fait front depuis Kandolisan jusqu'à l'est de Yinpan; le IIIe sibérien reste du côté du Kaotouling; Rennenkampf vers le Daling. De ce côté la lutte est déjà complètement finie.

4° **Journée du 16 octobre.** — Oyama considère la bataille comme terminée. Mais, la veille au soir, le détachement Yamada (5e division), envoyé pour appuyer l'aile droite de la 3e division, s'est avancé trop au nord par erreur et a attaqué sur la colline de l'« Arbre isolé (1) » le détachement Novikov du Ier corps. A 8 heures du matin les avant-postes russes évacuent la colline que Yamada occupe aussitôt, tandis que Novikov se replie sur Oukiatouen—Foudiakou.

Pendant ce temps Kouropatkine a donné ses instructions pour la reprise de l'offensive, dont il se réserve de fixer le moment : le groupe de l'Ouest attaquera dans la direction du sud ; la réserve générale, dans la direction du sud-ouest; les troupes de Zaroubaiev interviendront par le feu de leur artillerie..... La canonnade commence aussitôt sur toute la ligne, tandis que Bilderling donne ses instructions; on attend l'ordre du quartier général..... rien ne vient, et l'on n'attaque pas. Kouropatkine s'étonne et demande des explications au Xe corps (2). Mais tout le monde

---

(1) Colline Novgorod.

(2) « Pour quels motifs le général Bilderling a-t-il renoncé à l'offensive? N'estimez-vous point nécessaire de profiter pleinement de la présence de ma réserve pour

est exténué; personne ne désire plus l'offensive; en tout cas, on subordonne cette offensive à la reprise préalable du mamelon de l' « Arbre isolé ». Et tout se borne à la préparation de cette attaque que doit soutenir l'aile gauche du Xe corps :

Elle doit avoir lieu à 6 heures du soir sous la direction du général Poutilov; elle sera exécutée par la 2e brigade de la 5e division de tirailleurs, renforcée du 36e tirailleurs, des 86e, 87e et 88e régiments et de trois batteries : 2e brigade à droite; 86e, 87e, 88e au centre; 11e et 36e tirailleurs à gauche.....

Au groupe de l'Est, tout est tranquille le 16. Au IIe sibérien seulement, le 18e tirailleurs chasse du Ouaïtochan un faible détachement japonais, arrière-garde de la 5e division, et y installe six compagnies.

Comme le dit le major von Tettau : « De part et d'autre, de la fatigue on passe graduellement à l'épuisement absolu (1).... »

5° **Journée du 17 octobre.** — Le 16 à 5 heures du soir la lutte commence : les éclaireurs du 87e chassent de Chahoyan les avant-postes japonais; la colonne russe du centre débouche de Oukiatouen et s'engage : d'abord le 87e, puis à gauche trois bataillons du 88e et à droite deux bataillons du 86e, enfin en réserve trois bataillons des 86e et 88e. On traverse Chahoyan, puis la rivière, non sans peine, et l'on escalade les deux collines après quatre assauts successifs.

La colline, à l'est de Chanlantseu (qui recevra ultérieurement le nom de Poutilov), est occupée par le 20e kobi et par cinq batteries (dont trois de montagne) placées en arrière et à gauche de l'infanterie; le 41e défend la colline de l' « Arbre isolé » (colline Novgorod), gardant en réserve sa 7e compagnie et son 3e bataillon. Le général Yamada a d'ailleurs donné l'ordre de battre en retraite à la tombée de la nuit : l'artillerie la première, le 41e en arrière-garde.

_____

« enlever Chahopou? Si vous préférez remettre cette attaque à demain, faites-moi
« savoir comment vous comptez la faire préparer par l'artillerie et si vous ne jugez
« pas utile d'enlever dès aujourd'hui le village de Chanlantseu d'où l'artillerie de ma
« réserve pourrait, avec ses obus brisants, préparer l'attaque de Chahopou. Aujour-
« d'hui, la tâche de Meiendorff consiste à reprendre la colline de l'Arbre isolé. »
(*Einzelschriften*, 45-46, p. 197.)

(1) « Le général Dobrjinski m'accueillit en grommelant : « Terriblement fastidieux,
« cet entretien avec les Japonais! Personne ne s'y intéresse plus. » (O. VON SCHWARTZ.)

Assailli de front par les 86e et 87e, le 20e kobi est tourné par le 19e tirailleurs et par la compagnie de gauche du Xe corps; la réserve japonaise (à l'exception de la 7e compagnie et d'un peloton de la 9e) va renforcer la ligne de feu : après un corps-à-corps prolongé, les kobi réussissent à gagner Housantakantseu à la faveur de la nuit. De même, le 41e est attaqué par les 87e et 88e, tourné par le 36e tirailleurs; après une furieuse mêlée, les Japonais parviennent à se faire jour; ils abandonnent 13 pièces dont 9 de campagne, plus les deux canons enlevés la veille aux Russes; ils perdent un millier d'hommes, les Russes un peu plus du double (1)..... Le détachement Yamada se reforme vers Koukiatseu.

De grand matin, tandis que la brigade Poutilov occupe Housantakantseu, la 1re brigade de la 9e division (Xe corps) attaque de nouveau Chahopou et reprend pied sur la rive méridionale : à 9h 30 tout est prêt pour une attaque générale du corps d'armée, combinée avec une offensive du Ier corps dans la direction d'Houtaï et une canonnade intensive exécutée par le XVIIe corps et le VIe sibérien. Cette canonnade commence; mais les batteries de mortiers qui doivent spécialement bombarder Chahopou n'arrivent pas à s'installer en temps utile (2) : on remet tout au

_____

(1) « Le premier succès de cette guerre, les premiers trophées! On respirait, comme soulagé d'un fardeau. La puissance de l'ennemi était enfin brisée; si longtemps attendue, la fortune approchait. Il ne me semblait pas douteux que l'armée, exploitant cette première victoire, ne passât maintenant à l'offensive projetée depuis hier. Mais je m'exagérais l'effet moral de ce succès. On était déjà trop épuisé physiquement, trop en déroute moralement, pour demeurer susceptible de vigoureuses impulsions. » (Major von Tettau.)

(2) « Le commandant de l'artillerie du Xe corps me raconta qu'une des deux batteries de mortiers mises à sa disposition devait s'installer, pendant la nuit, à 1.900 mètres de Chahopou pour, le lendemain, préparer l'attaque en bombardant le village.....

« .....J'appris que l'attaque projetée contre Chahopou avait été différée, les batteries de mortiers n'ayant pas été prêtes d'assez bonne heure pour ouvrir le feu le matin.....

« Le commandant de la batterie de mortiers me conta qu'on avait voulu installer sa batterie pendant la nuit à 1.900 mètres au nord de Chahopou. Il avait donc compté 1.600 mètres à partir de Patakiatseu, qui, d'après la carte, se trouvait à 3.500 mètres, et mené sa batterie à cet emplacement; le matin venu, il avait constaté qu'il n'était qu'à 660 mètres du village : les pièces étaient embourbées, les caissons immobilisés. De Chahopou, les Japonais commencèrent à fusiller la batterie, de telle sorte qu'il fut impossible d'ouvrir le feu. On dut abandonner les pièces, qu'on ne put retirer qu'ultérieurement.

« Je ne saurais affirmer qu'il y eût beaucoup d'enthousiasme pour la continuation

lendemain et les têtes de colonnes du Xe corps repassent sur la rive nord après un combat très dur. Le reste de l'armée russe se contente d'échanger des coups de canon avec l'ennemi; six compagnies de tirailleurs, trois groupes d'éclaireurs, deux mitrailleuses occupent le Ouaïtochan. C'est tout.

6º **Journée du 18 octobre.** — Tandis que, dans la nuit du 17 au 18, la 5e division japonaise tente vainement de reprendre les collines Poutilov et Novgorod, Kouropatkine parle toujours de reprendre l'offensive : l'attaque, remise d'abord à 3 heures du soir, est ensuite définitivement ajournée..... et n'aura jamais lieu; le VIe sibérien se retranche sur le front Kouanlinpou— Tsaofantaï, le détachement Dembovski vers Siaosoukiapou. Dans les deux camps l'épuisement est grand et l'on ne songe plus qu'à organiser les positions dans lesquelles on passera tout l'hiver. Ainsi se termine ce que l'on a parfois appelé l'offensive russe....., on peut en vérité se demander pourquoi : elle a coûté 20.000 hommes aux Japonais; aux Russes 43.000 hommes, 46 pièces, 1 mitrailleuse, 37 caissons.

Les faits ont leur éloquence : nous les avons laissés parler durant ces quinze jours de luttes acharnées. Désormais l'issue de la campagne ne saurait être douteuse, et nous n'en résumerons que très brièvement les dernières phases. Vaincre, c'est attaquer; et l'offensive, nous ne saurions trop le répéter, c'est la manifestation incessante d'une inflexible volonté. Cette volonté que rien ne brise, que rien n'arrête, que rien ne peut faire hésiter, n'existe pas dans l'armée russe.

§ 2 — Les quartiers d'hiver

1º *La situation.* — Le froid va, du reste, imposer une trêve tacite de trois mois. Oyama occupe un front de 90 kilomètres, depuis Hokeoutaï et Sandepou sur le Hounho, par Houtaï et Banyapoutseu, jusqu'à Pensikou sur le Taïtsého : c'est une

---

de la lutte; le mauvais temps n'était guère fait pour remonter le moral. Là-dessus, vers midi, arriva la nouvelle que le général Kouropatkine prescrivait de suspendre l'offensive jusqu'à nouvel ordre, les troupes devant s'organiser défensivement : elle fut accueillie sans trop de peine. » (Major VON TETTAU.)

ligne de villages fortifiés et d'ouvrages que l'on perfectionne quotidiennement; en arrière, on organise des cantonnements confortables. Les Russes tiennent, à faible distance, une ligne analogue épousant les mêmes contours : parfois, comme à Lingsipou, les avant-postes sont à une cinquantaine de mètres les uns des autres. Les Japonais ont évacué Chahopou; en revanche, le 27 octobre, ils ont repris le Ouaïtochan et s'y maintiennent solidement; ils ont reformé leurs armées en conservant la 5e division en réserve; tandis que Kouropatkine persiste à morceler à l'extrême certaines de ses grandes unités, comme par exemple le Ier corps.

Le 25 octobre, il a été nommé généralissime, à la suite du rappel d'Aléxeiev; c'est enfin, mais bien tardivement, l'unité de commandement souhaitée depuis de longs mois. Il attend de nombreux renforts : des hommes de complément (8.000 en octobre, 17.000 en novembre, 60.000 en décembre) (1), la 61e division d'infanterie, le VIIIe corps, une division et deux brigades de cavalerie, les 1re, 2e et 5e brigades de tirailleurs d'Europe, 10 batteries de montagne, des mitrailleuses, etc. Au total 361 bataillons, 153 escadrons, 1.186 pièces de campagne, 90 mortiers, 60 pièces de siège, 44 mitrailleuses, 11 bataillons du génie (2) : soit environ 235.000 fusils (en comptant le bataillon à 650 hommes) et 16.000 cavaliers (3). Le Tsar a imposé la division en trois armées : à l'est, la Ire, Linievitch, avec 127 bataillons, 43 escadrons (IIe, IIIe, IVe sibériens, divisions Samsonov et Rennenkampf); à l'ouest, la IIe, Grippenberg, avec 120 bataillons, 92 escadrons (Ier et Ve sibériens, VIIIe et Xe corps); au centre, la IIIe, Kaulbars, avec 72 bataillons (VIe sibérien, Ier et XVIIe corps); en réserve, 42 bataillons. Cet ordre de bataille subira d'ailleurs d'incessantes modifications. Ajoutons que l'on organise des chemins de fer de campagne : Moukden—Fouchoun—Matsioundan et Souyatouen—Daouankanpou; et que l'on attend, pour la fin de janvier, les XVIe et IVe corps.

Les Japonais ont mis en ligne toutes les ressources disponibles,

---

(1) *Rechenschaftbericht*, page 106.

(2) *Rechenschaftbericht*, page 125.

(3) Kouropatkine n'accuse que 210.000 fusils, chiffre qui paraît un peu faible.

envoyé enfin la 7e division à Port-Arthur et augmenté le plus possible l'effectif de leurs unités : 178 bataillons, 61 escadrons, 606 pièces (1) : soit, vraisemblablement, 200.000 baïonnettes. Depuis la bataille du Chaho, ils ont fait venir des mitrailleuses Hotchkiss, six environ par régiment.

A Port-Arthur, Nogi mène le siège régulier et progresse lentement. Du 1er au 14 décembre, il a bombardé la ville et donné le coup de grâce aux débris de l'escadre russe. Le 15, Kondratenko est tué : la défense n'a plus d'âme..... Le 2 janvier, Stœssel capitule : les Russes perdent 24.000 morts, 42.000 prisonniers; les Japonais 60.000 hommes. La IIIe armée devient disponible, avec ses 72 bataillons, 5 escadrons, 156 pièces.

2° Le raid d'Inkeou. — En novembre, Michtchenko, rappelé au quartier général, a reçu le commandement de trois brigades de cavalerie; Kouropatkine met à l'étude un projet de raid. Le 27 décembre, les trois brigades se concentrent du côté de l'extrême droite russe. Le 4 janvier, à la nouvelle de la chute de Port-Arthur, elles reçoivent leurs instructions :

Exécuter un raid en arrière de la gauche ennemie; autorisation de couper la voie ferrée; ordre d'anéantir les convois et les magasins, en particulier ceux qui « doivent exister » à Inkeou; huit jours après la fin de l'opération, toute l'armée prendra l'offensive (2).

Michtchenko a sous ses ordres 7.000 cavaliers de valeurs très diverses, 200 gardes-frontières, 400 éclaireurs montés, 25 sapeurs à cheval, 22 pièces, un convoi de 1.500 animaux de bât; le tout encadré par des officiers venus d'un peu partout. L'ennemi a sur le Hounho 6 bataillons, 16 escadrons, 10 pièces, répartis en détachements mixtes; entre le Hounho et le Liaoho, 2.000 kounghouses à peu près négligeables.

Le pays est très riche, et l'on pourrait fort bien se passer d'un convoi; terrain découvert; froid supportable, sans neige; rivières franchissables sur la glace. Pas de cartes, mais les gardes-frontières connaissent admirablement la région.

_____

(1) *Rechenschaftbericht*, page 116.

(2) « Pour obliger l'ennemi à consacrer le plus de troupes possible à la protection de l'arrière, gêner son ravitaillement et arrêter le transport de l'armée de Nogi. » Tel est, d'après Kouropatkine, le but du raid d'Inkeou.

Concentré le 8 janvier, le détachement se divise en trois colonnes; alourdi par son convoi, il fait des étapes de 40 kilomètres au pas. Le 11, il chasse 300 Japonais de Nioutchouang. Le 12, cinq sotnias, envoyées pour détruire la voie, ne réussissent pas à empêcher un train d'infanterie d'atteindre Inkeou. Michtchenko canonne la ville à 4.000 mètres et la fait attaquer à 6 heures du soir par le colonel Kharanov avec les 400 éclaireurs, 4 escadrons de dragons et une sotnia de chaque régiment; tout le reste du détachement garde le convoi. Ainsi donc, le moment venu de remplir sa mission, d'attaquer, d'enlever Inkeou, le général va confier cette tâche à une colonne hybride, improvisée à la dernière minute. Puis, satisfait sans doute d'avoir mis, de la sorte, toutes les chances du côté de l'ennemi, il estime n'avoir plus rien à faire et délègue à un simple colonel le soin de mener le combat. Il abdique. Cette tentative a le sort qu'elle mérite : elle échoue; il faut avouer que c'est justice (1)..... On bat en retraite, et l'on est de retour le 17 janvier, après avoir perdu 19 officiers et 250 hommes.

Quelques semaines plus tard, deux chefs d'escadrons japonais, Naganuma et Sasagawa, avec deux détachements de 2 capitaines et 150 cavaliers chacun, partent vers le 9 février d'Hokeoutaï et de Pensikou, atteignent le 11 Fantsiatouen, à 250 kilomètres

---

(1) « Le colonel Svieschnikov s'exprime ainsi à ce sujet : « La fortune nous avait « mis tous les atouts en main; malgré notre allure processionnelle, malgré nos haltes « superflues, malgré des engagements qu'on eût pu facilement éviter, nous attei- « gnîmes heureusement la station de Takaoken, à 11 ou 12 verstes de notre objectif, « Inkeou. On pouvait croire qu'incessamment nous tomberions comme la foudre « sur cette localité, afin d'y tout anéantir. Nous n'en usâmes point de la sorte, et débu- « tâmes par une grand'halte de trois ou quatre heures. »

« .....Sur 73 sotnias et 22 pièces, 19 sotnias seulement furent consacrées à l'attaque proprement dite; 5 avaient à couper la voie ferrée entre Inkeou et Tachekiao; 21 sotnias et 22 pièces, installées à 4 kilomètres de la station, lui envoyèrent quelques obus et se mêlèrent de tout sauf de l'attaque; le reste demeura encore plus en arrière, comme réserve, à la protection du convoi.

« La composition de la colonne d'attaque fut particulièrement caractéristique. La mission d'exécuter, en pleine nuit, dans une région inconnue et inexplorée, cette attaque à pied contre la station, était si délicate qu'elle exigeait une confiance entière et mutuelle entre le chef et ses troupes. Au lieu de cela, la colonne comprit quatre escadrons des dragons de Primor, un escadron de chacun des onze autres régiments de cosaques et de dragons, et les détachements d'éclaireurs de quatre régiments de tirailleurs : donc, un assemblage de pièces et de morceaux de seize régiments différents. Vraiment, on ne pouvait brouiller davantage son jeu! On donna le commandement au colonel Kharanov, inconnu de ces troupes et qui ne les connaissait pas davantage. » (Major von TETTAU.)

au nord de Moukden, et un point encore plus éloigné, font sauter
un pont, prennent un canon le 14 aux cosaques qui les poursuivent, et sont de retour le 13 mars : Kouropatkine, très inquiet,
enverra de ce côté 8.000 hommes : une brigade du XVIe corps,
les cosaques du Don, trois batteries ! (1).

Ni lui, ni Michtchenko ne semblent avoir une idée très nette
du but qu'ils se proposent : on dirait que l'on exécute ce raid.....
pour faire quelque chose et sortir enfin d'une longue période
d'inaction. Si l'on vise des magasins, il en faudrait connaître
l'emplacement exact, puis agir comme la foudre, en faisant
couper la voie par des patrouilles; mais le résultat ne saurait
être qu'insignifiant. Si l'on veut, pour quelques heures, dété-
riorer cette voie ferrée, 500 cavaliers alertes, pourvus d'explosifs, suffisent et au delà. Si l'on décide des destructions plus
sérieuses, il faut agir, avec le personnel technique indispensable,
contre des ouvrages d'art bien déterminés, que l'on occupera
de vive force pendant le temps voulu (2)..... La composition du
détachement Michtchenko ne rime à rien : alourdi par son convoi,
il ne galope pas, il se traîne; il lui manque les moyens techniques;
et, quant à l'attaque de vive force, il ne la soupçonne même pas...

Mais les paroles du général Cardot nous reviennent à la mémoire : « Les prouesses tant vantées — trop vantées — de l'ex-
« ploration *stratégique*, les fameux raids des masses de cavalerie

---

(1) Après la bataille de Sandepou, pendant que Rennenkampf commandait provisoirement la cavalerie de l'extrême droite russe, du 18 au 23 février, quatre faibles
sotnias exécutèrent très brillamment un raid analogue, en dépit de difficultés considérables, et firent sauter le pont de Haitcheng.

(2) « Cette cavalerie se concentra près de Sifantai, entre Hounho et Liaoho,
et se mit en route le 9 janvier, en longeant tout d'abord le Liaoho..... D'ardents
espoirs l'accompagnaient; elle revint, sans le moindre succès, affaiblie matériellement
et moralement.

« Comment cette masse énorme, de beaucoup supérieure à la cavalerie japonaise
tout entière, a-t-elle pu subir un tel échec? Cette fois, ce n'était point la faute du
pays, que l'on eût dit créé tout exprès pour un raid : une large plaine couverte d'une
mince couche de neige, où nul obstacle ne pouvait entraver la rapidité des mouvements;
des chemins excellents, mais à côté desquels la cavalerie pouvait passer partout;
tous les cours d'eau gelés, franchissables sans difficulté. Un temps superbe : du soleil
pendant le jour et un froid modéré, qui, la nuit, arrivait à 8 ou 10 degrés. De plus,
la région traversée était la plus riche de la Mandchourie : partout on trouvait du
fourrage. Quant à l'ennemi, il n'était pas en mesure d'opposer une résistance effective
à l'irruption sur ses derrières de ce flot de cavaliers : il n'avait pas de cavalerie, et
le gros de ses forces avait été concentré du côté du Chaho, en vue d'une action
décisive imminente. » (Major von Tettau.)

« en avant des armées, sur les communications de l'ennemi —
« quand ils ont donné quelque chose, ont abouti à des coups de
« canon et de fusil, à des actions d'artillerie et de mousqueterie
« plus ou moins intéressantes, mais sans portée.

« Trop vantées, ai-je dit, et en effet il faudrait voir ce qu'elles
« signifient, ce qu'elles veulent, ce qu'elles rapportent, et si ce
« qu'elles ont rapporté paie ce qu'elles ont coûté.

« Il faut entendre ce que disent les auteurs mêmes de ces per-
« formances! Et les pauvres et nobles bêtes qui ne peuvent rien
« dire, comme je les plains! »

3o *Bataille de Sandepou*. — Depuis longtemps, Kouropatkine
médite de prendre l'offensive et étudie divers projets d'opérations, de concert avec les chefs de ses trois armées (1). On veut
d'abord attendre l'arrivée des dernières unités du XVIe corps;
puis, à la nouvelle de la chute de Port-Arthur, on se décide à
brusquer les choses, afin de ne pas donner à l'armée de Nogi
le temps d'entrer en ligne (2). De l'aveu même du généralissime,
les Russes disposent d'environ 300.000 hommes. Leur objectif
est vague, comme toujours : il semble qu'il s'agisse de faire
tomber un à un les points d'appui des lignes ennemies, en commençant par la gauche, et menant l'attaque frontale uniquement
par le feu pour éviter les pertes qu'elle ne saurait manquer d'occasionner. Voilà peut-être les enseignements que l'on a cru pouvoir déduire des derniers engagements (3). On oublie que, si une
brigade peut soutenir de son feu le mouvement de la brigade
voisine, il n'en est pas de même quand il s'agit de corps d'armée
et d'armées entières....

Donc, vis-à-vis de chaque objectif, on ne devra mettre en mouvement que les troupes expressément désignées; les autres « sou-
« tiendront par leur feu ». C'est la négation de la convergence des

---

(1) « A l'arrivée du général Grippenberg, le 7 décembre, le général Kouropatkine,
en lui envoyant des directives, lui disait entre autres choses : « Dès que nous aurons
« reçu les hommes de complément attendus, j'ai l'intention de reprendre avec les
« trois armées l'offensive générale. » Dans des documents ultérieurs, il exprimait
encore cette intention de passer effectivement, et le plus tôt possible, à l'offensive
avec toutes ses armées. » (Major von Tettau.)

(2) *Rechenschaftbericht*, pages 111 à 126.

(3) Kouropatkine, *Memoiren*, p. 358.

efforts! Quel succès peut-on attendre, en vérité, de semblables combinaisons? Kouropatkine reproche à Grippenberg d'avoir, dès la mi-janvier, donné l'éveil aux Japonais en déployant prématurément son armée : mais, de toutes façons, cette pseudo-offensive devait être vouée d'avance à l'insuccès.

Grippenberg a en première ligne, de la droite à la gauche, les détachements Michtchenko et Kossagovski, le Ier sibérien face au sud-est, les VIIIe et X^e corps face au sud; en deuxième ligne, les trois brigades de tirailleurs d'Europe : 90.000 hommes et 350 pièces. En face de lui, de Sandepou à Lingsipou, les 4e et 3e divisions japonaises, très en arrière la 8e division, et vers Yentaï la 5e. Il donne ses ordres : dans la nuit du 24 au 25, le Ier sibérien enlèvera les postes avancés du Hounho, puis Hokeoutaï, puis enverra une brigade concourir à l'attaque du VIIIe corps sur Sandepou, laquelle commencera de suite après la prise d'Hokeoutaï; le Xe corps agira en liaison avec le VIIIe; Michtchenko et Kossagovski couvriront le flanc droit; le corps de tirailleurs restera en réserve (1).

a) *Journée du 25 janvier.* — Depuis plusieurs jours, Michtchenko s'est laissé amuser par la cavalerie japonaise qui l'a attiré vers le sud-ouest, du côté d'Oubanioulou; le 23, il a demandé à être soutenu par trois régiments de la 14e division du VIIIe corps : toutes ces forces viennent donner dans le vide et ne font rien d'utile le 25; la 14e division revient à Tchanchan après avoir parcouru 65 kilomètres (2). Quant au détachement Kos-

(1) « Le 19 janvier, le général Grippenberg avait reçu du quartier général une directive dans laquelle — en donnant aux mots leur signification la plus absolue — on lui fixait par le menu les objectifs et le mode d'exécution de l'attaque. D'une offensive combinée des trois armées, il n'était plus du tout question. La IIe armée devait commencer toute seule et, de proche en proche, occuper les ouvrages de l'aile gauche japonaise sur le front Sandepou—Likiatouen. L'offensive des autres armées, qui devaient, par des « démonstrations », empêcher l'ennemi de renforcer sa gauche, était absolument subordonnée au développement de l'action de la IIe ! Le 22 janvier, le général en chef reçut encore une « Instruction » sur la conduite de l'offensive, dans laquelle commençait à percer la crainte que cette offensive ne prît trop d'extension.... L'accomplissement de sa mission était déjà entravé par toutes les hypothèses, les réserves, les restrictions possibles. Le général Kouropatkine redoutait que les Japonais ne répondissent à cette attaque contre leur gauche en essayant d'enfoncer son propre centre. Bien que, tout récemment dans ses ordres, il eût reconnu l'énorme supériorité numérique des Russes, il n'estimait pas prudent de faire usage de ladite supériorité en demandant la décision à une offensive simultanée de toutes ses forces. » (Major von Tettau.)

(2) *Rechenschaftbericht*, page 127.

sagovski (8 bataillons, 21 sotnias, 20 pièces), mis en mouvement tardivement, il occupe dans la soirée Mamakai et Tchitaitseu.

Dans la nuit du 24 au 25, le Ier sibérien a enlevé Kouanlotosa et Toutaitseu; progressant très lentement, il attaque le front Toupao—Hokeoutai défendu par quelques compagnies et l'occupe à la nuit tombante.

La 14e division, très fatiguée et ne recevant aucune nouvelle de la prise d'Hokeoutai, avance plus lentement encore; elle s'installe le soir dans la zone Ouantsiaouopou—Malandian. A 7 heures du soir, les régiments de Podolsk et de Jitomir marchent par erreur sur Tatai au lieu de Sandepou, puis se replient sur Ouantsiaouopou (1).

La 15e division canonne et fait évacuer par l'ennemi le village de Baitaitseu; elle cesse le feu à midi, puis le reprend à 5 heures du soir. Le Xe corps tire quelques coups de canon. Les autres troupes ne font rien (2). C'est une journée complètement perdue.

b) *Journée du 26 janvier.* — Pendant la nuit, Grippenberg donne ses ordres : le VIIIe corps, soutenu par une brigade du Ier sibérien, enlèvera Sandepou et marchera sur Labotai; le reste du Ier sibérien marchera sur Tatai en couvrant le flanc droit du VIIIe corps; le Xe corps attaquera Likiatouen; les détachements Michtchenko et Kossagovski protégeront le flanc droit de l'armée; le corps de tirailleurs restera en réserve à Daouankanpou (1re brigade) et Tchanchan (2e et 5e brigades). — Quant à Kouropatkine, il ne cesse de recommander la prudence (3).

---

(1) Kouropatkine, *Memoiren,* page 360.

(2) « Une armée de 100.000 hommes, après une journée entière de bataille, au cours de laquelle on n'avait rencontré de sérieuse résistance qu'à Hokeoutai, avait fait avancer son aile droite de trois ou quatre verstes. Personne n'avait encore vu le village fortifié qui constituait l'objectif de tous les efforts.

« Sur 120 bataillons, 92 escadrons et 436 canons, il n'y avait eu à prendre une part active au combat que 40 bataillons, 14 sotnias et 140 canons, soit 30 % des forces existantes. Toutes les autres troupes, ou n'avaient rien fait, ou avaient poursuivi des missions secondaires. » (Colonel Novitzki, *Conférences sur la guerre russo-japonaise*).

(3) « Malgré tout le manque d'énergie des missions assignées à la IIe armée par cet ordre d'opérations, le général en chef trouva ces dispositions trop risquées et, le matin du 26, il exprima dans plusieurs lettres et télégrammes le désir que le détachement du Liaoho ne bougeât sous aucun prétexte des environs de Sifantai et que le Xe corps agît avec le plus de prudence possible. » (Colonel Novitzki, *Conférences sur la guerre russo-japonaise.*)

Dès l'aube, le VIIIe corps commence, à une distance exagérée, une canonnade sans résultats. Au lieu de Sandepou, il prend d'ailleurs pour objectif le hameau de Baotaitseu, situé immédiatement à l'ouest (1).

Michtchenko franchit dans la matinée le Hounho à Tchitaitseu; dans l'après-midi, il bouscule et chasse de la région de Siouerpou quelques compagnies japonaises; sollicité par Stackelberg de venir en aide au 1er sibérien en se rabattant vers le nord, il préfère continuer à pousser vers l'est dans la direction de Tounkhépou.

Vigoureusement contre-attaqué du côté de Soumapou, le 1er sibérien, privé d'une de ses brigades, ne peut déboucher du front Hokeoutai—Toupao et se trouve réduit à la défensive, sans que le détachement Kossagovski ait l'idée d'intervenir (2).

Pendant ce temps l'action principale se déroule à Sandepou, défendu par un régiment de cavalerie, quelques compagnies, des mitrailleuses et une batterie. Le VIIIe corps est chargé d'enlever ce village, que sa 14e division abordera par l'ouest, tandis que la 15e se contentera de le canonner par le nord. Aucune reconnaissance ne précède cette attaque : on n'en fera une, par ballon captif, que le 31 janvier! (3).

La 14e division se met en mouvement à 6 heures du matin : 55e de Podolsk, suivi du 53e de Volhynie, sur la partie nord du village; 56e de Jitomir, suivi du 54e de Minsk, sur la partie sud. La brigade du 1er sibérien qui doit coopérer à cette attaque s'égare et arrive vers 11 heures à Malandian où elle reçoit l'ordre de s'établir défensivement.

Le 55e s'ébranle à 7[h] 30, se perd dans le brouillard, tombe à 8[h] 30 sous un feu violent, à 1.000 mètres de l'ennemi, et éprouve

---

(1) « Les pertes de la 29e brigade d'artillerie (artillerie de la 15e division du VIIIe corps), pendant la journée du 26 janvier, consistèrent en deux hommes blessés. » (KOUROPATKINE, *Memoiren*, p. 362.)

(2) « La 8e division japonaise entra en ligne dans l'après-midi du 26 vers Tatai et Soumapou et, avec l'initiative propre aux Japonais, se lança immédiatement sur le 1er sibérien, qui se vit dans l'obligation de rester sur la défensive..... A 8 kilomètres seulement, le détachement du Liaoho, avec ses 8 bataillons, ses 21 sotnias, ses 20 pièces, était tout à fait en situation d'arrêter net cette contre-offensive, en fonçant sur l'aile gauche japonaise : il préféra, en conformité avec les ordres reçus, demeurer parfaitement inactif. » (Major VON TETTAU.)

(3) KOUROPATKINE, *Memoiren*, page 377.

un mouvement de recul qui détermine l'entrée en ligne, à sa gauche, du 53e; les deux régiments s'arrêtent alors pour attendre l'arrivée à leur hauteur du 56e. Celui-ci, par erreur, s'est dirigé sur Tatai, et ne fait qu'à midi et demi son apparition devant Sandepou; le 54e le prolonge aussitôt vers la droite. A 2h 30, toute la division est déployée sur une seule ligne, sans réserves, à 500 mètres de l'ennemi : on fait renforcer le 54e par le 18e tirailleurs, de la 5e brigade, que le général Grippenberg vient de mettre à la disposition du VIIIe corps. Impressionné sans doute par les nouvelles du Ier sibérien, le commandant du VIIIe corps prescrit d'ailleurs de suspendre l'attaque; mais cet ordre n'est pas transmis en temps utile (1). Il en sera de même de l'ordre donné à 5 heures du soir, de n'exécuter l'attaque qu'à minuit.

Cette attaque commence vers 4h 30, sans être appuyée par l'artillerie, sans la moindre direction d'ensemble : le commandant de la 14e division passera toute la journée au quartier général du VIIIe corps, à plusieurs kilomètres de la ligne de feu.

Le 53e et quelques compagnies du 55e, sous un feu violent, parmi les fougasses et les mines, enlèvent à 6 heures un village qu'ils prennent pour Sandepou, et qui n'est en réalité que le hameau de Baotaitseu, situé à 700 mètres à l'ouest et séparé par un étang gelé des retranchements de Sandepou; impossible d'aller plus loin : sollicitée de s'approcher, l'artillerie russe ne bouge pas. Le colonel du 53e demande en vain des renforts; et, tandis que ses bataillons se fortifient dans Baotaitseu, il se rend au quartier général du VIIIe corps, d'où il ne reviendra qu'à 2 heures du matin.

Le gros du 55e, qui, sous un feu violent, a obliqué au sud, le 56e et le 54e, appuyés (mollement du reste) par le 18e tirailleurs, enlèvent la partie sud de Sandepou, et sont arrêtés sous un feu meurtrier; les unités sont en désordre, complètement mélangées; de 5h 30 à 7h 30, l'ennemi reçoit des renforts, deux bataillons, puis un régiment, des mitrailleuses, de l'artillerie. Le plus ancien colonel, celui du 56e, tient conseil avec ceux des 54e et 55e et, à

---

(1) « Le commandant du VIIIe corps prescrivit à 3 heures du soir, « sous l'in-« fluence de l'arrivée de fortes colonnes japonaises que l'on commençait à voir au « sud-est », de suspendre l'attaque et de prendre une position défensive. » (Major-von Tettau.)

8ʰ 40, dans un rapport, il expose la situation à son divisionnaire, en demandant des renforts immédiats, ou l'ordre de la retraite (1).

A 6 heures du soir la nouvelle de la prise de Sandepou s'est transmise de proche en proche à la 14ᵉ division, au VIIIᵉ corps, à la IIᵉ armée : aussitôt, Grippenberg prescrit d'envoyer toute l'artillerie lourde au Xᵉ corps, pour préparer l'attaque de Likiatouen, et accorde aux troupes un jour de repos. Une fois la vérité connue, le commandant du VIIIᵉ corps refuse de renforcer la 14ᵉ division; le chef de cette dernière est néanmoins disposé à continuer la lutte : mais, influencé par le colonel du génie Baratov, qui revient de la ligne de feu, il se décide à la retraite qui se fait en ordre sur Tchanchan où l'on arrive le 27 au matin. Le corps de tirailleurs remplace en première ligne la 14ᵉ division.

Depuis le matin, le Xᵉ corps prépare l'attaque du front Holiantai—Foukiatchouantseu; mais, à 1 heure du soir, il reçoit directement du généralissime l'ordre de ne pas bouger (2). Le soir seulement, il occupe ces deux villages évacués par l'ennemi. C'est à peu près l'unique résultat de cette deuxième journée d'offensive.

c) *Journée du 27 janvier.* — Ce jour-là, le corps de tirailleurs doit attaquer Sandepou; mais, comme sa 2ᵉ brigade a été renforcer le Iᵉʳ sibérien, on lui adjoint pour cette opération la 2ᵉ brigade de la 15ᵉ division (du VIIIᵉ corps) et la brigade Lœsch du Iᵉʳ sibérien. L'attaque de Sandepou reste d'ailleurs à l'état de projet (3).

------

(1) « Épuisées par la lutte, les fractions, pêle-mêle dans l'obscurité, n'étaient pas en état d'entreprendre un nouvel assaut, d'autant que toute direction d'ensemble faisait absolument défaut. Le haut commandement brillait par son absence, et se mettre de nuit à sa recherche était impraticable. » (Major von Tettau.)

(2) « Juste au moment où le commandant du Xᵉ corps se disposait à accomplir sa mission, le généralissime se trouvait par hasard à Souyatouen, en situation par conséquent d'empêcher d'engager les troupes, sur un front de 20 verstes, sans aucune préparation, contre les fortes positions ennemies. » (Kouropatkine, *Rechenschaftbericht*, page 129.)

(3) « Après midi, le commandant du corps de tirailleurs n'avait pas encore achevé de prendre ses dispositions; et la courte durée des jours d'hiver ne permettait plus de passer à l'exécution..... Dans cette situation, les troupes restèrent sans rien entreprendre jusqu'au lendemain matin. Des fractions de la 5ᵉ brigade de tirailleurs furent même attaquées, vers 8 heures du soir, par les défenseurs de Sandepou..... Le bombardement lui-même ne continua que mollement. A la nouvelle, controuvée, de la prise du village, on avait renvoyé au Xᵉ corps les batteries de mortiers et d'obusiers pour canonner Likiatouen; dès qu'on sut à quoi s'en tenir, on les rappela, mais elles perdirent toute la journée et n'entrèrent en action qu'à la tombée de la nuit. » (Major von Tettau.)

Au sud du champ de bataille, au contraire, se livre un violent combat : car la 5ᵉ division japonaise débouche de ce côté après une épuisante marche de nuit. Malgré les ordres de Kouropatkine et de Grippenberg, Stackelberg, renforcé par la 2ᵉ brigade de tirailleurs, prend résolument l'offensive; à la fin de la journée, il réussit à enlever Soumapou..... Il sera d'ailleurs blâmé par le généralissime, relevé de son commandement, renvoyé en Russie.

Le détachement Michtchenko livre un combat assez brillant du côté de Landounkeou, mais n'agit guère en liaison avec le Iᵉʳ sibérien; Michtchenko est blessé, et son détachement reçoit du commandant de la IIᵉ armée l'ordre de revenir au contact de Stackelberg, du côté de Soumapou.

Le Xᵉ corps et la 1ʳᵉ brigade de la 15ᵉ division ne font absolument rien ce jour-là (1).

d) *Journée du 28 janvier.* — Le lendemain, les Japonais prennent vigoureusement l'offensive contre le corps de tirailleurs, le Iᵉʳ sibérien, le détachement Michtchenko; mais leur infériorité numérique ne leur permet d'obtenir aucun résultat. Pourtant Grippenberg, impressionné, remet une fois de plus au lendemain l'attaque de Sandepou et prescrit au Xᵉ corps d'exécuter une diversion : ce corps d'armée enlève sans difficulté Labotaï et Siaotaitseu.

A une troisième demande de renforts, le généralissime, craignant, on ne sait trop pourquoi, de voir les Japonais attaquer sa IIIᵉ armée, répond à 9 heures du soir en ordonnant de suspendre l'offensive et de ramener les troupes sur le front Sifantai—Tchanchan—Yamandapou. Le mouvement s'exécute sans trop de difficulté.

Ces quatre journées coûtent 9.000 hommes aux Japonais,

_____

(1) « On a affirmé que, le 27 au soir, le général Grippenberg, estimant ses forces insuffisantes pour la continuation de l'offensive, aurait demandé des renforts au généralissime qui aurait repoussé cette demande, parce que la IIᵉ armée était bien assez forte pour remplir sa mission. Si telle a été la réponse du général Kouropatkine, il est absolument certain qu'elle était pleinement justifiée. Il ne pouvait être question de renforcer cette armée dont la majeure partie n'avait pas encore été engagée : tout le Xᵉ corps, la moitié du VIIIᵉ, la plupart des tirailleurs, étaient jusque-là restés dans l'inaction. Pourquoi hésiter à lancer à l'attaque la totalité de ces forces? La IIᵉ armée n'avait pas besoin de renforts; mais il était indispensable que le général Kouropatkine la soutînt par une vigoureuse offensive des IIIᵉ et Iʳᵉ armées sur tout le front. » (Major VON TETTAU.)

15.000 aux Russes. Elles leur coûtent surtout des efforts surhumains et stériles : par un froid terrible, au milieu de tempêtes de neige, ces régiments restent rassemblés des heures entières à attendre l'heure du départ ; on n'a pas de carte de cette plaine où l'on cantonne tranquillement depuis trois mois ; les unités qui ont à parcourir 30 kilomètres s'égarent et en font 53 ; les cantonnements ne sont pas reconnus, on s'entasse et l'on bivouaque ; aucune liaison, les ordres n'arrivent pas, personne ne sait ce que deviennent les camarades, où est l'ennemi, ce que l'on fait, où l'on va..... on sait à peine d'où l'on vient !

La majorité des troupes russes demeure absolument inactive : comme il faut bien s'occuper, on célèbre des fêtes (1), on exécute des exercices à rangs serrés.

Grippenberg quitte l'armée. Entre lui et Kouropatkine s'entame une interminable, une pénible polémique, envenimée par des divergences de vues datant vraisemblablement du temps de paix, entre le ministre de la Guerre et le commandant de la circonscription militaire de Vilna. A l'un comme à l'autre il semble difficile de donner entièrement raison.

Sans doute le plan d'offensive de Kouropatkine ne permettait en aucun cas d'espérer la victoire ; mais ce plan était absolument conforme aux idées de Grippenberg. Que les méthodes de commandement du généralissime, son irrésolution, son intervention au cours de la bataille, aient eu une influence désastreuse, voilà qui n'est point douteux ; mais le chef de la IIe armée ne semble pas avoir conduit ses troupes d'une manière particulièrement brillante. Les responsabilités sont partagées (2).

---

(1) « De grand matin, le 27, le général Zerpitski vint me présenter ses vœux à l'occasion de l'anniversaire de l'empereur d'Allemagne et m'inviter à déjeuner pour midi. » (Major VON TETTAU.)

(2) « La plupart des écrivains militaires rejettent exclusivement sur le général Kouropatkine la responsabilité du désastre de Sandepou, ce qui me semble peu équitable. Certes, son plan d'opérations était en contradiction avec les principes généraux d'une saine stratégie ; l'attaque de la IIe armée contre la gauche japonaise devait se faire en liaison avec une offensive énergique des IIIe et Ire armées sur tout le front. Il n'en est pas moins vrai que le général Grippenberg disposait de plus de 100.000 hommes, tandis que, entre Hounho et Chaho, la IIe armée japonaise n'avait que de faibles détachements avancés, établis dans les villages, sur le front Hounlinpou—Likiatouen—Sandepou, jusqu'au Chaho..... Mais dans les mesures prises par le général Grippenberg, rien ne décèle un tel projet. Son offensive fut rigoureusement conforme au plan du général Kouropatkine. » (Major VON TETTAU.)

§ 3 — La bataille de Moukden

Dès le 15 février, la reprise des opérations est imminente; les deux adversaires se font face sur un front d'une centaine de kilomètres.

1º La situation. — a) Effectifs et emplacements. — L'armée russe comprend, de la droite à la gauche :

IIe armée, général Kaulbars :

A Oubanioulou le détachement Michtchenko, commandé provisoirement par Rennenkampf.

A Sifantai le détachement Kossagovski (une brigade du Ve sibérien).

A Tchanchan le corps de tirailleurs, général Koutnevitch.

A Sintaitseu le VIIIe corps, général Mylov.

A Yentchoulintseu le Xe corps, général Zerpitski.

En réserve vers Matouran le Ier sibérien, général Gerngross, et la 2e brigade de la 6e division de tirailleurs (du IIIe sibérien) avec son divisionnaire le général Danilov.

IIIe armée, général Bilderling :

A Daliantouen le Ve sibérien, général Dembovski (diminué des 2 régiments du détachement Kossagovski) et le 34e régiment du Xe corps.

Devant Lingsipou et Lamoutouen le XVIIe corps, général Selivanov.

A Chahopou le VIe sibérien, général Sobolev (moins la 72e division).

Une brigade de dragons; pas de réserve d'armée.

Ire armée, général Linievitch :

Vers les collines Poutilov et Novgorod, le Ier corps (moins le 85e en réserve d'armée et le 146e en réserve générale), général Meiendorf, et la 2e brigade de la 5e division de tirailleurs (du IIe sibérien).

Vers Orrtaokeou, le IVe sibérien, général Zaroubaiev.

Vers Fendiapou—Yansintouen le IIe sibérien, général Zassoulitch : 5e division de tirailleurs (moins une brigade) et 1re division de Sibérie (moins deux bataillons).

A Kandolisan et au Kaotouling le IIIe sibérien, général Kastalinski (moins la 6e division de tirailleurs et un régiment de la 3e), plus 2 bataillons du IIe sibérien, le 284e régiment de la 71e division et la division cosaque de Sibérie.

A Matsioundan et Tsinkoutcheng le détachement Rennenkampf, commandé provisoirement par Aléxeiev : division cosaque du Transbaïkhal; 1re brigade de la 6e division de tirailleurs (du IIIe sibérien); le 9e tirailleurs, de la 3e division de tirailleurs (du IIIe sibérien); la 1re brigade de la 71e division.

Vers Sintsintin et Tounhoasien les détachements Maslov et Madritov.

A Fouchoun, en réserve d'armée, le 85e régiment (du Ier corps).

En réserve générale, à la disposition du généralissime :

A Hounhopou le XVIe corps, général Topornin (moins la 2e brigade de la 41e division).

A Tousiantouen la 72e division (du VIe sibérien).

A Houantchan le 146e régiment (du Ier corps).

Ce résumé de l'ordre de bataille, que nous avons simplifié le plus possible, ne peut donner qu'une faible idée de la rupture des liens tactiques, du morcellement des grandes unités, vers le milieu de février; tout cela ne fera naturellement qu'augmente. pendant la bataille, en engendrant un désordre, une confusion inextricables (1).

Au total, Kouropatkine dispose de 370 bataillons, 142 sotnias, 1.192 pièces, 250 pièces lourdes, 88 mitrailleuses; environ 310.000 fusils (2).

---

(1) « Le général Kouropatkine doit parfois avoir songé à plaindre celui qui entreprendrait un jour d'exposer la bataille de Moukden. Et vraiment, quand on songe que l'armée russe, au cours de cette bataille géante, fut bouleversée de fond en comble, qu'un commandant d'armée lui-même ignorait la composition de son armée; que des généraux commandaient des groupements qui ne comprenaient pas un seul bataillon de leur corps; que, par exemple, dans un seul détachement fort de 51 bataillons, se trouvaient mélangées des fractions de 3 armées, de 11 corps d'armée, de 16 divisions, de 34 régiments différents, on admettra que ce n'est point une petite affaire de se retrouver dans ce méli-mélo. » (Major von TETTAU.)

(2) « L'armée russe aurait pu être plus forte de 25.000 à 30.000 hommes, si, précisément à l'instant décisif, on ne l'avait pas affaiblie de détachements chargés de missions secondaires. D'abord, après Sandepou, on avait prélevé sur l'ensemble de la Ire armée une brigade de 6 bataillons, qui devait primitivement aller renforcer la IIe. Le bruit ayant couru, vers la mi-février, d'une entreprise japonaise contre Vladivostok, cette brigade y fut transportée..... En même temps, l'on décida de partager entre l'armée de campagne et les troupes de la Province Maritime, les hommes de complément qui arrivaient d'Europe. Pour former l'artillerie de la nouvelle division

Les Japonais ont complété leurs effectifs et au delà ; ils ont maintenant près de 300 hommes par compagnie. Au moment de l'arrivée des troupes de Port-Arthur, ils ont refondu leur ordre de bataille, qui comprend maintenant cinq armées :

IIIe armée, général Nogi, vers Siaopeiho : 1re, 7e et 9e divisions, une brigade de réserve, la 2e brigade d'artillerie et la 2e brigade de cavalerie.

IIe armée, général Oku, sur le front Hokeoutai—Sandepou—Sountsiatatai : 8e, 5e, 4e divisions, trois brigades de réserve, 1re brigade de cavalerie.

IVe armée, général Nodzu, sur le front Fendiapou—Lingsipou : 6e et 10e divisions, une division de réserve, trois brigades de réserve, 1re brigade d'artillerie.

Ire armée, général Kuroki, sur le front Hamytan—Tantsaitchi. 2e et 12e divisions, Garde, trois brigades de réserve.

Ve armée, général Kawamura, vers Kientchang : 11e division et deux divisions de réserve (à 8 bataillons).

En réserve générale, vers Chiliho : 3e division et trois brigades de réserve.

Au total 263 bataillons, 66 escadrons, 892 pièces, 170 pièces lourdes, 200 mitrailleuses ; environ 320.000 fusils.

b) **Le terrain et les retranchements.** — Le terrain nous est déjà familier : à l'ouest de la voie ferrée, une plaine immense, où se déroulera l'action principale, couverte de nombreux villages qui gênent les vues, assez praticable, malgré les sillons et les souches de gaolian. De ce côté, deux positions naturelles seulement : la « position Dembovski » (occupée en septembre par le Ve sibérien), constituée de Madiapou à Salinpou par un ancien remblai du chemin de fer, et au nord de Sifanpou par une chaîne de dunes ; la position de Houta, dune située à 6 kilomètres au nord-ouest

---

de Vladivostok, les Xe et XVIIe corps avaient détaché chacun un groupe. Plus tard..... craignant de voir bouleverser et couper ses communications, le général Kouropatkine, pour couvrir la voie ferrée (déjà protégée par de nombreuses troupes d'étapes et gardes-frontières), envoya vers le nord un régiment de gardes-frontières, toute la division cosaque du Don, la 2e brigade de la 41e division, le régiment cosaque de l'Oussouri, en leur attribuant en outre 15.000 hommes de complément qui venaient d'arriver. Ainsi, pour protéger l'arrière, on priva l'armée de forces importantes..... » (Major von Tettau.)

de Moukden, entre la route de Sinmintin et le chemin de Tahentouen. — A l'est du chemin de fer une zone montagneuse dans
laquelle, à partir du Kaotouling, les chemins et sentiers sont seuls
praticables.

En exceptant deux tempêtes, les 26 février et 9 mars, le temps
est magnifique; la température oscille de + 2 à — 10. La glace
du Hounho est assez solide; mais pour les troupes montées il
faut la recouvrir de bottes de gaolian; et des ponts sont indispensables aux grandes unités et aux convois : il y en a 7 à l'est
de la voie ferrée, 2 entre le pont du chemin de fer et Madiapou,
3 de Madiapou à Matouran.

Les Japonais occupent une ligne de retranchements solides
et de villages fortifiés, sur le front Siaopeiho—Toutaitseu—Banyapoutseu—Pensikou.

Sur le front russe Tchanchan—Chahopou—Banyapoutseu—
Kaotouling, nous trouvons une double, parfois triple ligne de
tranchées couvertes par de nombreuses défenses accessoires. En
arrière, les lignes de Moukden, organisées depuis le mois de septembre : au centre, sur la rive méridionale du Hounho, une tête
de pont de 10 kilomètres de développement, comprenant 5 forts,
6 redoutes et des tranchées; à l'est, sur la rive nord, jusque vers
Foulin, des tranchées et 8 redoutes; à l'ouest, sur la rive nord,
des tranchées; enfin, face à l'ouest, de Madiapou à Houta,
13 redoutes et des tranchées (1).

c) **Les projets des deux adversaires.** — Oyama a l'intention
de prendre l'offensive avant que le dégel ne vienne rendre le
terrain impraticable, afin de ne pas laisser aux Russes le temps
de recevoir de nouveaux renforts. Par les bruits qu'il fait répandre, par les raids de sa cavalerie, il réussit à attirer l'attention
de Kouropatkine du côté de Vladivostok, puis sur la voie ferrée
au nord de Moukden. Ce premier résultat obtenu, sa Vᵉ armée
(qui, pour mieux tromper l'ennemi, comprend une division des
troupes de Port-Arthur) attaquera à fond l'extrême-gauche

---

(1) « Sur les emplacements et la disposition de ces retranchements, les troupes ne
savaient absolument rien : si bien que le 3 mars, en pleine bataille, l'état-major de
la IIᵉ armée dut envoyer un officier « s'assurer si le fort de Madiapou était situé sur
« la rive droite ou sur la rive gauche du Hounho. » (Major von TETTAU.)

russe, pour faire affluer de ce côté les réserves de Kouropatkine. Enfin, tandis que les Ire, IVe et IIe armées fixeront l'ennemi en l'attaquant sur toute la ligne, la IIIe armée le débordera à l'ouest de Moukden, amenant ainsi la décision.

Du côté russe, depuis le 29 janvier, on songe à reprendre l'offensive, toujours dans les mêmes conditions, contre Sandepou que doit bombarder une nombreuse artillerie (1). L'attaque est fixée au 25 février (2), après beaucoup d'hésitations. Le général Kaulbars déclare que « l'offensive est absolument nécessaire et qu'y renoncer serait reconnaître la partie perdue ». Mais le 24, à 4 heures du soir, arrive au quartier général de la IIe armée le général Ouchatz-Ogarovitch, chef du service des renseignements : il vient annoncer que les Japonais ont éventé le projet d'offensive, que leur aile gauche possède d'ores et déjà une sérieuse supériorité numérique, et que leur aile droite attaque furieusement dans les montagnes. Puis Kouropatkine avise Kaulbars, par téléphone, « qu'il ne veut en aucune manière influencer sa décision », mais « qu'il ne pourra distraire une seule baïonnette « de sa réserve générale pour appuyer la IIe armée ».

Kaulbars donne contre-ordre. C'est une faute, sans doute,

---

(1) « Les positions de l'ennemi devaient être bombardées, de distances exactement connues, par 278 canons à tir rapide, 40 canons de campagne d'ancien modèle, 40 mortiers de campagne, 8 mortiers et 38 canons de siège. Le commandant de l'artillerie était fermement convaincu que le feu exécuté pendant six heures par cette masse d'artillerie devait être suffisant pour démolir tous les villages sur les positions de l'ennemi, au point qu'il ne resterait à l'infanterie qu'à aller les occuper et à s'y maintenir pour permettre à l'artillerie de gagner de nouvelles positions. » (Général RENNENKAMPF.)

(2) « Après maintes délibérations et beaucoup de papier noirci deçà, delà, dans un conseil de guerre composé des commandants d'armée et de leurs chefs d'état-major au grand quartier général de Souyatouen, on prit la résolution capitale de ne pas différer l'offensive davantage et de commencer le plus tôt possible. Le 21 février, le général Kouropatkine avait déjà envoyé l'ordre suivant : « Maintenant que nous « sommes prêts à prendre l'offensive, j'ordonne à l'armée d'attaquer l'ennemi en se « conformant à mes directives du 19 janvier. L'attaque commencera par la IIe armée. « Je fixe le premier jour au 25 février. Resteront en réserve stratégique, à ma disposi- « tion immédiate : le XVIe corps moins une brigade, la 72e division, la 10e brigade « d'artillerie, le 146e d'infanterie. » « Or ces directives fixaient « l'armée du général Oku comme premier objectif des « opérations » et « comme procédé, un mouvement débordant contre l'aile gauche de « cette armée »; puis chaque armée remplirait la mission qui lui serait assignée. L'offensive devait donc être conduite exactement d'après les mêmes principes que la première fois; d'une attaque vigoureuse exécutée simultanément par les trois armées, il n'était nullement question. » (Major VON TETTAU.)

mais elle est explicable, excusable même : les souvenirs de Sandepou sont encore trop récents (1) ! Déjà, du côté de l'est, commence la bataille : les Russes vont, une fois de plus, se plier aux
volontés de l'ennemi.

2⁰ Les premiers engagements (20 février-1ᵉʳ mars). —
a) **Offensive de la Vᵉ armée japonaise.** — A la gauche de la
Iʳᵉ armée russe, se trouve le détachement Rennenkampf, commandé provisoirement par Aléxeiev : Lioubavine (2 bataillons,
6 pièces, 4 sotnias) à Kaolintseu; Nekrassov (3 bataillons,
8 pièces, 1 sotnia) au Ianseling; Eck (7 bataillons, 16 pièces,
4 mitrailleuses, 1/2 sotnia) à Tsinkoutcheng; en réserve environ
6 bataillons, 4 pièces, 1 sotnia et demie. Dans la nuit du 18 au 19,
la Vᵉ armée attaque les avant-postes russes au Khabaling et à
Souitouen, et les déloge le 19. Le 20 et le 21, l'attaque continue en
menaçant principalement l'aile gauche du détachement; celui-ci
se prépare à contre-attaquer le 22. Mais ce jour-là les Japonais
poursuivent leur offensive, de plus en plus violemment. Le 23,
à la faveur d'une tempête de neige, ils se rapprochent de Tsinkoutcheng qu'ils attaquent avec furie, quatre fois de 10 heures
du matin à minuit, cramponnés au sol à 150 mètres des tranchées
russes. Le 24, à 6 heures du matin, l'attaque recommence acharnée,
à Tsinkoutcheng et au Ianseling; à midi, elle réussit à pénétrer
au centre de la position de Tsinkoutcheng; les Russes se replient
vers le Daling : le gros à Sanlouniou, la droite au Tounkoualing,
le centre au Daling et au Tcheiling, la gauche au Siaopapinling;
à l'extrême-gauche (cherchant à se relier au détachement

_____

(1) « La résolution d'attaquer quand même eût témoigné de l'inflexible volonté
« du chef de prendre en main l'initiative, sans égard à tous les obstacles, de charger
« à fond l'ennemi, d'entraîner ainsi peut-être derrière lui le généralissime, qui aurait
« fini par venir compléter le succès ébauché. Habile et tout à fait hors de pair, une
« telle résolution eût été chose bien nouvelle au cours de cette guerre; elle n'eût pas
« amené, en tout cas, une situation plus désastreuse que celle de l'armée russe après
« Moukden. » (Colonel Dobrorolski.)
    « C'est absolument juste; et peut-être le général Kaulbars eût-il agi de la sorte
s'il avait été certain « d'entraîner derrière lui le généralissime »; mais, très vraisemblablement, il conclut de la situation matérielle et morale que son armée n'avait
pas à compter sur l'appui ni sur la coopération des autres. Mais, sans cette coopération, sans la volonté ferme du généralissime d'aider par une offensive énergique,
irraisonnée, des Iʳᵉ et IIIᵉ armées sur tout le front l'attaque débordante de la IIᵉ
cette attaque n'était plus qu'une aventure insensée. » (Major von Tettau.)

Maslov), 1 bataillon et 11 sotnias, dont Lioubavine va prendre le commandement du côté de Oulankeou. Les Japonais reprennent le contact assez lentement et ne font à peu près rien le 25.

b) **Offensive de la I**re **armée japonaise.** — Le 21 février, la 2e division marche de Tantsaitchi sur Ouiniounin; le 25, elle prend le contact avec le IIIe sibérien, qui défend le Kaotouling. A sa gauche, la 12e division attaque également, avec sa 12e brigade, le IVe sibérien, en laissant la 23e brigade en réserve à Banyapoutseu. Enfin, sur le front Yansintouen—Fendiapou, la Garde menace le Ier corps.

c) **Ordres de Kouropatkine.** — Dans la nuit du 24 au 25, Kouropatkine donne ses ordres : Rennenkampf ira par chemin de fer reprendre le commandement du détachement de Tsinkoutcheng; par chemin de fer également, Danilov, avec la 2e brigade de la 6e division de tirailleurs du IIIe sibérien (réserve de la IIe armée), sera dirigé sur Koudiasa, à la gauche de Lioubavine; le Ier sibérien marchera sur Tchihouatchon, suivi par la 2e brigade de la 72e division; le 146e d'infanterie ira vers Yinpan (1); pour fixer l'ennemi, Bilderling, avec la IIIe armée, exécutera des démonstrations sur le Chaho.

d) **Continuation de l'offensive de la V**e **armée.** — Le 26, les Japonais attaquent le Daling et le Tcheiling, où ils parviennent à 50 mètres des tranchées. Le colonel Gedjeou, avec 3 bataillons et 6 pièces, est rejeté du Siaopapinling sur Patsaniou et, « plus « inquiet qu'il ne convenait » (RENNENKAMPF) craint de perdre Oubanioupoutsa (2). Rennenkampf, qui vient d'arriver, ordonne la retraite sur Matsioundan. Le gros du détachement (9 bataillons, 18 pièces, 1 sotnia et demie), ayant en réserve 3 bataillons,

----

(1) « Cela faisait au total 42 bataillons et 128 pièces que l'on envoyait au secours de la Ire armée, pendant qu'à l'aile droite, la IIe restait absolument sans réserves. L'offensive japonaise contre l'aile gauche avait atteint son but en détournant l'attention et les forces de l'ennemi du point précis où l'on projetait de déclancher l'attaque principale. » (Major von TETTAU.)

(2) « Dans ce compte rendu, il n'était question ni de l'ennemi ñi de ses opérations, et il n'en pouvait être autrement parce que la retraite sur Oubanioupoutsa était motivée non par la pression de l'ennemi en forces supérieures, mais seulement par l'imagination que cette pression existait. » (Général RENNENKAMPF.)

6 pièces, 2 sotnias et demie, se retranche sur les hauteurs au sud de Matsioundan—Tioupintai, à cheval sur la vallée; il est couvert par deux arrière-gardes installées à hauteur d'Oubanioupoutsa (5 bataillons, 10 pièces, 2 sotnias) et, vers l'est, au Koumandialing, par le détachement Lioubavine qui comprend actuellement 3 bataillons, 4 pièces, 10 sotnias.

Journée du 27 février. — A 4 heures du matin, puis à 10 heures, les Japonais assaillent en vain l'arrière-garde d'Oubanioupoutsa; ils s'arrêtent épuisés; mais la canonnade continue jusqu'au soir.

Vers l'est, à Koudiasa, Danilov, placé sous les ordres de Rennenkampf, est aux prises avec 4 bataillons et 1 batterie; Lioubavine, relativement peu inquiété par l'ennemi, reçoit l'ordre de prendre l'offensive pour l'aider.

A l'ouest, du côté de Sidaling, les Japonais commencent à pénétrer entre le détachement Rennenkampf et l'aile gauche du IIIe sibérien.

Journée du 28 février. — A Oubanioupoutsa, dès l'aube, la lutte recommence acharnée : à 9 heures, attaque infructueuse des Japonais; à 10 heures, nouvelle attaque, qui réussit à faire reculer la gauche de l'arrière-garde russe, découvrant ainsi le chemin du Koumandialing, ligne de retraite de Lioubavine; puis, après une violente canonnade, à 6 heures du soir nouvelle attaque furieuse de 5 bataillons, 6 pièces, des mitrailleuses, repoussée par les 3 bataillons du régiment de Tchernoïarsk; enfin, de 8 heures du soir à minuit, trois attaques encore, repoussées à la baïonnette.

Pendant ce temps, comme l'arrivée du Ier sibérien doit soulager l'aile droite du détachement, 4 bataillons et 2 pièces vont chasser l'ennemi du Tounsikouling, où ils s'établissent dans l'après-midi.

Quant à Lioubavine, attaqué dès 11 heures par 4 bataillons et des mitrailleuses, débordé sur ses deux flancs, il reçoit l'ordre de se replier : après une retraite difficile, brillamment exécutée à travers un massif montagneux, son infanterie rallie Matsioundan; avec sa cavalerie, il va de sa personne prendre le commandement du détachement du Tounsikouling.

A Koudiasa, Danilov, engagé à fond, voit son aile gauche menacée; pourtant, à 5 heures du soir, il réussit à repousser l'ennemi. Kouropatkine prend ses dispositions pour le faire renforcer par une batterie et par le 85ᵉ d'infanterie (réserve de la Iʳᵉ armée).

Vers l'ouest, à 8 heures du matin, les Japonais atteignent le Sidaling, menaçant le détachement de droite de l'arrière-garde russe (1 bataillon et 2 pièces); mais on espère voir intervenir de ce côté le Iᵉʳ sibérien.

Journée du 1ᵉʳ mars. — A l'arrière-garde russe, la lutte continue sans répit : à 2 heures du matin, les Japonais prennent pied sur la position d'Oubanioupoutsa, mais en sont rejetés à la baïonnette. Ils assaillent en même temps, sans succès, la droite de la position de Matsioundan (1). A l'arrière-garde, on est obligé de faire relever les 3 bataillons du 282ᵉ de Tchernoïarsk complètement épuisés par les 3 bataillons du 283ᵉ de Bougoulmin venus du Koumandialing (2). Les Japonais attaquent encore vainement à 1 heure, puis à 6 heures; un dernier assaut réussit à 11 heures du soir, mais un retour offensif des réserves russes les déloge définitivement.

A l'est, Lioubavine (4 bataillons, 8 pièces, 8 sotnias) a l'ordre de prendre l'offensive pour venir en aide à Danilov : il attend les instructions de celui-ci (3) et ne commence son mouvement qu'à 5 heures du soir, et très mollement. Rennenkampf, « ne croyant pas à son offensive », finit par lui prescrire d'envoyer tout simplement 1 bataillon et 2 pièces à Danilov.

Celui-ci lutte, depuis le matin, contre 8 bataillons et 2 batteries; à 6 heures du soir, il a réussi à repousser toutes leurs attaques.

Du côté de l'ouest, l'avant-garde du Iᵉʳ sibérien (2 régiments, 6 groupes d'éclaireurs montés, 3 batteries, 2 escadrons) doit marcher sur Siaoliandan et Sanlouniou; elle repousse l'ennemi

---

(1) « A ce moment il restait en réserve : 5 compagnies et le détachement d'éclaireurs du régiment de Drissa, 2 compagnies du régiment de Bougoulmine (mais une de celles-ci était réduite à 15 files), 1 sotnia et demie d'un bataillon à pied de Transbaïkhalie, et 5 compagnies du régiment de Tchernoïarsk, toutes à très faible effectif (25, 26, 27, 39 et 53 files). » (Général RENNENKAMPF.)

(2) « Ce régiment, ayant perdu près de 80 % de son effectif (81 % pour les officiers et 76 % pour la troupe), conserva son moral, et ces débris, qu'on ne pouvait plus qualifier de régiment, ne songeaient même pas à reculer de leur position; l'idée de le faire ne pouvait pas plus leur venir en tête qu'une absurdité. » (Général RENNENKAMPF.)

(3) « Cette manière de faire est inadmissible et on doit supposer que, dans l'armée japonaise, on n'en aurait pas même eu l'idée. » (Général RENNENKAMPF.)

du Sidaling, mais ne dépasse pas ce col, qu'elle n'occupe même point. Impressionné par les attaques subies par le IIIe sibérien, Linievitch renonce en effet à engager le Ier sibérien de ce côté (1).

Pendant toute cette période, du 20 février au 1er mars, les détachements Maslov et Madritov ne semblent pas avoir fait grand'chose.

e) **Continuation de l'offensive de la Ire armée.** — A droite de la Ire armée, la 2e division progresse lentement : sa 15e brigade, qui espère percer entre le détachement Rennenkampf et le IIIe sibérien, trouve sur son flanc droit le Sikouling, le Baita-keouling, le Koutseuling, occupés par les détachements Baumgarten et Toumanov du IIIe sibérien (3 bataillons, 15 escadrons), dont le gros est à Sandiatsa et qui menacent de la déborder; le 27 elle s'établit en flanc-garde et se fortifie. Sa 3e brigade attaque par le sud et l'est du Ouanfouling où, le 27, elle s'empare d'une redoute. Après une violente canonnade qui dure toute la journée du 28, le 1er mars elle enlève trois autres ouvrages à l'ouest du Kaotouling. Le IIIe sibérien, réduit à la 3e division de tirailleurs et occupant un front étendu, est complètement épuisé (2) : Kouropatkine lui a envoyé comme renforts, de sa

---

(1) « Le général Kouropatkine dut estimer que, maintenant qu'elle comptait 174 bataillons, la Ire armée, après avoir repoussé l'ennemi, pourrait prendre l'offensive; le XVIe corps avait déjà reçu l'ordre de se tenir prêt à partir immédiatement pour l'appuyer. Effectivement, le général Linievitch dut également avoir l'intention de porter le Ier sibérien entre le détachement de Tsinkoutcheng et le IIIe sibérien, puis de marcher offensivement sur Sanlouniou. Mais, le 26 février, les Japonais ayant abordé avec la dernière énergie les positions du IIIe sibérien et du détachement Rennenkampf, et étant parvenus le 27 et le 1er mars à s'emparer de quelques tranchées à l'ouest du Kaotouling, le général Linievitch renonça à l'offensive projetée, et le généralissime se déclara complètement d'accord avec lui.

« Quatre jours auparavant, on était résolu à attaquer par la droite; on avait abandonné ce projet aux premiers mouvements des Japonais contre l'aile gauche. Puis on avait élaboré le plan d'une attaque par la gauche, que l'on rejetait de même, dès l'instant où l'ennemi prenait l'initiative. » (Major von Tettau.)'

« Il faut remarquer que l'avant-garde du Ier corps sibérien, arrivée avec ses éléments avancés au col de Sidaling, devait aussi agir d'une manière défensive alors que, sur le front indiqué pour ses reconnaissances, l'ennemi n'avait pas encore paru jusque-là. » (Général Rennenkampf.)

(2) « Mon Général, mon petit-père m'envoie vous dire respectueusement que les « nôtres sont au feu depuis cinq jours; il n'y a plus que trois servants par pièce », disait le vieux canonnier venu le soir du Kaotouling à Pakiatseu à la brigade d'artillerie. « Dis à ton chef que les vôtres doivent encore tenir et attendre. Dieu vous « aide! Va. » — « On tiendra encore et on attendra », répondit le vieux soldat dont

réserve générale, le 146e d'infanterie, et vers Pakiatseu, le 1er mars, la moitié de la 72e division (VIe sibérien) qui n'intervient pas dans la lutte.

La 12e division occupe, le 26, les hauteurs au sud d'Houloutseukeou; du 27 février au 1er mars, elle se contente de canonner.

Après un bombardement qui dure du 26 au 28, la Garde prend l'offensive : dans la nuit du 28 au 1er mars, sa 2e brigade occupe, perd et reprend Yansintouen au IIe sibérien; le 1er mars, sa 1re brigade gagne du terrain vers Fendiapou, où les Russes se maintiennent cependant au sud du Chaho.

f) **Combat de la IVe armée.** — Au centre, à la IVe armée, les troupes ne bougent pas. Du 27 février au 1er mars, on commence seulement à bombarder, sans grands résultats, les collines Poutilov et Novgorod.

g) **Combat de la IIe armée.** — De ce côté, jusqu'au 27, c'est le calme absolu : pas un coup de fusil, pas un coup de canon (1).

Le 27, à la tombée de la nuit, le XVIIe corps russe fait exécuter la « démonstration » prescrite par Kouropatkine : 2 compagnies et 2 groupes d'éclaireurs de la 3e division enlèvent aux Japonais le débouché du pont du chemin de fer sur le Chaho, entre Lingsipou et Lamoutouen; 1 compagnie et 3 groupes d'éclaireurs de la 35e division s'emparent d'un petit bois au nord-ouest de Lamoutouen. Ils s'y maintiennent pendant plusieurs heures; mais, comme personne ne les soutient, l'ennemi finit par les en déloger.

Le 28, tout est tranquille; mais le 1er mars, pour fixer la IIe armée russe et détourner son attention de la manœuvre de Nogi, les Japonais attaquent vigoureusement, ne laissant que la 4e division immobile en face du Xe corps : au centre, au nord

---

la moustache était hérissée de glaçons. « Dieu nous aide ! » Là-dessus, il salua et s'en fut lentement, la tête basse, hors de la hutte de terre enfumée, dans la nuit sombre. » (Capitaine SPAITS, *Avec les cosaques à travers la Mandchourie.* Cité par le colonel GAEDKE.)

(1) « L'ennemi se contenta de repousser l'attaque, et, sur tout le front, ses canons gardèrent le silence, un silence obstiné..... Je trouvais ce silence incompréhensible, cette obstination à ne pas tirer, pour nous répondre, un coup de canon de toute la nuit, était une énigme pour moi et me semblait du plus mauvais augure. » (Colonel NOVITZKI, *Nouvelle Revue,* 1er avril 1907.)

de Sandepou, la 5ᵉ division prend à partie le VIIIᵉ corps; à gauche, de Tchanchan à Sifantai, la 8ᵉ division fonce sur le corps de tirailleurs; « ce n'est pas là une simple démonstration, « elles y vont de toute leur énergie » (Major von Tettau). Mais les Russes tiennent bon.

h) **Manœuvre de la IIIᵉ armée.** — Pendant ce temps, à l'extrême-droite russe, la situation s'est notablement modifiée : le détachement Kossagovski a été dissous : sa batterie et ses deux régiments d'infanterie (Vᵉ sibérien) passent, en remplacement du Iᵉʳ sibérien, en réserve de la IIᵉ armée, avec un régiment de la 9ᵉ division et un de la 14ᵉ; ces deux derniers restent cependant provisoirement à leurs corps d'armée respectifs, le Xᵉ et le VIIIᵉ.

Il n'y a plus au sud-ouest, en couverture, que le détachement Michtchenko, à effectifs très réduits (70 hommes par sotnia), diminué de la division du Don envoyée au nord sur la voie ferrée, et commandé, depuis le départ de Rennenkampf, par le général Eicholtz, puis, sur le désir de Kouropatkine, par le général Grekov (dont la division cosaque d'Orenbourg est depuis longtemps dispersée). Ce détachement est scindé en deux : vers Oubanioulou 15 sotnias et 12 pièces, avec le général Pavlov; vers Sifantai, le général Eicholtz, avec 17 sotnias et 6 pièces.

Le 26, l'armée de Nogi est en mouvement : la cavalerie russe signale la présence de l'infanterie ennemie à Taouan sur le Liaoho; à ce compte rendu Kouropatkine n'attache aucune importance.

Le 27, de nouveaux rapports font ressortir que les Japonais occupent en forces le front Mamakai—Talantotseu—Kaliama; on ne semble pas en tenir grand compte.

Le 28, ces renseignements se confirment et se précisent : Kouropatkine dirige le général Burger, avec une brigade de la 41ᵉ division (XVIᵉ corps), 3 batteries et 1 sotnia, sur Kaolitouen, afin d'y arrêter le mouvement de l'ennemi le long du Liaoho (1).

---

(1) « Mais on semble avoir persisté à n'attacher à ce fait aucune signification prépondérante, ou bien à l'estimer exagéré..... Il semble qu'au quartier général on ne comptât guère sur un mouvement débordant de l'ennemi contre Moukden et l'aile droite, mais que l'on songeât tout au plus à la marche, sur le Liaoho, d'un faible détachement menaçant les communications. » (Major-von Tettau.)

« Notre service d'exploration est loin d'avoir été aussi défectueux qu'on se l'ima-

Ce jour même, la IIIe armée japonaise arrive sur le front Toutaitseu—Takou, sa cavalerie à l'aile gauche.

Le 1er mars, Nogi continue à converser vers le nord-est, en resserrant son front en vue de la bataille : division de cavalerie (formée de la 2e brigade et de cavalerie divisionnaire) à Tamintouen, poussant jusque vers Sinmintin; 7e division à Houatchikantseu; 1re à Tchiakantseu; brigade de réserve à Youtchiatai; 9e division devant Sifantai, en liaison avec la 8e, aile gauche de la IIe armée. S'il attaquait résolument, ce serait un désastre pour les Russes; mais il se contente de prendre le contact prudemment, méthodiquement.

Enfin Kouropatkine se rend à l'évidence. Le 1er au matin, il prescrit à Kaulbars, par téléphone, de mettre une division à sa disposition; puis, à 2 heures du soir, il lui demande un corps d'armée de 32 bataillons; il dirige sur Salinpou sa dernière réserve générale, la 25e division (XVIe corps); il ordonne au Ier sibérien de repartir le 2 de l'aile gauche pour arriver le 3 à Baitapou, en réserve générale. De plus, Kaulbars doit prendre le commandement du front ouest, en déléguant celui du front sud de la IIe armée au général von der Launitz.

En exécution de ces ordres, Kaulbars dirige sur Siachetouen une division formée par 2 brigades des 9e et 31e divisions (X^e corps) sous les ordres du général Skatilov; puis il prescrit aux 2 régiments du Ve sibérien (ancien détachement Kossagovski) de relever sur la ligne de feu le corps de tirailleurs et au corps de tirailleurs de relever le VIIIe corps qui sera dirigé sur Salinpou.

La bataille est engagée; et c'est à l'ouest de Moukden que va se dérouler l'action principale.

3° *La bataille (2-7 mars).* — *a)* **Aile droite des Russes.** — *Journée du 2 mars.* — Les ordres donnés par Kaulbars sont

gine en général; mais, quand nous possédons des renseignements, nous ne savons pas nous en servir. Aussi bien avant que pendant les opérations sur Moukden, nous recevions sur les Japonais des informations suffisantes..... Dès les premiers jours de janvier, nous avons su qu'il se concentrait à Siaopeiho des troupes et des approvisionnements; nous avons su aussi en janvier que l'on y dirigeait des troupes de l'armée de Nogi venant de Port-Arthur; nous avons même été informés de l'arrivée à Siaopeiho du général Nogi en personne. » (Colonel NOVITZKI.)

inexécutables : sans doute le corps de tirailleurs, épuisé, a pu être ramené en réserve à Daouankanpou; mais le VIIIe corps restera, pendant toute la journée du 2, accroché par les 8e et 5e divisions japonaises. Le commandant de la IIe armée forme alors, pour la diriger sur Salinpou dans la soirée, la division Galembatovski (215e et 241e du Ve sibérien, ancien détachement Kossagovski; 54e de la 14e division; 60e de la 15e) et passe de sa personne sur la rive droite du Hounho. Mais, pendant ce temps, les 1re et 7e divisions japonaises et la brigade de réserve marchent sur Tseunioulou—Salinpou—Tasipou, la 9e sur Matouran par la rive droite du Hounho.

Alors, à 1 heure du soir, Kaulbars contremande la marche sur Salinpou de la division Galembatovski et lui prescrit de prendre position vers Tchandiasakan, à l'ouest de Matouran (1) : Galembatovski attaque brillamment la 9e division et la déloge de Satchaisa en lui prenant des mitrailleuses; ce qui permet à la droite du VIIIe corps de se replier sur Matouran.

Dans la soirée, après une marche très lente, le général Topornin (commandant du XVIe corps) s'arrête à l'ouest de Salinpou avec la 25e division et la division Skatilov (2).

Quant à la brigade Burger, arrivée le 1er, à Kaolitouen, Kouropatkine, craignant de la voir envelopper, lui prescrit de repartir pour Moukden dans la nuit du 2 au 3.

Dans la soirée, le généralissime forme la division de Witt (trois régiments du XVIIe corps et le 147e du Ier corps), qui doit prendre position vers les Tombes Impériales, la gauche à la route

---

(1) « Presque en même temps que moi, arrivait au galop du quartier général un officier d'ordonnance envoyé par le commandant de l'armée; il apportait l'ordre d'arrêter le mouvement sur Salinpou..... Puis, en moins d'une heure, arrivèrent six officiers ou estafettes de l'État-major général, apportant une série d'ordres..... » (Colonel Novitzki.)

(2) « N'eût-il pas été possible, dès le 2 mars, par des prélèvements sur la IIIe armée et l'aile droite de la Ire, d'opposer à Nogi des forces plus considérables? Sur le front, dans leurs retranchements, les armées russes avaient une sérieuse supériorité numérique et l'on pouvait les affaiblir sans scrupules. Aussi bien, les jours suivants, de ce front devait-on tirer continuellement des troupes, qui, malheureusement, n'arrivèrent du côté menacé, à l'ouest, que goutte à goutte et, en grande partie, trop tard.

« Le 2 mars, deux divisions japonaises seulement, peut-être deux et demie, avaient terminé le mouvement débordant, tandis que la 9e se trouvait immobilisée par l'action énergique du général Galembatovski. Un choc vigoureux de forces supérieures sur le flanc de ces divisions en mouvement aurait pu, dès ce jour-là, donner à la bataille une tournure plus favorable. » (Major von Tettau.)

de Sinmintin (1). Il ordonne à von der Launitz de faire reculer les troupes du front sud en les « concentrant davantage sur le « front Tousanpou—Tsantapou—Touerpou, avec une réserve à « Souhoudiapou et une avant-garde à Daouankanpou; »; et il lui réitère sa demande d'un corps d'armée pour le front ouest.

Von der Launitz, occupé à se dérober à l'étreinte de l'ennemi pour exécuter sa retraite, envoie pendant la nuit le détachement Tchourine (9 bataillons et 24 pièces du corps de tirailleurs), que suivra dans la matinée du 3 le détachement Roussanov (16 bataillons de diverses divisions).

Journée du 3 mars. — Le 3, les Japonais continuent à avancer : 5e division face au nord-est, la gauche appuyée au Hounho; 8e division face au nord-est, sur la rive droite; 9e face au nord-est, vers Lindiatai; 7e division, brigade de réserve, 1re division, face à l'est, le centre vers Salinpou; cavalerie, appuyée par deux bataillons, du côté de Sinmintin.

Tandis qu'au sud von der Launitz résiste sur le front Tsantapou—Touerpou, les deux divisions du détachement Topornin canonnent Salinpou et l'attaquent à 8 heures du matin : à droite, la 25e division, qui reçoit le baptême du feu, subit des pertes sérieuses, craint de voir son aile droite débordée par la 1re division ennemie, et se replie précipitamment; à gauche, la division Skatilov n'engage que deux bataillons sur seize (2). Kaulbars, re-

---

(1) « Ainsi donc, avant même qu'un seul ennemi eût atteint cette route de Sinmintin, on se disposait à la parade passive de l'enveloppement par le nord, au lieu de tomber toutes forces réunies sur un adversaire qui avait l'audace de tenter cet enveloppement avec deux divisions. » (Major von Tettau.)

(2) « A un moment donné, au cours de la bataille, nous observons un mouvement de flanc d'une partie des troupes japonaises allant de Salinpou vers le nord. Au lieu de profiter de l'allongement de la ligne adverse et de foncer sur Salinpou avec le plus d'énergie possible, nous arrêtons court notre offensive et nous envoyons, nous aussi, nos troupes vers le nord. » (Colonel Novitzki.)

« Dans toute la zone entre Tchansintouen et Tchandiasa, plus au nord encore, refluaient vers Moukden sans interruption des fractions de la 25e division, la plupart par petits groupes de 5 à 10 hommes. Et toujours la même réponse : « Nous battons « en retraite ! » Ils disaient que la moitié de la division gisait sur la position; tout lâchait pied. Les Japonais ne poursuivaient point. Depuis midi et demi, le feu avait cessé presque complètement. A l'est de Tchandiasa, sur le chemin de Liouanpou, l'artillerie était entraînée dans la retraite; elle semblait très éprouvée; la plupart des attelages n'avaient que quatre chevaux, et la majorité des servants manquaient. A côté des batteries se repliaient en désordre des groupes de fantassins. Des officiers s'efforçaient de les arrêter, de les rallier, et y réussissaient en partie. En rentrant à Moukden, je rencontrai des débris de la 25e sur toute la route, jusqu'à Landioun-

nonçant à occuper la « position Dembovski », ordonne la retraite
sur les ouvrages de Moukden : division Skatilov vers Houankou-
touen à la gauche de la division de Witt; 25e division vers Youhountouen (1).

Cette retraite amène Kouropatkine à prescrire à von der Launitz de concentrer ses troupes au nord du Hounho, en se couvrant par une arrière-garde de 24 bataillons, qui devra tenir
les deux rives du fleuve à Souhoudiapou et à Madiapou (2). Il
se produit un effroyable encombrement dans ces deux localités
par suite du manque de ponts : le 3 au soir, le détachement
Roussanov n'a pas encore pu effectuer son passage (3). A ce
moment, sous la pression des 8e et 5e divisions (de la IIe armée),
l'arrière-garde cède du terrain : à droite Galembatovski recule
sur Tounhaisa; à gauche Ivanov avec la 15e division sur Tatai,
puis sur Baitaitseuin où il rejoint l'aile droite de la IIIe armée
russe. A 11 heures du soir, les Japonais occupent Souhoudiapou.
Von der Launitz, qui, à ce moment même, dirige sur les ouvrages
de Yansitouen le détachement Tchourine, n'apprendra cet événement que le 4 au matin, par le généralissime (4)!

---

touen et au delà. J'eus l'impression de la complète dissolution de cette division tout
entière.

« Il n'y a rien à reprocher aux troupes; cette déroute n'était que la suite d'une
attaque menée contre Nogi par des forces insuffisantes. Combien l'issue en eût été
différente, si la division de Witt, au lieu de se voir attribuer un rôle passif et de
demeurer inactive, s'était simultanément portée à l'attaque au nord de la 25e, et si
la brigade Burger avait été rappelée par là ! » (Major von TETTAU.)

(1) « Si Nogi avait connu la situation, il lui eût été facile, à mon avis, d'enfoncer
les lignes russes le 3 à midi et de pousser jusqu'à Moukden. Car, au sud, l'espace entre
Youhountouen et le Hounho demeura jusqu'à la matinée du 4 complètement dégarni de troupes. » (Major von TETTAU.)

(2) « Suivant la rapidité de la concentration des troupes aux points désignés, nous
pourrons demain ou après-demain (si nous ne sommes pas nous-mêmes assaillis
aujourd'hui), prendre une offensive énergique contre les Japonais qui débordent
notre droite. » (Directive du général Kouropatkine au général Kaulbars, le 3 mars, à
2h 30 du soir.)

(3) « Souhoudiapou était un gîte d'étapes de la IIe armée. Là se trouvaient l'intendance et une grande partie des directions d'étapes, magasins, parcs, hôpitaux, etc.;
là également s'étaient accumulés, pendant les dernières vingt-quatre heures, les gros
bagages, trains, colonnes de munitions qui, dans une large zone alentour, parquaient
en pleins champs et se pressaient aux issues. L'après-midi du 3, par surcroît, arriva
pour s'y établir la réserve de l'armée. Suivant un témoin oculaire, il y régnait une
indescriptible confusion. » (Major von TETTAU.)

(4) Renseigné lui-même par Bilderling, chef de la IIIe armée, auquel Ivanov a fait
son compte rendu.

Quant au général Burger, il s'est heurté le 3, pendant sa retraite, à la cavalerie ennemie, et a continué son mouvement, précipitamment et en désordre; Kouropatkine l'envoie garder la voie ferrée du côté de Houtchitai.

Journée du 4 mars. — Le 4, la 1re division japonaise marche sur Tatchitchao; la brigade de réserve, les 7e et 9e divisions tâtent les positions russes de Youhountouen à Yansitouen; la 8e fait face à Satosa; la 5e occupe Souhoudiapou, à cheval sur le Hounho. Oyama prescrit à Nogi de ne pas attaquer et lui envoie sa réserve (3e division et trois brigades de kobi) qui arrivera le lendemain.

Pendant la nuit du 3 au 4, Kaulbars a donné ses ordres pour une offensive à exécuter dans la direction Yansitouen—Madiapou (1). Mais Kouropatkine craint d'être tourné par le nord-ouest; et, comme la IIe armée n'a pas encore terminé le passage du Hounho, il prescrit de ne pas bouger le 4, et d'attaquer le 5 l'aile gauche de Nogi avec, comme objectif, « l'occupation de la position Dembovski » (2).

A la nouvelle de la perte de Souhoudiapou, von der Launitz consterné prescrit à Gerschelmann de reprendre le village avec le 33e (9e division), le 122e (31e division) et deux régiments de tirailleurs; il lui adjoint le détachement Galembatovski arrêté sur la rive droite du Hounho à l'ouest de Yeltaisa, et la 15e division Ivanov « dont on ignore l'emplacement ». Mais Kaulbars, estimant suffisante la possession de Yeltaisa, occupé par la 1re brigade de tirailleurs, contremande l'opération; puis il autorise l'attaque, à condition qu'elle ne coûte pas trop cher; enfin Gers-

---

(1) « L'état-major de la IIe armée n'était pas fixé plus exactement sur les emplacements de ses propres troupes que sur les dispositions et les forces d'un ennemi avec qui, le lendemain, une rencontre était imminente. Comme conséquence de cette ignorance exagérée, cet ordre d'opérations si longtemps attendu se révéla, dès son apparition à 4 heures du soir, comme parfaitement inexécutable. » (Colonel DOBROROLSKI.)

(2) « Les avis étaient partagés, comme dans tous les conseils de guerre : les uns tenaient pour une attaque générale qu'on exécuterait dès le matin, avec toutes les forces concentrées sous Moukden; les autres opinaient pour qu'on donnât aux différents corps le temps de respirer, de rassembler leur matériel, de rallier leur monde. Ce dernier avis l'emporta, et il fut décidé qu'on n'attaquerait pas le lendemain; on resterait sur les positions; on occuperait la journée à tout remettre en ordre dans les troupes, que les combats des jours précédents avaient très éprouvées, et à se réapprovisionner. » (Colonel NOVITZKI.)

chelmann reçoit l'ordre « de porter sur la ligne de feu de petits
« détachements de soutien, pour reconnaître les forces de l'en-
« nemi et, en cas de circonstances favorables, le chasser de
« Souhoudiapou ». Le résultat est nul, naturellement.

C'est encore une journée de perdue. Pourtant le Ier sibérien
est rentré à Moukden le 3 à minuit, ayant depuis huit jours couvert 150 kilomètres sans prendre part à une seule action !

Journée du 5 mars. — Pendant toute la journée du 5, les 5^e
et 8e divisions vont attaquer les Russes à Yeltaisa et sur tout le
front Madiapou--Yansitouen. A la IIIe armée on se contentera
d'entretenir la lutte d'artillerie : car, pour donner plus d'envergure
à la manœuvre débordante, on prépare des mouvements extrêmement dangereux, qui seront exécutés dans la soirée et dans la nuit
du 5 au 6 : la 3e division remplacera la 9e qui ira prendre la place
de la 1re, afin de permettre à celle-ci de pousser plus au nord-est.

Si les Russes attaquent, ils ont la partie belle, ayant à l'ouest
de Moukden 110 bataillons contre une soixantaine..... On pourrait croire qu'ils vont le faire : Kaulbars donne ses ordres (1).
Mais il ne s'agit point d'une offensive sincère : « Tout à fait dans
« le style de Sandepou, l'attaque commence à une aile, tandis que
« le centre et l'autre aile doivent attendre sa réussite avant de se
« risquer à en faire autant. » (Major von Tettau.) Et puis un
inextricable désordre submerge tous ces « détachements » entre
lesquels personne ne peut plus se reconnaître (2).

A droite la colonne Gerngross (Ier sibérien, division de Witt,
division Skatilov), 49 bataillons, 115 pièces, rassemblée aux en-

---

(1) « A première lecture, le 5, à la pointe du jour, nous autres officiers étrangers
ne pûmes nous défendre du sentiment que cette offensive produirait difficilement
un résultat quelconque. » (Major von Tettau.)

(2) « Les détachements comprenaient 107 bataillons, mais il semble que quelques
unités avaient dû être oubliées. C'était précisément le cas du 1er tirailleurs qui rendait
compte, le 6, qu'immobile depuis trois jours à Kintiantouer à l'est de Satosa, il
n'avait reçu aucun ordre. A la 14e division du VIIIe corps, les 53e et 54e étaient manquants, le dernier s'étant englobé dans la colonne Zerpitzki. Au sud de Madiapou,
sans ordres également, se trouvaient le 241e du Ve sibérien provenant de la division
Galembatovski, et les 3e et 4e régiments de la 1re brigade de tirailleurs, le 2e étant
à la colonne Zerpitzki. Toute la 15e division du VIIIe corps manquait : les 58e et
59e qui, le 3 au soir, étaient à l'arrière-garde avec le général Ivanov et avaient
appuyé vers l'aile droite de la IIIe armée, étaient à Yeltaisa ; le 57e était, le 6, au
nord de Moukden ; le 60e devait être en réserve derrière la colonne Zerpitzki. Les
liens tactiques étaient complètement rompus, les troupes pêle-mêle. » (Major von
Tettau.)

virons de Houta, doit attaquer l'ennemi en débordant son aile gauche. Au centre, le général Topornin (25e division), 16 bataillons, 48 pièces, doit rester en position du fort n° 3 jusqu'à la route de Tchansintouen et prendre l'offensive dès que l'ennemi reculera. A gauche, le général Zerpitzki (50e de la 14e division, 121e, 122e, 33e du Xe corps; 5e, 7e et 8e tirailleurs; deux bataillons de la 5e brigade de tirailleurs; 215e du Ve sibérien), 34 bataillons, 88 pièces, 12 mortiers, de la route de Tchansintouen à Madiapou, doit « servir de pivot de conversion », puis prendre l'offensive en même temps que la 25e division. En réserve, à Lougountouen, le général Hauenfeld avec 8 bataillons (55e du VIIIe corps et 241e du Ve sibérien).

Vigoureusement attaqué depuis le matin, surtout entre Fougontouen et Madiapou, Zerpitzki rend compte qu'il a affaire à plus de trois divisions (1). Kaulbars lui fait envoyer de la colonne Gerngross la 2e brigade de la 9e division (détachement Skatilov) qui sera à Satosa à 9 heures du soir. Et le projet d'offensive n'est pas mis à exécution (2). Voilà encore un jour gaspillé en pure perte.

Journée du 6 mars. — Dans la matinée, les Japonais continuent le dangereux mouvement commencé le 5 au soir. Dans l'aprèsmidi Nogi est établi avec les 1re et 9e divisions au nord de la route de Sinmintin, de Koutseuyan à Lioutsiaouan, avec la 7e au sud de la route, trois brigades de kobi en réserve à gauche derrière la 1re division. Avec les 3e, 8e et 5e divisions, Oku fait

---

(1) « Devant lui, il n'y avait que la 8e division et une partie de la 5e (l'autre étant engagée au sud du Hounho contre les troupes de Yeltaisa) tout au plus 20 bataillons. Il est nécessaire de bien l'établir : car c'est justement pour s'être exagéré les forces opposées au général Zerpitzki, que l'on a laissé l'offensive prendre une tournure si extraordinaire. » (Major von Tettau.)

(2) « Sans doute il y eut, non pas à 8 heures du matin, mais à 2 heures du soir, un mouvement en avant d'une fraction de la colonne Gerngross..... mais cela ne saurait porter le nom d'attaque. Le général de Witt, qui guidait « l'aile marchante » de cette colonne, reçut l'ordre d'avancer du front Sahetsa—Houta jusqu'au front Fansitouen—Tsouanouantche et d'y rester immobile jusqu'à ce que la situation de l'aile gauche du général Zerpitzki fût éclaircie. Il se contenta donc d'occuper Fansitouen d'où il délogea une grand'garde japonaise.

« L'unique résultat du projet d'offensive du 5 mars fut de faire gagner à l'aile droite du général Gerngross de 2 à 4 kilomètres, jusqu'à la ligne Fansitouen—Paodaotouen. Quant aux autres troupes de la IIe armée, qui devaient attendre la réussite de l'aile droite, d'une manière générale elles ne quittèrent même pas leurs positions. » (Major von Tettau.)

face à l'est depuis Liouanpou jusqu'au Hounho qu'il dépasse légèrement; la 4e division, laissée au sud du fleuve, vient d'être rattachée à l'armée de Nodzu.

Des correspondants étrangers, entre autres Barzini, ont décrit avec enthousiasme l'installation du quartier général d'Oyama à Yentaï, loin du champ de bataille; mais ce qu'il faut admirer avant tout, c'est l'ordre qui règne dans les armées japonaises. De liaisons de toutes sortes, télégraphes et téléphones, les Russes sont maintenant très largement pourvus. A quoi bon, dans le désarroi général? L'état-major de la IIe armée succombe sous l'écrasant fardeau (1); sa tâche est surhumaine, il ne peut l'accomplir : il demeure impuissant à tirer parti de sa cavalerie, émiettée, désorganisée, qui, semble-t-il, n'existe plus; il ignore tout de l'ennemi (2), s'imagine que Nogi n'a pas dépassé l'ancien remblai du chemin de fer, et redoute encore de voir écraser son aile gauche du côté de Yansitouen (3).

Le 5 au soir, Kouropatkine renouvelle ses instructions à Kaulbars en vue d'une vigoureuse offensive. Il prescrit en même temps de replier sur Tieling tous les services de l'arrière et convois (4). Déjà le commandant de la IIe armée, toujours inquiet pour sa gauche, a envoyé l'autre brigade de la division Skatilov (2e de la 31e division) s'établir au sud du Hounho près de Madiapou, d'où elle reviendra le 6..... (5). Les ordres donnés sont à

(1) « A l'état-major de la IIe armée, nous étions déjà, ce jour-là, sous une impression d'inquiétude grandissante. Le baron Kaulbars, allant constamment au téléphone, avait de longs et fréquents entretiens avec le général en chef; il revenait sérieux, absorbé. » (Colonel NOVITZKI.)

(2) « Le 5 au matin, pour la troisième fois, le généralissime invita le général Kaulbars à bien déterminer la position de l'aile gauche de l'armée de Nogi. Aucun de ces ordres ne fut exécuté. » (Général KOUROPATKINE, *Rechenschaftbericht.*)

(3) « Cet ordre ne peut s'expliquer que par une ignorance absolue des faits et gestes réels de l'ennemi. Il se basait sur cette hypothèse, née du compte rendu alarmiste du général Zerpitzki, que toute l'armée de Nogi se tenait au sud-ouest de l'ancien remblai, entre celui-ci et le Hounho. En réalité, toute la zone de marche des colonnes était déjà aux mains de l'ennemi. » (Major VON TETTAU.)

(4) « En dépit des ordres reçus dès le 5, de faire filer les convois vers le nord, le général Kaulbars prit le 9 seulement ses dispositions pour les détachements Zerpitzki et Gerngross, entravant ainsi extraordinairement la retraite des troupes, particulièrement celle des arrière-gardes. » (Général KOUROPATKINE, *Rechenschaftbericht.*)

(5) « Chemin faisant, je vis une longue colonne d'infanterie et d'artillerie qui, après avoir passé le Hounho, à l'ouest du pont du chemin de fer, marchait également vers le nord. J'y courus : c'était la 2e brigade de la 31e division avec trois batteries de la 31e brigade d'artillerie; détachée, dans la nuit du 5 au 6, de la colonne Gerngross vers

peu près les mêmes que la veille : le détachement Gerngross, réduit à 33 bataillons, doit marcher au sud-ouest sur quatre colonnes et s'emparer de la « position Dembovski »; sa colonne de gauche marchera sur Ningouantouen en défilant devant la 25e division qui passera en réserve derrière elle tout en conservant ses positions (1); celle de droite ira par Tatchitchao sur Lantchantaï. Le détachement Zerpitzki a pour objectif éventuel Oulinpou; à l'extrême-gauche, à Madiapou, le détachement Gerschelmann gardera les deux rives du Hounho. A l'extrême-droite le détachement Zapolski (quatre bataillons de marche d'hommes de complément et deux bataillons de la brigade Burger qui ont lâché pied le 2 mars) doit s'établir en flanc-garde à Tatchitchao. Plus au nord, la voie ferrée sera protégée par le 10e tirailleurs récemment arrivé d'Europe, la brigade Burger, la cavalerie du général Grékov.

A la droite de la colonne Gerngross le colonel Lœsch, avec le 1er tirailleurs sibériens, se porte, à 6 heures du matin, sur Tatchitchao, mais se trouve arrêté devant Lioutsiaouan; des fractions de la division de Witt le renforcent, mais ses efforts réitérés échouent à 800 mètres de ce village : il perd 25 officiers et 1.100 hommes de son régiment, 10 officiers et 400 hommes du 147e; il voudrait exécuter une attaque de nuit avec le concours de Zapolski : mais celui-ci, qui a marché très lentement, refuse d'engager dans l'obscurité ses bataillons trop peu solides. Le général Gerngross suspend toute offensive « jusqu'à la prise de Tatchitchao » (2).

Tsotsouantouen sur la rive gauche du fleuve, elle y était arrivée au petit jour et, après une grand'halte de trois heures, avait reçu l'ordre de rebrousser chemin pour retourner à Houta. Le commandant de cette brigade me dit qu'en présence de cette irrésolution qui les ballottait à hue et à dia, les hommes étaient mécontents, dégoûtés de tout. Ultérieurement, la brigade reçut l'ordre de s'arrêter à Lougountouen. » (Major von TETTAU.)

(1) Avec la mission de « rester en position et d'appuyer de son feu le mouvement en avant du 1er sibérien. » (Major von TETTAU.)

(2) « Étrange spectacle ! Une armée de 370 bataillons, décidée à l'offensive, confie à son aile droite, forte de 130 bataillons, le soin de l'attaque principale. Celle-ci la fait commencer par les 40 bataillons de sa propre aile droite. Cette dernière prescrit à sa colonne de droite d'enlever un village occupé par l'ennemi. Cette colonne pousse en avant à peu près deux régiments; et, comme ceux-ci ne peuvent avancer, toute l'armée s'arrête et renonce à l'offensive !

« Ce mouvement sur Tatchitchao mit les Japonais dans une situation momentanément critique : la 1re division, que la 9e devait relever sur ses positions, marchait

Par contre, à 2 heures du soir, la IIe armée japonaise attaque le détachement Zerpitzki; elle est repoussée vers 5 heures du soir et se contente d'entretenir une canonnade intense. Zerpitzki a encore en réserve les 55e et 121e; pourtant il s'inquiète, demande instamment des renforts et reçoit, dans la soirée, de Kaulbars le 97e (25e division) et de Kouropatkine deux bataillons du 34e (X^e corps).

En cinq jours la IIe armée russe n'a pas réussi à prendre une seule fois l'offensive.

Journée du 7 mars. — Celle des Japonais se poursuit impitoyablement : tandis que les 1re et 9e divisions, avec trois brigades de réserve, poussent vers le nord et conversent pour se rabattre face au sud-est, les 7e, 3e, 8e et 5e divisions vont attaquer à fond pour fixer l'ennemi sur toute la ligne.

Cela leur sera d'autant plus aisé que Kaulbars se résigne à la défensive passive; pour attaquer, il lui faudrait, dit-il, un renfort de trois corps d'armée! Le 6, à 11 heures du soir, il prescrit aux troupes de « conserver leurs emplacements actuels » (1).

A sa gauche, les détachements Gerschelmann et Zerpitzki se maintiennent sans trop de peine en position malgré une série d'attaques appuyées par une violente canonnade.

Au centre, la brigade Nambu (17e de la 3e division) attaque avec acharnement dès l'aube la 25e division : elle échoue contre la redoute n° 6, mais dès 5 heures du matin, s'empare du sud de Youhountouen, où elle anéantit cinq compagnies du 98e, puis du hameau des Trois-Maisons. Dans Youhountouen, la lutte de-

---

déjà vers le nord; la 9e n'était pas encore arrivée. Par suite, jusqu'à 11 heures du matin, un seul bataillon de la 7e division arrêta le mouvement des Russes sur la route de Tatchitchao; vers midi seulement arrivèrent les têtes de colonnes de la 9e division. » (Major von Tettau.)

(1) « Le colonel Dobrorolski écrit dans ses Lettres sur la campagne : « Hier la plupart espéraient encore une offensive générale, aujourd'hui seulement les incorrigibles optimistes. Que s'est-il donc passé? Les causes, il nous faut les rechercher en nous. Pour réussir, l'homme doit affermir son âme dans l'irrévocable résolution de vaincre ou de périr. Puisque, les 5 et 6 mars, les circonstances extérieures nous semblaient favorables à l'offensive, qu'était-il donc arrivé, le 6, qui pût nous contraindre, le 7, à la défensive passive? S'il y avait du nouveau, pourquoi ne pas nous replier délibérément sur Tieling, au lieu de rester immobiles au fond d'un sac dont les cordons étaient déjà à peu près noués? Mais nous allions, vacillant deçà, delà, non pas une fois par hasard, mais perpétuellement; et c'était bien la preuve que cette fameuse résolution n'existait point dans notre cœur. » (Major von Tettau.)

vient atroce; la 25ᵉ division commence à fléchir; les secteurs voisins lui envoient des renforts, seize bataillons, qui n'interviennent d'ailleurs que très mollement. Enfin, à 2ʰ 30 la 2ᵉ brigade de la 31ᵉ division (Xᵉ corps) sort de Lougountouen et contre-attaque : le 124ᵉ reprend les Trois-Maisons, le 123ᵉ Youhountouen où le combat dure jusqu'à la nuit. Les Russes perdent 141 officiers et 5.343 hommes; mais la brigade Nambu est réduite à 400 hommes. La ligne japonaise présente des vides de plusieurs kilomètres; elle ne possède aucune réserve..... La IIᵉ armée russe n'exploite pas son succès (1).

Depuis le matin, les détachements Gerngross et Zapolski subissent des attaques furieuses qu'ils parviennent à repousser; Kaulbars fait renforcer le premier par le détachement Zekovitch (10ᵉ tirailleurs, quatre bataillons composés de fractions de toutes les armées, et huit pièces), que Kouropatkine destinait primitivement à prendre position à Ounyentouen. Mais vers 4 heures, au moment où la canonnade atteint son paroxysme, de fortes colonnes japonaises entrent en ligne vers Padiatsa, Santaitsa, Tchenitouen. Gerngross se replie sur le front Niousintouen—Siaohentouen, Zapolski sur Padiatsa.

Kouropatkine constitue avec des troupes qu'il a ramenées en réserve générale, un détachement Dombrovski de 8 bataillons qui, joint aux troupes de Zapolski et de Burger, formera, pour occuper le front Ounyentouen—Santaitsa, un « détachement du Nord » (22 bataillons, 62 pièces) sous les ordres du général von der Launitz. La composition de ces groupes variera d'ailleurs d'une heure à l'autre jusqu'à la fin de la bataille (2). Puis

---

(1) « Je reçus l'ordre de me rendre auprès du général Zerpitzki, à l'aile gauche de l'armée, afin de m'enquérir de la situation de ce côté et de demander au général si, le soir même, il lui était possible de prendre l'offensive avec les troupes qu'il commandait.

« ..... Quoique le moral de nos troupes fût excellent et que l'ennemi eût subi de grandes pertes, le général Zerpitzki estima que l'heure était trop avancée (il était déjà 5 heures du soir) pour reprendre l'offensive le jour même, et il se décida à remettre l'attaque au lendemain. » (Colonel Novitzki.)

« Même ce jour-là, le général Kaulbars ne fit aucune tentative pour tirer parti de l'échec des Japonais à Youhountouen, ou bien utiliser pour passer à l'offensive l'insuccès des attaques répétées repoussées par le général Zerpitzki. » (Kouropatkine, Rechenschaftbericht.)

(2) « La rupture et l'enchevêtrement des liens tactiques portaient tous leurs fruits : si bien qu'il est impossible de rendre un compte exact de la répartition des troupes » (Major von Tettau.)

il prescrit aux 20 bataillons de Gerschelmann de se replier sur Landiountouen en réserve de la IIᵉ armée, en évacuant Madiapou, où la 5ᵉ division s'installe aussitôt..... Dès 1 heure du soir, il a donné ses ordres pour la retraite des IIIᵉ et Iʳᵉ armées sur les lignes de Moukden. L'armée russe touche à la crise finale.

b) **Centre des Russes.** — Le 1ᵉʳ mars, le centre de l'armée russe occupe, de la droite à la gauche, les positions suivantes : VIIIᵉ et Xᵉ corps (IIᵉ armée) Baitaitseu et Yamandapou; IIIᵉ armée (Vᵉ sibérien, XVIIᵉ corps, VIᵉ sibérien) Daliantouen, partie nord de Lingsipou, rive droite du Chaho au sud de Hantchenpou, Chahopou; Iʳᵉ armée (Iᵉʳ corps, IVᵉ, IIᵉ et IIIᵉ sibériens) collines Poutilov et Novgorod, Lioutsientouen au sud du Chaho, rive nord jusqu'à Fendiapou, rive sud jusqu'à Yansintouen, rive nord à Toukiatouen, Banyapoutseu, Houloutseukeou, Kaotouling. Tout ce front est constitué en grande partie par des ouvrages semi-permanents, que l'on a perfectionnés à loisir pendant l'hivernage; il comporte des batteries de siège pourvues de grosse artillerie et une véritable profusion de défenses accessoires de toute nature. Dans toute cette zone, du 2 au 7 mars, la lutte présentera les mêmes caractères : bombardement intense auquel répondra l'artillerie russe, sans grands résultats de part et d'autre (1); attaques d'infanterie sur les points faibles de chaque secteur, conduites lentement, avec une extrême ténacité, pendant plusieurs journées consécutives, et empruntant généralement les procédés de la guerre de siège : les fantassins rampent sur le sol gelé en poussant devant eux des sacs remplis de sable. Ces opérations ne présentant, au point de vue du commandement, qu'un intérêt assez secondaire, nous ne nous attarderons point à les décrire.

Journée du 2 mars. — La retraite du gros de la IIᵉ armée russe oblige le Xᵉ corps à reculer sur Tasoudiapou, et le Vᵉ sibérien sur Lantchanpou; la 4ᵉ division et les brigades de réserve de la IIᵉ armée japonaise se contentent de les canonner.

Après un violent bombardement, la IVᵉ armée japonaise at-

---

(1) « En neuf jours de bataille l'ensemble des batteries de la Iʳᵉ armée japonaise perdit par le feu de l'artillerie 76 hommes et 10 chevaux. » (Major von LÜTTWITZ.)

taque sans succès les positions du XVIIe corps ainsi que la colline Poutilov; pour se relier à la Ire armée, dont elle est séparée par un vide de 7 kilomètres, elle constitue un détachement mixte.

A la Ire armée japonaise, la 12e division réussit à prendre pied, entre Banyapoutseu et Houloutseukeou, sur les positions de l'aile gauche du IIe sibérien. La 3e brigade de la 2e division attaque le Kaotouling : à l'est du Ouanfouling, elle est surprise par le feu de deux mitrailleuses bien masquées à 600 mètres de distance, qui arrêtent net son élan; elle réussit cependant à occuper la redoute n° 20.

Journée du 3 mars. — A la suite de la retraite de l'aile droite du général Kaulbars, les restes du Xe corps reculent et se préparent à passer, pendant la nuit, sur la rive nord du Hounho; le Ve sibérien replie sa droite sur Baitaitseuin : la IIe armée japonaise les talonne.

La IVe armée assaille sans résultats les positions du VIe sibérien et du Ier corps : Chahopou et colline Poutilov; elle s'accroche au sol à courte distance.

A 4 heures du matin, la 2e brigade de la Garde, avec huit mitrailleuses et renforcée de deux bataillons de la 1re brigade, passe le Chaho, attaque à Toukiatouen le IIe sibérien, mais ne réussit à s'emparer que d'un petit mamelon formant saillant; le général Zassoulitch télégraphie : « La Garde carillonne devant le IIe sibé-« rien; pas besoin de renforts. » Le reste de la Ire armée japonaise ne fait pas un pas en avant.

Journée du 4 mars. — La IIe armée japonaise commence à appuyer vers l'ouest. Sous la pression de son aile droite (4e division et brigades de réserve), le Ve sibérien est forcé de replier sa gauche sur Souyatouen.

Le XVIIe corps se trouve, dès lors, dans l'obligation de refuser sa droite : sa 3e division fait face à l'ouest, le long du chemin de fer, de Souyatouen à Hantchenpou. La IVe armée pousse son aile gauche (6e division) jusqu'à l'est de Daliantouen; on lui subordonne les fractions de la IIe armée (4e division et brigades de réserve) restées au sud du Hounho.

Dans la nuit du 3 au 4, le IIe sibérien contre-attaque sans succès la Garde qui, de son côté, ne fait aucun progrès. Oyama prescrit à Kuroki de faire avancer son aile droite au nord-est pour aider la Ve armée.

Journée du 5 mars. — La IVe armée attaque furieusement sur toute la ligne : le détachement de Yeltaisa (1) (15e division) et le Ve sibérien repoussent plusieurs assauts jusqu'à 9 heures du soir. Au XVIIe corps, la 3e division perd, dans la nuit du 4 au 5, le village de Ouantchenpou; la 35e division est menacée du côté de Kouantouen. Le VIe sibérien tient bon à Chahopou. A la colline Novgorod le Ier corps exécute une contre-attaque de nuit : les Japonais la repoussent, mais perdent deux mitrailleuses et quelques prisonniers.

A la Ire armée, la Garde s'empare d'un deuxième saillant de la position du IIe sibérien à l'est de Toukiatouen. La 12e brigade de la 12e division, ne pouvant avancer, abandonne le terrain conquis, repasse la rivière et vient en réserve au sud-ouest de Banyapoutseu; la 23e brigade déloge les Russes de la partie nord de cette localité. La 3e brigade de la 2e division marque le pas à l'est du Kaotouling; la 15e brigade, masquant par de petits détachements le Sikouling et le Baitakeouling, s'empare du Koutseuling que le détachement Baumgarten défend pied à pied.

Journée du 6 mars. — La journée est relativement calme. Seule la 6e division s'empare, sur la voie ferrée, du village de Sifantai, prenant ainsi d'enfilade les positions de la 35e division du XVIIe corps. Toutes les tentatives dirigées contre le VIe sibérien demeurent infructueuses.

Les troupes de Kuroki s'arrêtent, visiblement épuisées par plus de dix jours de lutte, tandis que la 15e brigade de la 2e division essaie de déboucher du Koutseuling.

Journée du 7 mars. — La IVe armée continue à attaquer sur toute la ligne en exécutant un bombardement intense avec sa grosse artillerie, principalement contre les collines Poutilov et Novgorod; elle est repoussée partout, sauf au XVIIe corps, qui perd, dans l'après-midi, Hantchenpou et les tranchées du chemin de fer : en quatre-vingts minutes, il est tombé dans la redoute d'Hantchenpou trente-deux obus de 21^{cm} et 28^{cm}, et, dans les

---

(1) « Le détachement de Yeltaisa eut deux chefs pendant une grande partie de la journée du 5 : le général Gerschelmann désigné par la IIe armée, et le général Artamanov par la IIIe armée. » (Colonel DOBROROLSKI.)

environs, cent onze projectiles de divers calibres. Le XVIIe corps s'établit sur le front Souyatouen—Patakiatseu.

A la Ire armée, la Garde, énergiquement contre-attaquée dans la nuit du 6 au 7, a beaucoup de mal à se maintenir en position. Mais la 15e brigade de la 2e division gagne du terrain, occupe Satsiapoutseu, et entre en liaison, vers le Sidaling, avec l'aile gauche de la Ve armée.

c) **Aile gauche des Russes.** — *Journée du 2 mars.* — Pendant la nuit du 1er au 2, les Japonais, exécutant un feu d'enfer, attaquent le centre et la droite de la position de Matsioundan—Oubaniou-poutsa : dans la matinée, leurs efforts se concentrent contre le saillant méridional, la « hauteur de la Clef », située à 2.500 mè-tres à l'ouest d'Oubanioupoutsa, où ils prennent pied vers 11 heures; 6 compagnies (des 281e et 282e et du bataillon de Transbaïkhalie) les arrêtent; enfin, une dernière contre-attaque les en déloge incomplètement; jusqu'à la fin de la bataille les deux adversaires, par un feu violent, s'interdiront mutuellement cette zone..... La lutte se prolonge jusqu'à minuit. Du côté russe, les munitions commencent à s'épuiser.

A l'est, Lioubavine, attaqué sur sa droite à 2 heures du matin, repousse l'ennemi vers 9 heures. Le combat cesse à 5 heures du soir..... La veille, il a envoyé à Danilov le détachement Gourko (1 bataillon et 4 pièces), qui s'est établi au Tounling.

Danilov, renforcé à 4 heures du matin par le 85e, est attaqué à 7 heures; dès 9 heures l'ennemi déborde son aile droite, mais Gourko le dégage; à la tombée de la nuit il repousse encore une attaque.

A l'ouest, au Sidaling, tout reste calme : le bataillon du colonel Idanov (21e tirailleurs) y est relevé partiellement par 2 com-pagnies du 288e du IIIe sibérien (358 hommes).

Journée du 3 mars. — A Matsioundan, la fusillade dure toute la nuit : les deux adversaires sont couchés, à portée de la voix; les Japonais, avec des cadavres, improvisent des parapets. Ils atta-quent à 8 heures du matin, sont repoussés, bombardent la posi-tion, reviennent à la charge à 9h 40 jusqu'à 20 mètres des tran-chées russes, puis à 3 heures soutenus par un feu violent. A 4h 30, sept bataillons livrent un dernier assaut qui se termine, à la baïonnette par la victoire des Russes, grâce à l'intervention d'un bataillon du 36e envoyé par Linievitch. Le feu continue toute la nuit.

Lioubavine, attaqué à 3 heures du soir, repousse l'ennemi : de ce côté, les deux partis s'immobilisent mutuellement durant toute la journée.

Chez Danilov, tout se borne à une fusillade et à une canonnade modérées : mais celui-ci, « voyant la situation trop en noir », ne croit pas pouvoir prendre l'offensive, malgré les instances de Rennenkampf; il promet seulement d'avancer un peu le lendemain.

Au Sidaling, à l'extrême-droite du détachement, on repousse quelques partis japonais.

Journée du 4 mars. — A Matsioundan, le feu se prolonge toute la journée et toute la nuit du 4 au 5. Les effectifs russes fondent à vue d'œil : 7 compagnies du 281e ont ensemble 328 hommes, 5 compagnies du 282e sont réduites à 158 hommes.

A 6h 30 du matin, puis à 4 heures du soir, Lioubavine repousse deux attaques; l'ennemi s'arrête à 500 mètres de ses positions.

Danilov essaie de prendre l'offensive, sans beaucoup d'ardeur, et n'y réussit point (1).

Tout est calme du côté du Sidaling : Linievitch offre d'envoyer à Siaoliandan une batterie de campagne, mais ne la fera partir que le lendemain, « faute d'escorte ».

Journée du 5 mars. — Tandis que Danilov a encore 4.528 hommes, et Lioubavine 1.728 hommes, sur la position d'Oubanioupoutsa le général Eck ne dispose que de 2.215 hommes : le 281e est réduit à 788 hommes; le 282e, à 889 hommes; le 283e, à 538 hommes. Devant lui, le matin, la fusillade faiblit, mais à 10 heures la canonnade redouble, surtout contre sa gauche : cinq bataillons prennent à partie sa droite; six attaquent son centre et sa gauche où il n'y a plus en réserve que 130 hommes;

---

(1) « C'est tout à fait à juste titre qu'un des officiers de l'état-major disait, quand nous lûmes cette dépêche (de Danilov), qu'il aurait été plus avantageux de penser plus rarement à l'offensive, mais, après y avoir réfléchi une bonne fois, de s'en tenir fermement à la décision prise et de mener l'offensive à fond. » (Général RENNENKAMPF.)

on y envoie les deux compagnies du 21e tirailleurs relevées au Sidaling par le 288e. Mais, à 2 heures, la gauche perd un peu de terrain.

Après une nuit calme chez Lioubavine, la fusillade reprend dès l'aube : de 9 heures du matin à 6 heures du soir, les Japonais assaillent son aile gauche qui finit par les repousser.

Dans le secteur de Danilov il n'y a que des engagements indécis ; le soir, les chefs de corps, réunis en conseil de guerre, prennent la résolution de rester sur la défensive.

A l'extrême-droite, au Sidaling, une canonnade assez faible se termine vers 5 heures du soir. Mais à l'ouest, 3 bataillons, 4 pièces, des mitrailleuses de la 15e brigade japonaise attaquent au Koutseuling le détachement Toumanov du IIIe sibérien (10 compagnies, 4 pièces, 4 sotnias) ; soutenu trop tard par 1 bataillon du 36e et 2 bataillons du détachement Baumgarten (IIIe sibérien), Toumanov recule à l'ouest du Sidaling ; le détachement Batchinski (3 bataillons et demi) vient se placer sous ses ordres, entre lui et l'extrême-droite de Rennenkampf.

Journée du 6 mars. — A Matsioundan, la fusillade dure toute la nuit ; à 11 heures commence une violente canonnade, suivie d'une attaque infructueuse. Eck n'a plus que quelques hommes en réserve : il se déclare « en état de tenir dans ces conditions, mais non de se replier en combattant sur une nouvelle position », et demande des renforts (1). A 2h 40, sur toute la ligne, il repousse deux attaques. Puis, à 6 heures du soir, les Japonais, soutenus par un feu rapide, refoulent à sa gauche le 282e ; une compagnie du 21e arrête leur élan et, à 10 heures du soir, une contre-attaque les chasse à la baïonnette.

Chez Lioubavine, après une nuit tranquille, commencent une fusillade et une canonnade violentes ; puis deux bataillons japonais font une tentative infructueuse ; enfin, à 5 heures du soir, une attaque opiniâtre, appuyée par des mitrailleuses, est repoussée presque à bout portant.

Danilov, chez qui la journée se passe en lutte d'artillerie,

---

(1) « Ordre n° 344. Je n'ai nulle part de troupes fraîches à vous envoyer. Tenez. (Général RENNENKAMPF.)

reçoit l'ordre d'envoyer à Lioubavine un bataillon du 21e; il se fait répéter cet ordre et ne l'exécute que le 7 au soir (1).

Au Sidaling, la nuit est calme; une fusillade intense éclate au petit jour. A 5 heures du soir, Toumanov, Batchinski, et les fractions du 288e se replient devant six bataillons japonais, vers Siaoliandan et Toudiapoutsa où ils ont en réserve 1 bataillon, découvrant ainsi, à l'extrême-droite de Rennenkampf, les quelques compagnies du colonel Idanov : celui-ci est assailli à 4h 30, puis à 5h 30 par deux bataillons, une batterie, des mitrailleuses; il se maintient en position.

Journée du 7 mars. — Linievitch annonce à 1h 15 du matin l'arrivée, du 8 au 10 mars, de 4.000 hommes de complément, et donne ses ordres à 2h 30 en vue d'une retraite éventuelle.

A Matsioundan, dans une contre-attaque de nuit, les Russes prennent deux mitrailleuses, mais les Japonais déploient un acharnement sans précédent : à 1 heure du matin, première attaque qui bouscule le centre russe, puis échoue grâce à l'entrée en ligne d'une demi-compagnie; à 3h 40, deuxième attaque infructueuse; à 5 heures du matin, troisième attaque qui prend pied à la droite de la position et n'est brisée qu'à 8 heures par deux contre-attaques successives; enfin, à midi, dernière attaque sur la gauche, où le bataillon du 36e ne compte plus que 4 officiers et 190 hommes : elle échoue. « L'énergie de l'ennemi est brisée. »

Chez Lioubavine et Danilov, il n'y a qu'une canonnade d'intensité moyenne.

Pour couvrir l'extrême-droite de Rennenkampf, 1 bataillon du 288e est envoyé à Siaoliandan vers 2h 30 du matin. Le chef d'état-major de la Ire armée, Kharkhévitch, vient prendre à Sandiatsa le commandement des détachements Toumanov et Batchinski.

A 11h 30 du matin, Rennenkampf a reçu par téléphone l'ordre de se replier sur le Hounho. Il prend ses dispositions : le gros du

---

(1) « Tandis que le détachement Danilov était placé sous mes ordres par une prescription du commandant de l'armée du 27 février, celui-ci, entrant en relation directe par-dessus moi avec Danilov, plaçait, le 1er mars, Lioubavine sous ses ordres, portant ainsi le trouble dans le commandement de Danilov, qui se soumettait de mauvaise grâce à mon autorité, et l'excitant ainsi en partie à ne pas exécuter mes ordres. » (Général RENNENKAMPF.)

détachement, sous le commandement de Eck (17 bataillons, 36 pièces, 3 mitrailleuses, 3 sotnias), laissant au sud l'arrière-garde du colonel Nekrassov (4 bataillons, 8 pièces, 3 sotnias), sera couvert du côté de l'est par Lioubavine qui fera face au sud (3 bataillons un quart, 4 pièces, 7 sotnias) et par Danilov (11 bataillons, 28 pièces, 4 mitrailleuses, 10 sotnias) qui restera en position.

Le mouvement s'exécute à la tombée de la nuit, sans que l'on tire un coup de fusil : l'ennemi n'inquiète pas l'évacuation des positions, car il semble avoir prononcé de son côté un mouvement de recul assez sensible.

Les détachements Maslov et Madritov, inutilisés pendant toute la bataille, se replient également.

d) **Retraite sur le Hounho.** — Sans doute, dans la soirée du 7 mars, la situation des Russes n'est pas extrêmement brillante. Mais les Japonais, contenus sur toute la ligne, épuisés par ces longues journées de luttes acharnées, n'ont plus aucune réserve en arrière de leur front démesurément étiré. Kouropatkine peut donc battre en retraite carrément, ou essayer de dégager son aile droite en contre-attaquant Nogi, ou bien enfin replier ses IIIe et Ire armées sur les lignes de Moukden—Foulin—Fouchoun. C'est cette solution moyenne qu'il adopte naturellement : tandis que la IIe armée résistera à l'ennemi face à l'ouest et au nord-ouest, la IIIe occupera la tête de pont y compris les tranchées à l'est de Moutchan en cédant 16 bataillons à la réserve générale à Moukden; la Ire fournira 24 bataillons à cette réserve générale et défendra les positions de Foulin—Fouchoun—Yinpan; le mouvement s'exécutera dans la nuit du 7 au 8, couvert par de fortes arrière-gardes qui contiendront l'ennemi.

Les Japonais épuisés ne troublent pas cette exécution, sauf au Ve sibérien occupé à repousser une attaque de nuit. La IIIe armée russe occupe un front de 17 kilomètres avec 46 bataillons; la Ire un front de 60 kilomètres avec 104 bataillons. Mais les effectifs ont fondu, et la plupart des corps d'armée sont dans un affreux désordre. C'est ainsi que le IIIe sibérien (composé normalement des 3e et 6e divisions de tirailleurs), comprend alors : la 3e division diminuée de 2 bataillons du 9e régiment;

le 284e (71e division); les 285e, 286e, 287e et 288e (72e division
du VIe sibérien); le 2e tirailleurs (Ier sibérien); les 6e et 7e (2e division du IVe sibérien); le 4e (de la 1re division du IIe sibérien)·
le 146e (Ier corps)!

Désormais les événements vont se précipiter.

4o *La crise finale (8-10 mars).* — *a*) **Journée du 8 mars.** —
IIe armée. — Ce jour-là, l'extrême-droite des Russes se trouve
dans un indescriptible désordre, un complet désarroi dont l'armée
de Nogi, épuisée sans doute, re profite pas comme elle le pourrait (1). Entre le détachement du Nord et le détachement Gromov
qui garde la station d'Houtchitaï, Kouropatkine se préoccupe
de constituer un nouveau groupe, avec lequel il espère pouvoir
attaquer l'ennemi, et dont il confie le commandement au général
Mylov, chef du VIIIe corps, « qui, depuis le 3 mars, n'avait plus
« un seul homme sous ses ordres ». Ce détachement Mylov aura
le 8, à 2 heures du soir, en avant-garde à Tsouertouen, le détachement Borisov (6 bataillons et 8 pièces du IVe sibérien) et
comprendra au fur et à mesure de leur arrivée les détachements
Gerschelmann (16 bataillons), Artamanov (16 bataillons de la
IIIe armée), Zaroubaiev (56 bataillons et 14 batteries de la
Ire armée)..... Mylov arrive à Tsouertouen vers 4 heures avec
sa sotnia d'escorte (42 hommes) et 2 compagnies du génie; il
fait reconnaître le terrain par des officiers; le 213e (du Ve sibérien) avec 8 pièces le rejoint à 7 heures du soir.

Toute la cavalerie russe ayant poussé vers le nord, où elle
ne semble pas faire grand'chose, il n'y a vers Ouyentouen que
les six sotnias du général Pavlov; autour de cette localité, le détachement Dombrovski essaie vainement de reprendre Tchenitouen; de ce côté, les Japonais se contentent de bombarder la
voie ferrée : l'artillerie russe riposte et une batterie japonaise,
très endommagée, manque d'être enlevée par quelques volontaires du 217e (VIe sibérien). Somme toute, lutte peu acharnée,

---

(1) « Les efforts enveloppants de l'ennemi amenaient, pour la protection de la ligne
de retraite, la création ininterrompue de nouveaux détachements, formés de pièces
et de morceaux, avec les premières troupes venues qui tombaient sous la main, inconnues de chefs qui ne les avaient jamais vues et auxquels, au premier prétexte, on les
enlevait instantanément. » (Major von Tettau.)

de même qu'à Santaitsa défendu par la brigade Bürger..... Mais autour de Padiatsa la 9e division japonaise attaque furieusement le détachement du colonel Zapolski : à midi, celui-ci est tué, ses hommes lâchent pied et se replient sur Tahentouen.

Sur tout le reste du front de la IIe armée, les attaques, moins vives, sont repoussées et les Russes se maintiennent (1) : Gerngross, de Siaohentouen à Niousintouen ; Topornin, de Niousintouen à la route de Tchansintouen ; Zerpitzki (groupes Tchourine, Roussanov et Pétrov), du sud de cette route jusqu'à Siaosatosa, la gauche repliée à Kintiantouen.

Kaulbars prescrit à Zerpitzki d'envoyer vers Houta treize bataillons au secours de l'extrême-droite : « la rupture et la confu-« sion des liens tactiques font des progrès vertigineux. » (Von Tettau.)

Du côté japonais, le vide, qui augmente continuellement entre les IIIe et IIe armées, est comblé dans la nuit du 8 au 9 par 7 bataillons de la 8e division.

IIIe armée. — Après une retraite exécutée sans beaucoup d'ordre, mais que les Japonais ne troublent pas, la IIIe armée occupe, au sud du Hounho, la « tête de pont » de Moukden, et sur la rive nord les tranchées immédiatement à l'ouest et à l'est.

A sa suite, la IVe armée japonaise (4e division et brigades de réserve de la IIe armée, 6e division, brigades de réserve, 10e division) avance d'une dizaine de kilomètres.

Ire armée. — A la Ire armée russe, où les chemins ont été depuis plusieurs jours reconnus et améliorés, la retraite s'opère en très bon ordre et l'on se réorganise un peu sur les positions du Hounho : Ier corps du fort no 5 à Tayintouen ; IVe et IIe sibériens de Tayintouen à Tita ; IIIe sibérien de Tita à Kaosantouen ; détachements Rennenkampf à Tchanta et Maslov à Yinpan. Rennenkampf a perdu, pendant la bataille, 164 officiers et 8.822

---

(1) « La journée du 8 n'apporta pas de changement notable aux positions sur le front ouest. Un fait à observer, en général, quand on étudie les opérations sous Moukden, est que, sur le terrain, la situation s'est peu modifiée pendant les derniers jours que dura la bataille. De part et d'autre, jusqu'au moment où nous avons battu en retraite, les positions prises dans la nuit du 7 au 8 ont été conservées, et ce qui caractérise les journées des 8, 9 et 10, ce ne sont pas des faits matériels, mais des phénomènes moraux. » (Colonel Novitzki.)

hommes (dont 2.500 hommes environ au détachement Danilov) :
56 % de l'effectif à la 71e division.

Le 8 à 1 heure du matin Kuroki ordonne la poursuite intensive..... si tant est que cette expression puisse s'appliquer à des
troupes aussi surmenées que celles de la Ire armée : à gauche, la
1re brigade de la Garde, partie à 1 heure du soir, fait 26 kilomètres en laissant beaucoup de traînards ; la 2e brigade, à droite,
fait 17 kilomètres en talonnant les arrière-gardes russes. La
12e division, suivie de la brigade de réserve de la Garde, poursuit l'ennemi pendant 20 kilomètres. La 2e division ne fait
qu'une dizaine de kilomètres et perd le contact du IIIe sibérien.

La Ve armée s'engage dès le matin avec Danilov et Lioubavine, à midi seulement avec Nekrassov : bien que les arrière-
gardes de Rennenkampf ne conservent entre elles aucune liaison,
les Japonais sont tellement épuisés qu'ils n'exploitent point cette
situation. Leur gauche est à 8 kilomètres au nord de Matsioundan,
leur droite à Koudiasa.

b) **Journée du 9 mars.** — *IIe armée.* — En exécution d'un
ordre d'Oyama, la IIIe armée appuie encore au nord : sa division
centrale, la 9e, file derrière la 1re et se déploie la gauche face à
Houtchitaï, contenue par le détachement Gromov et la cavalerie
du général Grékov ; la 7e division s'étend vers la gauche pour
remplacer la 9e. Kouropatkine, qui a l'intention de diriger en
personne, le 9, l'offensive des détachements Mylov et von der
Launitz (détachement du nord) contre l'extrême-gauche japonaise, viendra donc donner, non contre l'aile gauche, mais contre
le centre de Nogi.

Dans la nuit du 8 au 9, le détachement Mylov commence à se
constituer : Gerschelmann arrive à 1 heure du matin avec
4 bataillons du 33e (Xe corps) et 8 pièces ; Artamanov à 4 heures
avec 5 bataillons des 213e, 214e, 216e (Ve sibérien) et 16 pièces ;
on attend pour midi 5 bataillons des 35e et 36e (Xe corps), 5 bataillons des 58e et 59e (VIIIe corps) et 40 pièces. Après s'être
fortifié à 1 kilomètre à l'est de la voie ferrée, le colonel Borisov
occupe à 2 heures du matin Sesintouen, Tountchantsa et Koutsantouen. De 9 heures à 10 heures on repousse une attaque

japonaise. Puis à 11 heures, bien que le général von der Launitz se déclare hors d'état de prendre l'offensive, l'attaque commence sur Tchenitouen, dirigée d'abord par Borisov, puis par Gerschelmann : elle échoue, en grande partie par suite d'une violente tornade de sable qui, depuis midi, souffle de l'ouest et dégénère en ouragan. De nouvelles tentatives exécutées à 3 heures, à 5 heures avec l'aide du détachement Dombrovski, puis à la tombée de la nuit, n'ont pas plus de succès.

A minuit, au moment où von der Launitz se prépare à marcher sur Tchenitouen, les Japonais l'attaquent furieusement à Tahentouen et Santaitsa : dans ce dernier village, assailli à l'ouest, au nord et à l'est, trois cents d'entre eux, avec des mitrailleuses, s'établissent au saillant nord-est d'où l'on ne peut les déloger (1), malgré quatre tentatives répétées. Les soldats du détachement du Nord commencent à se démoraliser (2); ils résistent pourtant encore aux attaques dirigées contre Tahentouen, Santaitsa, Kountsiatouen. Vers midi, grâce à l'intervention du détachement Mylov, les efforts des Japonais faiblissent : on leur fait même quelques prisonniers (3); et les troupes de von der Launitz, considérablement renforcées (4), se maintiennent en position.

Sur tout le reste du front ouest, la IIe armée japonaise, que sa 4e division rejoint dans la journée au nord du Hounho, ne fait aucun progrès sérieux.

---

(1) « Le chef du corps du Nord était dans la maison, et ce cavalier, courbé sur sa selle afin que tout son buste apparût dans la porte ouverte, lui criait d'une voix dans laquelle on sentait qu'il y avait des larmes de rage : « Votre Haute Excellence ! J'ai « déjà jeté quatre fois ces gredins-là hors du village, et les voilà qui reviennent encore ! « Donnez-moi du renfort, pour l'amour de Dieu ! » (Colonel NOVITZKI.)

(2) « L'un d'eux était accouru vers moi et avait saisi mon étrier; me montrant de la main quelque point dans la plaine dans la direction duquel on entendait craquer les pieds de gaolian, il s'écriait avec un accent de terreur : « Regarde, regarde, c'est « lui, c'est lui ! » Et il épaulait son fusil, visant dans la direction indiquée. » (Colonel NOVITZKI.)

(3) « Nous fîmes prisonniers une quarantaine de soldats, en partie blessés..... En attendant qu'on les emmenât, ils demeuraient entourés de leur garde, assis sur le bord d'un fossé, près du poste-caserne. Épuisés de fatigue, à bout de forces, ils regardaient d'un œil indifférent ce qui se passait autour d'eux, en croquant des morceaux de sucre que leur avaient donnés nos soldats. » (Colonel NOVITZKI.)

(4) « Ce détachement comprenait, le 10 mars, 51 bataillons, 21 sotnias et demie, 132 pièces. Ces fractions appartenaient à 11 corps d'armée, 16 divisions, 43 régiments d'infanterie différents. » (Major VON TETTAU.)

IIIe armée. — La IVe armée japonaise arrive le 9 devant les ouvrages de la tête de pont de Moukden.

Ire armée. — A midi, la Garde atteint le Hounho : à la faveur de la tornade, l'une de ses têtes de colonnes franchit le fleuve et déloge de Kiousan le 12e régiment d'infanterie sibérienne du détachement Levestam (IVe sibérien). Les corps voisins n'interviennent pas et commencent à se replier. La Garde, poursuivant audacieusement, va de suite s'établir à Ouandakeou, poussant jusqu'à Houtchinpou son régiment de cavalerie soutenu par un bataillon. « Dans le sac, l'armée russe se trouvait « ensachée, et les cordons étaient sur le point de se nouer com- « plètement. » (Major VON TETTAU.)

A la 12e division la 12e brigade occupe le soir Tayintouen, au nord du Hounho, et pousse un régiment jusqu'à Siaotai; la 23e brigade s'arrête sur la rive méridionale, en face de Holoundian, encore occupé par le IIe sibérien.

La 2e division, n'ayant pas encore repris le contact, arrive dans la soirée en face de la position de Fouchoun, qu'elle croit évacuée par le IIIe sibérien.

La Ve armée marche en deux colonnes sur Fouchoun et Yinpan. Le soir, tout le détachement Rennenkampf est établi au nord du Hounho.

Kouropatkine ordonne la retraite. — Dans l'après-midi, avant même de connaître les événements de Kiousan, Kouropatkine ordonne la retraite, sur le front Houtchitaï—Pouho—Tsoutsan, pour la nuit du 9 au 10 :

La IIIe armée, dès l'entrée de la nuit, se repliera par la route mandarine, sans traverser Moukden.

La IIe, après avoir protégé ce mouvement, filera le long de la voie ferrée en continuant à couvrir la IIIe armée vers l'ouest.

La Ire, en laissant une forte arrière-garde à Foulin et Fouchoun, reculera sur Tieling en couvrant vers l'est la manœuvre de la IIIe armée.

Jusqu'au front Tsouertouen—Pouho, les IIe et IIIe armées se couvriront par des arrière-gardes; leur sécurité sera ensuite assurée par le détachement Mylov, qui foncera vers l'ouest pour leur ouvrir un passage.

Les nouvelles reçues de Kiousan ne font rien changer à ces

ordres, elles semblent d'ailleurs n'avoir été communiquées à personne (1).

L'évacuation de la gare commence immédiatement. Les IIIᵉ et IIᵉ armées prennent les dispositions suivantes : à 1ʰ 45 du matin, le VIᵉ sibérien (14 bataillons, 48 pièces) partira en suivant le chemin Moutchan—Padiatsa—Lenhouatchi.

A minuit le Vᵉ sibérien contournera Moukden par l'ouest et filera par la route mandarine, suivi du XVIIᵉ corps, qui à 2 heures tournera la ville par l'est (31 bataillons, 120 pièces).

Vers 3 heures, le détachement Zerpitzki se repliera à l'est du chemin de fer, par Landiountouen—Tsouertouen—Koutchentsa (45 bataillons, 164 pièces).

A la même hauteur que la colonne Zerpitzki, les détachements Topornin et Gerngross (52 bataillons, 144 pièces) suivront par échelons, la gauche la première en traversant Ouasye et longeant à l'ouest la voie ferrée.

Le détachement von der Launitz (46 bataillons, 118 pièces) couvrira cette retraite en résistant sur le front Ounyentouen—Santaitsa—Tahentouen, prenant l'offensive pour rejeter Nogi sur la ligne Kosintouen—Padiatsa, et, une fois la IIᵉ armée à Houtchitai, en rompant à son tour par échelons, l'aile gauche la première.

c) **Journée du 10 mars.** — Malheureusement, les ordres donnés, depuis plusieurs jours, à plusieurs reprises, relativement au départ des trains et convois n'ont pas été exécutés : on les a laissés à proximité pour faciliter le ravitaillement que la rupture des liens tactiques et les contre-ordres incessants ont rendu extrêmement pénible (2). Comme de plus on a négligé d'aménager les routes, particulièrement aux points de passage des

---

(1) « Il ne semble pas que l'on ait fait quoi que ce soit. Du moins, le général Zerpitzki m'assura que personne, à la IIᵉ armée, ne se doutait que l'ennemi eût fait brèche à Kiousan..... Ce bruit n'aurait sans doute pu exercer, pour l'instant, qu'une influence démoralisante. Il est seulement étrange que les chefs, même les plus haut placés, n'aient pas été avisés du danger qui, vers l'est, menaçait leurs lignes de retraite. » (Major von Tettau.)

(2) « Un fait qui montre à l'évidence à quel point nous avons été insouciants sous ce rapport est que, dans la soirée du 9, un des corps du front sud donnait à son train de corps d'armée l'ordre de le rejoindre, dans le but de faciliter les distributions. » (Colonel Novitzki.)

ruisseaux, il se produira un épouvantable encombrement qui retardera le départ des corps d'armée pendant toute la nuit du 9 au 10 : la retraite commencera à l'heure où elle devrait s'achever.

Retraite de la IIIe armée. — Pendant la nuit, la Garde et sa brigade de réserve, talonnant les arrière-gardes des IVe sibérien et Ier corps, ont atteint le front Houtchinpou — Hounsan — Yeikeou, à une dizaine de kilomètres de la route mandarine : les détachements Levestam et Chileïko les contiennent péniblement..... Leur route de retraite se trouvant aux mains de l'ennemi, les deux corps d'armée précités se joignent au VIe sibérien (1). A 9 heures du matin les troupes sont encore près de Houlin. Vers midi elles atteignent la route mandarine entre Taoua et Pouho. Derrière elles, la 6e division japonaise occupe Moutchan dans la matinée; la 10e les suit dans la direction de Taoua; la tête de colonne de la Garde, les devançant, arrive sur les hauteurs à 5 kilomètres à l'est de Pouho : le détachement Levestam, arrêté à Lenhouatchi, fait face à l'est, bientôt rejoint par l'arrière-garde Chileiko de la colonne russe de droite; à 3 heures du soir ces deux détachements filent vers le nord en découvrant Pouho..... La 10e division, chemin faisant, s'empare de 1.500 voitures.

Dans la matinée, le XVIIe corps, venant de l'est, rejoint la route mandarine : une arrière-garde de sa 3e division s'établit à Mintan, pour arrêter la 6e division japonaise en marche sur Orrtaitseu. Vers 9 heures, par l'ouest, le Ve sibérien atteint également les faubourgs et la route mandarine. « D'innombrables « files de convois et de parcs couvraient la route, de Moukden à « Pouho, et ses abords de part et d'autre, et roulaient vers le nord « avec la force irrésistible des éléments déchaînés. » (Major von Tettau.) Aux véhicules de toutes sortes se mêle une épouvantable cohue de 50.000 isolés, en pleine débandade; beaucoup sont ivres, à la suite de l'incendie et du pillage des magasins adminis-

---

(1) « Le général Sobolev, commandant du VIe sibérien, qui n'avait plus avec lui que sa 55e division, la mit, de son propre mouvement, à la disposition immédiate du Ier corps d'armée, la quitta à Taoua, et, le 11 au matin, en arrivant à la station de Sintaitseu, ne put rendre compte au généralissime de l'emplacement de cette division. » (Général Kouropatkine, *Rechenschaftbericht.*)

tratifs .... (1). La 6ᵉ division japonaise fait main basse sur 16 pièces abandonnées par la colonne de droite. La cohue dure toujours sur la route mandarine, aggravée, à chaque passage de cours d'eau, par un indescriptible encombrement : des paniques folles se produisent, chaque fois qu'on voit, chaque fois que l'on croit voir les Japonais s'approcher. Vers 2 heures, comme l'avant-garde de la 10ᵉ division vient de canonner Taoua, cette foule impuissante reflue vers la voie ferrée. « Il ne reste plus aux IIIᵉ « et IIᵉ armées qu'un couloir de 13 kilomètres de large pour se « glisser entre les assaillants qui les pressent à l'est et à l'ouest. » (Major von Tettau.) Kouropatkine, établi depuis la veille à Tsouertouen, prescrit à Dembovski de rétablir l'ordre et de couvrir la retraite à l'est de Taoua; il place à l'ouest, face à l'aile gauche de Nogi qui débouche de Tasintouen, sa dernière réserve, les détachements Morossov et Radkévitch (provenant de la Iʳᵉ armée) et jusqu'à Houtchitaï les 13 bataillons de Zaroubaiev.

Retraite de la IIᵉ armée. — Le long de la voie ferrée l'encombrement et le désordre ne sont pas moindres (2). Sous la protection de l'arrière-garde du général Hauenfeld, qui défend le front Ouotaodiantseu—Paotchentouen, les colonnes Zerpitzki et To-pornin-Gerngross rompent avec un retard de plusieurs heures et ne sont que vers 2 heures à hauteur des Tombes Impériales. Au moment où elles débouchent sur Oungoutouen et Ouasye, l'une est menacée par l'ennemi qui enfonce le détachement von der Launitz, l'autre est assaillie à l'improviste par la 6ᵉ division. Elles réussissent à percer grâce à l'initiative de quelques officiers énergiques (3). Mais le détachement Hauenfeld ne peut les

---

(1) « Les dépôts d'approvisionnements que l'on était forcé d'abandonner auraient été pillés, saccagés par les troupes; on a dit que des soldats ivres, qui avaient trouvé des spiritueux dans les magasins de l'intendance, erraient dans les rues de Moukden..... Je n'en parlerai pas. Nous devons déjà trop de souffrances morales à ces malheureuses journées; je ne veux pas raviver la plaie en évoquant de tels souvenirs. » (Colonel Novitzki.)

(2) « Sur une distance de plusieurs verstes, le remblai du chemin de fer, dans toute sa largeur, était couvert d'effets abandonnés : des sacs de soldats, des cartouchières, des courroies, des pelles, des haches, des paquets de cartouches, des tentes, des bottes, des baïonnettes, et de loin en loin des fusils, en général tout ce qui fait partie de la charge écrasante de nos soldats, tout cela plus ou moins déchiré ou brisé et, pêle-mêle, jonchant la route. » (Colonel Novitzki.)

(3) « Il y eut là, jusqu'à la nuit, une lutte désordonnée, sans la participation d'un grand chef quelconque. » (Major von Tettau.)

suivre : il rebrousse chemin, entre dans Moukden par l'ouest, en ressort par l'est pour gagner la route mandarine, se heurte à la 6e division japonaise qui le détruit et le fait prisonnier à 4 heures du soir. La 8e division a suivi les Russes jusque vers Houta : elle se rassemble, sans poursuivre, à l'ouest de Moukden, de même que le reste de la IIe armée.

Kouropatkine prescrit aux convois de gagner Tieling sans désemparer et aux troupes de ne s'arrêter que sur le front Sintaitseu—Ilou.

Retraite des arrière-gardes de la IIe armée. — Dans la nuit du 9 au 10, les Japonais attaquent furieusement le détachement von der Launitz : 4 bataillons de la 8e division percent jusqu'aux Tombes Impériales où ils se maintiennent, cernés, jusqu'à la retraite des Russes. A 2 heures du soir, ceux-ci commencent à se replier. Mais les détachements Dombrovski (1), Nekrassov, Sollohoub (ex-Zapolski) sont en désordre, à bout de souffle : ce dernier, qui doit entamer le mouvement, se débande sous une pluie de shrapnels, aux cris de « Voilà la cavalerie japonaise! », s'engouffre entre Ouasye et le chemin de fer dans un défilé où s'entassent déjà plusieurs milliers de traînards, y reste jusqu'à la nuit sous le feu, puis marche vers l'est, où il tombe aux mains de l'ennemi. Celui-ci, heureusement, n'en peut plus : c'est ce qui sauve les Russes d'un désastre complet (2). A 6h 30 les derniers débris du détachement du Nord dépassent Tsouertouen.

Au détachement Mylov, on a évacué Sesintouen pendant la nuit; loin de pouvoir le reprendre, on ne se maintient qu'avec peine à Tountchantsa, dont la garnison a perdu « tous ses offi-« ciers et plus de 50 % des hommes » (3). A 1 heure du soir, Kou-

---

(1) « Le détachement Dombrovski comprenait 13 bataillons et 40 pièces; il avait été constitué au moyen de prélèvements sur l'effectif de 13 corps de troupe, de 7 divisions, de 6 corps d'armée et de 3 armées. Il ne comptait pas un seul homme des régiments qui, en temps ordinaire, étaient sous les ordres de son chef. » (Colonel NOVITZKI.)

(2) « Mais l'ennemi exténué, brisé par cette lutte interminable, ne nous suivait que sans se presser, et il n'apporta, par le fait, aucune entrave sérieuse à l'écoulement de nos colonnes. » (Colonel NOVITZKI.)

« Ces deux semaines de luttes avaient totalement épuisé l'ennemi, qui n'avait plus la force d'exploiter jusqu'au bout ce superbe succès. » (Major VON TETTAU.)

(3)« Sous le feu croisé des chimoses et des shrapnels, la garnison a subi de telles pertes que personne n'y peut plus tenir et que les hommes, dégoûtés du massacre, commencent à se retirer isolément ou par petits groupes. » (Compte rendu du général ARTAMANOV, 12h 20.)

ropatkine quitte Tsouertouen que l'ennemi commence à cribler de shrapnels. Vers l'est, où les Japonais menacent Taoua, l'on fait face à 3ʰ 30 avec deux compagnies (dont une composée d'isolés de bonne volonté sous les ordres d'un sergent-major) et cinq batteries arrêtées au passage dans leur retraite..... De 4 heures à 5 heures le détachement recule lentement sur le chemin de fer. A 5ʰ 30, pour permettre l'écoulement des dernières troupes, il prononce, avec l'aide d'une brigade de la 72ᵉ division (VIᵉ sibérien), un suprême retour offensif sur le front Tountchantsa—Sesintouen. A 6 heures du soir, le généralissime quitte Houtchitaï pour Sintaitseu. A 11 heures le général Mylov se met en retraite : brigade de la 72ᵉ division et détachement Artamanov à l'ouest de la voie, détachement Gerschelmann à l'est. Vers 6 heures du matin, il n'a parcouru que 9 kilomètres, sans encombre du reste.

La IIIᵉ armée japonaise reste sur ses positions; la 6ᵉ division est à Youlinpou, la 10ᵉ à Taoua, la Garde à Pouho; quant à la cavalerie, vraisemblablement tenue en respect par le détachement Grékov, elle ne donne pas signe de vie.

Retraite de la Iʳᵉ armée. — Le 10 à 7 heures du matin, Linievitch, qui doit régler ses mouvements sur ceux de la IIIᵉ armée, est sans nouvelles de celle-ci (1). Les IIᵉ et IIIᵉ sibériens et le détachement Rennenkampf ne bougent pas.

Tandis que le régiment de cavalerie de la Garde, soutenu par sa brigade de réserve, s'empare de quelques convois dans la région de Siadiaoutsa, la 12ᵉ division attaque par le sud et par l'ouest le IIᵉ sibérien sur ses positions au nord-ouest de Tita : elle se heurte à une résistance énergique qui ne cesse que dans l'après-midi. Elle pousse jusqu'à Houtchinpou.

Dès l'aube, la 2ᵉ division se trouve nez à nez avec le IIIᵉ sibérien qui l'accable d'un feu violent : malgré l'appui de l'artillerie de la colonne de gauche de la Vᵉ armée, elle reste impuissante à le déloger; le magnifique élan dont elle a fait preuve ce jour-là, comme pendant toute la guerre, lui coûte 155 officiers et 4.411

---

(1) « Le commandant de l'armée a reçu l'ordre suivant du général en chef : « La « Iʳᵉ armée se repliera sur Tieling.... et en se concertant pour la retraite avec la « IIIᵉ armée ». Actuellement, nous ignorons encore si la IIIᵉ armée a commencé sa retraite..... » (Télégramme du général LINIEVITCH.)

hommes. Les Russes se replient volontairement à 4 heures du soir. La 2e division dépasse à peine Fouchoun.

Rennenkampf n'a aucune nouvelle du IIIe sibérien (1) et n'apprend qu'indirectement, dans la soirée, l'occupation de Fouchoun par l'ennemi. Il se replie sur Yinpan, où il marque un temps d'arrêt en face de la colonne de droite de la Ve armée. Il poussera de là sur Heilountcheng.

d) **Fin de la retraite.** — Tandis que les IIe et IIIe armées et la Garde rétablissent un peu d'ordre dans leurs unités, la IVe armée, les 12e et 2e divisions, et des fractions de la Ve armée exécutent la poursuite autant que leurs forces le leur permettent.

Le 11 au matin les IIe et IIIe armées russes continuent leur retraite sur Tieling : l'arrière-garde Mylov de la IIe est à Sintchenpou; l'arrière-garde Chileiko de la IIIe, à Ilou; le IIe sibérien, aile droite de la Ire armée, arrive, après une marche de nuit, à une dizaine de kilomètres à l'est de cette dernière localité. Les Japonais attaquent les deux arrière-gardes à 5 heures du soir : Chileiko se replie, ce qui oblige Mylov à en faire autant à 8 heures. Ils atteignent le Fang-ho vers 6 heures du matin, à 13 kilomètres au sud de Tieling.

L'armée russe commence à se réorganiser sur cette nouvelle position qu'elle occupe : IIe armée à l'ouest de la route mandarine, Ire à l'est, IIIe en réserve. Dans la nuit du 13 au 14 et la matinée du 14, la 2e division japonaise attaque à Souyatouen le IIe sibérien; une contre-attaque la repousse en l'accablant de grenades à main.

Mais les Russes ne sont pas encore en état de fournir un effort sérieux; la retraite continue, dans la nuit du 14 au 15, jusqu'à

---

(1) « On entendait la canonnade vers l'ouest dès le matin, mais aucun avis n'arrivait de notre voisin le IIIe corps sibérien. Nous essayâmes de causer avec lui par téléphone, mais rien ne sortit de cette conversation. On nous répondit d'une manière étrange, évitant de nous donner une réponse et nous posant force questions. Cela fit naître l'idée que Fouchoun était évacué par nous et que la station téléphonique était aux mains des Japonais. Pour nous en assurer, l'interprète Kina vint au téléphone et parla en japonais : on lui répondit tout de suite dans la même langue. Il semblait que nos voisins s'étaient repliés sans même avoir réussi à enlever ou à mettre hors de service le téléphone, et sans même nous faire part de leur départ. » (Général RENNENKAMPF.)

Sipingkai, à 170 kilomètres de Moukden, où l'on s'arrête le 22. Les Japonais suivent jusqu'à Kaiyan. Le 15, Linievitch a remplacé Kouropatkine.

La bataille de Moukden coûte aux Japonais 41.000 hommes environ, aux Russes 2.138 officiers (dont 311 disparus), 89.305 hommes (dont 31.277 disparus), 29 pièces de campagne, 3 pièces lourdes, 2 mortiers..... Elle a épuisé les deux armées. Et le simple résumé que nous avons tenté d'esquisser à grands traits ne saurait donner une idée de la violence inouïe, de l'acharnement surhumain de ces actions partielles qui empruntent parfois les procédés de la guerre de forteresse : les mêmes compagnies restent au feu, sans le moindre répit, pendant des périodes de quatre jours; il devient impossible de les ravitailler à proximité des ouvrages ennemis; la nuit seulement, quand le terrain s'y prête, on leur fait rouler le long des pentes quelques paquets, quelques ballots; les blessés restent sur place, sans soins; des bataillons lancés à l'assaut perdent 770 hommes sur 800; on se fusille à bout portant, on se crible de grenades à main; et cela dure du 20 février au 10 mars, à peu près sans interruption !

Ces événements devraient impérieusement nous suggérer de nombreuses réflexions; nous nous les épargnerons, au moins pour l'instant, nous limitant à quelques remarques, d'un ordre plus élevé. Nous ne décrirons donc point cette organisation du quartier général de Yentaï, que l'on voudrait nous offrir en modèle. Nous ne discuterons ni la feinte, peut-être un peu enfantine, des Ire et Ve armées japonaises, ni les craintes chimériques de Kouropatkine à la suite des rapports alarmistes qui signalent la présence en Mongolie d'un corps de 10.000 Japonais, ni le rôle qu'Oyama attribue à sa faible réserve générale. Nous ne critiquerons ni la lenteur de Nogi dans les premiers jours de mars, ni son obstination à faire appuyer latéralement, en pleine bataille, à déplacer de plusieurs kilomètres, des divisions engagées. Nous ne nous demanderons point si le généralissime russe a intérêt à accepter la lutte à Moukden : s'il l'accepte, c'est qu'il a confiance en son armée, c'est qu'il a l'espoir de vaincre; alors, c'est la bataille.

Mais pas la bataille linéaire sur tout ce front immense, cuirassé de retranchements, où l'on pourrait, derrière des divisions de couverture, s'organiser en profondeur. On se charge d'en faire la preuve en le dégarnissant, ce front, en lui empruntant des effectifs suffisants, et au delà, pour frapper le grand coup vers l'ouest : ces divisions ennemies allongées sur des fronts de 8 kilomètres, laissant entre elles et leurs voisines des vides qu'aucune réserve ne peut venir combler, s'y prêtent le mieux du monde, y invitent expressément.....

Au lieu de cela, de hâtives demi-mesures, de médiocres expédients ! C'est avec ces divisions « combinées » formées de régiments, de bataillons parlant à peine la même langue, avec ces compagnies composées d'isolés, d'égarés probablement volontaires ramassés sur le chemin de la fuite, que l'on espère organiser un tout homogène : cette masse de manœuvre qui doit passer partout ? Allons donc ! Il y faudrait des corps d'armée intacts, dégringolant du nord, avec ensemble, irrésistiblement.

Ce choc suprême, les Japonais le provoquent impudemment en faisant aux Russes « la gracieuseté de les attaquer sur tout le développement de leur front et de les déborder même sur leurs « deux ailes » (Major Löffler). — « Il faut les châtier ! » dirait Gœben. Hélas ! Steinmetz, Gœben, Alvensleben sont loin !.....

Tandis que les événements se déroulent suivant le bon plaisir d'Oyama, Kouropatkine, ballotté au gré des vents et des courants, ne sait pas, d'une main ferme, reprendre en main le gouvernail ; il ne sait pas imposer sa volonté ; il ne sait pas vouloir.

Ou plutôt, — car une autre comparaison s'impose, — dans ce gigantesque duel, ni lui ni ses principaux lieutenants ne chargent l'adversaire avec l'audace réfléchie, l'impétuosité consciente de sa force et que rien ne brise : ils ne lui opposent que la ténacité un peu lourde, un peu lasse, un peu haletante, de ces interminables reprises qui se succèdent sans répit. Sans doute ils n'ont plus confiance : cette épée, si merveilleusement trempée — de multiples épisodes en font foi, — a été médiocrement entretenue, sa pointe a commencé à s'émousser dans les précédentes rencontres, sa garde n'est plus bien en main. A chaque geste, à chaque feinte, à chaque dégagement, ils s'efforcent de répondre, non pas en choisissant leur temps, en présentant au bout du bras qui se détend cette pointe qui menace et qui perce, mais, du fort au faible croient-ils, le bras conventionnellement raccourci, pour une parade artificielle qui veut suivre dans ses moindres déplacements le fer qui les inquiète, qui voudrait être rapide et qui n'est que fébrile; se demandant sans cesse s'ils arriveront à temps, correctement, si leur riposte sera de bon aloi, si leur coup ne passera point. A cette escrime, leur poignet se lasse, s'engourdit; leur main retombe inerte..... Au lieu de faire de l'épée, ils ont voulu faire du fleuret : le jeu ne leur a pas réussi.

Kouropatkine a cherché à rejeter la responsabilité immédiate du désastre sur Levestam, sur Zassoulitch et Sobolev, sur Bilderling et sur Kaulbars : le « mémoire justificatif » constitue contre celui-ci tout particulièrement un réquisitoire sans indulgence. Mais Kouropatkine qui, d'ordinaire, — nous avons pu le constater maintes fois — ne se fait guère scrupule d'empiéter sur les attributions de ses subordonnés, s'est trouvé parfaitement en situation, depuis le 1er jusqu'au 8 mars, de diriger en personne la bataille sur le front ouest. Pourquoi s'en est-il abstenu?..... (1).

Les excuses que trouve le généralissime, et qu'il développe à plusieurs reprises, le chef de la IIe armée peut les faire valoir également : d'abord l'incroyable diminution des effectifs au cours de la bataille, dans les divisions engagées (2), par suite des pertes et de la disparition momentanée d'innombrables traînards (3);

---

(1) « Dans ses *Mémoires*, le général Kouropatkine rejette toute la responsabilité du désastre sur le général baron Kaulbars, chef de la IIe armée, dont il incrimine l'inaction et la désobéissance à propos de la non-exécution de l'offensive prescrite. Oui, sans doute, bien des mesures prises par celui-ci restent inexplicables; mais si le général Kouropatkine n'a pu parvenir à s'entendre avec lui, spécialement sur cette offensive, on ne peut guère s'expliquer davantage qu'il ne l'ait point conduite en personne, puisque, sans interruption pendant toute la bataille, il est resté en contact immédiat avec le chef de cette armée. » (Major von Tettau.)

(2) « D'après les états de situation fournis par leurs chefs, les régiments des IIe et IIIe armées les plus éprouvés pendant les combats sous Moukden ne présentaient plus pour 114 bataillons qu'un total de 16.390 baïonnettes, alors que leur effectif théorique aurait dû être de 98.000 hommes. Soit donc, pour 114 bataillons, un effectif moyen de 144 hommes.....

« Dans les corps les plus épargnés de la IIe armée, le VIIIe et le Xe, il y avait pour 44 bataillons 19.700 baïonnettes : donc, en moyenne, 440 baïonnettes par bataillon. » (Général Kouropatkine, *Rechenschaftbericht.*)

(3) « Combien l'effectif donné après chaque combat différait de celui que l'on trouvait au bout de quelques jours, après le retour des traînards à leurs régiments, l'exemple de la 25e division le montrera. Dans les régiments de cette division, il y avait comme présents le 12 mars : au 97e de Livonie 442 baïonnettes; au 98e de Iouriev-

ensuite l'affreux désordre occasionné par la rupture des liens tactiques (1).

La fonte des effectifs est une conséquence fatale de la démoralisation progressive due aux retraites répétées, aux défaites successives, à l'attitude que le généralissime a laissé prendre à son armée, depuis le début de la guerre.

Quant à la rupture des liens tactiques, il est forcé d'en convenir, il n'a rien fait pour l'éviter, il l'a même favorisée.

Dans les champs de Moukden, il récolte ce qu'il a semé.

Le grand responsable, c'est lui.

§ 4 — La fin de la guerre

Linievitch réorganise l'armée, rétablit la discipline : Kouropatkine a pris le commandement de la Iʳᵉ armée, Batianov celui de la IIIᵉ. De nouveaux renforts arrivent : en mars les 3ᵉ et 4ᵉ brigades de tirailleurs et le IVᵉ corps, 16 batteries d'obusiers, 3 batteries de campagne à tir rapide; on porte à quatre bataillons tous les régiments des corps sibériens; la 53ᵉ division forme à Hailountcheng, avec la 71ᵉ, le VIIᵉ sibérien; jusqu'en juillet débarquent, tant pour l'armée que pour Vladivostok, 140.000 hommes de complément. Kaulbars, couvert à droite par Michtchenko, occupe à l'ouest du chemin de fer un front de 35 kilomètres avec le 1ᵉʳ corps en réserve; à l'est Kouropatkine tient un front de 75 kilomètres vers Orrtsou, couvert à gauche par Rennenkampf (VIIᵉ sibérien), avec le IVᵉ sibérien et le XVIᵉ corps en réserve; Batianov est en réserve plus en arrière.

---

320 baïonnettes; au 99ᵉ d'Ivangorod 120 baïonnettes; au 100ᵉ d'Ostrov 332 baïonnettes; pour la division entière 1.214 baïonnettes.

« Le 16 mars, les mêmes régiments présentaient, sans avoir reçu un renfort quelconque : le 97ᵉ de Livonie 1.219 baïonnettes; le 98ᵉ de Iouriev 1.200 baïonnettes; le 99ᵉ d'Ivangorod 1.347 baïonnettes; le 100ᵉ d'Ostrov 1.200 baïonnettes; soit au total 4.966 baïonnettes.

« Autrement dit, ces quatre régiments avaient vu, en quelques jours, 3.750 hommes revenir dans leurs rangs; le 12 mars, il leur manquait presque les trois quarts de leur monde.

« Le 20 mars, après le retour des traînards, les 112 bataillons de la IIᵉ armée ne comptaient que 57.000 baïonnettes, soit environ 500 hommes par bataillon. » (Général KOUROPATKINE, *Rechenschaftbericht*.)

(1) « Le généralissime ne s'opposa pas suffisamment au mélange des unités, et, pendant le cours de l'action, se vit même contraint par les circonstances à favoriser ce mélange. » (Général KOUROPATKINE, *Rechenschaftbericht*.)

On fortifie Kharbin où l'on met 50.000 hommes : réservistes et troupes d'étapes.

A Vladivostok il y a maintenant 75.000 hommes : 2e, 8e et 10e divisions de tirailleurs sibériens, 1re brigade de forteresses, 2 régiments d'étapes, 12 bataillons d'artillerie, 15 batteries de campagne, 4 régiments cosaques, une brigade du XIXe corps.

Les Japonais, de leur côté, prennent tous les hommes à peu près instruits, appellent les classes 1904, 1905, 1906, « amalgament » sans interruption, mais ont beaucoup de peine à maintenir leurs cadres à peu près au complet. Ils forment de nouvelles unités : 13e, 14e, 15e, 16e divisions actives, six brigades de kobi (de 13 à 18), des régiments de réserve indépendants. Leurs IIIe et IIe armées sont vers l'ouest et à Tieling, les IVe, Ire et Ve vers l'est, sur le front Siantaitseu—Tchantou—Kaiyan—Patsiatseu. Une VIe armée, commandée par Hasegawa (2e division de réserve, 8e, 16e et 17e brigades de kobi, 3e et 45e de réserve, soit 35.000 hommes), occupe le nord de la Corée. — Le 22 juin, ils achèvent de rétablir les ouvrages d'art entre Moukden et Kaiyan que les Russes ont eu soin de détruire.

Et ce sont les derniers épisodes : escarmouches heureuses de Rennenkampf qui déploie une activité remarquable contre la Ve armée et les bandes khoungouses; incursions de celles-ci vers Kirin, Omosso, Ningouta, protégés par des détachements russes; alertes du côté de Gountchounlin. Du 16 au 21 mai, Michtchenko exécute un nouveau raid, un peu mieux compris, saccage des convois, enlève deux mitrailleuses et sabre un régiment de la 7e division; le 17 juin, les Japonais prennent une petite revanche sans portée sur des troupes de son détachement. En juin, Hasegawa repousse lentement vers le Tioumen la 2e division de tirailleurs. En juillet Haragushi, avec la 15e division, enlève sans effort l'île Sakhaline aux six bataillons du général Liapounov (du cadre de la justice militaire). Les pluies viennent interrompre les opérations. — Mais, les 27 et 28 mai, la flotte russe de Rodjestvenski s'est fait anéantir à Tsoushima.....

En août, les Russes reçoivent le XIXe corps (dont la brigade partie pour Vladivostok est remplacée par une brigade de réserve), puis le IXe; le XIIIe corps est en route, le XXIe mobilise.

Linievitch dispose maintenant de 572 bataillons, 198 sotnias, 195 batteries; soit 457.000 fusils, 25.000 sabres, 1.560 pièces de campagne, 350 pièces lourdes, 320 mitrailleuses :

Détachement Rennenkampf : VIIe sibérien, une brigade de réserve : 38 bataillons, 48 sotnias, 14 batteries;

Ire armée : Ier, IIe, IIIe, IVe sibériens; Ier corps : 160 bataillons, 18 sotnias, 40 batteries;

IIe armée : VIe sibérien; VIIIe, X[e] et XVIe corps; Ier corps de tirailleurs (48 bataillons); détachement Michtchenko : 176 bataillons, 114 sotnias, 65 batteries;

IIIe armée : V[e] sibérien; IVe, IXe, XVIIe et XIXe corps; IIe corps de tirailleurs (38 bataillons) : 198 bataillons, 18 sotnias, 42 batteries.

En réserve 16 batteries d'obusiers de 12[cm] à tir rapide.

Oyama a sous ses ordres :

Ire armée : Garde et sa brigade de kobi; 2e, 12e et 14e divisions; 2e, 4e, 5e et 14e brigades de kobi;

IIe armée : 3e, 4e et 5e divisions; 18e brigade de kobi; 6 régiments de réserve;

IIIe armée : 1re, 7e, 8e et 9e divisions; 1re et 11e brigades de kobi; 3e division et 46e régiment de réserve;

IVe armée : 6e, 10e et 16e divisions; 3e et 10e brigades de kobi;

V[e] armée : 11e et 15e divisions; 12e brigade de kobi; 1re division de réserve.

En outre : 44e régiment de réserve; 1re et 2e brigades d'artillerie.

Au total : 300 bataillons, 66 escadrons, 176 batteries, soit 360.000 fusils, 10.000 sabres, 1.056 pièces de campagne, 250 pièces lourdes, 250 mitrailleuses.

En somme, par suite du manque de cadres et de l'énorme proportion de réservistes, la valeur de l'armée japonaise est loin d'avoir augmenté. Les Russes ont une sérieuse supériorité numérique; leur organisation est en progrès; il semble que la victoire finale ne soit plus qu'une affaire de calme, d'opiniâtreté, de solidité financière..... Mais, où en est le moral des troupes? Les unes ne sont-elles point lasses? Les autres ne finissent-elles pas par prêter l'oreille aux propagandes révolutionnaires? Qui pourrait préjuger des prochaines batailles?.....

A Portsmouth, on négocie déjà; et l'on signe le traité de paix (1er août-5 septembre) : le vainqueur obtient la Corée, le Liao-toung, la moitié de Sakhaline, la voie ferrée de Tchangtchoung à Port-Arthur. Et c'est tout. Quant à la Mandchourie, les deux armées l'évacueront..... graduellement. — De furieuses émeutes accueillent au Japon la nouvelle de ce résultat.

Devant tant de modération, d'aucuns se sont extasiés. Nous croyons qu'il faut en rabattre : ce qu'ils étaient en mesure d'exiger, les Japonais l'ont obtenu, récoltant, eux aussi, ce que leur prudence méthodique avait semé au début des opérations. Ils ne pouvaient espérer plus (1).

---

(1) Voici, résumé, d'après le colonel GAEDKE, le total approximatif des pertes subies par les deux armées :

	JAPONAIS	RUSSES
Tués	47.387	52.622
Blessés	173.425	145.317
Malades	410.000 environ	358.425
Prisonniers	2.830	72.086
TOTAL	633.642	628.450
TOTAL des morts	80.378	71.453

LIVRE II

LES ENSEIGNEMENTS

« A ceux qui vous crieront : Prenez garde aux engins modernes ! Vous allez vous faire massacrer ! — Vous répondrez : Je suis venu ici pour cela, et rien que pour cela. »   (Général CARDOT.)

A en juger par la multitude d'articles, de brochures, de volumes, qu'ils ont suscitée, les enseignements de cette guerre devraient être innombrables. Ils se réduisent pourtant à bien peu de chose.

Il n'est peut-être pas inutile de rechercher l'origine de cette ardeur, un peu fébrile, que nous apportons, surtout depuis quelques années, à l'étude de guerres récentes, souvent bien peu significatives, parfois à peine connues. Tout cela ne proviendrait-il pas de l'irrésistible besoin qu'éprouvent les uns de discuter notre doctrine de guerre, de la démolir à coups de « faits « nouveaux »; et du devoir qui incombe aux autres de la défendre, en l'appuyant d'exemples concrets?

Cette doctrine est fille des douloureuses expériences de 1870. Après bien des travaux arides, des tâtonnements plus ou moins heureux, des mois et des années consacrés au labeur ingrat d'interminables pensums, des efforts incessants que résume le nom du général Lewal, elle a pris naissance grâce aux généraux Maillard, Langlois, Cardot, Bonnal, Cherfils, à beaucoup d'autres encore et, du même coup, presque instantanément, est arrivée au plus complet, au plus magnifique épanouissement. Éparse dans leurs œuvres, elle a pour bible l'ouvrage du général Langlois sur l'*Artillerie de campagne en liaison avec les autres armes;* pour évangile le beau livre du colonel Maistre *Spicheren* (nous espérons en faire la preuve par les citations que nous lui empruntons); pour catéchisme nos Règlements.

Après avoir obtenu droit de cité, il ne lui restait plus qu'à s'imposer, à pénétrer au plus intime des cœurs, en éclairant les intelligences : chose facile, tant elle étincelait de lumineuse logique et d'harmonieuse simplicité; chose faite actuellement.

Mais elle a, cette doctrine, des ennemis acharnés, souvent sincères, presque toujours irréductibles.

Ce sont d'abord les derniers et respectables témoins des ères abolies du débrouillage et du schéma. Ceux-là n'ont point été conviés à son baptême, et pour cause; ils ne le lui pardonnent point. Cela devient, chez quelques-uns d'entre eux, un obstiné *delenda Carthago* : toute rumeur du récent champ de bataille, même vague, toute anecdote, même invérifiée, leur sont une base solide pour tenter cette destruction. De leurs opinions antérieures ils font au besoin table rase, brûlent ce qu'ils ont adoré, rêvent d'une infanterie montée à l'instar du Transvaal, et condamnent leur cavalerie au combat à pied à perpétuité... L'armée russe, actuellement, cherche avidement sa doctrine future dans les décombres de la Mandchourie : à cette doctrine encore à naître, on peut dès maintenant prédire des adversaires irréconciliables, parmi les généraux de Liaoyang et de Moukden.

Ce sont encore, dans nos rangs, ceux qui se défient de la doctrine parce qu'elle leur semble l'œuvre d'une école; ceux qui l'ignorent et se la représentent comme je ne sais quoi de compliqué, de savant, de transcendant; ceux qu'elle ne saurait conquérir, puisqu'ils la considèrent de loin, comme un tabernacle dont l'approche serait réservée aux seuls initiés, aux privilégiés munis du mot de passe. — Ils se font heureusement de plus en plus rares.

Ce sont, enfin, des professionnels de la politique, anciens officiers ou non, récents ou futurs ministres, qui veulent bien consacrer leurs veilles à la préparation des budgets militaires : souvent avec une ardeur admirable, puisque patriotique; parfois avec des ambitions moins louables, parce qu'exclusivement parlementaires... Ils ne sont pas toujours d'une extrême compétence; mais, comme les hommes d'État du dix-huitième siècle, ils ont volontiers leurs « faiseurs ». A force de gratter et de regratter les innombrables chapitres de leurs volumineux cahiers, ils oublient que les chiffres disent toujours complaisamment tout ce qu'on veut bien leur faire dire. Parfois ils se trouvent d'accord avec la doctrine; mais, dès qu'elle se permet de leur barrer la route, ils n'hésitent pas à l'attaquer.

Aussi bien leur faut-il peu de chose pour se croire en droit de conclure que cette obsédante doctrine n'est plus, que les fusils modernes l'ont blessée à mort, que les canons à tir rapide lui ont donné le coup de grâce. Et chaque jour, triomphalement, ils s'en reviennent du théâtre de la guerre tout exprès pour nous apporter le fait nouveau. Eh bien! ne les imitons point : évitons de courir, comme des exaltés, à travers les rues du camp en criant : *Eurêka*, et en brandissant ce fameux fait nouveau; mais, seuls dans notre tente, avec calme, à loisir, examinons-le posément.

Notre méthode sera simple, elle consistera à sérier, à résoudre séparément et successivement les questions suivantes :

Tel fait que l'on nous signale, a-t-il été bien et dûment constaté?

A-t-il été la règle ou seulement l'exception?

Dans les circonstances particulières où il a été observé, a-t-il été le résultat de la mise en œuvre de procédés logiques, recommandables, dignes de notre approbation?

Ces procédés sont-ils applicables à la guerre en général?

Cette méthode, nous allons essayer de l'appliquer aux événements de Mandchourie, en envisageant tour à tour différents points de vue : politique, stratégie, tactique générale, tactique des trois armes, organisation. Étude bien résumée, fatalement imparfaite : elle est possible aujourd'hui pour la guerre de 1870, grâce aux historiques, aux monographies qui nous fournissent, presque heure par heure, l'emploi au combat des petites unités; surtout depuis la publication de l'historique français, qui permet de discuter les erreurs, plus ou moins involontaires, de l'état-major allemand. Rien de tel, malheureusement, pour la guerre russo-japonaise !

Ce n'est pas tout : là-bas, nous le sentons au moins confusément, les Russes n'ont guère dépassé l'effort minimum, tandis qu'au prix d'efforts immenses les Japonais n'ont peut-être pas su obtenir le résultat maximum. Donc médiocre rendement des appareils, observation imparfaite, mauvaises conditions expérimentales ! Et, si nous cédons au besoin impérieux d'interpréter quand même et de conclure, nous ne saurions prétendre à des conclusions dogmatiques, mais seulement à de très modestes remarques. Là se borne notre ambition.

§ 1 — La politique

Les enseignements politiques rapportés de Mandchourie se résument merveilleusement dans le vieil adage : *Si vis pacem, para bellum.* Une bonne flotte, une armée puissante, bien organisée, bien instruite, débordante d'énergie guerrière, voilà les meilleurs diplomates. Banalités courantes si l'on veut ! Mais il faut bien les énoncer, les répéter jusqu'à satiété, quand on connaît la joie de vivre au siècle du pacifisme à outrance, où ces naïves vérités sont quotidiennement méconnues. Nous y reviendrons.

Suivant le mot de von der Goltz à propos d'Iéna, en 1904 les Russes se laissent conduire à l'abîme par cette « politique qui « veut employer la ruse sans la force ». Kouropatkine l'a répété maintes et maintes fois : « Vous le savez, cette guerre nous a « surpris non préparés. » On ne veut pas la guerre (1), ce qui est peut-être très honorable; on ne s'y attend (2), on ne s'y prépare nullement, ce qui est souverainement maladroit.

Sans doute les années précédentes, on a dû faire des projets d'opérations, trop de projets peut-être, sans songer un instant qu'un beau jour il faudrait, bon gré mal gré, passer à l'exécution. Qui d'entre nous ne connaît la formule pour défendre, sur le papier, des territoires immenses avec une poignée d'hommes

---

(1) « J'ai compris que le général Kouropatkine entendait dire : « Nous, c'est-à-dire « le gouvernement et moi, ministre de la guerre, avions l'intention loyale d'évacuer « la Mandchourie et, par conséquent, ne nous préparions nullement à la guerre. Nous « ne pouvions supposer que d'autres influences feraient transgresser les clauses du « traité. » (Major VON TETTAU.)

(2) « L'année suivante, je me trouvais avec un officier de l'entourage du vice-roi Alexeiev; il me conta, entre autres choses, que l'amiral commandant la flotte de Port-Arthur avait formulé, le 5 février, dans un mémoire à Alexeiev, en raison de la situation politique, ses desiderata relativement à l'insuffisante préparation de la flotte et des défenses du port; comme cette flotte, en tout cas, se trouvait là sans que l'on eût pris la moindre disposition pour la faire agir, il demandait l'autorisation de combiner pour elle un plan d'opérations. Alexeiev avait transmis avec l'annotation suivante : « J'estime la chose prématurée, la situation politique ne devant « nullement être considérée comme grave. » (Colonel GERTSCH.)

« L'amiral avait adressé un rapport, et, sur ce rapport retourné, au crayon vert en marge, rien qu'un mot : prématuré. » (SEMENOV.)

dénués de tout, avec des points d'appui que l'on construira rarement, que l'on armera chichement, que l'on n'occupera jamais? Le capitaine de frégate Semenov insiste sur cet état d'âme, qu'il a su nous décrire impitoyablement, et nous ne saurions trop méditer ses paroles : « Tout s'est accumulé depuis des « dizaines d'années. On se disait : Cela durera bien autant que « nous; il faut espérer qu'il n'y aura pas de guerre. Le moyen le « plus sûr pour faire une belle carrière est encore d'envoyer des « rapports en trois mots : Tout va bien. » (*Sur le chemin du sacrifice.*) On ferme obstinément les yeux, pour ne pas voir le danger. Et, quand vient le désastre, personne n'a le courage de sévir, de désigner le responsable, entre le fabricant de budgets qui a créé cette situation, et le chef militaire qui l'a bénévolement acceptée... Chez les Russes, cela se traduit, en définitive, par une mobilisation extrêmement défectueuse (1); par l'absence totale, au début de la guerre, d'un projet d'opérations sérieux (2),

(1) « Après avoir constaté qu'à l'ouest du Baïkal les troupes commençaient à peine à mobiliser, nous pensions du moins qu'à l'est, en Transbaïkalie, les troupes de réserve et les cosaques étaient depuis longtemps partis pour le théâtre de la guerre. La mobilisation avait commencé le 10 février, c'est-à-dire depuis sept semaines; c'étaient les premières troupes disponibles pour renforcer là-bas les brigades de tirailleurs. Nous fûmes donc très étonnés de voir près des gares, à Verkhnéoudinsk comme à Tchita, des soldats de la 1re division d'infanterie sibérienne, et d'apprendre d'eux que les régiments de cette division n'avaient pas encore bougé. Comme nous exprimions notre surprise aux officiers, ils nous firent la même réponse, déjà entendue à Pétersbourg : « Pourquoi nous presser? Nous avons bien le temps avant le commen- « cement des opérations !... ».

« ...Mais une chose plus inconcevable nous frappa : trois compagnies de ce bataillon provenaient de la 9e division d'infanterie et une de la 31e division, c'est-à-dire du Xe corps, le premier désigné pour aller sur le théâtre de la guerre; pour former également les 7e et 8e brigades de tirailleurs de la Sibérie orientale, ce corps avait déjà, comme les autres, peu avant la guerre, fourni des compagnies. On devait penser que la Russie aurait assez de troupes pour ne pas affaiblir par des prélèvements les corps d'armée qui, précisément, se tenaient prêts à mobiliser de suite : une des incon- séquences de cette guerre, que l'on devait cruellement expier ! » (Major von TETTAU.)

(2) « Sans doute, on estime qu'on finira par vaincre, mais au prix seulement d'énor mes sacrifices en hommes et en argent : on parle d'une guerre de deux ou trois ans. Le commandant en chef lui-même aurait dit qu'il ne fallait pas songer à en finir avant un an et demi. De plus, on est d'avis, au ministère de la guerre, que les opérations sérieuses ne commenceront pas avant la fin d'août. Une personnalité haut placée, bien en situation de connaître les idées du général Kouropatkine, me disait : « Pour le moment, il nous faut songer à concentrer nos corps d'armée éparpillés et mélangés. Nous nous replierons donc graduellement devant les Japonais, sans nous engager contre des forces supérieures. Ainsi nous nous concentrerons, en nous renforçant, jusqu'à la fin de mai; alors ce sera la saison des pluies qui, pendant deux mois, arrêtera complètement les opérations. Quand elle prendra fin, nous nous trouverons assez forts pour passer à l'offensive... » (Major von TETTAU.)

susceptible de conduire au succès; par une utilisation discutable de la capacité de transport du chemin de fer (1).

Et tout cela sera gros de conséquences — de conséquences irréparables.

§ 2 — La stratégie

Nous avons déjà parlé de la timidité stratégique des Japonais au début de la campagne et de ses résultats les plus clairs (2). Nous aurons à insister ultérieurement sur l'absolue passivité des Russes. Mais, de part et d'autre, les caractères distinctifs de la stratégie sont l'extrême simplicité et la désespérante lenteur. Les armées se déploient sur des fronts immenses, sans que l'on puisse voir bien clairement si les Japonais en usent de la sorte à la demande des Russes, ou bien les Russes sur l'injonction des Japonais. L'un des adversaires reste immobile, l'autre avance pas à pas. Enfin l'on est au contact : il dure plusieurs jours, les fronts s'étirent de plus en plus, une aile tend à déborder l'aile opposée; à cela se réduit la manœuvre. Et là-dessus la bataille se termine par une retraite sans poursuite : tout est remis en question (3) et, pendant des semaines, on marquera le pas. Telle est la stratégie du vainqueur aussi bien que celle du vaincu. Et c'est elle que l'on songe à nous proposer pour modèle ! « Les « énormes effectifs engagés de part et d'autre entraîneront, dit- « on, des fronts exagérés sur lesquels la direction d'ensemble

---

(1) « Vers la fin d'avril, les transports de troupes cessèrent et, à leur place, il n'arriva plus à Liaoyang que des trains de farine et d'avoine; même après l'affaire du Yalu, les transports de subsistances se poursuivirent sans interruption, bien que l'on parlât déjà de la possibilité d'incendier les approvisionnements, pour ne point les laisser aux mains des Japonais. Souvent nous souhaitâmes voir arriver des soldats au lieu de sacs de farine...

« Au lieu de soldats, le chemin de fer continuait à transporter des subsistances, mais vers le nord maintenant, pour commencer à évacuer les énormes approvision-nements des magasins de Liaoyang. » (Major von TETTAU.)

(2) « La stratégie des Japonais péchait, de leur propre aveu, par excès de calcul et de lenteur. » (Général HAMILTON.)

(3) « Sans doute, par cette attaque purement frontale et sur toute la ligne, il fixait l'ennemi... Mais son action continuait ainsi à ne s'exercer que dans l'unique direction de la grand'route de Liaoyang; et, quelques facilités qu'elle assurât à l'attaque initiale, il ne pouvait s'ensuivre pour l'ennemi un véritable désastre, même si l'on continuait à progresser. Cet ennemi serait, une fois de plus, rejeté dans la direction qu'il avait précisément choisie pour effectuer sa retraite, pas à pas, de position en position, en livrant chaque fois un nouveau combat. » (Colonel GERTSCH.)

échappera à peu près au généralissime; pas de manœuvre possible, dans ces conditions : les manœuvres savantes conduisent
à Sedan! La simple volonté préconçue de déborder l'adversaire suffira pour nous guider à la victoire... qui, d'ailleurs, ne
décidera sans doute rien du tout : car, de part et d'autre, on
sera à bout de souffle, et l'on s'arrêtera pour souffler. »

Faut-il nous incliner? Non pas, certes! Pas même au point
de vue spécial de la Mandchourie. Car cette prétendue simplicité n'est pas neuve, mais vieille comme le monde : c'est l'engagement parallèle, la guerre linéaire, la stratégie en cordons!
Que la manœuvre ait été difficile là-bas, parmi les montagnes,
dans la plaine inondée et bourbeuse, sur un petit nombre de
chemins très médiocres, avec une ligne de communications
unique, ou peu s'en faut, que l'on devait couvrir, que l'on ne
pouvait abandonner, même temporairement — soit. Mais rien,
dans tout cela, ne nous autorise à proclamer l'impossibilité
absolue d'une manœuvre, de temps à autre, au bon moment,
préparée par une judicieuse organisation de la zone de l'arrière
pendant les interminables entr'actes.

Les effectifs ne sauraient entrer en ligne de compte : ils ont
été relativement restreints, 300.000 hommes au maximum de
chaque côté. Et ce sont précisément de telles armées que l'on
a été déployer sur des fronts de cent kilomètres, ne laissant en
arrière aucune réserve, aucune masse de manœuvre! Que devient,
dans ces conditions, la volonté du chef? Seul au fond du champ
de bataille, au milieu de ses récepteurs et de ses postes télégraphiques, le maréchal Oyama n'a plus à sa disposition que son
escorte personnelle..., peut-être une poignée de médiocres réservistes qui ne donneront pas signe de vie, car il doit les conserver
précieusement, non pour l'action féconde, mais pour la parade
en cas d'insuccès. Il attend anxieusement des nouvelles de la
bataille; on peut vraiment se demander pourquoi, si ce n'est
pas là simple curiosité patriotique : car il a abdiqué et ne peut
rien désormais, que suivre les actions partielles, confiant dans
l'intrépidité des soldats qui sont à l'autre bout du fil. Vienne
l'heure de l'événement, son impuissance se dénudera lamenta-
blement : que sur les rives du Chaho la masse de manœuvre
déferle à l'instant voulu, — un instant qui dure vingt-quatre

heures, — submergeant les derniers bataillons de Sloutchevski, de Meiendorf ou de Zaroubaiev, les conséquences seront incalculables et feront oublier l'invariabilité débilitante d'un plan stratégique qui ne peut aboutir à rien. Oyama n'en peut mais : il n'a pas de masse de manœuvre. A Moukden, Kouropatkine, à demi débordé, voit son centre enfoncé par les divisions fourbues de Kuroki : cette fois, c'est le désastre inévitable, pour peu que le chef intervienne, qu'il pousse dans la brèche une division intacte; mais il ne possède pas de quoi intervenir.

Ainsi, puisqu'on se résout délibérément à laisser s'envoler les plus belles occasions, il faudra des jours et des jours pour gagner des batailles indécises, grâce à de merveilleux soldats dont on usera jusqu'à l'épuisement (1). Ne nous étonnons point qu'il faille ensuite s'arrêter pour souffler et que les opérations languissent; lenteur regrettable, qui ne permettra jamais d'en finir avec un ennemi que l'on s'interdit de poursuivre.

Admettons néanmoins, si l'on veut, que tout se soit passé le mieux du monde en Mandchourie; nous nous refuserons encore à généraliser la mise en œuvre de procédés qui trouvent alors leur excuse dans la situation toute spéciale des adversaires : Kouropatkine cherche à temporiser, pendant que son armée se concentre goutte à goutte au bout d'une voie ferrée de 10.000 kilomètres; libre d'allures, mais inférieur en forces, Oyama s'autorise des embarras et de la passivité de l'ennemi pour n'agir qu'à son heure et gratter tranquillement la terre, devant les positions russes, pendant des jours et des nuits, sans qu'une manœuvre quelconque vienne troubler ses combinaisons; le pays enfin a son caractère propre, avec ses pluies diluviennes, et surtout cet hiver implacable, qui vient imposer bon gré mal gré aux combattants une inaction de plusieurs mois.

Nous ne modifierons donc en rien notre conception de la stratégie. Parfois peut-être les belles manœuvres conduisent à

---

(1) « A Liaoyang, le 2 septembre, le 20ᵉ régiment d'infanterie, de la 10ᵉ division, n'a plus comme officiers qu'un capitaine et deux lieutenants. » (R. KANN.)

« Pendant tout l'après-midi, la 5ᵉ et la 3ᵉ division traversèrent la ville pour franchir le Taitseho et se porter à hauteur de la Iʳᵉ armée, face à Yentaï. Les malheureux soldats, qui venaient de combattre pendant cinq jours et cinq nuits sans interruption, marchaient comme un troupeau, les yeux hagards... A chaque halte, on les voyait se coucher à terre. » (R. KANN.)

Sedan; et c'est bien ainsi que Kouropatkine semble l'avoir
compris. Elles ont du moins l'espoir d'aboutir à la victoire. Les
manœuvres soi-disant simples, qui ne prétendent qu'à éviter le
désastre, sans oser espérer quoi que ce soit..., se dirigent tout
droit sur Moukden !

§ 3 — Tactique générale

C'est surtout relativement à la conduite des batailles futures
que se trouvent en présence deux doctrines rivales, avec toutes
sortes de compromis et de nuances intermédiaires. Pour plus
de commodité, il peut sembler légitime de les baptiser l'une
française, l'autre allemande, bien que dans les deux pays, malheureusement pour nous, chacune d'elles compte des adeptes
fervents.

La doctrine française a pour suprême expression l'attaque
décisive : sur le champ de bataille, à bras le corps, les deux
armées s'étreignent; tous les moyens entrent en jeu; haletantes,
elles luttent des épaules, des pieds, des ongles et des dents;
elles s'usent. Toutes deux peuvent paraître à bout de souffle; mais
soudain, sur un point, l'une faiblit un peu, l'autre prend l'avantage : voici l'heure et l'endroit de l'attaque décisive, l'une et
l'autre au choix du chef qui surveille les événements. Elle est
conduite, cette attaque, par une masse homogène et intacte,
tenue précieusement à l'abri de la lutte, amenée, je dirais volontiers sournoisement, à proximité du point où elle s'engagera,
car elle doit à la fois se ménager jusqu'au moment suprême et
surprendre l'ennemi — le vaincu — comme un coup de tonnerre.
Et c'est bien de tonnerre qu'il s'agit, car voici que, de toutes
parts, le canon, les fusils font rage pour lui préparer la brèche.
Cette masse, prévenue, connaît son rôle, sans qu'il soit besoin
de longues explications, mal articulées, mal comprises dans le
désordre de l'action; elle sait également les formations à prendre,
car elle n'attaquera point en masses sous le feu des armes modernes. Chacune des fractions de ce tout possède son mouvement
propre, sa souplesse, ses réflexes particuliers, comme les muscles
d'un même corps dans une périlleuse gymnastique. L'infanterie,
l'artillerie, la cavalerie, en liaison intime, en union passionnée,

sont là devant le but unique : l'enfoncement de l'ennemi, la victoire, la poursuite. Une dernière et faible réserve... Mais il s'agit bien de réserve ! La guerre est jeu de risque-tout : au convoi les calculateurs ! Tous au feu, jusqu'au dernier homme ! Toutes les cartes sont sur table. — Elle surgit, cette masse, elle pénètre au milieu du carnage, irrésistiblement ; et ces troupes amies, qui semblaient épuisées, sursautent comme galvanisées et, dans la rage d'un dernier effort, par une contraction suprême, concourent avec elle à l'attaque décisive, au triomphe...

Les théories allemandes demeurent plus prudentes, plus réservées, plus timides. Elles paraissent n'être que le développement de quelques lignes de Clausewitz, peut-être imparfaitement comprises : « Ordinairement, la tournure que prend la ba- « taille apparaît dès le début, quoique d'une manière peu sensible. « Souvent, cette tournure résulte d'une manière très évidente, « des dispositions prises avant l'engagement. » — Avec les gros effectifs, la direction échappera au chef suprême. Comment pourrait-il choisir l'heure et le lieu de l'attaque décisive ? Mieux vaut, a priori s'il le faut, prendre des dispositions initiales telles que le succès, moins brillant peut-être, mais plus sûr, en découle automatiquement. En d'autres termes : avec les armes actuelles, le front est inviolable, ou peu s'en faut ; c'est à l'attaque débordante sur le ou sur les flancs de l'adversaire qu'il faut demander la victoire. Déployons-nous donc largement ; et si nous gardons des réserves, que ce soit très modérément, par précaution, non point avec l'illusion de les employer plus fructueusement dans une attaque décisive chimérique. Cette doctrine a pour alpha et pour oméga le principe de l'inviolabilité des fronts.

On discutait ainsi, depuis pas mal de temps, en se jetant à la tête les maigres arguments du Transvaal, quand éclata la guerre russo-japonaise. Durant toute la campagne, avec un bonheur constant, les Japonais se montrèrent fervents adeptes du système allemand. Quel triomphe pour les partisans de ce système, pour les adversaires de la doctrine française (il y a parfois une nuance) ! Peut-être n'est-il pas inutile d'examiner les choses de près.

Comment s'est comporté le front ? L'extrême difficulté des attaques frontales, les pertes considérables qu'elles sont exposées à subir, tout cela s'est trouvé naturellement confirmé : il fallait s'y attendre, on le savait déjà, il n'y a pas là le moindre fait nouveau. Mais, hélas! le pauvre front a passé son temps, en Mandchourie, à se faire violer le mieux du monde. Rappelons-nous plutôt les journées du Chaho, du 11 au 15 octobre, aux XVIIe et Xe corps, au IVe sibérien, et, pour trouver des exemples, nous n'aurons que l'embarras du choix. Ni les Japonais ni les Russes n'en ont profité : c'est leur affaire. N'empêche que, le 14 octobre, du côté de Patakiatseu, le général Sloutchevski dut faire pendant vingt-quatre heures de bien amères réflexions... et que, en définitive, l'inviolable principe reçut là-bas de sérieux atouts.

Mais, indéniablement, il n'y a pas eu l'ombre d'une attaque décisive. Les fronts se sont allongés, étirés. Les Russes, masqués, retranchés, blindés, ne voyant pas clairement la nécessité d'avancer, conservaient précieusement leurs réserves pour l'instant où, leur droite ou bien leur gauche, se trouvant enfin débordée, la retraite s'imposerait; ces réserves, d'ailleurs surmenées par des allées et venues continuelles, ballottées d'ordres en contre-ordres, composées d'éléments hétérogènes et disparates, s'entassaient dans des espaces de quelques kilomètres carrés, faisant songer à « l'athlète enfermé dans une guérite ». Les Japonais, dépourvus de réserves, trop faibles sur chaque point pour s'exposer de gaieté de cœur à une hécatombe frontale, résolus à ne pas reculer d'une semelle, satisfaits de gagner de temps à autres quelques mètres, se terraient le plus près possible de la position assaillie et attendaient, en profitant scrupuleusement de toutes les occasions, l'effet du mouvement débordant. Aussi cela durait trois jours, six jours, dix jours (1)!

---

(1) « Le commandant en chef japonais prescrivit alors aux IIe et IVe armées d'investir et attaquer la ville. Mais les Japonais, eux aussi, avaient d'abord besoin de repos pour se réorganiser. » (Major von TETTAU.)

« La vraie raison qui a permis à l'armée russe de se remettre aussi rapidement des suites de la bataille de Liaoyang, c'est surtout l'inaction absolue de l'ennemi. » (Major von TETTAU.)

« En face du Xe corps, la 3e division japonaise... n'était plus assez forte pour lui nuire : son offensive était arrêtée, et le Xe corps pouvait, sur sa nouvelle position au sud de Patakiatseu, se réorganiser et se fortifier tranquillement. » (Major von TETTAU.)

« La 12e division n'avait, le 28 août, aucun ennemi devant elle. A l'encontre de sa mission d'avancer sur les hauteurs à l'est de Souanmiaotseu, elle demeura pourtant

Et voilà les modèles que l'on vient nous proposer ! Mais ces théories sont de vieilles connaissances : nous savons où elles aboutissent en stratégies ; ur le champ de bataille, les résultats sont identiques.

Depuis le Yalu jusqu'à Moukden, s'il n'y a pas eu d'attaque décisive, la raison en est simple : Oyama n'a pas essayé d'en faire (1), Kouropatkine n'a pas su en organiser une seule. Pourtant, que d'occasions perdues ! Le 1er septembre, à Liaoyang, où la foudre devrait tomber sur la rive gauche du Taitseho, entre les Ire et IVe armées, que sépare une trouée de 20 kilomètres ; toujours à Liaoyang, l'attaque projetée sur la rive droite contre Kuroki et dont on ne peut vraiment pas dire qu'elle ait échoué, puisqu'elle n'a pas eu lieu ; les mouvements gauches, décousus, désordonnés de Bilderling, Orlov et Sloutchevski, l'immobilité non moins désordonnée de Stackelberg, c'est tout ce que l'on voudra, sauf une attaque décisive ! Pas davantage le 7 mars à Youhountouen, dans le vide qui sépare les IIe et IIIe armées, en face d'une brigade épuisée de la 3e division, nous n'honorerons du nom d'attaque l'exhibition à 3 ou 4 kilomètres de l'ennemi de 4 régiments, dont 2 seulement daignent s'engager à fond, et de 8 batteries dont aucune ne tire, dont 5 ne bougent même pas ! A Kiousan, il est vrai, l'attaque japonaise perce le front des Russes ; mais, comme elle n'a été ni prévue, ni organisée, elle ne rend pas, et l'ennemi s'échappe... Et c'est vraiment le point faible de cette méthode : les résultats

---

aplatie sur le front Lientoouan — Kousaratchin. Comme il y avait encore des Russes sur les hauteurs entre le Taisekimonling et Sitsouitseu, le commandant de la division n'osa pas dépasser la 2e division, entre Taitseho et Tangho, autant qu'il en avait reçu l'ordre. » (Colonel GERTSCH.)

« La marche en avant des 2e et 12e divisions, prescrite à 2h 30 par Kuroki, « parce « qu'il était urgent de poursuivre immédiatement », fut tellement retardée « par suite « d'incidents imprévus », que le mouvement ne commença qu'à 6 heures du soir pour la 2e division, et à 10 heures du soir pour la 12e. » (Colonel GERTSCH.)

« Les profanes peuvent se laisser éblouir par l'éclat des hauts faits de Kuroki, mais les soldats doivent montrer plus de sens critique. Les Japonais marquèrent le pas, sciemment, avec des forces écrasantes... Rien ne put les décider à bondir avant d'avoir parachevé leurs minutieux préparatifs. Que les Allemands s'extasient s'ils le veulent... Le jour où ils auront affaire à un général de premier ordre, cette manie de prudence pourra causer la perte de nos chers petits amis. » (Général HAMILTON.)

(1) Dès 1899, un officier, spectateur des manœuvres japonaises, signale l'extension démesurée des fronts de combat, le manque de réserves et d'artillerie de corps : tendances qui ne favorisent guère l'exécution d'attaques décisives.

sont maigres, tellement, qu'il est permis de se demander s'il est raisonnable de tant risquer pour obtenir si peu.

Car les risques ont été effroyables (1). Ces lignes minces, sans réserves, terrées à quelques centaines de mètres des positions russes, étaient sur chaque point à la merci absolue d'une offensive sérieuse conduite en profondeur. Pendant plusieurs jours cette situation se prolongeait, s'aggravait, en raison de l'épuisement de ces hommes maintenus sur la ligne de feu, pour qui le sommeil, la nourriture, le remplacement des munitions, n'étaient que des mots vides de sens. Et pendant ces interminables journées, le commandement russe avait le temps d'imaginer, de combiner, d'organiser, de découpler, suivant son unique bon plaisir, l'attaque suprême et décisive. Ce commandement n'a pas su vouloir ; constatons-le, mais ne concluons pas que ces « attaques de trois jours » sont désormais le modèle, la règle.

Interrogeons, du reste, notre conscience : imposons momentanément silence à notre amour-propre d'Occidentaux, et demandons-nous s'il existe dans toute l'Europe une infanterie capable de recommencer ce qu'a fait, pendant ces journées, le soldat japonais. Regardons-le, suivons-le au feu, devant des spectateurs peu suspects de partialité en sa faveur, Villetard de Laguerie,

---

(1) « Communication du général Fugii, chef d'état-major de Kuroki : « Vous comprendrez notre anxiété, quand je vous aurai dit qu'en raison de la supériorité numérique de l'ennemi, nous n'avions pas conservé de réserve générale ; le besoin ne devait pas tarder à s'en faire sentir... En fait, vous le savez, l'offensive de la Garde fut arrêtée net sur toute la ligne. Alors il fallut bien s'avouer, au quartier général, que la situation était critique. Si seulement la Garde pu remplir sa mission et réussir à Yangtseling, le col de Motienling et notre ligne de communication qui l'empruntait auraient été pratiquement garantis... Mais la Garde avait subi un échec, et les résultats, quels qu'ils fussent, sur cette partie du champ de bataille, ne semblaient pas pouvoir faire pencher la balance ; de sorte que nous ne pouvions continuer à agir avec toute la prudence vers laquelle constamment tendaient tous nos désirs... Tant que la 2ᵉ division ne s'engageait pas, ou se contentait de faire appuyer la Garde par son aile gauche, nous pouvions nous considérer comme possédant une réserve, bien que n'en ayant prévu aucune sur l'ordre d'opérations. Toute menace au point sensible, contre notre centre, trouvait une parade dans l'emploi de l'aile droite de cette 2ᵉ division, que l'on pouvait, au bout d'un certain laps de temps (plutôt considérable !) renforcer en faisant revenir les quatre bataillons d'Okasaki. Mais, du moment que l'on engageait cette aile dans l'attaque de Yangtseling, elle perdait complètement ses propriétés de réserve et, qui plus est, en s'avançant, prêtait le flanc vers Seisekirei et pouvait finir par découvrir le Motienling... Le quartier général avait fait tout ce qui était en son pouvoir, et sa tâche était terminée, car il ne disposait plus d'aucune troupe. Toutes étaient engagées ; aucune ne relevait plus du commandement supérieur, » (Général HAMILTON.)

par exemple, qui n'aime pas particulièrement ces jaunes : « Un obus éclate sur un épaulement. Un officier et quatre hommes roulent : leurs têtes sont littéralement broyées. La fumée n'était pas dissipée que, sans une hésitation, un officier et quatre hommes sortent de la casemate et reprennent le service du canon, pendant que deux corvées de quatre hommes transportaient les cinq morts dans un fossé voisin, recueillaient leurs fiches individuelles, vidaient leurs poches et rabattaient la terre sur eux. Et pendant cela, les balles et les éclats hachaient les arbres, cassaient les tuiles...

« Une quinzaine de soldats sont assis, leurs fusils près d'eux, « passifs. Tout à coup un sifflement furieux, un éclat assourdissant, « une fumée épaisse et âcre : il n'y a plus que quatorze soldats. « Le quinzième a été volatilisé, l'obus a éclaté en le frappant. « Froidement son voisin tourne la tête et fait passer le fusil de « gauche à droite. Les autres n'ont pas bougé et personne n'a « songé à s'abriter. » Concluons donc, avec le général de Boisrouvray, que nous ne ferions vraisemblablement pas ce qu'ont pu faire ces Japonais : « Ceux-ci avaient une force que n'ont « plus, que ne peuvent plus avoir des nations dont la civilisation « date de longs siècles : un mépris absolu (j'allais dire un goût) « de la mort, que seul peut donner un fanatisme demi-barbare et « religieux, un acharnement propre aux demi-sauvages... Car, si « les classes élevées, au Japon, se sont assimilé, avec une rapidité « inouïe, la plupart des idées de notre civilisation, ces idées n'ont « pas encore pénétré le substratum de la nation, et, sous le vernis « européen qui nous les cache, les couches profondes ont conservé « leur mentalité primitive; ce sont elles qui ont fourni ces soldats « dont l'acharnement patient, tenace, a causé l'étonnement admi- « ratif du vieux monde. Pourrions-nous, comme eux, demander « à nos hommes de cheminer pendant des heures et des jours, « pas à pas, de trou en trou, dans une même direction, sans relâche; « de gratter indéfiniment la terre, de manger, dormir et mourir « sur la même motte, sous un feu continuel, sans un coup d'œil « aux camarades qui tombent, sans un instant de lassitude ou « de faiblesse morale, soutenus seulement par la vue du but, et « l'entêtement ferme à le conquérir ? »

Cette tactique des Japonais, c'est un peu leur méthode de lutte : la main sèche et osseuse qui s'ouvre pour tâter, qui s'étale les doigts allongés, légèrement contractée, avec moins de vigueur que de volonté nerveuse, prête à pincer l'adversaire au bon endroit pour le réduire à composition. — Notre main, quand il nous faut nous battre, s'entr'ouvre également, se crispe, mais se ferme aussitôt, souple et pesante en même temps, devient un poing prêt à se lever pour retomber au moment voulu, de tout le poids du corps qui l'accompagne, sur un adversaire voué à l'écrasement. Conservons nos traditions : elles en valent d'autres et sont bien nôtres, de par la loi des races...

J'aurais conscience d'avoir été un bien médiocre défenseur de la doctrine si, à tous ceux que j'aurai été impuissant à convaincre, je ne recommandais la lecture des pages définitives consacrées par le colonel Maistre à ces questions de l'inviolabilité du front, et de l'attaque décisive : *Spicheren*, chapitre IX, § 7.

§ 4 — Tactique d'armes

Si nous voulons étudier maintenant la tactique des différentes armes, notre embarras augmente. En l'absence de monographies authentiques et détaillées, il nous faudra enregistrer des observations vagues et contradictoires, faire comparaître des témoins d'une compétence parfois discutable, qui souvent auront vu les choses d'un peu loin, conclure enfin en évitant la généralisation hâtive de faits peut-être exacts, mais probablement isolés. Entre ces témoignages, nous serons dans l'obligation de choisir, avec le désir très sincère d'atteindre la vérité, mais sans la certitude d'y parvenir.

I. *Infanterie*. — 1° Les formations. — Ceux qui se plaisent à imaginer une guerre à la fois scientifique et vulgarisée, usant de procédés mis à la portée de tous, ceux qui rêvent d'un art militaire réduit en comprimés et pilules, ceux qui recherchent patiemment la « botte de Nevers », unique et secrète, qui les dispensera de pratiquer quotidiennement l'épée, attendaient, les yeux fixés sur la Mandchourie, la révélation des formations-types qui permettraient à l'infanterie de s'emparer sans pertes des retranchements les mieux défendus. Leur attente a été déçue. Ni l'infiltration, ni la marche rampante n'ont reçu la consécration du champ de bataille, où il ne semble même pas qu'elles aient fait sérieusement leur apparition. Reginald Kann nous montre bien, à Liaoyang, des essaims d'une vingtaine d'hommes, guidés (ne l'oublions pas) par un officier ou sous-officier, et se reformant scrupuleusement derrière chaque couvert (1) : ils se dissimulent le plus possible, courent beaucoup, ne rampent que très exceptionnellement. Parfois, certaines divisions des IIe et IVe armées, comme la 6e à Lamoutouen, essaient sans grand succès les procédés dernier genre. D'autres fois, surtout en montagne, une poignée de Japonais se faufile à 300 mètres d'une tranchée russe, la prend d'enfilade et précipite la retraite d'une compagnie vigoureusement attaquée de front... Bref, quelques cas isolés. Un fait nouveau, cependant, sur lequel on ne semble pas avoir suffisamment insisté : l'usage constant des allures vives (2). Et nous ne pouvons songer sans tristesse à la navrante timidité avec laquelle nous pratiquons le pas gymnastique : ceux qui ont connu l'École de Joinville il y a une quinzaine d'années savent pourtant quel effort on peut réclamer d'un homme moyennement constitué ; mais cet effort, on se garde bien de le demander en temps de paix, par crainte des accidents toujours possibles qu'exploiterait la malveillance : inutile de songer à l'obtenir sur le champ de bataille ; ni les jarrets, ni les poumons ne s'improvisent sous la pression des circonstances.

Nous avons déjà dit quelques mots, au commencement de cette étude, des tendances tactiques des Japonais : leurs méthodes et leurs formations de combat sont celles que recommandent, en 1903, les divers règlements des grandes puissances européennes. Et voici, par exemple, d'après le général Hamilton, les caractéristiques d'une de ces attaques, exécutée le 12 octobre par la

---

(1) « On distinguait fort bien chaque soldat : ils progressaient par groupes plus faibles qu'une section, largement déployés. Toutes les fois qu'ils étaient à l'abri du feu, ces groupes se rassemblaient ; puis, sous les shrapnels, ils reprenaient des intervalles de cinq à vingt pas. » (Général HAMILTON.)

(2) « Le seul facteur nouveau qui bouleverse les données du problème, c'est la stupéfiante rapidité avec laquelle ces petits hommes envahissent le terrain. » (Général HAMILTON.)

Le général déclare « n'avoir rien vu de comparable dans aucune armée d'Asie, d'Amérique ou d'Europe.

« L'infanterie fait souvent usage du pas gymnastique, allure où elle excelle et qu'elle peut conserver longtemps sans donner les moindres marques de fatigue. » (Extrait d'un rapport sur les manœuvres japonaises de 1902.)

brigade Matsunaga : deux bataillons en première ligne, trois pas
d'intervalle entre les hommes, 35 mètres entre les compagnies.
A 1.400 mètres de l'ennemi, une pause de sept minutes, puis en
avant à toute vitesse, sans s'arrêter, sans tirer. A 700 mètres
tout le monde à terre et feu à répétition de deux minutes. Ensuite
bonds par échelons d'une compagnie : celle de droite, puis celle
de gauche, puis les deux du centre. Les soutiens renforcent, les
réserves serrent. A 200 mètres, halte d'une demi-minute, puis la
charge. — Les engagements décrits par le colonel Gertsch ne
présentent rien de bien particulier (1). Mais à tous les observateurs, l'entrée en ligne très rapide des soutiens et des réserves
a donné l'impression d'une attaque par vagues successives (2).

---

(1) « A midi 20, les 1er et 2e bataillons commencèrent leur mouvement... Les compagnies s'avancèrent la plupart à la file indienne, le long des ondulations et des
sinuosités des pentes, irrégulièrement groupées, l'une derrière l'autre ou bien juxtaposées, ne se plaçant qu'au point de vue du couvert, auquel elles durent renoncer
à partir de là... elles se déployèrent donc en tirailleurs.

« A midi 30, les compagnies de Kobi s'étaient ébranlées... Vers 1 heure, au moment
où elles atteignaient Chokako, les 1er et 2e bataillons gravissaient le plateau... En
se déployant, leur ligne de combat se forma par sections, non sur une seule ligne,
mais chacune s'adaptant au terrain : pour utiliser les abris, elles passaient de la ligne
de tirailleurs à la file indienne ou bien à l'essaim, et se reformaient en tirailleurs
quand ces abris faisaient défaut. Ces changements de formation s'effectuaient sans
hâte particulière et habituellement sans modifier l'allure. Au besoin l'on s'arrêtait,
ou bien l'on s'écartait de la direction primitive, sans se préoccuper de conserver
l'échelonnement des sections, ni de les maintenir l'une derrière l'autre. En général,
les compagnies occupaient le front qui leur était nécessaire; le reste se retrouvait
toujours quand on s'arrêtait pour tirer... Pendant ce temps, les compagnies de Kobi
avaient atteint le premier palier au-dessus de Chokako et luttaient, couchées, avec
les défenseurs... Lentement, patiemment, elles rampaient en avançant, se collaient
à chaque pli de terrain, le remontaient... Dès qu'une section atteignait une zone
battue, elle se reformait en tirailleurs et ouvrait le feu; et pendant ce temps, d'autres
sections progressaient, en attendant que ce fût leur tour de tirer. Les 1re et 2e compagnies de la Garde les soutinrent efficacement de leur feu... Au 2e bataillon, les
choses avaient moins bien tourné... L'ennemi entretenait à bonne portée un feu
continu; les pertes augmentaient rapidement... Marcher sur ces ouvrages, cela ne
rentrait point dans la mission du bataillon, et semblait, en outre, absolument hors
de question, d'autant que la brigade voisine n'attaquait pas; abandonner la position
et attaquer d'un autre côté, le bataillon ne le pouvait, car le front du régiment était
trop resserré, et, de plus, les défenseurs des ouvrages russes auraient pu devenir
disponibles pour d'autres secteurs. Telles furent les considérations qui dictèrent au
chef de bataillon sa conduite ultérieure. Le bataillon resta sur place et s'y terra.
Une partie des hommes se coucha et continua le feu; les autres terrassaient à genou
ou debout. Ainsi l'on vit, pendant l'action, un parapet surgir peu à peu du sol : à
4 heures, il était suffisant pour des tireurs à genou. Les deux sections de soutien
rejoignirent leurs compagnies après 3 heures... » (Colonel GERTSCH).

(2) « La Garde, en chaînes épaisses de tirailleurs, avait attaqué de part et d'autre
du ravin. Par bonds, les officiers très en avant, les Japonais donnaient l'assaut...
De nouvelles lignes compactes suivaient la première et remplissaient les vides. Ils

A presque tous, l'utilisation minutieuse du terrain par les petites fractions de la chaîne, des soutiens, des réserves, a procuré l'illusion du mouvement en avant de très nombreux essaims... (1). Mais surtout, ce système de combat demeure admirablement articulé : on indique à chaque unité sa direction et celle des unités voisines ; les soldats en reçoivent connaissance. De l'officier supérieur à l'homme de troupe, chacun est familiarisé avec son rôle et le joue consciencieusement, amoureusement. Et quant aux formations, elles sont adaptées à chaque cas particulier ; on les emploie toutes (2) ; dans telle circonstance, on débouchera

---

s'arrêtaient dans les dépressions, dans les angles morts, puis se ruaient de nouveau, protégés par le feu de groupes restés en position. Au bout d'une heure, les tirailleurs étaient à environ 600 mètres des positions russes... dont l'artillerie japonaise criblait les tranchées d'obus brisants. » (Major von Tettau.)

(1) « De nombreuses compagnies avançaient sur le front Chokako—Mindiafan, plus tard également sur Chokako. On ne pouvait distinguer les compagnies de la ligne de feu des bataillons de la réserve : les colonnes descendaient en serpentant dans la dépression, à travers un terrain très accidenté, l'une un peu en avant, l'autre un peu en arrière, en masses relativement compactes. » (Colonel Gertsch.)

« Entre les Japonais et les Russes, il n'y avait pas plus de 250 mètres. La chaîne était dense et tirait tant qu'elle pouvait ; mais je remarquai que, pour la renforcer, les soutiens traversaient la zone dangereuse en arrière, à toute vitesse et en ordre dispersé, plutôt individuellement que par groupes... Je voyais nettement les hommes dans mes jumelles : aucune formation, à moins de donner ce nom à de petits groupes de six à douze soldats, opérant d'une façon à peu près indépendante. Tout à coup, les pentes furent envahies par une masse confuse et dispersée qui, en y regardant de plus près, consistait en petits groupes déployés, à cinq ou six pas d'intervalle, tous jouant des jambes... J'étais un peu loin pour affirmer qu'ils ne tiraient point, mais cela ne leur était guère possible, car ils se masquaient mutuellement. » (Général Hamilton.)

« A ma grande surprise, je constatai qu'au lieu d'être encore déserte, la plaine s'était couverte d'une foule immense d'individus éparpillés, dispersés, courant sur les Russes à toute vitesse. La brigade Okasaki franchissait la zone découverte pour tenter, dans un suprême effort, l'enlèvement de Terayama... Au premier abord, on ne distinguait aucun ordre, aucun arrangement dans cette brigade, qui chargeait sur 400 à 500 mètres de terrain découvert... Mais je m'aperçus tout à coup que c'était l'art, non le hasard qui avait présidé à l'habile disposition des pions sur l'échiquier. Cette foule d'aspect si désordonné, si décousu, se composait d'un grand nombre de sections, de demisections, de groupes, besognant chacun de son côté, mais se soutenant étroitement, chacun déployé sous les ordres de son chef, officier ou sous-officier. Pas d'intervalles réguliers, d'après moi, de deux à dix pas ; en profondeur, les distances, plus difficiles à repérer, doivent s'être tenues entre dix et quarante pas. L'allure était merveilleuse et cette traversée de la plaine semblait une charge de cavalerie plutôt qu'un assaut d'infanterie. » (Général Hamilton.)

(2) « Dans les formations de combat de l'infanterie japonaise régnait la plus extrême variété. Les chefs faisaient usage de toutes celles que le règlement abandonnait à leur initiative, choisissant la leur suivant le terrain, l'heure, la puissance du feu de l'ennemi, la situation tactique. Mais, constamment, l'attaque fut conduite avec la dernière énergie, avec un effort soutenu : en avant, jusqu'à l'ennemi, coûte que coûte ! » (Major von Tettau.)

en colonne par quatre à quelques centaines de mètres de l'ennemi !

Quel contraste avec l'insouciance, avec la négligence dont les Russes font trop souvent preuve sur le champ de bataille ! Sans doute, dans les premiers engagements, ils usent d'une tactique un peu surannée, assez en harmonie d'ailleurs avec leur caractère national. Mais ne nous exagérons rien : ils apprennent très vite à ne pas s'exposer bénévolement au feu de l'adversaire (1); à traverser les zones battues « en file indienne, à dix pas de dis-« tance et en courant » (Capitaine SOLOVIEV). Ils imitent même, un peu gauchement et sans grand succès, les vagues de l'infanterie japonaise, en disposant leurs régiments sur huit chaînes de tirailleurs de deux compagnies chacune, avec quatre ou cinq pas d'intervalle entre les hommes, se succédant à 50 mètres de distance. Mais ces formations sont aussi impuissantes, à elles seules, à assurer la victoire, que les formations compactes à expliquer la défaite. On a blâmé sans ménagements, raillé complaisamment la « tactique nationale » des Russes. Il est plus simple, plus commode d'expliquer un échec en s'en prenant aux formations mises en œuvre, qu'en incriminant le rôle du commandement dans la direction du combat. Quant à nous, de telles explications ne nous satisfont point ; nous admettons difficilement que les bataillons russes, trop compacts, aient été constamment cloués au sol en raison des pertes subies ; nous n'oublions pas que telles de ces attaques, héroïquement exécutées, n'ont échoué au port que faute d'esprit de suite ; et nous méditons les paroles du major von Tettau : « Constamment l'attaque japo-« naise fut conduite avec la dernière énergie, avec un effort sou-« tenu : en avant, jusqu'à l'ennemi, coûte que coûte ! »

En Mandchourie, l'infanterie victorieuse use tour à tour de tous les procédés, d'aucun en particulier ; nous ne trouvons nulle part le succès « selon la formule ».

Nous nous en doutions déjà : c'est le triomphe de notre Règle-

---

(1) « A Liaoyang : En fait de troupes, on voyait ici si peu de chose que l'on eût dit d'un combat de fantômes dans les airs. Des blessés seulement, des estafettes, quelques traînards... A côté, cheminaient vers le sud, en files minces, des compagnies russes. On usait d'une tactique pour ainsi dire renouvelée du ver de terre, afin de n'offrir à l'artillerie ennemie que des objectifs aussi étroits que possible. » (O. VON SCHWARTZ.)

ment! Dans chaque cas particulier, parfois sur chaque front de
section, doit s'établir sous la main du chef, non par l'initiative
du soldat, une formation appropriée : le Règlement les autorise
toutes, ainsi que tous les commandements. Une infanterie souple,
maniée avec virtuosité par ceux qui l'ont dressée à leur guise,
voilà l'unique formule. Administrativement nous avons toujours
la 2e compagnie, la 4e section; en tactique nous ne connaissons
plus que la section Paul et la compagnie Pierre; et c'est pourquoi
il est permis de sourire sans indulgence en voyant réunir des
bataillons-squelettes pour exécuter l'école de compagnie sous le
commandement... sous la surveillance d'un cadre.

S'infiltrer, ramper, ne voyons là que des métaphores colorées,
excessives, nous rappelant constamment qu'il faut se faire voir
le moins et le moins longtemps possible et avancer tout de même :
mais chassons de notre cœur, de celui de nos soldats, cette
croyance déprimante que sous le feu on n'avance plus qu'en
rampant, en se prosternant devant l'ennemi (1)! Exerçons toutefois nos sections, sans trop insister, à ces procédés « modern-
« style », qui seront peut-être utilisables de temps à autre : cela
les occupera comme une gymnastique aussi salutaire et beaucoup moins mortellement ennuyeuse que la gymnastique sué-
doise; et puis cela pourra peut-être attirer l'attention bienveillante des généraux inspecteurs... de ceux du moins qui aiment
à se contenter de peu. Mais ne faisons pas de ces simples gestes
la base de la tactique du « soldat-citoyen » : il faudra toujours
un chef pour diriger, pour donner l'impulsion; qu'il pousse ses
hommes, ou les tire vers l'ennemi, peu nous importe, simple
affaire de race! Quant aux soldats lancés un par un dans la direction dangereuse, espérons qu'ils ne « filtreront » pas comme le
café du Roi quand Mme du Barry le surveillait !...

2o **Les soutiens et les réserves.** — Le déploiement s'effectue
généralement par compagnies et même par bataillons entiers :

---

(1) « Le Règlement de 1875 donnait une importance excessive au défilement individuel et n'entrevoyait pas l'utilisation en grand des vallons, bois, dépressions, etc.,
pour faire cheminer les troupes à l'abri des vues et de feu de l'ennemi. Dans la pratique, on en arriva à ramper et à se terrer à tel point que les soldats purent croire
que la guerre n'était qu'un immense jeu de cache-cache. Le Règlement de 1884 a
réagi heureusement contre ces pratiques honteuses. » (Général BONNAL.)

les petites unités ne conservent pas de soutiens. Mais, tandis que les Russes ne portent sur la ligne de feu que le quart environ de l'effectif, les Japonais, dans l'attaque rapide menée en deux heures — pas en dix minutes comme aux manœuvres! — exceptionnelle chez eux et qui serait vraisemblablement la règle chez nous, engagent très vite presque tout leur monde : une demi-douzaine de lignes successives, distantes de 300 à 500 mètres, courent de toute la vitesse de leurs jambes, d'abri en abri, jusqu'au dernier couvert le plus rapproché de l'ennemi, où leurs débris viennent se fondre en une chaîne assez dense; une fois là, on s'accroche au sol, désespérément, jusqu'à la décision.

Soutiens et réserves sont donc bientôt dépensés. Si l'exagération du front trompe et intimide les Russes, elle traîne après soi toutes ses conséquences : tout est absorbé par ce front qu'il faut bien garnir. La conception serait même tentante, si les réserves devaient obligatoirement suivre la chaîne à très courte distance : supprimons-les, nous aurons, avec les mêmes pertes, une puissance de feux bien supérieure... Seulement le défaut de profondeur d'une attaque ainsi comprise la prive de cette intensité sans cesse croissante à laquelle rien ne peut faire obstacle : elle manque de souffle, cette attaque; elle est anémique; elle n'a pas de force vive!

3° **La dernière poussée.** — Aussi, une fois terrée à 200 mètres ou 100 mètres de l'ennemi, parfois plus près encore, elle est arrêtée définitivement (1); et le mouvement ne reprendra que

---

(1) « La seule chance de soulager la gauche consistait à faire donner la droite. Aussi Hasegawa... implora-t-il un suprême effort pour venir à bout de l'éperon. Mais les Japonais avaient jeté tout leur feu et ne purent ou ne voulurent pas entendre. C'est la nature humaine, la pauvre nature humaine, contre laquelle les chefs en temps de guerre, les prêtres en temps de paix, passent leur temps à batailler : quoi qu'ils fassent, elle n'est jamais complètement domptée et intervient toujours au moment le plus critique. Quand des hommes ont été collés au sol pendant trois mortelles heures, durant lesquelles une grêle ininterrompue de balles n'a pas cessé de passer au ras de leur tête, il est bien difficile de les amener à se relever tous ensemble et à se ruer en avant à la baïonnette. Quelques individus particulièrement braves le font et sont instantanément foudroyés : ce qui fortifie chacun dans la résolution intime d'attendre, pour bondir en avant, que le voisin ait prêché d'exemple. Et, comme ledit voisin caresse précisément le même projet, il s'ensuit qu'on ne peut rien faire jusqu'à l'arrivée de troupes fraîches poussées en avant sans arrêt ni hésitation. » (Général HAMILTON.)

grâce à l'intervention d'une force nouvelle (1), artillerie criblant de projectiles les tranchées russes, ou bien manœuvre débordante déterminant enfin le recul d'un adversaire inerte depuis des heures devant ses réserves inemployées qui ne savent s'engager ni pour la contre-attaque, ni pour le retour offensif.

Entre ces deux derniers procédés de combat, les expériences de Mandchourie ne se sont pas prononcées nettement. Les faibles effectifs engagés par les Russes dans ces tentatives semblent correspondre plutôt à des contre-attaques partielles; mais leurs mouvements sont hésitants, et ils n'interviennent généralement qu'après l'enlèvement de la position par les Japonais, ce qui nous ramène au type du retour offensif : seulement on renonce, par le fait même, aux avantages de cette forme, l'ensemble, la liaison des armes. Démoralisés, parfois bousculés, par la retraite des troupes amies de première ligne, ces pseudo-retours offensifs échouent en règle générale (2).

Ce ne sont, en somme, que des contre-attaques tardives. Exécutées en temps utile, avant l'évacuation de la position, elles réussissent fréquemment : 140ᵉ de Zaraisk à Hanping, à la droite du IIIᵉ sibérien; 12ᵉ de Barnaoul à Liaoyang le 30 août, à la droite du Iᵉʳ sibérien; détachement Rennenkampf à Matsioundan.

4º Usage du feu. — En Mandchourie l'importance capitale du feu s'affirme une fois de plus, ce qui n'a rien de bien nouveau; mais celle de la baïonnette est très loin de décroître, s'il faut en

---

(1) « Après avoir tiré trois salves, les Japonais chargèrent à la baïonnette, mais furent repoussés après une lutte acharnée. Les hommes se jetèrent à terre, derrière la crête, et attendirent, à dix pas environ des Russes, de recouvrer leurs sens pour un nouvel effort. La compagnie de réserve fut amenée en ligne pour renforcer le centre, et une deuxième charge eut lieu. Cette tentative échoua également, après un combat à la baïonnette et aux grenades à main particulièrement acharné et prolongé. Les Japonais disent que, depuis la guerre civile, ils n'avaient pas rencontré une semblable opiniâtreté. On avait conservé une section pour couvrir le flanc droit; on l'engagea pour renforcer le centre. C'était la dernière chance : elle réussit. Toute la ligne se leva comme un seul homme et chargea avec une grande clameur; l'ennemi lâcha pied. Les Japonais avaient perdu 10 officiers et 200 hommes sur 600. » (Général HAMILTON.)

(2) « A peine les Japonais étaient-ils maîtres de la position que deux bataillons ennemis contre-attaquèrent vigoureusement sur le flanc droit du 30ᵉ régiment. S'ils avaient renforcé quelques minutes plus tôt, quand leurs camarades tenaient encore bon sur le sommet, le résultat de l'attaque de nuit eût pu être bien différent. En tout cas, cette contre-attaque fut repoussée, après une lutte d'une demi-heure. » (Général HAMILTON.)

croire un acteur du drame, le capitaine Soloviev (1). Nous sommes
en tout cas extrêmement loin de ce triomphe de la doctrine des
« feux décisifs », prophétisé par certains écrivains d'outre-Rhin.
L'assaillant se rend si bien compte de la nécessité d'aller vite,
tant que la chose est possible, qu'il tire relativement peu, pas
du tout même quelquefois : il s'abrite et garde ses cartouches
pour l'événement... qui se produira dans trois jours ! Il a bien
raison, puisque l'ennemi lui permet tout et ne lui chicane ni le
temps ni l'espace. Sommes-nous autorisés à espérer que nos adversaires éventuels en useront de même?

Il faut du reste remarquer que la chaîne, lorsqu'elle ne tire
pas, est presque toujours soutenue par le feu violent des fractions voisines, toujours par celui de l'artillerie (2). La préparation
par le feu à portée efficace — et non décisive — est plus que jamais
nécessaire, parce que le feu et le choc « doivent autant que pos-
« sible partir en même temps, parce qu'ils doivent travailler en-
« semble, l'un portant l'autre, parce qu'ils font partie d'un seul
« et même acte; parce qu'il faut, à tout prix, assurer à cet acte
« l'unité, la puissance et la soudaineté dont il a besoin pour
« réussir » (Général CARDOT).

Quant aux feux de salve, vestiges vénérables de la guerre
« au cordeau », antique criterium de la valeur des chefs de section, l'expérience, après le bon sens, les a une fois de plus con-

---

(1) « Personnellement, comme témoin et comme comparse dans des assauts à la
baïonnette, j'ai vu comme l'arme blanche a enlevé en quelques minutes des tranchées
sur lesquelles nous avions, pendant trois journées, fait pleuvoir des milliers de balles...
Il est étrange d'entendre maintenant des opinions qui ravalent la baïonnette à rien,
ou qui lui concèdent seulement une valeur de circonstance, accidentelle, celle d'un
accessoire sans importance du fusil. Un fait est pourtant incontestable. C'est que,
dans cette guerre-ci, la baïonnette a travaillé tout le temps, et non par exception.
Il n'y a pas eu de combat, tant soit peu important, sans travail à la baïonnette.
Demandez l'expérience de combat de tous les régiments qui ont pris part à la guerre
actuelle, et vous constaterez qu'il n'y en a pas pour ainsi dire un seul qui n'ait combattu à la baïonnette. » (Capitaine SOLOVIEV.)

(2) « Le feu le plus terrible venait de l'avant-dernier piton de la montagne; sous
sa protection, deux bataillons japonais environ détournaient l'attention des défenseurs des tranchées russes, à 450 mètres de distance. Couverts par le feu de cette
infanterie, des groupes de 10 à 20 hommes cherchaient, chacun pour son compte,
à en venir aux mains de plus près; ils s'étaient peu à peu réunis en trois grandes bandes
en formations irrégulières, couleur de terre, rampant dans les dépressions qui les
abritaient du feu, à moins de 200 mètres des tranchées... A chaque bond en avant,
les petits groupes grimpaient et rampaient, sans essayer de faire usage de leurs
fusils, comptant uniquement sur la protection du feu des bataillons restés en arrière
de la crête. » (Général HAMILTON.)

damnés. Ils l'étaient depuis plus de dix ans par nos règlements, au grand mécontentement des entraîneurs d'hommes experts à ne point « déchirer la toile ». Nous sera-t-il permis de croire que nous en avons fini avec eux?...

5º **Opérations de nuit.** — Pour se rapprocher, le plus possible, sans se faire voir, d'un adversaire immobile, le meilleur moyen est d'utiliser la nuit. Voilà tantôt vingt ans que, dans l'armée française, on le répète sans beaucoup le faire; les Japonais l'ont fait quotidiennement, et presque toutes leurs attaques ont commencé... la veille au soir : l'obscurité favorisait leur marche d'approche, qui les amenait, au petit jour, à proximité des tranchées russes. Quant aux combats de nuit proprement dits, ils ont été extrêmement fréquents. Ils constituent indubitablement le procédé le plus expéditif pour enlever ou reprendre certains points d'appui, le Manjouyama à Liaoyang, le village de Yendounioulou pendant la bataille du Chaho (1). Malheureusement l'exécution de ces attaques est inséparable d'un désordre à peu près fatal, qui leur interdit d'aller bien loin; les ténèbres facilitent la rupture de l'engagement et la retraite du défenseur, qui a su

----

(1) « Le commandant du corps d'armée résolut de reprendre Yendounioulou par une attaque de nuit. On désigna, à la réserve du corps, le 139ᵉ régiment et le 2ᵉ bataillon du 140ᵉ, tandis que le dernier régiment, le 137ᵉ, était, avec l'artillerie, dirigé sur Tchenlioutankeou, pour servir de repli en cas d'échec. A 9 heures, dès que l'obscurité fut complète, les troupes désignées marchèrent sur Lounouanmiao, où on laissa les paquetages et où l'on revêtit les capotes grises; le drapeau du 139ᵉ y resta à la garde de la 3ᵉ compagnie. Tandis que le bataillon du 140ᵉ passait la rivière à Lounouanmiao pour aborder Yendounioulou par l'est, le 139ᵉ prenait à l'ouest sa formation de combat : les trois compagnies du 1ᵉʳ bataillon, déployées en une chaîne épaisse de tirailleurs, les trois autres bataillons disposés à 150 pas en arrière, en deux lignes successives de colonnes de compagnie à intervalles de 50 pas; le groupe d'éclaireurs à l'aile droite. Des files d'hommes de communication assuraient la liaison entre les tirailleurs et les colonnes de compagnie, ainsi qu'entre ces dernières.

« Dans cette formation, l'on marcha silencieusement sur Yendounioulou. Au bout de dix ou quinze minutes, les contours de ce gros village se silhouettèrent dans l'obscurité; les Japonais exécutèrent alors un feu violent, mais les coups portaient trop haut. Sans tirer, la chaîne se rua, suivie des colonnes compactes, franchit la berge haute et escarpée du cours d'eau, tomba à la baïonnette sur l'ennemi qui occupait le bord du ravin. Simultanément, par l'est, le bataillon du 140ᵉ faisait irruption dans le village. Une lutte désespérée à l'arme blanche s'y engagea ainsi que dans le ravin. D'après les Russes, elle coûta aux Japonais plus d'un millier d'hommes, et au 139ᵉ, de Morchansk, 8 officiers et 150 hommes. Surpris par cette attaque soudaine, les Japonais s'enfuirent, les uns dans le gaolian en abandonnant leurs faisceaux sur la place, les autres dans les fanzas où on les découvrit le lendemain. » (Major von Tettau.)

conserver son sang-froid; chez l'assaillant, les méprises sont
inévitables et peuvent causer des catastrophes. L'exemple des
assauts du Sankaisekisan et de la colline Poutilov ne laisse
aucun doute à cet égard. Il semble donc qu'il faille se ranger à
l'avis du major Bronsart von Schellendorf : « Les attaques de
« nuit demeureront toujours un expédient peu commode. On lutte
« à l'aveuglette, on renonce à toute direction, ainsi qu'à la coopé-
« ration des armes à longue portée. Les marches de nuit, au con-
« traire, les mouvements qui, avant l'aube, améliorent la situation
« d'une troupe vis-à-vis de l'ennemi, présenteront des avantages. »

6o Les masques. — Se masquer le plus possible, en avançant
et pour avancer, doit être sur le champ de bataille une constante
préoccupation : il faut voir dans les bois, dans les hautes cultures,
dans le gaolian, non point le mauvais génie qui vient entraver
notre marche, mais l'ami précieux qui la dissimule à l'ennemi.
Seulement il faut dresser en conséquence nos compagnies, nos
bataillons, les accoutumer à manœuvrer « en liaison » avec ces
obstacles, qui ne favoriseront que ceux qui les connaîtront bien,
et qui exerceront sur les autres une influence dissolvante.

7o Durée des engagements. — Désormais, s'il faut en croire
les Japonais, les attaques dureront deux et trois jours. Nous avons
déjà dit ce que nous pensions de cette lenteur, de son origine
en Mandchourie, et de l'avenir d'un procédé que nous nous obstinons à ne point prendre pour modèle...

Concluons donc, sans plus tarder : dans ces combats d'infanterie, rien de nouveau, si l'on tient compte des circonstances
spéciales; et nous pouvons regarder cette guerre comme l'éclatante consécration de notre Règlement; et nous devons surtout
nous rappeler que, malgré les pertes dues à des formations un
peu archaïques, toutes les attaques conduites avec ensemble,
énergie, conviction, désir de vaincre, ont réussi, sans exception.

II. *Artillerie.*—L'infanterie est plus que jamais la reine des
batailles; mais c'est une reine constitutionnelle, flanquée d'un
parlement qui s'appelle l'artillerie. Quel est, en Mandchourie, le
rôle de cette dernière?...

1º **Le matériel.** — Aucun des adversaires ne possède une véritable artillerie à tir rapide, munie de boucliers, répondant aux conceptions actuelles. La pièce japonaise, d'une puissance médiocre, avec des projectiles assez défectueux, ne peut dépasser la vitesse d'un tir accéléré, trois ou quatre coups par minute; elle est en revanche admirablement servie et encadrée.

La guerre surprend les Russes en plein changement de matériel. Sans parler de leur ancienne pièce, ni des batteries de montagne, qui leur font presque complètement défaut, leur canon à tir rapide — en réalité à tir accéléré — moins mobile (1), mais plus puissant que le canon Arisaka, tire à la même vitesse des projectiles mieux organisés, mais qui sont encore bien loin de la perfection (2). Passablement servi et encadré, il est incontes-

---

(1) « Bien que le détachement n'eût qu'une seule batterie à la colonne de droite, les dernières marches avaient démontré qu'elle ne faisait que diminuer la mobilité de cette colonne. On craignit que, dans une retraite éventuelle, elle ne pût suivre et tombât aux mains de l'ennemi : une demi-batterie fut envoyée au Motouling, l'autre suivit la route d'étapes. » (Major von Tettau.)

« L'installation de l'artillerie se fit au prix de difficultés inouïes. Au début de notre séjour à Hanping, j'étais allé à cheval au Kountchinling avec le général et son chef d'état-major; jusqu'à ce col, le chemin était déjà si coupé, si rocailleux, qu'il n'était guère praticable à l'artillerie de campagne. Malgré tout, de chaque côté de la passe, sur des crêtes s'élevant à pic à 80 mètres environ au-dessus du chemin, on avait installé deux pièces hissées avec des câbles. Indubitablement ces quatre pièces seraient perdues dès que l'on évacuerait. » (Major von Tettau.)

« Nous nous trouvâmes nez à nez avec une batterie que l'on avait formée de pièces russes... Le major Hitikata la commandait. Bien qu'attelée de grands chevaux d'artillerie russes, elle n'avançait que péniblement sur le chemin raboteux : ces pièces étaient donc beaucoup trop lourdes pour la guerre en Mandchourie. » (Colonel Gertsch.)

« Le chef d'état-major de la 3ᵉ division voulut profiter de l'occasion pour faire passer la 2ᵉ batterie par un sentier de montagne au sud de la route : les pièces, attelées encore de quatre chevaux, parvinrent sans autre dommage à gagner cette montagne; mais, après un parcours d'une verste, elles durent s'arrêter; les chevaux n'étant plus capables de leur faire traverser ce terrain. » (Major von Tettau.)

« On se convainquit de l'impossibilité d'amener la batterie de campagne sur les hauteurs qui encadraient le col : les pentes étaient trop raides, et le chemin lui-même avait besoin d'être sérieusement amélioré. La batterie fut donc renvoyée à Lipiyu. » (Major von Tettau.)

« La nouvelle artillerie de campagne se révéla beaucoup trop lourde pour la guerre de montagne : une fois en position, il lui était difficile de se replier sous le feu. Elle ne pouvait franchir les mauvais pas qu'au prix des plus grands efforts. Et puis les artilleurs n'étaient point familiarisés avec les récentes pièces à tir rapide : après le combat, on les entendit à plusieurs reprises exprimer le désir qu'on leur rendît leurs vieux canons. De l'emploi des batteries masquées, du tir indirect, on ne savait rien. » (Major von Tettau.)

(2) « Imagine-toi que, le 31 août... à chaque salve j'avais en moyenne de deux à trois éclatements à la bouche. » (Colonel Bielaiev. » Questions de tactique d'artillerie ». *Journal des Sciences militaires*, janv. 1908.)

tablement supérieur à la pièce japonaise (1). Mais, pour en doter incomplètement l'armée de Mandchourie, il a fallu en démunir, au dernier moment, les premiers corps d'armée pourvus, non sans bouleverser fâcheusement l'ordre de bataille des brigades d'artillerie : on le voit la première fois, on l'essaie littéralement sur le champ de bataille (2). Il ne faut donc pas s'étonner qu'il y ait des tâtonnements, des mécomptes, des déboires de toutes sortes, que le rendement laisse à désirer.

Ainsi, d'un côté, un matériel médiocre au service d'une tactique très avertie ; de l'autre, des théories un peu suran-

---

(1) « Peu à peu je me rendis compte, d'après les lueurs, que nous avions affaire à quatre pièces russes et je fus surpris de leur grande puissance, sensiblement supérieure à celle des douze pièces japonaises, sur qui se déchaînait par moments un véritable feu d'enfer, mais qui continuaient à tirer : les servants à genou, les pourvoyeurs rampant, les officiers debout. » (Colonel Gertsch.)

« La chaîne est à l'extrême portée des pièces japonaises, d'ores et déjà parfaitement dominées par les batteries russes (Général. » Hamilton.)

« Les assaillants ont cette supériorité d'avoir eu l'avantage dans la lutte d'artillerie. Actuellement, à 10ʰ 15, les canonniers japonais ne peuvent même pas montrer le bout de leur nez. Quelle leçon pour nos dirigeants ! Notre artillerie ressemble, autant qu'il est possible, à celle du Japon ; et il est clair, évident, manifestement évident, que celle-ci, en rase campagne, n'a pas la moindre chance de tenir contre les Russes. » (Général Hamilton.)

« J'entendis un officier dire, pas à moi, que c'était vraiment mal à l'artillerie de ne pas mettre en œuvre toute sa puissance, maintenant que l'infanterie avançait. Mais les pauvres vieilles batteries japonaises sont tout bonnement étranglées. Les chers canons ne peuvent plus ouvrir la bouche. C'est le point faible du Japon : l'infériorité de son artillerie. » (Général Hamilton.)

« Je pense qu'il y a un autre motif au retard de la IVe armée... la puissance et l'activité de l'artillerie russe. » (Général Hamilton.)

« Nous tombâmes sous un feu à shrapnells exécuté par les Japonais avec des pièces russes. J'appris à mes propres dépens combien notre shrapnell est plus efficace que le shrapnell japonais. » (Colonel Gavrilov, *Journal des Sciences militaires*, oct. 1907.)

« Chaque fois que l'artillerie russe combattit sous une bonne direction, qu'elle sut utiliser l'excellente préparation de son personnel et la grande puissance de ses pièces, la supériorité des feux russes s'imposa, même contre un nombre plus élevé de pièces ennemies. » (Colonel E. Rostagno, *Les armées russes en Mandchourie*.)

(2) « L'artillerie de campagne, au début de la guerre, venait de commencer sa réorganisation ; c'était un matériel tout neuf aux mains d'un personnel non moins neuf ; peu avant et même après l'ordre de mobilisation, on venait d'échanger les vieux canons contre des pièces à tir rapide, avec lesquelles la plupart des batteries n'avaient tiré qu'une seule fois, quelques-unes même pas du tout. Du rendement et de l'emploi de ce matériel, la plupart des artilleurs, la presque totalité des grands chefs, n'avaient pas la moindre idée. » (Major von Tettau.)

« Contre les quatre batteries de la 2e brigade, la dispersion était très grande, et contre les trois de la 1re, les coups, comme dans la matinée, étaient trop courts d'au moins 500 mètres. De même que dans les premiers engagements, l'on arrivait à cette conviction que les commandants des batteries russes ne connaissaient pas grand'-chose en fait de tir. » (Colonel Gertsch.)

nées (1) pour la mise en œuvre d'un assez bon outillage. Ce ne sont point les conditions d'une expérience bien concluante.

2º **Vulnérabilité.** — De part et d'autre, dès le début, on en arrive à cette conclusion : une artillerie exposée aux vues court le risque d'une destruction presque instantanée. C'était depuis longtemps prévu. Nous croyons, toutefois, qu'il ne faut pas donner à ce principe une forme trop absolue. La batterie russe détruite au Yalu en changeant de position le faisait sans beaucoup d'adresse, dans un chemin étroit, vraisemblablement au pas (2); elle a principalement souffert du feu de l'infanterie qu'elle avait laissée arriver à 300 mètres; elle avait contre elle au moins six batteries, et, de plus, elle a joué de malheur, la perte de son attelage de tête l'ayant immobilisée de très bonne heure. Les batteries d'Ouafangkeou, étalées complaisamment en face d'une artillerie deux fois supérieure (3), sous prétexte que le tir masqué était une utopie, ont réussi à lutter pendant toute la journée du 14 juin; comme elles n'ont été détruites que le 15, successivement,

---

(1) « Le haut commandement russe s'était prononcé en faveur de la constitution d'une réserve d'artillerie. Les inconvénients de cette manière de faire, mise en pratique avec exagération, se révélèrent en Extrême-Orient au cours de la plupart des engagements. A l'avant-garde, on attribue de l'artillerie chargée de reconnaître l'ennemi... Sur l'emploi de l'artillerie par masses, sur la concentration des feux, les instructions russes restent muettes. Nous voyons, en Extrême-Orient, les batteries russes combattre la plupart du temps en ordre dispersé et, faute de boucliers, aux portées extrêmes, sur des positions masquées, avec des vues insuffisantes. Au début, par suite du changement de matériel, on était loin d'être à la hauteur au point de vue de la technique du tir. En fait de tactique des feux et de liaison avec l'infanterie, l'artillerie ne possédait que des notions insuffisantes. » (grand État-major allemand, *Kriegsgeschichtliche Einzelschriften*, 39-40, p. 35.)

« On devait faire une « reconnaissance d'artillerie ». L'artillerie ennemie, qui faisait face à 6 kilomètres environ à la batterie du col de Peikeou, et que, jusque-là, on avait vue distinctement dans les lunettes, s'était évanouie; s'était-elle masquée, ou avait-elle rétrogradé? C'est ce que devait établir notre batterie postée près du col. Nous entourions le général : la batterie tira cinquante schrapnells, qui ne pouvaient atteindre l'objectif qu'avec l'évent extrême de la fusée; seul, l'écho répondit, les Japonais ne donnant pas signe de vie. Ainsi finit la « reconnaissance d'artillerie ! » (Major von TETTAU.)

(2) « A Hantchenpou, le 17 octobre... les avant-trains du 1er groupe de la 35e brigade d'artillerie n'échappèrent à la destruction que par miracle, grâce à la remarquable rapidité de leur mouvement : dix-huit shrapnels s'abattirent à l'endroit où ils venaient de passer. » (Lieutenant-Colonel NEZNAMOV.)

(3) A Ouafangkeou, les Japonais engagent dans le combat de front 144 pièces sur 216 contre 94 pièces russes. De plus, le général Stackelberg croit devoir ne mettre en ligne que 70 pièces, en conservant 24 en réserve. La plupart des batteries enlevées par l'ennemi, le sont par suite de la retraite prématurée du 4e tirailleurs.

et dans les mêmes conditions que la batterie du Yalu, nous sommes bien obligés de croire que les Russes n'ont pas été extrêmement manœuvriers : la seule conclusion légitime, c'est qu'une artillerie, engagée contre des forces doubles, doit racheter son infériorité par des qualités exceptionnelles. — Les autres exemples cités à l'appui de la thèse en question donnent lieu à des remarques identiques.

3° **Le tir masqué.** — De cette théorie, admise sans discussion, découle une première conséquence : se cacher systématiquement derrière des épaulements, des crêtes, des cultures; ne plus exécuter que ce « tir masqué qui sera désormais la règle ».

Mais, comme on y est peu préparé, les méthodes sont très défectueuses : ici, devant des groupes entiers de batteries religieusement masquées, s'ouvrent, sur une profondeur de 2 kilomètres et plus, des angles morts où l'infanterie assaillante progresse en toute sécurité; là, sous prétexte du « manque de positions », les deux tiers de l'artillerie russe demeurent inutilisés... (1) Partout et constamment l'on tire sur l'inconnu, sur des villages abandonnés, des épaulements inoccupés, des « batteries-fantômes », sur des murs derrière lesquels il ne se passe rien du tout; consciencieusement l'on « arrose » pendant des heures des vallons

---

(1) « Jusqu'à la fin de la campagne, les Russes n'ont jamais pu se décider à engager carrément leurs batteries et à profiter de la supériorité numérique parfois écrasante de leur artillerie :

« Le point remarquable, dans cette tentative des Russes, c'était d'avoir poussé en avant une aussi forte colonne d'infanterie sans lui donner d'artillerie, comme si l'on eût voulu empêcher les pièces de tomber, de même qu'au Yalu, entre les mains des Japonais. » (Colonel GERTSCH.)

« Seules ces 16 pièces, sur les 88 du X° corps, prirent part au combat; les 72 autres avaient été renvoyées à Tongkiapou et Lipiyu, parce que, de l'avis du quartier général, « il n'y avait pas de position d'artillerie convenable ». Je crois, pourtant, qu'on aurait très bien pu en employer davantage, surtout si l'on avait renoncé à l'habitude de les placer constamment sur les crêtes. L'entrée en action d'un plus grand nombre de batteries aurait pu faire prendre une tout autre tournure au combat. » (Major von TETTAU.)

« L'intention du général d'opposer plus de trois batteries à l'offensive de l'ennemi demeura incomprise du commandant de l'artillerie, qui craignait de perdre ses batteries par suite d'un mouvement débordant des Japonais. Depuis Tsiulientcheng, on vivait dans une continuelle terreur de se faire prendre des canons. » (Major von TETTAU.)

« Le général Rebinkine, lui aussi, avait gardé une batterie en réserve; vers midi, à ma grande stupéfaction, je la vis se mettre en mouvement dans notre propre direction : le général la renvoyait au gros « parce qu'il ne trouvait pas à l'employer. » (Major von TETTAU.)

complètement déserts (1). C'est la perpétuelle réalisation de la vieille plaisanterie classique : « Sur quoi tirez-vous? — Sur l'ordre du général. » — Le major Löffler raille complaisamment ce « procédé imité des Français » : ne voyons dans cette critique que l'expression de la mauvaise humeur un peu ingénue d'un Allemand contre ceux qui se sont permis d'être, avant lui, les créateurs du tir rapide. Ces arrosages maladroits n'ont rien à voir avec notre « tir progressif » (2). Ces interminables tireries, lentes et uniformes, orientées de cinq minutes en cinq minutes sur des buts hypothétiques, se traînent aux antipodes de notre rafale, ignorée des Russes comme des Japonais. Aussi bien, en Mandchourie, finit-on par entrevoir la vérité, et par reconnaître que le défilement ne constitue pas la panacée universelle (3).

---

(1) « Étourdiment nous avions commencé par nous installer sur une éminence, juste à 300 mètres en arrière du centre de la batterie, quand, subitement, les Japonais se mirent à arroser toute cette zone arrière. » (Major VON TETTAU.)

« Vers 3 heures, deux batteries ennemies ouvrirent également le feu à Toumentseu. Bien que cette canonnade se fût prolongée jusqu'à la tombée de la nuit, vers 7ʰ 30, comme elle était principalement dirigée sur le sommet inoccupé de la hauteur de Kouchoutseu, les pertes du détachement Solomko furent insignifiantes : au 124ᵉ, 1 officier tué, 8 hommes blessés, à l'artillerie 2 blessés. » (Major VON TETTAU.)

« Ordre fut donné à toutes les batteries de tirer sur les zones où, d'après les renseignements, se concentraient les Japonais, avec ordre de battre une grande étendue en profondeur; on plaça tout un nouveau réseau d'observateurs. En quarante minutes, dont vingt d'interruption pour connaître les résultats du tir et les emplacements des objectifs, les 48 pièces tirèrent environ 8.000 coups. » (Lieutenant-Colonel NEZNAMOV.)

« On avait, pendant toute la journée, canonné un village que l'on prenait pour Sandepou. Puis on s'était aperçu qu'il s'agissait d'une autre localité, non portée sur la carte, située au nord de Sandepou, et présentant le même aspect, surtout par une atmosphère brumeuse. » (Major VON TETTAU.)

« L'expérience tirée des combats antérieurs a démontré que les Japonais couvraient également d'un feu violent des portions de terrain où nos troupes ne se tenaient pas. » (Général KOUROPATKINE. Instructions du 28 avril 1904.)

« Du 13 au 16 octobre, les Japonais ont tout particulièrement battu au moyen d'obus brisants, pendant une heure et demie par jour, une zone en arrière du village d'Inkoua, où ils supposaient que se trouvaient nos batteries, qui étaient à Hantchenpou. » (Lieutenant-Colonel NEZNAMOV.)

(2) « L'artillerie russe abandonnait de temps en temps son objectif pour arroser de shrapnells des zones entières de terrain où elle ne voyait pas un ennemi. Le feu était chaque fois très violent, en quelque sorte par à-coups..... C'était une imitation du procédé que les Français nomment rafale. Mais il était notoire que l'artillerie russe ne s'en appropriait que les formes extérieures. Car la rafale française repose essentiellement sur la connaissance précise du terrain occupé par l'ennemi, de telle sorte que la hauteur d'éclatement de chaque coup puisse être calculée. Les Russes, au contraire, tiraient au hasard dans les mamelons; leurs shrapnells éclataient, tantôt au point d'arrivée, tantôt en l'air à la hauteur d'un clocher. » (Colonel GERTSCH.)

(3) « Bien qu'occupant un large front, les batteries russes souffraient terriblement. Mais ce n'étaient pas toujours les plus exposées qui souffraient le plus. Au moment

Que notre artillerie se masque le plus possible, c'est son devoir. Mais qu'elle ait également la ferme volonté de se démasquer s'il le faut, plutôt que de ne rien produire et de gâcher sa besogne. Surtout, qu'elle ne prenne pas la fâcheuse habitude de nous répondre « tir masqué » comme les marquis de Molière répondaient « tarte à la crème! »

4° **Immobilité.** — Ces errements devaient entraîner une deuxième conséquence plus regrettable encore : ne se faire voir à aucun prix ; donc installer de nuit en position ses batteries confortablement masquées, pour la bataille du lendemain. Une fois là, y demeurer bien sagement, bien timidement ; ne bouger, n'avancer surtout, sous quelque prétexte que ce soit (1). Et les

---

où, dans leur mouvement débordant, les Japonais menaçaient d'atteindre la voie ferrée, une batterie de la 9e division fit avancer deux pièces complètement à découvert. Surprise par ce changement de position, l'artillerie japonaise ne put modifier convenablement les éléments de son tir, et ces pièces ne subirent point de pertes. » (Lord Brooke, *An eye-witness in Manchuria.*)

« En ce qui concerne l'engouement relatif aux positions abritées, à mon avis ce n'est pas seulement un engouement, mais un mal terrible contre lequel il faut, selon moi, lutter par tous les moyens. » (Colonel Gavrilov, *Journal des Sciences militaires*, août 1907.

« La manière d'agir du propre groupe du colonel Sliousarenko... offre toute une série d'exemples d'occupation de positions des genres les plus divers, jusqu'à des positions complètement découvertes inclusivement. » (Colonel Pachtchenko, *Journal des Sciences militaires*, août 1907.)

(1) « L'artillerie japonaise, à mon humble avis, ne s'est pas aujourd'hui distinguée à l'égal des autres armes. Tandis que Matsunaga enlevait le mamelon au-dessus de Sialiouhotseu, une minute ou deux avant 11 heures, les collines au nord se couvraient d'infanterie en retraite. A ce moment, les batteries russes au nord de Liouhotseu étaient déjà réduites au silence; celles du Rioukasan et de Domonshi se trouvaient hors de portée. Bien attelées, avec de meilleures liaisons, les pièces japonaises auraient pu galoper à bonne distance de ces fantassins en retraite qui gravissaient lentement les pentes et, en moins d'un quart d'heure, les châtier cruellement. Mais, en fait, on envoya seulement une estafette demander des ordres, et l'artillerie n'avança qu'à 11h30, quand les troupes en retraite étaient déjà à l'abri. Encore ce mouvement se fit-il avec une désespérante lenteur, malgré que les chemins fussent bons et parfaitement plats. La brigade de droite, en tout et pour tout, gagna 250 ou 300 mètres jusqu'à un emplacement au pied du Sanjoshisan, où l'on avait préparé des épaulements; or, à 900 mètres plus loin, il y avait une position splendide d'où l'ennemi eût pu être efficacement canonné, tandis qu'à cette portée extrême les balles des shrapnells, faute de force vive, n'étaient plus dangereuses. Les deux batteries de gauche allèrent presque jusqu'au Terayama, où elles ouvrirent le feu sur la plaine découverte. Ce mouvement plus prononcé, plus utile pour l'infanterie que celui de leurs camarades de droite, ne fut pourtant ni assez instantané, ni assez rapide, ni assez hardi, selon mes idées personnelles, partagées, je crois, sauf erreur, par beaucoup d'officiers japonais. » (Général Hamilton.) — Le général rapporte les doléances de ces officiers :

« Voilà des batteries russes, au Rioukasan et à Domonshi, qui tirent à loisir sur notre infanterie, et notre artillerie ne bouge pas !... Hier, nous avions ici sept batteries de

deux artilleries lutteront (si cela peut s'appeler lutter) de couvert à couvert, à 5 kilomètres l'une de l'autre, oubliant le mot de Gourko, rapporté et approuvé par le général Langlois : « C'est « une honte au combat de tirer à de pareilles distances sans des « motifs graves ! » Et l'on trouvera toujours des excuses à cette inertie : poids exagéré des voitures, médiocrité des attelages... (1).

Donc plus de batteries d'accompagnement, plus de poursuite fructueuse (2) : sur la position péniblement conquise, l'infanterie, abandonnée de son artillerie, va trouver devant elle toutes les armes, unies pour le retour offensif (3). Le témoignage du général Lombard (*Revue militaire générale*) ne laisse aucun doute à cet égard... L'artillerie assaillante? Elle envoie de temps à autre des projectiles sur les troupes amies et se réserve d'arriver demain, pour la distribution des récompenses, quand il n'y aura plus de « zone de mort » (4) !

---

campagne : hardiment et habilement maniées, elles auraient fait de grandes choses... Un meilleur usage de notre artillerie nous eût épargné bien des pertes...

« Il n'y a pas de doute : les canons japonais sont tellement enterrés qu'ils deviennent presque aussi immobiles que des pièces de position. Ils perdent du temps à entrer dans leurs trous, à en sortir ; à mon avis, cet usage constant des épaulements, imposé par la supériorité de l'artillerie russe, tend à diminuer chez les artilleurs l'initiative et l'audace. » (Général HAMILTON.)

(1) « L'artillerie japonaise avait du mal à changer de position. Les batteries, par suite de la médiocrité des attelages, étaient fréquemment réduites à effectuer leurs mouvements au pas. » (Major VON LÜTTWITZ.)

(2) « Un mouvement en avant des batteries, audacieux et le plus rapide possible, quand l'adversaire commence à céder, est nécessaire. C'est un très puissant facteur et, en pareil cas, cela vaut la peine de courir quelques risques... Les Japonais, le 12 octobre au soir, craignirent de déplacer leur artillerie au moment de notre retraite, et c'est grâce seulement à leur prudence que nous réussîmes à faire passer le Chaho à tous les convois de trois divisions, 3e, 35e et 55e, sur un seul pont léger, et à évacuer de la station du Chaho tout le matériel mobile et plus de 500 blessés. » (Lieutenant-Colonel NEZNAMOV.)

(3) « A la suite de l'évacuation du village de Chiliho par la 3e division, la position avancée du détachement Rebinkine devenait intenable : à 4 heures commença la retraite sur la position principale ; elle s'effectua dans le plus grand ordre, sans être inquiétée par l'ennemi, que les batteries de la hauteur de Hounpaotchan empêchèrent de s'installer sur la position évacuée. » (Major VON TETTAU.)

« L'état-major ne dissimule pas que la retraite des Russes s'est admirablement opérée... non seulement avec cohésion, mais en resserrant le coude-à-coude à mesure qu'ils se rapprochaient d'Hanping ; ils étaient protégés par le feu violent de 24 pièces en batterie au nord de Chouchapoutseu. Les Japonais ne disposaient pas d'artillerie pour riposter, sauf la batterie de montagne dont je viens de retracer les hauts faits... Je ne pense pas, quant à moi, qu'une poursuite sans l'appui de l'artillerie, puisse amener d'autre résultat que de grosses pertes chez les poursuivants. » (Général HAMILTON.)

(4) « Le commandant du régiment de Volhynie, estimant que l'épuisement de son régiment ne lui permettait pas de s'emparer, sans préparation d'artillerie, d'une posi-

Elle finit par avoir honte : de temps à autre l'artillerie japonaise se porte en avant, au milieu de l'action... et n'est nullement anéantie. Insensiblement elle recommence à se convaincre
de la nécessité de changer quelquefois de masque, pour mieux
concourir à la victoire : à Moukden les canons de la 8e division finiront par se mettre en batterie à 1.500 mètres des
Russes (1).

Il nous faut bien insister, puisque certains artilleurs semblent
avoir une tendance à approuver l'immobilité, à dire leur fait
aux fantassins qui « voudraient voir l'artillerie voltiger sans
« cesse autour d'eux, tel le papillon butinant de fleur en fleur sans
« jamais se poser ». Mais non ! Ce n'est pas du tout ce que nous
désirons : ce serait bien gênant pour la pauvre infanterie; et
puis, il n'est nullement question de « voltiger », mais seulement
d'avancer... deux ou trois fois peut-être en vingt-quatre heures.
Certes il ne nous déplairait pas qu'au moment où nous pénétre-
rons dans « cette galère » de la zone battue, nos frères de l'artillerie nous accompagnassent plus effectivement que de leurs
vœux, ou bien de projectiles un peu hésitants, se trompant

---

tion aussi forte, se tourna vers l'artillerie, lui demandant de se porter en avant pour
soutenir son attaque; mais les batteries restèrent immobiles, au loin, sur leurs positions. » (Général KOUROPATKINE, *Memoiren.*)

(1) « Un peu avant 2 heures, la 4e batterie avait, à découvert, canonné l'infanterie
russe de Souitientsa. » (Colonel GERTSCH.)

« Comme on ne pouvait maîtriser une batterie japonaise au nord-est du chemin de
Mindiafan à Tsouidiakeou, le général Gerchelmann reçut l'ordre de pousser les batteries de gauche de la 9e brigade d'artillerie, qui ne pouvaient entrer en action, jusque
derrière l'avant-ligne du régiment de Sievsk et de les y engager... Le général, pour
repousser l'attaque, porta sa batterie de gauche jusque sur cette avant-ligne. » (Major
VON TETTAU.)

« Le colonel Hume a assisté à une série d'épisodes passionnants de la lutte soutenue
par deux batteries japonaises, le long d'une courte section du chemin de Pakiatseu à
Tchanliouhotseu, sur laquelle une batterie russe en action vers Domonshi avait parfaitement réglé son tir. En cette occurrence, les conducteurs japonais tentèrent le passage au galop. Pièces et caissons s'avancèrent un par un; mais, dès qu'ils atteignaient
le terrain dangereux, la rafale se déchaînait tout alentour. Finalement, la vieille
forge de campagne arriva cahin-caha, et les shrapnells éclatèrent si près que les chevaux, quelque accoutumés qu'ils dussent être à toute sorte de tapage, prirent peur
et se cabrèrent; de telle sorte qu'un homme tomba du coffre arrière, se releva, et se
mit à courir comme s'il eût le diable à ses trousses. Un des conducteurs de tête fut
très malin : surveillant du coin de l'œil la direction de l'ennemi, dès qu'il vit la fumée
des pièces, il arrêta net, juste à 20 mètres du point dangereux, évitant ainsi les huit
shrapnells qui vinrent tomber, inoffensifs, sur le chemin devant son attelage. Quand
tout fut fini, l'on compta ses pertes : dans une batterie, 7 hommes seulement avaient
été touchés, dans l'autre 10 chevaux ! » (Général HAMILTON.)

peut-être d'adresse (1). Mais, s'ils ne peuvent avancer qu'au péril de leur existence, notre intérêt même, à défaut d'autre sentiment, nous commanderait de ne pas accepter ce sacrifice : que nos batteries nous marchandent leur aide, plutôt que de nous en priver définitivement en se faisant anéantir.

Seulement, ne proclamons pas, de grâce, une fois pour toutes, l'absolue, l'inéluctable impossibilité du mouvement en avant, du changement de position : perfectionnons l'éducation de nos éclaireurs de terrain, cherchons des cheminements et, toutes les fois que ce sera humainement possible, accompagnons notre infanterie. Craignons surtout, un jour où l'occasion s'offrira belle, de la laisser fuir... sous prétexte que « ça ne se fait pas ! »

Évadons-nous quelquefois de ce jeu de cache-cache perpétuel auquel on voudrait nous condamner; artilleurs et fantassins, écoutons, méditons les paroles du général Cardot : « Voici les « pauvres diables de fantassins, terrorisés par l'arrosoir magique « de leurs frères les artilleurs, qui étudient les génuflexions, les « prosternations, les sauts de côté, les bonds plus ou moins suc- « cessifs, que dis-je? la marche à quatre pattes ! qui rêvent dans « leurs insomnies aux gouttières du terrain, aux mouvements de « la couleuvre, aux boucliers, aux cuirasses, au pot-en-tête ! que « sais-je? qui sont là enfin, tête basse, comme le maudit frappé « par la sentence et condamné désormais à marcher sur son ventre « et à manger de la terre !... Voici maintenant les artilleurs, qui « ne veulent plus circuler du tout. Ils ont été les croquemitaines « de leurs chers frères, mais, par un juste retour des choses d'ici- « bas, les voilà pris aussi de peur et qui tremblent devant les « idoles fabriquées de leurs propres mains. Les imprudents ont « sorti de l'abîme des bêtes abominables qui rôdent partout, « *quærens quem devoret*, avec des mâchoires si puissantes, des dents

---

(1) « On estimait qu'un tiers des pertes subies au dernier moment par les Japonais étaient attribuables au feu de leur propre artillerie. » (Major VON LÜTTWITZ.)

« Le rapport du 21e régiment de tirailleurs de la Sibérie orientale s'exprime comme suit : Mais, par malheur, à ce moment précis, notre artillerie ouvrit le feu sur la crête rocheuse que nous attaquions : les obus, éclatant en avant du but, atteignirent nos propres troupes et nous contraignirent, non seulement à suspendre l'attaque décisive, mais encore à replier notre avant-garde. Cette canonnade ne cessa qu'à la tombée de la nuit, au moment où nous recevions du commandant de la division l'ordre de faire replier le bataillon du sommet en question pour éviter, le 11 octobre au matin, de masquer le feu de notre artillerie. » (Général KOUROPATKINE, *Memoiren.*)

« si longues, un appétit si formidable et un regard si perçant, que
« la première qui en aperçoit une autre la happe et l'avale — ins-
« tantanément. Et alors vous comprenez que toute la question
« maintenant est de voir sans être vu, et qu'il n'est plus possible,
« n'est-ce pas, de circuler avec des animaux pareils; on les tient
« en laisse, parbleu ! on les cache, on les met « en garde ! » Ils sont
« là embusqués, tapis, rasés, invisibles, immobiles, avec défense
« de remuer, de respirer et surtout d'éternuer mal à propos. Même
« quand ils aboieront, on ne verra pas leurs gueules menaçantes,
« onentendra à peine leur respiration lourde, et on s'occupe en ce
« moment d'éteindre les éclairs de leurs yeux flamboyants, qui
« trahissent encore leur présence. »

Sur le champ de bataille, en pleine action, l'artillerie doit
bouger; elle le peut, à notre humble avis; espérons qu'elle saura
le faire, sans qu'il soit indispensable de recourir au tirage au
sort — comme cela s'est pratiqué dans la cavalerie allemande...
sans remonter jusqu'au célèbre petit navire qui n'avait jamais
navigué !...

5º **Déploiement.** — Ces batteries, en tout cas, il faut absolument les mettre toutes en ligne, simultanément autant que possible. Quoi qu'en pense le général Kouropatkine, qui proclame
sans cesse la nécessité d'une réserve d'artillerie et laisse sans
emploi la moitié de ses pièces, « on réserve son feu, on ne réserve
« pas ses batteries » (commandant FAYOLLE). Elles ne tireront pas
toutes, mais elles seront prêtes à agir instantanément, au fur et
à mesure des besoins, et surtout à ne pas assister impassibles à
l'écrasement des camarades (1).

---

(1) « Le lieutenant-colonel A*** ne crut pas devoir intervenir dans la lutte pour soutenir la batterie voisine : « Dieu sait, nous dit-il, combien de douzaines de batteries
« les Japonais peuvent avoir là devant nous. Si j'ouvre le feu, j'attire sur moi celui de
« toute l'artillerie ennemie. » (O. VON SCHWARTZ.)

« Pourquoi donc ne tirait-on pas là-dessus? demanda un attaché militaire. Le
lieutenant-colonel A*** répondit qu'il n'avait pas la permission. Il devait écono-
miser les munitions jusqu'à l'engagement général; et puis, chaque projectile coû-
tait dix roubles, et le feu d'infanterie devait suffire à déloger les Japonais de
là-bas. En pareil cas, le point de vue économique ne nous semble pas de saison.
L'infanterie ennemie n'était qu'à 2 kilomètres environ; en quelques minutes l'artillerie russe aurait pu la chasser du mamelon. vraisemblablement en lui infligeant
de grosses pertes. » (O. VON SCHWARTZ.)

6° **Préparation du tir.** — Car il convient de tirer à coup sûr, d'ouvrir le feu sans précipitation. Plus de réglage ancien style dans ces batteries en surveillance; mais une minutieuse préparation du tir, relativement facile avec notre canon; repérage du terrain, répartition en zones, points de pointage, observation des lueurs et du son, lecture des fusées envoyées par l'ennemi comme on l'a fait en Mandchourie, emploi des télémètres naguère tant méprisés, observatoires, téléphones, signaleurs : tels sont les moyens que nous devons sans répit nous attacher à créer, à perfectionner. Que surtout notre organisation, nos méthodes de commandement nous mettent à même de réaliser en toutes circonstances l'indispensable concentration des feux. Et tâchons au besoin d'inciter l'adversaire à ouvrir le feu le premier, afin de ne déclencher le nôtre qu'à bon escient.

7° **Les résultats.** — C'est à peu près ce que l'on a cherché à faire en Mandchourie où l'on a obtenu l'efficacité, la rapidité, la surprise toutes les fois qu'on les a sincèrement recherchées (1)...

---

(1) « Les troupes russes qui occupaient les hauteurs plus à l'est se replièrent également. Elles cherchèrent ensuite à s'établir plus en arrière, sur les hauteurs voisines. Mais, entre temps, s'étaient avancées quelques pièces de la 2ᵉ brigade qui ouvrirent le feu sur ces hauteurs. Les Russes renoncèrent donc à résister davantage et se retirèrent hors de portée de l'assaillant. » (Colonel GERTSCH.)

« Peu après midi, une compagnie russe parut sur les pentes ouest de la hauteur de Chokako, et se mit à y construire une tranchée. Le chef du régiment d'artillerie de la Garde prescrivit à la 1ʳᵉ batterie d'ouvrir le feu sur ce détachement. Mais, de sa position, cette batterie ne voyait rien de ce côté, il fallait donc faire du tir indirect; vite, entre la batterie et le commandant du régiment on installa une ligne de relai au moyen de laquelle il dirigea lui-même le feu. La distance était de 5 kilomètres. On tirait à obus brisants : déjà le premier tombait près et en arrière du but, le second près et en avant, le troisième à gauche et en arrière, le quatrième en arrière et à droite. Le tir était réglé, la batterie continua par feu rapide et salves; la compagnie russe évacua sa tranchée et se retira précipitamment. Depuis le premier coup, l'épisode avait duré dix minutes. Pendant que la batterie tirait, la batterie russe de Souichaniou dirigea sur elle un feu furibond, mais pas un shrapnell n'atteignit le [but. » (Colonel GERTSCH.)

« A plusieurs reprises parurent au loin, sur les crêtes en arrière de la position russe, des renforts ennemis... Mais l'artillerie japonaise faisait bonne garde et les canonnait merveilleusement. A peine se montraient-ils, que les shrapnells pleuvaient sur eux. » (Colonel GERTSCH.)

« Dans l'ensellement du Kosaling, une batterie russe sut si bien se faire respecter, que l'attaque de cette hauteur n'eut pas lieu de toute la journée. » (Colonel GERTSCH).

« A 9ʰ 45, les pièces russes établies à 1.400 mètres au sud-est de Yangtseling, qui avaient battu jusque-là la vallée de Yamalingtseu, s'en prirent brusquement aux quatre batteries de la 2ᵉ division postées au nord de la route du Motianling. Instantanément, le tir fut réglé; puis une rafale; et en deux minutes tous les artilleurs japonais qui

Ici le major Löffler se trahit, et nous dévoile encore qu'il est
« orfèvre » : à l'en croire, les résultats du feu de l'artillerie auraient
causé de vives déceptions, l'effet d'écrasement tant escompté
n'aurait été obtenu que très exceptionnellement; un autre
allemand, O. von Schwartz, fait les mêmes constatations et les
enregistre avec une satisfaction non déguisée. Incontestablement les batteries engagées ont fait souvent plus de vacarme
que de mal (1). Beaucoup de bons esprits s'y attendaient un peu :

n'étaient pas encore tués ou grièvement blessés, avaient vidé les lieux pour se terrer
dans un chemin creux; tandis que les 24 pièces, si bruyamment agressives tout à
l'heure, restaient là toutes seules silencieuses. » (Général HAMILTON.)

« Nous attendions, au comble de l'émotion, que cette batterie, qui, visiblement, tirait
sur l'artillerie, dirigeât son feu sur les tirailleurs ennemis. Ceux-ci avaient déjà presque
atteint le pli de terrain, et déjà nous pensions que la batterie ne les avait pas vus :
quand un petit nuage blanc se pelotonna au-dessus des fantassins japonais, puis un
deuxième, puis un troisième; c'étaient des éclatements de shrapnells; la batterie
passa au feu rapide; aussi vite qu'ils étaient venus, ils disparurent de nouveau dans
la brousse des mamelons. » (Major VON TETTAU.)

« Les groupes de batteries A et C furent si bien repérés, aux lueurs et à la poussière
soulevée, que l'on pouvait compter les coups. Le colonel dirigea d'abord le tir des deux
batteries sur le groupe A, qui, au bout de trente-cinq minutes, se trouvait déjà complètement réduit au silence. Puis la 2e batterie s'en prit au groupe C, tandis que la 1re
tenait en respect le groupe A. A 9 heures le groupe C était dominé... A chaque tentative des Japonais pendant la journée, les deux batteries ripostèrent par un feu rapide
qui les réduisit au silence. » (Major VON TETTAU.)

« Ces deux batteries avaient à peine commencé leur réglage que les batteries russes,
qui avaient terminé le leur, ripostèrent, les réduisant au silence en vingt minutes.
Plusieurs fois pendant la journée, ces deux opiniâtres batteries essayèrent de reprendre
la lutte; chaque fois, en quelques minutes, elles furent dominées par le tir précis de
ces pièces qui, grâce à leur commandement et à leur réglage, les canonnaient à 5.000
mètres, portée où les pauvres canons japonais ne pouvaient utiliser que leurs obus
brisants. » (Général HAMILTON.)

(1) « Mais on ne voyait rien des batteries japonaises. Malgré la précision de leur tir
et la pluie continuelle de leurs obus brisants entre les pièces et les caissons, le résultat
fut tout à fait médiocre. Des deux batteries exposées à ce feu pendant douze heures,
la première eut 2 tués et 7 blessés, la deuxième, mieux masquée, 2 blessés seulement.
Je parle du tir des obus brisants qui, pendant toute la guerre, se montrèrent absolument inefficaces contre les buts animés. Parfois les batteries étaient complètement
enveloppées par la fumée noire des explosions; on ne les voyait plus, on les croyait
hors de combat; puis, la fumée dissipée, on ne constatait aucun dégât. » (Major VON
TETTAU.)

« Nous demeurâmes à notre poste jusqu'après 7 heures, puis allâmes vers nos chevaux
pour la nuit. Je cherchai les deux batteries du vallon, afin de voir les effets de l'artillerie russe. Tout le fond de la vallée avait reçu une pluie de shrapnells. Je comptais
donc trouver les batteries fort maltraitées. A la batterie la plus avancée, les pièces
étaient intactes; un avant-train placé à découvert avait son coffre fracassé; le personnel avait perdu 1 tué, 1 officier et 6 hommes blessés. A la batterie arrière, une roue
d'une pièce avait été brisée, 3 hommes tués, 1 officier et 7 hommes blessés.
Pour obtenir ce résultat il avait fallu, d'après mon estimation, au moins un millier de
shrapnells tirés sur ces deux batteries ! » (Colonel GERTSCH.)

« En avant de notre observatoire, sur un sommet bas à 1 kilomètre à l'est de Katashi

ils ne partageaient guère les illusions des théoriciens, qui se
plaisent à attribuer au canon des vertus qu'il ne saurait avoir (1);
ils ne comptaient nullement sur son « irrésistibilité »; ils ne
s'imaginaient point qu'un village « peut être anéanti par le feu
« dans un court laps de temps » (général Ouchatz Ogarovitch);
ils savaient, comme le général Oku, que « l'acte isolé d'envoyer
« des projectiles sur les positions de l'ennemi est relativement
« inutile, aussi longtemps que l'infanterie n'a pas prononcé son
« mouvement en avant ». (Instructions du 9 février 1905, citées
par le commandant Meunier)...

Pourtant, si l'on y regarde de plus près, les pertes imputables
à l'artillerie semblent avoir atteint 13 % au moins des pertes
totales; en 1870 la proportion, chez les Allemands, avait été
de 8 % seulement. En Mandchourie, les méthodes de tir des
Russes sont quelquefois des plus défectueuses, leur nouveau
canon de campagne ne tire pas d'obus-torpilles : contre les villages et les troupes abritées, leurs shrapnells demeurent impuissants; d'autre part, la fusée japonaise n'étant graduée que jusqu'à 4.000 mètres, il faut, aux distances supérieures, employer
contre le personnel des obus brisants forcément peu efficaces.
Et, de la part d'artilleries tiraillant à l'aveuglette à des portées
de 5 kilomètres, le plus étonnant c'est encore d'avoir enregistré
des résultats palpables ! Avec une organisation plus rationnelle,
une meilleure technique, une tactique plus audacieuse, c'eût
été vraisemblablement le triomphe du tir rapide et de nos
doctrines françaises (2). Et puis il semble équitable de tenir

était couchée une compagnie japonaise en ordre serré... Elle tomba sous le feu de
quatre pièces ennemies : dru comme grêle, par moments, les shrapnells pleuvaient
sur elle, et la plupart semblaient arriver au bon endroit. La distance était à peine
de 2 kilomètres, et la compagnie complètement exposée. Ne pouvant ni avancer ni
reculer, elle devait se laisser cribler... A l'entrée de Daisoton nous trouvâmes le général Watanabe... Nous portions un vif intérêt à la compagnie qui avait été si malmenée
sous nos yeux; le général l'avait également observée et s'y était intéressé. Il nous dit
en riant : Elle a 7 blessés et pas un seul tué. » (Colonel GERTSCH.)

(1) « Le commandant de l'artillerie était fermement convaincu que le feu exécuté
pendant six heures par cette masse d'artillerie devait être suffisant pour démolir tous
les villages sur les positions de l'ennemi, au point qu'il ne resterait à l'infanterie
qu'à aller les occuper. » (Général RENNENKAMPF.)

(2) « Deux batteries russes, sur la hauteur au nord-ouest du Youchouling, ripostèrent, mais sans pouvoir découvrir les Japonais, au hasard sur leurs positions hypothétiques, par conséquent sans efficacité (Colonel. » GERTSCH.)

« Vers 9 heures les Japonais avaient poussé une batterie sur la rive droite, plus près

compte à l'artillerie, non seulement des résultats statistiques, les seuls qui frappent l'observateur, mais encore des résultats qui échappent à l'évaluation, des pertes qu'elle a économisées à l'infanterie en gênant et paralysant le feu de l'adversaire (1).

8° **Déplacements.** — Les batteries étant condamnées à demeurer des heures entières en position, il importe que, du moins, elles puissent changer d'emplacement toutes les fois qu'elles voudront, pour tirer plus commodément ou se soustraire au feu de l'ennemi, mouvements à faire à la bricole, sans attelages; simple question d'organisation, d'instruction.

9° **Nécessité de l'obus-torpille.** — Alors des batteries à boucliers, plus ou moins masquées, ne pourront plus grand'chose l'une contre l'autre : il leur sera impossible de se causer mutuellement

---

du 46e; elle était sur sa nouvelle position, mais ne pouvait tirer par-dessus le Makurayama et ne produisait que peu d'effet sur l'artillerie russe, la distance étant trop grande pour les pièces de montagne. » (Colonel GERTSCH.)

« Dès l'ouverture du feu, l'artillerie russe riposta de Kohoshi, mais la plupart des shrapnells éclataient trop haut et ne produisaient que peu d'effet. » (Colonel GERTSCH.)

« Là-bas nous remarquâmes les 6 batteries de montagne de la 10e division, déployées sur une seule ligne de 800 mètres de développement. Contre cette ligne, des hauteurs en face, l'artillerie russe dirigeait un feu traînant, par instants très violent et qui paraissait efficace. Les 3 batteries également de la 1re brigade de la Garde étaient vivement canonnées; mais, de ce côté, les shrapnells russes étaient tous trop courts d'au moins 500 mètres; et cela dura toute la journée : plusieurs centaines de projectiles furent gaspillés de la sorte. » (Colonel GERTSCH.)

« La batterie Hitikata tirait sur la hauteur à 1.500 mètres au nord de Daidenshi. La distance était de 6.000 mètres, et pourtant la précision était bonne, les coups tombant tous au voisinage de la crête... Vers 1 heure, sur la crête au nord de Daidenshi, une batterie russe ouvrit subitement le feu : à 800 mètres en avant de la batterie Hitikata, il y avait un mamelon bas et aplati par-dessus lequel Hitikata tirait sur la position russe bien plus élevée; le feu des Russes se dirigea sur ce mamelon et continua par salves. Pas un seul shrapnell n'alla au but : tous tombaient à 800 mètres en avant. » (Colonel GERTSCH).

« Les batteries tiraient avec la hausse de 5.000 mètres, pour la 5e, et de 5.300 mètres, pour la 6e. Comme l'artillerie japonaise ne peut tirer à shrapnells que jusqu'à 4.000 mètres, elles employaient des obus brisants. Le résultat n'a pas dû être bien considérable. » (Colonel GERTSCH.)

(1) « Le 14 octobre, deux batteries de la 35e brigade d'artillerie, heureusement placées à Hantchenpou, paralysèrent par leur feu des batteries japonaises qui se trouvaient à la station de Chaho et à Lamoutouen, et donnèrent la possibilité à deux autres batteries (les 4e et 5e de la 35e brigade en position à Kouantouen) d'agir tranquillement, sans être battues elles-mêmes par l'adversaire, sur Chahopou, où étaient concentrées à ce moment de grandes forces japonaises. » (Lieutenant-colonel NEZNAMOV).

des dommages sérieux. Le silence imposé à l'artillerie ennemie n'est que momentané ; elle se tait provisoirement, se réservant de reprendre la parole quand elle le jugera convenable. Il y a là une difficulté tactique dont il semble bien que seul l'obus-torpille puisse donner la solution (1).

10° **Obus-torpille de petit calibre.** — Les conditions d'emploi en Mandchourie de cet obus-torpille de campagne sont demeurées assez vagues, au milieu de témoignages contradictoires parfaitement explicables (2), bien que l'impuissance des shrapnells contre les localités semble unanimement établie (3) : avec des calibres de 75 millimètres et plus, comme l'a montré le général Langlois, nous avons là un projectile un peu bâtard quand on l'emploie contre des troupes abritées; sa puissance est trop grande pour son rayon d'action ; pour endommager une batterie, il faudrait un nombre tel de projectiles de 8 kilos, qu'une sem-

---

(1) « La 1ʳᵉ batterie de la 35ᵉ brigade d'artillerie dut à plusieurs reprises cesser temporairement le feu à la bataille du 12 octobre, parce qu'elle se trouvait arrosée de deux directions différentes par l'artillerie japonaise. Mais toute la journée elle fixa ainsi sur elle le feu ennemi, et pourtant perdit en tout 1 officier et 6 hommes. » (Lieutenant-colonel Neznamov.)

« Le système d'avoir un shrapnell comme projectile à tout faire n'a pas supporté l'expérience de la guerre. Un obus percutant à puissante action explosive est absolument indispensable. Notre shrapnell tiré percutant ne convient pas pour la destruction des constructions les plus faibles. Il y perce des trous ronds de la dimension de son calibre, mais il n'est pas capable d'abattre un mur d'argile que traverse une balle de fusil. Contre les tranchées, il est complètement impuissant. Par contre, ainsi que le montre l'expérience, l'obus à lyddite japonais (chimose) vient facilement à bout de ces missions. En novembre 1904, ayant remarqué que les observateurs de la 35ᵉ division utilisaient une maison isolée, une batterie japonaise rasa en une heure cette maison jusqu'au sol au moyen de soixante-quatre obus explosifs. » (Lieutenant-colonel Neznamov.)

(2) D'après un témoin oculaire, 10 % des chimoses n'ont pas éclaté, sans doute à cause du peu de sensibilité de la fusée. D'autre part, après la guerre, les Japonais ont généralisé l'emploi des obus brisants, qui entrent actuellement pour 50 % dans l'approvisionnement des pièces de campagne.

(3) « Les quelques pièces d'ancien modèle qu'attelaient encore les groupes du IVᵉ Sibérien avaient repris de l'importance, étant les seules à posséder des obus brisants, tandis que, dans les villages, les shrapnells n'avaient aucune efficacité. » (Major von Tettau.)

« A Youhountouen, on amena, pour faire brèche, des pièces de campagne, qui se montrèrent absolument impuissantes. » (Major von Tettau.)

« Mais 300 Japonais environ, ayant forcé le saillant nord-est de Santaitsa, s'étaient retranchés dans quelques fanzas entourées d'un mur de torchis et y avaient amené des mitrailleuses. Malgré tous les efforts on ne put les déloger. Un bombardement exécuté à l'aube resta infructueux, les shrapnells ne pouvant traverser le torchis. » (Major von Tettau.)

blable consommation constituerait une véritable folie (1); avec des obus de un kilo, le problème n'est plus insoluble. Il faut donc, sans se cramponner désespérément à l'unité de matériel, en venir résolument à l'adoption du « pom-pom » sud-africain, du canon à tir ultra-rapide tirant un obus percutant de faible calibre. Voilà sans doute l'avenir prochain de l'artillerie de campagne.

11º L'assaut. — Mais la bataille se décide, c'est l'heure de l'assaut, à défaut d'attaque décisive; de haute lutte, l'infanterie enlève la position, sur laquelle malheureusement aucune batterie ne l'accompagne. Même si les choses tournent bien, s'il ne se produit pas de retour offensif, cette défection de l'artillerie

---

(1) « Un bataillon en colonne double compacte était couché à l'ouest de la route mandarine. J'étais allé de ce côté causer avec le colonel Zaïontschkovski, quand un obus chimose vint tomber en plein milieu du bataillon, entre deux compagnies couchées l'une derrière l'autre à quelques pas de distance. Je croyais qu'il avait causé des ravages inouïs, mais j'appris ensuite qu'il n'y avait pas eu un seul blessé...

« L'ennemi se mit alors à arroser la zone entre le village et la pagode, et le nord de cette dernière, mais surtout la route mandarine. Bien qu'il y eût partout des réserves, et, sur la route, un grand nombre de cavaliers, colonnes de munitions, etc., le résultat de ce feu fut à peu près nul. Mais, quand un projectile allait droit au but, les effets étaient terribles : sous nos yeux un obus brisant tomba sur le cheval de tête d'un caisson vide qui s'en retournait; les deux chevaux et le conducteur furent littéralement déchiquetés. » (Major von TETTAU.)

« Au sud de Indiafa, le 2e groupe était depuis quelque temps en action : il recevait tant d'obus brisants que je le croyais absolument hors de combat; mais presque aussitôt ses pièces rouvrirent le feu, et l'officier qui était près de moi aux avant-trains me dit que jusque-là les pertes étaient minimes. » (Major von TETTAU.)

« Cependant le séjour de la pagode était devenu tout à fait pénible. Au début, l'ennemi ne nous avait envoyé que des shrapnells dont, vu la grande distance, les hauteurs d'éclatement étaient telles, que l'efficacité restait médiocre... Nous avions déjà reconquis toute notre assurance, quand un bourdonnement suspect se fit entendre dans l'air et, l'instant suivant, à quelques pas de la pagode, un chimose éclata avec fracas et une haute colonne de terre et de fumée noire tourbillonna dans l'atmosphère. Ce fut pour moi le commencement d'une demi-heure inoubliable. Les Japonais avaient pris la pagode, derrière laquelle ils avaient parfaitement reconnu la position de notre réserve, comme objectif de leur tir et la criblaient d'obus brisants. Contre ceux-ci, les murs ne protégeaient que faiblement. A droite et à gauche, devant et derrière, les projectiles ronflaient et explosaient en projetant de la terre, des pierres, des éclats. La première impression est extrêmement pénible... Mais l'effet matériel ne correspond nullement à l'effet moral. Ce qui se trouve dans le rayon d'action immédiat est indubitablement mis en pièces; mais ce rayon n'excède point quelques pas. Qu'un de ces obus éclate dans un bâtiment, son effet sera évidemment terrible; mais en pleins champs, il faut qu'un homme joue de malheur pour être touché. Aussi les soldats russes s'habituaient-ils bien vite à l'impression terrible et n'éprouvaient-ils, pour les chimoses, qu'un respect tout à fait moyen (Major. » von TETTAU.)

paralysera la poursuite, tandis que, sous la protection du canon, la retraite s'accomplira tranquillement. C'était chose prévue... au moins depuis Sadowa. Si donc il est bien entendu qu'au moment même de la crise nous devons rester isolés, procurons-nous bien vite des mitrailleuses, qui, du moins, nous suivront partout, et sur lesquelles nous pourrons compter.

12° **Mitrailleuses.** — Car le procès des mitrailleuses est bien définitivement revisé : condamnées en 1870, suspectées encore après Omdurman (c'étaient des Anglais, des coloniaux, qui s'en servaient), graciées un peu à regret au Transvaal, elles ont vu venir leur heure en Extrême-Orient : arrêtant net, à Liaoyang, les tentatives de la 4e division japonaise; près de Pensikou, tuant ou blessant 600 Russes en quelques minutes, et brisant l'élan des bataillons de Rennenkampf; réduisant, à Hantchenpou, à l'effectif d'une trentaine d'hommes un bataillon de plus de 800 fusils; permettant à de faibles groupes de se maintenir victorieusement dans les villages où ils ont réussi à prendre pied; intervenant sans cesse efficacement dans la lutte (1). Et cela avec une consommation modérée de munitions : de 1.000 à 4.000 cartouches par pièce et par journée d'engagement. Quinze ans auparavant, le général Langlois prophétisait déjà ces résultats.

La question des modèles à adopter, de leur groupement, de leur mode d'emploi, de la spécialisation du personnel, vaut donc d'être étudiée très sérieusement; c'est une de celles que l'expérience acquise en Mandchourie doit permettre de solutionner définitivement.

Dans les deux camps, l'usage des mitrailleuses ne s'est généralisé qu'assez lentement : la Ire armée japonaise n'a reçu les siennes que le 6 novembre 1904. A la fin de la guerre, chaque régiment, même de Kobi, était doté, aux Ire, IVe et Ve armées, d'une batterie de six mitrailleuses sur trépied; à la IIe armée, de trois mitrailleuses sur affût; à la IIIe armée, la proportion

_____

(1) Le 2 mars 1905, à l'attaque par le 4e régiment de la 2e division des hauteurs du Kaotouling, « la chaîne tombe à 600 mètres sous le feu de deux mitrailleuses russes habilement dissimulées; elle est, en quelques minutes, littéralement fauchée; les hommes non touchés se terrent et n'osent plus tirer » (D'après un témoin oculaire).

était encore plus considérable : d'après le major von Lüttwitz, on demandait quatre pièces pour chaque bataillon d'infanterie et chaque régiment de cavalerie.

Les rapports des témoins oculaires insistent sur les points suivants :

Il est avantageux de grouper les mitrailleuses par sections de deux pièces : les batteries de six attirent trop le feu de l'artillerie ennemie.

Le tir s'exécute dans les conditions les plus favorables entre 500 mètres et 700 mètres, à 1.200 mètres au maximum; il est alors plus meurtrier que celui de l'artillerie.

Le réglage étant en principe très difficile, il y a lieu d'employer systématiquement le tir progressif avec fauchage.

Le modèle adopté doit être léger et maniable; la proportion de six pièces par régiment semble excessive; mais les détachements de cavalerie ne peuvent se passer de mitrailleuses.

L'adjonction du bouclier est avantageuse; mais il constitue une cible visible de très loin; il a parfois été nécessaire de le recouvrir d'une housse kaki.

Contre des mitrailleuses à boucliers, le « pom-pom » devient indispensable : le chef d'état-major de la IVe armée préconise un calibre de 30 à 40 millimètres.

13o **Artillerie lourde.** — Avec ses positions et ses lignes d'ouvrages organisées plusieurs mois d'avance, la Mandchourie semblait devoir être la Terre Promise de cette artillerie lourde, autour de laquelle avec passion on discutait depuis si longtemps. Ses effets y ont été assez appréciables, sans qu'il soit nécessaire de recourir à des exclamations admiratives; et la discussion n'est pas close.

Il faut bien le dire, l'expérience n'a pas été des plus rigoureuses : sans doute les Japonais ont constamment su mettre en ligne tous les moyens dont ils pouvaient disposer, en n'obtenant d'ailleurs qu'assez exceptionnellement l'effet d'écrasement tant escompté; mais les Russes n'ont pas toujours utilisé judicieusement leurs nombreuses batteries de siège (1); une grande

---

(1) « De notre côté, les pièces de siège, très bonnes en elles-mêmes, n'ont pas été utilisées pour des causes étrangères aux troupes. Lors du séjour sur les positions,

partie de leur matériel était absolument démodée et incapable de produire des résultats bien sérieux (1).

Les partisans des gros calibres font remarquer que, sur un ouvrage dont on a décidé l'enlèvement, un bombardement intensif exécuté par l'artillerie lourde produira des effets matériels et moraux dont il y aura lieu de tenir compte; ils insistent tout spécialement sur l'épisode de la redoute de Hantchenpou pendant la bataille de Moukden (2).

Mais cet épisode ne semble point s'être renouvelé très fréquemment. Et les adversaires du système objectent qu'on peut lui faire le même reproche qu'à l'obus-torpille de campagne : utilisation peu rationnelle d'un projectile pesant et coûteux (3); ils craignent surtout qu'un engouement exagéré pour ces engins ne nous conduise précisément à un emploi systématique de la guerre de positions; ils protestent éloquemment avec le général Langlois. A défaut d'une compétence technique quelconque, de cœur nous nous rangeons à leur opinion.

En résumé, nos doctrines, celles de l' « artillerie en liaison avec « les autres armes », ont triomphé sur toute la ligne : tous les événements de 1904-1905, le général Langlois les a prévus et

---

ces pièces n'étaient pas placées sous les ordres du commandant de secteur, et, pour leur faire ouvrir le feu, si cela paraissait utile pour un motif quelconque aux commandants de secteur (généraux de division), il fallait demander une autorisation spéciale. » (Lieutenant-colonel Neznamov.)

(1) « Chaque batterie possédait 6 vieux mortiers de 15ᶜᵐ qui portaient à 2.500 mètres au maximum, et étaient pourvus d'obus ordinaires. » (Major von Tettau.)

(2) « Le haut commandement japonais, jusqu'à la fin de la guerre, conserva sa foi en son artillerie lourde. D'après lui, l'aide des obusiers de 12 et 15ᶜᵐ est indiscutablement nécessaire à l'armée de campagne, pour l'attaque des positions fortifiées. » (Major von Lüttwitz.)

(3) « Les canons de siège (et même les mortiers de 11 pouces) n'ont joué aucun rôle décisif dans les batailles de Moukden. Pendant quatre jours, ils ont bombardé les villages de Kouantouen et de Hantchenpou, et pourtant les garnisons de ces localités ne les ont abandonnées, dans la nuit du 8 mars, que sur l'ordre, donné par le général en chef de se replier sur la place d'armes de Moukden, c'est-à-dire de plein gré et sans y être contraintes. » (Lieutenant-colonel Neznamov.)
« Sur les effets de l'artillerie lourde, voici ce que déclare un témoin oculaire placé du côté japonais : « Les traces du bombardement étaient tout à fait insigni- « fiantes ; un grand nombre de coups tirés par les obusiers étaient trop courts; et « cependant, pour accroître les portées, on avait tellement forcé les charges qu'une « fermeture de culasse se trouva endommagée. Au total, pendant quatre jours, du « 31 août au 3 septembre, les 8 pièces tirèrent 235 projectiles. » (Grand État-major allemand.)

expliqués; toutes ses hypothèses se sont vérifiées là-bas; les rarissimes exceptions ne sont probablement qu'apparentes (1).

Nous devons donc envisager l'avenir avec confiance, travailler sans relâche, craindre seulement de faire de nos batteries des aveugles, des paralytiques..., des infirmes du champ de bataille!

III. *Cavalerie*. — Depuis quelques années, le souci de notre organisation face à l'Allemagne a ranimé les vieilles discussions de 1875 : on insinue que l'on pourrait, en supprimant des escadrons, créer de nouvelles batteries. La cavalerie est donc attaquée avec un parti-pris passionné. S'il faut en croire ses détrac-

---

(1) « Chez les Russes, on ne s'est jamais conformé au principe d'ouvrir le feu dès le début avec un nombre de pièces supérieur et de s'assurer la suprématie par la concentration des feux. Constamment on a engagé des batteries ou des groupes isolés, maintenant en réserve, dans l'inaction, souvent jusqu'à la fin de la bataille, la majeure partie de l'artillerie.

« Après avoir, au cours des premières rencontres, pris position à découvert et subi de grosses pertes, l'artillerie russe... découvrit la possibilité de faire du tir indirect. Le tir masqué devint la règle; l'artillerie japonaise, pour éviter les pertes, n'exécuta plus que ce tir : on jouait à cache-cache, échangeant des coups sans se voir. Une telle méthode ne pouvait donner de résultats qu'à la condition de trouver tout prêts des observatoires convenables...

« Mais, même dans ce cas, le tir masqué ne pouvait être efficace qu'après une minutieuse préparation et contre un objectif immobile ou se déplaçant lentement : la prompte ouverture du feu et les changements d'objectif étaient irréalisables.

« Faute d'observatoires, on arrosait l'espace hypothétiquement occupé par l'ennemi. L'artillerie n'osait point avancer à découvert... De lutte d'artillerie efficace, de coopération surtout avec attaques décisives de l'infanterie, dans ces conditions, il ne pouvait plus être question.

« Notre nouveau Règlement en conclut que l'artillerie de campagne, pour assurer la décision du combat d'infanterie, doit presque toujours occuper, pour tirer, des positions à peine masquées, ou complètement découvertes, choisies de manière à pouvoir se régler sur la rapidité des péripéties de la lutte, ouvrir le feu instantanément, changer d'objectif. Cette aptitude, les boucliers d'affût qui manquaient aux pièces russes la développent au plus haut point. » (Major von TETTAU.)

« Pauses générales et rafales générales : pendant les pauses, les hommes peuvent utiliser complètement les couverts existants; et quand on tire, ils ont d'autant moins besoin de ces couverts, que le feu est plus puissant et plus efficace. Car le feu bien dirigé protège aussi bien que des plis de terrain ou des parapets. » (Colonel GERTSCH.)

« L'expression « réduire au silence » dénote un concept arriéré; avec l'armement et la tactique actuels, elle n'a plus que bien rarement un sens et une raison d'être; en principe, elle n'en a plus. Une batterie moderne doit déjà être canonnée par des forces très supérieures, et pendant fort longtemps, pour être obligée de se taire. On peut la contraindre à se tourner principalement contre l'artillerie adverse, à rester masquée, à la contrebattre, ce qui l'empêche, dans bien des cas, de canonner l'infanterie. Et c'est tout. L'objectif principal de la préparation de l'attaque d'une position fortifiée est donc de reconnaître l'emplacement des batteries de la défense et de régler son tir sur elles, pour pouvoir, en cours de lutte, ouvrir le feu sur elles sans autres formalités. Une fois ce but atteint, l'infanterie doit attaquer. » (Colonel GERTSCH.)

teurs, la récente guerre aurait consacré définitivement la faillite de la cavalerie cosaque, de la cavalerie russe, de toutes les cavaleries du monde. La question vaut d'être examinée.

Mais voilà longtemps déjà qu'elle se pose; et longtemps aussi qu'Ardant du Picq y a répondu, une fois pour toutes, avec sa verve coutumière : « On dit : la cavalerie est perdue, elle n'a plus d'action possible dans les combats avec les armes actuelles. L'infanterie n'en subit-elle donc pas les effets?... C'est de tout temps que l'on a mis en doute l'utilité de la cavalerie, et cela parce qu'elle coûte cher, et qu'on s'en sert peu, précisément parce qu'elle coûte... Quand on estime les gens être précieux, ils ne tardent pas à prendre d'eux la même opinion et à prendre garde de se casser. »

1° Les cavaleries en présence. — De l'aveu général, entre le Nippon et sa monture il y a, jusqu'ici du moins, incompatibilité d'humeur... fréquemment suivie de divorce. Bien que robuste et résistant, le cheval est médiocre comme bête de selle. Les effectifs sont maigres, les pertes irréparables, faute de réservistes et de remontes. Bref les Japonais n'ont pas de cavalerie. Mais ils veulent s'en faire une; ils le veulent de toute leur indomptable ténacité : le rôle de cette arme, ils le comprennent de toute leur intelligence éveillée; leur énergie patriotique, leur esprit guerrier, donneront donc un semblant d'existence à ces fantômes d'escadrons mal équilibrés sur leurs selles (1), mais du moins composés de soldats.

Des cavaliers, la Russie en possède autant qu'elle en peut désirer. D'abord une cavalerie régulière comparable aux meilleures d'Europe : celle-là, on la garde précieusement vers la frontière de Pologne. On ne fera partir qu'une seule brigade de dragons, d'une valeur indiscutable; si les événements ne la mettent point davantage en relief, c'est qu'on la ménage, à cause même de cette valeur (2).

---

(1) « Si les hasards et les vicissitudes militaires vous envoient jamais combattre les troupes japonaises, montrez-vous compatissants pour leur cavalerie. Elle n'entend point le mal. Semez à terre quelques allumettes tisons, de manière que les chevaux marchent dessus, et puis envoyez des hommes de corvée ramasser ceux qui restent sur le carreau. » (Rudyard KIPLING.)

(2) « La cavalerie était moins bonne, au double point de vue des hommes et des chevaux; à l'exception du régiment de dragons de Primor, qui tenait, en temps de

Des cosaques ensuite, cavalerie un peu spéciale : on les conserve plus précieusement encore, pour l'éventualité de troubles intérieurs, et l'avenir démontrera qu'on n'a pas absolument tort. On n'enverra donc en Extrême-Orient que des sotnias des 2e et 3e tours, excellents cavaliers, mais à peine soldats (1).

Enfin d'autres cosaques de Sibérie, de Transbaïkhalie, beaucoup du 2e tour, des garde-frontières, qui ne soupçonnent pas la grande guerre (2); et des cavaliers du Caucase, irréguliers de marque, faisant, comme il sied, plus de bruit que d'ouvrage.

En résumé, un ensemble de bons cavaliers, passablement montés, mais sans instruction ni doctrine (3).

Aucune des deux armées ne possède donc de véritable cava-

---

paix, garnison dans l'Oussouri, elle ne comprenait exclusivement que des cosaques, et pour moitié du deuxième tour. Il était compréhensible que l'on désirât utiliser en première ligne les nombreux cosaques sibériens, d'autant qu'au début de la guerre on ne jugeait pas la cavalerie d'Europe appropriée au théâtre d'opérations de l'est asiatique. On pouvait s'attendre à voir les cosaques se tirer mieux de toutes les difficultés de subsistance, d'entretien, de mobilité, et, au point de vue de l'habileté guerrière, être tout au moins égaux à la cavalerie japonaise, que l'on tenait généralement pour médiocre. Mais on vit bien que cette institution des cosaques s'était survécue à elle-même : les qualités innées du soldat leur faisaient défaut, surtout à ceux de Transbaïkhalie, qui n'étaient que des paysans; leurs régiments du deuxième tour ne valaient pas mieux que la cavalerie territoriale des autres armées. Ainsi s'explique le peu d'activité de la cavalerie russe pendant toute la guerre... Ce qui prouve que la cavalerie de la réserve et de la territoriale, même avec de bons chefs, n'est pas à même de satisfaire aux exigences de la guerre, au double point de vue de l'exploration et du combat. » (Major von Tettau.)

« Le général Fukushima estime que le cosaque n'est plus qu'un personnage historique. Il a perdu ses qualités de « Boer », sauf ses aptitudes équestres, et n'est qu'un rustre vivant sur la légende napoléonienne; quelquefois brave, pas toujours, comme tous les autres rustres; jamais discipliné; surtout invariablement mal encadré et mal commandé. » (Général Hamilton.)

(1) Le commandant Bujac écrit, dès 1894 : « Malgré les souvenirs glorieux des campagnes de 1812-1814, les formations du troisième ban n'ont plus actuellement qu'une valeur fictive ». Quant à celles du deuxième ban, elles laissent beaucoup à désirer, mais, néanmoins, « ont fort bien su s'acquitter de leur service comme cavalerie attachée aux divisions d'infanterie ».

(2) « Les cosaques de Sibérie, du Transbaïkhal, de l'Oussouri et de l'Amour ne forment pas des troupes aguerries, ayant des traditions, comme ceux du Don, du Caucase, de l'Oural, d'Astrakhan, d'Orenbourg... Ce n'est ni l'absence de bonne volonté, ni l'indiscipline qui les rendent aussi inertes. On ne leur a rien enseigné dans leur stanitza, et ils sont entrés dans les rangs sans en savoir plus long que les paysans laboureurs. » (Lieutenant-colonel Kvitka.)

(3) « Le 6 juin, le comte Keller était allé à cheval à Lindiatai distribuer des croix de Saint-Georges au 2e régiment cosaque de Tchita... A l'occasion de cette fête, le régiment avait fait venir de Liaoyang un restaurateur pour faire le déjeuner; la musique jouait; de ces préparatifs, les Japonais avaient eu connaissance par leurs espions. Pendant le repas, un cosaque apporta la nouvelle que l'infanterie ennemie débouchait

lerie : comment affirmer sérieusement qu'il y ait eu faillite?...
Examinons pourtant le rôle joué par ces escadrons dans les
diverses circonstances de la guerre.

2º **Découverte.** — Pendant toute la campagne, au moins pendant la période où les opérations ont pris une certaine ampleur,
de Liaoyang à Moukden, les Japonais n'ont pas eu à chercher
le contact d'une armée, immobile jusqu'à l'inertie, dans des
retranchements organisés de longue main. Sans parler du désir
de ménager leurs escadrons, un service d'espionnage minutieusement organisé (1) leur procurait à meilleur compte des renseignements plus complets : emplacement, nature, garnison des
ouvrages; mouvements du généralissime et de ses réserves. Et,
comme rien ne ressemble tant à un Jaune qu'un autre Jaune
plus ou moins travesti, il est vraisemblable — lord Brooke le
déclare positivement (2) — que les officiers japonais ne se pri-
vèrent point de venir regarder de très près une situation qui ne

---

du sud; on n'en crut rien et l'on continua à manger; puis arriva un deuxième avis,
que l'on ne crut pas davantage, mais qui jeta un certain froid parmi les convives.
Enfin, au galop, un cosaque vint rendre compte que cette infanterie débordait déjà
Lindiatai sur les deux versants de la vallée : l'exactitude du renseignement ne pouvait
plus être mise en doute. Alors seulement les cosaques se déployèrent en lava et, au
pas, remontèrent la vallée vers le nord : la fusillade commença sur les hauteurs...
Avec le plus grand sang-froid, le général Keller monta à cheval, son fanion immédiatement derrière lui, au pas, devant le centre de la lava; les balles sifflaient sans interruption sur les pentes. Ce ne fut qu'au bout d'une demi-heure, une fois assez loin des
Japonais, et le danger passé, que le général se tourna vers sa suite en disant : « J'es-
« père que maintenant, si nous trottons, on ne nous accusera pas d'avoir peur ! » (Major
von TETTAU.)
  « Cette attaque du village d'Outsiatai motiva l'ordre ci-après du général Micth-
chenko : « Contre un ennemi fortifié dans des retranchements ou des villages, l'attaque
« frontale, surtout à cheval, est à éviter; en pareil cas, il faut s'arrêter hors de portée
« de fusil, entourer le village en fourrageurs et couper la retraite aux défenseurs; en cas
« de résistance, canonner avec une ou deux pièces, en économisant les projectiles dont
« nous aurons encore besoin. En rase campagne, attaquer l'ennemi : l'infanterie tou-
« jours en fourrageurs ». Des instructions analogues, très nombreuses, étaient données
aux commandants des colonnes dans les ordres journaliers, par exemple : « Dans un
« village, l'infanterie ennemie ouvre le feu : agir par le canon ». — « Les patrouilles, sur-
« tout sur les flancs, n'ont pas à tirailler avec l'ennemi, mais à l'observer soigneu-
« sement pour renseigner »... etc. On voit combien l'instruction des troupes laissait
à désirer. » (Major von TETTAU.)
  (1) En 1900, le général Frey a déjà signalé leur « service de renseignements dont
l'organisation pouvait rivaliser avec ce que les puissances européennes comptent en
ce genre de plus perfectionné » (Français et Alliés au Petchili).
  (2) *An eye-witness in Manchuria*, page 55.

pouvait se modifier qu'au bout de plusieurs jours (1). Au combat, des patrouilles d'officiers vérifiaient et complétaient ces données. Grâce à des circonstances spéciales, on pouvait se passer de la cavalerie, la découverte était inutile; le serait-elle de même sur d'autres théâtres d'opérations?...

Pour les mêmes raisons, chez les Russes, le rôle de la découverte devait être forcément restreint; il n'a pas été négligeable. Les incessantes lamentations du généralissime, se plaignant de n'être jamais « éclairé », pourraient donner à penser le contraire; mais nous verrons ce qu'il entendait par ce mot! Une cavalerie, quelle qu'elle soit, ne saurait avoir la prétention d'aller passer dans leurs cantonnements la revue d'effectif des troupes adverses (2); elle ne constitue pas à elle seule le service des renseignements : elle contrôle et recoupe les rapports des espions (3); elle fait de l' « exploration négative » en indiquant les points que l'ennemi n'occupe pas; elle détermine les masses et leurs contours apparents. Les divisions cosaques l'ont fait généralement, surtout quand le manque de fourrages ne les a point para-

---

(1) « Comme cela était constamment advenu depuis le commencement de la guerre, les Russes, pendant le repos apparent de l'hivernage, avaient, de temps en temps, capturé, autour de Moukden et principalement aux abords de la voie ferrée, des petits Chinois affublés d'une tresse postiche et simulant l'ineptie hilare qu'on observe à l'ordinaire chez les croquants de Mandchourie. Dès leur arrestation, ces prisonniers, voyant l'artifice capillaire dont ils s'étaient servi apparaître aux yeux de tous, n'avaient même pas songé à nier qu'ils fussent, les uns des officiers de l'état-major japonais, les autres des employés du service des renseignements, et, invariablement, ils étaient morts avec dignité. » (Ludovic NAUDEAU.)

(2) « La cavalerie ne pouvait rien établir de plus, relativement aux positions, aux forces, aux intentions de l'ennemi. Les étroits sentiers des montagnes, les pentes abruptes, rendaient l'exploration extrêmement difficile; une cavalerie mieux organisée et mieux instruite aurait-elle surmonté ces obstacles? Ce n'est pas sûr. Dès que des patrouilles ou des escadrons isolés s'avançaient à la découverte, ils trouvaient les passages barrés par des détachements d'infanterie, ou tombaient dans une embuscade. Difficile pour les cosaques de Rennenkampf et Michtchenko, qui se trouvaient aux ailes, cette tâche l'était bien plus encore en avant du front : il y avait là deux régiments, en tout neuf sotnias, pour assurer la découverte et la sûreté sur un front d'environ 100 kilomètres. » (Major VON TETTAU.)

« Les Japonais savaient que l'ennemi disposait d'au moins cinq divisions, et, vraisemblablement, moitié à Yuchouling, moitié à Yangtseling. Mais ils n'en savaient point davantage, principalement sur la répartition des forces à ces deux cols. » (Colonel GERTSCH.)

(3) « Les renseignements que la cavalerie n'avait pu fournir furent communiqués, le 10 juin, au détachement par le commandant en chef. C'était une des particularités de cette guerre, que les troupes qui se trouvaient en première ligne recevaient rarement de leurs organes propres d'exploration, mais le plus souvent de l'arrière, les renseignements sur l'ennemi qui pouvait les intéresser. « (Major VON TETTAU.)

lysées (1). Qu'elles aient péché faute de science tactique, il fallait
s'y attendre ; qu'elles n'aient point toujours réussi, qu'elles n'aient
pas fait preuve de mordant, c'est la faute du commandement qui
les a mutilées (2), mélangées, encadrées en contradiction avec les
principes élémentaires de la tactique et du bon sens, au gré de ses
fantaisies (3), qui leur a donné des instructions illogiques (4), les
a parfois laissées sans ordres (5), les a détournées de leur rôle en
pleine bataille décisive (6). Il importe de ne point l'oublier.

(1) « La subsistance de nos chevaux était plus difficile encore à assurer que la nôtre :
nous ne touchions rien, et il n'y avait rien à acheter en dehors du gaolian de l'année
précédente qui, desséché, avait à peu près la valeur nutritive de la sciure de bois.
Coupé menu et mélangé de sel, nos chevaux mongols, habitués à cette nourriture,
s'en contentaient... Pour les troupes, la question du fourrage soulevait également les
plus grandes difficultés : au printemps, la région ne fournissait presque rien et, par
suite du manque de moyens de transport et de la faible viabilité des chemins de
montagne, on ne pouvait faire venir que des quantités très insuffisantes. Cette pénurie
explique également en partie l'inaction des cosaques, obligés de se tenir à proximité
des magasins pour pouvoir nourrir à peu près leurs chevaux. Il y avait une difficulté :
on se trouvait dans un pays neutre, où l'on n'avait pas le droit de faire de réquisitions.
Le général Keller insistait avec force sur ce point, qu'il ne fallait prendre aux Chinois
que ce qu'ils cédaient de leur plein gré, et en le payant comptant. Comme conséquence... ceux-ci exigeaient des prix exorbitants : pour deux jours environ de gaolian
sec, nous payions 25 marks ; 12 marks pour 30 kilos d'orge découverts par nos ordonnances. Plus tard, en été, on ne prit plus autant au pied de la lettre la neutralité de
la Mandchourie. » (Major von TETTAU.)

(2) « Le général Rennenkampf avait avec lui le 2ᵉ régiment d'Argoun et le 2ᵉ de
Nertchinsk ; le 2ᵉ de Tchita avait été envoyé au détachement de l'est sitôt après le
Yalu ; le 2ᵉ de Verkhnéoudinsk était dans le sud avec le 1ᵉʳ sibérien. La division était
donc complètement dispersée » (Major von TETTAU.)

(3) « Le général Kouropatkine avait groupé en deux sotnias les officiers et les cavaliers qui s'étaient distingués au cours de reconnaissances, pour en faire son outil
personnel d'information. Cette formation a été inutile et nuisible ; les corps avaient
été, par le fait, démunis de l'élite de leurs patrouilleurs et de leurs meilleurs officiers ;
ce mélange bizarre ne permit d'utiliser complètement ni les aptitudes, ni l'énergie
des individus qui le composaient... Pour l'exécution de n'importe quelle reconnaissance il leur fallait d'abord, en raison de l'étendue du front, parcourir une grande distance pour travailler hâtivement sur un terrain connu des régiments depuis des semaines : reconnaissances forcément vagues et incomplètes, mais auxquelles le général
accordait sa confiance presque exclusive, et qui, involontairement, le trompèrent
fréquemment. » (Colonel VALDBOLSKI.)
Cette opinion est également celle du lieutenant-colonel Kvitka.

(4) « Ses instructions portaient : « Couvrir le front de l'armée entre les directions
« Moukden—Banyapoutseu et Moukden—Fanschin ; reconnaître l'ennemi dans la
« région Fendiapou—Fanschin. » Je les rapporte pour montrer combien on délimitait
étroitement la mission de cette cavalerie. Comment, en explorant la zone Fendiapou—
Fanschin, pouvait-elle renseigner sur l'ennemi qui occupait Yentaï et Pensikou ? »
(Major von TETTAU.)

(5) « Après Sandepou, du 29 janvier au 2 février, « ce fut en vain que la cavalerie
demanda des ordres » (Colonel VALDBOLSKI.)

(6) « Le détachement du général Pavlov, 5 à 6 sotnias, est la seule troupe de cavalerie avec laquelle le corps du Nord ait pu se tenir en liaison pendant les combats

3º **Sûreté.** — En Mandchourie, il y a cependant un fait nouveau, qui modifie notablement les procédés de découverte : l'intervention, particulièrement dans les armées japonaises, de détachements mixtes du type préconisé par le général Langlois, qui semblent avoir parfaitement rempli leur rôle, d'ailleurs fort simple en l'occurrence. Ainsi se trouve mise en lumière la nécessité impérieuse, quand il s'agit de découverte et de sûreté, de constituer des détachements de contact, en adjoignant à la cavalerie de l'artillerie, des mitrailleuses, et, suivant la nature du pays, de l'infanterie, des éclaireurs, de l'infanterie montée, des groupes cyclistes. La mise en œuvre d'un tel système a fait mentir les pronostics un peu optimistes de ceux qui escomptaient le « rideau impénétrable » que la cavalerie russe devait tendre devant l'ennemi (1). Ce qui nous prouve, une fois de plus, qu'il ne faut pas se payer de mots.

Mais il nous sera permis de regretter cette véritable débauche de détachements de flancs et « d'extrêmes flancs », où s'éparpillent les escadrons russes, et qui demeurent inutiles, inertes, pendant tous les engagements. Une moitié de l'armée garde l'autre, exploitant sous ce prétexte honorable, comme dit le général Cardot, « la tendance funeste à quérir des aventures vers les « contours excentriques du champ de bataille, moins visités par « les balles et les obus ».

4º **Sécurité.** — Pour atteindre ce résultat, on ne craint pas de priver les corps d'armée de la cavalerie « divisionnaire », qui devrait leur être organiquement affectée, et qu'ils ne possèdent plus qu'accidentellement : la cohésion, la liaison des armes, la sécurité des grandes unités s'en ressentent bien entendu, même

qu'il soutint du 8 au 10 mars; il n'y eut pas d'action combinée entre notre aile droite et notre cavalerie stratégique : celle-ci opérait loin de nous dans le nord, et ne pouvait jouer aucun rôle dans nos propres opérations. » (Lieutenant-Colonel Novitzki.)

(1) « Dès que le corps expéditionnaire japonais prendra contact avec les Russes, l'immense supériorité de la cavalerie cosaque tendra aussitôt devant lui un rideau impénétrable; aucun de ses mouvements n'échappera à l'adversaire, tandis qu'il ne saura rien de ceux des Russes autrement que par les moyens indirects et souvent peu sûrs, dont on peut se servir en pareil cas. » (*Revue militaire des Armées étrangères*, févr. 1904.)

dans cette guerre sans manœuvre (1); que serait-ce au cours d'opérations plus actives, conduites plus nerveusement, moins languissamment?...

Les Japonais eux-mêmes finissent par imiter, plus discrète-ment toutefois, l'exemple de leurs adversaires et groupent en unités provisoires des régiments de cavalerie. Cette dangereuse pratique a bénéficié de l'impunité, nous ne l'en estimons pas moins condamnable.

5° **La bataille.** — Si les Japonais ont pu user de cet expédient sans inconvénients apparents, c'est grâce, uniquement, à la pas-sivité des Russes. Chez ceux-ci, aucune uniformité : parfois, sur le champ de bataille, l'exploration est à peu près nulle, par exemple sur les bords du Chaho, aux X° et XVII° corps; ailleurs, à Liaoyang, à Moukden, les mouvements de Kuroki et de Nogi sont éventés rapidement : la cavalerie protège les flancs convena-blement, mais passivement. Et tout cela semble attribuable à la défectueuse organisation des unités, à la médiocrité de certains chefs (2), à la mauvaise répartition de la cavalerie sur le théâtre des opérations (3), au désordre des méthodes de com-

---

(1) « En groupant toutes nos troupes de cavalerie en détachements indépendants, on a privé les chefs des grosses unités de l'ordre de bataille, autrement dit les com-mandants de corps, de tout moyen de s'éclairer eux-mêmes. » (Lieutenant-Colonel NOVITZKI.)

(2) « Les comptes rendus de la cavalerie ne faisaient nullement la lumière. Ainsi le général Grekov annonçait, le jour même où le général Keller marchait sur Sai-matseu, et où la reconnaissance apportait la nouvelle de l'évacuation de cette localité, que 15.000 Japonais débordaient sa droite au nord de Saimatseu, et qu'il se repliait sur Sikouyang. » (Major von TETTAU.)

« Parmi les généraux présents, deux étaient dépourvus de cet élan nerveux si néces-saire à l'action effective du chef de cavalerie. Leur tranquillité personnelle et leurs aises passaient avant tout pour eux (Colonel VALDBOLSKI).

(3) « Même en s'expliquant cette marche du groupe principal dans les montagnes, il reste inconcevable que la majeure partie de la cavalerie y ait été employée. L'armée russe disposait de 143 escadrons ou sotnias contre les 50 des Japonais. Son infanterie, avec ses éclaireurs montés, était suffisamment pourvue de cavaliers; on devait donc admettre que cette cavalerie disponible, d'un effectif triple, serait utilisée dans la plaine, où sa subsistance serait largement assurée, où elle aurait ses coudées franches, où elle pourrait appuyer l'offensive de l'armée et menacer les derrières des rassemble-ments ennemis. Au lieu de cela, 50 sotnias furent attribuées au groupe des montagnes, où elles restèrent liées aux chemins et condamnées à l'inaction; 25 en liaison des déta-chements de sûreté entre Hounho et Liaoho; 26 en réserve... Il n'y avait plus en plaine que 40 sotnias, précédant le groupe de l'ouest; encore n'étaient-elles point uti-lisées judicieusement : le gros des brigades cosaques d'Orenbourg et de l'Oural avait été rejeté à deux étapes en arrière des avant-gardes d'infanterie; 18 escadrons et

mandement et de liaison... Que cette cavalerie si nombreuse ait été morcelée, ou qu'elle soit restée à peu près groupée en divisions, son rôle dans la bataille a été absolument nul. Elle est demeurée sourde à la voix du général Cardot : « Nous la préve-« nons que sa puissance ne peut plus s'exercer commodément « aujourd'hui sous la forme, habituelle jusqu'ici, de l'action en « grandes masses, et nous lui demandons de réduire un peu ses « dimensions, et nous lui promettons, en retour, les moyens, « l'occasion : 1º d'agir efficacement, avec à propos, au bon moment, « au bon endroit; 2º de faire sentir, de multiplier son action pré-« cieuse, irrésistible, sur tous les points et à tous les instants de « nos rudes labeurs. Nous lui disons : nous voyons bien 60, 80, « 100 canons, préparer, seconder efficacement la marche de nos « attaques; nous voyons bien aussi les 15, 20, 30 bataillons de « notre infanterie se porter résolument et avec un bel ensemble « sur l'ennemi; mais nous ne voyons plus aussi bien les ouragans « de 40, 60, 100 escadrons balayer le terrain si tourmenté de nos « longues et laborieuses attaques, et, n'osant plus vous demander « partout et toujours ces glorieuses chevauchées, nous avons dû « songer à autre chose ».

En Mandchourie, cette intervention de la cavalerie aurait pu se produire plus d'une fois (1) : les occasions n'ont pas manqué. Elle s'est même produite parfois, à demi, timidement (2). Les

---

sotnias étaient surtout employées à la sûreté rapprochée. On n'avait aucunement su tirer parti de la grosse supériorité numérique d'une cavalerie que, par ses dispositions, le commandement condamnait à l'inaction; si donc son œuvre n'a point répondu à l'attente, ce n'est pas à elle seule qu'il convient de le reprocher. » (Major von Tettau.)

(1) « Hier, en voyant les hommes d'Okasaki inonder la plaine, au milieu de ce que je pourrais appeler ce désordre organisé, où toutes les énergies et les facultés individuelles se concentraient sur l'attaque frontale, pour la première fois j'ai senti qu'un petit nombre d'escadrons russes, amenés adroitement à un demi-mille sur le flanc gauche de cette attaque, auraient pu, grâce à un concours de chance et d'habileté, porter un coup terrible à cette brigade, dont tous les muscles et les nerfs étaient tendus, à moitié course, contre l'infanterie adverse... Ma seule excuse pour cette randonnée dans le royaume nébuleux des hypothèses, c'est que, pendant toute la journée d'hier, il était positivement pénible de voir des masses de cavalerie russe oisives en selle et simples spectatrices, pendant que leur infanterie et leur artillerie se battaient si dur et si bien. » (Général Hamilton.)

(2) « La cavalerie Michtchenko poussa vigoureusement au nord, délogea de nombreux villages les postes avancés ennemis, composés de cavalerie avec un peu d'infanterie, et fit beaucoup de prisonniers. Dans l'après-midi, elle avait occupé Tounkhepou, Souerpou, Nuiye, et canonné des renforts japonais en marche sur Soumapou. » (Major von Tettau.)

objections basées sur la nature du terrain ne sont, trop souvent,
que de pitoyables excuses (1). Comme disait Alvensleben, il y
avait là des cavaliers, il n'y avait pas de cavalerie...

En ce qui concerne les grandes unités de « cavalerie indépen-
« dante », les événements de Mandchourie ne permettent point
de motiver un arrêt sans appel. Au premier abord, on pourrait
s'attendre à une condamnation : le rôle du détachement Michtchenko dans l'affaire d'Inkeou, celui de la division provisoire
japonaise qui constitua, à Moukden, l'extrême gauche de l'armée
de Nogi, n'ont pas été exceptionnellement brillants. Mais, tout
spécialement à propos de ce dernier épisode, il n'est point interdit
de se représenter l'intervention à bride abattue, sur le champ
de bataille, d'une cavalerie plus enthousiaste, plus mordante,
moins « en dedans de la main (2) ». *Grammatici certant...* et la
discussion reste ouverte.

6° **Le combat.** — D'après le général Lombard, la cavalerie
japonaise, très « allante », au début de la guerre, avait gardé
un pénible souvenir de ses premiers contacts avec les sotnias ;
ajoutons que les dernières escarmouches de 1905 ont semblé
de nature à justifier cette impression. Elle évita donc soigneusement la charge pour se consacrer au combat à pied (3), ne perdant aucune occasion, avec ses carabines et ses mitrailleuses,
d'en imposer à l'infanterie russe. A la fin de la guerre, elle avait
à peu près complètement perdu conscience de son rôle et le fit
bien voir à Moukden.

(1) « Je ne puis pourtant pas dire que ce soit un mauvais terrain pour la cavalerie.
C'est, pour un chef entreprenant, un théâtre d'opérations bien plus favorable qu'une
plaine parfaitement unie, que beaucoup considèrent à tort comme l'idéal pour les
troupes montées. » (Général HAMILTON.)

« Le pays, bien que montagneux, n'était ni boisé ni couvert. Au contraire, je n'ai
jamais vu de terrain plus propice à l'emploi de la cavalerie, soit à cheval en exploration, soit pied à terre pour entraver la marche de l'ennemi. » (Général HAMILTON.)

(2) « Si le 10 mars 1905 près de la voie ferrée, le seul cri : « Voilà la cavalerie japo-
« naise ! » a produit une aussi grande impression et causé du désordre, cela montre
seulement que l'apparition effective de la cavalerie aurait pu amener d'énormes
résultats. » (Lieutenant-colonel NEZNAMOV.)

(3) « Quant à la cavalerie, on dit qu'elle devait le 30, en débordant largement l'aile
gauche, aller assaillir les réserves maintenues en arrière de la droite russe. Puis elle
était restée à l'aile gauche et, le 31, avait repoussé plusieurs attaques de la cavalerie
ennemie. Ce qui doit naturellement signifier qu'elle avait fait du combat à pied. »
(Colonel GERTSCH.)

Les Russes également se résignèrent assez vite au pied-à-
terre : en maintes circonstances, à Yentaï, au Chaho, à Sandepou,
ils se comportèrent très honorablement en tant qu'infanterie
montée; l'attaque d'Inkeou fut beaucoup moins brillante.
Quelques exemples cependant, — la charge du régiment du
Daghestan, le 27 janvier 1905, la destruction le même jour d'une
compagnie japonaise par la 5e sotnia de Térek-Kouban, capitaine Aliev, — prouvent qu'ils auraient pu sabrer de temps en
temps (1), et que l'action de la cavalerie peut toujours matériellement s'exercer sur le champ de bataille. Ils y renoncèrent (2);
et l'on put voir, à Moukden, deux divisions de cavalerie faire
l'une contre l'autre du combat à pied. Point n'est besoin de
commentaires.

7o **Missions spéciales. Conclusion.** — L'incursion du colonel
Madritov en Corée, au mois de mai 1904, ne produisit pas grands
résultats. Par la suite, de nombreuses sotnias demeurèrent inac-
tives dans la plaine, ou, à l'extrême gauche, en contemplation
devant des montagnes à peu près désertes. La seule opération
tentée fut le raid d'Inkeou : ce que l'on conçoit bien s'exécute
convenablement; nous n'insisterons pas. Quant aux Japonais,
ils firent, avec bonheur, quelques petites expéditions; et ce fut
très bien sans doute, tout en ne rappelant que de fort loin le
souvenir des Steingel et des Curély...
Ainsi donc, en Mandchourie, personne à peu près n'a fait
acte de cavalier, parce que personne n'a su ou n'a voulu le faire.
Cette constatation ne saurait nous autoriser à proclamer une

---

(1) « La charge à cheval des Sibériens à Ouafangkeou, l'attaque par la sotnia du
capitaine Kossotorev d'une batterie japonaise, où les servants avaient déjà enlevé les
culasses et s'apprêtaient à abandonner leurs pièces, l'attaque de la cavalerie japonaise
le 6 mars à Ouantchenpou, sont des cas qui prouvent la possibilité de la charge. »
(Lieutenant-colonel NEZNAMOV.)

(2) « Quant au rôle actif qu'aurait pu jouer la cavalerie Grekov à l'ouest de Houtchitai, vers l'aile gauche de Nogi, personne n'en entendit parler. » (Major VON TETTAU.)
« Les 4 régiments de cavalerie (2 de dragons et 2 de cosaques), auxquels incombait
la pénible mais honorable mission de résister au mouvement débordant du général
Nogi, perdirent ensemble, en tués et blessés : le 2 mars, 1 homme; le 3, 2 hommes;
le 4, 1 homme; le 5, 7 hommes; le 6, 2 hommes; le 7, 6 hommes; le 8, 8 hommes;
le 9, 1 homme; le 10, 1 homme; au total, 29 hommes. Donc moins d'un homme par
sotnia ou escadron. » (Général KOUROPATKINE, Memoiren.)

faillite quelconque. Mais elle nous invite à relire et à méditer cette apostrophe citée par le général Bonnal :

« On vous a troublés avec des raisonnements mathématiques « sur la puissance formidable des armes à feu actuelles. Laissez « dire les savants et croyez en vous. Prenez donc conscience de « votre force. Ce ne sont pas les fusils précis du tir à la cible que « vous aurez à bousculer, mais les hommes impressionnables qui « les portent... Vous êtes aujourd'hui ce que vous étiez hier, ce « que vous serez demain : l'arme du choc et de l'abordage, l'arme « de l'audace et de l'inspiration, qui, lorsqu'elle a des chefs, sait « captiver la fortune. On a voulu vous réduire au rôle d'arme de « renseignement : ne vous laissez pas anémier, émasculer.

« D'ailleurs, ne renseignera jamais bien une cavalerie métho- « dique, savante, convaincue de la supériorité du fusil actuel sur « le cheval. Renseignera toujours bien, au contraire, une cava- « lerie ardente, téméraire, sceptique aux calculs mathématiques « qui font abstraction de l'homme, n'ayant foi qu'en la force « morale immense qu'elle porte en elle, rêvant d'arme blanche et « de charge, toujours en quête d'aventures, toujours à l'affût « d'occasions propres à satisfaire sa passion de combattre. »

Parlant de l' « armée russe avant la guerre de 1877-1878 », le général Pouzirevski écrivait : « On avait cru devoir attribuer une « importance prépondérante au rôle stratégique de la cavalerie, « négligeant, méconnaissant même la grande mission tactique qui « doit lui revenir sur le champ de bataille. Ainsi s'affaissa cet esprit « de bravoure, inspirant au cavalier qu'il est aussi indispensable « sur le champ de bataille que ses camarades de l'infanterie et « de l'artillerie. La guerre qui survint fournit éloquemment la « preuve de l'insuffiance de ce mode d'éducation : le cavalier ne « pourra être un hardi explorateur que s'il a été façonné à être « un brave combattant; à cette condition s'en ajoute une autre : « le choix judicieux de ses chefs. »

En 1904, les lignes qui précèdent n'ont rien perdu de leur valeur ni de leur actualité.

Ardant du Picq l'a dit, en donnant à sa pensée un tour ori- ginal : « La formule de cavalerie est : R (Résolution), et R, et « toujours R, et R $>$ tous les MV^2 du monde. » Quels que soient les engins modernes, quels que soient les engins futurs, en dépit de tous les médecins qui, sous prétexte de la rajeunir en lui infusant un sang nouveau, risquent de la rendre cachectique, la cavalerie n'est pas morte, la cavalerie ne mourra point. L'exploration, la charge, la poursuite, les multiples manifestations de son inlassable activité, plus difficiles qu'il y a cent ans, d'exécution plus délicate, sont encore possibles logiquement; les résultats ne seront pas à dédaigner pour une cavalerie ardente, appuyée par de l'artillerie, des mitrailleuses et des bataillons cyclistes, agissant en liaison avec le reste de l'armée. La dernière guerre n'a pas du tout démontré le contraire (1).

Et cela n'empêchera du reste personne d'entretenir des espions, des nuées d'espions, et de traîner dans ses bagages des ballons de toutes sortes, des dirigeables de toutes marques!

IV. *Fortification de campagne.* — « Et à présent que nos

---

(1) « Un examen superficiel pourrait facilement nous amener à conclure que le rôle de la cavalerie est bien fini; car la cavalerie des deux partis n'a rempli ses devoirs essentiels ni dans l'exploration, ni au combat. Pourtant, cette conclusion serait erronée. La cause première, il faut la rechercher dans la médiocrité de l'outil. Du côté japonais, la cavalerie était trop faible pour jouer un rôle. Trois fois supérieure en nombre, celle des Russes fut bien rarement utilisée judicieusement; elle comprenait en majorité des cosaques des deuxième et troisième tours, dont l'instruction ni la remonte ne répondaient aux exigences du rôle de la cavalerie en campagne. Ces diverses causes amenèrent la faillite complète. On ne saurait aucunement en tirer des conclusions applicables à une guerre future.

« Une cavalerie bien instruite, sous des chefs énergiques, aurat oujours son importance, du moment qu'on lui répartira judicieusement sa tâche, et qu'on ne l'éparpillera pas vers des buts secondaires. Quelle magnifique carrière s'ouvrait à l'avidité d'un corps de cavalerie russe, commandé par un chef passionné pour l'action, à l'aile droite de l'armée sur le Chaho, ou bien à Moukden, sur les derrières de l'armée de Nogi, pendant sa manœuvre débordante!

« Donc, sur le rôle et l'emploi de la cavalerie, point d'enseignement positif au cours de cette guerre, si ce n'est la confirmation du principe : que, faute d'une puissante cavalerie, le vainqueur se verra dépouiller du bénéfice de la victoire. » (Major von Tettau.)

« Où auraient-ils pris les forces nécessaires pour la poursuite? Ils avaient lutté pendant des jours contre un ennemi supérieur en nombre. Ils avaient obtenu le succès en mettant en ligne toutes leurs troupes; pouvaient-ils poursuivre un ennemi qui n'était pas anéanti, qui possédait encore, pour couvrir sa retraite, des éléments assez forts et complètement organisés? A Liaoyang, les Japonais disposaient d'environ trente-cinq escadrons, c'est-à-dire un peu plus du tiers de l'effectif de la cavalerie russe. Si la proportion avait été inverse, la retraite n'eût pas été aussi heureuse. Une division de cavalerie, avec un groupe d'artillerie à cheval, faisant irruption sur la ligne de retraite de l'armée russe, eût pu remporter un succès qui eût décidé du sort de toute la campagne.

« C'est donc une erreur de vouloir tirer de la guerre russo-japonaise cet enseignement que la cavalerie a perdu de son importance. Si les Japonais ne purent exploiter leurs succès, cela tient à cette circonstance qu'ils n'avaient point de cavalerie. » (Major von Tettau.)

« mousquetaires sont en crédit, — s'écriait déjà Montaigne, — je
« crois qu'on trouvera quelque invention de nous emmurer pour
« nous en garantir et nous faire traîner à la guerre enfermés dans
« des bastions, comme ceux que les anciens faisaient porter à
« leurs éléphants... » La prédiction s'est à peu près réalisée.

Avec la méthode de guerre inaugurée en Mandchourie, il devait
y avoir, de part et d'autre, une véritable débauche de retranchements : partout où ils se sont battus, les Russes ont remué la
terre; dans l'offensive, les Japonais ont agi de même, principalement aux IIe et IVe armées; seule l'armée de Kuroki n'a fait
de ses pelles et de ses pioches qu'un usage relativement modéré.
Pendant dix-huit mois, sans relâche, le sol a été bouleversé par
des milliers de terrassiers.

Nous ne voyons point là d'exemple à suivre, encore que ces
ouvrages aient tenu largement les promesses de Plevna. Mais
nous pensons un peu comme le général Izzet Fuad Pacha : « Il
« ne faut jamais exagérer la durée d'une défensive, même produc-
« tive, derrière des tranchées qui deviennent une habitation con-
« fortable et préservatrice. Car le soldat, une fois hors de ces pré-
« cieuses tranchées, perd toutes ses qualités physiques et morales.
« Il ne poursuit plus : il devient la bête à poursuivre. » Rappelons-
nous seulement qu'il nous est assez facile d'augmenter, à la
demande des circonstances, la capacité de résistance d'une troupe
sur un point déterminé du champ de bataille; mais ne générali-
lisons pas le procédé : mieux vaudrait encore le proscrire.

Habituons pourtant nos fantassins à terrasser sous le feu de
l'ennemi, quand ils ne peuvent plus avancer. Munissons-les donc
d'outils portatifs; et réformons en tout cas résolument notre
solennelle et fastidieuse méthode de travaux de campagne. Qu'un
officier par régiment exerce nos cadres et quelques équipes choisies à construire des passerelles, installer des bivouacs, improviser des radeaux avec les objets d'équipement les plus inat-
tendus, à établir des profils d'une admirable complication avec
de petits morceaux de bois; à présider cérémonieusement à
l'hymen de la crête et du tracé — passe encore... si nous avons
du temps à ne savoir qu'en faire ! Mais prenons une plus haute
idée de notre rôle d'instructeurs. Renonçons à ces lents déplacements d'hommes, qui se numérotent, défilent devant des outils

de parc, s'alignent, se divisent en équipes, à peu près en cadence comme dans un ballet, et puis, haut les bras ! exécutent avec ennui un bout d'ouvrage quelconque. Que chaque capitaine déploie plutôt sa compagnie, un beau jour, avec l'équipement de campagne, et que les hommes couchés, pris à l'improviste, aient à creuser la terre avec ce qu'ils ont sous la main, leur outil, leur couteau, le couvercle de leur gamelle : quand une troupe fera cela couramment, on pourra la conduire au feu.

Il y aurait également intérêt à imiter les Japonais, en adjoignant aux colonnes d'attaque des détachements de sapeurs, en vue des destructions et des travaux techniques. C'est d'ailleurs une pratique fort ancienne, mais qui nécessiterait au minimum deux ou trois compagnies du génie par division.

Que la leçon, du moins, ne soit pas complètement perdue pour nous : embourbés dans le formalisme, hypnotisés par les vieilles épures du Règlement, les Russes mettront des mois à apprendre à exécuter leurs retranchements types à peu près convenablement (1). Instruits dans le culte de l'initiative, les Japonais, spécialistes ou non, font adroitement tout ce qu'ils font (2).

---

(1) « Les tranchées étaient établies sans aucun soin et insuffisamment creuses, comme je l'ai constaté par la suite sur une autre position, également organisée de longue main. C'était l'œuvre de soldats inexpérimentés, dirigés par des officiers ignorants. Quant aux batteries, je l'ai noté sur mon carnet, elles semblaient taillées dans du fromage, avec des arêtes tellement vives et si peu masquées que l'on n'avait aucune peine à les découvrir de fort loin. » (Colonel GERTSCH.)

« Les Russes n'avaient pas pris la peine de masquer leurs retranchements; les parapets étaient visibles de très loin. » (Colonel GERTSCH.)

« Les ouvrages russes, par contraste avec ceux que nous avions vus jusque-là, étaient soigneusement établis, mais, comme toujours, trop théoriquement, avec des lignes trop droites et des arêtes trop vives. » (Colonel GERTSCH.)

« Les Russes avaient passé plusieurs semaines à organiser la position de Yangtseling. Les retranchements étaient établis avec un grand étalage de travail, excessif à certains endroits, mais en général maladroitement exécutés. » (Colonel GERTSCH.)

« Sur le sommet d'un petit mamelon, on avait construit des épaulements pour douze pièces. Les Russes, sapeurs ou bombardiers, qui avaient fabriqué cette cible, devaient avoir puisé leurs inspirations dans le manuel de leur grand-père. » (Général HAMILTON.)

(2) « Les pionniers japonais se sont révélés partout, pour toutes sortes de travaux, spécialement ceux de routes, habiles incomparablement. C'était un plaisir de les voir à l'œuvre, et rien n'était plus agréable que leur calme parfait. J'avais cru jusque-là qu'aucune armée ne pouvait posséder de meilleurs pionniers que l'armée suisse, avec ses sapeurs ouvriers d'art, qui, au service, exercent pour ainsi dire leur métier habituel... Mais la supériorité absolue des Japonais, qui ne semble pas pouvoir être surpassée, c'est l'aisance du travail, l'intelligente initiative avec laquelle les individus contribuent à l'exécution méthodique de l'ouvrage quel qu'il soit. » (Colonel GERTSCH.)

« Déjà l'avant-garde était en marche, à 6 kilomètres au moins du gros. Nous rencon-

Certaines armées ont vécu trop longtemps, vivent encore trop religieusement, dans la terreur de tout ce qui porte un cachet d'individualité, dans l'horreur de la « fantaisie » — même en matière de retranchements de campagne. Elles feront bien de méditer l'exemple des Japonais.

V. *Liaison des armes.* — Quelque judicieuse que soit la tactique des différentes armes, considérées isolément, leurs efforts demeureront stériles, si elles ne savent pas les combiner; c'est là une vérité banale, que personne ne songe à discuter.

Avec une cavalerie peu nombreuse et médiocre, une artillerie souvent timide, cette liaison des armes devait être assez imparfaite chez les Japonais, en dépit d'une organisation des plus minutieuses et d'une tactique extrêmement avertie. Il y eut cependant, pendant toute la campagne, une tendance très accusée vers le progrès; et ils arrivèrent à réaliser fréquemment la convergence des efforts.

Quant aux Russes, faute de doctrine et d'organisation, ils furent très inférieurs à leurs adversaires; le général Lombard le constate (*Revue militaire générale*). Comment la liaison pourrait-elle exister? Le commandement, peu au courant de la situation, donne aujourd'hui des instructions vagues, se perd demain dans des détails exagérément puérils, multiplie sans cesse les contre-ordres au moindre geste de l'ennemi; chaque jour, aux divers échelons de la hiérarchie, le généralissime, les commandants d'armées et de corps d'armée, les chefs d'état-major, empiétant mutuellement sur leurs attributions, accablent simultanément les différentes unités de prescriptions contradictoires; mal orien-

---

trâmes d'abord les pionniers, qui posaient une ligne téléphonique, pour les relier pendant la marche : l'installation se faisait en avançant, à la vitesse de l'avant-garde. Puis nous trouvâmes ceux qui aménageaient le chemin pour les convois de subsistances; ce travail était également exécuté avec une promptitude et une habileté remarquables. » (Colonel GERTSCH.)

« Si les Russes observaient le passage au Getsukosan de plusieurs divisions en marche sur Ouitjou, ils pouvaient s'attendre à coup sûr à une attaque de ce côté. Il fallait donc masquer le mouvement : comme au sommet la route était visible par endroits, on y installa des rideaux de branches d'arbres... Et l'on peut être certain que cette mesure n'avait pas été prescrite par le général dans l'ordre d'opérations, mais que l'officier chargé de la route l'avait prise, après en avoir reconnu la nécessité. » (Colonel GERTSCH.)

tés, les subordonnés ne cherchent jamais à se renseigner par eux-mêmes (1).

Les résultats ne se font pas attendre. Ici l'infanterie bat en retraite, en laissant en fâcheuse posture des batteries qui ne se doutent de rien. Là, un corps d'armée recule, sans avertir les corps d'armée voisins. Ailleurs, l'artillerie canonne pour son compte, sans nul souci d'aider l'infanterie, ou bien inonde de projectiles les bataillons amis près d'atteindre le but. Plus loin, la cavalerie de Samsonov, que le groupe de l'est laisse isolée au sud du Taitseho, prend sa revanche en découvrant l'aile gauche et les derrières du détachement Rennenkampf. Le 12 octobre, tandis que les Japonais débordent un village par le lit encaissé d'un cours d'eau, la cavalerie n'évente point la manœuvre, et l'infanterie se retire, sans se préoccuper de l'artillerie, qui se fait prendre seize pièces ! Deux jours après, un groupe de batteries, en position derrière l'infanterie depuis la veille, regarde tranquillement venir les Japonais, qu'il prend pour des troupes amies, que personne n'arrête, que personne ne signale : il est enlevé sans coup férir ! Nous pourrions multiplier ces exemples lamentables, qui se renouvellent sans cesse...

Tout ce que nous pouvons faire « ne servirait de rien, si les « officiers de tout grade oubliaient un seul instant qu'une unité « qui tire ne travaille presque jamais pour elle-même » (Lieutenant-colonel GUIONIC). Là-dessus, tout le monde est d'accord. Mais il ne suffit pas de proclamer théoriquement cette nécessité absolue de la liaison ; il faut encore travailler à la réaliser pratiquement, et s'y exercer dès le temps de paix.

§ 5 — Organisation

Nous nous limiterons ici à l'étude très succincte de quelques questions, nous réservant d'examiner ultérieurement l'or-

---

(1) « Pourquoi et comment fallait-il prendre position ? Qui y aurait-il à notre droite et à notre gauche ? etc. C'étaient là autant de questions absolument obscures pour nous. » (Lieutenant-colonel SELIVATCHEV.)

« Dans quelle direction fallait-il attendre l'ennemi ? Quelles circonstances avaient motivé cette occupation ? Quelles fractions étaient chargées de la défense ? Dans quel but cette défense ? Autant de questions dont la solution n'était pas parvenue jusqu'à nous, humbles mortels ! » (Lieutenant-colonel SELIVATCHEV.)

ganisation du commandement chez les Russes et chez les Japonais.

I. *Nombre des corps d'armée.* — On a pu constater en Mandchourie un phénomène curieux qui s'impose à nos méditations. Disposant de cadres nombreux, de beaucoup de corps d'armée, ayant passablement négligé par contre l'organisation des troupes de remplacement, les Russes, au lieu de tenir constamment au complet les unités engagées dès le début, préfèrent en faire affluer de nouvelles traînant après elles le poids mort des impedimenta qui leur correspondent; les vieilles bandes aguerries des Xe et XVIIe corps, des Ier, IIe et IIIe sibériens, finissent par ne plus mettre en ligne que des bataillons squelettes; les divisions qui regorgent d'hommes débarquent à peine et n'ont jamais vu le feu (1). Les Japonais, au contraire, ont beaucoup d'hommes, — leur population est supérieure à celle de la France — mais leurs cadres sont limités, sans parler du matériel : ils assurent donc soigneusement le fonctionnement de leurs dépôts, suralimentent leurs compagnies, les poussent à l'effectif de trois cents hommes, en leur amalgamant par petits paquets des réservistes de complément; et ces unités conservent sans cesse la valeur d'une troupe habituée depuis de longs mois à la fournaise (2).

Ce n'est pas, à vrai dire, un phénomène nouveau : l'étude des guerres napoléoniennes en permet l'observation fréquente; des procédés analogues sont mis en œuvre quotidiennement, fruc-

---

(1) « Le général avait proposé au commandant en chef de réclamer, au lieu de ces nouveaux corps d'armée, des renforts pour ceux qui existaient présentement, et plutôt des « baïonnettes » que des cadres ou éléments nouveaux : la plupart des bataillons ne dépassaient pas 300 hommes, ceux du régiment d'Orlov, 200; il manquait 75 % des officiers, 65 % des hommes; il fallait au moins 100.000 soldats de complément. » (Major von Tettau.)

(2) « Qu'en regardant à droite et à gauche le débutant voie de vieux soldats — et qui connaissent leur affaire, il le sait bien — soutenir sans émoi le choc d'une charge, d'un assaut, le voilà consolé et qui applique d'un bras résolu l'épaule à la crosse... Mais si, d'autre part, il n'aperçoit que des hommes de sa classe, blêmissant, taquinant leurs gâchettes avec des : « Qu'est-ce qu'il y a encore, nom de Dieu ? » tandis que les commandants de compagnie suent dans leurs fourreaux de sabre et crient : « Le premier rang, baïonnette au canon. Alignés là, alignés! La hausse à 300, non à 500 mètres! Couchez-vous! Là, là, pas si vite! Le premier rang à genou! » et ainsi de suite, il ne se sent pas à l'aise et ne tarde pas à devenir tout à fait malheureux, pour peu qu'il entende culbuter un camarade avec un fracas de tisonnier s'écroulant sur l'âtre et le han d'un bœuf abattu. » (Rudyard Kipling.)

tueusement, pour la relève des troupes coloniales. Il y a lieu
cependant d'insister : nous semblons en effet avoir un peu perdu
de vue que, s'il est facile, en temps de paix, d'instruire consciencieusement dix compagnies de deux cents hommes, il est matériellement impossible de tirer un parti quelconque de ces groupes
de cinquante hommes, que nous nous obstinons, par habitude
sans doute, à baptiser du nom de compagnies.

Devons-nous donc diminuer le nombre des corps d'armée
créés naguère contre la Triplice? La question est angoissante :
actuellement, à nos quarante-deux divisions, l'Allemagne à elle
seule en oppose quarante-huit! Il y a pourtant un fait brutal :
notre contingent est extrêmement lourd pour la population qui
le fournit, et, malgré cet effort, nos unités sont maigres et par
conséquent difficiles à instruire. Trouver le remède, prendre un
parti, c'est peut-être une question de vie ou de mort. Beaucoup
de bons esprits estiment que le sacrifice de quelques divisions
s'impose : car on ne lutte pas contre un fait. Mais il faudrait
alors augmenter sérieusement la capacité de combat, la puissance
des divisions subsistantes : l'artillerie et les mitrailleuses nous en
fourniraient peut-être les moyens.

II. *Groupement des divisions.* — Au moment de la réorganisation de l'armée française, on avait beaucoup discuté le corps
d'armée à deux divisions. Tous les inconvénients du système
se sont, à maintes reprises, révélés en Mandchourie, et particulièrement, pendant la bataille du Chaho, aux Xe et XVIIe corps.
Un témoin oculaire, cité par le major von Tettau, exprime ainsi
son opinion : « Au XVIIe corps, le 10 octobre, toute la ligne de
« combat est occupée par la 3e division, sans qu'il reste disponible
« aucune fraction de celle-ci, dont le chef, désigné comme com-
« mandant de l'avant-garde, n'a dès le principe plus de réserve.
« L'autre division, la 35e, est mise par fractions successives à sa
« disposition. — La conséquence de cette pratique était un per-
« pétuel mélange des unités tactiques sur tout le front... On enle-
« vait aux divisionnaires toute faculté d'agir et de manœuvrer
« avec indépendance... Cette violation des principes fondamen-
« taux de la tactique mettait les troupes, après chaque défaite,
« dans une effroyable situation... Cette pratique ne tardait pas à

« amener les troupes qui se battaient à recevoir des ordres de deux
« côtés à la fois, du « commandant de la ligne de feu » et du com-
« mandant du corps d'armée, ce qui, le 15 octobre, au XVIIe corps,
« faillit causer une catastrophe. »

Le général Bonnal l'avait dit depuis pas mal de temps : « Com-
« ment est-il possible à un général, n'ayant sous ses ordres que
« deux divisions, d'engager une avant-garde, de la soutenir et de
« la prolonger, de lancer une attaque et de jouer sa dernière carte
« sur une réserve, en maintenant intacte l'unité divisionnaire? Le
« nombre de trois, et mieux encore de quatre unités, est indis-
« pensable au chef qui veut mener un combat dans toutes ses
« phases. »

Et, remarquons-le en terminant, ce que les Japonais appellent une armée en Mandchourie, n'est en réalité qu'un corps
d'armée à trois ou quatre divisions, déployé, il est vrai, sur un
front absolument exagéré...

III. *Valeur des réserves.* -- La dernière guerre a démontré
une fois de plus l'écrasante supériorité des formations actives
sur les formations de réserve (1), qu'elles aient été russes ou

---

(1) « Le Ve sibérien se composait de la 54e division d'infanterie de Sibérie et de
la 71e; ces deux divisions avaient été formées avec la 54e brigade d'infanterie de
Sibérie stationnée à Pensa; c'étaient donc en réalité des divisions de réserve. »
(Major von TETTAU.)

« Dans mes promenades à travers les bivouacs, je remarquai dans l'infanterie une
forte proportion d'hommes mûrs : la plupart âgés de trente, trente-cinq, jusqu'à
trente-neuf ans; presque tous avec de grandes barbes. J'exprimai à ce sujet au général
Sloutchevski mon étonnement de trouver aussi changés comme aspect ces régiments
que, l'année précédente, j'avais vus au camp de Tchougouiev composés de jeunes
gens. Il me l'expliqua : pour former les 3e bataillons de tirailleurs de la Sibérie orientale, les régiments du Xe corps avaient dû, dès avant la mobilisation, se priver de
leurs meilleurs éléments. Par suite, les compagnies n'avaient alors que 40 hommes
instruits et 30 recrues non dégrossies; le surplus se composait de réservistes. Mais,
pour accélérer (!) la mobilisation, l'état-major général ordonna aux circonscriptions
territoriales de prendre, sans tenir compte de la classe, ceux de ces réservistes qui
se présenteraient les premiers. Voilà pourquoi l'on prit tant de gens âgés... Rien
d'étonnant si ces hommes d'âge, laissant au foyer leur famille sans soutien, n'appor-
tèrent pas, sur les champs de bataille, un excessif enthousiasme. » (Major von TETTAU.)

« Je m'entretins longuement avec le colonel Sydanovsky... Il louait la bravoure et
le patriotisme des Japonais, et s'exprimait sévèrement sur le compte des réservistes
russes, en grande partie depuis cinq ans dans la réserve, et sans aucune instruction. » (Major von TETTAU.)

« Nos chaînes ne se hasardèrent pas non plus à prendre l'offensive, et cela n'a rien
d'étonnant, car le régiment de Bougoulminsk est formé, presque en entier, de vieux
réservistes pères de famille, bien peu préparés à la guerre. » (Lieutenant-colonel
KVITKA.)

japonaises... surtout quand on transformait en artilleurs des réservistes ayant fait tout leur temps de service dans la cavalerie (1). Le témoignage du lieutenant-colonel Apouchkine nous fixera à cet égard : « Si mes souvenirs sont précis, le général de « jour de l'armée racontait alors dans notre cercle intime, comme « le tenant du général Orlov lui-même, que, lorsque ces réservistes « se rassemblaient pour l'instruction — qui était à refaire entiè- « rement — leurs femmes, qui les avaient suivis, se rassemblaient « également... Et à peine le commandement de repos était-il pro- « noncé, que ces guerriers rompaient les rangs et couraient à leurs « femmes : l'air retentissait d'un concert d'exclamations : Maria ! « Annouchka ! criaient les hommes. — Stépanitch ! Ivan ! répon- « daient les femmes, en tirant de leurs besaces des flacons de « vodka apportés pour leurs fidèles époux. »

Tant que la chose fut possible, les Japonais évitèrent de faire donner en première ligne, surtout offensivement, leurs brigades de kobi. Les Russes, au contraire, abusèrent des divisions de réserve et noyèrent de réservistes leurs quelques corps d'armée actifs. Ce fut certainement l'une des causes de leur infériorité.

La même constatation aurait pu être faite en 1871 ; nous avons préféré tenir les yeux fermés. Le seul souvenir qui nous soit demeuré, c'est la vision un peu confuse des réserves allemandes inondant notre territoire en toute sécurité, après les grandes batailles et la perte de nos armées... et n'y faisant en somme que médiocre figure devant nos bataillons improvisés.

Sur les réserves nous avons voulu miser notre avenir comme enjeu : en cas de perte, nous pourrons faire notre *mea culpa,* car les avertissements ne nous ont point manqué. Un de ces hommes qui, malheureusement, ne sont jamais dans leur pays des prophètes très écoutés, le capitaine Gilbert, un maître en fait d'organisation, nous les a prodigués sur tous les tons : « L'armée « que nous concevons est une armée de réserve, et son noyau per- « manent une école, bien plutôt que la solide armature d'un instru- « ment de guerre. Nous nous sommes fait pour ces questions une « optique spéciale, à laquelle contribuent sans doute de cruels « souvenirs, mais il faut bien le dire aussi de secrètes et moins

---

(1) Général KOUROPATKINE, *Memoiren,* p. 264.

« avouables inclinations. L'armée école est certes l'antipode d'une
« armée prétorienne. D'une armée de réserve aux milices que
« caressent les démocraties, la pente est insensible, et nous la
« descendons tout doucement. »

L'Allemagne prépare, à notre intention, des compagnies actives
d'effectif maximum, complétées par un choix de réservistes
libérés depuis deux ans au plus. Involontairement, nous songeons
aux pages éloquentes où Colmar von der Goltz évoque un nouvel
Alexandre bousculant, à la tête d'une armée de métier, une
pesante et inoffensive cohue de bourgeois boutiquiers !

IV. *Les liaisons.* — Nous ne saurions avoir la prétention de
disséquer ici minutieusement ce réseau complexe et fragile qui
relie le cerveau aux muscles, le commandement aux unités, les
unités entre elles. On sait ce que produisent, dans le domaine
physiologique, les faiblesses du système nerveux ; l'organisme
des armées n'échappe pas à des lois identiques. Parmi les causes
matérielles des défaites de Mandchourie, de celle du Chaho principalement, il nous faut signaler la défectuosité des liaisons.
Cette défectuosité n'est peut-être pas spéciale à l'armée russe :
elle pourrait devenir, sur d'autres champs de bataille, l'origine
de terribles mécomptes.

Qu'il nous soit donc permis de formuler, avant d'aller plus
loin, quelques desiderata : attribution à chaque état-major, à
chaque unité, dans une proportion insoupçonnée jusqu'à ce jour,
d'agents de liaison qu'il serait rigoureusement interdit de distraire de leur mission ; réglementation de cette mission ; adjonction de personnel technique et de matériel à la plupart des
états-majors. Il conviendrait de ne point lésiner.

Ces agents, ce personnel, devraient être constamment exercés,
ce matériel expérimenté sans cesse (1) ; il nous faudrait renoncer

---

(1) « Je découvre une lacune bien regrettable dans l'éducation des cosaques : on
ne leur a pas appris à se servir des signaux par gestes. Je suis obligé d'installer des
hommes en cordon pour me transmettre de vive voix les communications de la vigie.
Le téléphone militaire appartenant à notre division a été abandonné à Kharbine
avec des objets d'équipement qu'on a jugé inutile d'emporter, pour ne pas restreindre
la mobilité du détachement ; nous n'avons non plus ni héliographes, ni lampes
électriques à signaux. On peut expliquer, sans l'excuser, cette négligence à se servir
des moyens techniques indispensables aux troupes de toutes les armes, par la formation hâtive de régiments de réserve comme le nôtre. » (Lieutenant-colonel KVITKA.)

une bonne fois aux grandes manœuvres à toute vapeur, pour nous rapprocher le plus possible des conditions réelles du combat. La partie vaut qu'on l'étudie...

Sans parler de la télégraphie sans fil, qui a reçu honorablement le baptême du feu à Port-Arthur, à Tsoushima, peut-être ailleurs, le télégraphe et le téléphone ont joué en Mandchourie un rôle considérable, prévu il y a une quinzaine d'années par le général Cherfils; comme l'a dit le lieutenant-colonel Neznamov, ils sont devenus « l'outil indispensable ». Après quelques tâtonnements, les Russes avaient établi, en principe, dans leurs grandes unités des communications télégraphiques et téléphoniques (1). Mais le matériel était insuffisant (2); le général Rennenkampf le constate en pleine bataille de Moukden; et le général Kouropatkine écrit, le 9 janvier 1905 : « Jusqu'à présent l'établisse- « ment de ces communications n'a pas réussi chez nous à un degré « suffisant. » C'est que le fonctionnement semble avoir été des plus irréguliers, au milieu de l'effroyable désordre qu'il nous a bien fallu constater (3), en voyant des colonels à la recherche d'ins-

---

(1) Lord Brooke, *An eye witness in Manchuria*, p. 83.

(2) « Dans la guerre actuelle, il y a toujours eu insuffisance à ce point de vue. Dans l'infanterie et l'artillerie, il n'y avait pas de téléphones du tout, ou il y en avait fort peu (deux stations et six verstes de fil pour un régiment, et encore achetés aux frais de celui-ci). On retirait aux corps d'armée leurs ressources propres, pour les mettre à la disposition des états-majors d'armée. » (Lieutenant-colonel Neznamov.)

(3) « Le 16 juin, le comte Keller ignorait encore la défaite du général Stackelberg à Ouafangkéou. » (Major von Tettau.)

« A Yuchouling, personne ne put nous renseigner sur l'emplacement du quartier général du Xe corps. » (Major von Tettau.)

« De cette retraite de son aile gauche, le IIIe sibérien, il semble que le général Stackelberg n'ait eu nullement connaissance. » (Major von Tettau.)

« Un important ordre de l'armée, paru ce matin-là, ne fut pas envoyé au général Kastalinski. Celui-ci, en ayant entendu parler, en fit demander au quartier général une copie, qui ne lui parvint qu'à 1h 30 du soir. » (Lord Brooke.)

« La nuit tombait : il ne fallait plus compter sur l'intervention de la brigade Mau; le général envoya un officier à sa recherche pour la conduire à Patakiatseu. Celui-ci, après avoir erré de tous côtés, finit par la découvrir à Foudiakeou, vers 1 heure du matin. » (Major von Tettau.)

« Le général Kouropatkine, installé à l'Arbre isolé, avait passablement témoigné sa mauvaise humeur à un officier de l'état-major du Xe corps, qu'il interrogeait sur la situation : il disait avoir été informé par le Xe corps, le 14, de grand matin, de la reprise de Chahopou par le général Gerschelmann; comme conséquence de cette information inexacte, il avait dirigé l'attaque de sa réserve, non pas au sud de Chahopou, mais plus à l'est. « Votre compte rendu d'hier m'a complètement induit en « erreur, en me donnant à supposer que nous avions repris Chahopou », écrivait-il au

tructions abandonner leur régiment, pour errer des heures entières à travers le champ de bataille (1). Les méthodes en usage
dans le haut commandement ne facilitaient guère l'organisation
du service (2). Mais, du côté japonais, si l'on excepte de rares
mécomptes, dont quelques-uns assez sérieux (3), des liaisons analogues fonctionnèrent à peu près irréprochablement.

---

commandant du X⁰ corps. Personne ne savait, au quartier général de ce corps, qui
avait pu envoyer semblable compte rendu. » (Major von TETTAU.)

« Malgré la grande dispersion de l'armée, le commandement supérieur avait apporté
peu d'attention aux moyens de la diriger pendant la bataille. On ne commença à
organiser le service des liaisons, pour lequel on disposait des moyens les plus variés
(cavaliers, téléphone, télégraphe), pour la transmission des ordres et des renseignements, que le 23 janvier, c'est-à-dire deux jours avant la bataille. Aussi, malgré
toute l'énergie déployée par l'officier d'état-major désigné comme chef du service
des liaisons, ce service se trouva en maintes occasions insuffisant pendant la bataille. »
(Colonel NOVITZKI).

(1) « Dans ces conditions, le colonel quitta son régiment et se rendit auprès du divisionnaire pour lui demander des renforts. Faute de troupes fraîches, cette demande
fut repoussée. Alors le colonel partit à la recherche du commandant du VIIIᵉ corps,
et ne revint qu'à 2 heures du matin auprès du régiment de Volhynie. » (Général
KOUROPATKINE, Memoiren.) — Voir aussi l'épisode du colonel Istomine au Manjouyama.

▸ (2) « Le commandant de l'armée lui-même, par ses déplacements constants d'un
endroit à l'autre, déplacements que rien ne motivait, sinon la curiosité, rendit beaucoup plus difficile l'établissement des liaisons entre les différentes unités. » (Colonel
NOVITZKI.)

(3) « Les plaintes au sujet de l'insuffisance des liaisons téléphoniques pendant le
combat de Yangtseling furent du reste générales dans l'armée japonaise, mais je
ne les ai entendu motiver que par ce fait que l'on exigeait trop du téléphone. »
(Colonel GERTSCH.)

« Sur notre sommet, l'on travaillait à une tranchée. Un sergent-major dirigeait,
couché derrière la crête ; à notre approche, il nous fit des signes pressants pour nous
inviter à nous baisser. Puis, montrant la direction de l'ennemi, d'une voix étouffée,
il nous jeta ces mots : « Rusha-Rusha ». Nous nous jetâmes à plat ventre, et avançâmes
en rampant, jusqu'à ce que nous pussions voir. Effectivement, de l'autre côté, les
Russes étaient là. Jamais, pendant les dernières journées, nous ne les avions si bien
vus : de longues lignes compactes s'étendant vers l'est, des hauteurs de Mindiafan
à celles de Chokako et au delà. Mais pourquoi tout à fait en deçà de la crête, et point
à l'abri ? Sur la hauteur au nord-ouest de Mindiafan, des tranchées fraîchement
établies étaient très fortement occupées. Mais prodige ! Elles font donc face à Liaoyang, sans quoi nous ne verrions pas leurs occupants ! Et ces fanions entièrement
blancs ? Jamais on n'en vit de pareils chez les Russes, toujours chez les Japonais,
après l'enlèvement d'une position ennemie. Sans doute, on ne voit pas le rond rouge,
le « Soleil-Levant » des drapeaux japonais. Mais c'était, en définitive, secondaire, et,
d'après les circonstances principales, ce devaient être des Japonais, vraisemblablement la 10ᵉ division, qui prenaient possession des positions évacuées par les Russes.

« C'était notre avis, à nous autres Européens. Saigo et les autres Japonais présents,
même le colonel Kamamotto commandant l'artillerie de la Garde, le combattaient,
mais, il est vrai, avec cet unique argument : on le saurait depuis longtemps. Ques-
tionné par Saigo, le colonel déclara avec assurance : « La situation ne s'est pas modifiée depuis hier ; ces troupes-là sont russes. » Mais pourquoi ne tirait-il pas sur

De cette constatation au « principe de la fixité des centres de
« commandement », il n'y avait qu'un pas : et l'on devait nous
décrire complaisamment le général « art nouveau », installé dans
son bureau, sur un fauteuil en moleskine, loin de la bataille qu'il
dirige à l'abri des balles et des émotions.

Il y a quelque chose de profondément choquant dans cette
conception de généraux « se tenant, pendant l'action, très à dis-
« tance de leurs troupes; à proximité d'un poste téléphonique
« central, où leur arrivent les renseignements et d'où ils expédient
« des ordres. Prenons garde ! Sans doute, certaines situations de
« guerre spéciales justifient l'emploi de certains moyens spéciaux
« appropriés. Mais à qui fera-t-on croire qu'au début d'une phase
« décisive, ou simplement d'une phase plus sérieuse de l'action,
« un général digne de ce nom ne se hâte de raccrocher les récep-
« teurs et de monter à cheval pour aller travailler avec ses troupes
« sous les balles et sous les obus? Là seulement il sera d'esprit et
« de cœur à l'unisson. C'est dans cette atmosphère de la bataille

---

un but aussi avantageux, de telles dimensions? A cela, comme à la profonde inquiétude intime qu'exprimait toute sa personne, en dépit de son aptitude à se dominer,
on pouvait reconnaître qu'il n'était pas si sûr de son fait. C'était évidemment pour
lui un conflit moral très pénible. Son judicieux esprit militaire se révoltait contre
cette hypothèse qu'on aurait pu ne pas l'aviser d'un changement aussi important
dans la situation. Par contre, il ne pouvait négliger cette circonstance, que ces
troupes ne se masquaient nullement et exhibaient des fanions conventionnels en
usage chez les seuls Japonais. Mais ce pouvait être une ruse.

« Sans aucun doute, il y avait eu là une lourde faute commise. Ou bien l'on s'était
insuffisamment éclairé, ou bien les avant-postes n'avaient pas rendu compte, ou
bien les comptes rendus n'étaient pas arrivés. En tout cas, les liaisons entre la Garde
et la 10ᵉ division, aussi bien qu'entre le commandant de la Garde et ses sous-ordres,
avaient été absolument défectueuses.

« Il était dur pour Kamamotto d'admettre une telle faute; et cela le mettait dans
une situation difficile. Le doute, s'il avait devant lui des Russes ou des Japonais,
donc la question de savoir s'il fallait tirer ou non, enfin, suivant le cas, la possibilité
de causer une catastrophe ou de commettre une grave négligence, tout cela rendait
son inquiétude compréhensible... L'expédient qu'il adopta finalement fut des plus
ingénieux : à 9 heures, il fit canonner par la batterie Hitikata le vallon qui, entre le
sommet de Yayuchi et la hauteur 295, se dirige au nord vers la route de Liaoyang.
Seules, les considérations suivantes purent l'y déterminer : s'il y avait là des Japonais,
c'était la 10ᵉ division, qui se trouvait ainsi dans le secteur de la Garde; pour marcher
ensuite sur Liaoyang, rien ne l'obligeait en aucun cas à attaquer vers l'est par ce
vallon; le feu ne pouvait donc lui nuire. Si c'étaient au contraire des Russes, cette
canonnade pouvait les empêcher de se déployer ultérieurement, et leur rendre surtout essentiellement difficile l'occupation du sommet de Yayuchi... On finit par
apprendre que les troupes qu'on avait devant soi depuis le matin, prises pour des
Russes pendant plus de trois heures, appartenaient effectivement à la 10ᵉ division. »
(Colonel GERTSCH.)

« que naissent les idées fortes, les idées justes, les idées opportunes.
« C'est dans ce creuset, et non ailleurs, que se forgent les résolu-
« tions généreuses, les résolutions énergiques, les seules capables
« de violenter la victoire » (Colonel Maistre).

Le téléphone, secret de la victoire? Demandons au major von
Tettau : « Nous trouvâmes le quartier général installé à Lang-
« keouling; le général Sloutchevski ne l'avait pas quitté de toute
« la journée. Son chef d'état-major s'était rendu, dès le matin,
« sur le champ de bataille, puis était revenu au quartier général
« d'où se dirigeait le combat. Il était relié avec toutes les parties
« du champ de bataille par télégraphe, téléphone, héliographe. La
« transmission des ordres se faisait donc dans un style tout à fait
« moderne, à l'abri de l'influence des événements et par les moyens
« techniques les plus variés... Le général voulait prouver que l'on
« pouvait diriger tout seul une bataille par ces moyens sans voir
« la troupe; il paraissait aussi trouver judicieux que le chef restât
« éloigné des impressions de la lutte. » Il prouva également que
« l'on pouvait ainsi se faire battre à plate couture... et, sans perdre
« une minute, en aviser le généralissime : le télégraphe avait du
« moins servi à cela.

Est-ce donc faute de liaisons télégraphiques que le même général, le 2 septembre, au pied de Manjouyama, reste cinq longues
heures sans entrer en relations avec le général Bilderling installé à
4 kilomètres de distance?... Mais longtemps avant, le 6 août 1870,
Mac-Mahon avait mis quatorze heures à recevoir par télégraphe
une réponse de Bitche éloigné de 30 kilomètres : avec un aide
de camp, Napoléon aurait résolu ce problème en cinq heures !

Procurons-nous des télégraphes et des téléphones, excellente
précaution; sachons les utiliser, ce qui est mieux encore; mais
n'oublions pas que ces appareils, aux mains de certains chefs,
deviennent de dangereux outils (1); songeons à leur fragilité,

---

(1) « A propos du téléphone, il faut rappeler que son emploi offre l'inconvénient
de permettre au commandement supérieur de s'intéresser à des détails et de s'y
immiscer au point de gêner l'initiative, d'intervenir dans des minuties, ce qui lui
enlève de son temps pour des choses plus sérieuses et énerve les exécutants. Aussi
est-il recommandé de se servir du téléphone seulement là où la rapidité des transmissions joue un rôle capital, c'est-à-dire dans l'intérieur de la division; plus haut, on
le remplace par le télégraphe. » (Lieutenant-colonel Neznamov.)

« Le chef d'état-major du XVIIe corps était fort occupé, enseveli sous une montagne

et ne désapprenons ni le galop ni la bicyclette. Organisons des
« centres de commandement », mais avec la résolution ferme, dès
qu'il le faudra, de nous en évader sans retard, en y laissant un sup-
pléant (1). Les Japonais pouvaient peut-être en user autrement,
avec leurs soldats, ces admirables automates, et leurs cadres im-
personnels, interchangeables comme des pièces de culasse mobile.

Nous ne sommes point construits sur ce modèle; et là réside
notre force : l'automate ne développe jamais que le maximum
prévu par le constructeur; l'être humain dépasse ce maximum,
quand il « cogne » de toute son âme (2).

Lorsque Skobelev, devant Geok-Tepe, voyait hésiter les colonnes d'assaut, il campait son cheval sur une bombe toute
fumante, attendait tranquillement... puis se relevait en riant :
« Tu vois bien, Vania, ça salit, mais ça ne fait pas de mal! »
Je crois que, transmise par téléphone, la phrase n'aurait pas eu
le même succès. — Et, quand il n'avait plus de réserves à faire
donner, il donnait de sa personne, et enlevait des redoutes. Il
ne songeait pas à faire du « commandement masqué!... »

Notre soldat est intelligent, mais nerveux; il apprécie beaucoup le téléphone, mais il a la faiblesse de préférer les jolis
gestes : il ne détestera point voir son général, fut-il de corps
d'armée (3), venir se promener de temps à autre du côté où
« ça chauffe », avec

> Le mépris de la mort comme une fleur aux lèvres...

---

d'ordres et de documents. Pendant les dix minutes à peine que je passai à l'état-
major, le quartier général de l'armée téléphona trois fois, et visiblement pas à la
joie du colonel. » (O. von Schwartz.)

(1) « A Lutzen, Napoléon n'a pas dédaigné de donner de sa personne, avec la Jeune
Garde.

« Mettez Napoléon le 14 à Herny, et vous verrez qu'il assistera à la bataille engagée
par l'initiative de ses subordonnés; mettez-le quelque part autour de Metz, le 15,
et vous verrez qu'il sera le 16 aux côtés d'Alvensleben. » (Général Cardot.)

(2) « Si un nouveau Skobelev devait entrer en scène aujourd'hui, brillant, rapide,
audacieux, adoré de ses soldats, imprégné du véritable esprit guerrier, je crois bien
que les Japonais pourraient s'apercevoir qu'il y a, dans le concept occidental de la
guerre, un facteur avec lequel ils n'ont pas encore appris à compter. » (Général
Hamilton.)

(3) « Le commandant du corps d'armée passa cette nuit terrible au milieu de nous
sur la position même... Il fut remarquablement bien accueilli par les hommes de son
corps d'armée! « On dirait que voilà déjà notre vieux, entendait-on dire aux soldats;
« son grade est très élevé, sa solde est considérable, et pourtant il reste constamment
« avec nous, quelque temps qu'il fasse! » (Lieutenant-colonel Selivatchev.)

Et c'est à ce moment-là, précisément, qu'il enlèvera les redoutes.

V. *Munitions.* — La dépense de munitions en Mandchourie a sensiblement dépassé les prévisions : c'est sans doute une conséquence de la tactique mise en œuvre; mais il est prudent de tenir compte de cette constatation.

1º **Infanterie.** — Les Russes s'étant, la plupart du temps, contentés de résister sur place, ce qui simplifiait pour eux le problème du ravitaillement, nous prendrons pour terme de comparaison l'organisation japonaise, qui donne à chaque soldat plus de 400 cartouches en première ligne : 200 sur l'homme; 60 au train de combat du bataillon sur chevaux de bât, en trousses de 180 cartouches réunies par deux au moyen d'une sangle; 145 sur les quatre colonnes de munitions de la division, formées chacune de deux sections de voitures à deux roues et à un cheval.

La ligne de feu utilise d'abord les cartouches des morts et des blessés; elle reçoit, par les soins des unités en réserve, celles du train de combat, qui lui sont apportées par les fractions qui viennent la renforcer, ou, à défaut, par des ravitailleurs (1) : quatre de ces derniers peuvent transporter le chargement d'un cheval de bât. La colonne de munitions (60 voitures) complète l'approvisionnement du train de combat; dès qu'une section est vide, elle va se ravitailler sur l'arrière.

Ce système fonctionna d'une manière satisfaisante, et la consommation ne dépassa que très exceptionnellement 200 cartouches par homme et par journée d'engagement. Certaines unités furent pourtant sur le point de manquer de munitions : le 26 août, à 3 heures du soir, la 1re brigade de la Garde; le 2 septembre, au massif 131, des compagnies du 4e régiment; en oc-

---

(1) « A 5 heures, on apporta des munitions à ce bataillon. Les chevaux de bât furent amenés jusqu'aux pentes arrière de la hauteur au sud de Chokako... De là des hommes sans armes portèrent les cartouches : chacun prit quatre trousses, de 300 paquets l'une; par deux, ces trousses étaient liées aux extrémités d'un bâton porté sur l'épaule. Sans ordre, par essaims, les 40 ou 50 hommes avancèrent avec leurs charges, visibles de loin sur la pente, lentement, posément, chacun à son gré, chacun comme s'il avait opéré au polygone, non au combat sous le feu de l'ennemi. » (Colonel GERTSCH.)

tobre, à Pensikou, le bataillon Honda, qui dépensa 600 cartouches par tireur. Comme conséquence, d'après un témoin oculaire, « le fantassin japonais, laissé libre de porter autant de cartouches « qu'il le désirait, profita largement de cette latitude, préférant « se surcharger que s'exposer à manquer de munitions ». De son côté, le capitaine Soloviev constate que l'approvisionnement des Russes fut à peine suffisant (1). Une dotation de 185 cartouches en première ligne et de 111 au parc serait donc trop parcimonieuse...

Signalons, en terminant, l'emploi fréquent des grenades à main, dont l'utilité, dans le combat rapproché, semble absolument incontestable.

2° **Artillerie.** — Chaque batterie de campagne japonaise dispose de 429 coups par pièce : 130 à la batterie, 197 à la réserve régimentaire, 102 aux quatre colonnes de munitions de la division; la batterie de montagne n'a que 288 coups par pièce (98 + 50 + 140).

La batterie de tir conserve 3 caissons à 60 ou 80 mètres des pièces, et en envoie 3 à la réserve du groupe, à 300 mètres en arrière; cette réserve se ravitaille sur la réserve régimentaire qui s'alimente elle-même aux colonnes de munitions, dont chaque section, une fois vide, a recours au dépôt le plus voisin. Tenues ordinairement à une demi-journée de marche de la division, les colonnes de munitions s'en rapprochent au combat, en passant devant les trains régimentaires.

La dépense maxima a été de 522 coups par pièce et par jour : 420 coups à Liaoyang pour les Ier et IIIe sibériens; plus fréquemment, en deux ou trois jours consécutifs, de 800 coups et plus. Et la lenteur des mouvements des deux armées, l'immobilité des batteries, ont considérablement facilité le ravitaillement. Il semble néanmoins que, plus d'une fois, les coffres aient été presque vides.

Nous n'avons que 312 coups à la batterie, et 190 au parc. Il y a donc urgence à aviser; et la question est grave, car les attelages nous font défaut. On pourrait remédier à cette situa-

---

(1) D'après le général KOUROPATKINE, *Memoiren*, les munitions furent insuffisantes, « en particulier pour l'artillerie, et le réapprovisionnement fort lent ».

tion, en recourant aux automobiles pour la constitution des parcs et convois. Resterait à augmenter notre stock de projectiles : 2.000 coups par pièce sont un chiffre très insuffisant... que nous sommes peut-être loin d'atteindre, malheureusement (1)!

VI. *Personnel et matériel techniques.* — 1º **Pontonniers.** — Leur rôle n'a pas été négligeable, sans qu'il nous soit possible d'en déduire un enseignement quelconque.

2º **Ballons.** — On en a fait un usage assez modéré, et il ne semble pas qu'ils aient rendu de services bien extraordinaires (2). Leur vulnérabilité a été faible; et les balles de shrapnells n'ont pas réussi à les endommager sérieusement.

3º **Projecteurs.** — L'emploi fréquent du combat de nuit a posé la question des projecteurs, dont il semble utile de doter les grandes unités : problème facile à résoudre, grâce à l'automobilisme.

VII. *Questions diverses.* — 1º **Habillement.** — On a pu vérifier, en 1904, la nécessité impérieuse, reconnue depuis longtemps, d'une véritable tenue de campagne, qui ne devrait nullement être exclusive d'une « tenue de ville » élégante... Tant que l'on s'obstinera à vouloir une solution différente, avec un costume à deux fins, on ne trouvera pas.

2º **Équipement.** — On a compris également, une fois de plus, qu'il fallait, sinon alléger le fantassin — ce n'est guère possible, —

---

(1) « J'étais une fois chez Okasaki... Je l'interrogeai entre autres choses sur le remplacement des munitions au combat. Je sais, me répondit-il, que, même dans les armées européennes, cette question est un sujet de préoccupations et de soucis. Chez moi, il n'y a jamais de malfaçons, ni même de peine particulière. En temps de paix, avec ma brigade, je n'ai jamais terminé une manœuvre, sans m'être exercé à ce remplacement. Maintenant, je n'ai plus du tout besoin de m'en inquiéter. Cela marche toujours tout seul. » (Colonel GERTSCH.)

(2) « Le ballon captif *Feldmaréchal-Gourko* faisait une ascension, maintenu par des soldats, quand tout à coup un violent coup de vent l'arracha de leurs mains; sans équipage, il bondit jusqu'aux nuages et partit à toute vitesse... Le général Sloutchevski fut inconsolable de cette perte; mais les officiers d'état-major, qui passaient leurs journées en l'air à ne rien voir, ne purent réprimer, en leur for intérieur, un sentiment de joie malicieuse. » (Major VON TETTAU.)

« L'observation dans un ballon pris à partie par l'artillerie doit être une chose tout à fait spéciale, car j'ai remarqué plusieurs fois qu'en semblables circonstances les ballons se mettaient promptement hors de portée. » (Major VON TETTAU.)

du moins lui organiser un paquetage de combat. Du reste, pour
exécuter leurs attaques, les Japonais ont bien souvent laissé
leurs sacs en arrière, pour ne les retrouver qu'au bout de plusieurs jours (1).

3° **Alimentation.** — Enfin, cette guerre a montré ce que l'on
peut attendre de l'exploitation des ressources locales, quand elle
est judicieusement organisée (2). Sans doute, il y a eu des mécomptes (3), particulièrement pendant les premiers mois, du
côté de Ouafangkéou; mais ils n'ont été que l'exception, toutes
les fois que le personnel de l'intendance s'est montré à la hauteur
de sa tâche (4). Si les Russes ont mérité des reproches, ce n'est
pas à ce point de vue (5). De ces événements, une leçon se dégage
cependant, dont nous pouvons faire notre profit pour toutes
les questions d'organisation : notre système administratif, d'une
si admirable complication, ne peut rien produire de bon, s'il
n'est pas manié avec une délicatesse et une dextérité particulières; il devient, aux mains des médiocres de toutes catégories,
une arme des plus dangereuses (6); notre pire ennemi, ce n'est

---

(1) « Les 3 et 4 août arrivèrent les sacs des fantassins, laissés à terre le 31 juillet
lors du déploiement pour l'attaque. La distance n'étant pas considérable, des détachements des unités intéressées étaient allés les chercher. Au moyen d'un bâton souple,
d'un usage courant au Japon et en Chine pour le transport des fardeaux, chaque
homme portait sur l'épaule quatre havre sacs, deux à chaque bout... Après Liaoyang,
les sacs, étant restés très loin, furent rapportés aux cantonnements par des troupes
d'étapes, sur des voitures chinoises. » (Colonel GERTSCH.)

(2) « La base de ravitaillement de l'armée de Kouropatkine n'est pas en Russie
ni en Sibérie, mais bien en Mandchourie même et dans les régions limitrophes...
Même dans les conditions les plus difficiles de toutes celles que l'intendance russe
ait eues à vaincre, le soldat russe n'a pas été nourri plus mal que cela ne s'est vu en
Europe même, au cours des guerres passées. Et, au dire de quelques personnes capables de parler en connaissance de cause, il a été mieux nourri que le soldat anglais
ne le fut en Afrique du Sud. » (Ludovic NAUDEAU.)

(3) « Au cours de la bataille (du Chaho), les dispositions prises par l'intendance
furent insuffisantes; et, pendant deux jours, le Ier corps sibérien fut privé de distributions. » (Lord BROOKE.)

(4) « Il faut remarquer que la distribution aux troupes par l'intendance en temps
opportun se trouve en fonction directe de la personnalité de l'intendant de corps
d'armée. » (Lieutenant-colonel NEZNAMOV.)

(5) « L'armée a été bien nourrie; elle était chaudement vêtue; on a tout fait pour
le corps du soldat, mais rien pour son âme. » (Capitaine KRASNOV, *Invalide russe*,
n° 84 de 1905.)

(6) « Pendant les batailles du Chaho, le général Mikheiev avait refusé des munitions
à une batterie à cheval des gardes-frontières, parce que celle-ci dépendait d'une autre
administration. » (Général RENNENKAMPF.)

pas l'adversaire en armes, c'est la paperasserie bureaucratique mise au service de la routine... (1).

Mais il y a un fait nouveau, l'apparition des cuisines roulantes de campagne, dont on a constamment usé dans l'armée russe : l'une pour 150 rations, à deux roues et à un cheval, du prix de 1.350 francs, pesant 815 kilos; l'autre pour 250 rations, à quatre roues et deux chevaux, du prix de 1.680 francs, pesant 1.150 kilos. En station, au combat, dans les marches et les retraites, elles ont rendu des services appréciables et indiscutés (2). Grâce à elles, l'état sanitaire a dépassé les prévisions les plus optimistes... Les essayer, c'est, paraît-il, les adopter.

Moins bien partagés sous ce rapport, les Japonais... ont été tout de même vainqueurs (3).

Conclusion. — Tels sont, condensés autant que possible, les enseignements qui nous arrivent de Mandchourie... et le plus formel est encore celui qui concerne les cuisines roulantes! Peut-être trouverons-nous la moisson misérable, et éprouverons-nous quelque déception. Il fallait cependant nous y attendre, car c'est « une erreur commune, après chaque guerre, de vouloir trouver « le secret de la victoire dans l'emploi de certains procédés tac-

---

(1) « Est-il admissible que vous n'ayez pas de règlements spéciaux pour le temps « de guerre? Vous ne renoncerez donc jamais à votre maudite routine? — Ah! Seigneur! « ne blasphémez point ». Il leva la main, comme pour prêter serment. « Le ciel et la « terre passeront, mais la paperasse restera! » (Semenov, *L'Escadre de Port-Arthur.*)

(2) « Je pourrais, à cette occasion, mettre en lumière, une fois de plus, les grands services que les cuisines de campagne rendirent à l'armée russe dans cette guerre, et spécialement à la bataille du Chaho. Je ne sais comment, sans ces cuisines, une armée européenne aurait pu s'en tirer dans les mêmes conditions sur le théâtre de la guerre. Seule, cette circonstance que les troupes, même en première ligne, furent pourvues quotidiennement de repas chauds, a pu soutenir les forces physiques après plus d'une semaine passée, sans interruption, aux prises avec l'ennemi. Chaque soir, avant le coucher du soleil, les cuisines allaient tranquillement, loin de cet ennemi, préparer le repas des troupes, à l'abri des projectiles japonais. J'ai vu, dans l'après-midi des 16 et 17 octobre, sur la route mandarine, des cuisines qui, sous les obus brisants, continuaient placidement leur route vers le sud, pour porter à manger aux hommes. » (Major von Tettau.)

(3) « A plusieurs reprises, les troupes japonaises durent rester en présence de l'ennemi nuit et jour en formation de combat. Elles utilisèrent donc la ration de fortune bien plus souvent qu'on ne l'avait prévu. Le complément de viande de conserve, de biscuit, de riz torréfié, qui composait cette ration, ne put donc plus, au bout d'un certain temps, être fourni en totalité; mais il y avait toujours du riz en quantités suffisantes. Seulement rien que du riz, c'est une médiocre nourriture, même pour des Japonais; les subsistances furent donc parfois insuffisantes. » (Colonel Gertsch.)

« tiques ou d'engins nouveaux et perfectionnés. » (Général LAN-
GLOIS.)

Il nous faut donc chercher autre part les causes de la défaite
russe, et nous résoudre à parler du moral. C'est presque un truisme
aujourd'hui, le plus banal des lieux communs. Il est pourtant
nécessaire d'y revenir : car, si l'on en parle volontiers, il semble
quelquefois que l'on n'y pense guère; ou que, si l'on y pense,
c'est pour faire son procès, — subrepticement.

« Il est si commode — je cite, dit le colonel Maistre — de tout
« expliquer avec les forces morales. Nous estimons qu'il ne faut
« faire intervenir les forces morales, dont l'analyse est toujours
« vague et incertaine, qu'après avoir épuisé la série des arguments,
« d'un ordre moins relevé peut-être, mais qui ont au moins l'avan-
« tage de la certitude. — Décidément elles sont encombrantes,
« elles sont fatigantes, ces forces morales qui s'obstinent ainsi à
« accaparer le devant de la scène. Elles manquent de discrétion,
« elles manquent de tact, voire d'éducation; elles abusent. Sans
« doute, elles sont le fond, elles sont même la toile de chaque
« tableau. Mais qu'elles veuillent bien rester à leur place, au der-
« nier plan. On ne se résoudra à s'adresser à elles, pour expliquer
« les événements, qu'en désespoir de cause, c'est-à-dire lorsque,
« après avoir épuisé la série des arguments qui ont au moins
« l'avantage de la certitude, l'énigme de la victoire persistera à
« garder son secret. »

Ces arguments positifs, matérialistes, nous venons de les invoquer en Mandchourie; ils ne nous ont point répondu. Nous y
sommes, chez le marchand de certitude; il est en train de faire
faillite. Nous n'avons plus le choix : quittons, sans perdre une
minute, la boutique où l'on réglemente, où l'on compte, où l'on
pèse, où l'on fait la cuisine. — Adressons-nous ailleurs.

Et dès maintenant, une fois pour toutes, prenons-en notre
parti, si nous rêvons à la victoire : une doctrine saine et vivi-
fiante, une tactique souple et énergique, — il n'est nullement
besoin qu'elle soit impeccable, — feront probablement beaucoup; le moral fera tout !

Et tout le reste est littérature.

LIVRE III

LES CAUSES DE LA DÉFAITE

« Il y a des lois dans le monde moral, comme dans
le monde physique ; nous pouvons bien les mécon-
naître, mais nous ne pouvons pas les éluder. Elles
opèrent tantôt pour nous, tantôt contre nous, à notre
choix, mais toujours de même et sans prendre garde
à nous ; c'est à nous de prendre garde à elles. »

(TAINE.)

———

« Je puis dire maintenant à mes contradicteurs que la tac-
« tique est invariable dans ses principes, que toutes les inven-
« tions humaines ne sauraient entamer, ni même effleurer : je
« veux leur dire, une fois de plus, que les terribles engins modernes
« dont ils nous assomment sont pourtant dans les deux camps, ce
« qu'ils oublient sans cesse ; j'irai plus loin : les bonnes doctrines,
« les principes dont je m'empare, je ne les confisque pas, je les
« octroie généreusement à l'adversaire ; c'est la prudence la plus
« vulgaire, le bon sens le plus terre à terre qui m'y oblige. Ceci
« posé, je les conjure de se rappeler que le secret de la victoire
« ne se met pas dans une armoire en fer ; que nous devons le
« chercher en dernière analyse là où il est : dans le cœur du
« combattant, et que c'est une folie, un crime de le chercher
« ailleurs ! » (Général CARDOT.)

Mais, à la guerre comme partout, il y a deux façons de gagner
la partie : être le plus habile, ou le moins maladroit. Il nous faut
donc, avant d'aller plus loin, nous demander si la défaite des
uns ne fut pas attribuable uniquement à l'écrasante supériorité
des autres, à leur audacieuse stratégie, à leur tactique vigoureuse
et souple, à leur incomparable moral.

———

I — L'ARMÉE JAPONAISE DE 1904

Poser la question, c'est s'attaquer à une téméraire entreprise : l'étude d'une armée, d'une nation, d'une race différentes de celles que nous avons accoutumé de coudoyer quotidiennement. Tâche difficile et toujours décevante que cette poursuite d'une âme, qui fuit devant la nôtre et se dérobe à notre étreinte, dans les dédales du labyrinthe où l'écho de sa fuite semble vouloir railler notre vaniteuse présomption. D'autres s'y sont engagés, incomparablement plus qualifiés, guidés par le triple fil conducteur de l'histoire, de la science et de la philosophie. Ils ont dû finalement confesser leur impuissance :

« Si je vous comprends bien, tout ce que nous pouvons connaître « des Japonais se réduit au geste et au costume. Assurément « ces souliers et ces chapeaux s'animent de votre humour et vous « leur communiquez une éloquence imprévue. Mais où vont les « pieds qui les dirigent, et que se passe-t-il dans les têtes qu'ils « recouvrent? Vous ne le saurez pas, me répondit-il. Je hante « les Japonais depuis plus de seize ans, et je l'ignore. Tantôt « on vous dira qu'ils courent à l'anarchie, tantôt qu'ils s'ache- « minent vers la république, tantôt qu'ils reculent devant l'in- « vasion européenne, pour ressaisir leur solitude d'autrefois. » (A. BELLESSORT.)

Ame complexe, direz-vous. Mais quelle est celle qui ne l'est point pour une âme étrangère? Tel nous apparaît le Japon actuel, avec cette perpétuelle débauche d'antithèses qui eussent charmé les romantiques, et dont nous ne retiendrons que quelques contradictions peut-être bien apparentes : amour des innovations, poussé jusqu'à la manie du progrès dans ses plus puériles manifestations, — et traditionalisme parfois farouche, gage de la vigueur nationale et de la pureté de la race. Irrésistible énergie, héritage des siècles de féodalité, qui, pendant le dix-neuvième siècle et jusqu'en 1876, s'est donné libre carrière dans des guerres civiles à peu près uniques au monde, — et absence totale de fanatisme politique, puisque les vaincus de ces guerres, quelques années à peine après leur mort tragique, sont glorifiés par leur vainqueur; puisque les fils de ces hautaines victimes, tel Saigo du clan de Satsuma, capitaine dans la garde impériale, servent loyalement, fièrement, sans que personne songe à se scandaliser, celui que, sous d'autres cieux, l'on appellerait encore le bourreau.

Étudier cela? Mais ce serait folie. Le décrire plutôt, essayer une de ces ébauches submergées dans une atmosphère vaporeuse, où se complaisait l'art d'un Fantin-Latour, et qui se précisent graduellement lorsque l'on sait les regarder de loin : esquisser quelques traits, largement tout d'abord, et puis nous reculer pour mieux saisir l'ensemble. Voilà ce que, pour l'armée japonaise, ses chefs, ses officiers, ses soldats, nous nous proposons d'accomplir — sans répondre de réussir.

§ 1 — Ses éléments constitutifs

1º *Le commandement.* — Dans cette Mandchourie qui leur est familière, puisqu'ils l'étudient depuis de longs mois, leurs généraux viennent de débarquer; et ce qui caractérise d'abord leur attitude, c'est une prudence, une circonspection, une timidité qu'ils ne surmontent que péniblement. Sur le Yalu, pour la première fois, ils vont aborder leur adversaire inerte... et ils ne sont pas rassurés (1). La victoire leur sourit déjà; ils hésitent encore, demandent à réfléchir, et font, vers midi, la première de ces incompréhensibles pauses, sortes d'entr'actes au cours de la bataille, qui, d'après le témoignage du major von Tettau, seront chez eux la règle pendant presque toute la campagne. Pour s'en expliquer, ils ne trouvent d'ailleurs que

---

(1) « Il était 7 heures du matin, lorsque l'infanterie commença son mouvement en avant, sans que l'ennemi donnât signe de vie, sans qu'un seul coup de feu partît du Suribachiyama ou du mamelon au nord. Ce silence rendait encore plus formidablement impressionnante la formidable position russe. Un officier japonais me disait au sujet de cette marche : « Quand l'ennemi tire à toute vitesse, c'est fort désagréable; « mais s'il ne tire pas, cela devient terrifiant. » Le chef d'état-major ajoutait : « Personne « ne savait si les Russes voulaient nous laisser approcher avant d'ouvrir le feu, ou bien « s'ils avaient déjà battu en retraite, mais la majorité s'en tenait à la première hypo- « thèse. » Et encore : « Ce silence était une rude épreuve. » (Général HAMILTON.)

de mauvaises raisons (1). Puis ils n'esquissent même pas la poursuite, renonçant à exploiter le succès. Cela se renouvellera
encore au Motianling (2), et cela se renouvellera sans cesse. La
manœuvre de Kuroki à Liao-Yang, sur la rive droite du Taïtseho,
ils n'oseront pas l'exécuter carrément, avec toute la Iᵉ armée,
pour ne pas courir trop de risques : et, suivant l'inexorable loi
qui condamne toujours le système du rabais, les risques réellement courus seront ainsi plus redoutables et l'on n'aura qu'une
demi-victoire. On serait tenté de croire qu'ils appliquent le
principe de Clausewitz : « Il faut conduire l'armée avec une
« extrême prudence jusqu'à ce que, peu à peu grandies par les
« efforts et confirmées par la victoire, les forces morales l'élèvent
« enfin à la hauteur du rude labeur et de la lourde tâche qu'elle
« doit accomplir. » Mais la force morale aura beau s'accroître,
doubler, tripler peut-être, jamais ils ne se départiront de cette
excessive prudence.

Voilà qui pourrait expliquer leur attitude un peu bizarre vis-
à-vis des étrangers qui les observent, cette méfiance parfois
puérile qui englobe tout le monde, journalistes, attachés militaires, les amis et les alliés eux-mêmes : phénomène que ne

---

(1) « Étant donnée l'habileté remarquable du commandement japonais..... l'on
s'étonne qu'après l'occupation de la position ennemie sur l'Aiho, la Iᵉ armée ait fait
halte sur toute la ligne, pour laisser les troupes se reposer et se sustenter, et qu'ensuite
cette armée, dont la mission après le passage du Yalu était de se porter sur Fenghoangtcheng, soit restée immobile de quatre à six jours après la bataille, renonçant
à une poursuite efficace de l'ennemi vaincu.

« Si les troupes qui avaient combattu étaient, à 9 heures du matin, après l'enlèvement de la position russe, trop épuisées pour continuer le mouvement en avant.....
il n'en est pas moins vrai que les six bataillons, les deux régiments de cavalerie de la
réserve générale et un nombre au moins égal de bataillons des réserves divisionnaires
et de celles des brigades, n'avaient pas été engagés et se trouvaient disponibles, ainsi
que des batteries de la Garde et du 12ᵉ régiment d'artillerie, qui avaient peu tiré.
Il restait en somme assez de monde pour épuiser complètement, ou anéantir l'ennemi battu..... Ce fut une faute inexcusable de ne pas reprendre, dès la matinée du
2 mai, la marche sur Fenghoangtcheng. » (Colonel GERTSCH.)

« Le fait que la 12ᵉ division fut capable de marcher, prouve bien que la Garde
et la 2ᵉ division auraient pu en faire autant, et nous dispense de la version officielle :
à savoir qu'elles étaient trop épuisées. Il n'y a qu'à regarder la carte pour se rendre
compte que ni l'une ni l'autre n'avait autant peiné par monts et par vaux que les
camarades de l'aile droite. » (Général HAMILTON.)

(2) « Il est incompréhensible que les Japonais, après avoir eu si peu de mal à enlever
le Motianling, y soient restés immobiles au lieu de s'emparer du même coup du Youchouling et du Yangtseling. Plus Kuroki donnait de temps aux Russes pour se retrancher sur ces cols, plus il devait éprouver par la suite de peine à les en déloger. » (Colonel
GERTSCH.)

suffisent à justifier ni la haine de l'étranger, ni la nécessité de sauvegarder le secret des opérations (1). Il y a surtout là de l'amour-propre national : que l'apothéose, après une victoire au besoin légèrement revue et corrigée, se déroule en présence de nombreux spectateurs, leur orgueil y trouve son compte. Mais les échecs partiels, les malfaçons, — il y en aura pas mal, en dépit de la légende, — il faut à tout prix que ce public les ignore, qu'on les lui dissimule constamment. Cette guerre, les Japonais voudraient se réserver le droit d'en reproduire les épisodes, en suivant la méthode que le peintre du bon La Fontaine employait à pourtraire les lions. Ils sont avant tout de bons élèves et ne seraient pas fâchés de traiter leurs maîtres, les Allemands, comme ceux-ci ont parfois traité Napoléon : « Seule, dira un « officier, notre stricte application de copistes minutieux nous « met à même de faire la lumière sur les imperfections de nos « modèles. » — Ils sont peut-être présomptueux, mais ils ne sont pas sûrs d'eux-mêmes. « Au moment de la déclaration de guerre, « les Japonais... étaient braves, disciplinés, enthousiastes, bien « encadrés, administrés avec probité. Ils savaient bien les Russes « un peu faibles sur quelques-uns de ces points essentiels; mais, « dans leur for intérieur, il y avait une vague appréhension que, « d'une manière inexplicable, indéfinissable, l'Européen ne dût « rester toujours leur maître sur le champ de bataille. Cette idée « est partie maintenant, partie pour ne plus revenir. » (Général HAMILTON.) — Sans doute, le prestige des Occidentaux s'évanouit rapidement; néanmoins, les scrupules subsistent et les lenteurs, auxquelles contribue largement l'organisation du commandement.

---

(1) « C'était manifestement avec intention, après réflexion, qu'on nous avait ainsi retardés. Mais pourquoi? Si le système l'exigeait, et si les Japonais voulaient nous traîner de la sorte à la remorque des événements, cela ne cadrait guère avec « les « observations et les expériences que nous avions à enregistrer ».....

« C'était nous dire clairement que l'on voulait nous envoyer faire une promenade de quelques heures, pour nous empêcher de voir quoi que ce fût du combat.....

« On voulait encore, par une maligne fantaisie, nous empêcher une fois de plus d'apercevoir quoi que ce fût. Il en était toujours ainsi. Quand les Japonais remportaient des succès, quand tout allait bien et selon leurs désirs, ils se montraient pour nous aimables et prévenants. Mais dès que le succès devenait incertain, ou qu'il se produisait quelque mécompte, ils étaient désagréables et rebutants. La haine latente de l'étranger leur remontait à fleur de peau. » (Colonel GERTSCH.)

Le général Hamilton n'a pas été beaucoup plus favorisé.

Nous avons en Europe, en France particulièrement, une tendance à nous représenter le chef, à la veille d'une campagne, désignant du doigt sur la carte l'emplacement d'un village obscur : « C'est là que je les battrai! » puis, en tête de son armée, franchissant les montagnes sur un cheval fougueux. Combien différente l'idée que les Japonais d'aujourd'hui semblent se faire de leurs généraux!

Beaucoup d'entre eux ont encore, pendant leur jeunesse, vécu l'existence féodale; et nous les imaginons volontiers déposant un beau matin leurs armures en *ex-voto* dans quelque vénérable pagode, pour se mettre à étudier fiévreusement la correspondance de Napoléon, — celle plutôt du maréchal de Moltke. Il y aurait eu là un phénomène d'adaptation qui tiendrait du miracle.

Mais il y a loin de cette image d'Épinal à la réalité. Les grands chefs japonais n'ont pas semblé bien imposants à ceux qui les ont vus de près (1). Les témoignages sont à peu près unanimes en ce qui concerne leur rôle et leur méthode de commandement :

« Ils ont conscience du rôle effacé qu'ils ont à jouer et ne « cherchent pas à prendre effectivement la direction des troupes « qui leur sont confiées. La manière dont ils comprennent leur « mission est dépeinte par la déclaration que fit un jour le maré-« chal Yamagata à un colonel instructeur français : « Je suis « déjà trop vieux pour apprendre tout ce que vous enseignez à « nos jeunes officiers; aussi je m'attache surtout à une chose : « bien connaître la valeur de chacun, et l'employer au poste qui « lui convient. » (R. Kann.)

« Comme tous les grands chefs japonais que j'ai pu étudier, « le général Kuroki m'a fait l'impression de posséder à un très « haut point l'intelligence de se confier pleinement à son chef « d'état-major, de lui laisser une très grande initiative, et de « savoir prendre la responsabilité de tout ce que fait ce dernier. » (Colonel Gertsch.)

« Il semble que la qualité maîtresse d'un général japonais,

_____

(1) « La physionomie (du général Oku) est loin d'être vive ou intelligente et le regard exprime l'entêtement plutôt que la volonté. » (R. Kann.)

« jugé par ses compatriotes, soit une philosophie qui lui permette
« de demeurer toujours calme, en y joignant la preuve que ce
« calme est réel et pas seulement superficiel. La connaissance
« des règlements, des langues étrangères, de l'histoire militaire,
« des sciences, c'est l'affaire du chef d'état-major, qui est au
« général ce qu'un dactylographe est pour un banquier. Telle
« est la théorie; en fait, l'influence de l'état-major est immense.
« La méthode de Kuroki consiste ordinairement à lui laisser faire
« le plus possible. Il reste là froidement, à l'écart, prêtant le
« grand prestige de son nom et de sa réputation aux ordres
« rédigés, aux dispositions prises. Son vrai mérite est de faire
« plus encore en prenant la responsabilité de la bonne marche
« des affaires. Dans les circonstances particulièrement critiques,
« il est capable de courir les plus grands risques, entraînant les
« plus lourdes responsabilités, en général il se contente de laisser
« l'état-major poursuivre sa tâche, sans trop intervenir... Je
« mets en fait qu'avec son nom, sa popularité, son calme merveil-
« leux, il décharge cet état-major plus moderne, plus nerveux,
« d'un fardeau qui pourrait sans cela, dans une certaine mesure,
« paralyser ses conceptions..... Je n'entends point que, d'après
« les Japonais, l'éducation altère fatalement la fermeté d'âme.
« Mais ils semblent estimer que cette fermeté, tout comme la
« noblesse de race, est absolument indépendante de l'intelligence;
« et qu'en dernière analyse, l'homme intelligent est fait pour
« être le serviteur de l'homme impassible, surtout quand celui-
« ci a la chance d'être bien né. » (Général HAMILTON.)

Si l'on y réfléchit, la situation n'a rien d'inacceptable. Elle
aurait pu être celle de nos généraux d'Afrique, en 1870, s'ils
avaient été capables de s'y plier... et s'ils avaient eu des états-
majors. Elle pourrait être, en Mandchourie, celle de certains
généraux russes. D'un côté le prestige, le caractère, la volonté
une, la responsabilité; de l'autre, la science et la méthode tenues
au courant des plus récents progrès.

Les plus jeunes parmi ces chefs, les Okasaki, les Watanabe,
les futurs commandants des armées de demain, sont peut-être
d'une autre étoffe. Qui pourrait l'affirmer sans crainte de se
tromper?

Quoi qu'il en soit, ces états-majors ont été organisés minu-

tieusement (1) et constituent une véritable élite : non point
des « élèves grands hommes », mais des travailleurs instruits et
méthodiques, un peu lourds, un peu lents, mais qui, somme
toute, semblent plutôt réhabiliter l'épithète de « fort en thème ».

Car c'est leur thème tactique, le problème de la journée, qu'ils
traitent successivement au Motianling, à Tchaotao, au Yangtseling, à Hanping. Une fois la besogne terminée, ils s'attellent à
celle du lendemain. Voilà peut-être l'un des motifs de ce manque
de souffle, de ces perpétuels entr'actes qui servent d'intermède
au drame, et pendant lesquels on ne fait rien.

Une telle méthode les oblige, bien entendu, à cultiver l'initiative (2), mais une initiative un peu spéciale. Et tout cela
concorde avec l'emploi qu'ils font du téléphone et leur éloigne-
ment du champ de bataille, — sans qu'il soit absolument nécessaire de s'extasier sur de semblables pratiques.

Quant au général, il accepte parfaitement ce rôle, conforme,
remarquons-le en passant, aux traditions féodales du pays,
basées sur la dualité des pouvoirs (3). En fait, le commandement
est à peu près impersonnel : « C'est une chose étrange, combien
« faible est chez les Japonais l'influence de la personnalité du chef.

---

(1) « L'état-major d'une division japonaise est très nombreux. Il comprend quatre
officiers : le chef d'état-major, un officier pour les étapes, un pour les reconnaissances
et les renseignements, un pour les opérations. Un officier est premier adjoint de la
division et commandant du quartier général; il a un adjoint qui est en même temps
quartier-maître de l'état-major. Deux jeunes officiers sont aides de camp et s'occupent
en outre, l'un du remplacement des hommes et des chevaux, l'autre des armes et des
munitions. Il y a encore trois médecins, un officier supérieur et deux capitaines; puis
cinq officiers d'administration, dont un lieutenant-colonel chef de service, avec un
major et un capitaine sous ses ordres, un autre capitaine exclusivement chargé des
subsistances, un dernier trésorier de l'état-major. Enfin deux vétérinaires et un officier de la justice militaire. Une section d'infanterie s'y trouve à demeure, comme
escorte, et le suit partout. » (Colonel GERTSCH.)

(2) « Ici se révèle l'extraordinaire conception de l'initiative des chefs qui règne dans
l'armée japonaise. Le général Hasegawa se serait heurté à cette conception, s'il avait
insisté pour l'exécution de ses ordres. Ceux-ci une fois donnés, il devait laisser à ses
subordonnés le soin de les exécuter. Il n'avait qu'à prendre patience et se résigner,
si cette exécution n'avait point lieu, et à supposer de confiance que, si l'on n'agissait
point, c'était en pleine connaissance de cause. S'il insista sur cette attaque, ce fut
par force majeure : et il se contenta de réitérer ses ordres, en s'excusant correctement
de cette intrusion dans le domaine de ses inférieurs. » (Colonel GERTSCH.)

(3) « Le Japonais joint à un traditionnalisme respectueux de toutes les formes du
passé, qui en Europe n'a son égal qu'en Angleterre, ce goût d'agir secrètement, de
diriger sans rôle officiel des personnages revêtus d'autorité vaine..... Seulement, à
tous les degrés de la hiérarchie, l'inférieur ne commande au supérieur qu'en s'agenouil-
lant devant lui. » (Marquis DE LA MAZELIÈRE.)

« L'individualisme est un article d'Occident et non d'Orient...
« Je crois fermement que, si Kuroki et Nogi permutaient, chacune
« des deux armées serait enchantée de recevoir le très distingué
« chef de l'autre. » (Général HAMILTON.)

Il sait se résigner à ne point nous éblouir de son auréole, à
ne passer auprès de nous que pour un médiocre. Il l'est parfois,
d'ailleurs, et d'autant plus qu'il s'est élevé plus haut : en octobre,
Oyama, averti cependant, s'obstine à mettre en doute la réalité
du danger que court Oumezawa; mais Kuroki ne s'en estime
pas moins responsable et fait le nécessaire; lui ou son état-major,
que nous importe? puisque le résultat est là!...

Pourtant, à regarder de plus près, son mérite n'est pas mince :
à défaut de science, il possède une âme robuste, un moral intact,
une volonté saine et capable d'aller droit au but, sans arrière-
pensée. Le calme surtout est prodigieux (1), même si l'on tient
compte de cette solidité du système nerveux particulière aux
Extrême-Orientaux.

---

(1) Un témoin oculaire disait déjà, au sujet des manœuvres de 1901 « Du général
en chef au soldat, le Japonais est impassible, absolument maître de lui et de ses nerfs,
et chaque chef donne ses ordres, quelles que soient les circonstances, en quelques mots
et avec le plus grand calme ».

« Une seule qualité, dont l'importance est telle à leurs yeux que toutes les autres,
prestige, jugement, caractère, même la passion innée de la lutte, deviennent tout à
fait secondaires. « Du calme, il a du calme! » prononcent les Japonais francisants pour
faire l'éloge d'un général. *Er ist kaltblütig*, disent les germanisants. Trois semaines
après, discutant avec moi l'affaire de Tchaotao, un jeune et distingué officier d'état-
major me disait : « Avant l'attaque j'étais très énervé, terriblement énervé; il me
fut impossible de fermer l'œil de la nuit; tout l'état-major était inquiet, agité. Mais
Kuroki n'était pas ému, oh non! Il était absolument tranquille. » (Général HAMILTON.)

« Un aide de camp, arrivant de la IVe armée, annonce que la 10e division, que l'on
croyait en train de poursuivre les Russes après les avoir mis à mal, a subi un deuxième
échec. L'état-major désorienté ne sait plus que croire. En même temps des comptes
rendus de Matsunaga, dont tous les assauts répétés ont échoué et que l'ennemi menace
de déborder. La Garde envoie sa quote-part de mauvaises nouvelles : non seulement
son fameux mouvement tournant a été arrêté net, mais sa colonne de droite, complètement battue, a reçu à 2 heures l'ordre de la retraite. Au milieu de tout cela, Kuroki,
un pli d'inflexible obstination aux lèvres, se contente de donner l'ordre formel d'enlever le grand mamelon devant nous. Un officier murmure : « La Ire armée est dans le
« pétrin, Okasaki va l'en tirer. » (Général HAMILTON.)

« Pendant un long, bien long moment, l'angoisse des pressentiments s'exaspère.
Un quart d'heure; puis un autre quart d'heure; le quartier général n'y tient plus. Mais
Kuroki demeure confiant et calme. Dix minutes encore : la tension devient insoutenable. Les rayons rougeâtres du soleil couchant éclairent obliquement le Terayama,
volcan fumeux, mais où rien ne semble vivre. « Ah! dit Kuroki, il ne peut déboucher.
« Aujourd'hui, nous voilà embourbés sur toute la ligne. » Dans cette voix, aucune
inflexion de regret, pas l'ombre d'amertume; tout au plus une légère nuance de découragement. » (Général HAMILTON.)

Avec un pareil calme, comment pourrait-il craindre les responsabilités? Non seulement il ne les redoute point, mais il les
recherche et les aime. En faveur de ses sous-ordres il s'est, avec
abnégation, dépouillé de maintes prérogatives : c'est en se sentant constamment responsable, qu'il a conscience de commander.

Chez celui qui mène au feu sa brigade, ce sentiment se traduit
naturellement par la merveilleuse audace tactique d'un Okasaki,
toujours prêt à foncer sur l'ennemi; et cela rachète souvent la
timidité stratégique. Encouragés par le prestige dont ils jouissent
dans la nation, les actes les plus héroïques leur semblent simples (1). Chez les individualités les plus en vue de cette race
orgueilleuse, on est bien forcé de constater les manifestations,
vraisemblablement très sincères, d'une modestie qui sans cela
demeurerait inexplicable : « Je dis au général Okasaki qu'il
« devrait ralentir un peu sa course victorieuse, s'il ne voulait pas
« la mort des pauvres attachés étrangers... Il répliqua en montrant
« Kuroki : « Son Excellence a donné les ordres; je les ai transmis
« à mes subordonnés; eux et leurs hommes ont fait le reste. »
(Général HAMILTON.)

Certainement, tout leur paraît simple : on leur prescrit de
battre l'ennemi; ils obéissent. Pour cela, il n'y a pas deux méthodes, mais un seul principe qu'ils appliquent tous avec un
ensemble admirable, depuis le généralissime jusqu'au dernier
brigadier : quand on est menacé, l'on attaque (2). Et, chaque

---

(1) « Les politiques anglais ont encore peur de l'ombre d'Olivier Cromwell, et tout
soldat heureux les fait au moins rêver de Boulanger. Le Japon ignore ces terreurs :
non seulement un général est premier ministre, mais on parle d'un marin, Yamamoto,
pour lui succéder éventuellement. » (Général HAMILTON.)

(2) « Notre dernière information prouve péremptoirement que la 12e division, elle-
même, courait quelque danger..... Il a été heureux pour nous que nous ayions eu vent
à temps de ce qui allait se produire. Dans l'occurrence, il n'y eut pas une minute de
perdue : toutes nos forces furent lancées sur tout le front et arrivèrent juste à point
pour saisir l'ennemi. » (Général FUJII cité par le général HAMILTON.)

« Après l'échec de la deuxième tentative de Matsunaga, un bataillon et demi russe
apparut vers le Tchenkeouling, sur le versant nord de la vallée suivie par les Japonais,
et menaça leur retraite. Matsunaga le fit contenir par une fraction de sa réserve et,
avec une énergie et une résolution indomptables, continua à attaquer le col. Mais les
pentes étaient si escarpées, si glissantes, que les troupes éreintées, embourbées, subirent échec sur échec jusque dans la soirée, où deux pièces russes ouvrirent le feu près
du col, tandis que quatre obusiers faisaient leur apparition sur les crêtes du Tchenkeouling. La lutte dura jusqu'à 9 heures du soir, puis le feu cessa. Au matin; les Russes
s'étaient retirés. » (Général HAMILTON.)

« Si le monde occidental est curieux du secret des victoires japonaises, il peut l'ob-

fois que les Russes veulent prendre l'offensive, depuis Yangtseling jusqu'à Moukden, les Japonais les devancent, s'assurent
le bénéfice de l'initiative, prennent au point choisi par eux la
supériorité numérique (1), et finissent par violenter la Fortune.

Car ces hommes sont avant tout des énergiques, et rien ne
leur résiste (2). Ils réalisent en beauté le mot sublime de Skobelev : « Vaincre c'est étonner. » L'énergie, voilà la vertu qu'ils
divinisent au-dessus de toutes les autres, l'héritage de leurs
rudes ancêtres (3). Ils ont un critérium d'héroïsme : quand la
lutte devient acharnée, ils sourient de contentement et déclarent
« qu'on n'a rien vu de tel depuis les guerres civiles ». Si les Russes
se battent furieusement, quelque simple soldat s'en vient naïve-
ment trouver son capitaine pour lui dire qu'il doit y avoir erreur,

---

server en abrégé dans la conduite de cette petite opération manquée. Est-il en Europe
beaucoup de généraux de brigade assez confiants en leur chef et en eux-mêmes pour
assumer une responsabilité avec cette vigoureuse opiniâtreté? Après une marche de
nuit épuisante dans une interminable vallée, trouver les cols barrés par l'ennemi,
et tenter à deux reprises d'infructueux assauts; voir le versant septentrional se garnir
de troupes fraîches qui menacent votre retraite; et renoncer? Non point : rejeter au
contraire toute crainte, et redoubler d'efforts pour enlever les cols de haute lutte. »
(Général HAMILTON.)

(1) « Le 10 octobre au soir, il y avait là-bas, sur le Chiliho, en face des trois divisions
et demie du groupe de l'ouest russe, cinq divisions et demie d'Oku et de Nodzu; au
nord-est des mines de Yentai, se rassemblaient quatre divisions de Nodzu et de
Kuroki, contre les deux divisions et demie du centre russe ! Le général qui, ce jour-là,
avait environ 41.000 fusils de moins, se donnait donc, là où il recherchait la décision,
une supériorité numérique de 37.000 fusils sur les masses ennemies, 106.000 hommes
contre 69.000 hommes. Et tandis qu'au total, il avait encore près de 200 bouches à feu
en moins, il jetait à la bataille une masse d'artillerie bien supérieure, conduite avec
ensemble et qui, sous une violente pluie de projectiles, ne permettrait pas aux batteries russes de prendre le dessus. Les 168 pièces de Bilderling luttaient contre les
198 d'Oku; et les 104 canons de Zaroubaïev étaient écrasés par les 174 de Nodzu.
Derrière ces masses de combat, Oyama avait encore 17.000 hommes en réserve; son
adversaire en possédait, il est vrai, 41.000, mais en deux groupes très éloignés, dont
aucun ne s'engagea en temps utile. En outre, 15.000 Russes, la moitié de l'excédent
de fusils qui constituait la supériorité numérique, étaient bien inutilement poussés au
loin vers l'ouest, entre Hounho et Liaoho, où ils erraient désœuvrés durant toutes ces
journées. » (Colonel GAEDKE.)

(2) « Le chef du corps du nord était dans la maison, et ce cavalier, courbé sur sa selle
afin que tout son buste apparût dans la porte ouverte, lui criait d'une voix dans
laquelle on sentait qu'il y avait des larmes de rage : « Votre Haute Excellence ! J'ai
« déjà jeté quatre fois ces gredins-là hors du village, et les voilà qui reviennent encore !
« Donnez-moi du renfort pour l'amour de Dieu ! » (Colonel NOVITZKI.)

(3) « Comme gouverneur de Formose, le général Kodama a fait tomber des têtes
innombrables de pirates et d'insoumis — et réussi finalement à équilibrer son budget.
En me causant de tout cela, il me semblait beaucoup plus fier des exécutions que des
combinaisons financières. » (Général HAMILTON.)

« que ces gens-là, sur la crête d'en face, besognent trop bien pour
« n'être pas des Japonais ! » Ils ignorent, c'est ce qui fait leur
force, ils ne soupçonnent même pas notre morne sentimentalisme
occidental; ils ne sauraient pas s'écrier, avec Ludovic Naudeau :
« O pauvres soldats, victimes d'un incompréhensible, d'un mysté-
« rieux, d'un louche devoir, qui était quand même le devoir !...»
N'allez point leur parler surtout d' « horreur des pertes » : ils
n'auraient pas assez de mépris pour stigmatiser votre pitoyable
sensiblerie de pauvre créature estropiée — incomplète (1).

    « Les chefs japonais étaient imprégnés de l'esprit d'offensive
« et d'énergie, de l'amour de l'action. Ils ne craignaient point
« d'engager impitoyablement leurs troupes au point où l'issue
« de la lutte pouvait sembler douteuse. Ils possédaient la plus
« belle vertu du chef, le goût des responsabilités. On peut citer
« comme brillants exemples le passage du Taïtsého par Kuroki,
« l'offensive sur le Chaho, tandis que l'armée de Stackelberg
« était contenue par un détachement quatre fois plus faible,
« le mouvement débordant de Nogi à Moukden, etc. Toutes ces
« manœuvres pouvaient conduire à l'anéantissement complet, si
« les Russes, rapidement et énergiquement, prenaient leurs contre-
« dispositions..... D'une part, entre eux et leurs troupes régnait
« la confiance réciproque; de l'autre, ils estimaient leur adversaire
« à sa juste valeur, convaincus que par une action vigoureuse
« et prompte ils lui dicteraient la loi. Ils savaient, comme dit le
« général Blume, que « le résultat à la guerre naît de l'action va-
« riable de forces animées, et non pas de l'emploi mécanique de
« règles immuables..... » et que l'acte qui, vis-à-vis de tel adver-
« saire serait pure folie, contre tel autre, et toutes choses égales
« d'ailleurs, peut devenir l'extrême sagesse. Une saine apprécia-
« tion des projets et de l'attitude de l'ennemi, surtout une audace
« vigoureuse et amoureuse des responsabilités, voilà les caracté-
« ristiques des généraux japonais au cours de tous les engage-
« ments. » (Major von TETTAU.)

    Aussi, malgré leurs défauts, leurs petitesses, leurs ridicules
même, ils rayonnent parfois d'une beauté presque surnaturelle.
Et pourtant, ils n'ont rien du surhomme; ils sont parfaitement

---

(1) *In word, in deed unmanned* (BYRON).

humains, nullement à l'abri des passagères défaillances... et je crois bien que je les préfère ainsi :

« Cette réserve, dont le général Hasegawa fit preuve quoti-« diennement vers la fin de la bataille, et qui peut sembler un « écroulement momentané de sa force morale, on a pu occasion-« nellement l'observer aussi chez d'autres généraux japonais. « C'est un phénomène psychologique remarquable et énigma-« tique.....

« Les 2ᵉ et 12ᵉ divisions s'étaient montrées des unités superbes « et bien commandées, du Yalu jusqu'au Taïtsého ; au cours de « plusieurs batailles, elles avaient accompli de grandes choses; « et, le 4 septembre, Kuroki n'arriva point à les mettre sur pied « pour entreprendre la poursuite, qu'on déclarait pourtant « urgente.....

« On ne peut supposer qu'il s'agisse ici de crises de dépression « morale, puisque toutes les causes extérieures font absolument « défaut, si bien que l'humeur reste la seule explication.....

« Cette explication, il faut donc la rechercher ailleurs, et d'après « moi, dans l'âme japonaise, au plus haut point superstitieuse « et impressionnable par les choses supra-sensibles..... Et cela, « on ne saurait l'attribuer qu'à l'intime concept de puissantes « influences occultes. » (Colonel GERTSCH.)

Sans doute, qui pourra nous décrire l'influence réelle, sur ces âmes, du Shintô, cette religion de leurs ancêtres, qui est encore un peu la leur? « Le perpétuel miracle de la présence réelle des « morts développe prodigieusement chez un peuple le sens de l'in-« visible. Les Japonais dorment, s'éveillent, marchent, causent, « dans la société des esprits. » (A. BELLESSORT.) Mais, pour expli-quer cette lassitude passagère, point n'est besoin de recourir au surnaturel. Les généraux japonais n'échappent pas à la loi com-mune, et les causes extérieures existent parfaitement, quoi qu'en dise le colonel Gertsch. Le 4 septembre, ces divisions luttent depuis dix jours sans repos, et depuis quatre jours avec un achar-nement tout spécial : à ces soldats, il faut un peu de répit, et leurs chefs ne peuvent ignorer complètement cette dépression ner-veuse, conséquence fatale de toute action intense et prolongée. « Il n'y a pas beaucoup de chefs, après les terribles anxiétés d'une « interminable nuit et d'une longue matinée, qui aient assez de

« fermeté pour, de parti pris, rejeter une série d'arguments plau-
« sibles plaidant la cause de l'inertie. En pareille circonstance,
« j'ai entendu la réponse de lord Kitchener : « Vos raisons pour
« ne pas exécuter mes ordres sont les meilleures que j'aie jamais
« entendu développer. Et maintenant, exécutez! (1) »

Mais cela ne dure guère, et ces hommes redeviennent vite
des adversaires redoutables : non point des modèles qu'il faille
copier servilement, mais des chefs, qui forcent notre admiration
et nous obligent à répéter avec le général Hamilton : « Si j'étais
« Japonais, j'éprouverais pour Nogi une véritable vénération.
« Heureuse l'armée, bienheureuse la nation qui possède un tel
« général : elles sont, l'une bien gouvernée, l'autre bien organisée,
« quand, disposant d'un pareil homme, elles savent l'utiliser.
« Quelle est-elle, où prend-elle sa source, cette puissance qui, sans
« tenir compte des préférences ni du favoritisme, met en œuvre
« si parfaitement les forces vives du pays? Quelles sont les com-
« missions de classement qui attribuent à chaque officier la place
« précise qui, sans être au-dessus de ses forces, lui permet de les
« développer pleinement? »

2º *Les officiers.* — Dans cet état-major général, le corps
d'officiers tout entier se reflète fidèlement, et c'est une lumineuse
démonstration de la parfaite homogénéité du milieu : il ne se
recrute plus, comme naguère, exclusivement parmi les nobles;

---

(1) « J'ignore si les Japonais nous rendront jamais un compte exact des incidents
de ce jour-là, entre 9 heures du matin et 2 heures du soir. En ce moment, quand on
amène la conversation sur ce sujet, les officiers de l'état-major glissent là-dessus en
donnant cette excuse, un peu difficile à admettre, que la Garde et la 2ᵉ division,
fourbues et affamées, avaient besoin de nourriture et de repos. S'il faut le prendre
à la lettre, et conclure que ces troupes étaient épuisées, qu'elles ne pouvaient faire
encore un mille ou deux pour accrocher l'ennemi, alors les comptes-rendus qui nous
parlent de la vigueur de cette infanterie sont de simples romans; mais s'il faut entendre
par là que le moral et l'énergie du général et de son état-major étaient à bout, voilà
qui pourra je crois nous dévoiler le secret, non seulement de ce cas particulier, mais
de beaucoup d'autres : aboutissements étrangement indécis de succès primitivement
très décisifs.

« Il est peut-être nécessaire d'avoir été chef responsable, au cours d'une attaque,
pour se figurer cet immense soulagement, cette réaction, en même temps ce désir
intense de ne point tenter davantage le destin. Une voix, dirait-on, murmure à votre
oreille : « Tu as gagné la bataille; l'ennemi s'en va; pour l'amour de Dieu, laisse-le
« filer. De quel droit aujourd'hui veux-tu encore faire tuer des hommes ? » (Général
HAMILTON.)

mais les nouveaux cadres se sont intimement mêlés aux samouraïs, dont ils conservent pieusement les traditions et l'esprit.

Là non plus, il ne faut pas compter trouver l'absolue perfection que l'on a parfois voulu nous laisser supposer, l'impeccable exécution qui nous a été complaisamment décrite (1). Tout comme à d'autres, il leur arrive de se tromper, de s'égarer dans le brouillard ou le gaolian (2). Ils sacrifient par moments aux enfantines complications des artisans du pays natal. Mais ils reviennent d'instinct à l'harmonieuse simplicité des grandes lignes, et chacun d'eux fait sa besogne tranquillement, consciencieusement.

Les plus jeunes sont en général les plus instruits, — ce qui ne veut pas dire qu'ils soient les plus capables. Parmi les autres, beaucoup ne possèdent guère que leurs vertus natives, que ne vient point engourdir une science mal digérée. Quelques-uns ont rapporté de l'étranger des doctrines et des méthodes qu'ils mettent au service de la race.

C'est encore la même initiative : on leur indique ce qu'ils doivent faire, en leur laissant le choix des moyens (3). « Les chefs « japonais de tout grade s'attachaient spontanément à poursuivre « la réalisation de la pensée dirigeante; ils étaient pénétrés de ce « principe..... que « maintenue dans de justes limites, l'initiative « est à la guerre la source des brillants succès. » (Major von Tettau.)

Ils ignorent « le culte bête, l'idolâtrie du règlement, culte qui « a été poussé si loin qu'il a fallu, pour le stigmatiser, inventer « un mot : la réglementolâtrie. » (Général Cardot.) En tactique,

---

(1) On s'accorde à signaler « la grande lenteur de décision et le manque de vivacité de conception. » (Manœuvres japonaises de 1902.)

(2) « A 6 heures du matin, le 3e bataillon du 29e régiment d'infanterie rendit compte que la hauteur 300 était toujours occupée par les Russes. Le bataillon, s'étant égaré, avait enlevé un autre sommet, également occupé par l'ennemi. » (Colonel Gertsch.)

(3) « Je suis sûr que le colonel n'avait pas donné comme objectif à ces deux bataillons un secteur des positions ennemies. Car, au moment du déploiement du 2e bataillon, la position des Russes n'était pas encore exactement connue : on ne savait pas quels sommets, quelles crêtes ils occupaient. Et l'ordre d'attaquer fut donné au 3e bataillon, en un point d'où l'on ne voyait ni le village ni les positions avoisinantes. Mais pour des chefs de bataillon intelligents et exercés à agir par eux-mêmes, la mission particulière devait se déduire des circonstances mêmes. » (Colonel Gertsch.)

« Quant aux officiers subalternes, il me semble qu'ils savent admirablement obéir, sans paraître particulièrement sûrs d'eux-mêmes dès qu'il s'agit d'initiative, dans le train train quotidien; pourtant je dois ajouter que leur très visible amour-propre, au contact de l'ennemi, se métamorphose en hardiesse. » (Général Hamilton.)

ils fuient « les horreurs de l'épure, des formations de combat, des
« schémas, de la halte horaire ». — Chez eux, les trouvailles les
plus fécondes de l'initiative individuelle ne sont pas impitoyablement torturées, avec application de la question ordinaire et
extraordinaire, sur une grande table ornée d'un tapis généralement vert, tiraillées aux quatre membres, avec des forces con-
traires et sensiblement égales, par des représentants âgés des
différentes armes réunis en comités, qui finissent par s'entendre
à l'amiable pour déchiqueter et dépecer ce dont ils ont fait un
cadavre. — Et je gage qu'ils ne perdent pas leur temps à cette
récitation du « grand et du petit tabac » qui faisait, hier encore,
la gloire d'autres armées, tandis que, suivant le mot du général
Bonnal, « à ce jeu beaucoup d'intelligences s'étiolaient rapide-
« ment (1) ».

Quelle que soit leur culture personnelle, ils possèdent tous, au
même degré, un patriotisme vivace qui se traduit, chez les plus
frustes, par une véritable haine de l'étranger (2). Ils sont toujours
prêts à faire le sacrifice de leur vie, le disent volontiers (3), et
le prouvent surabondamment.

---

(1) « Combien n'avons-nous pas connu de ces jeunes officiers pleins de promesses, à
l'intelligence vive, au cœur ardent, qui ont sombré dans le verre d'absinthe, ou qui
sont devenus des êtres passifs, sortes de bourgeois en uniforme, chez qui tout est
craintif, rapetissé, rabougri ! A qui la faute, sinon au système d'éducation et d'instruction appliqué aux jeunes officiers?

« Et quel système? L'abstention, la négativité. Au lieu d'exciter le jugement, la
réflexion, chez des jeunes gens sans expérience, mais intelligents, on les a condamnés
à réciter la prose plus que médiocre des règlements.

« Faire réciter la théorie ! Conçoit-on que, pendant près de trois quarts de siècle, la
seule manifestation intellectuelle imposée aux jeunes officiers ait consisté dans la
récitation du grand et du petit tabac? » (H. DE FLÈTRES, L'Éducation de l'infanterie
française.)

(2) « Quelles que soient les passions, les haines politiques d'un Japonais, — et elles
sont profondes, parfois même féroces, — jamais il n'est fait vainement appel à son
patriotisme. » (Marquis DE LA MAZELIÈRE.)

« A cheval le long de la colonne, nous saluions tous les officiers. La plupart nous répondaient fort aimablement; beaucoup, parmi les jeunes, nous souhaitaient le bonjour
à haute voix dans une langue étrangère quelconque. Quelques-uns, intentionnellement, ne répondaient que de mauvaise grâce et avec des airs maussades qui donnaient
à penser que nous les dérangions. Mais chez aucune troupe ce ne fut aussi répété,
aussi frappant que dans cette batterie de montagne, et chez aucun officier ce ne fut
aussi peu dissimulé que chez le commandant de la batterie, qui ne répondit même pas
à notre salut, et, de son regard, nous aurait volontiers foudroyés. » (Colonel GERTSCH.)

(3) « Je rencontrai chemin faisant un des deux bataillons qui allaient renforcer au
nord les troupes d'occupation de la position : c'était celui du 3e régiment, avec les
officiers duquel j'avais entretenu, depuis le 31 juillet, des relations particulièrement

Ils professent la même énergie, la même indifférence pour les pertes (1), le même calme imperturbable (2), la même modestie. Et voici leur portrait, crayonné de main de maître par le colonel Gertsch : « Remarquable soldat, chef réellement exemplaire, « Ohara ne se préoccupait point des difficultés d'une entreprise : « tout comme un autre, il en connaissait l'existence, mais elles « ne paralysaient point son énergie; elles n'étaient pas à ses yeux « un obstacle, mais l'occasion de déployer plus de vigueur. Il ne « se donnait pas davantage la peine, à côté des difficultés réelles, « d'en rechercher d'autres encore. Doué comme il l'était de calme « et de sang-froid, il ignorait les calculs d'une semblable circons- « pection. Il n'envisageait jamais que les chances de réussite, « disposait ses forces en conséquence, et se lançait à l'œuvre « avec son régiment, sans qu'il fût question du terrain, ni des « forces de l'ennemi : l'œuvre serait accomplie, dût le régiment y « rester jusqu'au dernier homme ».

Tous ces officiers font preuve d'une admirable abnégation : jamais leur personnalité ne semble en jeu. Ils savent s'abstenir des *pro-domo* plus ou moins passionnés, des stériles récrimina- tions (3). Tous imitent l'exemple d'Okubo, l'un de leurs plus

---

cordiales. Aux côtés d'un lieutenant qui parlait assez bien français, j'accompagnai le bataillon jusque sur la lisière nord, à son entrée dans le gaolian. Comme je prenais congé du jeune officier, il me tendit la main et me dit avec une émotion visible : « Maintenant, nous allons mourir pour la Patrie. Adieu ! » Toute son attitude procla- mait qu'il était parfaitement prêt à mourir. » (Colonel GERTSCH.)

(1) « En félicitant le capitaine, je lui demandai s'il ne pensait pas que des formations aussi compactes fussent bien vulnérables sans aucun profit. Il me répondit par le proverbe : On ne fait pas d'omelette sans casser des œufs. » (Général HAMILTON.)

(2) « Nous remarquâmes une batterie russe isolée, sur laquelle se concentrait le feu de toute l'artillerie de la Garde, qui la couvrait de shrapnels et d'obus brisants..... Nos jumelles étaient braquées sur cette lutte épique. Soudain un murmure d'intérêt s'éleva parmi l'état-major : les Russes retiraient leurs pièces, occupaient de nou- veaux épaulements et rouvraient le feu sans perdre une minute, tandis que la Garde s'entêtait à cribler les retranchements vides. Au lieu de se répandre en récriminations, comme l'eussent fait sans doute des Européens, sur le succès du stratagème, heureux et intéressés ils se contentèrent de dire : « Ils luttent bien ! » (Général HAMILTON.)

(3) « Je lui exprimai mes félicitations pour cette attaque, exécutée malgré l'absten- tion de la 1re brigade et du 4e régiment; et j'ajoutai qu'il avait dû être bien pénible pour lui d'avoir à abandonner la position conquise . « Oh oui ! répondit-il, les jeunes officiers étaient furieux ! »....

« Je remarquai alors : « En pareil cas, j'aurais fait connaître la situation au comman- dant de la division, et lui aurais demandé instamment de me laisser là-haut. » Il répar- tit : « C'est ce que j'ai fait; mais là-dessus, j'ai reçu une deuxième fois l'ordre de la « retraite, et j'ai dû m'exécuter. Seulement, avant de m'en aller, j'ai fait descendre les

grands hommes d'État : « Dépourvu d'ambition personnelle, il
« reportait le mérite sur ses collaborateurs, ne cherchant dans
« le pouvoir que la responsabilité, et la liberté de travailler au
« bien de l'Empire. » (Maurice COURANT.)

Dans une telle mentalité, quelle place pourraient usurper, en
effet, l'ambition, cette faiblesse, et l'arrivisme, cette plaie? — Sans
doute, l'influence des clans est toujours considérable; mais elle
ne se décèle guère que dans le choix du haut commandement.
C'est la seule trace de favoritisme qu'il semble équitable de signaler... Et voici ce que dit le général Oku, dans un ordre du jour
de février 1905 : « Dans tous ses actes, le supérieur ne doit jamais
« s'inquiéter de questions de personnes, mais avoir toujours en
« vue le bien commun ». Ils ne se contentent pas de le dire, ils
le font! « J'ai interrogé des officiers japonais sur les influences
« féminines dans l'armée; ma question n'a tout bonnement pas
« été comprise. Il n'y a rien de tel, cela ne saurait exister; pas plus
« qu'un favoritisme quelconque, en dépit de toute apparence.
« Je m'en rapporte au lieutenant X***, dont les propos l'autre
« jour, comme tant de choses au Japon, ont bouleversé mes idées
« de fond en comble. Ayant, disait-il, dans l'armée un grand
« nombre d'amis haut placés, on serait obligé de le faire avancer
« un peu plus lentement que ses camarades, afin que personne
« n'eût rien à dire. Et je suis intimement convaincu qu'il était
« parfaitement sincère. » (Général HAMILTON.) — Parmi les nombreux attachés militaires et journalistes, je ne crois pas qu'il y
en ait un seul qui ait été pris pour confident d'une histoire d'avancement quelconque. Ce n'est point dans ce corps d'officiers que
l'on trouverait des générations périodiquement sacrifiées à la
culture en serre chaude de quelques individus privilégiés, que
l'on s'efforce de prendre pour une élite.

La devise commune à tous ces officiers, c'est celle que Reginald Kann a rapportée de l'arsenal de Kouré : « C'est par l'orga-
« nisation qu'on triomphe ». Cette organisation, ils la possèdent
et le savent. Ils ont conscience de leur force et ne le dissimulent

« blessés et les morts, et ne me suis replié qu'au matin, après avoir rassemblé ma troupe
« à Chokako. »
    « Tout cela, il le disait sans amertume : la colère était bonne pour les « jeunes
« officiers ». (Colonel GERTSCH.)

pas : « Une appréciation sur l'armée, émise par un autre officier
« tandis que nous chevauchions, m'intéressa vivement : Nos
« officiers, disait-il, sont très instruits, tandis que nos soldats ont
« encore les mœurs rudes et primitives. Cet amalgame constitue
« un instrument de guerre de premier ordre. » (Général HA-
MILTON.)

3° Le soldat. — Depuis les rudes épreuves de Mandchourie,
il semble superflu de faire l'éloge de ce soldat que caractérisent
l'intelligence, la très grande résistance physique et la solidité
morale.

A première vue, ce fantassin force l'admiration des connais-
seurs, et les Anglo-Saxons prennent plaisir à trouver en lui une
fidèle réplique du Goorkha, le meilleur soldat de leur armée
indigène. Il est bien tel que le dépeint Kipling dans ses *Lettres
du Japon :* « De petits hommes au cou de taureau, à la poitrine
« large, au dos droit, aux flancs maigres, aussi bons que peut le
« souhaiter un colonel. Ce doivent être des ennemis de première
« classe..... Ce sont de sales petits types qui la connaissent dans
« les coins. » Au combat, tout le monde a remarqué sa merveilleuse
allure ; et le fonds n'est pas inférieur à la vitesse : pendant des
jours et des nuits il se bat sans interruption, dormant sous le
feu comme au Manjouyama, insuffisamment nourri pendant des
semaines entières, consommant parfois son riz sans même pouvoir le faire cuire, et tenant bon. Regardons le plutôt franchir
le Taïtsého :

« Je prenais un grand intérêt à voir ces troupes défiler devant
« moi, après de si longs jours de campagne et de si grandes priva-
« tions. Et ces petits soldats jaunes présentaient un coup d'œil
« extraordinairement réconfortant, avec leur attitude souple et
« correcte et leurs visages impassibles. Frédéric le Grand ne les
« eût point utilisés ; on ne les eût point pris, en tout cas, dans sa
« Garde ; mais pour la guerre moderne, ils représentent tout sim-
« plement l'idéal. L'Européen qui rencontre l'âme japonaise,
« peut bien s'y heurter par moments, et répondre d'une manière
« générale à l'antipathie que, dans le fond du cœur, le Japonais
« lui conserve soigneusement ; mais, en tant que professionnel
« et observateur impartial, je dois admirer ces soldats et me pren-

« dre d'amitié pour eux. Je l'avais souvent pensé antérieurement
« en les voyant au feu; je le sentais très vivement à présent, en
« regardant, sur le Taïtsého, leur longue colonne de route s'écou-
« ler devant moi d'un pas alerte. Sans doute, ils étaient sales au
« delà de toute expression, comme le comportaient les circons-
« tances, et comme nous l'étions nous-mêmes; mais ce qui pou-
« vait être astiqué l'était; et de ce désordre, de ce laisser-aller
« que par-ci par-là en Europe, même aux manœuvres, l'on consi-
« dère comme une suite inévitable de la vie de campagne, et que
« l'on tolère volontiers, ici l'on ne pouvait trouver la moindre
« trace, dans les armes ni dans l'habillement. Pas de ceinturons
« bouclés à la diable, de tuniques incomplètement boutonnées,
« de cols entr'ouverts au hasard, de casquettes de travers. Les
« canons, les fusils, l'équipement, luisaient de propreté. Malgré
« les vêtements salis, ces troupes semblaient aussi correctes que
« si elles fussent allées à la parade. » (Colonel GERTSCH.)

C'est que son moral le soutient. Il n'a qu'une ambition, se
battre (1). On a déjà signalé, en Chine, sa « rare audace poussée
« parfois jusqu'à la témérité, et le mépris profond qu'officiers et
« soldats professent pour la mort (2). » (Général FREY.) « Tous
« semblent pâles et fatigués, nous dit le général Hamilton. Ils
« ont laissé les sacs en arrière pour attaquer, dans la nuit du
« 25 août; leur mince khaki est traversé et plaque sur leurs mem-
« bres humides. Ils n'en trouvent pas moins le moyen d'être
« gais en procédant à leur toilette matinale au bord du ruisseau
« fangeux. Plusieurs sont blessés mais ne paraissent guère se
« soucier de ce détail, à moins qu'ils ne craignent que le médecin
« ne tienne un trop grand compte d'une bagatelle, comme un

(1) « Je m'entretiens avec un soldat blessé. Il me dit que tous ses camarades aiment
la guerre et ne se préoccupent ni de la faim ni des fatigues, quand sont en jeu la gloire
et la puissance impériales. Blessés ou malades, ils n'ont qu'un désir, rentrer dans le
rang. » (Général HAMILTON.)

(2) Seul l'enthousiasme patriotique peut expliquer ce fait que souvent, pendant
l'assaut d'un village, des poignées de Japonais s'enfermaient dans des fanzas et mouraient plutôt que de capituler. Rien qu'à Moukden, ce cas se produisit trois fois : à
Youhountouen le 7 mars, à Santaitseu le 9, à la pagode du bois des Tombes-Impé-
riales, le 10. » (Général KOUROPATKINE.)

« Un assaut venait d'échouer, et devant nos positions, un de leurs officiers, grième-
ment blessé, était resté au milieu des morts. Nos soldats voulaient l'emporter; mais il
refusait de se rendre, et envoyait des coups de revolver à quiconque s'approchait de
lui. » (Colonel NOVITZKI.)

« coup de baïonnette dans l'œil ou une balle dans le pied, et ne
« les mette au rancart. Pour la dixième fois, il me faut écrire que
« cette infanterie constitue un merveilleux outil ».

Je me trompe, il a une ambition plus noble encore : se faire
tuer pour le divin Japon (1). Nous songeons involontairement à
la phrase de Kipling : « Un homme qui veut mourir, qui désire
« mourir, qui gagnera le ciel en mourant, doit, dans neuf cas
« sur dix, tuer l'homme auquel reste une vague prévention en
« faveur de la vie. »

Ignorer la crainte de la souffrance, la peur de la mort, cauchemar des sociétés modernes! C'est une force avec laquelle il faut
compter. Un journaliste de grand talent a déploré l'influence
démoralisante des services funèbres célébrés par les prêtres
russes (2). S'il avait longtemps vécu dans le camp japonais, il
aurait vu des prêtres shintoïstes et bouddhistes célébrer solen-
nellement des fêtes des morts qui ne démoralisaient personne...

L'intelligence moyenne de ce soldat est indéniable; il suffit
de le voir à l'œuvre : « Une bête de somme venait, un peu plus
« loin, de dégringoler la pente; on était en train de la tirer de là.
« Lorsque arrive en Europe un semblable accident, ou bien le
« sauvetage s'exécute sans ordre, alors on fait plus de bruit
« que de besogne, beaucoup jouent le rôle niais de l'Auguste du
« cirque, et sans de gros jurons on n'arrive généralement pas à
« tirer l'âne du fossé; ou bien l'ordre règne, auquel cas il faut
« qu'un chef prescrive chaque geste et chaque pas, prodiguant
« avec sévérité les conseils et les objurgations. Quelle différence
« chez les Japonais! Posément, méthodiquement, les premiers
« prêts se mettent à l'ouvrage, qui est bien vite achevé. Qui-
« conque ne met point la main à la pâte, se tait; on ne jure pas
« le moins du monde. » (Colonel GERTSCH.)

---

(1) « Les braves soldats anglais vont au feu pleins d'espoir, avec l'idée de vaincre
ou de mourir; les Japonais y vont tout prêts à vaincre et à mourir : il y a une nuance.
Les officiers sont constamment forcés d'expliquer à leurs hommes que le but principal,
au combat, n'est pas de se faire tuer. » (Général HAMILTON.)

(2) « Dans un corps, une messe spéciale était dite, en présence des cavaliers qui partaient, pour le repos de l'âme de ceux qui ne reviendraient pas. Ne serait-il point
temps de débarrasser l'armée de quelques chanteurs de patenôtres? Je commence à
le voir : ces hommes lugubres démoralisent le troupier plutôt qu'ils ne réconfortent,
avec leurs incantations funèbres. » (Ludovic NAUDEAU.)

Ailleurs, à propos des pionniers, le même observateur signale « l'aisance du travail, l'intelligente initiative avec laquelle les « individus concourent à l'exécution méthodique de l'ouvrage, « quel qu'il soit. Une fois donnés les ordres indispensables, le « travail avance, sans secousses et rapidement, et l'on n'entend « pour ainsi dire pas un mot. Les officiers ne jugent point néces- « saire de rechercher perpétuellement l'occasion d'intervenir « d'une façon quelconque et de faire étalage de leur zèle et de « leurs connaissances étendues, au moyen d'observations et de « critiques continuelles. »

Remarques des plus instructives : aucune race n'a le mono- pole de ce genre d'intelligence; la méthode d'éducation a bien aussi son importance : il faut qu'elle développe les qualités na- tives, au lieu de les atrophier. Et ce n'est point toujours le cas.

C'est ainsi qu'il convient d'entendre, sans doute, ceux qui nous parlent sans cesse de l'instruction du soldat japonais, et s'efforcent de nous bercer — une fois de plus — avec la vieille légende du maître d'école victorieux. Demandons plutôt l'avis de M. G. Weulersse, ancien normalien, agrégé d'histoire, qui a parcouru et étudié le Japon, pas bien longtemps avant la guerre. Il nous donne d'abord des renseignements statistiques assez édifiants sur le degré de culture des conscrits de 1899 : instruc- tion primaire supérieure 16 %; instruction primaire 41 %; légère connaissance des quatre règles 26 %; illettrés absolus 16 %. — A Osaka, sur 500.000 ouvriers, on compte 350.000 illettrés. Quant aux écoles secondaires, plutôt faibles comme niveau, elles se contentent de 78.000 élèves, sur une population de quarante- cinq millions d'habitants. Il n'y a vraiment pas là de quoi s'émerveiller !

« L'enseignement primaire, au Japon, universel en principe, « nous confie le même auteur, est encore assez loin d'être uni- « versel en fait. » — « Cette forte proportion d'illettrés, et de « demi-illettrés, montre quels progrès restent à accomplir et de « quel excès de fierté témoignent certaines affirmations des « documents officiels. » — « En matière d'éducation secondaire « et supérieure, a-t-on pu écrire récemment avec chiffres à l'appui, « le Japon est encore au-dessous, non seulement des contrées « européennes les plus arriérées, y compris la Russie, mais au-

« dessous des républiques sud-américaines, excepté le Paraguay
« et le Brésil. » Nous sommes fixés, n'est-il pas vrai?...

Allons donc! Continuez, si vous voulez, à débiter votre
orviétan, votre catholicon, mais ne venez pas nous raconter
que vous préparez la victoire (1). Celle qui la prépare, en « vivant
« dans le passé au lieu de papillonner dans le présent », c'est
cette mère de famille, dont le général Hamilton nous fait un si
magnifique éloge, cette mère que nous fait connaître A. Bellessort : « Si mon fils était tombé dans la bataille, j'en aurais
« été fière; mais si je l'avais vu emporter par la fièvre, je crois
« que je serais morte de douleur. »

Et voici un très modeste échantillon de l'instruction nécessaire et suffisante : « Qu'est-ce que l'esprit militaire? — L'obéis-
« sance et le sacrifice. — Qu'entends-tu par grande vaillance? —
« Ne jamais regarder le nombre et marcher. — D'où vient la
« tache de sang qui rougit ton drapeau? — De celui qui le portait
« dans la mêlée. — A quoi te fait-elle songer? — A son bonheur.
« — L'homme mort, que reste-t-il? — La gloire... »

Ce n'est peut-être pas d'un intellectualisme très raffiné : en
songeant aux vieux parents qui débitent toutes ces « sornettes »,
et bien souvent ne savent pas lire, des orgueilleux se prendront
à sourire avec mépris; ils jugeront sans doute que tout cela
« part d'un peu bas »... mais pour monter bien haut !

L'instruction militaire, tout le monde s'accorde à constater
qu'elle est très soignée, très supérieure à celle des Russes. Chez

---

(1) On commence, dans certains milieux, à se rendre vaguement compte des résultats les plus palpables du délire pédagogique. Le bilan de l'enseignement secondaire
a été impitoyablement présenté par Gustave Le Bon dans sa *Psychologie de l'Éducation*. L'enquête consciencieuse du lieutenant Roland, sur l'éducation patriotique du
soldat, a fait défiler devant nous des jeunes gens, formés par l'école primaire, qui
sont venus nous déclarer :
    Que Jeanne d'Arc, reine de France, a été brûlée par les Prussiens en 1870; qu'elle
est morte sur l'échafaud, suivant d'autres sur un rocher.
    Que Napoléon Ier, roi de France (certains disent d'Espagne), a été fait prisonnier
par les Anglais au pont de Montereau; ou livré aux Prussiens par Bazaine; ou bien
tué en Algérie.
    Que Bayard était un marin, Valmy un premier ministre, Austerlitz un ambassadeur,
et Iéna un grand général.
    Que le Tonkin se trouve au Dahomey, ou bien encore en Tunisie; que Strasbourg
est une bataille; que l'Algérie « c'est les zouaves ».
    Que Gambetta, grand général, auteur de nombreuses découvertes, a fait le coup
d'État; que Victor Hugo a inventé le « vaccinage ».

ces derniers, le major von Tettau signale à plusieurs reprises l'abus des vaines représentations, revues, remises de décorations, services religieux, au détriment des exercices profitables (1). D'après lui, ce qui a manqué à cette armée, c'est le « pas de parade », le « drill », le dressage à l'allemande, abominé de Dragomirov.

Là-dessus, nous devons nous expliquer. Nous le ferons avec une impartialité d'autant plus grande que, personnellement, nous avons souffert du « drill », et gaspillé un temps précieux à faire exécuter « au sifflet sur les quatre faces » d'invraisemblables mouvements... Un peu plus tard, après réflexion, nous songions qu'en utilisant les directions intermédiaires de la rose des vents, il eût peut-être été possible de faire la même chose « sur les huit faces », ce qui eût été, mathématiquement, deux fois plus beau !

Tout excès appelle une réaction : en France comme en Russie, le « drill » a été pris à partie avec une verve endiablée. — Mais d'autre part, en visitant les troupes d'Outre-Rhin, des éducateurs d'une extrême compétence se sont laissé séduire... et le jugement définitif ne semble pas encore prononcé.

Les Japonais, si l'on en croit le colonel Gertsch, ont dû tenir un certain compte des méthodes en question : « Dès que les « troupes étaient installées au gîte et que tout se trouvait en « ordre, elles faisaient l'exercice, mais seulement par compagnies, « jamais par bataillons ni par unités plus fortes. Ce que l'on « exigeait surtout, c'était la raideur dans l'ordre serré, la sou- « plesse dans l'ordre dispersé. Jamais je n'ai vu manœuvrer « avec plus de rigueur et de précision. Les chefs de section et « les capitaines rivalisaient à qui obtiendrait de ses hommes « l'attitude la plus correcte, la cadence la mieux détachée, le

---

(1) « Plusieurs fois le général Kouropatkine passa de grandes revues, auxquelles prirent part toutes les armes. L'infanterie y fit, musique en tête, des évolutions de brigade qu'on terminait en faisant exécuter aux bataillons, placés à plusieurs centaines de mètres les uns des autres, des « attaques traversées » où ils pénétraient au travers l'un de l'autre, la baïonnette basse, en poussant des hurrahs. On ne s'exerçait pas au combat, au service en campagne, etc. L'artillerie faisait également des évolutions en ordre serré. » (Major von Tettau.)

« Pendant notre séjour à Liandiasan, il n'y eut pas moins de trois parades, avec service religieux : pour l'anniversaire de l'Empereur, le 19 mai; pour le couronnement, le 27 mai, et pour la visite du général Kouropatkine, le 22 mai. Il nous parut qu'on employait mal à propos bien du temps à ce genre de fêtes, dont chacune absorbait toute une matinée. » (Major von Tettau.)

« maniement d'armes le plus serré. Ces signes infaillibles de
« l'éducation militaire, l'armée japonaise les présente au plus
« haut degré. Pendant le combat, naturellement, on ne remar-
« quait rien de ce genre, mais tout le profit n'était point perdu :
« l'œil exercé d'un soldat en reconnaissait l'influence persis-
« tante, jamais en défaut, dans l'allure superbe que conservaient
« ces hommes, dans toutes les situations, dans toutes les forma-
« tions. En marche à la file indienne ou bien en colonne serrée,
« dans les groupes utilisant d'eux-mêmes le terrain du champ
« de bataille, dans les chaînes de tirailleurs, on retrouvait toujours
« et partout la même cohésion, le même effort visible de chacun
« pour rester à son rang. Quant aux groupes abrités en réserve,
« on les commandait de la même voix tranchante, on exigeait
« d'eux la même raideur de gestes et de mouvements que sur
« le terrain de manœuvre. Si l'on n'allait pas au pas cadencé,
« c'était à cause uniquement des inégalités du sol. Ces occasions
« de manœuvrer étaient rares au combat, mais il y en eut tou-
« jours pour la plupart des unités. C'était une sensation bien
« caractéristique et bien réconfortante de voir après chaque
« bataille, Youchouling et Yangtseling, Liaoyang et le Chaho,
« ces troupes vraiment magnifiques demeurer convaincues de
« la nécessité de chercher un terrain d'exercices, et de regagner
« ce que le champ de bataille avait pu leur faire perdre d'allure
« et de cohésion. » Peut-être, après tout, convient-il de ne se
montrer intransigeant ni dans un sens ni dans l'autre.

A notre humble avis, le « drill » ne doit pas être un but, mais
un moyen : un moyen de se rendre compte de l'éducation du
soldat. Et l'on nous permettra peut-être de rapporter ici une
observation personnelle faite, en 1896, à l'École de gymnastique
de Joinville, où l'on n'appliquait pas encore les méthodes ortho-
pédiques. On y pratiquait plus spécialement les agrès, les exercices de souplesse et le pas gymnastique à hautes doses; de
maniement d'armes, il n'était pas question. Il y avait là des
gradés et des hommes d'origines diverses, constituant un ensemble assez peu homogène... Vers le cinquième mois d'instruction,
en l'honneur d'un Japonais, — n'était-ce point précisément le
général Oku? — on organisa une petite exhibition, avec exercices
variés, un peloton devant faire du maniement d'armes. Les

hommes n'avaient subi aucun dressage spécial : au physique, ils possédaient des muscles souples, en excellente condition; au moral, un vif amour-propre... En fait de maniement d'armes et d'ordre serré, jamais je n'ai rien vu de comparable!

Voilà peut-être l'intérêt des exercices de « dressage » : de temps à autre ils permettent à une bonne troupe de dire en quelque sorte à son chef : « Vois, nous sommes en forme; tout est en « ordre; tu peux compter sur nous. »

Mais perdre des journées entières à des gestes inutiles et puérils, dans le seul but de faire croire à un général inspecteur qu'on lui présente une troupe « dressée »; en arriver à conseiller aux hommes de faire claquer la main gauche sur le fourreau de la baïonnette, afin de simuler l'énergie, s'abaisser à régler une espèce de ballet, avec je ne sais quelles grimaces et je ne sais quels coups de sifflet : c'est là une besogne stérile, immorale et démoralisante, d'où les hommes sortent dégoûtés, la tête et le cœur vides. Et, devant ce spectacle, le mot de l'Archiduc nous revient sur les lèvres : « On ne dresse pas, on élève! »

Il existe pourtant un autre point de vue. Sans abuser de cette théorie, il n'est peut-être pas inutile de développer chez le soldat un petit nombre de réflexes utilisables sur le champ de bataille. Nous prendrons l'exemple du tir.

Aux Russes on a beaucoup reproché leur maladresse, en exaltant par contre les Japonais, assez intempestivement (1). Mais nous ne croyons pas qu'il faille s'illusionner sur le rôle à la guerre du « fin tireur » modèle Transvaal, qu'on ne se procure point d'ailleurs à volonté. Comme le fait remarquer le général Bonnal : « Les faits observés dans les meilleures armées de l'Europe « tendent à démontrer que, dans le combat de mousqueterie à « courte distance, le fantassin charge, épaule et tire automati- « quement, autrement dit inconsciemment. Par courte distance « il faut entendre la distance qui correspond, avec un fusil donné, « aux effets de destruction décisifs. » Ce qui reviendrait à dire

---

(1) « Heureusement pour nous, les Japonais, qui ont d'habiles pointeurs dans l'artillerie, tirent mal du fusil. » (Lieutenant-colonel KVITKA.)

« L'infanterie japonaise, sous le rapport de la justesse du tir, est bien loin d'être à hauteur de l'artillerie. Le soldat japonais, par la rapidité avec laquelle il charge et tire, mérite d'être appelé une mitrailleuse. Mais il vise mal, et la plus grande partie des balles portent trop haut. » (Capitaine SOLOVIEV.)

que les Russes avaient la fâcheuse habitude d'envoyer leurs balles
aux nuages — tout comme les Japonais du reste — ou bien
dans les sillons voisins. Un dressage judicieux les aurait peut-
être accoutumés à « charger, épauler, tirer mécaniquement,
« avec une certaine correction. »

Nous croyons en avoir assez dit sur le « drill » et son importance éventuelle. Mais nous demeurons convaincus que ce n'est
point dans l'application exclusive de ces méthodes, qu'il faut
chercher les causes de la valeur du soldat japonais. Le général
Fujii, chef d'état-major de la Ire armée, l'a dit sous une forme
bien simple et bien saisissante : « Il n'y a rien de supérieur au
« moral de nos hommes; c'est là la meilleure stratégie; c'est
« aussi la meilleure tactique. »

Nous venons d'exposer les faits. Pour les interpréter, il nous
faut regarder la race et son histoire.

§ 2 — L'âme japonaise

1° Le passé. — Si l'on ne considère que les grandes lignes,
le Japon semble avoir parcouru sensiblement les mêmes étapes
que les peuples de l'Occident. C'est d'abord l'invasion de races
étrangères, l'asservissement des aborigènes, la lente formation
d'une « race historique », morcelée en plusieurs royaumes. Entre
ces divers États, des siècles de guerres acharnées, des croisades
en Corée et en Chine. Puis brusquement, trop brusquement,
l'introduction du bouddhisme, qui se greffe sur le shintô, et de la
civilisation d'outre-mer; l'établissement d'un gouvernement
centralisé (septième et huitième siècles). On observe déjà « l'or-
« gueil de tout comprendre et de tout essayer » joint à « ce culte
« de la tradition, cette adoration de tout ce qui est national,
« cette défiance, voire même cette haine de l'étranger, qui sont
« le propre de tout peuple insulaire. » (Marquis DE LA MAZE-
LIÈRE.)

Mais cette transformation a été trop artificielle, trop en contradiction avec les lois de l'évolution : il faut que le Japon se
résigne à évoluer. Il se rejette, en attendant, dans l'anarchie
(dixième et onzième siècles). Et jusqu'au dix-septième siècle,
nous voici en plein « Moyen Age ». Nous assistons à de longues

luttes héroïques, avec des alternatives de progrès et de régression, et, pendant le seizième siècle, à une crise particulièrement aiguë, parallèle à nos guerres de religion. « Après dix-huit siècles « de discordes et de guerres civiles, les Japonais formaient enfin un peuple au véritable sens du mot. » (Marquis DE LA MAZELIÈRE.) L'unité n'existe pas encore; mais elle est en germe : son épanouissement ne saurait tarder.

Alors le pays se recueille, dans le calme relatif que lui assure un gouvernement encore imparfait. Les arts se développent, s'affinent, on réfléchit, on travaille à utiliser l'héritage des siècles de luttes, les vertus de discipline, d'enthousiasme, d'énergie; on vient de commenter ce code du bushido, traité de l'honneur et de la philosophie chevaleresques, dont « au cours du dix-« huitième siècle, les préceptes se répandront dans toutes les « classes du peuple... Malgré une paix de deux siècles, le bushido « réussit, non seulement à conserver chez les nobles les vertus « militaires, mais à les répandre dans le peuple. » (Marquis DE LA MAZELIÈRE.)

2° *Le présent.* — Pendant ce temps, le fruit mûrit. Au premier contact des civilisations occidentales, la révolution éclatera : et ce sera une nouvelle crise de guerres civiles extrêmement violentes d'où sortira le Japon d'aujourd'hui. Bien que préparée de longue main, la transformation, cette fois encore, a été trop brusque, et la besogne un peu hâtive. Comme le dit un Japonais à A. Bellessort : « Pour notre malheur, la révolu-« tion n'a pas assez duré. » Si le fruit était mûr, on l'a dévoré trop gloutonnement.

Donc il y a malaise. Et cela se traduit par ces complications, ces contradictions qui déconcertent l'étranger : « Il me souvenait « d'avoir vu jadis sur la route de Paimpol une auberge bretonne, « qui avait inscrit au-dessus de sa porte en grosses lettres noires, « ces mots extraordinaires : A l'Instar! A l'instar de qui? A « l'instar de quoi? Personne ne le savait, ni ne le sut jamais, pas « même son propriétaire..... Sur ce vieux Japon, dont un rare « mélange de raffinement et de rusticité fait, je crois, tout le « mystère, sur sa façade pittoresque, un peu caduque, mais « que parfument et décorent si joliment ses bouchons fleuris,

« les politiciens modernes avaient, d'un pinceau promené dans
« le goudron des grands navires européens, barbouillé cette
« enseigne déconcertante, mais tout de même juste : A l'Instar! »
(A. Bellessort.)

Ces hommes ont pieusement conservé leurs légères architec-
tures nationales, parmi lesquelles ils s'essaient gravement aux
gestes dénués d'eurythmie de nos civilisations. Mais non loin de
là, s'élèvent de grandes bâtisses, — charpentes métalliques et
ciment armé, — où glisse presque silencieusement la discrète élé-
gance des kimonos, et sous les voûtes desquelles on peut s'attendre, d'une heure à l'autre, à contempler quelque solennel harakiri.

Et que l'on ne s'y trompe pas en regardant ce Japon-là, celui
de Port-Arthur et de Moukden : il a pu modifier son costume,
changer ses lois, ses mœurs, en apparence du moins; mais son
âme est restée la même.

Un peu avant la guerre, on fait un doigt de cour à l'Amérique du Nord. On n'ignore point que là-bas tout prétendant
correct doit posséder une couronne ducale et des portraits
d'ancêtres. On n'en manque pas au Japon, mais il faut redorer
l'une, rentoiler, revernir les autres, accommoder le tout au goût
du jour : Inazo Nitobe s'en charge, en publiant *Bushidô : l'Ame
du Nippon*. Ce matin-là, certains Japonais « éclairés » ont peut-
être voulu jouer un bon tour aux gens de Chicago; ils croyaient
surfaire leur marchandise : ils se trompaient, car elle était de
bon aloi, et leur plaisanterie a fait long feu. Les idées venues
de l'étranger avaient peut-être atteint profondément leur âme,
celle de quelques-uns de leurs amis; heureusement pour le Japon
de 1904, elles avaient respecté l'âme de la nation, celle de l'armée,
— les deux ne faisant qu'un. Sous l'uniforme, adopté et accepté
facilement, c'était toujours l'âme du bushidô (1).

Je voudrais citer maintenant une page admirable de Taine :
« Tant qu'un homme ne s'intéresse qu'à soi, à sa fortune, à son
« avancement, à son succès personnel et propre, il s'intéresse
« à bien peu de chose : tout cela est de médiocre importance et
« de courte durée, comme lui-même. A côté de cette barque qu'il

---

(1) « De toutes les institutions nouvelles du Japon actuel, l'armée et la marine
sont sans doute celles qui sont le plus dignes de l'Occident contemporain. » (G. Weulersse.)

« conduit avec tant de soin, il y en a des milliers et des milliers
« d'autres, de structure pareille et de taille à peu près égale :
« aucune d'elles ne vaut beaucoup, et la sienne ne vaut pas davan-
« tage. De quelque façon qu'il l'approvisionne et la manœuvre,
« elle restera toujours ce qu'elle est, étroite et fragile; il a beau
« la pavoiser, la décorer, la pousser aux premiers rangs, en trois
« pas il en fait le tour. C'est en vain qu'il la répare et la ménage;
« au bout de quelques années elle fait eau; un peu plus tôt, un
« peu plus tard, elle s'effondre, elle va s'engloutir, et avec elle
« périra tout le travail qu'elle a coûté. »... Mais « dans l'innom-
« brable flottille des esquifs qui sombrent incessamment et
« incessamment sont remplacés par d'autres, subsistent des
« vaisseaux de haut bord : sur ces gros bâtiments, chaque homme
« de la flottille monte de temps en temps pour y travailler et
« cette fois l'œuvre qu'il produit n'est pas caduque, éphémère,
« comme l'ouvrage qu'il fait chez lui : elle surnagera après qu'il
« aura disparu, lui et son esquif. »

Notre civilisation nous encourage fâcheusement à nous épar-
piller de plus en plus, à déserter définitivement le navire commun,
à dérober au besoin la barque du voisin, pour peu qu'elle soit
à notre convenance. Les instincts se déchaînent : les plus bas,
l'ambition, l'amour du bien-être et du luxe; les plus nobles,
l'esprit d'indépendance : « Jamais je ne signerai de bonne foi
« l'abandon total et permanent de moi-même : cela serait contre
« la conscience et contre l'honneur, et ces deux choses-là ne
« s'aliènent pas. Mon honneur et ma conscience ne doivent pas
« sortir de mes mains : j'en suis seul le dépositaire et le gardien;
« je ne les remettrai pas même à mon père. » (TAINE.) Tels nous
sommes, et tels il faut nous prendre. Mais ce n'est point le cas
des Japonais.

Chez eux, depuis des siècles, la collectivité domine tout le
reste. C'est une force, qui leur a permis de sortir bons premiers
de l'ornière extrême-orientale : « Ce qui a manqué à la Chine,
« c'est l'esprit public, toutes les activités étant polarisées dans
« une organisation en petits groupes incapables de s'oublier eux-
« mêmes; ce qui a fait le succès du Japon, c'est l'esprit public
« parfois mêlé d'alliage, mais qui voit au delà des intérêts actuels. »
(Maurice COURANT.)

C'est une force, qui leur rend facile l'unité de doctrine absolue :
« L'individu n'y trahit jamais une vision originale de la nature
« ou de l'humanité. Tous les Japonais regardent avec les mêmes
« yeux, reçoivent du monde extérieur les mêmes impressions,
« nuancent leurs sentiments des mêmes teintes, et considèrent
« la vie du même angle. » (A. BELLESSORT.) D'autant plus facile,
qu'en dehors du patriotisme, ils semblent ignorer toute espèce
de fanatisme (1). N'allez pas leur parler d'intérêt personnel,
ils ne comprendraient pas (2). Et l'on ne peut s'empêcher de
songer à la parole du général Cardot : « Toutes les facultés, toutes
« les puissances de l'homme sont requises au service de la sainte
« loi du sacrifice. N'ayez pas peur! Ajoutez-y, si vous le pouvez,
« la suprême habileté, le plus grand talent, le plus sublime génie!
« Faites : il n'y aura rien de trop, vous dis-je! »

Il y a là un fait qui n'a pu échapper aux témoins des événements de Mandchourie (3). Et c'est la principale caractéristique
de l'âme japonaise à ce début du vingtième siècle : un esprit
de sacrifice qui ne connaît pas plus de bornes physiques que de
limites morales. Tous les efforts convergent vers le but unique,
avec quelle énergie farouche, nous le savons déjà, et c'est un
deuxième trait de cette âme rude et sereine à la fois, que
« durant quatre cents ans le Japon a forgée sur l'enclume des
« guerres civiles. » (A. BELLESSORT.)

Ces guerres, dont nous ne saurions nous faire une idée juste,
dont l'âpre beauté doit échapper à nos âmes anémiées, dont les
plus récentes secousses ont ébranlé le sol natal de 1850 à 1876,

---

(1) « Ni bouddhiste, ni shintoïste, ni croyant, ni incrédule, il n'est point convertis-
sable. » (A. BELLESSORT.)

(2) « L'abnégation individuelle leur paraît une nécessité pour l'intérêt commun.
La mort ne les effraie pas, elle n'est point à leurs yeux, dans ce cas, le sacrifice douloureux auquel par devoir on se résigne, c'est pour eux plus que cela, c'est un honneur
que l'on sollicite, c'est l'holocauste de soi-même, fait avec reconnaissance et transport
pour le triomphe de la sainte cause. » (Léo BYRAM.)

« Des soldats qui ne songent qu'à leur propre intérêt, et non à celui de leurs camarades, ne comprennent rien à l'art de la guerre. » (Général OKU, Instructions du
9 février 1905.)

(3) « Si l'on me demande quelles sont les leçons de la guerre de Mandchourie, à moins
d'être plus timide qu'une souris, je crois que je répondrai : De modifier notre caractère, mon cher, de manière à devenir, vous et moi, moins jaloux, moins égoïstes, plus
désintéressés et plus loyaux envers nos camarades. C'est la grande leçon de cette
campagne. » (Général HAMILTON.)

dont les récits ont bercé l'enfance de tous les soldats d'Oyama, auxquelles les plus âgés, les plus respectés de leurs chefs ont pris une part effective, voilà l'école où s'est formée cette armée, voilà le maître qui a préparé la victoire.

« Le 24 octobre 1876, 170 hommes en armure de samouraï « pénétrèrent la nuit dans les casernes de Koumamotto, massa-« crèrent 200 soldats dans leur sommeil; puis, s'étant retirés sur « les collines, une partie fit le harakiri, tandis que les autres se « rendaient ou se faisaient tuer. » (Maurice COURANT.) De tels hommes ne se contentent point de discourir : non seulement ils ne dédaignent pas d'agir eux-mêmes, — et personne ne les en blâme, — mais ils méprisent l'existence qui n'a pas l'acte pour couronnement. Ce sont bien les hommes qui « veulent mourir ». Ils méconnaissent de parti pris les beautés d'une résistance que termine une capitulation, et le général Hamilton, qui les écoute, s'écrie mélancoliquement : « Les armées préparées à l'idée de se « rendre, peuvent s'attendre à être proprement rossées par celles « qui ne capitulent pas, partout, et toutes les fois qu'elles s'y « frotteront. » Faisons notre examen de conscience...

Aussi bien quelques passages du *Carnet de Campagne* du même général Hamilton m'ont plongé dans une profonde perplexité. Les voici :

« Je me suis formé cette opinion très nette que l'armée japo-« naise, à nombre égal, surpasse n'importe quelle armée euro-« péenne... Et voici mes raisons. Ce n'est point seulement parce « que j'avais combattu les Boers en 1881, que j'avais apprécié « la longueur et les difficultés du chemin qui devait nous conduire « à la victoire en 1899. Mais j'étais convaincu que la civilisation « actuelle devient de moins en moins capable de se plier aux règles « antiques de la valeur militaire, et que l'heure approche où le « monde moderne devra commencer à changer d'idéal, ou se pré « parer à se courber devant des races primitives, moins compli-« quées, moins nerveuses..... Même aujourd'hui, les vieilles civi-« lisations essaient de fermer les yeux à la lumière, car l'espèce « humaine répugne à méditer sur la mort. Il est plus commode « de blâmer le *War-Office*, de bafouer les officiers anglais, de parler « dédaigneusement de l'argent et du sang gaspillés pour vaincre « une « poignée de fermiers », que de fixer la vérité, avec toutes

« ses conséquences : cette vérité proclame que c'est précisément
« parce que les Boers étaient des simples, des paysans, qu'ils
« ont pu si longtemps tenir tête à des troupes qui n'avaient point
« les mêmes avantages..... Ce n'est pas l'heure pour les nations
« policées de faire des niches à leur armée, ou de jouer au petit
« jeu de la cordialité avec leurs éternelles rivales..... Il nous
« faudra commencer par apprendre que ni la solde, ni le mode
« de recrutement, ni les effectifs, ni l'équipement, ne sauraient
« compenser le déclin de cet aventureux esprit guerrier dont
« l'âme de notre race renferme encore les germes..... »

« L'état-major déclare que les Européens sont plus lourdauds
« et généralement moins entrainés que les Sibériens..... Ceux-ci
« ont bien plus d'allant, avec des dispositions innées, des instincts
« de chasseur et de tireur, qui font totalement défaut aux batail-
« lons d'Europe.....

« Si la prochaine génération de Chinois ne trouve en face d'elle
« que ces Européens et ces Américains, qui ont troqué leurs sabres
« contre des bâtons d'agent de police, elle sera libre de se mettre
« à l'œuvre et de les faire mourir de faim avec une sérénité toute
« céleste..... »

Allait-il donc falloir mettre en doute la beauté absolue de
cette civilisation, son invincible prépondérance, les bienfaits de
cette paix féconde qu'elle nous prêche infatigablement?..... Le
général pouvait se tromper, n'étant point un infaillible intellectuel, mais un professionnel à vues étroites. Entre temps,
j'étais tombé sur cette phrase d'un autre livre : « La peur de la
« mort domine la société moderne; attachée aux seuls biens maté-
« riels, elle renie l'une après l'autre toutes les croyances, toutes
« les traditions. » (Capitaine DE FONLONGUE.) Je n'avais pas insisté,
ayant encore affaire à un vulgaire professionnel. J'avais, bien
entendu, négligé de parti pris l'opinion du général Martinov :
« Il suffit à un imbécile quelconque de déclarer que la guerre est
« un reste de barbarie, et l'armée le principal obstacle au progrès,
« pour obtenir par là même le brevet d'intellectuel avancé. »
Sans être le moins du monde candidat au brevet en question, l'intransigeance de ce général me choquait un peu. Certaines personnalités m'en imposaient, je cédais au respect humain.....

Pourtant, le cauchemar de je ne sais quelle invasion de barbares continuait à me hanter. Certes, je n'étais pas précisément inquiet : on leur dirait leur fait, à ces barbares ! On pourrait députer à leur rencontre un solennel cortège, dont seraient exclues, par prudence, les théories de vierges gémissantes. Il y aurait là des vieillards éclairés, respectables et barbus, parés de leurs insignes, emblèmes augustes du progrès, et précédés d'une bannière sur laquelle, en lettres d'or, seraient brodés des mots abstraits ; ils auraient aussi de grosses lunettes noires, à seule fin de pouvoir impunément fixer l'éblouissement des cuirasses et les gorgones des casques. On arrêterait ainsi le nouvel Attila ; on lui débiterait de petits discours ; au besoin, s'il le désirait, quelque acteur de la Comédie lui réciterait la Prière sur l'Acropole. Et puis.....

Et puis, que se passerait-il ? Je n'étais pas encore absolument certain de l'efficacité du procédé. Si le doute est parfois un oreiller commode, parfois il chasse le sommeil. Je voulus me délivrer des miens, en m'adressant, cette fois, aux historiens, aux philosophes, et en évitant scrupuleusement, comme de juste, un certain Joseph de Maistre qui sentait par trop le fagot.

Je me heurtai tout d'abord à Ruskin ; j'en avais ouï parler comme d'un délicat, méritant quelque confiance... une confiance bien mal placée : « Les plus purs, les plus nobles des arts « qui illuminent la paix, me dit-il, sont tous engendrés par la « guerre ; il n'est de grand art sur la terre que chez un peuple de « soldats..... En désignant la guerre comme la source de la beauté, « j'entends qu'elle l'est encore de toutes les vertus, des plus hautes « facultés humaines. Étrange et terrible découverte — mais, je « le vois clairement, indéniable réalité. L'opinion vulgaire qui « associe la paix aux vertus civiques me semble tout bonnement « insoutenable : la paix ne favorise que nos vices. Pour nous, « parler de paix, c'est parler de science, de richesse, de civilisa- « tion. Tel n'est point le langage de l'Histoire : sur ses lèvres, ces « grands mots se prononcent sensualité, égoïsme, mort. Bref, j'ai « vu que toutes les grandes nations avaient puisé dans la guerre « leur sincérité de parole et leur puissance de pensée ; qu'elles se « fortifiaient dans la guerre et se consumaient dans la paix ; que « la guerre les instruisait, tandis que la paix les leurrait ; que, « secourues par la guerre, elles étaient trahies par la paix ; en un

« mot, que nées de la guerre, elles se mouraient de la paix. » Décidément, je jouais de malheur. Mais, comme ce n'était qu'un Anglo-Saxon, je passai mon chemin, sans même prendre le temps d'écouter Émerson — un autre Anglo-Saxon, — qui me criait à pleins poumons : « La nature dit : mes Romains ne sont plus; pour « édifier un nouvel empire, je choisirai une race rude, toute mas-« culine, toute en force brutale. Je ne m'oppose pas à une compé-« tition des mâles les plus grossiers. Que le buffle fonce la corne « en avant sur le buffle et que le pâturage reste au plus fort. Car « j'ai un ouvrage à faire qui demande de la volonté et des mus-« cles. »

Taine, je ne l'ignorais point, avait étudié longuement les origines de notre civilisation actuelle; il allait sans doute pouvoir m'en décrire amoureusement les beautés. « Depuis trois siècles, « nous perdons de plus en plus la vue pleine et directe des choses; « sous la contrainte de l'éducation casanière, multiple et pro-« longée, nous étudions, au lieu des objets, leurs signes; au lieu du « terrain, la carte; au lieu des animaux qui luttent pour vivre, « des nomenclatures, des classifications et, au mieux, des spé-« cimens morts de muséum; au lieu des hommes sentants et agis-« sants, des statistiques, des codes, de l'histoire, de la littérature, « de la philosophie, bref des mots imprimés et, chose pire, des « mots abstraits, lesquels, de siècle en siècle, deviennent plus « abstraits, partant plus éloignés de l'expérience, plus difficiles « à bien comprendre, moins maniables et plus décevants, surtout « en matière humaine et sociale. » Il ajoutait : « Le fond et la « ressource manquent à ce caractère; à force de s'affiner, il s'est « étiolé, et la nature, appauvrie par la culture, est incapable des « transformations par lesquelles on se renouvelle et on se survit. — « L'éducation toute-puissante a réprimé, adouci, exténué l'ins-« tinct lui-même. » Taine devait être, ce jour-là, de fort méchante humeur! Du reste, mes souvenirs se précisaient : cet homme ne respectait rien.....

J'entrai chez Guglielmo Ferrero, historien pondéré, impartial, sachant dominer les événements, somme toute de bon conseil. Il revenait précisément d'Amérique, et se préoccupait des Japonais : « Mon histoire, me confia-t-il, n'est que l'histoire d'une civi-« lisation raffinée et savante, qui, en se développant, détruit une

« vieille organisation sociale et certaines qualités primitives
« d'énergie, utiles pour la guerre et le gouvernement, que cette
« organisation s'efforçait de conserver. Le problème de la civili-
« sation et de la barbarie, des excès que l'une et l'aútre dévelop-
« pent, en est le fond..... Tous nos discours aboutissent toujours
« à la même question : si ce qu'on appelle la civilisation représente
« réellement un progrès total sur ce qu'on appelle la barbarie;
« si, en se civilisant, en augmentant leurs richesses, leur bien-être,
« leurs plaisirs, leur culture, les hommes ne perdent pas en même
« temps certaines qualités d'énergie et de force, qui, dans la vie,
« sont aussi nécessaires, à certains moments au moins, que les
« qualités de haut raffinement : ce qui expliquerait pourquoi
« toutes les civilisations, même les plus brillantes, se décomposent
« et périssent..... Ainsi, nous avons discuté longuement si les
« Japonais conserveront les qualités militaires qui les ont faits si
« redoutables dans la dernière guerre, à mesure que le régime
« industriel, la richesse et la civilisation européenne se dévelop-
« peront dans l'empire du Mikado..... » Mes inquiétudes subsis-
taient.

Anatole France lui-même devait tromper mon espérance; il
déclarait que les vertus militaires « sont les vertus fondamentales
« sur lesquelles tout l'ordre humain repose encore aujourd'hui (1) »,
et se plaisait à commenter un article d'Armand Carrel, qu'il
qualifiait de « mâle chef-d'œuvre » : « On persuaderait diffici-
« lement aux hommes, déclarait l'article en question, et surtout
« aux hommes de notre temps, qui ont vu beaucoup de mili-
« taires, que l'art de la guerre est celui de tous peut-être qui
« donne le plus d'exercice à l'esprit. Cela est pourtant vrai, et ce
« qui fait cet art si grand, c'est qu'il exige le caractère autant
« que l'esprit, et qu'il met en action et en évidence l'homme tout
« entier..... »

Comme je passais devant Émile Faguet, il était en train de
discourir sur Nietzsche, et la première phrase que je saisis au vol,
m'apporta quelque illusion : « Jamais de sang versé, jamais de
« guerre, même juste : que la pitié arrête et supprime le cou-
« rage ! — Au fond c'est dire : Vous êtes lâches ? Eh bien, je vais

---

(1) *La Vie littéraire,* tome 1, pages 97 et 214.

« vous révéler un secret divin, qui vous fera plaisir : vous avez
« raison. » Cela commençait trop bien, la suite fut déplorable;
il parlait justement de notre civilisation : « Une sorte de médio-
« crité dans le bien et dans le mal, une sorte de lâche tempéra-
« ment, cette modération en toutes choses, dont les anciens déjà,
« mais non pas ceux de l'époque héroïque, faisaient une vertu,
« et qui est quelque chose de gris, de terne, de laid et de répu-
« gnant. » — « Songez aussi, continuait-il, au mot de Gœthe à
« Eckermann. On parlait de Napoléon. Eckermann ne le com-
« prenait pas du tout. « Mais, mon ami, dit Gœthe, il y a aussi de
« la productivité en actes. » Gœthe rappelait ainsi, « d'une ma-
« nière charmante et naïve », que l'homme non théorique est,
« pour les hommes modernes, quelque chose « d'invraisemblable
« et de déconcertant », de telle sorte « qu'il faut la sagesse d'un
« Gœthe pour concevoir, ou pour excuser un mode d'existence
« si insolite. » Je n'insistai pas, ayant perdu toute confiance dans
le conférencier; d'autant que sa parole me rappelait ce mot d'une
héroïne de Kipling : « J'aime les hommes qui font des choses. »
Et je m'en fus, sans écouter Proudhon, sans écouter Renan, sans
écouter Montaigne (1).....

Pourquoi ne pas aller jusqu'à Nietzsche? Il avait, en effet,
dépensé sa vie sans compter, à la recherche de la vérité, fiévreusement, mais avec une conscience très haute, une suprême
loyauté, sans égard aux plus douloureuses contradictions. « Nous
« avons découvert le bonheur, disent les derniers hommes, et ils
« clignotent..... » Et de ces derniers hommes, il traçait un portrait
peu engageant : « Une espèce amoindrie, presque ridicule, une
« bête de troupeau, quelque chose de bonasse, de maladif et de

---

(1) « Il y devrait avoir quelque coercition des lois, contre les écrivains ineptes et
inutiles, comme il y a contre les vagabonds et fainéants.
« On bannirait des mains de notre peuple, et moi et cent autres. Ce n'est pas mo-
querie. L'écrivaillerie semble être quelque symptôme d'un siècle débordé. Quand
écrivimes-nous tant que depuis que nous sommes en trouble? Quand les Romains tant,
que lors de leur ruine? » (MONTAIGNE.)
« Ce sang versé à flots, ces carnages fratricides font horreur à votre philanthropie.
J'ai peur que cette mollesse n'annonce le refroidissement de votre vertu. »(PROUDHON.)
« Si la sottise, la négligence, la paresse et l'imprévoyance des États n'avaient pour
conséquence de les faire battre, il est difficile de dire à quel degré d'abaissement pourrait descendre l'espèce humaine. Le jour où l'humanité deviendrait un grand Empire
romain pacifié, n'ayant plus d'ennemis extérieurs, serait le jour où la moralité et l'intelligence humaines courraient les plus grands dangers. » (RENAN.)

« médiocre, l'Européen d'aujourd'hui. » — « L'humanité n'est
« vraiment une, docile à la voix du génie, tendue vers l'héroïque
« et le sublime, que dans les siècles guerriers. » Puis sa voix vibrait
davantage : « Croyez-m'en, le secret pour moissonner l'existence
« la plus féconde, la plus grande jouissance de vie, c'est de vivre
« dangereusement. Construisez vos villes près du Vésuve ! En-
« voyez vos vaisseaux dans les mers inexplorées ! Vivez en guerre
« avec vos semblables et avec vous-mêmes !..... » — « Vous devez
« aimer la paix comme un moyen de guerres nouvelles ; et la
« courte paix plus que la longue. Je ne vous conseille pas le tra-
« vail, mais la lutte. Je ne vous conseille pas la paix, mais la vic-
« toire..... La guerre et le courage ont fait plus de grandes choses
« que l'amour du prochain. » — « C'est une vaine idée d'utopistes
« et de belles âmes, que d'attendre beaucoup encore (ou même
« beaucoup seulement alors) de l'humanité, quand elle aura dé-
« sappris à faire la guerre..... Une humanité d'une culture aussi
« élevée et par là même aussi fatiguée que l'est aujourd'hui l'Eu-
« rope, a besoin non seulement de guerres, mais des plus terribles
« — partant, de retours momentanés à la barbarie — pour ne pas
« dépenser en moyens de civilisation, sa civilisation et son exis-
« tence même. » — « Aux peuples qui deviennent faibles et misé-
« rables, on pourrait conseiller la guerre comme remède, à condi-
« tion, bien entendu, qu'ils veuillent à toute force continuer à
« vivre : car pour la consomption des peuples, il y a aussi une
« cure de brutalité. » — J'en avais assez entendu : sans doute,
il m'indiquait clairement le moyen d'être plus fort que les barbares, mais ce moyen me déplaisait ; je souhaitais une solution
plus élégante. Pour la trouver, j'aurais été jusqu'en Russie ;
mais le contact des « barbares » ne leur avait pas réussi là-bas ;
cela me dépréciait quelque peu leur philosophie : et je dus revenir
en France.

Je n'avais plus qu'une chance à courir, en m'adressant aux
théoriciens des partis les plus avancés. Je songeai de suite à
Georges Sorel, qui venait de publier des « Réflexions sur la vio-
« lence » : ce devait être enfin mon homme ; il allait dire son fait
à la guerre stupide, et dresser des autels à la civilisation pacifique
et éclairée. Sans doute, il restait insensible aux séductions des
intellectuels. Évidemment, ses contemporains ne lui apparais-

saient pas sous un aspect très flatteur (1); à son avis, leur philanthropie n'était que la « poltronnerie de gens incapables de se
« défendre », leur mansuétude, qu'une « dégradation du sentiment
« de l'honneur ». Mais, en poursuivant, je réussirais peut-être à
trouver ce que je cherchais. Et voici ce que je lus avec horreur :
« La violence, chose très belle et très héroïque....'.. seul moyen que
« possèdent les nations européennes pour retrouver leur ancienne
« énergie. » Je pris la fuite : Georges Sorel allait m'entraîner un
peu loin; d'autant que certains apôtres du pacifisme ne me pré-
disposaient que trop à rêver la « cure de violence » et l' « ouragan
pacificateur..... »

Car, en vous obstinant à nous prêcher tout le contraire de
l'héroïsme, vous finirez par me faire aimer, vénére· la violence.
Vous souriez lorsque je cite Kipling : « Ils voulaient bien aller —
« ils en brûlaient de hâte et d'enthousiasme, — mais ils ne soup-
« çonnaient pas le vrai sens du mot guerre et il n'y avait personne
« pour le leur apprendre. » Vous haussez les épaules, quand je
répète avec le général Hamilton : « Une nation ne vit que dans
« l'âme de ses citoyens. Vient-elle à y mourir, ni ses richesses ni
« ses territoires ne peuvent la sauver. » Mais nous sommes quelques-uns, je pense, qui ne voulons pas que notre nation meure.
Voilà bien assez longtemps que vous nous abreuvez d'incertitude, que vous nous gavez de paradoxes, tout aussi poussiéreux
que ceux du vieux Corneille Agrippa, mais infiniment plus mal-
sains.

Voyez, en effet, le lamentable résultat de votre apostolat : nous
sommes en plein combat, et nous touchons au but; quelques
mètres à peine nous en séparent, et nous allons l'atteindre, en
deux minutes, en sacrifiant peut-être une centaine d'hommes.
Clairon !... Oui, mais nous sommes en proie à un mal qui ne par-
donne pas : l'horreur des pertes. Et l'on attend, le ventre dans
la boue, que l'occasion s'en aille, définitivement. On a perdu
tout de même sa centaine d'hommes; mais on a mis plusieurs

---

(1) « Les intellectuels sont, non pas des hommes qui pensent, mais des gens qui font
profession de penser, et qui prélèvent un salaire aristocratique en raison de la noblesse
de cette profession. » (G. SOREL.)

« D'une ignorance affreuse, d'une niaiserie parfaite, d'une impuissance politique
absolue, abrutis d'humanitarisme, ils ont remplacé la race des chefs audacieux.....
par une aristocratie ultra-policée, qui demande à vivre en paix. » (G. SOREL.)

heures à les perdre : il paraît que c'est le fin du fin. On a surtout
foulé aux pieds la plus sacrée des lois de la guerre, la loi du sacrifice librement consenti.....

J'entends bien que vous n'êtes pas en cause : vous êtes brave
autant que quiconque et ne demandez qu'à vous faire tuer;
mais vous avez une belle âme et cela vous ennuie d'entraîner
les autres à l'holocauste. Prenez garde : le jour viendra trop vite
où vous estimerez qu'en fin de compte, votre existence est aussi
précieuse que l'existence d'autrui. Ce sera votre châtiment.

Rejetons donc toute fausse honte : renonçons à demander sem-
piternellement pardon de la liberté grande, toutes les fois que
notre devoir professionnel nous entraîne à passer du rêve à l'action. Stigmatisons enfin, avec le général Bonnal, celui qui « consi-
« dère comme une hérésie de vouloir forcer une position à coups
« d'hommes. A coups de quoi veut-il donc vaincre? »

Les légions romaines s'appelaient « la Foudre », les demi-bri-
gades « l'Invincible »; naguère, on surnommait encore nos grena-
diers « la Vaillance ». Aujourd'hui, si nous en avions, on les bapti-
serait « l'Horreur des pertes » — en attendant « la Peur des coups !»

3° *L'avenir.* — Du Japon d'hier nous avons tenté de nous
faire une idée. Est-il resté le même aujourd'hui? Que sera-t-il
demain? Mais l'avenir de cette race s'environne de brumes, plus
encore que son passé. Jusqu'ici, en effet, nous n'avons regardé
que les vertus de cette civilisation, où les tares occidentales se
reflètent pourtant comme dans le grotesque d'un immense miroir
grossissant.

Les premiers symptômes du mal, A. Bellessort les avait déjà
diagnostiqués : « Les politiciens ont cru de bonne foi, par les exem-
« ples étrangers, qu'il suffisait d'étrangler ses scrupules pour deve-
« nir un homme politique; le spectacle superficiel de l'Occident
« les a persuadés qu'il suffisait d'étouffer les croyances religieuses
« d'une nation pour que cette nation devînt un grand peuple.....
« L'élite intellectuelle du Japon meurt un peu chaque jour à la
« vie intime de sa race. J'aime, malgré sa rudesse, ce vieux pro-
« verbe de pêcheurs russes ou grecs, que c'est toujours par la tête
« que pourrit le poisson.

« Le peuple, lui, ce réservoir de dévouement et de piété, ne

« paraît pas avoir encore trop ressenti le pouvoir desséchant des
« idées antireligieuses. Les Japonais, n'ayant jamais pâti du fana-
« tisme clérical, ne souffriront peut-être jamais de l'autre, plus
« mortel..... La religion des aïeux, où le bouddhisme et le shin-
« toïsme ont accordé leurs efforts, persiste au cœur de la foule
« avec une incroyable vitalité. »

Ensuite, en Mandchourie, le général Hamilton avait ausculté
le malade : « Seules, quelques pièces choisies, les plus précieuses,
« de l'antique armure chevaleresque ont été momentanément
« conservées; ce sont elles qui ont rendu invincibles sur le champ
« de bataille les descendants des samouraïs. Mais les sabres emblé-
« matiques sont partis pour ne plus revenir; et je crains bien que
« les attributs moraux du bushidô n'aient pas longtemps à leur
« survivre.....

« Sans doute, on peut imaginer un compromis qui laisse sub-
« sister, dans l'armée, l'esprit défunt dans l'âme de la nation. Mais
« alors un autre danger menacera l'Empire d'un divorce entre
« l'utilitarisme de l'une et l'idéalisme de l'autre. Même dans les
« camps, parmi ces troupes ivres de leur victoire et brûlantes de
« patriotisme, certains symptômes montrent que la caste mili-
« taire devra hâter son évolution vers le modernisme, pour ne
« pas perdre tout contact avec les masses populaires.

« On ne saurait s'aveugler sur les idées ultra-radicales, parfois
« carrément socialistes, de quelques-uns des Japonais qui ont eu
« commerce avec l'Amérique, non plus qu'ignorer la haine non
« dissimulée qu'ils professent vis-à-vis de la caste des officiers.
« Signe précurseur des troubles à venir..... La transition du bus-
« hidô à Chicago est trop brusque. Le scepticisme individualiste
« qui règne dans certaines parties des États-Unis, tel un acide,
« ronge le loyalisme et l'abnégation. Les vieux récipients tiennent
« bon, mais c'est leur imposer une rude épreuve, que les rem-
« plir de liqueurs nouvelles, en pleine fermentation. »

Et ailleurs, dans le même carnet de campagne : « Chemin fai-
« sant, j'ai eu une intéressante conversation avec X*** et un
« officier d'état-major. Tous deux proclamaient catégoriquement
« la supériorité du paysan sur le citadin. L'un disait que la supé-
« riorité intellectuelle de celui-ci n'équivalait pas à la rusticité
« et à la discipline innée de celui-là. Ce n'est point que les cock-

« neys du Japon aient, comme les nôtres, perdu tout contact
« avec la nature, pour devenir physiologiquement des dégénérés.
« Ils n'en ont pas encore eu le temps, mais une modification plus
« subtile de leur moral a déjà très appréciablement entamé leurs
« vertus militaires..... X*** approuva chaudement et conta
« qu'étant artilleur, il avait eu le chagrin d'entendre des soldats
« du recrutement d'Osaka répandre chez de bons paysans le
« poison antimilitariste. Comme je lui demandais un fait, il répon-
« dit : « Tant que vous en voudrez. Tandis que ma batterie s'exer-
« çait à exécuter des tranchées et des épaulements, j'ai entendu
« de mes oreilles une recrue d'Osaka insinuer qu'en dépensant
« la même somme d'efforts à d'utiles terrassements, chacun aurait
« gagné au moins 2 yens, au lieu de réprimandes et de critiques.....»
« Si de telles idées se répandent, ce sera la fin du Japon. »

Quatre années se sont écoulées, sans nous apporter la solution
de l'énigme. On lutte courageusement là-bas, on interdit la pro-
pagation des œuvres de Tolstoï. Ce sont les prodromes de la
bataille qui commence entre ceci et cela.

Mais le ver est déjà dans le fruit..... Voilà les funestes présents
que les vieilles fées d'Occident, conviées trop tard au baptême,
ont apportés à leurs filleuls du pays des cerisiers en fleurs : délicats bibelots d'étagère sculptés amoureusement dans le vieil
ivoire, la petite mousmé, le svelte samouraï, se sont dès maintenant transformés..... pas trop à leur avantage ; il ne reste plus
qu'une poupée gentiment gauche, pas très bien fagotée, un minus-
cule soldat de plomb, frais émoulus tous deux de l'Allemagne
bavaroise. Pauvres petits princes des contes de ma mère-grand !
Demain, sans doute, ils voudront s'amuser de tous ces vilains
jouets dangereux, qui leur sont venus d'outre-mer : leur Parlement, leurs codes, leurs universités, leurs banques, leurs lois
plus ou moins sociales, — et peut-être ils s'endormiront, qui
sait pendant combien d'années, dans quelque ancien château
féodal, aux bords de la mer intérieure.

Il ne nous sera pas même permis de les pleurer, puisque leur sommeil pourra devenir la sauvegarde de nos civilisations fatiguées.

Ils auront fait la contre-épreuve. Ainsi se réalisera cette bou-
tade de Rudyard Kipling : « Le Nippon n'a plus d'âme. Il l'a
« troquée contre une Constitution, le 11 février dernier. »

Maintenant nous sommes fixés, je pense, sur l'armée japonaise de 1904 : d'irréprochables soldats, qui valent surtout par leur primitive rudesse; un commandement assez médiocre, mettant en œuvre des méthodes parfois très discutables, mais constituant un milieu des plus homogènes, parfaitement sain, admirablement équilibré. Bref, des troupes superbes, mais pas plus invincibles, moins encore peut-être que les Allemands de 1870...., si devant cette merveilleuse force morale se dressait, sans un instant de défaillance, une force morale comparable.

Entre 1870 et 1904, les analogies sont multiples; — cette dernière guerre aura seulement coûté sensiblement moins cher à la Russie, peut-être davantage au monde civilisé, l'avenir nous le dira. — Et nous laisserons, une fois de plus, la parole au colonel Maistre : « Les causes du désastre sont nombreuses, elles sont « d'ordres très divers : causes ethniques ou historiques, causes « sociales ou morales, causes religieuses, causes politiques, causes « militaires. Si général qu'il soit, ce catalogue n'est peut-être « pas encore exact et complet. Après 1870, il n'est guère de Fran- « çais que le problème n'ait passionnés. Mais quelle variété dans « les solutions! Il fallait s'y attendre : chacun, suivant son tem- « pérament, sa tournure d'esprit, son milieu, suivant le genre de « ses préoccupations habituelles, a attribué, et continue encore à « attribuer à telle ou telle de ces catégories de causes une influence « prépondérante, sinon exclusive. Ce que l'on comprend généra- « lement moins, c'est que toutes se pénètrent, s'enchaînent, sont « étroitement solidaires les unes des autres. Les causes militaires, « sur lesquelles, bien entendu, on insiste surtout, ne sont qu'un « maillon, et un maillon extrême de la chaîne. »

Avant d'étudier l'armée russe, jetons donc un coup d'œil rapide sur la situation générale de l'Empire à la fin de 1903.

II — LA SITUATION GÉNÉRALE

En pareil cas, les gens pressés ou prévenus attaquent à tort
et à travers, plus ou moins haineusement, l'armée et le gouvernement vaincus. On n'y a point manqué, dès 1905 : « L'armée
« russe est une institution surannée : elle a pris les armes les plus
« modernes en gardant les anciennes traditions. » Et encore :
« L'armée moderne est l'image fidèle de la nation : quand, par
« la faute d'un gouvernement, la nation est restée sans dévelop-
« pement, sans liberté, sans culture, l'armée qui la reflète souffre
« comme elle de tous ces maux. » Et l'on découvre finalement
que les officiers battus « ignoraient la géographie »!... Comme
c'est simple et surtout commode! Que certains publicistes et
leur clientèle se contentent, s'ils veulent, de telles explications.
Elles ne nous suffisent point.

§ 1 — Point de vue moral

Il y a un fait brutal : cette guerre, qui enthousiasme le Japon
tout entier, laisse la Russie dans l'indifférence la plus absolue.
Cherchons à décrire et à expliquer.

Au début du vingtième siècle, la nation russe traîne, déjà
péniblement, le morne fardeau du pacifisme humanitaire, dont
elle s'est encombrée dans le cours du siècle précédent. Et il est
impossible, à ce propos, de passer sous silence le grand nom
de Tolstoï, dont nous aurons, d'ailleurs, à citer fréquemment
certaines œuvres. Que l'on ne s'étonne point outre mesure :
Tolstoï a été officier, il connaît à merveille un état d'âme qu'il
a puissamment contribué à créer. Très discutable comme philosophe et comme historien, nous trouvons en lui un observateur
de premier ordre, un psychologue extrêmement fin, un peintre
absolument incomparable. Le général Dragomirov, peu suspect
de complaisance, nous signale à plusieurs reprises « l'énorme
« importance des scènes guerrières de Tolstoï, pour tout militaire
« qui prend son métier au sérieux », et déclare qu'elles « sont

« inimitables, et peuvent, d'après notre conviction la plus intime
« constituer l'un des appendices les plus utiles de n'importe quel
« cours d'art militaire » (1).

Quand le grand écrivain s'est recueilli devant ce « spectacle
« affreux et triste, sublime et comique, mais remarquable et qui
« élève l'âme » (*Sébastopol*), quand il a cru trouver son chemin
de Damas, il n'a pas abandonné de gaieté de cœur la route par-
courue jusque-là, tandis qu'il célébrait encore le désir de se
battre et les beautés de la guerre à outrance (2). Il a connu les
souffrances du doute. Il ne s'est pas rendu sans luttes (3). Mais
il s'en faut que tous ses adeptes aient partagé les mêmes angoisses :
« A ces aspirations plus ou moins conscientes, certains partis poli-
« tiques se chargèrent de donner un corps; ils apportaient à la
« couardise instinctive des hommes l'excuse d'une théorie philoso-
« phique et le prétexte d'une œuvre humanitaire. » (René PINON.)
L'esprit d'imitation aidant, et aussi les tendances de l'âme slave
à la rêverie, l'humanitarisme a pu étendre ses ravages jusqu'au
sein des corps d'armée russes (4). Il les a étendus jusqu'au trône...

---

(1) DRAGOMIROV, *Étude du roman la Guerre et la Paix*.

(2) « Heureux le peuple, qui, au lieu de présenter son épée par la poignée à son géné-
reux vainqueur, prend en main la première massue venue, sans s'inquiéter de ce que
feraient les autres en pareille circonstance, et ne la dépose que lorsque la colère et la
vengeance ont fait place dans son cœur au mépris et à la compassion ! » (TOLSTOI,
La Guerre et la Paix.)

« Dans la guerre, la force des troupes est également le produit de la masse, mais
multipliée par un *x* inconnu..... *x* c'est l'esprit des troupes, c'est-à-dire le désir plus
ou moins vif de se battre, de s'exposer aux dangers, sans tenir compte du génie des
commandants en chef, de la formation sur deux ou trois lignes, et de la quantité de
massues, ou de fusils tirant trente coups par minute, dont les hommes seraient armés.
Ceux chez qui le désir de se battre est le plus vif seront toujours placés dans les meilleures conditions pour une lutte. L'esprit des troupes, c'est le multiplicateur de la
masse, donnant comme produit la force. » (TOLSTOI, *La Guerre et la Paix*.)

(3) « Voilà, j'ai dit ce que je voulais dire cette fois. Mais un doute pénible m'empoi-
gne. Peut-être ne le fallait-il pas. Ce que je dis est peut-être l'une de ces méchantes
vérités, qui, cachées inconsciemment dans l'âme de chacun, ne doivent pas être expri-
mées pour ne pas devenir nuisibles, comme la lie qu'il faut ne pas agiter sous peine
de gâter le vin. » (TOLSTOI, *Sébastopol*.)

(4) « Dans l'armée russe, il semble y avoir, en proportion relativement grande, des
officiers qui, individuellement braves, sont cependant imbus d'un humanitarisme
vague, d'idées tolstoïstes plus ou moins conscientes. Ceux-là raisonnent en philosophes, en philanthropes plutôt qu'en soldats. » (Ludovic NAUDEAU.)

« Cet humanitarisme a gagné l'esprit de deux ou trois généraux. On en connaît qui,
toujours prêts à s'exposer eux-mêmes, ont horreur de voir tomber leurs hommes : ils
n'ont engagé avec mollesse certaines actions que par scrupule, pour ne pas risquer
à la légère le sang de leurs soldats. » (Ludovic NAUDEAU.)

Le Tsar a fait naguère un beau rêve philosophique : la paix universelle, avec la devise « Guerre à la guerre ». Autour de lui un petit nombre de convaincus, beaucoup de flatteurs, se mettent à pousser, sans perdre une minute, des gloussements admiratifs. Le souverain se trouve, par le fait même, à la tête du mouvement, pacifiste aujourd'hui, antimilitaire demain : « En prenant sous sa protection des idées qui sapaient par la « base l'esprit militaire dans le peuple et l'armée, notre censure « ne permettait pas de les combattre. Lorsque j'ai voulu publier « une traduction de la brochure du professeur allemand Steingel, « qui démontrait l'impossibilité du désarmement, je me suis « heurté à un refus. » (Général Martinov.) Cette erreur, qui ne va pas sans noblesse, son auteur l'expiera douloureusement aux heures sombres, où, de toutes parts, on le traînera dans une boue sanglante. Il fera preuve alors d'une fermeté héroïque et calme, du reste parfaitement méconnue, mais dont l'Histoire lui tiendra compte.

Les hautes classes de la société sont, en Russie, ce qu'elles sont trop souvent ailleurs : les plus dignes boudent dans une demi-disgrâce. D'autres jouissent de l'existence, pratiquent les sports les plus relevés, voyagent, roulent en automobile, espérant que tout cela durera bien autant qu'eux. Ceux-ci sont en coquetterie réglée avec la Révolution. Ceux-là se réfugient, parmi les œuvres d'art, en un dilettantisme impassible : « Comme « c'est beau, tout ce mouvement, sous cette lumière ! » s'écriera un général, en pleine retraite de Liaoyang (1). A mots couverts, — pas toujours, — on parle aussi d'exactions, de dilapidation des deniers de l'État : la caste bureaucratique est innombrable; tout augmente; et il faut bien vivre !

La classe riche, cultivée, utilitaire, éprise de progrès, attend son heure : avec un tact et un patriotisme infinis, elle choisira l'instant précis où le conflit sera le plus aigu, pour réclamer avec violence des réformes intérieures. Est-on bien certain qu'elle souhaite très ardemment la victoire (2)? Il y a des précédents :

---

(1) Georges de La Salle, *En Mandchourie.*

(2) « Tout récemment, dans une assemblée de noblesse, au moment où l'on débattait la question de la fondation d'un corps de cadets, un gentilhomme déclara que la Rus-

« Les armées de l'Empereur sont battues ! » clamait, le jour de Wissembourg, un célèbre avocat...

Quant aux intellectuels irréconciliables, ils ont vraiment d'autres soucis en tête (1) ! Pauvres orgueilleux, mécontents de tout et d'eux-mêmes, écrasés sous le fardeau de leurs haines, emplissant leurs cerveaux dyspeptiques d'une science mal digérée, intoxiqués par je ne sais quelles philosophies frelatées dans de louches officines, exaspérant dans de continuels conciliabules leurs névroses héréditaires... Aveugles qui méconnaissent l'irrésistible puissance des évolutions, la faiblesse irrémédiable des révolutions. Insensés qui ne voient même pas qu'ils se découronnent volontairement de l'auréole qu'ils ont rêvée, pour en nimber le front de leurs ennemis, de leurs victimes. Pauvres gens, devant lesquels il faut bien se découvrir, puisqu'ils meurent ;

---

sie n'avait plus besoin de « chair à canon », et un autre refusa de donner de l'argent pour enseigner « à massacrer des hommes. » (Général Martinov.)

« Quelques-uns d'entre nous vont jusqu'à dire que les Japonais, en combattant pour leur pays, combattent aussi pour le nôtre, et qu'ils conquièrent pour l'homme russe la liberté.....

«Pour que la Russie soit irrésistible un jour, il fallait que nous fussions vaincus en Mandchourie ; il faudrait presque que nous le fussions encore, afin que le régime actuel reçût le coup mortel..... Au revoir ! Ne dites pas que je vous ai raconté tout cela. Mais, vous savez, si vous le dites, je m'en fous, car demain je serai peut-être mort. J'aurais préféré mourir ailleurs ; mais enfin, je suis officier, j'ai prêté serment, je ne m'appartiens pas. » (Propos d'officiers russes, rapportés par Ludovic Naudeau.)

« Au service funèbre du général Keller, je me trouvais à côté d'un fonctionnaire politique de l'état-major du vice-roi Alexeiev. Au retour, ce fonctionnaire, pour qui jusque-là je n'étais qu'un inconnu, se mit à causer avec moi. La conversation tomba sur les chances de la guerre. « Je voudrais, me dit-il, que dans cette guerre maudite, nous autres Russes fussions battus comme jamais peuple ne le fût. C'est la seule chose qui puisse nous venir en aide. Chez nous, du haut en bas de l'échelle, tout est absolument pourri et corrompu. Seule une terrible défaite peut encore nous sauver ! » (O. von Schwartz.)

« Chose plus curieuse (12 mai 1906), voici un Japonais, correct, soigné, très sanglé dans sa redingote. Ce Japonais, me dit-on, est à Pétersbourg depuis plusieurs mois ; il a appris la langue, il est curieux des choses russes, et il rédige des correspondances pour je ne sais quel journal de Tokio. Deux ou trois députés vont serrer la main du petit Japonais et lui disent : « Si nous sommes ici, c'est grâce à vous ! » (R. Recouly, Le Tsar et la Douma.)

(1) « Quant aux intellectuels avancés, ils regardaient la guerre comme un temps propice pour l'obtention de leur but, qui consistait à détruire le régime existant et à fonder un État libre. Comme il était évidemment plus difficile d'y arriver avec une guerre victorieuse que pendant une guerre malheureuse, nos radicaux aspiraient aux défaites et s'efforçaient de les provoquer..... Ils se réjouissaient ouvertement des défaites de l'armée. » (Général Martinov.)

« Il n'était pas douteux que la presque totalité des intellectuels du pays souhaitât la victoire du Japon. » (Colonel Gaedke.)

et qu'il faut plaindre puisqu'ils meurent sans avoir compris que
le sang des martyrs ne peut être fécond qu'autant que ces
martyrs ne sont pas en même temps des assassins.

Reste le peuple, le bon peuple, loyal et simple, qui paie pour
tout le monde en toutes circonstances : le voilà prêt à quitter
son isba, pour cette guerre, pour une autre, quand l'on voudra,
pour celle que l'on voudra; sans amertume, mais avec le regret
du foyer qu'il laisse vide; mais sans passion, car il ne sait rien,
on ne lui a rien expliqué; comment se ferait-il une idée, même
vague, du Japon, de l'Extrême-Orient, des intérêts en jeu?
N'est-il pas un peu méprisé, ce soldat à qui l'on s'en va demander
demain le sacrifice de sa vie? Qu'a-t-on fait jusqu'ici pour lui
donner l'orgueil de sa mission, pour augmenter son prestige,
pour développer en lui, à côté de l'idée du devoir, le sentiment
de l'honneur militaire? Avec quels égards le traite-t-on dans
les rues, dans les établissements publics (1)?

« La passion, capable à elle seule d'inspirer les idées fortes,
« capable d'élever les cœurs et avec les cœurs les intelligences
« à la hauteur des difficultés à vaincre, la passion capable en
« particulier de briser à un moment donné toutes les entraves
« et de déchaîner les généreuses initiatives, la passion est totale-
« ment absente. Et qu'est donc la guerre, sinon avant tout et
« essentiellement une œuvre de passion? » (Colonel MAISTRE.)
Dans son rapport, dans ses conversations avec les officiers
étrangers, le général Kouropatkine insiste, à juste titre, sur

---

(1) « Ce qu'on appelle les intellectuels avancés considèrent d'un air de mépris le
métier militaire, comme une profession indigne de l'homme civilisé d'aujourd'hui.
Ils sont, en outre, spécialement hostiles à la classe militaire de la Russie, parce qu'ils
voient en elle le principal appui d'un régime qui leur est odieux. Ces dispositions hostiles se manifestent de toutes parts dans la vie sociale, dans la presse périodique, dans
la littérature, sur la scène. » (Général MARTINOV.)

« En temps de paix, loin de développer chez le soldat le sentiment de sa dignité personnelle, on s'attache à l'étouffer systématiquement. Le règlement lui vante, il est
vrai, l'honneur de sa profession, mais il se voit, dès son entrée au service, classé à
l'échelon le plus bas de la société; l'accès des buffets de 1ʳᵉ et de 2ᵉ classe, des salles
de théâtre lui est interdit, il ne peut plus pénétrer dans les jardins publics, n'est plus
admis à l'intérieur des tramways. Dans certaines villes, il n'a même plus le droit de
circuler sur les trottoirs. » (Général MARTINOV.)

« Je me souviens qu'une fois, voulant chercher un renseignement, je pris dans ma
compagnie le carnet d'un sous-officier; en le feuilletant, je lus, griffonné en marge
de l'endroit où il est parlé de la haute vocation du soldat, la remarque suivante : « Ce
« n'est pas vrai, le soldat est le dernier des hommes. » Que d'amère ironie dans cette
protestation ! » (Général MARTINOV.)

l'infériorité morale de la nation russe au début de la guerre (1);
et il conclut nettement dans ses Mémoires : « Je ne saurais trop
« le redire, le grand élément de la victoire japonaise fut le très
« haut moral de ce peuple. »

Quand un pays — de mœurs paisibles, d'une philosophie
sereine mais un peu lourde, telle l'Allemagne de 1808, — désire
passionnément la victoire, il s'y prépare moralement : au fond
des villages l'humble maître d'école trouve, sans les chercher,
des phrases douloureuses pour évoquer, parmi les classes enfantines, la silhouette du soldat ennemi; le philosophe et le savant
font retentir de harangues enthousiastes les voûtes des universités; et, sous l'uniforme de hussard noir, le poète improvise
des strophes enflammées. Et la nation se lève tout entière : ce
n'est plus une guerre quelconque, c'est la guerre de Délivrance...

Et c'est bien de cela qu'il s'agit au Japon, d'une entreprise
que l'on prépare depuis des années, comme on préparait la lutte
contre la Chine dès 1889, lorsque mon ancien de Saint-Cyr,
depuis le commandant Hisamatsu, refusait de parader devant
une mission de mandarins chinois, « ces Prussiens du Japon »,
disait-il... Toutes les classes sont d'accord (2) : il y a un parti
russe assez puissant, il se résigne au silence et suit le mouvement
que dirigent les écoles, les universités, le Parlement. Et le
commandant Hirosé, de retour de Pétersbourg, presque fiancé
à une jeune fille de la société russe, et qui va se faire tuer à Port-
Arthur, après avoir écrit à ses amis de là-bas des lettres admirables, versifie des poèmes guerriers pour exciter ses équipages
à châtier l'orgueil moscovite.

La préparation matérielle vaut la préparation morale. Et ce

---

(1) « Les lettres du pays, plusieurs fois, peut-être sciemment, intentionnellement,
exercèrent une influence néfaste..... Elles étaient remplies de gémissements, de lamentations, toujours de l'éternelle question : Que cherchez-vous donc en Mandchourie ?
Ne finirez-vous pas par revenir ? Rien d'étonnant si, comme par exemple au X⁰ corps
au début de la guerre, on en venait presque aux mains entre réservistes et jeunes
soldats : Vous, disaient les premiers, vous êtes soldats, la guerre c'est votre affaire;
mais nous autres paysans, que nous importe toute cette histoire ? »(Major von TETTAU,
Propos tenus par le général Kouropatkine.)

(2) Dès 1897, le colonel Ianjoul, attaché militaire russe, signale « le penchant naturel pour le métier des armes, qui se manifeste par l'intérêt absorbant que prennent à tous les exercices, non seulement les militaires de tous grades, mais même
les civils de tous métiers et de toutes classes, et la préférence marquée donnée par
les troupes à la tactique offensive ».

peuple est tellement prêt, l'occasion s'offre si merveilleuse, qu'il
semble qu'il ne se consolerait point de la laisser fuir, et qu'il
veuille brusquer les choses, comme le fait remarquer Victor
Bérard, à la suite du discours du trône d'Édouard VII (2 février)
qui promet « assistance aux progrès d'une solution pacifique ! »

§ 2 — Point de vue matériel

Au point de vue matériel, en Russie, nous sommes également
loin de compte. On ignore le danger imminent, on méconnaît
la valeur de l'ennemi probable. En 1902, le marquis Ito traverse
l'Europe en quête d'une alliance, et c'est à la Russie qu'il
s'adresse d'abord; on l'accueille avec une politesse ironique :
mais oui, certainement, la Russie adore le Japon, mais à quoi
bon une alliance entre deux peuples qui s'aiment si sincèrement?
Et le marquis Ito s'en va tout droit à Londres... L'attaché
militaire russe traite l'armée japonaise en quantité négligeable (1).
Il n'est pas le seul, du reste, parmi les officiers étrangers qui
visitent le Japon : en 1899 un travail, qui, d'observations très
judicieuses, tire des conclusions discutables, affirme que les
officiers, ayant leur volonté atrophiée par le système d'éducation,
sont « incapables de prendre rapidement une décision et de
« supporter la moindre responsabilité »; il signale le manque de
direction au combat, « l'indécision, le manque d'initiative et
« de sang-froid à tous les degrés de la hiérarchie, l'importance
« insuffisante accordée aux clefs tactiques et aux effets du feu,
« le désir d'en venir trop tôt à l'arme blanche », et conclut finalement : « J'estime que les Japonais ne se sont pas encore assi-
« milé les règles de la guerre moderne, qu'ils n'en ont pas encore
« approfondi le côté scientifique. Comme en toutes choses, sous
« l'influence du caractère national, ils se sont contentés de l'à
« peu près. De loin, la ressemblance est complète; de près, on
« aperçoit de profondes différences, dues surtout à une recherche
« insuffisante des raisons primordiales... »

---

(1) Il signale en 1897 « l'incapacité des généraux à juger à Kiushiu de l'importance
stratégique d'une rivière et à l'utiliser comme ligne de défense », et déclare que « les
soldats ne semblent pas en état de supporter les fatigues d'une campagne réelle ».

Les quelques généraux russes au courant, Kouropatkine le premier, savent pourtant à quoi s'en tenir, mais on ne les écoute guère. Tandis que les Japonais inondent la Mandchourie, la Sibérie, d'observateurs plus ou moins déguisés en marchands, photographes, que sais-je encore (1)..., on ne se renseigne même pas. Un riche Chinois de Moukden, Tifontai, offre d'organiser l'espionnage à forfait pour 3 millions de roubles : on recule devant la dépense. On conduira la guerre à l'aveuglette, terrorisé sans cesse par la crainte chimérique de divisions imaginaires (2).

La diplomatie, nous dit-on, a conquis l'Extrême-Orient, c'est à elle de le défendre. Singulière théorie! Et c'est le procédé qu'on nous recommande actuellement pour la défense de cette Indo-Chine française dont la conquête, pas du tout diplomatique, nous a coûté tant d'hommes et d'argent! Cette colonie n'est pas défendable, paraît-il, et l'on en profite pour dire son fait à notre dernière armée de métier, en attendant qu'on la supprime, qu'on l'étrangle définitivement, au lieu de la perfectionner; à l'armée coloniale, qualifiée de « milice excellente pour la chasse « aux pirates!... » Ici, il vaut mieux sourire, en se rappelant la vieille opérette de Meilhac : Le bon roi Bobèche, persuadé par son ministre qu'il faut, bon gré mal gré, céder aux exigences du sire de Barbe-Bleue, se décide à capituler : « Nous céderons,

---

(1) « Il n'y avait pas, à l'époque de mon dernier voyage, 3.000 Japonais dans la province maritime : tous s'occupaient plus ou moins d'espionnage. J'ai connu, ne parlant pas le russe, tel coiffeur à Khabarovsk, que j'ai retrouvé plus tard à Tokio : mais il avait changé de métier, il était devenu photographe et il parlait russe depuis son retour au Japon..... Les Russes ont toléré en Sibérie ce que nous avons toléré en Indo-Chine : c'est tant pis pour eux aujourd'hui, ce sera peut-être tant pis pour nous demain. » (Paul LABBÉ.)

(2) « Parmi le tas de correspondances pris, le 31 juillet, à Youchouling, par la 12e division, se trouvait un tableau daté de Kharbine, 3 juillet, où l'effectif et la composition des armées japonaises étaient exposés avec précision. Hagino l'a traduit, et l'examen de ce document éclaire certains points demeurés obscurs jusqu'ici. Il attribue à l'armée de Kuroki des forces tout juste doubles des effectifs réels : six divisions, dont on donne par le menu l'ordre de bataille, avec les noms de la plupart des généraux et les numéros des régiments. Il gratifie également Kuroki d'une brigade de cavalerie indépendante, cantonnée à Saimatseu; une des divisions fictives est supposée à Hamatang, sur le Yalu! Cette brigade de cavalerie constitue un magnifique hommage rendu par l'ennemi à l'unique escadron de la 12e division..... La IIe armée est censée avoir quatre divisions, la IVe armée, trois divisions. » (Général HAMILTON.)

« On disait que, par la Corée, une nouvelle armée avait renforcé Kuroki; on prétendait même savoir que, par Pensikou, six nouvelles divisions étaient venues le rejoindre. » (O. VON SCHWARTZ.)

« nous céderons... Ah ! Un homme est bien fort, quand il a pris
« une résolution ! » — Revenons à la Mandchourie.

Pendant qu'à Dalny on engloutit 50 millions, l'on en consacre
à peine 4 à Port-Arthur, dont les fortifications resteront à l'état
de projet. Pas de matériel, pas d'artillerie lourde, pas d'artillerie de montagne, en dehors de ces quelques batteries de la
garde-frontière, qu'on ne saura pas même utiliser (1); pas de
mitrailleuses, ou si peu; à la fin de 1903 seulement, on a commencé à renforcer timidement les maigres garnisons de la vice-
royauté (2). Et cela s'explique parfaitement : il est généralement plus aisé de réaliser rapidement de très gros bénéfices
sur les entreprises commerciales et industrielles, ports, chemins
de fer, docks, etc., que sur les travaux et les fournitures militaires... Le nouveau matériel n'arrivera qu'après Moukden (3);
constamment, suivant le mot du général Bonnal, « le dénuement
« matériel s'opposera à toute idée d'offensive ». Ne l'oublions
pas cependant, les Russes ne sont en Mandchourie que depuis
cinq ans : comment certaines grandes nations défendraient-

---

(1) « Cette batterie fait partie de tout un parc d'artillerie acquis par notre ministère
des Finances pour la défense du chemin de fer de l'Extrême-Orient..... Cette artillerie
rend maintenant d'excellents services à l'armée, mais, par une anomalie qu'expliquent
seules les chinoiseries de la bureaucratie, elle continue d'appartenir au ministère des
Finances : en conséquence, les parcs d'artillerie de l'armée se refusent à lui fournir sur
place ses obus d'un modèle spécial, et obligent chaque batterie à les aller chercher
elle-même à Kharbine, dépôt unique (appartenant également au ministère des Finances). L'inconvénient de ce système est que la batterie, ne pouvant emporter plus
de cent quatre-vingts obus, devient inutilisable quand elle les a épuisés, et qu'il lui
faut de cinq à six semaines pour s'approvisionner à nouveau.....
« ... Nous nous attendons à voir leurs canons démontés, car notre tir paraît être très
juste; mais voici qu'il s'arrête. Qu'est-il arrivé? Il ne reste plus un seul projectile :
il faut aller s'approvisionner à Kharbine ! » (Lieutenant-colonel KVITKA.)
(2) « Le général Sloutchevski se plaignait également de la dotation insuffisante de
l'armée en matériel technique : on n'avait ni parcs aérostatiques, ni télégraphie sans
fil, ni postes optiques; l'artillerie n'avait ni obusiers de campagne, ni pièces de montagne; au commencement de la guerre seulement, on avait commandé cent huit
canons de montagne à tir rapide, soit dix-huit batteries. Il n'y avait pas de mitrailleuses. » (Major von TETTAU.)
(3) « Au Xe corps, avaient lieu en ce moment les tirs d'essai d'une batterie d'obusiers
Krupp de 12cm, nouvellement arrivée..... Ils s'exécutèrent à la satisfaction générale
(on tirait sur une ferme entourée d'un mur de torchis, avec des trous de loup et de
réseaux de fil de fer). Enfin, trop tard hélas, on possédait un canon avec lequel on
pouvait, même aux grandes distances, ruiner les défenses de l'ennemi.....
« L'armée recevait continuellement du nouveau matériel. Tout ce qui manquait au
début, et dont le défaut avait été si cruellement payé, batteries de montagne à tir
rapide, compagnies de mitrailleuses, sections de télégraphie, obusiers de campagne,
enfin, arrivaient après l'heure irrémédiablement décisive. » (Major von TETTAU.)

elles actuellement les colonies qu'elles occupent depuis vingt-cinq ans?...

Mais, objecte la critique allemande, on ne pouvait augmenter, en 1903, sans susciter un conflit, le corps d'occupation d'un territoire que l'on s'était engagé à évacuer; d'autre part, une concentration de troupes en Sibérie-Orientale eût entraîné des frais considérables... Les Allemands seraient-ils devenus candides à ce point? Cette guerre désastreuse n'a-t-elle donc rien coûté? Et le conflit ne s'est-il point déchaîné, qu'on eût peut-être évité au contraire par une prévoyante énergie?

§ 3 — Les conclusions

Moralement et matériellement, les Russes se sont laissé surprendre, faisant si complètement le jeu de l'adversaire, que cet adversaire, avec un peu d'audace, eût pu, dès le début, frapper un coup retentissant. La partie était-elle, par le fait même, irrémédiablement perdue? Nous ne le croyons pas.

L'infériorité matérielle n'est que momentanée : en quelques mois, elle va se transformer en réelle supériorité. Si l'armée russe ne souffre d'aucun vice constitutionnel, elle forcera donc la victoire, d'où naîtra finalement la supériorité morale. Il y a des points faibles au Japon : le parti russe se tait, mais existe toujours; la portion éclairée de la nation commence à trouver que les trois clans de Satsuma, Chochiu, Tosa, qui dirigent les affaires depuis 1868, s'éternisent un peu au pouvoir; la population est toute prête à se transformer en foule nerveuse, inconsciente; et, dès les premiers bruits d'un insuccès sur mer, elle ira saccager la demeure de l'amiral Kamimura, blessant des femmes et des enfants. Qui donc pourrait affirmer que ce prodigieux moral résiste complètement à l'influence dissolvante des premières défaites?... Ces défaites ne se produiront pas. Il y a donc autre chose.

Pénétrons, pour nous renseigner, au cœur même de l'armée russe.

En l'absence de documents officiels, nous n'avons pas cru devoir insister davantage sur cette question de la préparation à la guerre. Nous nous contenterons d'invoquer en terminant quelques témoignages complémentaires (1). On a beaucoup parlé du manque de cartes, et l'on a peut-être attaché à cette question une importance exagérée : en janvier 1904, la carte régulière, qui semble présenter toutes garanties, n'avait pu être exécutée qu'au sud du Taitseho (échelle au 1/84000e); entre Liaoyang et Moukden, on ne disposa que d'itinéraires, incomplets comme le sont forcément tous les itinéraires. Mais l'effort déployé en moins de cinq ans, au point de vue cartographique, avait été infiniment supérieur à celui déployé, dans le même temps, par n'importe quelle grande puissance dans une quelconque de ses possessions. Il est juste de le faire remarquer.

---

(1) « Pour le malheur de la Russie, dans les années qui précédèrent la guerre, les pouvoirs centraux de l'Empire tirèrent chacun de leur côté, la main gauche ignorant ce que faisait la droite. Ministres des Affaires étrangères, des Finances, de la Guerre, des Voies ferrées, vice-roi de l'Extrême-Orient, suivaient chacun leur petite politique personnelle. » (Colonel GAEDKE.)

« Il faut cependant avouer que, jusqu'en 1904, le cours de statistique militaire de l'Académie d'état-major ne s'occupait pas du Japon. » (Colonel DANILOV.)

« Le colonel Adabasch, de l'État-major général, qui visitait le Japon en 1903, envoya au général Gilinski, de l'état-major du vice-roi, des renseignements très importants sur les formations de réserve préparées par le Japon; mais, comme ces rapports étaient en contradiction avec ceux du colonel Vannovski, le général Gilinski ne leur accorda aucune créance. » (Général KOUROPATKINE, Mémoires.)

« Nos mesures préparatoires pour une guerre de montagne ont été très défectueuses, en ce qui concerne l'artillerie de montagne et les trains d'animaux de bât. » (Général KOUROPATKINE, Instruction du 28 avril 1904.)

« En général, l'absence dans l'armée de Mandchourie des batteries de montagne est une faute impardonnable du ministre de la Guerre et du haut commandement. » (Lieutenant-colonel KVITKA.)

« Le général Kastalinski, commandant l'aile gauche du IIIe sibérien, dut demander trois exemplaires de la carte du pays, édition revisée. Apparemment, il n'en possédait point. Le général Ivanov, commandant le corps d'armée, n'en avait reçu que huit. L'état-major du baron Stackelberg était encore moins favorisé : le général Brinken et son sous-chef d'état-major n'avaient qu'une seule carte en commun. » (Lord BROOKE.)

« Il m'est arrivé plus tard de trouver dans la chancellerie de notre régiment des ballots pesant plusieurs kilos, que l'on transportait sans savoir ce qu'ils contenaient : c'étaient des cartes du pays dont nous avions grand besoin, et l'on se plaignait qu'elles n'eussent pas été fournies par l'Administration. » (Lieutenant-colonel KVITKA.)

« Les cartes japonaises se trouvèrent pires que les nôtres, dont elles étaient en partie des copies. » (Colonel VALDBOLSKI.)

III — LE SOLDAT RUSSE

Donnons la première place à ceux qui l'occupent rarement,
à ces humbles masses anonymes qui triment, souffrent, se dé-
vouent, meurent par centaines sans une plainte. Parfois l'on
s'est montré peut-être bien sévère pour le soldat russe de Mandchourie ; le mérite-t-il réellement ? Ses chefs, les officiers étrangers,
les correspondants de la presse, qui l'ont vu à l'œuvre pendant
dix-huit mois, vont nous apporter leur témoignage.

§ 1 — L'encadrement

Ce soldat a besoin, avant tout, d'être solidement encadré ;
la constatation n'est pas nouvelle. Rappelons-nous plutôt les
croquis saisissants pris sur le vif dans les Balkans par le peintre
Vereschagin, tandis que Skobelev ramenait à l'assaut ses hommes
hésitants ; les soldats « marchent pêle-mêle, par petits paquets,
« sans officiers », le général interpelle l'un d'eux qui explique la
situation : « Excellence... nous avons donné l'assaut... nous avons
« pris les premières redoutes..., nous avons pris les deuxièmes re-
« tranchements..., nous avons pris les troisièmes retranchements,
« et tout à coup nous avons vu notre artillerie amener les avant-
« trains et se retirer au grand galop. Alors les Turcs sont arrivés
« sur nous, et ont tué tous ceux qui leur tombaient sous la main.
« Ils ont abattu le colonel qui était à cheval, le chef de bataillon
« qui était aussi à cheval, et ils ont enfilé à la baïonnette notre
« capitaine et nos lieutenants. — Et où allez-vous maintenant ?
« demande Skobelev en haussant les épaules avec un air de mau-
« vaise humeur. — Chez nous. — Comment chez vous ? — En
« Russie. » (*La Guerre et la Paix.*)

La scène fréquemment se renouvelle en Mandchourie : « Où
« allez-vous, mes enfants ? dis-je à une petite colonne qui revenait
« en bon ordre de la ligne de combat. — Votre Noblesse, nos

« seigneurs (officiers) ont été tués, il n'y a plus rien à faire ! »
[Épisode raconté par un témoin oculaire du combat de Sandepou-
Hokeoutai, le 26 janvier 1905. *Revue militaire des Armées étran-
gères*, octobre 1907 (1).]

Quel est donc, dans cette armée, le rôle du sous-officier ? « Il
« est, en général, nous dit le lieutenant-colonel Neznamov, inca-
« pable de remplacer l'officier. » D'après R. Recouly, « ceux qui
« devraient veiller à l'ordre dans la marche, pousser en avant
« les retardataires, morigéner les paresseux, les sous-officiers,
« paraissent absents » (2). C'est une indiscutable, une immense
cause d'infériorité ; mais elle ne saurait suffire à expliquer toutes
les défaites, d'autant que nous allons voir que c'est à peu près
la seule ; d'autant que les avis sont partagés, qu'il a dû certainement y avoir des exceptions, et que le lieutenant-colonel Neznamov lui-même nous déclare qu' « il n'est pas rare de trouver
« parmi eux (les sous-officiers) de solides gaillards aptes à mener
« de petites troupes » (3).

§ 2 — Le moral

Le moral du soldat russe est inférieur à celui du Japonais —
et nous savons déjà pourquoi, — mais combien supérieur à
celui de beaucoup d'Occidentaux ! Sur sa bravoure (4), son

---

(1) « Tous disaient qu'ils se retiraient parce que, ayant perdu leurs officiers, ils ne
savaient plus que faire, et, à de bien rares exceptions, ils se groupaient, constituaient
des compagnies provisoires ; mais il leur fallait absolument un officier à leur tête. »
(Lieutenant-colonel Neznamov.)

(2) « Dans l'armée russe, le sous-officier ne se laisse pas tout d'abord apercevoir ;
il ne se détache pas de la masse grisâtre et barbue des soldats ; il disparaît en eux,
n'a aucune individualité saillante et distincte. Il est vêtu comme ses hommes, mange
et vit avec eux. Il est de leur classe, de leur caste, et, pour cette raison, n'a qu'une
autorité très faible, tandis que l'officier paraît aux yeux des soldats revêtu d'une
autorité très haute, parce qu'il est d'une caste supérieure. » (R. Recouly.)

(3) « C'étaient, à de rares exceptions près, d'excellents soldats et de merveilleux
sous-officiers. Ces derniers, de l'avis unanime des commandants de compagnie, constituaient pour les officiers les meilleurs des aides en ordre serré. » (Lieutenant-colonel
Selivatchev.)
« Le brave adjudant était le bras droit du capitaine. » (O. von Schwartz.)

(4) « En fait de bravoure opiniâtre, ils n'étaient point inférieurs aux Japonais. Il
faut leur en tenir d'autant plus compte qu'ils n'avaient aucune raison d'avoir un
moral élevé. Pour eux, dans cette guerre, il n'y avait aucun idéal vers lequel ils
pussent humainement se hausser et pour lequel ils pussent s'enthousiasmer. Ils ne
combattaient que pour l'honneur des armes, et encore celui-ci, dès le principe, au

dévouement à ses chefs (1), ses qualités de résistance (2), les
opinions sont unanimes. « Sa fermeté d'âme est d'autant plus
« remarquable qu'il luttait pour des intérêts étrangers et incom-
« préhensibles pour lui... Son caractère se distingue par une
« bonhomie remarquable. S'il remarque chez son chef le souci de
« son bien-être, il reconnaît cette attention par un dévouement
« sans bornes. Si ce chef se conduit en brave devant l'ennemi et
« manie habilement sa troupe, ce dévouement devient du fana-
« tisme. Un chef de cette trempe peut tout obtenir... C'est une
« matière première de qualité exceptionnelle. » (Général Martinov.) — « Après la disparition de tous les officiers, en l'absence
« de toute direction, battant lentement en retraite, il se mettait
« volontiers sous le commandement du premier officier venu, tout
« prêt à continuer la lutte. Pendant et après les combats les
« plus sanglants, jamais il n'a perdu sa présence d'esprit, jamais
« son visage n'a exprimé d'abattement et, malgré ses revers,
« jamais il n'a cessé de se croire plus fort que le Japonais, attri-

---

cours des continuelles défaites, avait subi de rudes épreuves. Jusqu'ici ils n'avaient
lutté qu'en retraite, jamais dans un but positif, jamais pour vaincre, mais uniquement pour empêcher l'ennemi de compléter la défaite. » (Colonel Gertsch.)

« Dans un seul combat, sous mes yeux, plusieurs tirailleurs blessés, après un premier
pansement, revinrent immédiatement rejoindre la compagnie sur la position, sans
vouloir se rendre au poste d'ambulance. Dans les hôpitaux, j'ai vu des soldats qui
se faisaient porter sortants, avant même d'être complètement guéris de leurs blessures. » (Capitaine Soloviev.)

« Mais nous ne nous éloignerons pas du front montagneux du sud avant d'avoir
accompli, avec toute la ferveur dont nous sommes capables, un acte de justice. Notre
devoir est d'exalter l'héroïsme, la sombre résolution, l'impassibilité devant la mort
dont firent preuve les soldats russes pendant leur mémorable défense. En une seule
journée, le père Linievitch, vieillard épique, repoussa douze assauts japonais, et quand
vint le crépuscule, il trouva encore assez d'énergie dans ses hommes pour les précipiter à une contre-attaque. » (Ludovic Naudeau.)

(1) « Sachant que je n'avais pas de vivres de réserve et que je ne consentirais pas
à accepter de leur sucre, des hommes vinrent tout doucement m'en fourrer dans les
poches. » (Lieutenant-colonel Selivatchev.)

(2) « Notre soldat n'a pas mérité de reproches. Il a supporté avec une énergie inébranlable toutes les fatigues de la campagne, la chaleur de quarante degrés et une
boue épouvantable : il a manqué de sommeil, restant au feu dix et douze jours, et
cela sans cesser de rester capable de combattre. » (Lieutenant-colonel Neznamov.)

« Cette élasticité d'humeur est une des forces principales de l'armée russe. » (O. von
Schwartz.)

« Des soldats plus intelligents, plus alertes que vous, mais plus nerveux aussi, de
vrais Occidentaux, eussent vaincu tout de suite, ou se fussent démoralisés tout de
suite. Vous n'avez pas vaincu, mais vous avez duré et vous avez enduré. » (Ludovic
Naudeau.)

« buant l'insuccès à l'ordre donné de battre en retraite. » (Lieutenant-colonel NEZNAMOV.) — Il y a deux ans je disais : « Fidèle
« et plein d'abnégation et de confiance en ses supérieurs, le soldat
« russe constitue, dans la main d'un bon chef, un instrument
« comme il n'en existe guère au monde. Mon opinion n'a pas
« varié. » (Major VON TETTAU.) — « Oh! la morne, la désolante
« existence que celle de ces hommes brusquement transportés à
« 10.000 kilomètres de leurs villages, pour une guerre qu'ils ne
« comprennent pas! Comme le découragement, les murmures, les
« récriminations, seraient excusables! Mais le soldat russe ne
« récrimine ni ne murmure. Et je pense maintenant à ce que tout
« autre troupier, plus nerveux, ferait dans une situation pareille.
« L'entrain, l'élan tomberaient vite, remplacés par la fureur ou
« le dégoût ; on crierait contre la guerre, contre la scélératesse de
« ceux qui l'ont causée, contre l'incapacité et peut-être la trahison
« des chefs. » (R. RECOULY.) — « J'en observais un groupe hier
« sur le pic de Tchoutchan : cachés dans un repli, ils riaient
« comme des fous, plaisantaient, se lançaient des brocards, chaque
« fois qu'ils entendaient le sifflement d'un obus. Or, à cette même
« place, un homme venait d'avoir la gorge traversée par une
« balle. » (R. RECOULY.)

Abrégeons, et reportons-nous par la pensée à ces interminables
et lamentables retraites que nous décrit si bien von Schwartz.
Songeons que, seulement après Tieling, quelques-uns de ces
hommes commenceront peut-être à prêter l'oreille aux propagandes révolutionnaires. Songeons que « leur valeur et leur
« esprit de sacrifice furent à l'abri de tout reproche » (Colonel
DANILOV). Et si nous recherchons la source de toutes ces humbles
vertus, laissons nous guider par Tolstoï, le Tolstoï de Sébastopol :
« Les hommes ne pourraient accepter ces conditions terribles
« pour une décoration, un titre, par la menace : il doit y avoir
« une cause autre, noble, puissante. Et cette cause, c'est le
« sentiment rarement manifesté, caché au fond de l'âme du
« Russe : c'est l'amour de la patrie. »

« Dans les jours de doute et de pensées pénibles, dit le général
« Rennenkampf, au milieu des désagréments et des vilenies de
« la vie, je me souviens du soldat russe, vêtu de son humble
« capote grise. » — Pour moi, comprenant cette légitime fierté,

je m'incline bien bas devant cette force morale, qui n'a pas eu sa récompense. Et s'il y avait parmi ces hommes des juifs, des Polonais, des Finlandais, des persécutés, presque des parias, qui se sont néanmoins battus de tout leur cœur, comme je les admire pour l'exemple qu'ils ont donné !

§ 3 — L'intelligence

Mais ce soldat, nous a-t-on dit, est lourd et peu intelligent : « Il ne savait jamais où il allait, ni pourquoi, ni qui se trouvait « à sa droite ou à sa gauche. Il marchait sans réfléchir, sans se « rendre compte de ce qui se passait auprès de lui, obéissant « aveuglément au commandement. Avec de bons officiers, il « faisait des prodiges de valeur, mais le tableau changeait dès « que ses chefs disparaissaient des rangs... La compagnie la plus « disciplinée se transformait soudain en un troupeau affolé, « incapable d'un acte raisonné. » Le général Martinov exagère peut-être ou bien généralise, en songeant à certains mécomptes qu'éprouva le XVIIᵉ corps à la bataille du Chaho... Au surplus, des chefs de corps, placés à la tête de régiments d'élite, comme le colonel Rosenchild, nous avouent qu'eux-mêmes savaient bien rarement où ils allaient, pourquoi ils y allaient, qui se trouvait à leur droite ou à leur gauche (1).

Le lieutenant-colonel Neznamov est déjà moins sévère : « On « lui reproche sa lenteur, son peu de désir de s'instruire, son « manque d'initiative... Mais il possède une intelligence et une « ingéniosité naturelles suffisantes pour comprendre et exécuter « ce qu'on lui demande, pourvu qu'on le lui explique clairement. » C'est également l'avis du capitaine Soloviev : « Dans les moments « les plus difficiles, le soldat trouve à se débrouiller, à s'organiser. » Et c'est celui surtout du capitaine de vaisseau Séménov, qui ne se plaint nullement du défaut d'intelligence de ses marins (2).

---

(1) « A l'exception peut-être de son chef d'état-major, le général ne dit à personne ce qu'il a l'intention de faire ; nous ne savons pas non plus quel est le but poursuivi par notre détachement. » (Lieutenant-colonel KVITKA.)

(2) « Passant d'un groupe à l'autre, l'oreille attentive à des conversations auxquelles je me mêlais souvent, je fus frappé de l'exactitude des informations que ces hommes du peuple avaient sur leurs chefs et frappé de leur connaissance intime du caractère

Tout cela concorderait plutôt avec les observations recueillies par R. Recouly, pendant l'attaque du Touminling : « Vers le « soir, avec le commandant Cheminon et le major Cheuldmayer, « nous allons voir cette émouvante ascension. Les soldats russes « sont tapis à plat ventre, utilisant le moindre renflement de « terre, les ravines ; ils ont hâtivement creusé quelques tranchées, « fait des épaulements. » Notons-le une fois pour toutes, ces gens savent se battre, ceux du moins dont les bataillons n'ont pas été imprudemment noyés dans un flot de médiocres réservistes (1) ; tous ne sont point les combattants balourds que l'on a voulu nous décrire. Leur intelligence, pour rudimentaire qu'elle puisse être, se double de « la simplicité et l'obstination, qui font la « force du caractère russe » (TOLSTOÏ, *Sébastopol*). Et ne dédaignons point ces simples.

Au demeurant, est-il bien prudent de s'hypnotiser sur cette conception, peut-être décevante, sur cette légende du soldat intelligent qui se conduira sans aide, qui mènera les combats futurs à lui tout seul, avec ou sans chefs, de préférence sans... Depuis le temps qu'on le répète au soldat-citoyen, on n'est même plus absolument certain qu'il éprouve une satisfaction quelconque

---

individuel de chacun des amiraux. Les candidats proposés sur le gaillard d'avant étaient ceux-là mêmes qu'on rêvait au carré et pour lesquels j'aurais, moi aussi, voté sans hésitation. » (Capitaine de vaisseau SÉMÉNOV.)

(1) « Les hommes (au début) étaient de tout premier ordre : les tirailleurs et les deux brigades d'Europe, ayant dès le temps de paix leurs bataillons sur le pied de guerre, n'avaient reçu aucun réserviste à la mobilisation ; les troisièmes bataillons récemment arrivés étaient sans doute nouvellement formés, mais avec l'élite des régiments d'Europe. » (Major VON TETTAU.)

« A midi trente-cinq, les Japonais virent bien que les Russes n'avaient point la moindre intention de leur faire cadeau de cette dernière crête... Une ou deux tentatives furent exécutées par des isolés, ou de petits groupes, pour franchir les derniers 100 mètres ; mais pour les spectateurs placés sur l'autre versant, il était bien clair que les Sibériens se souciaient comme d'une guigne de la Garde impériale, et que, si les Japonais voulaient la place, il leur faudrait l'acheter à la baïonnette. D'après le colonel Hume, au plus chaud de l'affaire, un soldat fit remarquer à son capitaine que des hommes aussi adroits et aussi braves que ceux qui se trouvaient en face, ne pouvaient être que des Japonais. » (Général HAMILTON.)

« A 8 heures l'ennemi, ayant fait un très large mouvement débordant et probablement marché toute la nuit à travers une région très coupée et très difficile de montagnes escarpées et de profondes vallées tortueuses, de cette hauteur ouvrit subitement le feu. Pour y monter, il fallait que les Russes eussent couronné leur marche de nuit par l'escalade d'une pente d'un bon millier de pieds ; ce qui plaide en faveur de leur énergie et de leur endurance... Les Russes reculaient peu à peu ; mais, avec une admirable ténacité, ils se ressaisirent et reprirent vigoureusement l'offensive qui, après une lutte très chaude, leur rendit tout le terrain perdu. » (Général HAMILTON.)

à se l'entendre dire. Nous serions volontiers d'accord avec ce pince-sans-rire de Kipling : « Le soldat idéal devrait, bien entendu, penser par lui-même. — La théorie le dit.

« Malheureusement, pour atteindre à cette vertu, il lui faut franchir la phase de penser à lui-même, et la leçon pèche par imprévoyance. »

§ 4 — Aptitude à l'offensive

Mais voici le grand point, la grande objection, l'opinion que le général Kouropatkine a lui-même contribué à répandre : ce soldat, inébranlable tant qu'il se défend, ne sait pas attaquer ; il « ne possède pas les qualités qui assurent le succès de l'offen-« sive. La faute en est au caractère du peuple, dépourvu de sou-« plesse, tant physique qu'intellectuelle » (Capitaine NYQVIST). C'est, ma foi, bientôt dit, et sous une forme un peu bien absolue ! J'ai connu un général qui, devant Sébastopol, commandait une compagnie de zouaves : un soir qu'il était de tranchée, il vit confusément arriver sur lui une sorte de masse grisâtre et tomba assommé d'un coup de hache ou de barre de fer — il ne fut jamais très fixé. Le lendemain matin, on le ramassait aux trois quarts mort, avec pas mal de blessures, sans compter les coups de baïonnette dont était criblé son caban... Le soldat russe inapte à l'offensive ? Je vous assure qu'il n'aurait pas fallu le dire au général Brincourt ! Il n'aurait pas fallu davantage le dire aux survivants de l'épopée napoléonienne (1) ; il n'aurait pas fallu le dire à Tolstoï, malgré toute sa philosophie (2) ; il ne faudrait pas le dire, à l'heure actuelle, au capitaine Soloviev (3).

---

(1) « L'ennemi succombant sous nos coups se renouvelait sans cesse, mais ses pertes lui montraient déjà son infériorité dans le combat ; il s'en irrita. Son courage l'éleva à nos yeux, lors même que ses efforts impuissants n'obtenaient qu'une défaite plus glorieuse. » (ALOMBERT, *Le Combat de Dürrenstein ; récit du colonel Talandier.*)

(2) « Tous ces soldats épuisés et hésitants, apprenant qu'on attaquerait l'ennemi le lendemain, sentirent que ce qu'il leur répugnait de croire était faux ; ils furent consolés, et leur courage se ranima. » (TOLSTOÏ, *La Guerre et la Paix.*)

(3) « C'est surtout dans les assauts que se manifestent les qualités brillantes de notre soldat. Quand une compagnie est lancée à la baïonnette, c'est une force qu'on peut appeler irrésistible. » (Capitaine SOLOVIEV.)

Il y a, du reste, d'autres témoignages encore; nous ne retiendrons que celui du général Hamilton : « Le soldat russe est du « bois dont on fait les bons soldats; assignez-lui un but clair, « simple, défini, il combattra comme il faut et sa mort témoignera « de la résolution avec laquelle il monte à l'assaut. » Nous venons de voir qu'au Touminling il ne s'y prend point si mal... mais l'attaque échoue? Évidemment, puisqu'elle n'a pas lieu, puisque personne ne vient soutenir la poignée de braves, accrochés aux rochers, à quelques mètres de l'ennemi.

Ici, nous tenons la vraie cause de ces échecs répétés de l'offensive russe, de ces échecs apparents : cette soi-disant offensive n'existe pas; elle demeure virtuelle. Les officiers finissent par s'en apercevoir, et mènent le combat en conséquence, avec l'indifférence qu'ils apporteront d'ici peu à tous les détails du service (1) : le colonel qui reçoit l'ordre d'attaquer voit, à sa droite, des bataillons prématurément engagés et déjà en pleine retraite; à gauche une brigade qui ne marchera que dans deux ou trois heures; en arrière deux divisions qui ne bougeront même pas et seront rappelées, ce soir, à l'aile opposée. Au début, il croyait « que c'était arrivé »; maintenant, il est averti : il se gardera bien de faire massacrer inutilement ses hommes... et n'oubliera jamais que les cuisines roulantes ne sont pas loin!

Toutes les fois qu'on a voulu attaquer sérieusement, toutes les fois que sincèrement l'on a crié du fond du cœur le « sus à l'ennemi coûte que coûte! » en quoi se résume l'offensive; toutes les fois que l'on a su réaliser cette offensive, non point dans la complication d'une enfantine mise en scène, mais d'un geste simple et brutal, l'attaque a réussi, soit de jour, soit de nuit, en montagne aussi bien qu'en plaine. Le soldat russe n'est pas en cause.

Sans doute, il n'a pas constamment ce « désir de se battre » qui distingue le Japonais; il a besoin d'être poussé. Faute d'encadrement, il se produira en Mandchourie du désordre, des

---

(1) « Quand la nuit est avancée et le bivouac plongé dans le sommeil, je vais voir si les postes sont à leur place et s'ils veillent. Le premier ronfle comme une locomotive; le second dort aussi, ainsi que le troisième et les suivants. Inutile de les réveiller, ils se rendormiraient aussitôt. Je me décide donc à rentrer chez moi et à suivre leur exemple, bon ou mauvais. » (Lieutenant-colonel KVITKA.)

débandades, des paniques : tout comme dans les Balkans, il y aura des hésitants qui rechercheront d'instinct les coins les moins troublés du champ de bataille ; et Skobelev ne sera plus là pour les ramener à l'ennemi. Comme le dit, à plusieurs reprises, le général Kouropatkine, les effectifs fondent rapidement pendant le combat (1) ; le laisser-aller présente un pénible contraste avec la discipline qui règne chez l'adversaire (2). Les remèdes imaginés par le commandement semblent un peu enfantins et médiocrement efficaces (3). Mais tout cela s'explique trop aisément : « La volonté lutte contre les instincts de la chair, jusqu'au « moment où l'espoir du succès fait place à la conviction que « de nouveaux efforts ne changeront rien au destin. Alors chacun « s'efforce de sauver une existence désormais précieuse. L'égoïsme « succède tout à coup au dévouement sans bornes, à l'ardeur « guerrière ; et tels soldats qui, à midi, se seraient fait tuer plutôt « que de rompre d'une semelle, s'en vont maintenant, courbés, « les yeux hagards, fuyant le danger jusqu'à ses apparences, « inconscients de leur pusillanimité. » (Général BONNAL.)

---

(1) « Les blessés affluaient par groupes, portés, véhiculés, amenés à cheval ou se traînant tout seuls. Là, comme par la suite, il me sembla que beaucoup d'hommes s'employaient à ce transport de blessés et s'égaraient ainsi, loin de la ligne de feu : les blessés atteints grièvement avaient quatre porteurs, deux autres au moins suivaient avec les fusils du blessé et de ses brancardiers ; tout homme touché à la jambe était soutenu par deux camarades, avec un troisième pour les armes. Ainsi refluaient vers l'arrière des masses de gens parfaitement valides, naturellement peu pressés de regagner le rang... Ce transport des blessés, pratiqué de la sorte, conduit les troupes à la démoralisation, à la dissolution. Le colonel Schovski, commandant du quartier général, se tenait dans la grand'rue d'Hanping et arrêtait impitoyablement tous ceux qui n'étaient pas régulièrement employés comme brancardiers. Une douzaine de fois au moins pendant la journée, il forma en groupant ces gens des détachements qu'il envoya rejoindre les corps. » (Major von TETTAU.)

« Par les rues du village arrivaient de l'ouest des masses de blessés, la plupart de la 9ᵉ division ; comme dans les précédents engagements, il y avait surabondance d'hommes valides employés au transport de ces blessés et de leurs armes... Parmi les blessés se glissaient des hommes valides, à chaque instant plus nombreux. » (Major von TETTAU.)

(2) « La ligne des tirailleurs, en avançant, laissa les blessés en arrière. Des détachements de brancardiers entrèrent ensuite à découvert dans la vallée et les rassemblèrent en un point marqué du fanion international, d'où on les dirigea sur le poste de pansement. » (Colonel GERTSCH.)

(3) « Réglementairement, chaque sous-officier ou soldat blessé et admis à l'ambulance qui restait spontanément dans le rang recevait la croix de Saint-Georges. Cette mesure m'a toujours semblé injuste ; quand un blessé, capable de le faire, reste à sa place, il n'y a là aucun héroïsme particulier. » (Major von TETTAU.)

§ 5 — Défaut d'instruction générale

Enfin, le soldat russe ne possède aucune instruction, affirme-t-on bien haut dans certains milieux ; et on lui oppose le Japonais, formé dès l'enfance par ses maîtres ; nous sommes déjà fixés sur ce chapitre. On n'ajoute pas que ces maîtres l'ont élevé dans le culte de la Patrie, du Drapeau, de l'audace joyeuse, de la guerre et de la mort glorieuse... « Le maître allemand, dit avec raison le « général Martinov, a vaincu non seulement parce qu'il a enseigné « à la jeunesse la lecture, l'écriture et les sciences diverses ; mais « surtout parce que, depuis l'école primaire jusqu'à l'Université, « il lui a inculqué l'esprit national et patriotique, le respect des « exploits militaires. Et là encore se retrouve la cause principale « des victoires japonaises. »

Pour obtenir un excellent soldat, l'instruction serait-elle donc une condition *sine qua non?* Beaucoup de bons esprits se permettent d'en douter (1).

Il me souvient d'un mot de Taine, qui n'était pas un illettré : « Mieux vaut encore l'ignorance pleine que l'instruction mal- « saine. »

Et comme nous ne saurions, en toute sincérité, rendre le soldat russe responsable de la défaite (2), il nous faudra chercher plus haut, interroger le généralissime, le commandement, les cadres, de l'armée de Mandchourie.

---

(1) « Dans quelque trente ans d'ici, quand nous aurons réussi à éduquer à demi tout ce qui porte culotte, notre armée sera une machine admirablement peu sûre. » (RUDYARD KIPLING.)

(2) « Notre soldat, dans cette guerre, a montré cet héroïsme dont s'est toujours enorgueillie et dont s'enorgueillit encore la Russie. L'officier, en ce qui concerne la valeur personnelle, a été à l'abri de tout reproche. Si l'un et l'autre ont mérité quelque reproche, ce n'est pas à eux qu'en incombe la responsabilité. » (Lieutenant-colonel NEZNAMOV.)

IV — LE COMMANDANT EN CHEF DE L'ARMÉE RUSSE

§ 1 — Sa carrière

Fils d'un très modeste employé, le général Kouropatkine, à peine âgé de seize ans, à sa sortie de l'École des Cadets, débute dans le Turkestan sous les ordres du général Kaufmann ; très brave, d'une intelligence souple et déliée, il conquiert rapidement les bonnes grâces de son chef : le voilà capitaine à vingt ans ! Puis il rencontre Skobelev, qui l'accueille dans sa clientèle et le prend pour chef d'état-major ; sa carrière est dès lors assurée.

Entre temps, en 1874, il a été, dans les rangs des troupes françaises, faire colonne dans le Sud-Algérien. A Plevna, il se distingue tout particulièrement, payant de sa personne aux côtés de son chef, ramassant, en pleine nuit, des groupes d'hommes à la débandade, des blessés, les reformant en unités provisoires, et les ramenant au combat : blessé lui-même, il est promu colonel. Toujours avec Skobelev, en 1880, devant Geok-Tépé, il exécute une marche remarquable à travers le désert, de Petro-Alexandrovsk à Kizil-Arvat : on le nomme lieutenant-général à trente-quatre ans. Et la destinée continue à lui sourire, dans la Transcaspienne, qu'il gouverne pendant des années, puis à Pétersbourg, au ministère de la Guerre, qu'il occupe durant quatorze ans.

En 1904, à peine âgé de cinquante-six ans, c'est un homme d'une taille au-dessous de la moyenne, la barbe grisonnante, les traits affables, l'allure jeune, naturelle et simple, avec un air de tranquillité robuste. Cet extraordinaire avancement, — c'est beaucoup ! s'écrierait Candide, — ne semble point l'avoir grisé ; et si cette existence sans luttes n'a peut-être pas contribué au développement de ses qualités natives, elle ne les a pas étouffées. — Et c'est beaucoup, dirait Martin...

Au point de vue de la bravoure et de la doctrine, il a de qui tenir, ayant eu pour maître et pour ami l'un des esprits les plus pénétrants sous une apparente rudesse, et peut-être le général le plus follement brave des cinquante dernières années. Il a pris une part très active aux événements les plus importants d'une grande guerre féconde en enseignements. Mais, ne l'oublions pas, il n'a évolué que dans le cadre étroit d'une division; le maniement des masses, il l'ignore et n'aura plus l'occasion de s'y exercer : gouverneur d'une province d'Asie, il remplira des fonctions moins militaires que civiles, où il lui faudra faire preuve de plus de souplesse politique que de capacités guerrières; comme ministre, ce qu'on exigera de lui, ce sera encore la souplesse, le tact politique et administratif.

A cette école, le jugement doit s'exercer, mais non point l'énergie s'accroître. En Asie centrale, le gouverneur a dû remarquer, peut-être tolérer, bien des faiblesses, bien des petitesses, bien des bassesses. A Pétersbourg, le ministre a pénétré bien des abus; il a pu sonder à loisir toutes les plaies de l'armée russe, étudier toutes les imperfections de la machine bureaucratique, percer à jour plus d'une intrigue. Il a dû perdre certainement cette sereine confiance du chef en ses subordonnés, qui parfois devient une force en appelant la réciprocité.

Mais, ceci est plus grave encore, il a perdu toute confiance en lui-même (1) : devant toutes ces faiblesses, ces abus, ces intrigues, il est resté à peu près impuissant, presque complice moralement. Il lui faut bien se faire pardonner sa modeste origine et cet avancement anormal, même dans l'armée russe, qui a suscité bien des jaloux. Malgré toutes les prévenances, toutes les concessions, ses ennemis n'ont point désarmé; et ils sont puissants à la cour. Leur nombre s'est même augmenté de tous ceux que, de temps à autre, il a bien fallu déranger. Dernière-

---

(1) « Avant le départ de Kouropatkine, on lui avait prodigué les bruyantes ovations. A l'un des nombreux banquets offerts en son honneur, il fit un petit discours dans lequel il disait, d'après les journaux russes : « Maintenant l'on me fête; dans « quelque temps l'on me reprochera monin capacité; plus tard, on imprimera que j'ai « trahi la Patrie. Mais, un jour, on reconnaîtra peut-être que j'ai correctement agi. » Le malheureux ! Il sollicitait la patience, l'indulgence, pour le cas où il ne réussirait point à diriger l'armée à la satisfaction générale... Tout à fait le type de l'honnête citoyen : du cœur, de la sensibilité, pacifique, accommodant, un peu sentimental et pessimiste, sans indépendance ni énergie, — en aucun cas un chef d'armées. » (Colonel GERTSCH)

« Encore une caractéristiquedu généralissime russe : la crainte, en présence d'abus notoires, d'intervenir énergiquement. » (O. VON SCHWARTZ.)

ment encore, il inspectait les provinces d'Extrême-Orient :
partout, dans l'entourage même du namiestnik Alexeiev (1),
il a rencontré des fonctionnaires auprès desquels il aurait très
bien pu jouer le rôle du « Reviseur » légendaire de Gogol (2)...
Il a osé conseiller l'abandon immédiat de la Corée, de ces concessions minières et forestières, chaleureusement patronnées par
la haute, la très haute administration (3). Ses ennemis sont
légion, leur haine le guette, il le sait et ne cesse d'y songer.
Étrange, fâcheuse mentalité pour un chef d'armées (4)!

§ 2 — Ses qualités intellectuelles et morales

A défaut du génie, qui très heureusement n'est pas indispensable, son intelligence est de tout premier ordre. Admi-
nistrateur hors ligne, il a largement fait ses preuves. C'est d'ailleurs chez les Russes une qualité plus répandue qu'on ne le croit
communément : quand ils se mêlent d'organiser, ils le font merveilleusement; ils ont même un proverbe exquis : « Je ne suis
pas assez riche pour me payer des choses bon marché. » Il faut
de l'argent, par exemple : les bottes des soldats sont faites d'excellent cuir, mais elles coûtent cher; il est d'autres pays, dont les
mœurs administratives sont peut-être plus pures, mais dont
les magasins militaires s'emplissent de brodequins au rabais,
avec des semelles de carton...

A ce point de vue, les campagnes de Skobelev, les journées
de Kizil-Arvat, la construction du Transcaspien, ont été pour
Kouropatkine une incomparable école. Il a pu lire, expédier,
rédiger parfois ces correspondances, dans lesquelles, pour hâter
l'arrivée des approvisionnements, son chef se comparait à « un

---

(1) « Moukden est le quartier-général du lieutenant de l'Empereur, l'aide de camp
général Alexeiev. Il règne entre les deux camps, Moukden et Liaoyang un antagonisme tout à fait ridicule et certainement nuisible à la cause commune. » (Lieutenant-
colonel KVITKA.)

(2) « Tu voles trop pour ton grade ! » (GOGOL.)

(3) Voir dans O. von Schwartz le récit des faits et gestes de la « Société anonyme
pour l'exploitation forestière du Yalu ».

(4) « Il faut au général en chef de toute une armée la confiance en soi-même et la
possession complète du pouvoir; il se refusait lui-même le premier de ces sentiments
et ne savait imposer le second aux autres. » (CLAUSEWITZ.)

marchand engagé à la Bourse pour une somme supérieure à ses ressources, dans l'attente d'un chargement précieux ».

De tout cela il a fait son profit : en dépit des effectifs, des distances, des retraites subites, du désordre inévitable, l'armée sera toujours approvisionnée, entretenue, soignée. La faiblesse de la morbidité et de la mortalité éveillera, après la guerre, l'étonnement de ceux qui font les statistiques et l'admiration de ceux qui les étudient.

Son jugement, sa pénétration, ne sont pas moindres. En 1903, il a visité le Japon, l'Extrême-Orient; son opinion est faite : il a jaugé et jugé l'adversaire futur; il le sait redoutable; il connaît ses doctrines, en stratégie comme en tactique. Ces toutes récentes observations n'ont malheureusement pas contribué à affermir sa confiance.

Au point de vue moral, il n'y a qu'à s'incliner : son honnêteté, son intégrité sont incontestables; nous savons déjà qu'en l'espèce elles ne lui profiteront guère.

Sa bravoure, déjà éprouvée, il n'aura point à en faire montre. Il ne saurait probablement pas en tirer parti, ce n'est nullement son genre; et il n'a pas dû comprendre les leçons de Skobelev, dont il n'a jamais possédé l'ascendant personnel; il n'a pas médité, sans doute, cette instruction du 17 juillet 1880 : « Il « faut que le commandant de chaque unité sache faire battre le « cœur de ses soldats à l'unisson du sien; il faut que sa troupe « soit dans sa main à l'instant critique de la lutte, de telle fa- « çon qu'elle lui permette d'exprimer avec une suprême énergie « sa volonté, sa pensée, ses sentiments. » Nous ne le verrons donc point, en grande tenue et à cheval, entraîner par son exemple, à quelques mètres de l'ennemi, les colonnes d'assaut hésitantes...

Mais sa force morale est remarquable : au milieu des pires désastres, dont il doit se sentir responsable — et nous connaî- trons sa terreur des responsabilités, — il demeure impassible et garde son sang-froid. C'est bien l'homme dont un officier russe parle avec enthousiasme à M. de la Salle : « Je suis entré « le voir désespéré; au bout d'un quart d'heure, j'avais retrouvé « près de lui le calme. »

Quant à sa grandeur d'âme, nous n'en voulons pour preuve

que son ordre d'adieux aux officiers de la Iʳᵉ armée : « Avant
« tout, c'est moi qui suis le coupable, moi votre commandant
« en chef, car je n'ai pas su remédier, durant les périodes de
« luttes actives, aux lacunes d'ordre matériel et d'ordre moral
« de notre organisation, ni su utiliser jusqu'à l'extrême limite
« les qualités incomparables de nos troupes. » Si l'aveu est
sincère, et nous sentons qu'il l'est profondément, il convient de
saluer très bas l'homme qui, spontanément et nettement, a
eu le courage de le formuler de la sorte.

§ 3 — Sa doctrine de guerre

Les événements de Plevna, où il fut à la fois acteur et spectateur, servent de base à sa doctrine. Grâce à sa situation de
chef d'état-major d'une division et à ses qualités intellectuelles,
il a pu les observer très exactement, rédigeant au jour le jour
des notes fort intéressantes. Mais l'interprétation de ces données
se montre déjà plus hésitante : dans les conclusions qu'il croit
devoir formuler, l'homme se révèle intimement. Ces conclusions,
depuis vingt ans il n'a pas eu l'occasion d'en vérifier l'exactitude ;
il ne la trouvera qu'en Mandchourie... Qu'a-t-il donc pu remarquer sur ces champs de bataille de Bulgarie, visités depuis et
étudiés assidûment, — notons-le en passant, — par des officiers
japonais ?

1º *Rôle des retranchements.* — D'abord un fait brutal :
à la troisième bataille de Plevna, précédée elle-même de deux
attaques infructueuses, 35.000 Turcs, abrités dans leurs redoutes,
ont résisté victorieusement à 100.000 Russes, qui ne savaient pas
remuer la terre. Que le succès ait été dû aux fautes commises par
l'assaillant, autant qu'à la vaillance du défenseur ; que celui-ci
ait fait preuve d'une grande activité tactique ; que cette longue,
acharnée et glorieuse résistance n'ait été qu'un incident local,
passager, stérile en définitive, Kouropatkine ne le voit pas bien
clairement. Ce qu'il retient, c'est la toute-puissance des retranchements, des lignes organisées d'avance, de la défensive passive.

Son unique terreur sera de « passer trop tôt à l'offensive,
« avant d'avoir tiré tout le profit possible de la force défensive

« de notre position » (Instructions du 28 avril 1904). S'il se résigne enfin à prendre lui-même cette offensive, ce qui le préoccupera par-dessus tout, ce n'est nullement le point qu'il attaquera, mais seulement « la partie de la position contre laquelle « l'ennemi dirigera son attaque principale » (Instructions du 28 avril 1904).

2º Nécessité des renseignements. — Avant les deux premières batailles de Plevna, on n'a pour ainsi dire pas exécuté de reconnaissances. On a agi sans renseignements, suivant un plan d'attaque entièrement préconçu, contre des positions organisées d'avance, et dont les défenseurs ne manœuvraient... pas plus que les Russes en Mandchourie. Dans ses ordres, Skobelev a insisté avec raison sur la nécessité d'effectuer ces reconnaissances. — Kouropatkine ne l'oublie point : avant d'agir, il faut être éclairé.

Il se garde bien de se dire, avec von Blume, que : « Comme il « est difficile à la guerre d'être renseigné sur les intentions de « l'ennemi, celui qui subordonne le plus son action à la connais-« sance de ces renseignements, en souffre plus que son adver-« saire. »

3º Nécessité de garder des réserves. — Les 20 et 30 juillet 1877, on n'a conservé en réserve qu'une proportion d'infanterie variant de un dixième à un sixième de l'effectif : à la demande des événements, ces réserves s'égrènent en quatre ou cinq petits paquets, sans qu'il y ait un seul bataillon pour appuyer l'effort suprême. Le 11 septembre, Skobelev prescrit donc de garder « de fortes réserves, et de ne les engager que parcimonieusement », car il les lui faudra pour le « coup de poing » final, où elles donneront comme un seul homme.

Kouropatkine conclut immédiatement à la nécessité d'avoir de très fortes réserves générales, mais ne semble pas bien fixé sur leur rôle : d'après ses notes, elles sont destinées à « parer « aux éventualités ». Les éventualités ! la parade !... L'instinct qui le traîne vers la défensive se trahit perpétuellement; a-t-il donc oublié ce qu'en 1881 Skobelev écrivait au colonel Grodekov?

« Celui qui veut tout couvrir est faible partout. Au moment
« décisif d'une campagne, on doit n'avoir qu'un seul but prin-
« cipal. » A quoi pense Kouropatkine, quand vient ce moment
décisif? — « Pendant l'attaque, il ne faut pas user les dernières
« forces des hommes, sans quoi ceux-ci ne seraient pas capables
« de repousser une contre-attaque de l'ennemi, même si ce
« dernier ne disposait que de forces numériquement inférieures »
(Instructions du 28 avril 1904).

Il ignore, dirait-on, cette attaque décisive que son chef a
pourtant su mener si magistralement. Mais voici ce qui l'a frappé
le plus vivement : pour l'assaut, Skobelev a dû tout engager, y
compris sa propre personne; faute de réserves, après vingt-quatre
heures d'héroïque résistance, devant une contre-offensive furi-
bonde, il lui faut abandonner les ouvrages conquis. Mais ce
n'est plus à lui qu'incombe présentement le devoir d'intervenir
avec des réserves : c'est au commandant en chef, qui dispose
encore de trente-quatre bataillons, et n'en fait pas donner un
seul. — D'après Kouropatkine, le commandant en chef a raison :
« Il faut toujours conserver une réserve »... on ne sait pas ce qui
peut arriver! Aussi bien, pour jouer son rôle, une réserve n'a
pas forcément besoin d'agir; qu'elle se montre simplement :
« En se retournant, chacun des assaillants voyait les siens en
nombre de tous côtés! » Voilà une méthode que l'on appliquera
fréquemment sur les champs de bataille de Mandchourie...

Ce n'est pas tout : à la fin de la première bataille de Plevna,
une batterie russe laissée en réserve joue, au moment de la
retraite, un rôle assez important. — Donc, laissons toujours en
réserve une forte proportion d'artillerie.

4º *Caractères généraux de cette doctrine.* — Ces idées
du général Kouropatkine, on les retrouve un peu partout dans
ses notes et instructions : il faut un peu les y deviner, tant
elles sont formulées avec imprécision, simples ébauches timides
de théories indécises. « Il n'y a rien de plus timide, — écrivait un
« jour Mazarin, — que celui qui a acquis de la réputation, trouvant
« de la difficulté à tout pour n'entreprendre pas les choses dans
« lesquelles elle puisse être hasardée. » C'est bien en effet la doctrine de l'indécision, doctrine en contradiction formelle avec

celle des grands capitaines (1), avec celle des robustes philosophes (2) : tout sert de prétexte à temporiser, attendre le lendemain, ne jamais s'engager à fond, ne rien risquer surtout.
On songe involontairement à cette incurable hésitation dont un
écrivain de très grand talent nous a tracé, d'un trait de plume,
une saisissante caricature : « Il avait en fermant une fenêtre le
« sentiment de l'irréparable. » Et cette doctrine est bien fille
du cerveau qui l'a engendrée (3) : « En second tu es parfait, a dit
« un jour Skobelev à son chef d'état-major; mais que Dieu te
« garde de jamais prendre un commandement. Avec ton manque
« de décision et de volonté, le premier venu te battra. Si bon
« que soit le plan que tu auras conçu, tu ne seras jamais capable
« de le mener à bien (4). »

En trois mots, quelles que soient ses autres qualités, le généralissime de l'armée de Mandchourie manque de caractère.

§ 4 — Le caractère

Manquer de caractère, qu'est-ce à dire? Sous peine de nous
égarer dans le domaine des vagues abstractions, il nous faut
préciser quelque peu. Résignons-nous donc à quitter momentanément l'art militaire pour la philosophie.

1° *Définitions.* — Le caractère se décrit, plutôt qu'il ne se
définit. D'après Gustave Le Bon, il est formé par « la combinaison
« en proportion variée des divers éléments que les psychologues
« désignent habituellement aujourd'hui sous le nom de senti-
« ments... la persévérance, l'énergie, l'aptitude à se dominer,
« facultés plus ou moins dérivées de la volonté; la moralité...

---

(1) « La guerre ne se fait qu'avec de la vigueur, de la décision et une volonté constante; il ne faut ni tâtonner ni hésiter. » (NAPOLÉON.)

(2) « Il faut prendre une décision — la meilleure, si vous le pouvez; mais une décision quelconque vaut mieux qu'aucune. Pour aller à un but il y a vingt chemins,
dont l'un est le plus court; mais engagez-vous immédiatement dans l'un. » (EMERSON.)

(3) « Chez le chef de l'armée russe, ce n'était point la théorie, mais la pratique, qui
se trouvait en défaut; il péchait plutôt dans le domaine de la volonté et de l'exécution, que dans celui de la conception. » (Colonel GAEDKE.)

(4) Lieutenant-colonel Apouchkine, cité par le lieutenant-colonel Bardonnaut :
Revue militaire générale, avril 1908.

« l'invincible ténacité, l'aptitude à se sacrifier pour un idéal ».
Il est, à ce point de vue, des races particulièrement favorisées;
et le même auteur nous cite la race anglo-saxonne : « Une somme
« de volonté, que bien peu de peuples, sauf les Romains peut-
« être, ont possédée; une énergie indomptable, une initiative
« très grande, un empire absolu sur soi, un sentiment de l'indé-
« pendance poussé jusqu'à l'insociabilité excessive, une activité
« puissante, des sentiments religieux très vifs, une moralité
« très fixe, une idée du devoir très nette ». Ne serait-ce pas un
peu le privilège de certaines grandes nations insulaires ou pénin-
sulaires, sans doute mieux protégées que d'autres contre l'incessante pénétration et l'action sourdement dissolvante des éléments
étrangers? Ne serait-ce point le cas du Japon?...

Le caractère, c'est en somme l'exercice incessant d'une volonté
saine décidée à vivre « dangereusement » et en beauté; c'est
l'habitude, entre plusieurs partis à prendre, de choisir constamment le devoir; entre plusieurs devoirs, peut-être inconciliables,
de ne prendre pour guide que le bien général; de sacrifier résolument l'intérêt personnel; de rechercher, au lieu de les fuir, les
responsabilités; c'est une des plus belles forces morales dont
nous puissions disposer. « S'il y a quelque chose d'admirable,
« ici-bas, c'est le spectacle d'une grande volonté aux prises avec
« de grandes difficultés. » (Louis VEUILLOT.)... Mais quiconque se
laisse entraîner à agir, ne serait-ce qu'une fois seulement, dans
un but intéressé, aliène cette fois-là, pour jamais, une portion
de son caractère.

Seul le caractère peut faire la grandeur des nations, la force
des armées, la valeur des individus. Son influence est « souve-
« raine dans la vie des peuples, alors que celle de l'intelligence
« est véritablement très faible ». (Gustave LE BON.) Sans lui,
la décadence est prompte : « Le mal dont souffrait alors la société
« romaine n'était pas la corruption des mœurs, c'était l'amollis-
« sement de la volonté et, pour ainsi dire, l'énervement du carac-
« tère. » (Fustel de COULANGES.)

2º *Les ennemis du caractère.* — Le caractère revêt naturellement des formes spéciales, suivant qu'il est mis au service de
civilisations à tendances individualistes ou non. Son exercice

est incontestablement plus facile pour un peuple où l'individu n'existe guère qu'en tant que cellule de la nation, où il se trouve sacrifié joyeusement pour la race : c'est encore le cas du Japon; ce n'est point celui des Occidentaux, qu'il faut bien prendre tels qu'ils sont. Mais si l'individualisme se donne parfois l'illusion d'exacerber le caractère, s'il s'imagine l'exalter, il lui suscite en réalité de redoutables ennemis.

L'indiscipline d'abord, avec laquelle trop volontiers on affecte de le confondre, alors qu'ils n'ont rien de commun : l'un est la négation de l'autre. Jamais il n'y aurait conflit, si nos vieux règlements ne se contredisaient parfois fâcheusement, s'ils définissaient la discipline, avec plus de précision, comme l'obéissance de tous à la loi commune, si ceux qui les appliquent ne perdaient jamais de vue que cette discipline doit s'exercer dans les deux sens, de haut en bas comme de bas en haut; si l'on réalisait le programme esquissé par Taine : « Une hiérarchie, non pas exté-« rieure et plaquée, mais morale et intime, des titres incontestés, « des supériorités reconnues, une subordination acceptée, des « droits et des devoirs imprimés dans les consciences, bref la « discipline des cœurs. »

L'initiative, dont on parle tant, n'est qu'une des manifestations du caractère. « La garantie la plus efficace contre les écarts « de l'initiative, elle est dans une grandeur morale : l'abnéga-« tion, la volonté de se dévouer corps et âme au triomphe de la « cause commune, non seulement sans souci de la recherche « d'aucun succès particulier, mais au besoin à l'encontre d'un « intérêt personnel évident. Cette discipline du cœur sera toujours « le guide le plus capable d'empêcher l'initiative de faire fausse « route. » (Colonel Maistre.)

Au demeurant, si les fervents du caractère connaissent des heures douloureuses, ne nous hâtons point de les plaindre : c'est l'épreuve qui consacre les forts.

Et puis, il ne faudrait peut-être pas abuser de ce grand mot de discipline, à propos duquel le général Cardot donne libre cours à son incomparable verve : « Comment voulez-vous raconter « tranquillement que nous devons traiter nos hommes avec « bonté, parce qu'ils procurent nos succès et préparent notre « gloire?... Remarquons en passant que, si la conclusion de ce

« beau paragraphe est tout simplement immorale, l'exorde est
« fort incorrect. Il n'est pas vrai que la discipline soit la force
« principale des armées. Elle nous est indispensable pour régler
« notre existence collective, pour mettre de l'ordre, de la puis-
« sance dans nos efforts; mais la discipline n'est pas le but;
« elle n'est qu'un moyen pour atteindre le but... Je ne suis pas
« de ceux qui prétendent que la discipline est une si belle chose
« qu'elle mérite d'être cultivée pour elle-même. Ma foi non!
« La discipline est une fort belle et bonne chose, mais je connais
« des choses bien plus belles et mon culte ne s'égare pas sur des
« idoles : je connais d'ailleurs des armées qui ne brillaient pas
« par la discipline et qui ont flanqué des piles mémorables à
« des armées qui en étaient fort bien pourvues, — parce qu'elles
« avaient la foi qui transporte les montagnes; parce qu'elles
« avaient ce qui fait la force principale des armées : ces senti-
« ments d'honneur, de dévouement, de sacrifice, qui ne recon-
« naissent pas du tout pour cause la discipline...

« Les académiciens de notre époque, — les mêmes qu'au temps
« de Souvarov, — se voilent la face quand Souvarov leur montre
« brutalement le conflit possible et souvent inévitable entre
« l'initiative et l'obéissance passive; ils ne supportent pas l'idée
« qu'on puisse offenser cette dernière, ni même lui préférer
« quelque chose : le devoir, l'esprit de sacrifice, la victoire par
« exemple! Non, c'est leur fétiche, leur idole, c'est leur Dieu et
« ils ne connaissent pas d'autres dieux. La discipline, monsieur,
« fait la force principale des armées. Ah mais!!!...

« Car vraiment il y a bien quelque chose, n'est-ce pas, au-
« dessus de la discipline, de l'obéissance passive? Il y a le devoir
« suprême dont rien ne saurait nous délier, il y a l'obéissance à
« la sainte loi du sacrifice, qui ne souffre pas la désobéissance... »

Oui, il y a la loi du sacrifice, et il faut bien, comme l'a dit
Alfred de Vigny, « que le sacrifice soit la plus belle chose de la
« terre, puisqu'il a tant de beauté dans les hommes simples qui,
« souvent, n'ont pas la pensée de leur mérite et le secret de leur
« vie », puisqu'il sera toujours, avec le caractère, la grande paire
d'ailes indispensable pour soulever l'homme au-dessus de lui-
même.

L'ennemi redoutable entre tous, c'est l'orgueil : en même temps qu'il crée l'indiscipline, il engendre l'autoritarisme, et pour vaincre le mal, c'est lui qu'il faut détruire. Sans doute, le caractère implique une âme fière, mais simple et sans faux amour-propre. Quand il y a conflit, restons maîtres de nous, sans nous lasser de redire avec le poète :

Surtout préservez-moi de l'orgueil toujours bête.

Car les hommes vieillissent, et leur orgueil devient finalement « l'orgueil sénile se traduisant par des manifestations brutales, « parfois même incohérentes, décourageant la bonne volonté des « subordonnés et les incitant à l'indiscipline. » (Général BONNAL.)

Pourquoi décrire l'autoritarisme? Chacun de nous l'a rencontré dans le domaine des vétilles et des minuties puériles, où il règne en maître absolu (1). Non seulement il combat chez autrui le développement du caractère, mais il le ronge dans les âmes médiocres, comme le ver ronge le fruit. Les autoritaires peuvent d'ailleurs se réclamer d'un illustre patron, qu'ils n'imitent malheureusement que sur ce point. Toujours Napoléon brisa les résistances, même légitimes, même honorables; jamais il ne voulut condescendre à s'entourer de caractères; il y en avait si peu, dans les hautes charges de l'État, qu'en l'absence du Maître, un beau soir, un obscur mécontent, caractère méconnu sans doute, fit ce rêve de réduire l'Empire à sa merci en mettant simplement la main sur quelques postes de police... et faillit le réaliser !

Aux Lecourbe, aux Vandamme, il en préférait d'autres, moins indépendants, plus maniables : agissant comme s'il eût dû toujours, en personne, se trouver là pour commander. Nous savons comment cela se termina, en Allemagne d'abord, puis en France, quelque part du côté d'Essonnes : ceux qui s'étaient montrés d'une intransigeance farouche dans les années de prospérité, transigèrent immodérément durant les jours d'adversité. Ce fut l'expiation, tandis que seuls le suivaient encore les humbles, les petits, négligés jusque-là; les autres, ceux qui naguère

---

(1) « J'aime les hommes faciles, faibles si l'on veut sur les choses indifférentes et dans le détail de la vie, et qui réservent leur fermeté pour les grandes occasions; assez souvent les gens raides sur les petits intérêts sont faciles et même faibles sur les choses importantes. » (DE BONALD.)

prodiguaient les rodomontades, parlant de lui sacrifier leur femme et leurs enfants, le menacèrent, s'il ne s'en allait pas, de l'arrêter de leur propre main (1). On ne s'appuie que sur ce qui résiste. Et l'on n'achète pas du caractère au jour fixé par une lettre de service, comme une paire d'épaulettes chez le passementier au lendemain d'une promotion. Il faut lentement l'acquérir, puis l'exercer quotidiennement, tout comme on exerce ses muscles.

3º *Nécessité de l'exercice.* — Il nous faut l'acquérir; il serait imprudent, si l'on en croit un professeur de l'Université, de trop compter sur notre éducation traditionnelle : « Nous « laissons échapper de nos mains des caractères sans couleur et « sans relief, que la vie fait ensuite muer sans résistance en indif- « férents, en sceptiques et en jouisseurs. » (ROCAFORT.) Mais une fois acquis, faute d'exercice, il dépérit instantanément : « Tout organe qui ne fonctionne pas, cesse bientôt de pouvoir « fonctionner. » Et nous avons ces volontés malades étudiées par Ribot, ces pauvres infirmes, parfois hypertrophiées, plus souvent atrophiées, chancelantes, incapables de faire un pas sans prendre pour béquilles les décisions d'autrui.

Du reste, généralement, le caractère ne se révèle que sur le champ d'action auquel il est accoutumé : ces généraux qui avaient fait preuve en Afrique de caractère et d'énergie, les Changarnier, les Lamoricière, furent bien médiocres en politique...

« Le poète Wordsworth, ayant un jour résolu de faire une « ascension dans une montagne, la continua malgré un violent « orage, donnant pour raison qu'abandonner un projet pour « éviter un léger inconvénient, est dangereux pour le caractère. » (Gustave LE BON.) Sourira qui voudra !

4º *Rareté du caractère.* — Le caractère est chose rare. Il fait de notre existence un perpétuel combat, parfois très dur,

---

(1) « Qu'il parte sur le champ ! Sans quoi nous serons obligés de le faire arrêter... Je l'arrêterai moi-même. » (DAVOUT.)

« Je lui ai bien serré le bouton, ainsi que Ney. Je lui ai dit qu'il était temps pour « nous de jouir du repos. Croit-il donc que, lorsque nous avons des titres, des hôtels « et des terres, nous nous ferons tuer pour lui ? » (LEFEBVRE.)

Voir Henri HOUSSAYE : 1815. *La seconde abdication.*

contre nous-mêmes et contre le monde extérieur. — Donc « pas
« d'histoires ! » Abdiquons, un peu tout d'abord et complètement
à la fin : car ce sera la fin de notre conscience. Et réfugions-nous
dans les béatitudes du nirvâna... Comme c'est tentant, surtout
si la notion de discipline vient encore envenimer le conflit !

« Les circonstances habituelles de la vie ne se prêtent guère au
« développement du caractère, nous dit un auteur allemand : les
« hommes ont en effet une tendance naturelle à éviter d'affirmer
« leur opinion d'une façon trop tranchante ; ils cherchent à ne frois-
« ser personne, et n'hésitent pas à battre en retraite dès qu'ils
« s'aperçoivent que leur opinion n'est pas admise sans discussion.
« Ceux-là peuvent s'estimer heureux dont la carrière s'achève
« sans qu'ils aient été amenés à exposer trop clairement des opi-
« nions que leur intérêt eût été parfois de laisser dans l'ombre. »

Il est si agréable, si commode en temps de paix, de n'avoir
affaire qu'à des soumis, parfois à des prosternés qui, chaque année,
vont se perfectionnant dans la science des courbettes, et parviennent à gagner... à perdre quelques centimètres ! si flatteur
de voir ses moindres désirs considérés comme des ordres (1) !
Mais vienne la guerre, le tableau change brusquement : « Sont-ce
« de tels hommes, habitués à prendre tout d'abord le vent, à
« orienter leur conviction sur celle qu'ils supposent à leur supé-
« rieur, qui pourront prendre une décision, à plus forte raison
« une décision énergique, sous les balles et les shrapnels ? » —
« On se fait une idée peu juste, a dit Napoléon qui devait s'y
« connaître, de la force d'âme nécessaire pour livrer, avec une
« pleine méditation de ses conséquences, une de ces grandes
« batailles d'où va dépendre le sort d'une armée, d'un pays. »

Donc, un beau jour, il faut bien s'arracher aux délices du
nirvâna : on arrive sur le champ de bataille, où il faut se décider
à tout prix, où il faut agir, agir passionnément. Depuis des
années, on ne s'exerce qu'à abdiquer. Alors on tremble, on a

---

(1) « Qu'est-ce à votre avis que d'être grand seigneur ? C'est être maître de plusieurs
objets de la concupiscence des hommes, et ainsi pouvoir satisfaire aux besoins et
aux désirs de plusieurs. Ce sont ces besoins et ces désirs qui les attirent auprès de
vous, et qui font qu'ils se soumettent à vous ; sans cela ils ne vous regarderaient pas
seulement. Mais ils espèrent, par ces services et ces déférences qu'ils vous rendent,
obtenir de vous quelque part de ces biens qu'ils désirent et dont ils voient que vous
disposez. » (PASCAL.)

peur, non point des balles, mais des responsabilités; et si l'on a l'âme plus haute, peur des sacrifices qu'il va falloir consentir; et si l'on a l'âme plus haute encore, peur de l'avenir de la Patrie à jouer sur un coup de dés. Et l'on tergiverse, et l'on remet sans cesse : au lendemain, au surlendemain, à plus tard, à toujours (1). Car l'adversaire n'attend pas pour imposer sa loi : la défaite.

L'initiative, la décision? Ce sont, nous l'avons déjà dit, de simples effets du caractère, ses manifestations les plus usuelles à la guerre. On oublie volontiers qu'il en est d'autres en temps de paix, plus obscures, plus redoutées de certains chefs, non moins fécondes puisqu'elles préparent l'avenir : elles sont la semence sacrée, patiemment amassée pour être jetée sans compter à la terre labourée par les projectiles, et d'où germera la victoire !

Un armement supérieur, une tactique raffinée, une science impeccable, sans caractère, c'est la défaite possible. — Le caractère, chez le chef et chez les subordonnés, c'est le succès probable, en dépit de toutes les malfaçons, malgré les inévitables imperfections du commandement, de la tactique et de l'armement. Puissé-je donc avoir réussi à convaincre quelques-uns parmi les meilleurs, et avoir fait naître en eux le désir ardent, — mieux encore la volonté ferme, — de travailler sans relâche au développement de leur caractère et de celui de leurs sous-ordres (2).

En faisant à Skobelev la faveur de le choisir pour diriger l'expédition contre les Turkmènes, le Tsar annonça l'intention de le subordonner au gouverneur du Caucase. Froidement, le

---

(1) « Comme on le sait, les Russes pour dire « tout de suite » possèdent des expressions variées : « à la seconde », « à la minute » et la plus usuelle « sur l'heure ». Notre camarade, le lieutenant de vaisseau italien Camperio, qui toujours donnait franchement son opinion, avait coutume d'expliquer aux officiers qui nous accompagnaient : « Vous autres Russes, quand vous dites à la seconde, ça peut arriver dans la journée; « quand vous dites à la minute, ça peut à la rigueur se produire le lendemain; dites- « vous sur l'heure, il y en a pour huit jours; mais quand vous remettez quelque chose « à demain, alors ça n'arrive jamais ! » (Major von TETTAU.)

(2) « Ce sont les petits esprits qui, en temps de paix, excellent dans les détails, s'occupent du matin au soir de minuties, sont inexorables sur l'uniformité absolue de la tenue, les alignements et le maniement des armes, en intervenant à chaque instant dans les fonctions de leurs subordonnés. Ils acquièrent par là une réputation imméritée, rendent le service un fardeau, mais ils sont surtout funestes en empêchant les caractères de se former et en arrêtant l'avancement des officiers capables et fiers. Qu'une guerre éclate, et ces petits esprits, épuisés par leurs occupations de détail, sont incapables d'aucun effort; ils échouent misérablement. C'est là l'éternelle histoire. » (Archiduc ALBERT.)

général répondit qu'il lui fallait carte blanche au point de vue militaire, et qu'entre le gouverneur et lui, il y avait à se décider...
Revenons à Kouropatkine.

§ 5 — Conséquences du manque de caractère

« Parmi les caractères irrésolus, nous dit Ribot, quelques-uns « — c'est le très petit nombre — le sont par richesse d'idées. La « comparaison des motifs, les raisonnements, le calcul des con- « séquences, constituent un état cérébral extrêmement complexe « où les tendances à l'acte s'entravent... La vraie cause, ici comme « partout, est dans le caractère (1). » Tel semble bien être le cas du généralissime russe; et peut-être s'en rend-il compte un peu confusément, quand, dans son instruction du 28 avril 1904, il nous parle mélancoliquement de « la grande indépendance de « caractère » et de la « fermeté » des généraux Japonais.

Il commence par accepter une situation mal définie : son commandement en chef ne s'exerce que sous le contrôle de l'ami- ral Alexeiev, dont l'intervention se manifeste fréquemment au début des opérations; il se laisse constamment influencer par les dépêches de Pétersbourg. Nous ne sommes plus à l'époque où Kutusov, en prenant le commandement, exigeait l'éloigne- ment du tsarévitch et répondait à l'Empereur : « Je ne saurais « le punir s'il fait mal, ni le récompenser s'il fait bien ! » Il ne veut pas se souvenir de l'exemple de Bonaparte en 1796 (2).

---

(1) Les maladies de la volonté.

(2) « Il faut pour cela, non seulement un seul général, mais encore que rien ne le gêne dans sa marche et dans ses opérations. J'ai fait la campagne sans consulter personne; je n'eusse rien fait de bon s'il eût fallu me concilier avec la manière de voir d'un autre. J'ai remporté quelques avantages sur des forces supérieures, et dans un dénuement absolu de tout, parce que, persuadé que votre confiance se reposait sur moi, ma mar- che a été aussi prompte que ma pensée. Si vous m'imposez des entraves de toute espèce, s'il faut que je réfère de tous mes plans aux commissaires du Gouvernement, s'ils ont le droit de changer mes mouvements, de m'ôter ou de m'envoyer des troupes, n'attendez plus rien de bon.

« .....Chacun a sa manière de faire la guerre. Le général Kellermann a plus d'expé- rience et la fera mieux que moi; mais tous les deux ensemble, nous la ferons mal. » (Bonaparte au Directoire : Lodi, 14 mai 1796.)

« Je crois qu'il faudrait plutôt un mauvais général que deux bons. » (Bonaparte à Carnot : Lodi, 14 mai 1796.)

« L'on voit par cette instruction (du Directoire) que si Napoléon a été vainqueur, c'est en dépit et au mépris des instructions du Gouvernement. » (Napoléon.)

« Tout général en chef qui se charge d'exécuter un plan qu'il trouve mauvais et désas-

Son manque de caractère a d'autres conséquences tout aussi désastreuses : ses plus précieuses qualités sont neutralisées, annihilées; sa doctrine militaire s'exaspère dans le sens de l'inertie.

1° Qualités intellectuelles. — **1° Ses idées**. — Que reste-t-il de son intelligence? « Après une analyse fort exacte, et parfois « même des plus subtiles, des procédés tactiques et stratégiques « de son adversaire (1), il persiste à préconiser une méthode « de guerre destinée précisément à donner à ces procédés leur « maximum d'efficacité, mais qui a du moins à ses yeux le mérite « de retarder la solution définitive. » (Commandant MEUNIER.) Il déclare que « des démonstrations faites uniquement par le « feu de l'artillerie ne peuvent produire qu'un effet médiocre », et il en fera exécuter, en particulier à Sandepou, par des corps d'armée tout entiers. Il parle volontiers de « déterminer exacte-« ment le point où il faudra faire une démonstration », et, pour lui, ce mot signifie canonnade. Il s'est échafaudé une théorie singulière, basée sur l'exemple de 1812, et qu'il expose complaisamment : « La mauvaise fortune, loin d'abattre le soldat russe, le soutient et le fortifie »; donc il espère user l'ennemi, sans jamais lui livrer bataille (2); il se garde bien de tenir compte du moral de ses propres troupes, qu'il semble croire inusable : plus tard, il se plaindra de ce moral, oubliant qu'il aura lui-même puissamment contribué à l'affaiblir (3).

---

treux est criminel; il doit représenter, insister pour qu'il soit changé, enfin donner sa démission plutôt que d'être l'instrument de la ruine des siens. » (NAPOLÉON, *Observations sur les Campagnes de 1796-1797*.)

(1) « Ils donnent la préférence au mouvement d'enveloppement et, à cet effet, se ménagent des forces importantes. Il faut en profiter pour prendre l'offensive et pour battre en détail leurs forces divisées. » (Instruction du 28 avril 1904.)

« Mais la condition préalable et essentielle du succès, c'est la volonté inébranlable d'atteindre le but du combat, et le fait d'avoir déjà usé toutes ses réserves ne doit pas empêcher la continuation de la lutte, attendu que l'ennemi peut se trouver dans la même situation que nous, ou même dans une situation encore plus critique. » (Instruction du 9 janvier 1905.)

(2) « En privant l'armée ennemie de son repos, nous aurons bientôt affaibli non seulement ses forces physiques, mais aussi sa valeur morale. La destruction des approvisionnements, l'accroissement des difficultés du ravitaillement, nous rapprocheront encore de ce but.» (Instruction du 28 avril 1904.) — Voir aussi les *Mémoires* de KOUROPATKINE et l'ouvrage de VON TETTAU, t. II, p. 438.

(3) « Le sentiment conscient que, quoi qu'il arrivât, le combat se terminerait par une reculade était un dissolvant pour les soldats comme pour les officiers. On entendait les hommes dire sur les positions : « Et quand va-t-on ordonner la retraite ? » Ils le

2⁰ **Leur application.** — Suivant le mot de Dragomirov, « il « trouve d'excellentes raisons pour ne pas agir, et, pendant ce « temps, l'autre gagne la bataille sur son dos » (1). On dirait, en vérité, qu'il « ne possède point la notion de la manœuvre pour « la bataille » (2). Ce n'est jamais lui qui agit, il se contente de subir (3). La bataille a toujours l'air de lui être imposée par quelqu'un — je ne parle pas d'Oyama! — par Alexeiev, par la Cour, par son subordonné Grippenberg... Bugeaud pensait : « Ne dis « jamais : j'agirai d'après les circonstances; dis plutôt j'agirai « malgré les circonstances. » Kouropatkine, lui, a une phrase de prédilection, qu'on trouve toute naturelle à l'armée de Mandchourie : « Ma conduite dépendra de celle de l'ennemi (4). » Nous faut-il un exemple? Reportons-nous par la pensée à la période de quelques semaines qui précède immédiatement la bataille de Liaoyang.

Pour de multiples raisons, dont les principales sont leur infériorité numérique et le manque de renseignements sur l'ennemi, les Russes se trouvent contraints à la défensive, ou plus exactement au dispositif défensif, à cette attente stratégique, sur un théâtre d'opérations généralement montagneux, dont Napoléon a pu dire : « Dans la guerre de montagne, celui qui attaque a « des désavantages. Même dans la guerre offensive, l'art consiste « à n'avoir que des combats défensifs et à obliger l'ennemi à « attaquer. » C'est très exactement l'attitude décrite par le colonel Foch : « Une armée dans la défensive stratégique, à

---

disaient sans arrière-pensée, sans malice, comme d'une chose qui s'était toujours faite et qui, par conséquent, se ferait de même cette fois encore. » (Capitaine SOLOVIEV.)

« C'eût été une bonne leçon pour Kouropatkine de se convaincre par lui-même de la fâcheuse influence exercée sur les troupes, malgré toute la patience du soldat russe, par ces continuelles retraites. Bien des opérations, parfaites sur le papier, n'auraient certainement pas eu lieu, pour le plus grand bien de l'armée russe. Kouropatkine et son état-major semblent l'avoir oublié : ce n'était pas avec des pions inertes qu'ils jouaient leur partie sur l'échiquier du champ de bataille; mais c'étaient des créatures vivantes et luttant pour leur vie, des hommes en chair et en os, qu'ils poussaient deçà, delà. » (O. VON SCHWARTZ.)

(1) ART ROË, *Mon Régiment russe.*

(2) Grand État-major allemand, *Kriegsgeschichtliche Einzelschriften,* 41-42.

(3) « Pendant toute la durée de son commandement, le général Kouropatkine ne voulut point comprendre que la meilleure manière de se protéger contre les entreprises et les ripostes de l'ennemi, était de se mouvoir lui-même avec rapidité et décision. » (Colonel GAEDKE.)

(4) G. DE LA SALLE, *En Mandchourie,* p. 172.

« l'affût en quelque sorte, mais capable de passer à l'offensive.
« Elle est en effet couverte dans toutes les directions, à une
« distance et par des forces qui lui permettent, si elle est atta-
« quée, de se concentrer tout entière, à l'abri, pour répondre à
« l'attaque sur le point où elle se produit, ou bien pour se dérober
« sûrement à cette attaque, si c'est là l'intention du commande-
« ment. Veut-elle passer à l'offensive, et cela dans une direction
« quelconque, les facilités de concentration sont les mêmes, et
« en outre les débouchés importants sont tenus. » A cette attitude
doit répondre un dispositif approprié : « Avant-gardes exploi-
« tant la capacité de résistance. Gros ou troupe de bataille exploi-
« tant la capacité du choc... Des yeux portés dans les directions
« intéressantes. Des bras tendus dans les directions dangereuses.
« Le mouvement du gros maintenu libre pour frapper dans la
« direction choisie. » Tout n'est donc pas perdu, bien loin de là (1) !
Que va faire Kouropatkine?

Entre ses mains, vers la fin de juillet, nous ne trouvons pas
une armée, mais cinq groupes distincts, — Rennenkampf, Sloutchevski, Keller, Zassoulitch, Zaroubaiev, — qui ne jouissent
même pas du bénéfice de l'autonomie, car, à plus de 100 kilomètres en arrière, de Liaoyang, il les dirige en personne, bouleverse sans cesse leur ordre de bataille et paralyse leur commandement; chacun de ces groupes, trop faible pour amener à lui
seul une décision quelconque, est bien trop fort s'il ne s'agit que
d'avant-gardes; aucune masse de manœuvre ne reste disponible
en arrière... Pourtant cette attitude ne possède point de vertus
intrinsèques, si elle n'implique pour couronnement l'acte offensif,
qui peut être complexe et durer plusieurs jours : Montenotte,
Millesimo, Dego.

L'infériorité numérique des Russes est-elle donc trop consi-

---

(1) « Jamais, par la suite, le général Kouropatkine n'eut une liberté d'action aussi
absolue; les masses importantes qui affluaient vers lui, il pouvait les porter là où il
jugeait avantageux de le faire. Pour tout ce qui se produisit ces mois-là, pour toutes
les occasions perdues, il doit porter tout seul une responsabilité entière et sans restriction. Rien au monde ne pouvait l'empêcher de faire reculer son groupe du sud
sans précipitation, et assez pour qu'il ne fût pas en danger de voir couper ses communications;.....rien ne l'empêchait d'établir et d'organiser la zone de l'arrière en conformité avec son plan d'opérations..... Il n'en fit rien..... Toujours étroitement collé à
une voie ferrée, on ne songeait point à doter l'armée d'une large zone de manœuvre. »
(Colonel GAEDKE.)

dérable pour leur permettre d'attaquer à un moment donné, — d'attaquer sur un seul point, — d'attaquer à fond, — de ne pas laisser se resserrer le demi-cercle des armées japonaises? — Déduction faite des garnisons de l'arrière, de la garde du chemin de fer, et de détachements sans grand intérêt, la répartition de leurs forces est sensiblement la suivante : Rennenkampf (3.000 fantassins, 4.000 cavaliers, 12 pièces) en face d'Oumezawa (4.200 fantassins, 100 cavaliers, 6 pièces); Sloutchevski (20.000 fantassins, 2.500 cavaliers, 88 pièces, 4 mitrailleuses) en face d'Inouyé (19.000 fantassins, 500 cavaliers, 36 pièces); Keller (16.000 fantassins, 1.800 cavaliers, 64 pièces) en face de Kuroki (21.000 fantassins, 1.000 cavaliers, 78 pièces); Zassoulitch (21.000 fantassins, 3.500 cavaliers, 78 pièces, 8 mitrailleuses) en face de Nodzu (31.000 fantassins, 1.000 cavaliers, 74 pièces); Zaroubaiev (40.000 fantassins, 3.000 cavaliers, 112 pièces) en face d'Oku (37.000 fantassins, 1.500 cavaliers, 216 pièces); et Kouropatkine dispose encore des trois quarts du XVIIᵉ corps : 19.000 fantassins, 80 pièces. Les événements de Tachekiao, de Simoutcheng, du Yangtseling, du Yuchouling, montrent surabondamment ce qu'auraient pu faire, dans les mêmes conditions, des avant-gardes de couverture, pour arrêter l'ennemi, le fixer, reconnaître ses forces, et donner à une masse de manœuvre, économisée sur l'ensemble de ces groupes, le temps d'intervenir décisivement. — Le grand État-major allemand estime qu'une opération de ce genre « était interdite aux Russes; ils ne pou-« vaient diriger leur gros ni vers l'est, ni vers le sud, sans exposer « leurs communications ». Voilà qui ne nous semble nullement évident : la situation de Kouropatkine ne diffère pas essentiellement de celle de Bonaparte à Savone, le 10 avril 1796. Il y a évidemment des risques à courir : il y en a toujours eu, il y en aura toujours à la guerre. Mais le généralissime russe est décidé à n'en courir aucun; il n'attend la victoire que d'une écrasante supériorité numérique : de crainte de se blesser, il se refuse à secouer l'arbre, attendant que les fruits se détachent d'eux-mêmes. Il ne fera rien pour agir.

Il ne fera rien pour adopter un dispositif plus logique : ces groupes, que nous prenons pour des avant-gardes, sont constitués en réalité par toute une armée déployée linéairement, avec, sur chaque point, des réserves locales surabondantes; et l'unité de cette armée n'est qu'un trompe-l'œil, en comparaison de celle des trois armées japonaises, reliées par les seules directives de leur grand quartier général.

Il n'emploiera même pas ses qualités d'organisateur à créer les convois qui lui manquent, et qui lui permettraient d'entamer des opérations actives... Ce sera une excuse toute trouvée, qu'il ne négligera point de faire valoir (1)... Peut-être ne se fie-t-il point à la capacité de résistance de ses troupes? En ce cas, comme il vient d'être ministre de la Guerre, pendant quatorze années consécutives, il doit savoir à qui s'en prendre. Peut-être estime-t-il « que la guerre de montagne est contraire au tempérament » de ses soldats? Ils ont donc bien changé depuis Souvarov, depuis le Caucase, depuis l'Asie Mineure? « Il nous faut encore admettre, « — dit l'État-major allemand, — cette particularité dont il a été « tenu grand compte chez les Russes : à leurs troupes il manquait « le matériel spécial indispensable pour la guerre de montagne, « surtout l'artillerie et les trains; mais non point en conclure « qu'elles fussent inaptes à marcher et combattre en pays monta-

---

(1) « Cette considération qu'une grande partie du train n'était pas encore à pied d'œuvre n'aurait pas dû être prépondérante : à Liaoyang, de grands approvisionnements s'entassaient, et les mouvements offensifs n'étaient pas appelés à avoir une grande envergure. On possédait d'ailleurs un train de fortune composé de voitures chinoises de la région. » (Colonel GAEDKE.)

« Kouropatkine avait déjà repoussé cette solution proposée, par Alexeiev en mai, parce qu'il ne possédait pas les convois nécessaires à l'entretien des troupes, et que la retraite de Kuroki eût entraîné toute l'armée russe vers le Yalu, ce qui, à son avis, était dangereux, et même risqué.

« Nous ne saurions adopter cette manière de voir : le système de couverture disposé dans les cols de Fengchouiling sous les ordres du général Keller, comptait à la fin de mai plus de 40 bataillons et autant d'escadrons; le détachement de l'est vivait sur des magasins têtes d'étapes de routes, régulièrement alimentés par des convois et que rien n'empêchait d'enfler en vue d'une manœuvre à prévoir par des effectifs doubles; c'était une pure question d'argent : les charrettes du pays, celles de la plaine du Liaoho, et de la Chine même, étaient à louer en nombre illimité.

« On pouvait de même constituer, pour la marche au delà, des magasins, des sections de convois administratifs sur véhicules indigènes, toutes les voitures réglementaires restant affectées aux corps de troupe.

« Après tout, de Liaoyang aux avant-gardes russes sur les crêtes, il n'y avait que cinq étapes; à deux étapes plus loin, on prenait le contact de l'ennemi, deux étapes de plus amenaient sur le Yalu.

« La question des ravitaillements ne semble donc pas avoir été insoluble, et, si le commandant en chef russe a répugné à tenter la manœuvre, n'est-ce pas simplement sous l'effet de l'appréhension d'une action en terrain montagneux, contraire au tempérament de la troupe russe, aux méthodes de commandement de ses chefs? » (*Revue Militaire des Armées étrangères*, mai 1908.)

« gneux. Les généraux russes auraient précisément dû se rappeler
« les exploits de leurs pères dans les Alpes. Ce que jadis Souvarov,
« dans l'escalade des rochers les plus abrupts, avait su exiger
« des enfants de la plaine, on aurait pu l'accomplir dans les
« massifs mandchous, inhospitaliers sans doute, mais ne pré-
« sentant que des difficultés très moyennes dans la région con-
« sidérée. » — Mais à quoi bon chercher si loin? Si Kouropatkine n'agit pas, c'est qu'il a peur d'agir, c'est qu'il redoute les
conséquences, c'est qu'il manque de caractère.

3º **Ses inquiétudes.** — Ses craintes sont incessantes. Comme il
ne recherche que l'absolue sécurité (1), dans ses ordres d'opérations, il n'est question que de positions à occuper, de flancs à
couvrir, de directions à surveiller, de retraite à sauvegarder.
La terreur de voir ses communications compromises le hante
et le paralyse (2); comme le chef dont parle Clausewitz, « cédant
« à la force inconsciente de la routine, il fractionne et dissémine
« ses troupes sans l'ombre d'un motif plausible ». Dès le mois
de mai 1904, il se représente Kuroki fonçant droit sur Moukden
à travers les montagnes (3); en février 1905, il croit les Japonais
en Mongolie (4). « La terreur chimérique des fantômes s'oppose

---

(1) « A la guerre, quiconque ne recherche que l'absolue sécurité et tremble devant
tous les risques, se condamne à une perpétuelle infériorité; l'audace est, au contraire,
la suprême sagesse. » (Grand État-major allemand.)

(2) « Les communications vers l'arrière, rien ne peut mieux les couvrir qu'une victoire; pour obtenir cette victoire qui règle tout et solutionne tous les problèmes, il
faut concentrer absolument tout ce que l'on est susceptible de concentrer. » (Général
VON SCHLIEFEN.)

« Le moyen le plus sûr de protéger ces communications était de frapper vigoureusement, franchement devant soi, et non de chercher des expédients pour les couvrir à
petite distance, en dépouillant tous ces corps, et en les égrenant du front jusqu'à l'arrière, dans un va-et-vient perpétuel. » (Colonel NOVITZKI.)

(3) « Sur des renseignements de source chinoise, fort exagérés, et des comptes rendus
tout aussi incertains du colonel Madritov, disant que les Japonais poussaient des forces
importantes du haut Yalu sur Moukden (il s'agissait, en réalité, d'un faible détachement de la brigade de réserve de la Garde à Tchantsieng), on dirigea, le 15 mai, sur
Sintsintin, à 120 kilomètres à l'est de Moukden, deux bataillons du 1er régiment de
réserve de Sibérie et quelques sotnias de la garde des voies ferrées, puis, le 18 mai,
un régiment cosaque. Étendre le plus possible la couverture était chose désirable en
soi; mais ici se révélait la grande influence des nouvelles de l'ennemi sur le haut
commandement russe : on n'examinait point si elles cadraient avec la situation générale. Mais on voulait tout couvrir ! » (Colonel GAEDKE.)

(4) « Au début de février, des rumeurs se propagèrent au sujet du rassemblement
en Mongolie de cavalerie et d'artillerie japonaises avec des Kounghouses..... A la fron-

« à la concentration énergique de toutes les forces contre l'ad-
« versaire en chair et en os que l'on a devant soi. » (Colonel
GAEDKE.)

Au milieu de ces préoccupations qui l'obsèdent, son jugement,
sa pénétration se trouvent en défaut; on peut vraiment lui appliquer cette parole de Taine : « Ils démêlent tout à la lumière arti-
« ficielle des bougies; ils se troublent et s'éblouissent à la clarté
« naturelle du grand jour. » — « L'attitude des Japonais dans la
« journée du 3 septembre, passive sur la rive droite du Taitseho,
« extraordinairement active sur la rive gauche, ne permettait
« pas au commandant de l'armée de déterminer avec une préci-
« sion suffisante les forces et les intentions de l'ennemi. — Voilà
« qui fait peu d'honneur à la perspicacité du général Kouro-
« patkine! L'attitude des Japonais était pourtant assez claire!
« S'ils restaient passifs sur le point où l'offensive seule pouvait
« leur donner un résultat décisif, c'est qu'ils n'y étaient pas
« en forces! » (Lieutenant-colonel BARDONNAUT.) Et nous savons
déjà qu'il s'exagère obstinément les effectifs de l'ennemi, les
estimant parfois au double de ce qu'ils sont en réalité.

2° Ses qualités morales. — Sa bravoure demeure en puissance, j'entends sa bravoure civique; et l'on croit comprendre
pourquoi Skobelev lui écrivait en 1881 : « Je vous prie de bien
« prendre en considération que désormais cela n'est plus de
« pertes plus ou moins considérables qu'il s'agit, mais bien de
« victoire. » A Liaoyang, il n'ose pas prononcer impitoyablement vers le sud la contre-offensive qui lui procurerait peut-être
un grand succès : il y aurait des risques à courir (1)! Regardons-
le, au surplus, en octobre, à la veille de cette offensive décrétée
par lui-même : « Soucieux, pensif, comme courbé sous un fardeau
« qui l'écrase. » (R. RECOULY.) Comparons cette attitude avec

---

tière, deux sotnias de pogranitza faisaient face — au dire de leur chef — à un fort
détachement ennemi, qui les obligeait à reculer. De ces « forts détachements » — on
parlait de 10.000 hommes — il ne fut plus jamais question. » (Major VON TETTAU.)

(1) « Ne pas risquer ! telle était la formule qui fut appliquée avec un succès égal par
Alexeiev sur mer, et par Kouropatkine sur terre. » (Capitaine de vaisseau SÉMÉNOV.)
« Chez le chef de l'armée russe, la volonté de vaincre était dominée par le désir de
ne jouer sous aucun prétexte le sort de l'armée sur une seule carte, et de sauvegarder
sa retraite en tout cas. » (Grand État-major allemand.)

celle de Bagration sur le champ de bataille d'Hollabrunn (1).
Comparons-la surtout avec celle de Kuroki : « Kuroki est rayon-
« nant : l'heure décisive a sonné pour lui. Il n'a plus qu'à percer
« entre le Manjouyama et le mamelon 131, pour aller barrer le
« chemin de fer de Moukden. » (Général HAMILTON.) Celui-ci
pousse ses lieutenants en avant. Celui-là ne cesse de prêcher
aux siens la circonspection : « Le général en chef avait recom-
« mandé la prudence au général Sloutchevski... Il avait déclaré
« qu'il fallait éviter un échec qui produirait un effet déplorable
« sur les troupes et en Russie. » (Major VON TETTAU.) Comme dit
Ludovic Naudeau, il ne prend l'offensive « qu'avec résignation ».
Il a beau réconforter les découragés qui viennent le voir au
quartier général, son abattement gagne les officiers (2), son
inquiétude se communique aux troupes (3). L'offensive? Mais
elle lui est à jamais interdite! De même qu'au général de Spicheren « l'idée ne lui vient pas qu'en qualité de commandant
« de la réserve générale, il ait un autre but à se proposer que de
« renforcer la résistance sur tout le front... Il n'a pas d'autre
« concept dans l'esprit que celui de la bataille parallèle ». (Colonel
MAISTRE.) — « Derrière l'homme qui se bat comme derrière le
« chef qui commande, il devrait y avoir quelqu'un pour lui
« souffler dans l'oreille : Mais ripostez donc ! » (Général IZZET
FUAD PACHA.)

Sa force morale n'est plus qu'un souvenir. Dans son instruction du 28 avril 1904, il observe que les Japonais « se soucient
« peu des intentions de l'adversaire et persévèrent dans la leur »,
et donne à entendre que c'est là une faiblesse, qui permettra de
les vaincre ! Que n'imite-t-il leur exemple ! Mais ses inquiétudes

(1) « Son visage exprimait cette décision concentrée et joyeuse qu'on trouve chez
l'homme prêt à se jeter à l'eau par une chaude journée, et qui prend son dernier
élan..... Ses yeux ronds et durs de vautour regardaient droit devant eux, avec une
expression d'orgueil quelque peu méprisante sans se fixer sur rien. » (TOLSTOI : *La
Guerre et la Paix.*)

(2) « A l'état-major de l'armée, nous étions déjà, ce jour-là, sous une impression
d'inquiétude grandissante. » (Colonel NOVITZKI.)

(3) « En m'apercevant, des officiers, un colonel, et jusqu'à de simples soldats m'inter-
rogeaient avec anxiété : — La station est-elle encore occupée par les Russes? — Avez-
vous vu beaucoup de soldats russes près de la station? — La voie ferrée n'a-t-elle pas
été attaquée par les Japonais au nord de la station? Tous ces braves gens étaient
obsédés par le fantôme : tous redoutaient que leur ligne de retraite ne fût coupée. »
(Ludovic NAUDEAU.)

l'assiègent sans relâche : au premier geste de l'ennemi, il modifie tous ses projets. Sa situation lui paraît toujours grave (1); il semble qu'il n'attende qu'un prétexte pour ordonner la retraite (2). Il a perdu de vue l'une des plus belles leçons des journées de Plevna :

« A ce moment Skobelev demande de son ton brusque habituel : — « Amenez-moi un canon. » Pendant que je m'éloigne de mon côté, je l'entends qui donne ses explications : « Mettez-vous « en batterie et envoyez leur quelques obus. Il faut que les Turcs « se persuadent bien que c'est nous qui avons eu le dernier mot. » (A. V. Vereschagine : *Guerre et Paix*.)

Il ne comprend pas ce principe élémentaire, si nettement formulé par le général Cardot, et que les Japonais savent appliquer avec tant d'à-propos : « Je suis écrasé par le nombre; je suis « débordé : on va m'attaquer — donc, j'attaque. C'est la logique « du soldat. Vous êtes inférieur en nombre; vous êtes tourné — « donc défendez-vous, prenez une position ! C'est la logique du « pédagogue, qui n'a jamais compris que, pour échapper aux « étreintes du capricorne, il faut de toute évidence lui casser « les cornes. »

Inconsciemment, son honnêteté fléchit parfois. « Tout en « suivant les mouvements de l'ennemi, il a l'œil ouvert sur la « Russie. Sa préoccupation constante est de savoir comment l'on « est disposé dans les sphères gouvernementales, ce qu'on dit « de lui à la Cour, dans la presse, ce qu'on en pense dans la « société. Il n'a qu'un désir, plaire à tous et contenter tout le « monde. » (Général Martinov.) Il obtient, comme de juste, un résultat tout opposé.

Pour se disculper, il lui arrive de dénaturer les faits : « Nous

---

(1) « A la guerre, on voit ses maux, on ne voit pas ceux de l'ennemi; il faut montrer de la confiance. » (Napoléon à Eugène, 30 avril 1809.)

(2) « Ces journées caractérisent bien la méthode du général Kouropatkine. Les Japonais, sur quelque point secondaire, remportent-ils quelque avantage insignifiant, le groupe battu commence par se replier, puis entraîne avec soi les autres détachements. Pas une fois l'idée ne vient au chef de l'armée russe de contrebalancer l'échec local en poussant ailleurs, avec une résolution double, des forces supérieures, susceptibles d'assurer le succès. » (Colonel Gaedke.)

« C'est très malheureux; mais, puisque Stackelberg s'est replié également, il convient de prendre la résolution de reculer sur Moukden et au delà. » (Le général Kouropatkine au général Bilderling.)

« avons constamment conduit cette guerre avec des forces
« matériellement inférieures », dira-t-il au major von Tettau. —
A l'en croire, un meilleur rendement du Transsibérien lui aurait
donné la victoire, en lui fournissant à Liaoyang, au Chaho, à
Moukden, trois ou quatre divisions de plus; est-ce bien sûr?
Ces divisions, quel usage en aurait-il fait?... Et puis, comme
l'observe le colonel Gaedke, le ministre Kouropatkine connaissait
la situation du chemin de fer en question : sur cette situation,
le général Kouropatkine devait baser son plan de campagne.

Pour chaque défaite, il lui faut un responsable (1) : Zassoulitch, Stackelberg, Zaroubaiev, Grippenberg ou Kaulbars. Il
les accuse, mais les ménage, les garde auprès de lui tant qu'ils
consentent à y rester, les comble de prévenances : leur renvoi
pourrait lui nuire à Pétersbourg! Il le confesse dans ses mémoires (2) et insiste péniblement sur les fautes de ses subordonnés (3).
Malheureusement les pauvres réservistes d'Orlov deviennent,
dans ses rapports, « douze mille hommes pleins de force et de
santé », et personne n'ignore, à l'armée, qu'à tort ou à raison
il croit voir en Grippenberg un concurrent éventuel.

---

(1) « On sait qu'après chaque combat de quelque importance, toujours terminé par
notre défaite, le général Kouropatkine faisait une enquête pour établir qui en était
coupable, et dans quelle mesure, afin de trouver des responsables. » (Colonel NOVITZKI.)

« Aussi, connaissant le manque de décision du général en chef et sa tendance à la passivité, peut-on dire sans se tromper qu'il s'est comporté sans sincérité à l'égard de
l'offensive de la IIe armée. Tout en se disant assez fort pour un passage général à l'offensive, il cherchait en même temps un prétexte honorable pour arrêter le mouvement
en avant. » (Colonel NOVITZKI.)

« Le général, dans ses *Mémoires*, énumère les causes du « résultat indécis » de la bataille du Chaho : 1° inhabileté du chef du groupe de l'Est à conduire les forces importantes à lui confiées, trois fois supérieures à celles de l'ennemi; 2° méconnaissance
du but à atteindre de la part du chef du groupe de l'ouest; 3° mollesse tactique et
manque d'énergie du commandant du Xe corps.....; 4° irrésolution du commandant
de la 31e division.....; 5° valeur insuffisante de beaucoup de soldats.....; 6° action trop
décousue des éléments du VIe sibérien. Les accusations que, pour se défendre, le général
Kouropatkine porte contre beaucoup de chefs, sont-elles justifiées? Je ne saurais me
prononcer. Quant au défaut de solidité au feu des soldats, je maintiens que ces hommes
se sont battus héroïquement partout où ils ont été menés avec décision. » (Major VON
TETTAU.)

(2) « Mes efforts pour me débarrasser des chefs incapables furent contrariés. Et je
reçus de Pétersbourg l'avis que je sollicitais trop souvent des déplacements. » (Général
KOUROPATKINE, *Memoiren.*)

(3) « A la personnalité de l'auteur, ces *Mémoires* ne sauraient apporter aucune justi-
fication. Il eût bien mieux agi en gardant le silence, comme jadis Bénédek. » (Colonel
GAEDKE, Préface de l'édition allemande des *Mémoires.*)

3° Ses doctrines. — Les doctrines dont nous avons observé la genèse à Plevna, s'exagèrent encore dans les instructions des 28 avril et 27 novembre 1904 :

1° « Nous sommes plus forts dans la défensive; une offensive « préméditée ne nous réussit pas souvent. »

2° « On ne devrait commencer un mouvement offensif que « lorsqu'on a été exactement renseigné sur la valeur des forces « ennemies et leurs emplacements. »

3° « Garder en main de fortes réserves, et les employer avec « économie... Je suis pour la conservation d'une réserve d'artil- « lerie, employée à renforcer la partie de la position sur laquelle « l'ennemi dirigera son attaque principale... J'insiste sur la né- « cessité qu'il y a de se conserver des réserves en toutes circons- « tances. »

Avec de tels principes, il n'y a plus d'offensive possible et il doit en être bien aise, puisque toutes ses préférences vont déci- dément à la défensive (1). Être éclairé avant d'agir?... Mais, « le 14 octobre 1806, Napoléon lui-même, malgré tout son génie, « malgré une cavalerie comme on en reverra rarement, n'était « pas exactement au courant de la situation des Prussiens. » (Lieutenant-colonel BOISSONNET.) La cavalerie russe donne ce qu'elle peut donner; mais Kouropatkine ne se déclarera jamais satisfait (2); comme il lui faut des précisions, il accueillera toutes les rumeurs, quelle que soit leur origine. Mais jamais le brouillard ne se dissipera pour lui : à Liaoyang, le sixième jour, il ne sera pas encore fixé! Cela du moins lui permettra de ne pas agir, de

---

(1) « Ce fut une fatalité pour le commandement russe, pendant tout le cours de cette guerre, de ne point savoir, une seule fois, s'évader, pour rentrer dans le droit chemin, de cette défensive à demi volontaire. » (Grand État-major allemand.)

(2) « Notre service d'exploration est loin d'avoir été aussi défectueux qu'on se l'ima- gine en général; mais, quand nous possédons les renseignements, nous ne savons pas nous en servir. » (Colonel NOVITZKI.)

« En réalité, après que l'on eut remédié aux imperfections du début, le service des renseignements ne fonctionna pas mal du tout : on les obtint même en grand nombre et en temps utile; d'ailleurs, avec la lenteur des opérations et la proximité des adver- saires, qui finirent par se trouver pendant des mois à portée de fusil l'un de l'autre, il n'en pouvait être autrement. Mais le général Kouropatkine oublia que tous les rensei- gnements ne peuvent fournir que la situation d'hier et non celle d'aujourd'hui; qu'ils ne nous instruisent que du passé, non du présent, jamais de l'avenir. Il ne les envi- sagea en aucun cas comme un simple point de départ, nous mettant à même de cal- culer les éventualités possibles, pour l'ennemi comme pour nous. mais non point d'at- teindre la certitude. » (Colonel GAEDKE.)

ne pas courir de risques : ce seront des opérations de tout repos, des défaites « de père de famille ». Pas de risques? Allons donc ! Mais la bataille, ça se galope à tombeau ouvert !

§ 6 — Sa méthode de commandement

Sur sa méthode de commandement, les résultats sont identiques. Pour ménager tous les protecteurs, il s'encombre de tous les protégés, obtenant ainsi, comme dit Dragomirov, « des états-« majors dont la composition n'a eu évidemment pour but que « de réaliser une idée de désordre et d'intrigue ». Sa tâche personnelle devient véritablement écrasante, « car son état-major ne l'assiste guère ». (G. DE LA SALLE.) Il semble du reste n'avoir confiance en personne, vouloir se substituer à tout le monde : « il passe son temps à s'occuper de questions insignifiantes, état « de la chaussure dans tel régiment, mode d'attelage des chevaux « du train, etc... Les commandants des corps d'armée reçoivent « constamment de lui les instructions les plus minutieuses sur « la répartition et l'emploi des unités sous leurs ordres. » (Général MARTINOV) (1). Naguère, aux manœuvres de Koursk, il a vivement critiqué les abus de la paperasserie (2) : que ne tient-il compte, maintenant, de ses propres observations !... En revanche, il ne se préoccupe point, afin de pouvoir manœuvrer, d'organiser la zone de l'arrière, avec magasins et lignes de communications propres à chacune des trois armées; on ne le fera qu'à

---

(1) « Mais ces mérites étaient contrebalancés par de graves défauts : absence de cette largeur d'idées qui caractérise l'homme d'État, tendance à se laisser absorber par les détails au détriment de l'ensemble, ignorance de l'art de choisir les hommes, manque de courage civique.

« Ces défauts s'affirmaient davantage dans le poste particulièrement difficile de commandant en chef de l'armée de Mandchourie; un autre vint s'y ajouter, l'inaptitude à envisager rapidement une situation et à prendre une décision immédiate.....

« Il choisissait naturellement des collaborateurs de même tendance d'esprit, et fuyait les hommes aux idées larges et indépendantes, au tempérament actif, aux conceptions audacieuses. » (Général MARTINOV.)

« L'esprit administratif méticuleux de ce général et son ingérence dans tous les détails du commandement l'empêchaient de prendre ces grandes résolutions qui sont un signe de caractère et d'audace. » (Colonel E. ROSTAGNO.)

(2) « Il y avait une grande quantité de paperasses. On travaillait le jour, le soir et pendant la nuit, on lithographiait, on imprimait, on expédiait des correspondances, et, malgré cela, les troupes ne recevaient pas leurs ordres à temps. » (Général KOU-ROPATKINE.)

Sipingkai : actuellement, tout le monde s'accroche à un point unique de la voie ferrée, Liaoyang ou Moukden; on traite ce groupe d'armées comme l'on traiterait une colonne de dix mille hommes opérant dans le Turkestan.

Il a vraiment d'autres soucis : il se débat contre ses rivaux lointains ou proches, réels ou bien imaginaires. Il fait la besogne de l'intendance; celle également du contrôle, en réprimant les exactions. Il court à droite, à gauche, suivi de son fidèle cosaque : revues, cérémonies, inspections, distributions, il est partout; hier soir, au lieu et place de la prévôté, il allait en personne faire la police et opérer une rafle d'ivrognes au buffet de la gare de Liaoyang (1). Ce n'est plus de l'activité, mais de l'agitation stérile.

Chose surprenante, il trouve encore le loisir de s'occuper des opérations; mais, dans ce cas, son rôle va se trouver sensiblement diminué (2) : « La préparation de l'offensive faisait l'objet d'un « travail des plus minutieux; chaque détail était d'abord examiné « par le commandant en chef lui-même, puis discuté et mis en « délibération. Un registre était tenu des avis de toutes les auto- « rités hiérarchiques sur les moindres questions. Des projets « étaient élaborés, visant tous les cas possibles et impossibles. « On noircissait des rames de papier, avec croquis en couleurs, « schémas détaillés où étaient représentés même les tirailleurs. « Les opérations étaient arrêtées par le menu plusieurs jours « à l'avance. » (Général Martinov.)

Ce rôle diminue encore, dès que l'on passe à l'exécution. Alors Kouropatkine renonce à diriger quoi que ce soit : comme certains acteurs, il se transforme instantanément, et de chef se fait subordonné. Il veut, nous dit-on, remédier ainsi « à la faible

---

(1) G. DE LA SALLE, *En Mandchourie*, p. 111.

(2) « Accoutumé pendant toute sa vie, dès que surgissait une question, à la faire mûrement examiner par des commissions, le général n'était point l'homme des promptes décisions; en lui, le bureaucrate avait tué le soldat. A son image se modelaient la plupart de ses subordonnés. » (Colonel GAEDKE.)

« Un seul cerveau voulait faire la besogne de tous, sans pouvoir même suffire à la sienne propre. Jamais peut-être chef ne trembla comme celui-là à l'idée de prendre une décision. Tout était examiné, discuté en de longues séances, vu et revu, avant d'être réglé, et toujours il arrivait juste ce que l'on n'avait pas prévu, et toujours on incriminait la défectuosité de l'exploration et la mauvaise organisation du service des renseignements. » (Colonel GAEDKE.)

« cohésion de ses différents corps » (1). Mais pourquoi, en Mandchourie, n'a-t-il rien fait, bien au contraire (2), pour augmenter
cette cohésion? Pourquoi ne l'a-t-il pas créée pendant ses longues
années de ministère? S'il se sentait les bras liés, pourquoi est-il
resté ministre?... Une fois ses ordres expédiés, il disparaît subitement; on ne sait plus où le trouver (3). C'est qu'il s'occupe,

---

(1) « C'est pour suppléer à l'absence d'un système, pour remédier à la faible cohésion
de ses différents corps, que Kouropatkine, en s'efforçant de commander personnellement à 400.000 hommes, assuma une tâche au-dessus des forces humaines. » (Ludovic
NAUDEAU.)

(2) « Ce fut un imposant cortège qui se joignit, pour cette reconnaissance, au général
Sloutchevski : les états-majors du corps d'armée, de la 31ᵉ division et de sa 1ʳᵉ brigade, de la 31ᵉ brigade d'artillerie, du régiment cosaque d'Orenbourg, du 6ᵉ bataillon
du génie, etc., et même une demi-sotnia d'Orenbourg comme escorte..... Quelle fut
notre stupéfaction, quand le général nous dit que c'était là tout son corps d'armée,
et qu'en dehors de cette demi-sotnia, il ne disposait pas d'un seul homme !

« Inquiet du sort du détachement Keller, qui, le 3 juillet, avait eu un combat de nuit
à Taouan, le commandant en chef, dès le débarquement à Liaoyang de la 9ᵉ division,
l'avait jetée dans les montagnes. La 1ʳᵉ brigade de cette division avec un groupe
d'artillerie, sous le général Gerschelmann, commandant de la division, avait été
envoyée au général Keller et placée sous ses ordres; la 2ᵉ brigade, également avec un
groupe d'artillerie, avait été poussée au nord sur le chemin de Sikouyang; tandis que
le 23ᵉ tirailleurs avait rejoint le détachement Keller, la 2ᵉ brigade de la 9ᵉ division
et son groupe de batteries, puis le 1ᵉʳ régiment d'Argoun et la batterie de montagne,
étaient sous les ordres de Rennenkampf, qui devait couvrir la route de Saimatseu à
Liaoyang. La 31ᵉ division avait sa 2ᵉ brigade avec un groupe d'artillerie à Haitcheng,
auprès du IIᵉ sibérien; sa 1ʳᵉ brigade, avec deux groupes de batteries, était, il est vrai,
à Liaoyang, mais à la disposition du commandant en chef. Enfin, au 1ᵉʳ d'Orenbourg,
dont deux sotnias seulement étaient arrivées, l'une escortait vers Haitcheng un équipage de pont, une demie était affectée au grand-duc Boris, qui se rendait au détachement Keller.

« Le commandant du Xᵉ corps était donc un roi sans royaume. Pour le consoler, le
commandant en chef lui avait fait dire que le général Rennenkampf, à la vérité indépendant au point de vue des opérations, lui serait subordonné au point de vue du
commandement. Le général Sloutchevski avait fait demander ce que cela voulait
dire, et de quelles troupes il pouvait disposer pour remplir la mission qui lui était
confiée : empêcher l'ennemi de marcher de Saimatseu sur Liaoyang et Moukden. »
(Major VON TETTAU.)

(3) « Entrant dans les moindres détails administratifs en temps de paix, il restait,
dans les moments critiques, spectateur passif des événements..... Pourquoi n'est-il
pas intervenu de sa personne, pour rectifier ces erreurs fatales de ses subordonnés?
Pourquoi, à ces heures critiques où se jouait le sort, non seulement de la bataille, mais
de toute la campagne, ne s'est-il pas porté sur les points menacés, pour y prendre le
commandement des troupes? .....Est-ce par crainte de limiter l'indépendance des
chefs sous ses ordres? Cette explication ne supporte pas l'examen. Se gênait-il, à
d'autres moments, pour disposer de simples détachements, de pièces de canon?

« Cette inertie ne s'explique que par la peur des responsabilités. Prendre au moment
critique le commandement des troupes, n'était-ce pas assumer seul et sans partage
le poids des conséquences? Tandis qu'en se confinant dans un rôle de direction supérieure, il était si commode de se disculper en déclarant que le plan était admirablement conçu, mais que Bilderling, Kaulbars, avaient tout embrouillé et tout gâté.
Après chaque revers, une enquête officielle était ouverte pour rechercher les coupa-

à ce moment précis, de prescrire ce qu'il faut faire à tel corps d'armée, à telle division : ici la réserve, six bataillons; là trois batteries; ailleurs la droite (1)... A Liaoyang, il fait occuper par deux bataillons du X⁰ corps une « clef de position » que les Japonais ne menaceront même pas; il donne directement au chef d'état-major du même corps l'ordre de détacher à Mout-chan deux bataillons et deux batteries; le 16 octobre, il prescrit de laisser le 85ᵉ en réserve du X⁰ corps. On pourrait multiplier ces exemples à l'infini : un volume n'y suffirait pas. Aussi bien, ses lieutenants renoncent-ils très vite à commander quoi que ce soit. Bilderling lui écrit : « Ayant l'ordre de Votre Excellence « aux troupes du front est de défendre avec acharnement les « positions occupées, j'ai ordonné au général Ivanov de s'adresser « directement à vous par le téléphone, parce que nous n'avons « pas le temps de recourir à une correspondance écrite. Je procède « ainsi parce que seule Votre Excellence, en sa qualité de général « en chef, ayant son plan et connaissant la situation générale des « deux fronts, peut trancher la question de savoir s'il faut con- « tinuer, au prix de grandes pertes, à défendre opiniâtrement « les positions occupées, ou se replier dès maintenant... » Il serait regrettable de passer sous silence la réponse de Kouro-patkine : « Tout cela, par malheur, était prévu, et les disposi-

---

bles. Rien de mieux si c'eût été dans le but d'éloigner de l'armée les nullités. Mais non ! C'était simplement pour réunir des documents justificatifs en vue de l'avenir. » (Général MARTINOV.)

(1) « Le général Keller transporterait donc, le 29, son quartier général à Lianchan-kouan..... Le général Kouropatkine n'approuvait pas ce choix et désirait le voir rester à Taouan. Le général Keller répondit que c'était son affaire..... » (Major VON TETTAU.)

« A l'arrivée du régiment d'Iéletz et de la 2ᵉ brigade de la 31ᵉ division, il semblerait utile de procéder aux changements suivants dans le corps d'armée qui vous est confié : ramener le régiment de Pensa à la réserve, qui se compose de trois régiments de la 31ᵉ division; réunir le commandement des positions de Hanpingling—Tsékeou dans les mains d'un commandant de division, en y consacrant toute la 9ᵉ division. Conser-ver de 8 à 10 bataillons comme réserves particulières. » (Le général Kouropatkine au commandant du X⁰ corps.)

« La hauteur au sud-ouest de Sikouantouen a été occupée par le régiment de Pensa. Comme la hauteur au nord-est de ce village est occupée par les Japonais, la position du flanc gauche de ce régiment n'est pas assurée. Il est nécessaire de lui venir rapide-ment en aide..... » (Ordre direct du général Kouropatkine au général Eck, du XVIIᵉ corps.)

« Le 30 août vers midi, sur l'ordre direct du commandant en chef, deux batteries et un bataillon furent installés sur la position de Padiakantseu. » (Colonel DANILOV.)

« Assurez la possession de la hauteur de Yansitouen au moyen d'un bataillon avec quelques pièces.» (Ordre du général Kouropatkine au général Stackelberg, le 12 octobre.)

« tions pour la retraite étaient déjà prises quand vous rédigiez
« cette dépêche ! »

Ses dispositions, il les modifie constamment, à chaque appel
de téléphone : « Il dépêche ordres sur contre-ordres, notes sur
« instructions, s'adressant au premier venu, à la manière d'un
« caporal qui commande son escouade, sans le moindre respect
« des échelons hiérarchiques. Son intervention ne se fait sentir
« que pour entraver les dispositions prises par ses lieutenants,
« ou disposer à leur insu des troupes dont ils ont le commande-
« ment, avec le plus parfait mépris des liens tactiques. » (Lieutenant-colonel BARDONNAUT.) A Liaoyang, pour l'attaque décisive,
il donne à Gerschelmann, à 5 heures, puis, à 5ʰ 30, à Sloutchevski,
le commandement qui, à 6ʰ 30, finira par revenir à Bilderling.
A Moukden, les 9 et 10 mars, en pleine période critique et sans
l'ombre d'un motif, le commandement du détachement d'extrême droite est exercé successivement, dans l'espace de vingt-
quatre heures, par le colonel Borisov, le général Martos, le
général Gerschelmann, le général Artamanov, et de nouveau le
général Gerschelmann... sans compter les ordres que le généralissime et le général Mylov donnent directement à diverses
fractions dudit détachement (1) !

Pour comble de disgrâce, il ne se préoccupe guère d'organiser
les liaisons. L'armée russe, qui, l'une des premières, a utilisé en
Asie Mineure, avec le général Lazarev, le télégraphe de campagne,
ne sait plus se servir des estafettes ni des communications électriques. Les renseignements, les comptes rendus, arrivent plusieurs heures trop tard. Au moment de s'engager, chaque chef
possède parfois trois ou quatre ordres contradictoires, émanant
de trois ou quatre autorités différentes.

_____

(1) « Le 12ᵉ tirailleurs avait, le 26 juin, reçu du comte Keller l'ordre de marcher
immédiatement sur Taouan, où l'on signalait des Japonais en marche vers les cols;
chemin faisant, il trouva un nouvel ordre, lui prescrivant de faire immédiatement
demi-tour; à 1 heure du matin, en reprenant sa place, il trouva un ordre du général
Kouropatkine d'avoir à se diriger sur Haitcheng sans désemparer et à marches forcées.
A 4 heures du matin, le régiment s'était mis en route, laissant en arrière une partie
de ses bagages, avait perdu toute la nuit au passage d'un col, sous une pluie battante,
au milieu d'une boue épaisse, était arrivé le 28 à Haitcheng, le 29 au matin avait été
dirigé par voie ferrée sur Liaoyang, d'où il devait maintenant faire retour au général
Keller..... Les officiers se plaignaient de ces perpétuelles marches et contre-marches,
dont le but échappait aux hommes qui..... n'avaient pas aperçu le moindre Japonais. »
(Major VON TETTAU.)

Quant au style, il peint l'homme. Les directives adressées à Bilderling, à la veille des combats d'Hanping, constituent un chef-d'œuvre d'imprécision, qui fixe uniquement « les trois « directions dangereuses », et où l'on trouve des passages tels que les suivants : « Vous devez prescrire aux commandants de « corps d'armée de décider eux-mêmes le moment précis où il « faudra commencer à se replier, car, par le télégraphe, des ordres « de cette nature peuvent, ou arriver trop tard, ou être préma- « turés. » — « Je prescris d'organiser, sous la responsabilité des gé- « néraux de division, des surprises de jour, et mieux de nuit, sur « le service de sûreté de l'ennemi, et sur ses fractions isolées qui « s'avancent trop, au moyen de détachements, et même la nuit, « au moyen d'hommes isolés. » Voilà pour la défensive, et voici maintenant un ordre d'offensive : « Le commandant en chef « estime désirable que le gros des Xe et XVIIe corps avance sur « l'emplacement primitif des avant-gardes, qui se porteront un « peu en avant (1). » Et voici mieux encore : « Vous m'avez privé « d'une fraction importante de la réserve... Je vous invite, sous « votre responsabilité, à renvoyer immédiatement le général « Levestam, avec ses six bataillons... Je m'adresse à un chef « militaire, qui ne doit pas comprendre dans un sens étroit le « problème qui lui est posé, et ne penser qu'à lui... Rappelez-vous « que chaque bataillon que vous me renvoyez peut avoir une « influence sur le succès de la mission qui m'est confiée, et qu'au « contraire ceux que vous conservez sans droit peuvent, dans le « cas d'un échec, vous en faire supporter la responsabilité morale. » Cette homélie, que nous abrégeons des trois quarts, extraite, semble-t-il, de la correspondance d'un sous-intendant avec un magasinier, est destinée au général Stackelberg, écrite à Liao-yang, en pleine bataille, dans l'ardeur de l'action !...

Quand l'Empereur voulait faire donner la Garde, il appelait un aide de camp, et, sur un chiffon de papier, on griffonnait ces mots : « La Garde au feu. »

« J'en ai connu, — disait Maurice de Saxe, — qui ne savaient

---

(1) « Quand on lit ces documents longs, ennuyeux et minutieux, on croirait que tous les officiers étaient arrivés à la guerre ignorant les connaissances les plus élémentaires de l'art de la guerre. Absorbé tout entier par ces minuties, le général Kouropatkine perdait constamment de vue la direction générale des opérations. » (Colonel Novitzki.)

« prendre aucun parti. Si un pareil homme vient à commander une
« armée, il cherchera à se sauver par les dispositions, parce qu'il
« n'aura point d'autres ressources. Pour les mieux faire compren-
« dre, il embrouillera la tête à toute son armée à force d'écritures.
« La moindre circonstance changeant tout à la guerre, il voudra
« changer ses dispositions, mettra tout dans une confusion hor-
« rible et infailliblement se fera battre. »

Le type est, en effet, de toutes les époques : il s'est appelé
Catinat, et Villars a été son Grippenberg... heureux. Nous l'avons
rencontré en Bavière, en Saxe, en Bohême, c'étaient, sous d'autres
noms, Mack, Brunswick, Benedek.

Mais qu'on ne s'y trompe point : le général Kouropatkine
mérite mieux que l'indulgence : il a droit au respect, non pour
avoir, au cours d'une brillante carrière, accumulé les grades et
les croix, mais pour avoir, durant les heures d'amertume, écrit
d'une main ferme, dans son ordre d'adieux, ces quelques lignes,
que tous les chefs devraient savoir par cœur :

« Apprenez à connaître vos subordonnés. Nous sommes pau-
« vres en hommes qui se distinguent par leur indépendance,
« leur énergie et leur initiative. Cherchez-les, encouragez-les,
« mettez-les en relief. Malheureusement, il n'existe pas en Russie
« un bien grand nombre d'hommes à caractère énergique et
« indépendant. En temps de paix, on les considérait comme des
« êtres insupportables, ayant mauvais caractère, et, en définitive,
« ils étaient souvent amenés à quitter le service prématurément.
« Par contre, on poussait des gens sans caractère, toujours prêts
« à approuver les avis de leurs chefs. Souvenons-nous que, dans
« cette guerre, nous aurons payé bien cher le peu de souci apporté
« à l'établissement des notes de nos subordonnés. »

V — LE COMMANDEMENT RUSSE

Certes, la part de responsabilité de ce malheureux commandant en chef est terriblement lourde : malgré toutes ses qualités,
il a été l'artisan principal de la défaite, mais il n'est pas le seul
coupable. Qu'il se rencontre en effet sous ses ordres un général
digne de ce nom, partout où ce général interviendra nous trouverons sa marque personnelle : à défaut de la victoire, nous
verrons naître le succès, partiel sans doute, mais glorieux; et,
qui sait? ce sera peut-être la victoire (1); ces attaques de plusieurs
divisions contre quelques bataillons n'échoueront pas lamenta-
blement; ce soldat brave, qui se bat consciencieusement, ne
sera pas condamné à la retraite perpétuelle. — Pendant dix-
huit mois, une intervention de ce genre ne se produira nulle
part.

Il nous faut donc nous en prendre au commandement, et étudier de plus près, plus attentivement, son organisation, quelques-
unes des personnalités qui l'exercent, et ses caractéristiques
principales.

§ 1 — Son organisation

Nous savons déjà combien laisse à désirer l'organisation du
commandement en chef. Le général Kouropatkine, commandant
l'armée de Mandchourie, se trouve, au même titre que l'armée
de l'Oussouri du général Linievitch, que la flotte de l'amiral
Makharov, que les services de l'arrière du général Volkhov à
Kharbine, sous les ordres du namiestnik Alexeiev; « quant à
« la place de Port-Arthur et aux troupes de la presqu'île du
« Kouantong, commandées par le général Stœssel, et quant à

---

(1) « La résolution d'attaquer quand même eût témoigné de l'inflexible volonté du
chef de saisir l'initiative, en dépit de tous les obstacles, de foncer sur l'ennemi, d'entraîner peut-être même, derrière soi, le généralissime à venir enfin compléter une victoire déjà ébauchée. Cette valeur de tout premier ordre, cet esprit de décision, eussent
été choses nouvelles au cours de cette guerre. » (Colonel DOBROROLSKI.)

« la question de savoir si elles dépendent de l'armée de Mand-
« chourie, ou directement du vice-roi, on nous donne au quartier
« général des renseignements contradictoires; nous avons l'im-
« pression qu'on n'est pas très fixé. » (Major von Tettau.)
Jusqu'à quel point le namiestnik intervient-il? Impossible de
le savoir; mais nous pouvons constater que cette intervention
se produit fréquemment, même sur des questions de détail, et
qu'elle engendre des conflits (1). A la suite d'une conférence
du colonel Danilov, le général Gilinski, ancien chef d'état-major
d'Alexeiev, confirmera, par la suite, « le bien-fondé des bruits
« relatifs aux tiraillements ayant existé entre le vice-roi et le
« général Kouropatkine ».

Dans l'armée russe, ce partage du commandement entre
plusieurs individualités semble avoir quelque chose de traditionnel. L'exemple de 1812 est dans toutes les mémoires, et
Tolstoï écrit des pages bien amusantes sur les neuf partis qui
divisent le conseil de guerre de Drissa : celui de Pfuhl et de ses
adhérents, les théoriciens, comprenant « les princes allemands
« et les Allemands en général, Woltzogen, Witzingerode et plu-
« sieurs autres »; celui des nationalistes, Bagration et Yermolov
qui « avait, dit-on, demandé un jour à l'Empereur la faveur
« d'être promu au grade d'Allemand »; celui des courtisans,

---

(1) « Le même jour eut lieu une entrevue à Moukden, dans le train de l'amiral
Alexeiev, entre le vice-roi et le général Kouropatkine. On ne connaît pas l'objet de
leur conversation; mais en sortant de wagon le général était très ému. » (Colonel
Danilov.)

« Le général Gilinski, chef d'état-major du vice-roi, avait été délégué de Kharbine
à Moukden, afin de dire à Kouropatkine que, pour l'offensive, il aurait à sa disposition
toutes les troupes présentes, y compris le VIe sibérien, débarqué à Tieling, suivi de près
en cas de besoin par le VIIIe corps. J'appris explicitement du général Sloutchevski que,
comme on l'affirma nettement après la bataille du Chaho, le vice-roi avait conservé
par devers lui des troupes envoyées à Kouropatkine pour l'accomplissement de sa
mission. » (Major von Tettau.)

« En attendant la constitution de la IIe armée, le vice-roi avait placé le VIe sibérien
sous les ordres du général Kouropatkine, mais sans le faire entrer dans la composition
de la Ire armée et à condition : 1° que le corps n'agirait que tout entier; 2° et dans un
rayon nettement délimité. » (Colonel Danilov.)

« Nous éprouvâmes une certaine émotion du fait de l'arrivée du sud, le 8 mai, d'un
train avec douze pièces de forteresse provenant des batteries de côte d'Inkéou récemment évacuées : la seule artillerie lourde présente à ce moment sur le théâtre de la
guerre. Leur destination éventuelle était laissée à l'appréciation du commandement.
On commença par dire qu'elles iraient à Kharbine et, à notre désespoir, nous les
vîmes partir effectivement dans cette direction; mais bientôt elles rebroussèrent
chemin et finalement furent débarquées à Liaoyang. » (Major von Tettau.)

comme Araktcheiev, « médiateurs entre les deux premiers »;
celui des mécontents de tout, avec « à sa tête le grand-duc tsaré-
« vitch »; celui de Barclay de Tolly, ministre de la Guerre et
« général en chef »; celui de Bennigsen, rival de Barclay; celui
des « généraux et aides de camp passionnément attachés » à
la personne de l'Empereur; celui qui « n'avait en vue que d'avoir
« à tout prix des croix, des rangs, de l'argent et ne s'occupait
« que de suivre les fluctuations de la faveur impériale »; celui
qui pense et dit « que le mal provenait principalement de la
« présence de l'Empereur et de sa cour militaire, qui avait
« amené avec elle cette versatilité de rapports conventionnels
« et incertains, commode peut-être à la Cour, mais fatale assu-
« rément à l'armée. » (*La Guerre et la Paix*.) Tout cela doit
aboutir à une sorte de partage entre Bagration et Barclay
de Tolly (1).

En 1807 se sont déjà produites les compétitions entre Kamenski
Buxhoevden et Bennigsen, que Tolstoï fait raconter, avec tant
d'ironie, par le diplomate Bilibine : « Pendant cet interrègne,
« nous commençons un plan de manœuvres excessivement
« intéressant et original. Notre but n'est pas, comme il le devrait
« être, d'éviter l'ennemi ou de l'attaquer, mais uniquement
« d'éviter le général Buxhoevden, qui, par droit d'ancienneté,
« serait notre chef. » (*La Guerre et la Paix*.)

A Plevna, en 1877, la tradition se perpétue : le prince Charles
de Roumanie commandant en chef, le général Zotov son chef
d'état-major, le grand-duc Nicolas généralissime, le général
Levitzki sous-chef d'état-major général, le major-général Nepo-
koitchitski, se guident les uns les autres et se succèdent dans le
commandement.

Kouropatkine, non content d'accepter cette méthode, l'applique lui-même en Mandchourie : il se garde bien en juillet d'opposer un général à Kuroki; il en met deux, Keller et Sloutchevski,

---

(1) « En 1812, l'empereur Alexandre Ier, voulant ménager l'amour-propre des généraux Barclay de Tolly et Bagration, dont l'un était plus ancien de grade, et l'autre
ministre de la Guerre, ne subordonna point d'une manière précise, en quittant l'armée,
l'un à l'autre, mais il les invita à agir constamment de concert et en parfait accord,
recommandation qu'il ne cessa de leur réitérer par la suite dans toute sa correspondance. L'histoire de la campagne a montré de quelle singulière manière ils agirent de
concert et en parfait accord. » (Général LEER de l'état-major russe.)

indépendants l'un de l'autre : le résultat ne saurait être douteux.
S'il groupe plusieurs corps d'armées, ce n'est que momentanément, nominalement, sous le commandement du chef de l'un
de ces corps, auquel il ne donne même pas un état-major spécial;
et, le major von Tettau le constate, il continue à « exercer une
« action directrice sur les opérations » des diverses fractions de
ces groupes. C'est qu'il ne veut pas de commandants d'armées;
si on lui en impose, il ne s'occupera que de restreindre leurs
pouvoirs; il se croit capable de tout régenter sur un front de
90 kilomètres de développement. Il l'avoue franchement dans
ses mémoires (p. 412 et suivantes), en récriminant longuement
contre ce qu'il appelle les droits excessifs, énormes, dangereux,
d'un commandant d'armée. On croirait, pour un peu, qu'il se
méfie de ses lieutenants... Cette défiance est-elle justifiée?

§ 2 — Quelques silhouettes

1º Le général Zassoulitch. — Au Yalu, le général Zassoulitch est loin d'avoir fait preuve de qualités exceptionnelles. Il
a toléré l'intrusion incessante du commandant en chef dans les
moindres actes de son commandement; il s'est laissé imposer,
par correspondance, des prescriptions de détail dont les conséquences ne pouvaient être que fâcheuses. Il n'a même pas
entrevu sa mission.

« Personnellement, — a-t-il dit par la suite, — je déplore ces
« pertes, mais je ne regrette pas d'avoir accepté le combat en pré-
« sence d'un ennemi supérieur en nombre, pour lui montrer que
« nous n'avons pas peur de lui et lui donner à réfléchir sur ce qui
« se passera, quand nous serons concentrés. » Le résultat moral a
d'ailleurs été diamétralement opposé... Remarquons en passant
que ces arguments sont absolument analogues à ceux présentés,
après Wissembourg, par le colonel Robert, chef d'état-major de
la division Douai.

En tout cas, le chef qui s'exprime de la sorte ne doit pas manquer de qualités morales. Si son inaptitude au commandement
n'exige pas son renvoi immédiat en Russie, on doit pouvoir
l'utiliser encore, car il est vraisemblablement énergique et tenace.
On le garde à l'armée.

Mais, pendant toute la campagne, à demi disgracié, il ne disposera que d'une faible division de son IIe sibérien, systématiquement disséminé, avec laquelle il se conduira du reste plus qu'honorablement durant la bataille de Moukden... Étrange conception de la mise en œuvre des énergies !

2° Le général Stackelberg. — Cette énergie, tous n'en sont pas doués au même degré, parmi ceux dont le rôle est le plus important, comme le général Stackelberg.

Après Ouafangkeou, où il n'a pas su diriger le combat (1), il a une bien mauvaise presse et une légende se forme sur son compte : « La vieille jalousie, latente chez beaucoup d'officiers « russes, contre leurs confrères et leurs supérieurs de nom et de « race germaniques se réveilla : on accabla de railleries cet « Allemand pédant, acariâtre... On fit sur son nom des calembours orduriers. En réalité tout cela était bien injuste et « bien faux... Il paya courageusement de sa personne : son « cheval fut blessé, et d'ailleurs il se comporta par la suite de « manière que nul ne puisse douter de sa bravoure. » (R. Recouly.)

En effet, nous le retrouvons à Liaoyang, défendant héroïquement Tchoutchanpou : « Un shrapnel arrive et les têtes qui « débordaient rentrent toutes en même temps. Seul, Stackelberg ne bouge pas d'une ligne sa tête hautaine et froide... « Correct, ganté de frais, sanglé dans sa capote, il lorgne la « plaine, donne des ordres, dicte les télégrammes lentement, « posément, d'une voix calme, comme si ce n'était pas du fer « qui vole autour de lui. Un moment on l'appelle au téléphone « installé derrière la tour. Il y va tout droit au lieu de contourner « en se baissant ; sa haute taille se détache tout entière sur la « cime : un obus éclate à trois pas, Stackelberg sans dévier continue sa marche. » (R. Recouly.)

Mais le caractère est-il à la hauteur de cette bravoure ? A

_____

(1) « Pour conclure, je peux dire que, si les opérations de la 2e brigade de la 35e division d'infanterie paraissent étranges à M. le général Stackelberg, à nous autres acteurs du combat, l'absence de direction commune de l'engagement a paru tragique. » (*Invalide russe*, n° 65 de 1906.)

Tachekiao, le combat à peine engagé, Stackelberg rend compte qu'il subit une violente canonnade; que son infanterie souffre peu, car elle n'occupe pas les tranchées; que s'il fallait les occuper, on s'exposerait à des pertes sérieuses; que l'effort principal de l'ennemi est dirigé contre lui, — 'c'est précisément l'inverse, — il conclut enfin : « Je crois de mon devoir d'émettre l'avis qu'il « est opportun de battre en retraite. »

Après Aichantchan, sa terreur des responsabilités s'exalte encore : « Je ne trouve pas de paroles, écrit-il, pour exprimer « mon chagrin sans bornes de cette nouvelle perte pénible « supportée par le Ier corps sibérien, aussi bien en ce qui concerne « la batterie que pour le général Rutkovski et le colonel Raaben... « Quant à la perte de la batterie, c'est une sorte de fatalité pour « moi. En conscience, je ne crois pas être responsable de cette « perte, si tout ce que m'ont raconté les témoins oculaires, sur « les circonstances de cette perte, est exact. Les éléments l'ont « emporté sur les forces humaines. Le général Iatsinine fait « une enquête et mettra en lumière tout ce qui se rapporte à « ce triste épisode, qui m'afflige au delà de tout ce que je puis « dire. Je suis complètement abattu par le chagrin. »

A Liaoyang il écrit déjà, avant le premier coup de canon : « Plus je me familiarise avec la position confiée à mon corps « d'armée, plus je me convaincs qu'il n'est possible de la défendre « opiniâtrement qu'à la condition que Votre Excellence trouve « la possibilité de me renforcer d'une division »... Trois jours après, ayant à couvrir une quinzaine de kilomètres, il marche à l'attaque décisive à la vitesse de 2 kilomètres à l'heure (1), déclarant dans son rapport « qu'il n'avait pas de raisons de se « presser », et contribue très largement à l'échec du général Orlov, qu'il traite d'ailleurs assez durement.

Au Chaho, avec une écrasante supériorité numérique, il n'obtient aucun résultat; à cette occasion, sa correspondance avec Kouropatkine est l'indice d'une médiocre fermeté d'âme... A Sandepou, il trouvera du moins son chemin de Damas; le généralissime y met bon ordre : on aura toléré tout, sauf l'ini-

---

(1) « Seul, le lent mouvement du Ier corps sibérien paraissait regrettable. A midi 40, la tête de ce corps d'armée était seulement arrivée à Lilienkéou, c'est-à-dire avait mis plus de sept heures et demie pour parcourir de 12 à 15 verstes. » (Colonel DANILOV.)

tiative. « Le général Stackelberg avait fait, ce jour-là, preuve
« d'initiative et de goût des responsabilités. Sans ordres, contrai-
« rement aux instructions directes du généralissime, de bon
« matin, avec son corps d'armée renforcé de la 2e brigade de
« tirailleurs, il avait pris l'offensive sur Soumapou... Il s'était
« rendu compte que le rôle passif attribué à son corps d'armée
« ne répondait nullement à la situation stratégique et tactique,
« puisqu'il laissait à l'ennemi qui lui faisait face une entière
« liberté d'action. Il avait la conviction que, seulement par une
« vigoureuse offensive, et non en demeurant spectateur oisif,
« il pourrait venir en aide à ceux qui luttaient à Sandepou. En
« attaquant, il supposait ce village enlevé, et jugeait devoir
« compléter ce succès et le transformer en victoire : rien ne put
« le détourner de cette conception offensive, pas même les ordres
« envoyés dans la matinée pour lui exposer la situation réelle
« et lui assigner encore un rôle passif pour ce jour-là. Il préféra
« foncer énergiquement, pour empêcher son adversaire de débor-
« der, avec sa masse principale, les assaillants de Sandepou.
« Rien ne put modifier sa résolution : même l'ordre du chef d'état-
« major de l'armée de renvoyer au nord la 2e brigade de tirailleurs,
« même l'arrivée vers midi du général Grekov, commandant la
« division cosaque d'Orenbourg, envoyé par le général Grippen-
« berg pour lui exposer la situation réelle et lui faire rompre le
« combat. Inflexiblement, avec une inébranlable énergie, il
« maintint son plan d'offensive, et, tout le jour, en poursuivit
« l'exécution... Le corps Stackelberg avait fait son devoir :
« l'inaction absolue des autres corps avait rendu stériles ces
« énormes sacrifices, mais on ne saurait en faire un grief au géné-
« ral, qui apprécia très judicieusement la situation et y conforma
« son attitude, sans crainte des responsabilités. — Pourtant, au
« quartier général, on ne fut pas de cet avis : après l'affaire, le
« général fut relevé de son commandement et rentra en Russie. »
(Major von Tettau.)

3o *Le général Keller.* — Le comte Keller semble avant
tout un homme d'action, mal servi par son inexpérience; d'après
le major von Tettau : « C'était un caractère aimable, distingué,
« un soldat intrépide, plein d'initiative et d'audace. Il aurait

« été sûrement un chef excellent, si seulement il avait eu plus
« de pratique. Dans la guerre turco-russe, à l'âge de vingt-huit
« ans, il était chef d'état-major de la milice bulgare et, après
« la blessure de Kouropatkine, il avait succédé à celui-ci comme
« chef d'état-major de la division Skobelev. Commandant du
« corps des pages, puis gouverneur d'Ekatérinoslav, lorsque la
« guerre éclata, il sollicita un commandement, mais ne supposait
« pas qu'on lui donnerait un corps d'armée. Il m'avoua qu'il
« ne se sentait pas à la hauteur de sa situation, qu'il l'avait dit
« au général Kouropatkine, mais qu'il ferait son devoir de son
« mieux (1). »

Donc un modeste, et c'est déjà une précieuse qualité ; elle n'est
point isolée. Visiblement, il a la volonté d'agir et en recherche
infatigablement les moyens. Le général en chef veut lui imposer,
comme aux autres, ses prescriptions de détail : Keller lui déclare
carrément que « c'est son affaire de s'installer où il lui convient ».
Voilà donc enfin un caractère.

Malheureusement, les ordres de Liaoyang paralysent sa bonne
volonté ; l'expérience n'a pas le temps de le mûrir ; découragé,
il recherche la mort et la trouve, héroïque, digne de lui !

4° *Les généraux Zaroubaiev et Bilderling.* — De ces
deux généraux, Kouropatkine peut être fier : ils appliquent
fidèlement, consciencieusement, ses propres méthodes de commandement.

Lorsque Stackelberg, à Tachekiao, désire ardemment la retraite
et ne le dissimule pas, que va faire son chef, Zaroubaiev ? Il
s'indigne sans doute et le rappelle au sentiment du devoir ?
Écoutons : « Je lui répondis que l'on ne pouvait se retirer en
« plein jour qu'au prix de pertes énormes, que je prendrais une
« décision à la tombée de la nuit, mais qu'en attendant je prenais

---

(1) « Maintenant le comte Keller avait pris le commandement du détachement de
l'Est. La tâche que son prédécesseur n'avait pu remplir, il lui fallait continuer à l'assumer, avec des troupes battues qu'il connaissait aussi peu que le théâtre des opérations.
Était-il vraiment l'homme de cette difficile situation ? Personnellement, et à coup sûr
au point de vue de l'expérience, il l'était bien peu ! Dans cette guerre, parmi beaucoup
de choses incompréhensibles, on peut signaler l'habitude de confier des situations
entraînant une lourde responsabilité à des hommes nullement préparés : contre les
Japonais, il semblait qu'on ne crût pas indispensable de se donner la peine de faire
un choix. » (Major von TETTAU.)

« sur moi la responsabilité du maintien des troupes sur la posi-
« tion. » Et tout le rapport est à l'avenant : « Il raconte que, sur
« son ordre, le général Chileiko s'entend avec le général Micht-
« chenko pour l'offensive, que celui-ci consent à appuyer cette
« offensive, mais que le général Kossovitch refuse les deux
« bataillons qu'on lui demande. On croit rêver ! Que fait donc
« pendant ce temps-là le général Zaroubaiev, en haut de son
« piton coté 120? N'est-il pas là pour mettre tout le monde
« d'accord et suppléer au manque d'esprit de solidarité de ses
« généraux par une manifestation claire et énergique de sa
« volonté? » (Lieutenant-colonel BARDONNAUT.) — Le rapport
se termine par ces mots, vraisemblablement sans ironie : « C'est
« particulièrement grâce aux généraux que cette pénible journée
« a eu une heureuse issue. » Le général Zaroubaiev n'a point de
rancune, et n'est vraiment pas exigeant !

Hâtons-nous d'ajouter qu'aux journées du Chaho, il comman-
dera très honorablement son IVe sibérien.

Maintenant, ce simple extrait d'un compte rendu du général
Bilderling : « Le général Ivanov a englobé dans sa réserve, à
« Koufentseu, la 1re brigade de la 35e division et un autre régi-
« ment de cette division. Il ne reste plus à Siaolingtseu qu'un
« régiment et une batterie. Je proteste contre ce procédé. C'est à
« moi seul, investi du commandement général de tout le front,
« qu'il appartient de disposer des réserves. » Pendant les deux
journées d'Hanping, si l'on néglige quelques notes du même genre,
ce commandant d'une armée de trois corps ne donne pas signe
de vie : on dirait qu'il se contente d'attendre, en engageant
le moins possible ce XVIIe corps, qui lui appartient en propre,
qu'arrive enfin l'heure de la retraite ! A Liaoyang, son inertie ne
sera pas moindre : il laissera les trois brigades de Kuroki passer
le fleuve tranquillement; et c'est du pied du Manjouyama qu'il
datera ce rapport bien caractéristique : « Il ne me paraît pas pos-
« sible de donner actuellement l'emplacement exact des troupes,
« en raison de leur passage à l'offensive. »

5° *Le général Stoessel.* — Nous aurions voulu ne point
parler de celui qui a terminé, aujourd'hui, l'expiation commencée
parmi les ovations, les croix du Mérite et les armes d'honneur.

Mais il n'est pas permis de passer sous silence le rôle qu'il a joué à Nantchan, derrière cette position assaillie par l'armée d'Oku. L'attaque japonaise a duré vingt-quatre heures; elle a été acharnée; elle a failli échouer et les Russes n'ont cédé qu'à la tombée de la nuit, se retirant en ordre, et laissant derrière eux les cadavres de plusieurs milliers d'ennemis. On savait que Stœssel avait quitté Port-Arthur avec toute la division du général Fock, et l'on trouvait héroïque la résistance de cette division...

Il fallut en rabattre, en apprenant qu'un unique régiment, le 5ᵉ tirailleurs, sous les ordres du colonel Tretiakov, avait fait toute la besogne à lui seul. Obsédé par l'idée d'un débarquement on ne sait en quel point mystérieux de la presqu'île, se voyant déjà en imagination, tourné, coupé, enveloppé, Stœssel, avec sa division, se trouvait à dix kilomètres de là, sourd aux appels de détresse réitérés; il y restait toute la journée à organiser une position de repli et à étudier des contre-attaques... pour occuper les hommes. — Passons vite !

6º *Les généraux Michtchenko et Rennenkampf.* — Si le général Michtchenko était un modeste, ce qui est possible, sa modestie a été soumise à de rudes épreuves : pendant toute la campagne, les journaux, particulièrement les journaux illustrés, n'ont pas cessé une minute de s'intéresser à lui. Cette réclame un peu tapageuse mise à part, cet artilleur improvisé cavalier, tout en faisant plus de besogne que la plupart de ses collègues, ne rappela Murat que de fort loin, par l'importance des commandements qu'on lui confia, et ne réussit même pas à faire oublier l'hetman Platov.

Son chef d'état-major, le colonel Valdbolski, avoue « qu'il « n'aimait pas au-dessous de lui des chefs indépendants, et leur « préférait des caractères soumis, doux et conciliants... Rempli « d'initiative, il en acceptait difficilement la manifestation chez « ses subordonnés ». — Or, un beau jour, le général expose ses doléances au capitaine norvégien Nyqvist : « Dans la formation « de nos officiers d'état-major, on étouffe l'individualité. » Il ne se rend pas compte qu'il en fait tout autant dans sa sphère d'influence.

Quelle que puisse être sa valeur, nous lui préférons néanmoins son rival (1) Rennenkampf, qui semble plus sincèrement cavalier, et, pendant la bataille de Moukden, dirige tout à fait brillamment un très gros détachement de toutes armes, dans une région des plus difficiles.

7º *Le général Linievitch.* — Robuste d'âme et de corps malgré ses soixante-sept ans, c'est comme soldat qu'il a débuté et, depuis la Crimée, il est allé partout où l'on se battait, en Chine encore dernièrement. Ce n'est pas un compliqué, un savant, un grand calculateur ; il semble même un peu fruste : beaucoup de choses lui manquent peut-être (2) ; mais il possède ce qui remplace presque tout, le caractère et l'énergie.

Pendant les rudes journées de Moukden, en dépit de quelques ombres au tableau, sa Ire armée se place hors de pair. Sans doute, elle occupe en montagne de fortes positions ; mais d'autres les ont eues, ces positions, qui n'ont pas su les défendre ; la montagne n'est-elle pas « l'ennemie » du soldat russe ? Et puis, dans

---

(1) « Je fus invité à l'état-major de la division, présidé par le général Michtchenko ; il me fit asseoir à ses côtés et m'interrogea sur l'action de notre flanc gauche. J'ai constaté ici la même hostilité contre Rennenkampf et son détachement, que j'avais déjà observée au corps d'armée de l'est, quand je m'y suis trouvé en mai ; hostilité qui provient probablement d'un sentiment de rivalité. » (Lieutenant-Colonel KVITKA.)

(2) « Pendant la conversation, le général Linievitch s'adressait le plus souvent au colonel Lauenstein et à moi, qui étions à cette table les seuls officiers étrangers parlant russe. Il me sembla qu'il voulait nous prouver qu'en tout, fût-ce l'armement et l'équipement, l'armée russe était la première du monde. Il demanda au colonel : « Quelle est l'armée qui a le meilleur fusil ? » Mon camarade se tira d'affaire diplomatiquement en répliquant : « Je suis artilleur, mais, en sa qualité de fantassin, le major von Tettau « pourra vous répondre. — Eh bien alors, dites-moi quelle est l'armée qui a le meil-« leur fusil? » Ma réponse, « Les expériences faites il y a trois ans au champ de tir de Kiev, « avec des fusils de toutes les armées, se sont prononcées en faveur du fusil allemand » sembla n'être point de son goût. Hochant la tête, il s'écria : « Non, c'est le fusil russe. » Puis, se retournant vers le colonel : « Et le meilleur canon, puisque vous êtes artilleur ? « — A mon avis, c'est la nouvelle pièce allemande à boucliers ». Cette réplique n'eut pas l'heur de lui plaire davantage, bien qu'il convînt de la nécessité des boucliers. Puis, se retournant vers le général Battianov, il s'entretint avec lui des qualités du soldat russe. Il citait le cas d'un homme, hospitalisé très en arrière de l'armée, qui, peu avant Moukden, avait « déserté » pour rejoindre son corps. » (Major von TETTAU.)

« Le général jouissait d'une grande popularité auprès des troupes sibériennes, qui l'avaient surnommé « papacha » (bonnet de fourrure). Il avait une réputation bien assise de bravoure personnelle et de remarquable opiniâtreté. On raconte, — je ne saurais garantir l'authenticité du fait, — qu'à l'aide qui lui apportait l'ordre de se replier sur les positions du Hounho, il aurait répliqué d'un ton brusque et fort nettement « qu'il allait marcher sur la Corée avec toute son armée ». Ce n'est qu'à regret qu'il se serait mis en mouvement pour exécuter l'ordre reçu. » (Major von TETTAU.)

ces montagnes, il pourrait, lui aussi, craindre pour ses flancs, trembler pour sa ligne de retraite, évacuer sans combat... Son seul désir est de reprendre l'offensive.

Une circonstance pourtant diminue son mérite d'avoir, à ce moment, une armée un peu moins en désordre que les deux autres : le quartier-général est très loin; et cette influence dissolvante, qui bouleverse partout ailleurs les corps d'armée, les divisions, les régiments, se fait peut-être moins sentir ici. Dès qu'on se rapprochera de Moukden, le 8 mars, le résultat sera immédiat.

Après le désastre, Linievitch réussit rapidement à remettre l'armée en ordre et à rétablir la discipline. Là se borne son rôle : le commandement qu'il exerce, aux derniers jours de la campagne, est visiblement au-dessus de ses forces.

8º Le général Sloutchevski. — Une figure intéressante : « Il avait longtemps séjourné à Pétersbourg et était bien vu à « la Cour. C'était un homme de manières parfaites. Il avait fait « toute sa carrière dans les troupes du génie. Ainsi s'explique « très facilement la grande importance qu'il attachait au travail « de la pelle, à la guerre de positions, à tous les procédés tech- « niques. Sa santé ne lui permettait pas les allures vives à cheval; « aussi se servait-il fréquemment de la voiture qu'il avait amenée « d'Europe. » (Major von Tettau.)

Évidemment, ce n'est pas un entraîneur de masses. C'est l'homme du télégraphe, de l'héliographe, du téléphone; il marche volontiers par bonds de dix kilomètres, en remuant la terre à chaque étape. Il affiche, sans se décourager, l'optimisme résistant, mélangé de timidité, du commandant en chef : « Tache- « kiao a été un succès tactique, mais un échec stratégique ! » Ce qui n'est nullement exclusif d'une certaine tendance à se croire toujours le plus faible. Et puis, c'est « le père » Sloutchevski, l'inventeur des « génies de la montagne et du gaolian » si défavorables aux Russes (1) : il voudrait tant voir l'armée concentrée

---

(1) « Dans notre voisinage se tenait, faisceaux formés, le régiment d'Orlov. Le général réunit les hommes autour de lui et leur tint un petit discours, qui débutait par ces mots : « Mes petits frères, il faut chercher une bonne fois à mettre en lumière les causes « de nos perpétuelles défaites; je vais maintenant vous les dire. Voyez : deux nouveaux « ennemis se dressent contre nous..... » Là-dessus, ahuris et terrifiés, les soldats écarquillaient les yeux; le général poursuivit : « Je n'entends point par là des ennemis réels,

dans la plaine, « où le soldat aurait du repos, une bonne nourri-
« ture, où le moral se remonterait ! »

Certes, ce n'est point un idéaliste : le concept de l'offensive,
il ne le possède point, et ce ne sont point les instructions du
commandant en chef qui le lui donneront, jusqu'au jour où,
après les batailles du Chaho, on lui retirera son corps d'armée,
sous prétexte de l'utiliser plus spécialement comme technicien.
Les confidences qu'à plusieurs reprises il fait aux officiers
étrangers sont d'ailleurs des plus suggestives (1)... Pourtant, à
Liaoyang, il sait venir en aide aux camarades du III⁰ sibérien
serrés de près par les Japonais... Pourquoi n'est-ce pas lui qui
le fait, ce geste tant attendu, de foncer droit devant soi, au sud
du Taitseho « en entraînant peut-être le commandant en chef »?
Ce serait le geste du clairon de Spicheren, réflexe sublime magistralement analysé par le colonel Maistre :

« A ce moment, — dit le général Bataille dans son rapport, —

« mais emblématiques, le génie de la montagne et le gaolian ! » Et il expliqua comment
dans les montagnes « revenait » ce génie : la plupart des Japonais étaient des monta-
gnards; les soldats russes n'étaient pas habitués à se battre en montagne. Partout
là-bas, dans chaque ravin, derrière chaque mamelon, on flairait l'ennemi, constamment l'on était tourné. Mais ici, dans la plaine, voici que surgissait l'autre ennemi, le
gaolian, lui aussi jusqu'à présent inconnu du soldat russe. Masqué dans les champs,
l'ennemi ouvrait le feu subitement et tombait à l'improviste sur nos troupes; celles-ci
s'enchevêtraient pêle-mêle : une brigade entière y avait été engloutie, le 2 septembre.
Le général fit donc ses recommandations sur la manière de traverser le gaolian en
lignes ouvertes, sans perdre la direction, et même de l'utiliser pour masquer la marche
d'approche. Et le discours se clôturait par cette phrase : « Le génie de la montagne,
« il faut l'envoyer au diable; le gaolian, il faut vous en faire un allié. » (Major von
Tettau.)

(1) « Le général Sloutchevski ajouta qu'il avait demandé au général Kouropatkine
s'il ne serait pas plus avantageux d'attendre d'abord le choc des Japonais, de le repousser et de passer alors à l'offensive..... Il me déclara qu'on avancerait prudemment,
pour ne point s'exposer à des mécomptes : peut-être de 5 à 10 kilomètres par jour. La
reprise de Liaoyang ménageait des difficultés; lui, Sloutchevski, avait vivement
déconseillé l'attaque de vive force qui, sans nécessité, ferait perdre 40.000 ou 50.000
hommes; ni le commandement, ni les troupes n'étaient exercés à l'attaque des retranchements. Il fallait donc bombarder la ville et la faire masquer par un corps, sous la
protection duquel on la tournerait par l'ouest; ce qui nécessiterait la construction
d'une voie ferrée partant de la station de Yentai et d'un pont métallique provisoire
sur le Taitseho : il faudrait donc faire venir de Pétersbourg du matériel de chemin
de fer, etc., etc. Puis, pêle-mêle, des considérations sur les problèmes qui se poseraient
quand on aurait battu l'ennemi. » (Major von Tettau.)

« Huit jours après la bataille du Chaho, le général Sloutchevski me donna sur la
guerre les indications suivantes : l'armée, ayant perdu 45.000 hommes, était trop
affaiblie pour que l'on pût songer à une vigoureuse offensive. On allait faire une
« guerre de positions » : lentement, pas à pas, on avancerait, en enlevant les villages
un par un et terrassant continuellement..... » (Major von Tettau.)

« l'ennemi était contenu, quand un clairon ayant sonné la charge,
« ce signal fut malheureusement répété par tous les corps, qui
« se précipitèrent en avant à la baïonnette avec un admirable
« élan, devant lequel la ligne ennemie abandonna ses positions...

« Sans doute, au point de vue du principe, ce clairon qui prend
« sur lui de sonner la charge, c'est-à-dire de commander un
« mouvement d'ensemble, quand tous ses chefs, du général de
« division au caporal d'escouade, sont présents — quelque
« reflet de gloire que son geste magnifique ait jeté sur la fin de
« cette triste journée — ne peut être approuvé.

« Mais combien on est tenté de l'excuser !

« Le clairon du général Bataille est un simpliste. Pas plus la
« stratégie que la tactique ne lui trouble les idées. Des appro-
« visionnements réunis à Forbach, il n'a cure. La supériorité
« du feu dans la défensive, l'importance du terrain et des positions
« sont pour lui lettre morte. Aucune autre lumière ne l'éclaire
« que celle de son bon sens :

« Puisqu'on a engagé le combat, c'est qu'on veut battre l'en-
« nemi. Battre l'ennemi, c'est l'obliger à reculer, puis à fuir.

« L'erreur de ses chefs est de s'imaginer que l'ennemi sera assez
« aimable pour faire à lui seul toute la besogne, pour reculer et
« pour fuir, sans qu'on ait besoin de l'y contraindre, en avançant.

« Le clairon comprend, lui, que la victoire se compose inéluc-
« tablement de deux termes : le vainqueur avance, le vaincu
« recule.

« Puisqu'on se bat depuis le matin, c'est qu'on veut vaincre.
« La nuit va venir. Il n'y a plus un moment à perdre : En avant !
« Il sonne la charge ! »

Le général Sloutchevski, lui, comme la plupart des généraux
de l'armée de Mandchourie, compte vaincre par d'autres méthodes : « Les Japonais viendront se heurter de front à la position
« de Moukden ! Une fois battus, ils seront disposés à signer la
« paix. L'honneur des armes sera sauf, — et Port-Arthur égale-
« ment. » (Major von TETTAU.)

« Pourquoi faire la besogne de vive force ? disait Westphal,
« le confident de Ferdinand de Brunswick. N'était-il pas préfé-
« rable de gagner doucement et sûrement du terrain, de tourner
« l'ennemi, de l'obliger à la retraite en menaçant de lui couper

« les moyens de subsister? Aussi le vieux Wolfradt, l'élève de
« Zieten et le maître de Blücher, appelait-il plaisamment les tac-
« ticiens de l'époque les « coupeurs », *abschneider.* » (A. CHUQUET,
La première Invasion prussienne.)

Il y a des lois dans le monde moral, comme dans le monde
physique : et, quelle que soit l'époque, quels que soient les hommes,
quelles que soient les armes, les mêmes causes produisent les
mêmes effets...

§ 3 — Caractéristiques du commandement

A quoi bon multiplier ces rapides esquisses? Nous retrouve-
rions toujours les mêmes types, les mêmes qualités, les mêmes
défauts, signalés par le capitaine Nyqvist : « Une partie des
« généraux étaient incapables de diriger des masses aussi consi-
« dérables que celles qu'ils avaient sous leurs ordres. Cela tenait
« en partie à ce que, pour les hauts emplois militaires, on atta-
« chait trop d'importance aux qualités mondaines. J'ai rare-
« ment vu une réunion aussi élégante que celle des généraux
« russes. La plupart étaient très sympathiques et cultivés, par-
« lant parfaitement l'allemand, l'anglais et le français... A quoi
« tout cela leur a-t-il servi en campagne? Ce sont d'autres qua-
« lités : fermeté de caractère, volonté, énergie, décision, initia-
« tive, qu'il faut y déployer. »

« On accuse ordinairement les chefs subalternes, dit le colonel
« Novitzki, de manquer d'initiative. C'est à tort, car dans cette
« guerre on a souvent rencontré cette qualité à tous les degrés
« de la hiérarchie. Mais le malheur est que le haut commandement
« est si profondément imbu d'idées fausses, de la crainte des
« responsabilités et de considérations d'intérêt personnel, qu'au-
« cun caractère indépendant n'y peut percer. »

Tout se tient : faiblesse technique et faiblesse morale.

1° *Imperfections techniques.* — Au point de vue technique, que peut valoir ce commandement? Les règlements ne
sont pas sensiblement inférieurs à ceux des autres armées; en
matière militaire, les Russes ont suivi assez exactement, parfois
devancé le progrès; ils ont eu des hommes d'action de premier

ordre, comme Skobelev et Gourko, des éducateurs hors ligne comme Dragomirov, des techniciens comme Engelhardt, des écrivains comme de Woyde et Skougarevski. Mais cela n'est pas suffisant : il eût fallu que cette élite entraînât la masse derrière elle; il ne semble pas qu'elle l'ait fait.

Il semble au contraire que beaucoup de généraux soient arrivés en Mandchourie n'apportant avec eux qu'une instruction théorique et pratique assez défectueuse, et n'ayant nullement subi antérieurement ce « dressage raisonné qui est nécessaire pour « tous, depuis le soldat jusqu'au général ». (Lieutenant-colonel NEZNAMOV.) « L'éducation militaire des agents du haut com-« mandement, écrit le grand État-major allemand, ne répondait « nullement aux exigences modernes. Même en temps de paix, « les chefs et leurs auxiliaires n'avaient point d'idées très nettes « sur les conditions essentielles du mouvement des masses en armes « d'aujourd'hui; ils devaient se trouver embarrassés, une fois « mis en présence des problèmes que leur posait la guerre. » Le général Martinov est plus net encore : « Le personnel de notre « haut commandement comprend pour la plupart des gens igno-« rants, qui non seulement ne sont pas à hauteur de l'art mili-« taire actuel, mais, en raison de leur peu d'instruction, sont « inaptes à le comprendre. »

Le résultat ne se fait pas attendre : « du côté russe on n'a pas « une notion nette de ce qu'on veut » (Colonel DANILOV); ceux qui détiennent le commandement se révèlent incapables de l'exercer sur le champ de bataille (1); ils ne savent pas ce qu'il faut faire, ni comment il faut le faire : « On dirait, s'écrie le général « Hamilton, que les Russes n'ont pas de généraux ! » Ils engagent leurs troupes au petit bonheur, les déploient presque toujours prématurément (2), les éparpillent et les mélangent au delà de toute

---

(1) « Le commandement se révéla incapable de coordonner l'action des diverses unités en vue de l'obtention d'un résultat précis, et de déduire convenablement la direction à fixer à l'attaque principale, de la connaissance des forces et de la position de l'ennemi. » (Général KOUROPATKINE, *Memoiren.*)

« Il est impossible de ne pas remarquer que cette situation résultait de ce qu'il n'y avait pas de direction générale de la retraite des troupes qui avaient occupé la position d'Aïchantchan, et de ce que les corps d'armée n'étaient pas en liaison suffisante. » (Colonel DANILOV.)

(2) « En somme, de ce déploiement considérable de forces fait sur la position d'Aïchantchan par les Russes, de toute la fatigue accumulée, des pertes de matériel et de

expression (1), et puis au lieu d'agir, — ils en seraient bien empêchés, — ils attendent patiemment que la situation s'éclaircisse.

Faute de science et faute de pratique, leur méthode de commandement ne consiste qu'à créer et entretenir le désordre : ils n'interviennent pas quand ils le devraient; s'ils le font, c'est au mépris de tous les principes; à Tsinkoutcheng, après avoir mis à la disposition du général Rennenkampf les détachements Lioubavine et Danilov, on avise directement le général Danilov que le général Lioubavine lui demeure subordonné.

Ce qu'ils ne conçoivent pas bien, comment feraient-ils pour l'énoncer clairement, pour rédiger leurs ordres avec une précision suffisante (2), pour épargner à leurs troupes les contre-ordres démoralisants (3)?

Dans ces conditions, ils n'ont plus qu'un parti à prendre : abdiquer purement et simplement. Ils ne s'en font point faute (4).

---

moral, il reste ce fait acquis : il a été employé au combat la valeur de trois brigades presque sans artillerie, et tous les renseignements, d'ailleurs exacts, envoyés sur les forces ennemies reconnues, viennent de ces forces restreintes. Les procédés de déploiement prématurés de l'armée russe étaient donc aussi inutiles et aussi dangereux en plaine chez Zaroubaiev qu'en montagne chez Bilderling, même en faisant la part du terrain et des circonstances météorologiques. » (*Revue Militaire des Armées étrangères,* juin 1909.)

(1) « Si l'on considère les actions de l'armée de Mandchourie les 30 et 31 août, il est nécessaire de remarquer avant tout un extrême éparpillement des troupes, en l'absence de toute idée strictement arrêtée. » (Colonel DANILOV.)

« Le résultat est un épouvantable mélange des régiments sur tout le front. La direction fait défaut. » (Lieutenant-colonel NEZNAMOV.)

(2) « Nous souffrons encore de l'inaptitude à exprimer clairement et avec précision notre pensée. » (Lieutenant-colonel NEZNAMOV.)

(3) « Après avoir trouvé le général Galembatovski, je lui rendis compte de ma mission de servir de guide à sa colonne; mais, presque en même temps que moi, arriva de Matouran un officier d'ordonnance du général commandant l'armée, avec l'ordre, en raison de l'offensive de l'ennemi sur Matouran, de suspendre le mouvement vers Salinpou et de prendre position à Chouango, pour couvrir l'aile droite de la IIe armée du côté de l'ouest. Puis, en moins d'une heure, arrivèrent coup sur coup six officiers d'ordonnance ou d'état-major, apportant des ordres discordants. » (Colonel NOVITZKI.)

« Un exemple entre mille. Le 13 juin, durant une période de calme relatif, la 9e division de tirailleurs reçut, en vingt-quatre heures, quatre ordres contradictoires : 1° rester en place; 2° battre en retraite; 3° appuyer à gauche; 4° et finalement, à minuit, ne pas bouger. » (Colonel GAEDKE.)

(4) « L'inaction des régiments de la 55e division du VIe sibérien fut particulièrement remarquable. Le général Sobolev, commandant ce corps, n'avait plus que cette division; il la mit spontanément à la disposition « immédiate » du commandant du Ier corps, la laissant à Taoua; et, le 11 au matin, à Sintaitseu, il ne put rendre compte au généralissime de l'emplacement de sa division. » (Général KOUROPATKINE.)

« Pourquoi le général Ianjoul, chef de la 3e division, ne se montra-t-il point en per-

Comment pourrait-on leur demander de réagir contre l'incessante intrusion du généralissime dans leur domaine hiérarchique?
« Habituellement, nous apprend le colonel Novitzki, nos géné-
« raux commandant les troupes cavalcadent à travers champs,
« escortés d'un imposant cortège, saluent les troupes, les déran-
« gent, distraient les chefs de corps de leur mission de combat, et
« laissent la direction s'échapper complètement de leurs mains. »

Sans doute, dans ce milieu, la science et le travail ont été trop longtemps tenus en médiocre estime; l'expérience des premières rencontres ne peut guère être mise à profit, car rien ne s'improvise à la bataille. Mais à toutes ces lacunes, de bons états-majors seraient peut-être à même de suppléer dans une certaine mesure.

« Dieu merci, écrit le 28 avril 1904 le général Kouropatkine,
« l'ancienne défiance vis-à-vis des officiers d'état-major n'existe
« plus maintenant. » Cette antipathie, chacun le sait, a duré de longues années (1); est-il bien vrai qu'elle ne soit plus qu'un souvenir (2), et que les officiers de troupe ne songent pas quel-

---

sonne pour remplacer le général Sachtchouk? Une grande partie de sa division opérait pourtant à l'aile droite, et il ne lui en restait aucune fraction sous ses ordres directs? Pourquoi le colonel Vannovski fut-il, à la stupéfaction des troupes, désigné pour remplacer le général Sachtchouk? Mystère. Le général Ianjoul, son état-major, et le général Iakoubovski, commandant la brigade, se contentèrent du rôle de spectateurs.....

« Les 11 et 12 octobre, il n'y avait pas moins de six généraux à l'effectif du XVIIᵉ corps; nonobstant, le combat du 12 ne fut mené que par le général major Sachtchouk et les colonels Stakhovitch, Krichtopenko, Martinov, de Witte et Groulev. L'action des généraux de division Ianjoul et Dobrjinski fut à peine perceptible et n'eut que peu de résultats. Que firent, ce jour-là, les brigadiers présents, les généraux Glasko, Iakoubovski, Stepanov? On n'en sait absolument rien.....

« Au nombre des causes principales des échecs du XVIIᵉ corps, le 12 octobre, il faut signaler la passivité des chefs les plus élevés en grade, au point de vue de la direction du combat. Les commandants des brigades, des divisions, du corps d'armée, déléguèrent aux colonels le commandement des troupes et, sauf le brave général Sachtchouk, ne firent aucun effort d'énergie pour aider le chef du groupe de l'ouest à contenir l'ennemi, à recommencer la lutte, à enflammer les troupes, à les entraîner par leur exemple personnel. De la bataille, ils furent spectateurs plutôt qu'acteurs. » (Général KOUROPATKINE, *Memoiren*, p. 346, 353, 356.)

(1) « C'est toujours leur faute, à ceux-là de l'état-major, le désordre et tout le bataclan, grommela-t-il. » (TOLSTOI, *Guerre et Paix*.) « En général, en bon et honnête officier de front, il n'aimait pas les officiers d'état-major. » (TOLSTOI, *Sébastopol*.)

(2) « L'armée, qui le constate, proteste contre l'injustice des privilèges attribués aux officiers d'état-major, en dehors de tout mérite..... Ainsi s'explique l'antipathie de l'officier de troupe pour l'état-major, sentiment accentué encore par la morgue de certains représentants de cette corporation. » (Général MARTINOV, *Revue Militaire générale*, févr. 1907.)

quefois, avec une amertume non déguisée, que ces collègues
haut placés (1), quand ils répartissent les récompenses, se servent
volontiers les premiers (2)? N'y a-t-il pas encore un antagonisme
plus ou moins latent, que les adversaires de l'armée exploitent
assez adroitement (3)?...

« En général, l'Académie d'état-major, au lieu de servir d'in-
« troductrice des nouvelles idées dans l'armée, se détournait tou-
« jours avec obstination de la vie; c'est la vie elle-même qui
« s'est détournée d'elle. » (Général MARTINOV.) De cette Académie,
les officiers peuvent sortir avec une érudition, parfois un peu
archaïque, et qui voisine avec le pédantisme (4); mais se préoc-
cupe-t-on suffisamment d'y développer le caractère (5)?

Après avoir subi cette culture plus ou moins intensive et rationnelle, ces officiers s'en vont appliquer leurs facultés intellectuelles à la rédaction de vagues correspondances, au classement
méthodique de respectables et vaines archives. Mais n'allez
point leur demander autre chose : ce sont des bureaucrates (6)

---

(1) « Mais l'hostilité qui règne entre les officiers combattants et les officiers d'état-
major tient surtout au ton de supériorité écrasante de ces derniers, vis-à-vis de tous
ceux qui n'ont pas passé par l'Académie militaire. Ils n'admettent de leur part aucune
objection, et traitent avec une incrédulité et une méfiance humiliantes les rapports
d'officiers qui souvent n'obtiennent les renseignements qu'au péril de leur vie. »
(Lieutenant-colonel KVITKA.)

(2) « Tous les membres de l'état-major des généraux de jour reçurent des décorations
avec glaives, bien qu'on puisse positivement affirmer que la plupart d'entre eux n'ont
pas entendu, même de loin, un coup de canon. » (Général RENNENKAMPF.)

(3) « Et Romachov sentit avec une vague jalousie et une certaine malveillance que
ces gens-là, si hautains, vivaient d'une vie supérieure, particulière et inaccessible aux
simples officiers. » (KOUPRINE, *Le Duel*.)

(4) « Pour expliquer la cause de la victoire d'Aétius dans les champs catalauniques,
on se sert de la formule $\dfrac{a\left(2 + \dfrac{1}{m} + \dfrac{1}{n}\right)}{1 + \dfrac{1}{p}}$. » (Général MARTINOV.)

(5) « Notre Académie d'état-major obscurcit le bon sens, étouffe l'initiative et affai-
blit le caractère des élèves. » (Général MARTINOV.)
« Jusqu'ici, une seule chose pouvait gâter la carrière normale d'un officier d'état-
major : c'était l'indépendance de son caractère. L'autorité militaire craignait les gens
indépendants et bien doués, et quelques-uns de leurs camarades, en particulier des
professeurs de l'Académie sans talent, organisaient à leur égard un boycottage en
forme. » (Général MARTINOV.)

(6) « Le colonel prince VALDBOLSKI conte une curieuse anecdote qui montre que,
même en guerre, la paperasserie demeure florissante. En pleine bataille, le 27 janvier,
un volumineux paquet arriva de l'état-major de l'armée, avec toutes sortes de dispositions et de demandes « urgentes » : fournir immédiatement un état des effectifs réel

en quête d'avancement. Et puis, entre les chefs et cet état-major privilégié, il semble qu'il y ait unité absolue, non de doctrine, mais d'insouciance : la préparation des opérations, des marches, des cantonnements, tout cela est pour lui lettre morte; jusqu'à la fin de la campagne, il demeurera quelque chose de virtuel : en fait, il n'existera pas (1).

---

et théorique, du nombre de sabres, de pièces, etc., rendre compte de l'affectation de tel ou tel officier, et par retour du courrier, des officiers d'état-major présents au détachement..... » (Major von Tettau.)

(1) « La conduite des troupes et la technique du service d'état-major, tout le long de l'échelle hiérarchique des divers états-majors, furent mal organisées. Tous les généraux voulaient commander eux-mêmes les troupes, au lieu d'en exercer la direction, parce que, n'étant pas habitués à procéder ainsi en temps de paix, ils ne savaient pas utiliser les services des états-majors. » (Colonel Novitzki.)

« Cette mauvaise organisation est l'expression extérieure de l'inaptitude des chefs supérieurs russes à la conduite des masses des armées modernes largement réparties sur le théâtre de l'action..... Nos généraux de haut rang regardaient leurs états-majors comme une chancellerie chargée seulement de la rédaction des comptes rendus, des présentations pour les récompenses, de la tenue des détails des écritures, et non comme un organe chargé de partager avec eux le fardeau de la conduite des troupes sur le champ de bataille. » (Colonel Novitzki.)

« Les états-majors des troupes montrèrent souvent leur incapacité à organiser la reconnaissance rapprochée de l'adversaire pendant le combat..... Les états-majors montrèrent la même incapacité à organiser la liaison des troupes, dans le sens du front et de la profondeur. » (Général Kouropatkine, Koursk, 1900.)

« Les officiers d'état-major n'entendent rien, en général, au service d'état-major en campagne, auquel ils ne s'exercent jamais en temps de paix. » (Capitaine Nyqvist.)

« Les récits des officiers de toutes armes nous ont permis de constater que, pendant les engagements de ces derniers jours contre l'aile gauche des Japonais, nos états-majors se sont montrés peu au courant du terrain où devaient manœuvrer leurs troupes. Un village était pris pour un autre, les renseignements sur l'ennemi étaient insuffisants et souvent erronés. Pas d'agents de liaison entre les troupes, et l'on ne connaissait jamais au juste ses voisins les plus proches. Il est arrivé parfois que ceux-ci étaient des ennemis. » (Lieutenant-colonel Kvitka.)

« Les indications fournies par l'état-major de la division laissent à mon appréciation personnelle le choix de l'emplacement du régiment, soit à droite, soit à gauche du 85ᵉ de Viborg. En chemin, nous recevons l'ordre de bivouaquer à droite du régiment de Viborg; mais un officier d'état-major de la division nous place à droite et sur l'alignement du 87ᵉ régiment. A peine avons-nous planté les tentes, creusé les feuillées et commencé à préparer le repas qu'un planton accourt avec l'ordre suivant : « Le régi-« ment s'établira à droite du 85ᵉ de Viborg, et fournira immédiatement un croquis de la « position jusqu'à 6 verstes à droite et en arrière du bivouac. » (Lieutenant-colonel Selivatchev.)

« Des divisions entières errèrent en dehors des itinéraires qui leur étaient assignés, et atteignirent des points diamétralement opposés à leurs objectifs. » (Major von Tettau).

« On n'avait pas reconnu l'état des chemins. Il fallait faire partir les convois plus tôt, et ne pas faire passer l'artillerie dans des endroits marécageux. » (Général Kouropatkine : réponse à un rapport du général Stackelberg.)

« Il n'existe pas de direction d'ensemble du combat, car il n'y a pas un seul général sur le champ de bataille. » (Général Kouropatkine, *Memoiren* ; rapport du commandant du régiment de Jitomir—Sandepou.)

2° *Imperfections morales.* — Le moral est à l'avenant. Le mal qui débilite le haut commandement russe, nous l'avons étudié déjà : c'est le manque de caractère. Le cas a été examiné et décrit par Th. Ribot dans ses *Maladies de la Volonté :* « S'ils « agissent, c'est toujours dans le sens de la moindre action ou « de la plus faible résistance. La délibération aboutit difficile- « ment à un choix, le choix plus difficilement à un acte. » Repor- tons-nous plutôt à ces perpétuels conseils que les lieutenants de Kouropatkine tiennent, à tout propos, sur le champ de ba- taille; tous se terminent identiquement : « Ce dernier avis l'em- « porta, et il fut décidé qu'on n'attaquerait pas le lendemain, « on resterait sur les positions. » (Colonel NOVITZKI.)

Ces généraux remarquablement braves, et qui s'exposent sans compter, redoutent par-dessus tout les responsabilités, quelles qu'elles soient. Il faut toujours qu'ils s'abritent derrière un ordre : « Cette absence d'initiative est le trait saillant de « beaucoup de nos chefs, qui préfèrent s'en remettre aux ordres « du commandement que d'encourir la moindre responsabilité. » (Lieutenant-colonel KVITKA.) A défaut d'ordre, ils se retranchent derrière le premier schéma venu : « Si les chefs négligent si sou- « vent de se conformer à ces préceptes élémentaires et préfè- « rent user des formules apprises à l'Académie militaire, formules « sonores et vagues, c'est qu'elles leur offrent le moyen le plus « sûr d'éviter les responsabilités. » (Lieutenant-colonel KVITKA.)

Leur indécision les condamne à la passivité : « Jamais on « n'essaie, par une vigoureuse contre-offensive, d'entraver l'action « de l'ennemi, en lui ravissant l'initiative. Les projets titubent « de çà de là, jusqu'au geste final de la parade passive, qui ne « vise principalement, comme à Liaoyang et Moukden, qu'à « assurer la retraite. L'aventureuse hardiesse, nous ne l'aper- « cevons jamais. La terreur des responsabilités interdit de tout « miser sur une seule carte et paralyse les résolutions. » (Major VON TETTAU) (1). Comme le subordonné du général Rennen-

---

(1) « Sans un plan directeur, sans une idée maîtresse, sans une heureuse initiative, nous n'avons pas cessé de nous soumettre d'un bout à l'autre de la bataille à la vo- lonté de l'ennemi. Notre indécision, notre passivité nous vouaient aux efforts stériles, au va-et-vient perpétuel, à l'agitation dans le vide. » (Colonel NOVITZKI.)

« Nous n'étions pas capables de jouer, comme les Japonais, toute la partie sur une seule carte, afin de vaincre ou de périr. » (Colonel DOBROROLSKI.)

kampf, ils pensent volontiers « qu'il serait souhaitable de ne
« pas passer immédiatement à l'offensive et de recevoir l'attaque
« de l'ennemi, que j'attends pour le matin, de la repousser, et
« de passer à une contre-attaque » (1). Leur passivité les voue
à la défensive, même quand l'ennemi n'est pas là (2). Si le généralissime écrit : « Ajouter de l'énergie au général L.... Je ne suis
« pas toujours content de sa manière de combattre. Il faut
« qu'il se sacrifie pour aider Danilov et vaincre les Japonais »,
la voie hiérarchique ajoute, sans perdre de temps, qu'il « faut
« être très attentif, et n'agir qu'avec précaution (3) ».

Et dans quelle défensive se trouvent-ils enlisés ! Car elle ne
se produira jamais, cette contre-attaque dont ils parlent sans
cesse (4); ils ne savent que répéter, avec un autre lieutenant du
général Rennenkampf : « Je pense moi-même à toute minute
« à me porter en avant. Je crains seulement de grandes pertes (5). »

L'occasion a beau être tentante, l'ennemi a beau reculer, les
généraux russes trouvent d'excellentes raisons pour se démontrer à eux-mêmes que « le mouvement en avant n'est pas dési-
« rable » et qu'il convient de redouter un piège (6). Le mot a été
prononcé, le 16 août 1870, devant des Prussiens en déroute :
« Je préfère avoir ce fossé devant moi que derrière. Je n'irai
« pas jusqu'à la route, je ne donnerai pas dans leur traquenard. »
Le fossé, ce jour-là, c'était le ravin du Poirier; mais il existe, il
existera sur tous les champs de bataille : c'est le fossé dont parle
le général Cardot, celui devant quoi « l'on se cabre en refusant
« de le franchir d'un seul coup ! »

Puis, quand on a bien attendu de la sorte, on se fatigue, on

---

(1) Général RENNENKAMPF, *La Bataille de Moukden.*

(2) « Il faut remarquer que l'avant-garde du Iᵉʳ corps sibérien..... devait aussi agir
d'une manière défensive, alors que sur le front indiqué par ses reconnaissances, l'ennemi n'avait pas encore paru jusque-là. » (Général RENNENKAMPF.)

(3) Général RENNENKAMPF, *La Bataille de Moukden.*

(4) « Malheureusement, dans les récents combats, quelques chefs ont avoué leur incapacité à entreprendre une opération, alors même qu'ils étaient à la tête de troupes
fraîches. » (Général KOUROPATKINE, *Memoiren.*)

(5) Général RENNENKAMPF, *La Bataille de Moukden.*

(6) « Il faut admettre qu'ils avaient l'intention d'abandonner ces pièces, en cas d'une
offensive de notre centre, et de se replier dans la direction de Liaoyang, pour nous y
attirer, et faciliter ainsi la tâche de l'armée de Nogi à l'ouest. » (Lieutenant-colonel
NEZNAMOV.)

trouve le temps long; alors on songe à la retraite, que l'on ordonne sans motifs (1). C'est ainsi qu'on perd les batailles.

A l'ensemble de ces généraux, il peut sembler légitime d'appliquer le jugement porté par le général de Woyde sur les généraux français de 1870 :

« Chacun, jugeant d'après ses propres dispositions, était con-« vaincu, qu'il ne pouvait compter sur le voisin. Chacun se sentait « isolé et regardait involontairement du côté de la retraite...

« Malgré soi on arrive, sans le vouloir, à se servir de cette « expression particulièrement honnie du soldat, la peur, même « quand on ne veut pas prendre trop à la lettre les rapports « irréfléchis écrits sous la pression des circonstances.

« Nullement habitués à agir par eux-mêmes, les chefs subor-« donnés, quand dans un cas particulier ils étaient laissés sans « ordres précis, et qu'ils se trouvaient en face d'une situation « qui eût exigé d'eux une décision prise de leur propre initiative, « n'avaient d'autre souci que de chercher simplement à s'y « dérober. Il n'est pas douteux que la peur est le sentiment qui « leur fait éviter une rencontre avec l'ennemi : la peur, non de « cet ennemi, mais de la responsabilité qu'ils encourraient...

« Quand le chef supérieur étouffe systématiquement chez « ses subordonnés la faculté de penser et de vouloir par eux-« mêmes, quand il prétend faire mouvoir ses troupes comme les « pions d'un jeu d'échecs, il n'a pas le droit de s'étonner si, aux « heures critiques que la guerre fait naître, il ne trouve plus à « ses côtés, au lieu d'êtres ardents à l'action, que des pantins à « ficelle ! »

3° *La tactique des généraux russes.* — Il nous faut bien insister, au risque de nous répéter, sur cette attitude des Russes « campés en haut de leurs pentes et n'en bougeant pas plus « qu'une famille groupée, pendant les ultimes préparatifs, devant « la chambre noire du photographe » (Général HAMILTON). Elle

---

(1) « Le chef de la 6ᵉ division de tirailleurs envoya un ordre bien inattendu, provoqué par des motifs inconnus, mais décisif pour le succès de l'entreprise : se replier, la nuit même, sur une position d'où la retraite fût possible au jour. » (Général KOUROPATKINE.)

« La retraite était motivée, non par la pression de l'ennemi en forces supérieures, mais seulement par l'imagination que cette pression existait. » (Général RENNENKAMPF.)

demeurerait incompréhensible, si la psychologie de ce commandement, qui semble ne point exister (1), ne nous fournissait la solution de l'énigme.

Dans les cas les plus favorables, nous verrons donc se dérouler devant nous le combat que décrit le général Cardot : « Son chef « arrive au galop, l'approuve, l'encourage, hâte l'arrivée des « divers éléments de la colonne, les pousse en tuyaux d'orgue, « les engage à droite et à gauche, vaille que vaille, morceaux « par morceaux, au hasard de la fourchette ! — et les voilà entrés « dans l'odieuse usure successive, dans la bataille non conduite, « où les piles vont « succéder » aux piles sans relâche, jusqu'au « moment où la direction, devenue impuissante par sa faute, « arrêtera les derniers éléments, les dernières réserves, pour — « protéger la retraite ! » Car on garde toujours des réserves, on ne s'engage jamais à fond en jetant au loin le fourreau de son épée ; pour employer l'expression pittoresque du général Hamilton, on passe son temps « à mettre la vieille Garde en bouteilles ! »

Pourtant ces généraux, dont le rôle en temps de paix se borne vraisemblablement à expédier le « service courant », à noter des subordonnés qu'ils ne connaissent pas toujours très bien (2), à libeller de vagues transmissions, à émettre des avis, de préférence défavorables, pour se procurer ainsi l'illusion d'une plus grande somme d'autorité, — ces généraux ne sont pas sans avoir entendu parler de la toute-puissante offensive que l'on prône de tous côtés. Ils vont donc nous prouver qu'ils ne sont pas embourbés définitivement dans les ornières de la guerre de Sept ans, qu'ils savent marcher avec leur siècle. On veut de l'offensive ? Ils vont nous en donner, et ce sera une offensive vigoureuse, énergique : dans leurs ordres d'opérations, le mot offensive est toujours accompagné de ces deux épithètes.

Il y en a malheureusement une troisième : après avoir parlé, il faut agir ; et comment le pourraient-ils, tels que nous les connaissons ? Il leur faut trouver un moyen de sortir d'embarras ;

---

(1) « On eût dit que les Russes n'avaient pas de général, et se trouvaient par suite paralysés, incapables d'exécuter une manœuvre. » (Général Hamilton.)

(2) « Souvenons-nous que, dans cette guerre, nous aurons payé bien cher le peu de souci apporté à l'établissement des notes de nos subordonnés. » (Général Kouro-patkine, Ordre d'adieu à la Iʳᵉ armée de Mandchourie.)

le retrouver plutôt, car il a déjà été employé à Metz, en 1870 (1) : leur offensive sera méthodique.

Attaquer tout uniment, c'est bon pour les gens simples ! Ils vont faire œuvre de science en appliquant un procédé plus ingénieux : prendre l'offensive sans attaquer... Et nous dégringolons dans les abîmes de la méthode (2). Ils finissent par se découvrir une âme de mathématicien, et posent triomphalement l'équation : énergique plus vigoureux plus méthodique égale démonstratif : les voilà maintenant entraînés dans le tourbillon des « imaginaires ». — « En effet, lorsque les deux adversaires « sont aussi nigauds l'un que l'autre, lorsqu'ils sont l'un et l'autre « pénétrés des beautés du genre démonstratif, on les voit s'a-« muser en chœur et faire joujou l'un devant l'autre. Chacun « se frotte les mains, dans la douce pensée qu'il berne l'autre, « et ils se bernent eux-mêmes, l'un et l'autre. » (Général CARDOT.) Ils aboutissent tout naturellement à cette offensive de cul-de-jatte, qu'on appelle le combat traînant. Ni le mot, ni la chose ne sont pour les effrayer : « Ils se traînent dans les longueurs, « dans les « langueurs » du combat « traînant »; ils veulent user, « fatiguer l'ennemi, et ils se bercent de l'espoir que sa fatigue « dépassera la leur; et ils n'ont aucun moyen de le savoir, et ils « ne veulent risquer aucune extravagance pour s'en assurer ! « Ils attendent toujours — quoi? que l'adversaire s'en aille — « pour avancer ! Ils font semblant de prendre leur élan pour voir « si l'autre ne s'en ira pas. Ils reculent, ils se cabrent devant « le fossé à franchir... On leur a dit cent fois que la guerre est « un jeu terrible et un jeu de risque tout, et ils ne veulent rien « risquer : qu'il faut faire sauter la banque, et ils espèrent la « faire sauter avec de la menue monnaie qu'ils étalent chiche-« ment sur le tapis vert; que dis-je? ils se servent de fausse « monnaie; ils essaient de tricher !... » (Général CARDOT.)

Le combat traînant? Mais nous ne connaissons que ça ! Toute

---

(1) « En un mot, n'ayant pas la supériorité du nombre, il nous fallait revenir aux principes de la guerre du dix-huitième siècle, opérer méthodiquement. » (BAZAINE.)

(2) « Le 10 octobre, dans l'intention « d'empêcher l'ennemi de porter ses réserves vers « sa droite, vis-à-vis du groupe de l'Est », on se contenta d'avancer de 4 à 5 kilomètres, ayant comme instructions de ne pas accepter la lutte et de reculer sur la position du gros, fortifiée avec ardeur. Enfantine démonstration, qui ne pouvait guère en imposer à l'ennemi. » (Lieutenant-colonel NEZNAMOV.)

sa philosophie pratique se condense en une formule : « Retenez-
moi, ou je fais un malheur ! »

Il faut d'ailleurs en convenir, les généraux russes ont su rajeunir
le procédé, en lui imprimant le cachet tout spécial du Chaho,
de Sandepou, de Moukden ; ils font de l'offensive « en feu de file » :
nous allons attaquer, mais, comme nous échouerons probablement, nous nous engagerons les uns après les autres (1), ce qui
fera durer le plaisir ; et si, par impossible, un de nos corps d'armée
parvenait à enlever son petit secteur, il lui serait sévèrement
interdit d'aller plus loin... « Et moi qui croyais que la 2e armée
« se précipitait sur la Meuse pour rattraper Bazaine ! Non, c'est
« simplement pour s'emparer d'un *Abschnitt*, comme disait
« ironiquement Gneisenau du stratège de l'époque : Knesebeck ! »
(Général CARDOT.)

Panurge connaissait soixante-trois manières de se procurer
de l'argent... Ils savent soixante-trois façons de gagner la bataille,
en s'assurant contre tout risque. La complication de leurs plans
résulte « d'un goût extraordinaire pour les demi-mesures et les
obligations conditionnelles » (Colonel NOVITZKI); ils font une
effroyable consommation de « si » et de « mais », et ne peuvent
se résoudre à donner nettement un ordre catégorique (2).

Les résultats sont faciles à prévoir : « Quand on est ensemble,
« on s'applique à agir ensemble, pour être plus fort ; on a bien
« le temps de subir les actions séparées, successives, quand

---

(1) « Il vit l'obtention du succès, non dans l'action simultanée et concordante de
toutes les troupes se trouvant à sa disposition, mais dans je ne sais quel emploi suc-
cessif et compliqué, d'une prudence et d'une timidité excessives, limité par un cadre
artificiel tracé à l'avance. » (Colonel NOVITZKI.)

(2) « Cette manière conditionnelle de faire agir les troupes selon des exigences difficilement réalisables représente un procédé d'emploi des troupes habituel à l'armée
russe, procédé essentiellement funeste : une mission quelconque est assignée aux troupes ; mais aussitôt on les en fait dévier par des conditions rendant l'exécution impossible. Ainsi, par exemple : « En vue de tromper l'ennemi, exécuter une démonstration ;
« mais désigner pour cette opération telle quantité de troupes et éviter les pertes » ; ou
encore : « Avec telles troupes attaquer l'ennemi dans le but de le repousser de tel point ;
« mais ne pas dépasser la ligne de tels villages »..... ou encore : « Accomplir un mouve-
« ment, avec tel détachement, vers tel point, et s'en emparer, et avoir obtenu ce ré-
« sultat, au plus tard, tel jour à telle heure..... » On pourrait citer des centaines de prescriptions de cette nature. » (Colonel NOVITZKI.)
« L'obscurité des prescriptions du haut commandement, qui subordonnaient chaque
action à des conditions précises, devait paralyser complètement l'initiative des sous-
ordres. » (grand État-major allemand.)

« elles deviendront inévitables... On sait ce que produisent ces
« conventions ingénieuses qui subordonnent l'action d'une troupe
« à ce qui se passe chez la voisine : les angoisses, la paralysie !
« On sait à quoi aboutissent ces trucs puérils et immoraux, où
« l'un attend l'entrée en action de l'autre ; et comment se termine
« cet échange de bonnes intentions ; c'est la défaite commune,
« suivie d'un autre échange — de récriminations ! » (Général
CARDOT.)

Eh bien, non ! En Mandchourie, les résultats dépassent encore
toutes les prévisions : « Étrange spectacle ! Une armée de trois
« cent soixante-dix bataillons, décidée à l'offensive, confie le
« soin de l'attaque principale à son aile droite forte de cent
« trente bataillons. Celle-ci fait entamer le mouvement par les
« quarante bataillons de sa propre aile droite. Cette dernière
« prescrit à sa colonne de droite d'enlever un village occupé par
« l'ennemi. Cette colonne pousse en avant deux régiments environ,
« et, comme ceux-ci ne peuvent progresser, toute l'armée s'arrête
« et renonce à l'offensive ! » (Major VON TETTAU.)

L'unité de doctrine est absolue. Elle repose sur deux sentiments : l'horreur des pertes et la terreur des responsabilités.
« Ils essaient de se terroriser avec leurs lorgnettes et leurs télé-
« mètres, ils espèrent, sans se l'avouer à eux-mêmes, que l'autre
« s'en ira et leur épargnera ainsi la dure extrémité d'une expli-
« cation sérieuse entre quatre-z-yeux. » (Général CARDOT.)

C'est entendu : soyons méthodiques, évitons les pertes, fuyons-
les même au besoin, pourquoi pas ? Mais ne nous moquons plus
jamais de ces pacifiques cavaliers, qui ne chargent qu'au pas,
« parce qu'ils sont pères de famille et que leurs chevaux leur
« appartiennent ! »

Qui dotera nos règlements d'un petit paragraphe, appliquant
au combat démonstratif ce que l'aimable Banville disait des
licences poétiques ? Article unique : Il n'y en a pas...

Les lieutenants de Kouropatkine n'arrivent pas à se rendre
compte, comme le simple soldat de Kipling, « qu'un Afghan
« attaqué est bien moins redoutable qu'un Afghan qui attaque ».
C'est pour cela qu'ils se font battre.

4º *L'origine du mal*. — Le général Dragomirov écrivait

naguère, à propos d'une œuvre de Tolstoï : « Vous voyez devant
« vous, comme s'il était vivant, un homme qui ne peut faire un
« pas dans les affaires les plus simples, sans être soumis à une
« hésitation, à un trouble enfantin; et cependant il n'éveille
« personnellement aucun sentiment antipathique à son égard.
« Si frappant est le portrait qu'on y peut voir ce qui d'ailleurs
« ne s'y trouve pas immédiatement dans le sujet : on y voit
« que cet homme n'est pas devenu tel de son propre mouvement,
« mais que c'est le système qui l'a fait ainsi. » — Le système de
commandement, le système d'avancement.

Cette origine du mal, le général Martinov la dénonce impitoyablement :

« La direction des grandes masses... demande un caractère
« ferme, des qualités militaires naturelles, une connaissance appro-
« fondie de toutes les armes, et une pratique méthodique préa-
« lable. Le fait que nos généraux ne pouvaient satisfaire à ces
« exigences n'est pas surprenant, pour qui sait comment étaient
« désignés avant la guerre les titulaires des hauts grades.

« Dans l'armée russe, trois routes donnent accès aux grades
« élevés :

« Le premier est le service dans un des régiments de luxe de
« la Garde. Un officier qui possède une fortune suffisante pour
« s'y maintenir quelques années, franchit rapidement les grades
« inférieurs... Il se crée des relations solides qui lui assurent
« une brillante carrière. C'est de ce milieu qu'est sortie jusqu'à
« présent la plus grande partie des commandants de corps
« d'armée.

« La deuxième n'est accessible qu'à l'état-major... Les plus
« malins se font caser dans un bureau à Pétersbourg, et sont
« nommés généraux cinq ou six ans avant leurs camarades.
« Certains de ces bureaucrates, après avoir évolué encore quelque
« temps entre divers grands états-majors, rentrent dans le rang
« pour y occuper d'emblée de hautes fonctions.

« La troisième est la Cour. Dès qu'un haut personnage est
« investi d'un commandement, il se forme immédiatement autour
« de lui une petite cour... Le haut personnage s'élève graduelle-
« ment dans la hiérarchie, entraînant ses courtisans dans son
« ascension...

« Ils n'ont en général aucune vocation pour le métier des armes,
« et n'éprouvent aucun désir de s'instruire ou d'instruire leurs
« troupes. Leur situation est bien assurée, quoi qu'ils fassent. »
— Nous avons sérieusement atténué, en supprimant certains
mots un peu crus, certaines épithètes violentes...

De son côté, le colonel Danilov semble partager cette manière
de voir, quand il signale la « faible manifestation de l'initiative
« individuelle », avec cette circonstance aggravante « que, plus les
« chefs étaient élevés en grade, moins ils montraient d'initiative,
« craignant de prendre sur eux une décision engageant leur
« responsabilité ».

L'auteur, d'ailleurs sans indulgence, d'un roman sur la guerre
russo-japonaise, — un officier russe blessé en Mandchourie,
paraît-il, — a développé la même idée sous une forme saisissante :
« Avez-vous remarqué, — c'est un lieutenant-colonel qui parle,
— « pendant ces cinq mois une chose curieuse à observer : lors-
« qu'une compagnie a affaire à une compagnie dans le combat, —
« nous les mettons en déroute. Lorsqu'un régiment va contre
« un régiment — nous ne faisons que repousser l'attaque ! Une
« brigade contre une brigade, et le combat finit sans victoire.
« Mais dès qu'une grosse affaire s'engage — une division, un
« corps — alors on nous bat sur toutes les coutures, et nous nous
« retirons à toutes jambes. » (G. ERASTOFF : *La Déroute*.)

Ces traits, même en faisant la part de l'exagération consécu-
tive à l'amertume de la défaite, expliquent surabondamment
les faiblesses techniques et morales du commandement.

§ 4 — La doctrine de Dragomirov

Puisque nous essayons d'analyser un état d'âme, il nous faut
bien nous occuper de Dragomirov. Et voici qu'après avoir érigé
des autels aux forces morales, nous allons nous exposer, de gaieté
de cœur, au reproche de combattre audacieusement leur prophète.
Non, sans doute : car très sincèrement nous respectons et aimons
sa doctrine ; et si nous nous permettons d'en signaler au passage
les exagérations, les outrances, c'est parce que, intempestivement
employés, les remèdes les plus énergiques deviennent de dan-

gereux poisons; c'est parce qu'il nous déplait de voir ravaler au
rôle de simples idoles ces forces morales que nous déifions.

Homme de valeur et d'action, le général Dragomirov avait
été frappé de la décadence des mœurs, de l'abaissement des
caractères résultant de l'accroissement continu du bien-être
dans les sociétés modernes : vieille chanson mélancolique, pour
laquelle on ne trouve plus d'airs nouveaux... Résolu à réagir,
il avait évoqué la grande ombre de Souvarov et chanté l'indiscutable prépondérance des forces morales à la guerre. Ses théories avaient trouvé partout l'accueil qu'elles méritaient réellement; en France particulièrement, elles avaient eu dans le
général Cardot un commentateur enthousiaste — et je crois,
entre nous, qu'elles n'y avaient pas trop perdu. Ces paroles-là
séduisaient, parce qu'elles étaient sincères, parce qu'elles étaient
vraies. Les armées actuelles doivent le meilleur de leur âme à
celui qui les a prononcées; il serait injuste de l'oublier (1).

Dragomirov était donc un esprit extrêmement élevé... mais
peut-être un peu étroit, à la manière de ces immenses bâtisses
que les Américains appellent irrévérencieusement des « gratte-
ciel ». Il oublia trop aisément qu'en ce misérable monde l'absolu
n'a point droit de cité; son enthousiasme se changea parfois
en exaltation : ce fut la haine farouche du progrès, la phobie des
innovations. Les seuls mots de fusil à magasin, de tir rapide,
de boucliers, de mitrailleuse, déterminaient chez lui des crises
qui le faisaient plus inspiré que les plus échevelés des prophètes

---

(1) « Je le trouvai terriblement changé; dès la déclaration de guerre, bien que malade, il était accouru à Pétersbourg, croyant peut-être que ses avis ne seraient pas
inutiles..... Il me parut qu'il y avait là pour lui un point douloureux. Souffrait-il de
ne plus pouvoir conduire les troupes en personne? Était-il blessé qu'on n'eût point
semblé se soucier de ses conseils?..... La conversation le lassait; comme ses yeux se
fermaient et que je prenais congé, il me serra la main en disant : « Ne l'oubliez point,
« pour vaincre, l'art de la guerre n'est rien, le moral est tout, les vertus sont tout; votre
« Scharnhorst l'a magistralement mis en lumière dansses *Mémoires :* c'était un grand
« homme! Et maintenant, adieu! »

« Au cours de la campagne, j'ai maintes fois entendu exprimer l'opinion que la méthode d'éducation de Dragomirov avait fait naufrage, et que le vieux maître de l'armée
russe devait porter sa part du poids du désastre. Il est peut-être exact qu'il soit allé
trop loin dans son mépris du feu, qu'il ait méconnu trop complètement les formes de
la bataille, que tout cela l'ait entraîné à des conclusions erronées. Mais la pierre angu-
laire de sa doctrine, ce principe que le moral emporte la victoire, d'un bout à l'autre
de cette guerre, a reçu pleine confirmation. Que les troupes russes d'Extrême-Orient
n'aient pas eu le moral en question, cela tient à des causes spéciales..... En tout cas,
ce n'est point Dragomirov que l'on en peut rendre responsable. » (Major von TETTAU.

d'Israël. Ceux qui demandaient timidement que l'on n'oubliât point les détentes des fusils, que l'on songeât aux amorces des cartouches, devenaient pour lui les « adorateurs du feu », du feu qui n'était plus qu'un honteux expédient.

Sans doute, le point de départ était juste, et la route splendide, mais combien médiocre l'aboutissement ! Dragomirov perdait de vue, malheureusement, que l'âme et la « guenille », implacablement liées, réagissent continuellement l'une sur l'autre ; que, s'il est malsain de trop s'occuper de celle-ci, la négliger de parti pris c'est en faire une chiffe, quelque chose d'inutilisable ; que c'est une folie de vouloir, sous couleur de force morale, lancer à la bataille des hommes nus et désarmés. Il ne se rendait peut-être pas bien compte que, s'il est noble et prudent à la fois de résister en art militaire aux tendances matérialistes, c'est précisément quand il a dompté les gerbes, asservi les trajectoires, que l'idéaliste se sent vraiment des ailes, — et non point quand il vaticine, en se targuant d'ignorer toutes ces vaines contingences.

Pour peu qu'on le comprenne, il est difficile de ne pas aimer Dragomirov : ses exagérations mêmes se trouvent souvent justifiées par ceux qui rêvent de nous guider gravement sur le champ de bataille, des « tables de rasance » à la main. Sous une forme pittoresque, il nous met en garde contre de dangereuses hérésies, en nous adjurant de tout subordonner au moral. De même, quand certains artilleurs affirment l'impossibilité du mouvement en avant, le général Cardot les prévient, avec humour, qu'ils ne seront pas séduisants dans ce rôle-là : « Ah ! c'est un beau spectacle, bien réconfortant, que celui du commandant d'une « batterie nouvelle en exercice ! Véritable wattman, il fait des « gestes ou adresse quelques paroles saccadées et cabalistiques « à des espèces d'automates qui font leur cuisine derrière des « paravents, ou farfouillent dans des armoires, pour faire fonc- « tionner les mâchoires affamées du monstre, ou pour bourrer « son ventre insatiable. »

Là-dessus il convient de méditer, s'attachant à l'esprit et non pas à la lettre. Dès l'instant qu'on me dit que cette batterie va se porter tout à l'heure en avant, coûte que coûte, pour aller couronner la position conquise, il me semble au contraire qu'une impression de force calme et réfléchie se dégage de ces gestes

inélégants, que je finis par préférer à des attitudes plus théâtrales. Et je ne songe nullement à abandonner une tactique
judicieuse, ni à me débarrasser d'un excellent outil, pour revenir
aux couleuvrines ancestrales, qui se chargeaient par la bouche
et quelquefois partaient par la culasse !

Je n'ai pas une foi particulièrement robuste dans les lunettes
ni dans les télémètres; mais ces ingénieux instruments ne ser-
viraient-ils qu'une fois de temps à autre, je ne veux point me
priver délibérément de leurs services. Je me résigne même à ne
pas ignorer ce que c'est que la « rasance » ! Je sais qu'il faut
être « avare de son feu »; mais je sais également qu'au moment
de « décider une question », ce feu doit devenir terrible. Je me
souviens qu'au Manjouyama, le général Okasaki possédait un
moral assez satisfaisant, que ses soldats ne redoutaient point
le corps-à-corps et pratiquaient magistralement la baïonnette;
mais que cela ne les a point empêchés d'user du feu, du feu rapide
avec une arme à magasin...

Et, puisqu'en commençant je parlais de remèdes, quand je
trime en pays fiévreux, je ne proscris point la quinine, sous
prétexte qu'elle peut fatiguer l'estomac.

Je crois bien que c'est dans cette disposition d'esprit qu'il
faut écouter Dragomirov : je me garde de ricaner des étincelantes
boutades du chevalier bardé de fer, de ses récriminations contre
la poudre à canon, contre ces « armes de lâches » qui nous permettent de nous massacrer à distance; et je m'interdis de sourire
sur le passage de ces hommes

> Qui furent le jour dont nous sommes
> Le soir — et peut-être la nuit.

Lorsque, dans les fumées d'un siècle utilitaire, Don Quichotte
s'en vient nous faire l'aumône d'un peu de beauté, l'ironie n'est
plus de saison : je veux seulement lui dire qu'il est mon unique
espoir, et que je le suis d'enthousiasme pour aller démolir les
moulins. Qu'il laisse là, cependant, son vieux cheval fourbu,
sa lance inoffensive, son armure inutile et pesante; à ses pieds
je déposerai de bons outils, plus prosaïques, mieux en main. —
Et tous les deux nous passerons partout !

« Dans mes doctrines, a dit Dragomirov, quelques-uns ont
«voulu voir la négation des engins perfectionnés, tandis qu'il
«n'y a que la négation de l'emploi stupide qu'on en fait. » De
ces doctrines, on n'a pas toujours fait bon usage. On a trop
négligé le feu. La baïonnette elle-même, la fille bien-aimée de
Souvarov, — n'étant après tout qu'un outil, — on l'a négligée
elle aussi : on ne sait plus la manier (1). Que dis-je? Elle est émoussée et ne perce plus ceux qu'elle frappe (2)!...

Comme premier résultat, la Russie de 1903 se trouvait assez
en retard, au point de vue de l'armement, sur les grandes nations
ses voisines. Il y avait des conséquences autrement graves.

Avec la mentalité, la culture professionnelle que nous avons
déjà constatées, beaucoup de généraux devaient instinctivement redouter ceux qui travaillaient, qui s'intéressaient à l'art
militaire, à la tactique, aux armes nouvelles, ceux qui se permettaient d'avoir une opinion, de l'exprimer, de discuter, de
critiquer : danger intérieur et permanent, qui menaçait de troubler
la quiétude intellectuelle des grands chefs. On le fit bien sentir,
après sa mésaventure, au « professeur militaire » Orlov!

Grâce à Dragomirov, la situation était sauvée, la formule
trouvée : le moral, rien que le moral! Elle imposait définitivement silence aux gens dangereux... Au lieu de se dire, avec Taine :
« Il faut aller à l'école, mais il n'y faut pas rester », il était si
simple de conclure qu'il faut fuir l'école à tout prix!

Dès lors, les grandes manœuvres, où les fusils ne lancent pas
plus de balles que les canons n'émettent de shrapnels, devinrent
d'imposantes et théâtrales manifestations : divisions de cavalerie chargeant en masse compacte, corps d'armée non moins

---

(1) « Un caporal légèrement blessé nous contait que, lorsqu'on en venait à la baïonnette, les Russes étaient « extrêmement faciles à tuer » : ils fonçaient tête baissée,
follement, tels des taureaux, la baïonnette en avant. Rien de plus simple, disait-il,
que de s'effacer et de les embrocher au passage. » (Général HAMILTON.)

(2) « A l'endroit où s'était produit le corps-à-corps d'hier, je remarquai un certain
nombre de baïonnettes russes. On eût dit que, dans la mêlée, les Japonais avaient pu
les saisir et les arracher. Un soldat nous conta que ces baïonnettes étaient émoussées
et ne traversaient pas les vêtements épais. A l'appui de son dire, il en ramassa une
ou deux, et nous fit voir leur pointe complètement arrondie.....

« La baïonnette russe, avec sa lame mince et peu résistante et sa pointe émoussée
ne traverse pas un vêtement épais, mais se fausse presque invariablement. Nous l'a-
vons constaté sur le terrain, c'est une vérité hors de doute. » (Général HAMILTON.)

massés, comprimés, hérissés de baïonnettes. L'artillerie avait un
peu honte de se sentir inutile : les batteries à cheval chargeaient;
les autres s'étalaient bien en vue, pour corser du moins le décor.
A la critique, on ne parlait que du moral. Les généraux visaient
à se faire, avant tout, une figure originale : les uns perdus dans
une barbe artistement ébouriffée, de tenue volontairement
relâchée, bourrus et familiers, « Bonjour mes enfants. — Prêts
« à servir ! ». Les autres roides, calamistrés, sanglés à l'allemande,
promenant sur le front des troupes leurs airs ennuyés de gens
qui trouvent que ça manque de balles.

Et celà les dispensait de connaissances plus étendues...

Maintenant, que s'est-il passé là-bas? Les doctrines de Dragomirov ont-elles réellement fait faillite, ainsi qu'on a voulu nous
le donner à entendre? Il faudrait avant tout se demander si
elles ont été comprises, aimées, consciencieusement appliquées
par tous les chefs, petits et grands. Nous sommes réduits aux
hypothèses.

Il semble, en vérité, qu'elle n'ait été ni très judicieuse, ni très
sincère, ni très passionnée, la mise en œuvre de ces enseignements.
Pour moissonner sur les traces du Maître, il eût fallu s'élever
tout là-haut sur les cimes : beaucoup, pris de vertige, ont dû
s'arrêter à mi-pente; beaucoup se sont hâtés de redescendre,
n'emportant que les quelques boutades, glanées au hasard du
sentier, dont s'accommodait leur paresse intellectuelle; d'autres
enfin, obstinément réfractaires, errant à l'aventure dans les
plaines, ont été trop heureux de pouvoir rejeter sur ce Maître
la responsabilité de leurs insuccès personnels.

Nous nous refusons catégoriquement à les suivre dans cette
voie. Nous conservons pourtant l'intime conviction que le moral
et la technique, ces deux forces de très inégale valeur, peuvent
et doivent collaborer sans cesse; que l'utilisation de l'une et le
culte de l'autre caractérisent les armées bien portantes : le Japon
de 1904.

Entre les progrès techniques et la décadence morale, il semble
bien, malheureusement, qu'il existe des relations étroites, mais
non point des relations évidentes de cause à effet. Phénomènes
concomitants sans doute : en abolissant l'un, croit-on supprimer
l'autre, alors qu'ils ne sont tous deux que les symptômes d'une

même diathèse, et qu'ils reconnaissent pour origine commune le développement excessif des civilisations surmenées?... Mais nous ne sommes pas infaillibles : entre les deux, s'il nous fallait choisir, sans hésitation nous sacrifierions la technique.

Seulement nous la sacrifierions au moral, qui représente une surhumaine puissance — et non pas à son ombre, qui n'est qu'une plaisanterie...

Les plaisanteries, même les meilleures, ont une fin : un beau jour, on se trouva en Mandchourie, où il y avait des balles, beaucoup de balles, où il y avait des shrapnels, sans compter les obus brisants.

§ 5 — La manie des positions

Les uns ne se faisaient guère illusion sur la «tactique nationale», les autres se découragèrent vite. Tous, d'un commun accord, déclarèrent qu'il leur fallait pour vaincre : d'abord une écrasante supériorité numérique, beaucoup de fusils, énormément de canons, des tonnes de munitions; ensuite une belle position fortifiée à occuper. Triomphe et couronnement d'une doctrine morale mal comprise !

Et nous voici, une fois de plus, ramenés de trente-cinq ans en arrière, dans le livre du colonel Maistre : « Ma position est «toujours fort belle et défierait toutes les attaques » écrit le général Frossard le 4 août. — Le surlendemain, le général de Castagny marche au canon... pas longtemps, par exemple : « Ayant rencontré, dit-il, une belle position, je mis mes troupes «en bataille; je plaçai mon artillerie comme je le devais et je «l'appuyai d'une réserve. »

« Cette formidable position de Cadenbronn, dit le général de «Castagny,... le point stratégique le plus important du pays, la «clef de la position entre Sarre et Moselle... cette grande et belle «ligne où l'on aurait pu livrer une si grande bataille ! — En «descendant de son observatoire du signal, le capitaine Bécat «lui-même se retourne une dernière fois pour contempler en- «core : cette magnifique... cette immense position militaire de «Cadenbronn ! — Les Orientaux ne se prosternent pas, le front

« dans la poussière, avec plus de conviction devant le soleil
« levant ! »

« On s'est engoué de la défensive. Les positions ont pris une
« importance chimérique au point que l'unique but du combat
« sera d'en maintenir la possession. On se proclamera victorieux
« si l'on y réussit. » Mais la conclusion logique, la « planche de
« salut » d'une telle doctrine, c'est l'investissement, le blocus :
« Metz, une position circulaire qui n'aurait plus ni flancs ni der-
« rières : quel rêve ! »

Changez quelques noms propres, et tout cela s'applique impitoyablement aux généraux russes de 1904 (1).

« Le plan de la position avait été établi par le commandant
« du génie de l'armée... Tout en reconnaissant qu'elle était en
« elle-même très forte, on ne voyait pas pourquoi les Japonais
« viendraient l'attaquer : à droite et à gauche, dans la montagne,
« il y avait assez de place pour la tourner. » (Major von TETTAU.)
C'est ainsi que, vers 1903 précisément, dans une de nos colonies,
on avait choisi, étudié, célébré sur tous les tons, au sein d'un
massif montagneux, la position où devait venir se briser l'élan
d'envahisseurs... heureusement hypothétiques.

Il ne faut pas chercher ailleurs l'explication des échecs répétés du détachement de l'est, dans le massif de Fenchouiling :
« En montagne, dit le lieutenant-colonel Bardonnaut, la posi-
« tion se rencontre à chaque pas pour tenter quiconque nourrit
« pour elle un penchant irrésistible. Elle se défend si facilement...
« quand on l'attaque. Le malheur est que l'ennemi ne l'attaque
« pas toujours : parfois il la tourne (2). »

Chose remarquable, les armées qui sacrifient le plus à la manie
des positions ne sont généralement pas capables de les occuper
convenablement : ceux qui sont appelés à les défendre ne savent

---

(1) « Une particularité nous frappa, dans nos conversations avec les officiers : ils
rejoignaient tous « la position » de leur régiment ; à ce moment, nous ne comprenions
point cette expression. Nous devions bien vite en apprendre la signification. » (Major
von TETTAU.)

(2) « Si inabordables que semblent de front les positions de montagne, si séduisante
que paraisse la possibilité de ne subir derrière leurs rochers escarpés que des pertes
insignifiantes et de permettre à de faibles forces de repousser par leur feu un adversaire supérieur, la défensive en montagne n'est avantageuse tactiquement que comme
épisode du combat, comme moyen occasionnel. » (Lieutenant-colonel NEZNAMOV.)

point les organiser; l'éducation des combattants n'a pas été orientée dans ce sens; seuls des techniciens exécutent les travaux, et le font en dehors de toute idée tactique. C'est ce qui s'est produit en Mandchourie du côté russe (1).

De ce mal, il est bien difficile de guérir. Après le désastre de Moukden, c'est encore une position que l'on s'en va occuper du côté de Sipingkai; une position qui ne vaut pas mieux que les précédentes... Et, dans les conférences faites, depuis la guerre, à l'Académie d'état-major, nous relevons des phrases bien caractéristiques : « Cette répartition des troupes était loin de répondre « à l'idée d'un passage à l'offensive, parce que les hauteurs domi- « nantes étaient aux mains des Japonais ». — « La forme en « arc de ces positions ne pouvait, en cas de succès, que prononcer « l'arrêt de l'ennemi, non sa destruction ! »

S'il est vrai que le ridicule tue, il existe peut-être un moyen d'en finir. Que sur le seuil de cette « Académie Nicolas » on grave en lettres d'or la phrase célèbre de Gneisenau : « La position « de Langres est surtout remarquable en ce que, lorsqu'on est « dessus, si l'on satisfait un besoin naturel, le produit s'écoule « dans trois mers. » Telle n'est point la doctrine de l'armée de Kouropatkine.

Pour cette pauvre armée qui flageole sur ses jambes, cherche perpétuellement un obstacle contre quoi s'appuyer et s'en va béquillant de position en position, de mamelon en mamelon, l'offensive ne consistera plus qu'à s'en aller, dans la direction probable de l'ennemi, occuper une de ces positions, sur laquelle on terrassera plus ou moins; il ne sera plus question de corps d'armée, de divisions, de brigades, mais seulement d'ouest et d'est, de secteurs et de sous-secteurs, où les diverses unités se mélangeront à plaisir : on se croirait dans une place assiégée... « Quelle chance « que Vassiliev ne se soit pas encore trouvé en marche : il aurait « rencontré les Japonais dans un endroit où nous n'aurions pas « eu de position ! » (*Sic.*) Ce n'est plus une doctrine; ce n'est

---

(1) « Comment s'expliquer ce fait que l'on n'avait rien préparé, ou peu s'en faut, pour défendre le mamelon 131, le Manjouyama, le Gochosan et Yentai? Un canon de 6 pouces en haut du Manjouyama, et le cours des événements sur la rive septentrionale du Taitseho pouvait se trouver complètement modifié. » (Général HAMILTON.)

plus une religion d'Orientaux; ce n'est même plus un culte superstitieux; c'est le fétichisme africain, la vénération du nègre pour l'amulette, pour le coûteux gri-gri qui doit le rendre invulnérable!

Et, d'exagération en exagération, la notion de la guerre sera tellement abolie que, très sincèrement, l'on voudra se faire gloire d'avoir conservé ses bivouacs!... Pourquoi pas ses cuisines?... Pourquoi pas ses feuillées?...

VI — LE CORPS D'OFFICIERS RUSSES

La responsabilité du haut commandement n'est donc pas moins engagée que celle du généralissime. Reste à déterminer celle du commandement subalterne. Ceux qui n'ont cherché dans l'étude des événements de Mandchourie que des arguments au service de leurs passions politiques, ont été naturellement sans indulgence pour l'ensemble des officiers russes ; ceux-ci mêmes se sont jugés sévèrement et ont confessé leur « incapacité, « faite d'ignorance et de paresse ».

§ 1 — Coup d'œil général

Indépendamment de toute autre considération, le nombre des officiers a été notoirement insuffisant : les cadres des bataillons ont été épuisés au profit des états-majors, du train, de l'intendance et des services de l'arrière; le commandement n'a pas semblé se préoccuper suffisamment de remédier à cette situation. Avec le besoin d'encadrement particulier au soldat russe, la qualité ne pouvait plus suppléer la quantité : quelle que fût leur propre valeur, les officiers devaient se trouver débordés (1).

Sur cette valeur elle-même, les avis sont très partagés.

D'après le général Martinov, le recrutement est assez médiocre; si les « Cadets » sont acceptables, il n'en est pas toujours de même des « Younkers » : « Les parents disent avec franchise : Vania « est inintelligent, il ne veut pas travailler; il va falloir l'envoyer « à l'école des younkers. » Fâcheuse conception sans doute, en admettant que l'on puisse préjuger en toute conscience de l'avenir d'un enfant de quinze ans... Peut-être ne faut-il pas s'exagérer le mal, surtout si les méthodes d'instruction et d'éducation militaires, de cet enfant cherchent à faire un homme.

---

(1) « Un point mis en évidence par la guerre, c'est l'insuffisance du nombre de nos officiers. » (Lieutenant-colonel NEZNAMOV.)

Ces méthodes sont défectueuses, et c'est infiniment plus grave :
« Dans le choix des moyens d'atteindre le but qui lui est assigné,
« l'officier de troupe ne jouit d'aucune liberté. Un commandant
« de compagnie à cheveux gris, à la fin de sa carrière, recevra
« des leçons sur la manière d'instruire les recrues et des observa-
« tions pour arriver un quart d'heure après le commencement
« de l'exercice. En un mot, au régiment, l'officier est constamment
« en tutelle, privé de toute indépendance et de toute initiative.
« Dans ces conditions, tout intérêt disparaît, même chez ceux
« qui avaient au début la vocation. Les officiers font leur service
« avec contrainte et apathie, quelquefois même avec dégoût.
« A de rares exceptions près, personne ne lit ou ne travaille pour
« se tenir au courant. » (Général Martinov) (1). Méthode condamnable, détestables errements, que l'on a pu observer parfois
autre part que dans l'armée russe. Mais le responsable, en ce
cas, c'est le haut commandement qui les tolère, les encourage,
les perpétue, non le malheureux officier qui les subit.

Et la responsabilité n'est pas légère ! Après avoir analysé l'un
des épisodes les plus caractéristiques du chef-d'œuvre de Tolstoï,
la revue de Braunau, le général Dragomirov conclut sévèrement :
« Est-il préparé à faire face tranquillement au danger, et, dans ces
« instants où les ordres arrivent trop tard, à posséder suffisamment
« le sentiment de sa dignité personnelle et de son indépendance
« morale, pour prendre de lui-même une résolution et assumer
« une responsabilité ? Est-il préparé à tous ses devoirs ? Aux
« lecteurs de répondre. »

Le lieutenant-colonel Neznamov est déjà moins catégorique
que le général Martinov : « Notre officier s'est montré dans cette
« guerre un modèle d'abnégation, de bravoure désordonnée et
« d'esprit de devoir. Il n'a cependant pas échappé au reproche
« de mal comprendre la situation, de manquer d'initiative et
« de décision. » C'est donc bien ce que nous pensions : ceux qui,
en temps de paix, comblés de grades et d'honneurs, avaient

---

(1) « A ces causes de découragement, il faut ajouter la grossièreté avec laquelle les
supérieurs traitent leurs inférieurs. Les cris, les expressions blessantes, les injures
même sont la monnaie courante. On voit, à un exercice quelconque, un commandant
de division ou de régiment traîner dans la boue, pour un motif futile, un vieux capitaine blanchi sous le harnois. » (Général Martinov.)

accepté la tâche de former des caractères et des intelligences
ont failli à leur mission. Le colonel Novitzki nous l'a déjà fait
constater ; il nous aide, à présent, à remettre les choses au point :
« Habituellement on accuse dans l'armée russe les officiers de
« troupes de manquer d'initiative. Cela n'est pas juste. Si l'on
« examine avec attention les événements de la dernière guerre,
« on y verra souvent des manifestations d'initiative à tous les
« degrés de la hiérarchie. »

Et c'est bien l'impression générale qui se dégage de l'étude
de l'âme russe et de celle des événements : de la fréquentation
de ces humbles héros de Tolstoï, les Denissov, les Dologhov,
« fiers de leur régiment auquel leur âme appartient tout entière »,
de ce capitaine Mikhailov toujours « tranquillisé par l'idée du
« devoir » (1), de ce Timokhine, qui possède « ce qui sera néces-
« saire demain » (2), de ces « chevilles ouvrières qui, sans bruit
« et sans éclat, constituent le côté essentiel du mécanisme d'une
« machine » (3), de cet admirable Tonschine qui, après avoir
avec sa batterie sauvé la situation compromise, supporte sans
broncher les récriminations de tous les ouvriers de la onzième
heure (4)... de tous ceux dont les petits-fils iront sans doute en
Mandchourie.

Dans les garnisons russes, il y a des laborieux, qu'on n'encourage pas, qu'on rebute au besoin, qui persévèrent quand même.
Les études, les expériences de tir faites à Clementiev, pour ne
citer que celles-là, ont été suivies par toute l'Europe. Ces officiers,

---

(1) TOLSTOÏ, *Sébastopol*.·

(2) « Ils ne feront que brouiller les cartes autant que possible, parce que, dans la tête
de cet Allemand, il n'y a qu'un tas de raisonnements dont le meilleur ne vaut pas une
coquille d'œuf, et que, dans son cœur, il n'a pas ce que possède Timokhine, et qui sera
nécessaire demain. » (TOLSTOÏ.)

(3) « A l'exemple de Dokhtourov, il n'avait jamais fait de plan de campagne ; mais,
comme lui aussi, il se trouvait toujours mêlé aux situations les plus graves..... Bref,
ainsi que Dokhtourov, il était une de ces chevilles ouvrières qui, sans bruit et sans
éclat, constituent le côté essentiel du mécanisme d'une machine. » (TOLSTOÏ, *La Guerre
et la Paix*).

(4) « A peine sorti avec ses canons de la zone du feu ennemi et descendu dans le
ravin, Tonschine rencontra une partie de l'état-major, entre autres l'officier porteur
de l'ordre de retraite, et Gerkov, qui, bien qu'il eût été envoyé deux fois, n'était jamais
parvenu jusqu'à lui. Tous, s'interrompant les uns les autres, lui donnaient des ordres
et des contre-ordres sur la route qu'il devait suivre, l'accablant de reproches et de
critiques. Quant à lui, monté sur son misérable cheval, il gardait un morne silence. »
(TOLSTOÏ, *La Guerre et la Paix*.)

nous les verrons en Mandchourie se mettre assez vite au courant, conduire adroitement leur compagnie, leur section de mitrailleuses, diriger leurs batteries avec une remarquable habileté, comme les colonels Pachtchenko et Slioussarenko, par exemple.

N'oublions pas que les officiers japonais, eux aussi, ont grand besoin de faire des progrès, et que leur tactique du Yalu et de Nantchan ne saurait passer pour un modèle. — Pourquoi, du côté russe, ces efforts, que certains méconnaissent, n'aboutissent-ils qu'à la défaite? Parce que le découragement, qui, chez le plus grand nombre, a pris naissance dès le temps de paix, engendre la routine et la mollesse (1), symbolisées par la sentinelle de paille, mannequin affublé de vieilles hardes militaires, qui monte parfois la garde aux avant-postes de l'armée de Kouropatkine (2); parce que l'ensemble fera toujours défaut, que seul réaliserait l'intervention d'un commandement qui ne sait que rester inerte; parce que l'attaque sera menée sans conviction : sans conviction par des grands chefs que terrorise l'idée d'une responsabilité quelconque, mais avec ardeur tout de même par ces subalternes qui ne demandent qu'à sacrifier leur existence — et qui la sacrifient souvent.

Interrogeons, au surplus, les témoins oculaires, les journalistes étrangers qui leur sont *a priori* médiocrement favorables. Ces officiers d'infanterie et d'artillerie rencontrés par G. de la Salle, ce colonel Pekouta qui se donne corps et âme à l'attaque du Touminling, ces capitaines qui expriment « en excellent français « les idées les plus justes sur la situation », cet officier de cosaques qui dessine tranquillement une vieille pagode entre deux escarmouches, cet autre qui parle à peu près toutes les langues, ce

---

(1) « Les deux bataillons du 122ᵉ, surpris dans leur camp, à 6 heures du matin, au pied du Makurayama, étaient certainement aux avant-postes, mais uniquement parce que c'était l'usage. » (Colonel GERTSCH.)

« Dans le secteur attribué primitivement au IIIᵉ sibérien, et mis par lui en état de défense, se trouvait encore, le 29 au soir, le 11ᵉ tirailleurs. Le 36ᵉ régiment d'Orlov, désigné pour le relever, et qui, de sa position antérieure à l'aile gauche du Xᵉ corps, n'avait qu'à exécuter une marche d'environ 12 kilomètres, n'était pas encore arrivé. Au début même de la bataille, le 30 au matin, le 11ᵉ tirailleurs n'était toujours pas remplacé. A l'état-major du Xᵉ corps, on alléguait comme raison que les marches et combats des dernières journées avaient extrêmement fatigué les troupes. Il n'en demeure pas moins incompréhensible qu'un ordre donné le 29, à 3ʰ 30 du matin, fut encore inexécuté dans la matinée du lendemain. » (Major VON TETTAU.)

(2) Général HAMILTON.

colonel Olkovski dont nous entretient O. von Schwartz, « très
« instruit et rempli d'initiative », ce colonel Promtov que cite
Rennenkampf, « remarquable artilleur qui mérita l'amour et
« l'estime de tout le monde au détachement », — tous ceux-là,
bien d'autres encore, ne sont nullement les « brutes alcooliques »
que d'aucuns se plaisent à nous décrire. Ils nous donnent au
contraire la perception très nette d'une culture peu commune.
Cette culture, sans doute, ne revêt point de caractère spécialement militaire; mais, si les facultés de l'immense majorité de
ceux qui la possèdent ne sont pas résolument orientées vers le
métier, vers les questions professionnelles, la faute ne peut en
être qu'au système, aux chefs gardiens de ce système, qui n'ont
pas su, qui n'ont pas voulu tirer un parti quelconque de toutes
ces forces gaspillées.

Il y a pourtant des ombres au tableau : tout particulièrement
un goût trop prononcé pour la fête et pour la boisson; un peu
d'atavisme sans doute : rappelons-nous Buxhoevden à la veillée
d'Austerlitz... Blâmons-le de toutes nos forces, mais sans en faire
la cause principale de la défaite, sans nous montrer pharisiens,
sans rêver des armées de « tea-totalers ». Car ce péché n'est point
le monopole de la Russie; dans d'autres armées, des militaires
d'aspect austère, voire même revêche, y ont parfois sacrifié :
Kraft de Hohenlohe, dans ses mémoires, nous confesse certaines
fredaines, quelques beuveries, qui ne l'ont pas empêché d'écrire
des ouvrages estimés et de bombarder correctement Paris. —
S'il y a excès en Russie, nous parviendrons peut-être à nous
en expliquer les causes... En ce qui concerne les troupes d'Extrême-Orient, il y a sans doute des circonstances atténuantes,
analogues à celles que fait valoir Tolstoï dans son éloquent
plaidoyer pour les défenseurs de Sébastopol (1). Bien des témoins,
d'ailleurs, entre autres Nemirovitch Dantchenko, sont venus

----

(1) « Mais baissons au plus vite le voile sur cette scène. Demain, peut-être même aujourd'hui, chacun de ces hommes ira joyeusement et fièrement à la rencontre de la mort
et mourra avec bravoure et fermeté; mais la seule joie de la vie, dans ces conditions
de vie qui terrifient l'imagination la plus froide, qui n'ont rien d'humain et pas même
l'espoir d'en sortir, la seule joie c'est l'oubli, l'anéantissement de la conscience du
réel. Au fond de l'âme de chacun gît cette noble étincelle qui fera de lui un héros, mais
cette étincelle se lasse de brûler : vienne le moment fatal, elle jaillira comme une
flamme et éclairera de grandes actions. » (TOLSTOI, Sébastopol.)

déposer en faveur des officiers du « front », nous dépeindre les privations qu'ils supportent stoïquement (1). Les mœurs tant incriminées, sont un peu l'apanage de la « queue de l'armée », de cette pléthorique direction des services de l'arrière, développée au delà des besoins réels « en vue de favoriser les amis et connaissances des grands personnages » — Nous connaissons le procédé. — Et ces services de l'arrière, si l'on n'y met bon ordre, auront peut-être encore été, en Mandchourie, l'antichambre du futur commandement !

§ 2 — Le système d'avancement

Car la valeur d'un corps d'officiers sera toujours, qu'on le veuille ou non, fonction du système d'avancement ; et ce système est, en Russie, une combinaison plus ou moins ingénieuse du choix et de l'ancienneté. Appliqué sagement, modérément, par des chefs qui auraient beaucoup médité La Rochefoucauld, qui sauraient que « les rois font des hommes comme des pièces de « monnaie : ils les font valoir ce qu'ils veulent, et l'on est forcé « de les recevoir selon leur cours, et non pas selon leur véritable « prix », qui comprendraient qu'il « est plus facile de paraître « digne des emplois qu'on n'a pas, que de ceux que l'on exerce » — ce système ne donnerait peut-être pas de mauvais résultats... Seulement les chefs, d'une manière générale, lisent assez peu les classiques. Ils n'aiment pas beaucoup « aller à la montagne », pré-

---

(1) « Nos officiers de troupe vivaient à tel point modestement que, par exemple dans mon régiment, la moitié d'entre eux, pour des raisons d'économie, se contentaient de la marmite du soldat. » (Général MARTINOV.)

« Je pourrais, à cette occasion, m'inscrire en faux contre l'opinion courante, qui reproche au corps d'officiers russe les excès d'alcool pendant cette guerre. Aux fêtes régimentaires ou autres, quand on pouvait se procurer une boisson quelconque, sans doute, on se donnait du bon temps. Plus tard également, dans la zone de l'arrière, et particulièrement à Kharbine, on mena joyeuse vie : c'étaient des tares inévitables dans une guerre d'aussi longue durée, et favorisées par les longues périodes d'inaction. Il faut aussi songer que, sur le front, pendant des mois, les officiers logés sous la tente ou bien dans des huttes, étaient privés de tout confort, de tout plaisir. Qu'ils s'émancipâssent à la première occasion, voilà qui est parfaitement explicable. Mais, en général, dans les troupes et les états-majors, on menait une existence très sérieuse ; on n'avait du reste à peu près rien à boire : la bière et le vin étaient hors de prix, le vodka même était difficile à trouver. Au quartier général du détachement, le général offrait souvent gracieusement à table du vin rouge : on en buvait un ou deux verres, la plupart ne prenaient que du thé. » (Major VON TETTAU.)

férant qu'elle se dérange, ce qui est bien naturel; mais les montagnes qui viennent à eux, et qu'ils se plaisent à baptiser de noms pompeux, ne sont trop souvent que des taupinières. Pour faire une belle carrière, il faut avoir de la chance, c'est convenu; mais il en est qui savent aider la chance et qui corrigent la fortune... comme on la corrigeait en plein dix-huitième siècle, à l'hôtel de Transylvanie. Et la porte dérobée de l'arbitraire et du favoritisme demeure entr'ouverte, — quand elle ne s'ouvre pas toute grande, — à ceux-là qui « possèdent en circonspection, « en discrétion, en souplesse, tous les menus talents de la médio- « crité ».

A propos de l'accession aux hauts grades, nous avons commencé notre enquête. Poursuivons-la plus avant, en cédant la parole aux témoins qui vont défiler devant nous.

G. de la Salle : « Hautement apparenté, bien en cour, fortuné, « l'officier russe gagne ses étoiles de général, sans effort, à qua- « rante ans, s'il a un peu de chance. Est-il pauvre, sans relations « utiles, sans esprit d'intrigue surtout, il pourrait bien être « travailleur, méritant, il attendra sa retraite de capitaine dans « une garnison perdue. »

R. Recouly : « L'état-major est ouvert beaucoup moins au « mérite qu'à la faveur. Comme la Garde, il assure à ses officiers « un avancement tout à fait anormal. »

Colonel Valdbolski : « Les officiers qui n'avaient pas reçu de « décorations pour les brillantes opérations de janvier, purent « se consoler en recevant des récompenses après Moukden, « quand on en donna à tout le monde, même à ceux qui ne « s'étaient pas battus : en outre, ils ont pu aller faire des demandes « aux états-majors, ce qui n'était pas défendu et était même « encouragé. »

Colonel Valdbolski : « Ces opérations montrent que les com- « mandants de sotnia et les officiers subalternes mènent mieux « leurs unités que les officiers supérieurs et les généraux. »

Général Martinov : « La carrière tout entière d'un officier de troupe dépend des commandants du régiment et de la division. « C'est sur leurs seules appréciations qu'il passera lieutenant- « colonel au choix hors tour, ou moisira dans le grade de capi- « taine... On peut citer comme exemple un officier sorti de l'école

« militaire en 1883 dans un rang médiocre, qui, devenu instruc-
« teur dans un corps de cadets, était colonel au commencement
« de la guerre, alors que ses camarades restés au régiment n'étaient
« encore que capitaines. »

Général Martinov : « Quant à savoir si les élus convenaient
« à l'emploi par leurs capacités, leurs connaissances et leur
« caractère, nul ne s'en inquiétait. On regardait seulement si
« le traitement, la position, la situation matérielle, répondaient
« à leurs intérêts...

« Un homme de talent, plein d'initiative et d'indépendance,
« prêt à affronter tous les ennuis pour une idée, passait pour un
« étourdi, un agité. Au contraire l'arriviste prudent, sans convic-
« tions, indifférent à tout, dépourvu d'idées personnelles, souvent
« même d'esprit borné, se laissant aller au courant du jour, avait
« la réputation d'un homme intelligent, d'un tacticien.

« Tandis que l'on écartait les étourdis et les agités, qui n'avan-
« çaient que strictement à l'ancienneté, les autres, pour peu qu'ils
« sussent utiliser leurs relations, voyaient s'ouvrir devant eux
« l'accès aux plus hautes fonctions. »

Général Martinov : « La grande quantité des décorations qui
« existent en Russie causait un autre tort encore plus réel; elle
« retardait l'avancement des officiers capables. Un officier, par
« exemple, s'était distingué dans un combat. Pour élargir la
« sphère de son activité et mieux utiliser ses facultés, vous le
« proposiez pour le grade supérieur; on lui donnait à la place
« une décoration suivant le tour... Ce procédé était extrêmement
« commode pour retarder l'avancement des hommes de talent,
« ce qui est (comme je l'ai dit dans un article précédent) un
« des principes fondamentaux de notre bureaucratie militaire. »

Général Rennenkampf, signalant longuement de trop fréquents dénis de justice : « Parmi ces derniers se trouvait le
« lieutenant-colonel Martichevski, du 21e régiment, récompensé
« pour un exploit accompli non par lui, mais par le lieutenant-
« colonel Gourko. »

Général Kouropatkine : « Les tentatives pour faire avancer
« les meilleurs officiers de l'état-major se heurtaient à des obs-
« tacles, car elles étaient contrecarrées par ceux de leurs cama-
« rades de même ancienneté qui se trouvaient dans les bureaux.

« Connaissant la haute valeur militaire et les capacités de pre-
« mier ordre du capitaine Krimov, qui servait à l'état-major du
« IVᵉ sibérien, et d'accord avec le général Zaroubaiev, comman-
« dant ce corps d'armée, j'essayai à plusieurs reprises de le faire
« nommer lieutenant-colonel. Je n'y réussis point, mais j'appris
« à ma stupéfaction, partagée par tout l'état-major présent sur
« le théâtre de la guerre, que, sans avoir pris aucune part à la
« campagne, sans avoir un titre quelconque d'après les lois en
« vigueur, un camarade du capitaine avait été promu. De tels
« exemples se produisaient très fréquemment. »

Général Kouropatkine : « Prenez la liste des colonels d'infan-
« terie, vous verrez bien vite que le nombre de ceux qui provien-
« nent de la Garde et de l'état-major est exagéré. A mon avis,
« pour remonter le niveau de l'infanterie, il est indispensable de
« couper court à l'avancement excessif des officiers en question. »

Général Kouropatkine : « Les notes du temps de paix, la guerre
« ne les confirma point. Les chefs qui, pendant le cours de leurs
« services avaient été perpétuellement étiquetés « éminents »,
« ne résistèrent nullement, tant au point de vue physique qu'au
« point de vue moral, à l'épreuve du champ de bataille. Chez
« ceux-là bien plutôt qui avaient fait leur devoir silencieuse-
« ment, obscurément, le combat put mettre en lumière une force
« morale inattendue, puissante, aussi bien que des capacités de
« premier ordre. »

G. Erastoff : « On dit que lorsque le commandant de brigade
« apprit cet incident, il dit : « Voilà un officier qui devrait cer-
« tainement commander le premier bataillon à la place de Dou-
« benko. » Seulement on ne le fera pas avancer, tel est l'usage. »

Comprenons-nous, à présent, le sens profond de cette question
que, longtemps avant la guerre, un officier posait un jour à un
camarade français? « Chez vous, n'est-ce pas, aucune faveur? me
« demande un sous-lieutenant imberbe, presque un enfant. Toutes
« les places données au mérite. » (Art. Roë : *Mon régiment russe.*)

Dans cette armée où l'avancement normal semble prodigieusement lent (1), où l'on coudoie à chaque pas des capitaines

---

(1) « Ayant pris ma retraite, il y a vingt ans, j'ai été évidemment devancé par mes
camarades de la Garde et de l'état-major général (qui gagnent leurs épaulettes d'offi-

grisonnants, des lieutenants-colonels à cheveux blancs (1), les jeunes généraux, — il y en a beaucoup, — ont à peine quarante-cinq ans (2). D'après le commandant Bujac (3), une promotion faisant avancer 77 capitaines à l'ancienneté et 69 au choix, se décompose de la manière suivante : 1 avec 12 ans de grade, 22 avec 11 ans, 54 avec 10 ans; voilà pour l'ancienneté, et voici pour le choix : 9 avec 5 ans et 11 mois de grade, 12 avec 5 ans 10 mois, 43 avec 5 ans 9 mois, 5 avec 5 ans 8 mois. Voilà qui est encourageant, qui doit donner du cœur à la masse des officiers! Voilà qui doit contribuer à développer le goût de l'étude chez tous ces sacrifiés. « Et puis, nous dit G. de La Salle, un travail « assidu, un renom de science et d'étude, un passé de labeur, « assureraient-ils le succès de leur carrière? Je ne crois pas. »

Faisons la contre-épreuve en passant dans le camp japonais. Ici, plus de généraux promus à quarante ans, comme Keller, à quarante-deux ans, comme Stackelberg! Les commandants d'armée, malgré qu'ils aient largement bénéficié de leur partici-pation à la création de toutes pièces d'une armée moderne, ont tous dépassé la soixantaine : soixante-huit ans Nogi, l'homme de Port-Arthur et de Moukden, et ce n'est pas précisément un fossile! Prenons pour terme de comparaison l'un des plus bril-lants avancements, celui de Kuroki : capitaine en 1868, lieute-nant-colonel en 1876, colonel en 1880, général en 1889, division-naire en 1896. Nous ne sommes plus en Russie! Et, comme il y a moins de favorisés, l'avancement des officiers est relativement

---

ciers supérieurs sans avoir blanchi sous le harnais); mais, néanmoins, la plupart des lieutenants-colonels de l'armée active sont à peu près de mon âge. » (Lieutenant-colonel KVITKA.)

(1) « Les fonctions de commandant de bataillon et le grade de lieutenant-colonel constituent d'ordinaire le couronnement de la carrière des officiers d'infanterie. Quel-ques individualités parviennent seules à un commandement de régiment ou de batail-lon indépendant, parce que ces fonctions sont presque uniquement l'apanage des offi-ciers de la Garde, de l'état-major, ou des diverses administrations centrales. » (Général MARTINOV.)

(2) « Les officiers d'état-major sont inscrits sur un annuaire, dit de l'État-major général. L'examen de ce document montre que, sur 102 généraux-lieutenants, 79 % ont de cinquante à cinquante-neuf ans; sur 103 généraux-majors, 73 % ont de qua-rante-cinq à cinquante-quatre ans; sur 75 colonels, 80 % ont de trente-cinq à quarante-quatre ans; sur 130 lieutenants-colonels, 96 % ont de trente à trente-neuf ans. » (Pierre BAUDIN, L'Armée moderne et les États-majors.)

(3) L'armée russe.

plus rapide; il se fait d'après le système allemand de sélection, dont Colmar von der Goltz a pu dire avec un légitime orgueil : « Notre système d'avancement a sur tous les autres cette supé- « riorité évidente que seul il permet l'accès des hauts grades à « ceux qui ont le caractère fier et indépendant. » Tout le monde s'accorde à dire, même ceux qui n'aiment guère le Japon, comme Villetard de Laguérie, que l'ambition, la hantise du tableau, l'arrivisme, y sont choses à peu près inconnues.

S'il y a des exceptions, imputables à l'accaparement du pou- voir par un certain nombre de clans, elles n'ont rien d'exagéré, et concernent à peu près uniquement la Garde. Voyons pourtant les résultats. Le 31 juillet, au Yangtseling, la Garde demeure inactive : une colonne, se heurtant à des forces ennemies à peu près égales, « épuisée, se déploie et s'immobilise jusqu'au soir, « ses pertes se réduisent à un homme »; une autre « ne se sentant « pas assez forte pour donner l'assaut, se borne à entretenir un « feu traînant pendant toute la journée, ses pertes ne dépassent « pas soixante hommes ».

Le 26 août, à Hanping, malgré l'appui de soixante-douze pièces et de trois bataillons, elle perd sa liaison avec le reste de la Ire armée et ne peut arriver à progresser.

A Liaoyang, les 2 et 3 septembre, en dépit d'ordres réitérés, elle ne fait aucune tentative pour passer le fleuve et attaquer. Il semble même que son voisinage soit contagieux, et que, mises à la disposition de son chef, les troupes de la plus belle division de l'armée, la deuxième, perdent tout esprit d'entreprise, comme il arrive, le 30 août, à la brigade Matsunaga.

Simples coïncidences, peut-être, mais qui frappent tout le monde : « Cette pauvre Garde, s'écrie le général Hamilton, a « toujours des noix fort dures à casser ». Le colonel Gertsch, moins indulgent, nous donne à entendre qu'elle ne mord pas toujours assez vigoureusement (1)...

Le favoritisme gangrène même ceux qu'il ne fait qu'effleurer.

---

(1) « Le 28 août, la division de la Garde est la seule qui n'ait pas accompli sa mis- sion. » (Général Hamilton.)

« Il est aisé de comprendre le désappointement suscité ici par la faillite de la Garde. » (Général Hamilton.)

« Maintenant, la faillite de la Garde était complète. Elle avait mis toutes ses réserves

§ 3 — Mentalité des officiers

Si tout était dit, si les défectuosités du système avaient pour unique résultat d'amoindrir la valeur des cadres supérieurs, le mal serait grand, mais peut-être réparable... Poussons hardiment jusqu'aux extrêmes conséquences. Faisons la lumière, que je souhaite éblouissante. Et brutalement, sans ménagement, débridons la plaie pour essayer de la guérir.

Ces officiers cultivés, mais sans goût pour le métier, détournés de l'étude, sans illusions réconfortantes, sans espoir d'avancement, quel peut être leur état d'âme? S'ils n'étaient point de race slave, des humbles pour la plupart, des moyens en tout cas, s'ils appréciaient les douceurs consolantes d'un scepticisme bien compris, ils pourraient garder le silence, par respect pour toutes les vertus que recèle sans doute l'âme de leurs chefs, mais qu'ils n'y savent point discerner, par respect surtout pour eux-mêmes. Mais ils ignorent obstinément les voluptés intimes du « que sais-je? » et du « peut-être »; ils sont condamnés,

---

en ligne, et si l'affaire avait été circonscrite entre les Russes et elle, je crois bien que cela aurait continué à aller de mal en pis. » (Général HAMILTON.)

« L'essence même du général Asada, c'était un extraordinaire mélange de prudence excessive et de rude énergie; mais la prudence l'emportait. » (Colonel GERTSCH.)

« A quelque distance de nous se tenait le général Asada, avec un certain nombre d'officiers. Je me demandais quelle impression pouvait lui faire la situation. S'il était encore dans un de ses jours d'extrême prudence, dans l'attaque de ces hauteurs fortifiées, il ne verrait que des difficultés et préférerait laisser faire les premiers pas par un autre..... Saigo revint vivement vers nous et nous transmit ainsi l'ordre reçu : « Il « vaut mieux nous masquer; en général, il faut être plus prudents; la prudence est « aussi du courage; être prudent, c'est être courageux. » Falstaff, en Mandchourie ! » (Colonel GERTSCH.)

« Tandis qu'aux IIᵉ et IVᵉ armées, depuis 5ʰ 30, le combat redevenait très vif, à la Garde régnait un calme accablant et les troupes semblaient en proie à l'oppression, comme après une défaite..... Le souci de se masquer avait encore augmenté. Quiconque approchait d'une crête se courbait; on parlait même à voix basse. » (Colonel GERTSCH.)

« La journée du 30, sauf pour les soldats d'Ohara, ne fut pas à l'honneur de la Garde, et les journées suivantes de la bataille ne le furent pas davantage. On eût dit qu'Hasegawa avait perdu sa confiance en soi et sa foi dans ses troupes. Évidemment, la force de volonté d'un général qui, auparavant, avait certainement de la valeur, avait été paralysée par cette constatation que, grâce à l'incapacité des chefs, il n'était plus sûr que d'un seul régiment sur quatre..... Il ne remua pas un doigt, le 31, pour tenter d'accomplir son devoir. Partout ailleurs, sur toute la ligne, on lutta du matin au soir : la Garde, blottie dans ses tranchées, mangea et dormit, et, le 1ᵉʳ septembre, elle dut subir cette honte de voir une division voisine occuper, dans son propre secteur, les positions ennemies. » (Colonel GERTSCH.)

quoi qu'ils en aient, à demeurer des convaincus; aujourd'hui des croyants, demain sans doute des révoltés.

D'abord, ils se désintéressent de cette guerre, qui ne les enflamme pas plus qu'elle n'enthousiasme leurs soldats. Qui saura nous décrire cette « infériorité de l'armée russe en enthou-« siasme », comme dit Ludovic Naudeau (1)? A quoi rêve ce colo-nel, à la veille de Liaoyang? « Ah! Si le bon Dieu voulait bien « nous envoyer une grande victoire, afin que nous puissions en « finir honorablement! » (Ludovic NAUDEAU.) Ce que l'on veut, ce n'est pas vaincre, c'est tout bonnement en finir! Et puis la confiance s'en va (2), l'inquiétude naît (3); « l'entrain guerrier « fait place à une indifférence anxieuse, à un sourd méconten-« tement. » (G. ERASTOFF.)

Les hommes, par bandes, cherchent à se « défiler », loin des dangers et des fatigues du « front » : cuisiniers, bouchers, con-ducteurs, ordonnances, infirmiers, brancardiers improvisés à raison de six par blessé, ouvriers de toutes sortes, employés de toutes catégories; les compagnies fondent à vue d'œil. Il faudrait enrayer le mal, pourchasser tous ces faux combattants... Les officiers laissent faire, parfois même deviennent complices; les services de l'arrière, les états-majors aident volontiers les sous-officiers, les soldats qu'ils connaissent ou qui leur sont recommandés, à... s'éloigner définitivement de la ligne de feu. Qu'importe?... Ce n'est plus l'insouciance, à peine mélancolique, qui fait le fond du caractère national, c'est une morne indiffé-rence; elle s'étend à tous les détails du service (4). Le drapeau

(1) « Nos soldats sont bons; nous autres officiers, nous ne sommes pas de plus mau-vais officiers que d'autres; notre fusil est bon et nos canons sont meilleurs que ceux des Japonais. Pourquoi, dès lors, avons-nous toujours été vaincus? Pourquoi le serons-nous encore? Parce qu'il n'y a en aucun de nous une seule étincelle de ce feu intérieur, de ce feu sacré qui anime nos adversaires. » (Ludovic NAUDEAU, Propos d'Officiers russes.)

(2) « La confiance engendrant le dévouement, le renoncement et le sacrifice de soi-même, seuls garants d'unité et de force, c'est-à-dire du succès, cette confiance était perdue à tout jamais! » (Capitaine de vaisseau SÉMÉNOV.)

(3) « Ce temps gris portait à la nostalgie, étant donné surtout le sentiment d'in-quiétude sans objet défini qui pesait sur l'état-major. » (Colonel NOVITZKI.)

(4) « Chez Michtchenko, par exemple, les capitaines estimaient qu'il était au-dessous de leur dignité d'établir en personne leurs avant-postes. Ils laissaient ce soin à leur brave maréchal des logis chef, tandis qu'au cantonnement, ils prenaient un repos mérité. » (Colonel GAEDKE.)

« Le seul officier peut-être, qui ne se sépara de ses troupes que pour le service, fut le général Rennenkampf, le seul également qui sut établir chez ses cosaques une disci-

lui-même, cette relique de la Patrie, ce symbole du sacrifice n'est plus qu'un *impedimentum :* quand ces officiers vont se battre, ils le déposent aux bagages (1).

Toujours vaincus, toujours en retraite, ils finissent par se rendre compte, un peu confusément, de tout ce qui leur fait défaut, de tout ce qui manque à leurs chefs : leur désespoir n'en est que plus inguérissable. Mais c'est l'heure de se battre et non de réformer : ils donnent tout ce qu'ils peuvent, en se faisant tuer dans un accès de rage impuissante, comme le colonel Pékouta. S'ils survivent, il leur faut bien s'apercevoir qu'en haut lieu on ne s'émeut pas toujours si facilement; qu'on prescrit d'attaquer, pour le principe, mais que le mot d'ordre est encore *nitchévo :* « Le colonel X... veut donner l'assaut à 5 heures? « s'écrie le général P..., libre à lui ! Moi, j'ai dit que je ne viendrais « qu'à 7 heures, et ne bougerai pas avant... » Et vers l'arrière, du côté de Kharbine, ils entendent l'écho joyeux des bambochades des « officiers d'avenir » (2).

Interrogeons ce capitaine âgé qui, en attendant l'heure d'aller se faire tuer, lit tranquillement La Rochefoucauld dans une édition française : « Il m'a fait une grande impression. J'ai « rencontré déjà des officiers de ce type, et tous n'étaient que « capitaines dans des régiments mal cotés... Sur son passé « plane un mystère. » — Une seule fois il y fait une brève allusion. — « Je voulus résister, on me cassa les reins. — Où a-t-il acquis « son instruction prodigieuse? Il a de longs silences durant

---

pline inflexible, même d'après nos idées. Ce fut pourtant chez lui que, pendant la bataille de Moukden, un commandant de sotnia obtint une permission pour aller voir sa femme à Kharbine. » (Colonel Gaedke.)

(1) « Autre symptôme de mauvais augure : on remporta aussi à Sankiatseu le drapeau du 11ᵉ régiment. Quel revirement, sans que les Japonais eussent encore remporté un avantage quelconque ! Au lieu de lancer les troupes à l'attaque, drapeaux au vent, musique en tête, avant même le choc décisif, on mettait ces drapeaux en sûreté vers l'arrière ! » (O. von Schwartz.)

(2) « La vie y était bien plus large que dans les corps de troupe, les tarifs de solde plus élevés, les conditions d'existence meilleures, le danger nul, et les récompenses aussi nombreuses, sinon davantage. Comment s'étonner si, à beaucoup d'officiers, cette queue de l'armée apparaissait comme une sorte de paradis. Ce furent d'abord les moins braves qui cherchèrent à s'y installer; il y vint ensuite de bons officiers, irrités de voir que ni le commandement ni la société n'appréciaient leurs pénibles services. Tout ce qui avait la moindre protection y était bien reçu : à défaut de vacances, on y créait des emplois temporaires; les officiers détachés pour les occuper amenaient leurs estafettes, leurs palefreniers, etc. » (Général Martinov.)

« lesquels son visage se transforme et, de gai habituellement,
« devient presque haineux. Son ironie est féroce, ne respecte
« rien, et, soutenue par une intelligence peu commune, frappe
« à coup sûr. Il déteste sa nation (pourquoi ne pas le dire? il
« est mort à présent). Il me prophétise toute la campagne future :
« pas une de ses prédictions qui ne se soit réalisée... Je me suis
« trompé en disant qu'il détestait sa nation : il l'aimait avec
« passion, à l'encontre de beaucoup d'autres, et son amertume
« provenait justement de constater que tant de plaies rongeaient
« ce grand empire. Il en parlait avec une ardeur sombre, se
« meurtrissant lui-même à expliquer, à analyser tant de revers,
« de fautes, de faiblesses, de misères. » (G. DE LA SALLE.) Infor-
tuné, qu'on ne saurait approuver, mais qu'il faut bien chercher
à comprendre... Instinctivement l'on songe à Metz, et à ce tout
jeune capitaine du génie qui s'appelait Louis Rossel.

Sur les caractères moins bien trempés, sur la masse des officiers, les résultats sont plus déplorables encore. « L'âme de
« l'armée, dit Ludovic Naudeau, s'égare en idéologies inoppor-
« tunes, en sociologies, en rêveries, en chimères, elle s'enfielle
« de rancunes, de récriminations et d'animosités, de ressentiments
« personnels (1). » Nous avons vu comment on traite le général
Stackelberg; on ne ménage pas davantage Orlov, ni les autres,
ni Kouropatkine (2), ni Alexéiev. Il y a quelques semaines,

---

(1) « La nervosité et l'exaspération des officiers mêlés à cette tourbe s'expliquent
par les désastres dont ils ont été témoins. Les uns critiquent les généraux et le haut
commandement; les autres disent que nous sommes redevables de nos revers à la présence dans l'armée de traîtres juifs et de soldats de nationalité étrangère. » (Lieutenant-colonel KVITKA.)

« En mon for intérieur j'adhérais de toute mon âme au sourd mécontentement qui
grondait autour de moi, et que, par devoir, je devais m'efforcer de calmer. » (Capitaine
de vaisseau SÉMÉNOV.)

« Par ailleurs les propos de mes compagnons de table révélaient une mauvaise
humeur et un mécontentement profonds relativement au service. Depuis trois mois,
sans interruption, ils étaient devant l'ennemi, avec des engagements et des pertes
quotidiennes; ce qui les décourageait surtout, c'était que ces fatigues et ces périls
ne leur valaient aucune récompense. Les gens de l'État-major, disait le lieutenant,
eux qui n'entendent jamais siffler une balle, escamotent sous notre nez toutes les
décorations; nous sommes morts de fatigue, nos chevaux tiennent à peine debout,
mais personne ne songe à nous. » (O. VON SCHWARTZ.)

(2) « Son imperturbable sang-froid n'est qu'une attitude ; sa gaieté, une feinte.
C'est, en réalité, un homme médiocre, tout à fait secondaire, dont l'esprit vacille et
fléchit sous le poids d'une situation qu'il n'est pas assez fort pour embrasser. » (Ludovic
NAUDEAU, Propos d'Officiers russes.)

personne n'aurait eu l'idée de discuter la « religion du Tsar »;
maintenant, sans peut-être cesser de croire, on commence à
blasphémer... ce qui est encore une sorte d'acte de foi. Un
officier dit tout haut : « Ah vous savez! je suis arrivé en Mand-
« chourie fidèlement attaché au régime : maintenant!... » Dans
les lieux publics de Moukden « défense de jouer l'hymne russe :
« une mauvaise tête pourrait ne pas se découvrir ou siffler, et
« alors il faudrait dégainer ».

« Oyama a promis à Kouropatkine d'évacuer la Mandchourie
« si l'on pouvait lui présenter un général capable, un intendant
« honnête, une infirmière vertueuse. » Telle est la plaisanterie
du jour, on ne respecte plus personne, plus rien, pas même la
mort : « J'apprends la mort du général Keller. J'annonce la
« nouvelle : tous jouent au makao. Sans quitter les cartes, le
« banquier s'écrie : « Et le général X..., à quand son tour? Ah
« la brute! » « Et il fait le geste de l'étrangler. C'est le chef de son
« corps d'armée dont il parle ainsi. Ils disent pis que pendre du
« général Keller. » (G. DE LA SALLE.)

Pour juger une pareille mentalité, il n'y a de mots dans aucune
langue. Mais il ne saurait être question que de la constater. Ces
malheureux pourraient conserver un semblant de pudeur, se
maîtriser, se dire qu'il est d'autant plus beau de se trouver à
la peine, qu'on a moins de part aux honneurs. Hélas! S'ils ne
sont pas des satisfaits comme leurs chefs, ils ne sont plus des
simples comme leurs soldats. Ce sont des civilisés, des compli-
qués, avec de pauvres nerfs qui souffrent, crient, s'exaspèrent;
on ne peut exiger que tous ces individus vivent en perpétuel
commerce avec le sublime; et, groupés de la sorte, ils constituent déjà une foule d'où s'exile souvent le bon sens. Ce serait
imiter leur geste que de récriminer sur les effets, sans remonter
jusques aux causes.

§ 4 — Les causes et les remèdes

Ces causes peuvent se ramener à une cause unique, déjà connue
de nous, le mode d'avancement en vigueur : seul il a produit
ces généraux, ces officiers, la médiocrité professionnelle, les
faiblesses du caractère, l'esprit de révolte et de mécontentement.

J'entends bien qu'on me parle de tsarisme, d'absolutisme, de forme du gouvernement. — Eh bien, changez cette forme aujourd'hui, sans modifier les mœurs ni les lois organiques, demain vous subirez encore la même armée : les protecteurs auront changé; les protégés seront les mêmes.

Que les intéressés défendent, s'ils le veulent, ce mode d'avancement russe, échafaudé sur la séduisante et décevante théorie du rajeunissement. Qu'ils oublient que Steinmetz, en août 1870, avait soixante-quatorze ans, Alvensleben soixante et un ans!... On veut se procurer des chefs économiques, qui puissent servir longtemps sans doute? On se propose d'en préparer d'avance des « stocks en magasin », le plus jeunes possible, s'ils ne peuvent rivaliser à cet égard avec les généraux de la grande épopée. Hélas! Les conditions ne sont plus les mêmes pour ceux-là, qu'au petit bonheur l'on s'efforce de « pousser » à partir du grade de capitaine, et la faiblesse humaine est là qui veille, dans les ténèbres du temps de paix : accidentellement sans doute, elle désigne de préférence les parents, les amis, les recommandés. Cela s'appelle le choix, et nous savons ce qu'il donne en Russie. On a voulu, par douzaines, fabriquer des Napoléon : le type ne se fait point sur commande; on n'a obtenu que ceux que nous venons de voir à l'œuvre en Mandchourie; et, pour atteindre ce but chimérique, on a évincé, irréparablement, bien des individualités d'une valeur au moins comparable à celle du petit nombre des élus. — « Les médiocres, dit Anatole France, sont tout de « suite soulevés et portés par les médiocrités environnantes qui « s'honorent en eux. »

Qu'importe? *Nitchévo!* On encourage toutes les prétentions, on déchaîne tous les appétits. « De l'ambition, ils font le but « exclusif d'une existence tourmentée, aigrie par de continuelles « déceptions; ils gaspillent sans compter les trésors de leur « énergie, souvent aussi de remarquables qualités, à la poursuite « de leur chimère; et, quand enfin ils parviennent à un poste « élevé, ils donnent le spectacle attristant d'une inaptitude « absolue et d'une inexpérience d'enfants. » (Capitaine de FONLONGUE.)

Il leur faut le soleil le plus près possible d'eux; à défaut du soleil, de simples astres, des astéroïdes au besoin; en désespoir de cause, il en est qui savent se contenter de lumières aux trois quarts éteintes. Et tout ce petit monde décrit son orbite; en faisant de la science comme monsieur Jourdain de la prose, ils continuent ainsi à mettre en œuvre les lois de la gravitation. — Et tout cela fait songer à la cour asiatique décrite par Voltaire : « Dès qu'il ouvrit la bouche pour parler, le premier chambellan « dit : Il aura raison; à peine eut-il prononcé quatre paroles, que « le second chambellan s'écria : Il a raison. »

Voilà comment on croit former des hommes.

Si tout se bornait à favoriser quelques privilégiés, les intérêts particuliers n'auraient qu'à s'incliner devant un bien général, même problématique. Mais les conséquences sont plus graves : les sacrifiés se découragent. Ils se sont vu préférer tel camarade plus jeune, qui a pris, plus ou moins authentiquement, un chef caucasien quelconque; qui a longtemps figuré dans l'entourage du gouverneur du Turkestan, lui a rendu de petits services, lui a consacré des brochures laudatives; qui a pris part à de très vagues abornements anglo-russes, dans la région du Pamir; qui a accompagné à Moscou le khan de Samarkhand et sa troupe de bayadères; sans parler de tous ceux dont les titres sont tellement imprécis qu'ils échappent à l'analyse... Le dégoût vient; ils cessent de travailler, leur valeur s'amoindrit chaque jour; alors ils se réfugient dans des occupations quelconques, étrangères au métier militaire, finalement peut-être dans l'alcool, la débauche, l'abrutissement consécutif.

Pour ménager à l'armée russe quelques douzaines de chefs jeunes, d'une valeur au moins discutable, on a préparé par centaines les mécontents et les aigris, sacrifiant ainsi de gaieté de cœur la base fondamentale, l'âme de cette armée, le milieu moyen. — A l'usage des incrédules, qui ne voient dans le passé que ce qu'ils y cherchent, les Japonais en ont brutalement fait la preuve : dans les guerres actuelles, la victoire est l'œuvre du milieu, plutôt que des individus.

Surtout que l'on ne nous attribue point une naïveté, des illusions que nous n'avons malheureusement plus : nous ne croyons nullement à l'homme théorique idéalement bon; nous savons que tous les systèmes feront toujours des mécontents; mais ils en feront plus ou moins. Estimant donc que l'idéalisme et le positivisme se trouvent d'accord sur ce point, nous demandons plus de justice si l'on veut, plus d'habileté si l'on préfère.

Faut-il préciser? Nous dirons : s'inquiéter, avant tout, du niveau moral moyen : l'élite saura bien naître d'elle-même, sans qu'il y ait lieu de recourir aux couveuses artificielles; sélection très large, mais assujettie à des règles invariables, ne faisant gagner aux bénéficiaires que le minimum indispensable; suppression de ces « belles carrières », auxquelles peut trop souvent s'appliquer le mot de Bourdaloue sur les grandes fortunes; soldes suffisantes, de préférence indépendantes du grade; et, pour les médiocres et les incapables, — ces deux épithètes étant prises dans le sens le plus honorable, — l'exclusion polie, bienveillante, entourée de ménagements et de compensations, mais inflexible. Tout cela ferait faire un grand pas vers l'unité de doctrine et l'unité de sentiment.

Et ce serait surtout la mort sans phrases pour l'arrivisme éhonté, les néfastes ambitions. Le général Lewal a écrit, je ne sais plus où, qu'on « aurait tort de se priver de l'ambition, force « qui ne coûte rien au budget ». J'ignore ce qu'elle coûte au budget, mais j'estime que c'est une faiblesse, et qu'elle coûte cher à la Patrie!

VII — LE LIEN TACTIQUE

———

Un mode d'avancement défectueux avec toutes ses conséquences, l'affaiblissement, le mécontentement des cadres, un
commandement sans doctrine et sans caractère, des hommes
mal instruits et mal dirigés, voilà ce que l'on a pu voir en Mandchourie, voilà les causes de la défaite. Une dernière constatation
nous permettra de réaliser en quelque sorte la synthèse de toutes
ces faiblesses, en signalant ce mépris absolu du lien tactique
professé quotidiennement par le commandement.

§ 1 — Conception du lien tactique

« L'ordre de bataille établi d'une façon ferme d'après l'orga-
« nisation du temps de paix devient la base de cette méthode
« qui règle le travail à la guerre. La mise en mouvement de cette
« machine qui s'appelle l'armée, et qui se compose d'individualités
« pensantes et indépendantes les unes des autres, occasionne des
« frottements inévitables, bien plus qu'on ne peut se le figurer en
« temps de paix. Ces frottements augmentent et l'exercice du
« commandement devient plus difficile, dès que le solide assem-
« blage des pièces se relâche et se disjoint. Le fait que chefs et
« subordonnés se connaissent déjà avec leurs caractères et leurs
« aptitudes réciproques, et qu'ils se sentent rivés les uns aux au-
« tres avec leurs forces et leurs faiblesses, est déjà un des facteurs
« du succès. » C'est en ces termes que le major Löffler, commentant
une phrase de Clausewitz, pose la question du lien tactique.

S'il était besoin de définir ce que l'on doit plutôt sentir, nous
définirions volontiers le lien tactique : l'union intime entre les
unités organisées en vue de la guerre et les chefs qui les ont
instruites, les connaissent et sont connus d'elles, destinés en
dernière analyse à les conduire au combat (1).

———

(1) « Il est nécessaire qu'une organisation sagement ordonnée, et c'est par là qu'il
faut commencer, place d'une manière permanente les mêmes chefs et les mêmes sol-

Trois mille hommes armés, c'est une foule, quelque. chose d'anonyme, d'inconscient, d'irresponsable; pour les utiliser, il faut les grouper, leur donner une personnalité, en faire un régiment. Quatre régiments quelconques accolés, ne constituent pas une division.

Pour nous rendre compte psychologiquement du mode d'action du lien tactique, nous pourrions emprunter à la bataille de Frœsch-willer deux exemples anecdotiques :

A 3 heures du soir, pour dégager ses troupes serrées de près, le maréchal de Mac-Mahon va, de sa personne, donner l'ordre de charger aux cuirassiers de la division Bonnemains. Dans un inextricable fouillis de vignes, de houblonnières, de vergers, de chemins creux, d'escarpements de toutes sortes, les premières charges sont pénibles, sans autres résultats que des pertes sérieuses. Le maréchal est nerveux : ah! s'il avait ses chasseurs d'Afrique! Ces cuirassiers, il ne les connaît point, il ne les a jamais vus à l'œuvre, entrevus seulement peut-être aux parades du camp de Châlons! Entre eux et lui, pas de lien tactique. Et, pour renvoyer ces hommes à la mort, il ne trouve que ces mornes paroles : « Mais, colonel, ce n'est pas charger à fond! » Il y a peut-être des survivants qui ne les lui ont pas encore pardonnées!

Quelques heures auparavant, il a fallu contre-attaquer du côté du Niederwald. Il y a là des zouaves du 3e régiment, engagés dans une lutte acharnée. Ces hommes sont las; ils en ont assez; que l'on envoie. pour les guider un chef quelconque avec de belles phrases et de grands gestes, il n'obtiendra peut-être pas grand'chose; c'est leur colonel qui se présente. Il ignore sans doute, ce colonel, le rôle social de l'officier, mais il connaît ses bataillons; il sait que ces hommes sont *à lui*. Quant aux zouaves, on ne leur a fait de conférences ni sur l'agriculture, ni sur la mutualité, mais ils ont le culte de leur drapeau, ils savent que le régiment a ses titres de noblesse; ils ont entendu parler de Palestro... Ils écoutent et regardent, car un colonel de zouaves,

---

dats dans les mêmes groupes de combattants, de telle sorte que les chefs et les compagnons de la paix ou des camps soient les chefs et les compagnons de la guerre.....
Quatre braves, qui ne se connaissent pas, n'iront point franchement à l'attaque d'un
lion. Quatre moins braves, mais se connaissant bien, sûrs de leur solidarité et, par
suite, de leur appui mutuel, iront résolument. » (ARDANT DU PICQ.)

leur colonel, ce n'est pas le premier venu, il vaut qu'on lui prête attention. En fait de geste, il lève sa canne; en fait de discours, cinq petits mots, détachés d'une voix nette : « Clairons! La « charge de Palestro! » Et ce qui se produit alors spontanément, ce n'est pas une charge, ce n'est pas une contre-attaque; il n'y a pas d'expression pour rendre compte de cela. Devant cette poignée d'hommes soudainement transfigurée en irrésistible masse, les Prussiens n'attendent pas et exécutent précipitamment ce qu'il est courtois d'appeler la retraite.

Bien des zouaves tombèrent, mais, je m'en porte garant, ceux qui moururent là, moururent joyeusement : car ils accomplissaient un *acte* au lieu d'un simple sacrifice.

Le lien tactique ne sert peut-être qu'à cela.

§ 2 — Les faits

Les Russes semblent l'ignorer : « C'est, écrit le colonel Vald-« bolski, la maladie chronique de l'armée russe, maladie dont les « symptômes se retrouvent dans la formation de tout détache-« ment, que ce soit pour réprimer des troubles, en manœuvre, « ou pour des exercices tactiques; mais qui s'est développée à « l'état aigu en Mandchourie. Là où il faut un régiment, on envoie « six escadrons de corps différents : le colonel est mis à la tête « du convoi du corps d'armée, le général de brigade se repose, « le général de division et son état-major transmettent des « ordres verbaux, de la plus haute importance naturellement. « Les chefs à tous les degrés de la hiérarchie se trouvent ainsi, « sans avoir démérité, privés du commandement qui leur était « confié, et réduits au rôle de factotums des grands états-majors. « Ils prennent ainsi l'habitude de ne rien avoir à faire, et finissent « par apprécier les charmes de la sécurité et de l'irresponsa-« bilité ».

A Plevna, les régiments commandés par Skobelev appartiennent tous à des brigades, à des divisions, à des corps d'armée différents, et leur répartition varie quotidiennement. Grâce à la valeur, à l'ascendant personnel du chef, cela ne présente guère d'autre inconvénient que de consacrer le procédé. Une division « combinée », comme on dit là-bas, formée de troupes de toutes nations, eût peut-être marché brillamment sous les ordres de ce « général blanc », dont la réputation était européenne. Et, devant cet exemple, le général Langlois se demande si nous ne nous exagérons pas « les difficultés pour un chef de gagner rapi-« dement la confiance aveugle d'une troupe ». Hélas! nous n'exagérons rien!

Pendant toute la guerre de 1904-1905, ce ne sont, de tous côtés, que détachements formés de pièces et de morceaux, arrachés aux unités normales sous le premier prétexte venu. Et quels êtres hybrides que ces détachements! Le général Poutilov, de la 2e brigade de la 5e division de tirailleurs de la Sibérie orientale, n'a pas avec lui une seule compagnie de cette brigade, mais possède en revanche un régiment de la 2e division du IVe sibérien, un de la 6e division du IIIe sibérien, un régiment cosaque, deux batteries du IIIe sibérien, sept pièces de la garde-frontière(1)! Le généralissime aime à rejeter sur ses lieutenants la responsabilité de cette rupture des liens tactiques; il oublie qu'elle a été encore augmentée par ses propres méthodes de commandement (2).

Le commandement de chaque groupe change avec la même facilité, passe de Samsonov à Simonov pour revenir à Samsonov. On finit par s'y perdre : Rennenkampf dirige le « détachement « Michtchenko »; Alexéiev, le « détachement Rennenkampf! » Les généraux virevoltent, avec ou sans état-major, des divisions aux corps d'armée : Kouropatkine estime, du reste, que, pour un détachement de 7.000 cavaliers, « le besoin d'un état-major « ne se fait pas sentir ». Dans la cavalerie, le désordre est à son

---

(1) « Les régiments de la 6e division appartenaient ainsi à trois groupes différents, répartis sur un front de 120 kilomètres. » (Colonel GAEDKE.)

« Un seul exemple de ce mépris du lien tactique : Le général Kossagovski couvrait encore le flanc droit de l'armée, comme au commencement d'octobre, mais avec d'autres régiments. Il était en quelque sorte commandant territorial du flanc droit, et ses troupes étaient relevées de temps à autre. Le régiment qui, pendant la bataille du Chaho, était placé sous ses ordres le plus à l'ouest, couvrait maintenant le flanc gauche de l'armée, sous les ordres d'un autre chef, à 80 kilomètres à l'est. » (Colonel GAEDKE.)

« Il faut noter que le général Rebinkine n'avait absolument dans son avant-garde que des troupes étrangères à sa division. » (Major VON TETTAU.)

(2) « Par la suite, j'entendis dire qu'on reçut cinq ordres différents, dont l'un émanant d'un chef sous les ordres duquel personne, dans le corps d'armée, pas même à l'état-major, ne se doutait qu'on se trouvât placé. » (Lieutenant-colonel SELIVATCHEV.)

« Après avoir détaché 6 bataillons au XVIIe corps, le général Sloutchevski n'en avait plus que 18..... Vers midi, il reçut encore du général Kouropatkine l'ordre d'envoyer 2 bataillons couvrir le flanc droit du Ier corps d'armée. » (Major VON TETTAU.)

comble (1). Les cadres sont surmenés : de toutes parts, des officiers de tout grade quittent leur poste, à bout de forces, pour aller prendre du repos (2). Telle unité de la IIIe armée est rattachée à la IIe, tout en restant à la disposition du généralissime qui lui donne des ordres directs.

A Liaoyang, seize bataillons, cinquante sotnias, cinquante-six pièces, errent ainsi loin de la bataille. On ne rencontre plus que des corps d'armée borgnes, manchots, boiteux : celui-ci privé de la moitié de son infanterie, celui-là de toute sa cavalerie, cet autre laissant son artillerie « en position », et recevant, comme dédommagement, quelques batteries d'une division voisine.

Au Chaho, la confusion redouble; quelques exemples au hasard: la 54e division a 6 bataillons au détachement Dembovski à l'extrême droite, 4 au détachement Rennenkampf à l'extrême gauche, 3 au détachement Peterev; la 71e division a 4 bataillons au détachement Kossagovski, 4 au détachement Dembovski, 8 au détachement Eck, 1 au détachement Madritov; la 1re division de Sibérie a 1 bataillon au détachement Kossagovski, 1 au détachement Rennenkampf, 3 de trois régiments différents au détachement Peterev, 1 au détachement Madritov; la 20e brigade d'artillerie a des batteries aux détachements Rennenkampf, Eck, Peterev et Madritov; le régiment cosaque de l'Amour a 3 sotnias au détachement Kossagovski, 2 au détachement Madritov, 1 à Moukden.

A la fin de février 1905, il n'y a bientôt plus sur le champ de bataille une seule unité constituée. On y rencontre errantes des

---

(1) « Le général Gourko impute, d'une manière générale, l'action peu heureuse de la cavalerie russe, à ce fait que, dans le cours de cette opération (Ouafangkéou), la cavalerie fut placée successivement sous trois chefs différents. » (*Invalide russe*, n° 30 de 1906.)

« Le détachement monté supporta onze changements de chef (certains parurent deux fois) en quarante et un jours. Dans un moment particulièrement important, deux chefs arrivèrent à la fois. » (Colonel VALDBOLSKI.)

(2) « En un mois, le poste de chef d'état-major de la 9e division eut trois titulaires, (R. RECOULY.)

« Anitchkoff, qui commande la 1re sotnia dans mon détachement, demande aussi un congé : il a les nerfs complètement détraqués et ne peut servir au front..... C'est le troisième commandant de sotnia, dans notre régiment, qui est atteint de cette maladie nerveuse, devenue très fréquente dans l'armée. On ne l'avait pas observée dans nos guerres précédentes. » (Lieutenant-colonel KVITKA.)

« divisions provisoires (1) », des divisions « Schlemihl » qui ne sont même plus l'ombre de ce qu'elles devraient être; des bandes plutôt : les bandes Skatilov, de Witt, von der Launitz, Topornine, Zekowitz... celle-ci formée d'escouades et d'isolés mendiés sur tout le front, et dirigée par le chef du bureau topographique !

§ 3 — L'origine du mal

Cette monomanie, — il n'y a pas d'autre expression, — a des causes locales, particulières à la Mandchourie, les défectuosités de la mobilisation, le manque de préparation, la pénurie des effectifs au début, la nécessité de « tirer la couverture » un peu de tous les côtés (2), de donner par exemple l'artillerie du IVe corps au XVIe, qui a déjà cédé la sienne au VIIIe. Nécessité fait loi.

On en prend vite l'habitude. Le commandement semble croire qu'en empruntant quelques bataillons, quelques sotnias, quelques pièces, à chacun de ses six corps d'armée, il peut à bon

---

(1) « Dès le début de la manœuvre, un commandant d'armée doit abandonner à l'un de ses subordonnés le commandement de son armée et se charger, dans une autre zone, de la direction d'un groupe improvisé. Sur ses trois commandants de corps d'armée, deux (VIIIe corps et corps de tirailleurs), avec leurs états-majors, se voient condamnés à l'inaction la plus absolue, tandis que leurs troupes sont, jusqu'au dernier homme, partagées entre d'autres détachements; le troisième (Xe corps) commande un groupe de 43 bataillons, dont pas un n'appartient à ce corps, à lui confié par le Pouvoir suprême, dont les membres déchiquetés sont dispersés le long du front..... Les chefs les plus haut placés, dès le début de l'action, laissent échapper les rênes de leurs mains, se contentent de commander un secteur, ou bien se révèlent sur le champ de bataille, tout juste par leur présence, cavalcadant à l'aventure le long de la ligne de feu, faisant étalage de bravoure, sans prêter la moindre attention aux péripéties de la lutte. » (Colonel DOBROROLSKI.)

(2) « Ce qui nous frappa et nous surprit le plus dans l'armée de Mandchourie, ce fut la disparition des liens tactiques du temps de paix, poussée à un tel point que bien peu de chefs de grandes unités connaissaient les troupes sous leurs ordres. Ainsi, des trois divisions qui formaient le Ier corps sibérien, l'une était affectée au Ier, une autre au IIIe corps, la troisième laissée dans l'Oussouri. Le général Zassoulitch commandait des troupes qui, avant la guerre, n'avaient jamais été sous ses ordres, et que n'avait jamais unies un lien organique quelconque. » (Major VON TETTAU.)

« Le XVIIe corps avait été jusque-là constamment dispersé : une brigade de la 3e division, envoyée vers Tseukéou au secours du Xe corps, était sur la rive droite du Taïtseho; un régiment de cette division couvrait, à Pensikou, les chemins de Moukden; un autre formait la garnison de Liaoyang. La 1re brigade de la 35e division était restée un certain temps en réserve du Xe corps à Sangomiao, non loin d'Hanping, puis avait été de nouveau poussée vers l'avant; la 2e brigade était restée jusque-là avec le IIe sibérien. » (Major VON TETTAU.)

compte s'en constituer un septième; il ne comprend pas qu'il les mutile tous.

Mais cela lui permet de sauvegarder sa responsabilité, en évitant les risques... même imaginaires : « Hanté par l'obsession « du mouvement tournant, il a multiplié les détachements de « flanc, se privant d'une partie de ses forces... Lorsqu'il s'est « trouvé face à face avec la responsabilité, sa volonté a fléchi. » (Lieutenant-colonel BARDONNAUT.) Et puis ce fractionnement, ce mélange systématique des unités, s'accorde trop bien avec le décor artificiel de la défensive passive, l'occupation des secteurs, des sous-secteurs et des ouvrages, dans cette guerre de positions !

Les origines du mal sont plus profondes encore, faciles à découvrir pour quiconque a su lire attentivement Tolstoï, pour quiconque se souvient de la *Guerre et la paix :* « Boris comprit alors « clairement ce dont il se doutait déjà, qu'il existait dans l'armée, « en dehors de la subordination et de la discipline inscrites dans « les règlements et que l'on connaissait au régiment, une autre « subordination plus réelle, qui obligeait ce général au visage « couperosé à attendre respectueusement la fin de l'entretien « du capitaine prince Vołkonski avec l'enseigne Droubietzki (1) ».

Un colonel très protégé, hautement apparenté, s'ennuie-t-il à la tête de son régiment?... Qu'à cela ne tienne : nous allons lui donner un détachement, une brigade, mieux encore : un régiment du IIe sibérien, un du Xe corps, deux bataillons de tirailleurs d'Europe, plus quelques canons, quelques sotnias glanées au hasard sur la route (2). Il aura ainsi un commandement digne

---

(1) « Pour le capitaine Objogov, le capitaine en second Mikhailov est un aristocrate; pour le capitaine en second Mikhailov, l'aide de camp Kalouguine est un aristocrate, parce qu'il est aide de camp et tutoie un autre aide de camp. Pour l'aide de camp Kalouguine, le comte Nordov est un aristocrate, parce qu'il est aide de camp de l'Empereur. » (TOLSTOI, *Sébastopol.*)

(2) « Il avait demandé au général Kouropatkine de me nommer au 2e régiment de cosaques de Verkhnéoudinsk..... Pourtant, à son grand désappointement, Kouropatkine avait refusé, car lui-même avait un autre candidat. Keller avait alors insisté auprès du général Gerschelmann pour que je reçusse un détachement isolé de quelques sotnias de cosaques ou de commandos d'éclaireurs à cheval. » (Lieutenant-colonel KVITKA.)

« Au grand quartier général et dans ceux des armées, il y avait plusieurs généraux attendant le commandement de quelques-uns de ces nombreux détachements que formait le général Kouropatkine. Dans ces formations entrait en partie le désir du général Kouropatkine de satisfaire ces généraux. » (Colonel E. ROSTAGNO.)

de lui!... Et nous le prierons de ne pas nous oublier dans sa
correspondance avec le prince X... ou le grand-duc Y...

Tout cela est d'ailleurs prévu, codifié : il y a un règlement
sur les manœuvres des détachements...

Et, comme dit le colonel Valdbolski : « Tout le monde voulait
« en être. »

§ 4 — Les résultats

Nous connaissons les résultats : Liaoyang, le Chaho, Sandepou,
Moukden, la défaite et toujours la défaite !

Prendre l'offensive? Contre-attaquer? C'est ma foi bientôt
dit ! Chacun n'a plus qu'une préoccupation : « Ne sachant jamais
« sur quelles troupes compter pour l'accomplissement des mis-
« sions dont ils étaient chargés, privés de toute initiative, et
« rendus néanmoins responsables du moindre insuccès, ils cher-
« chent à tirer leur épingle du jeu, chacun pour son compte et
« sans se soucier du voisin. » (Lieutenant-colonel BARDONNAUT.)

N'insistons pas. Transportons-nous seulement une dernière
fois, avant de quitter la Mandchourie, sur le champ de bataille
de Moukden.

Le 7 mars, sur tout le front, les Russes résistent aux attaques
japonaises. Leur droite est orientée sensiblement nord-sud; la
partie centrale de cette ligne est occupée par la 25e division avec,
comme points d'appui, deux très fortes redoutes, et, au milieu,
un gros village, Youhountouen, et un hameau, les Trois-Maisons;
à 2 kilomètres en arrière, 6 batteries, soit 48 pièces.

A 5 heures du matin, la brigade Nambu, de la 3e division
japonaise, se lance à l'attaque, soutenue par ses six batteries,
trente-six pièces, installées vers Ligounpou, et qui ne bougeront pas de la journée. A midi, elle a enlevé les Trois-Maisons
et la partie sud de Youhountouen, où elle lutte désespérément.
Elle ne possède plus un homme en deuxième ligne; pas de
réserves prêtes à intervenir; à sa droite, engagée dans les
mêmes conditions, l'autre brigade de la 3e division ; à sa
gauche, un vide de 5 kilomètres. Les munitions commencent
à se faire rares ; sous un feu violent, le ravitaillement n'est
pas possible. Du côté russe, la plaine est littéralement bondée
de troupes.

Le général Kaulbars donne l'ordre d'exécuter une contre-attaque avec une division... pardon, quatre régiments et huit batteries. Quel est le général qui mène cette contre-attaque? Existe-t-il seulement un chef? Peut-être, après tout, que « le « besoin ne s'en fait pas sentir! » Suivons, en tout cas, cette masse qui va, sans doute, par une impitoyable offensive, amener la décision sur cette partie du champ de bataille.

Vers midi 25, le 34e tirailleurs (9e division du Ier sibérien) se présente avec une batterie au sud de Niounsintouen, se déploie, mais, se voyant isolé, s'arrête et ne bouge plus.

A 2h 15, les 10e et 5e tirailleurs d'Europe (3e et 2e brigades), flanqués de deux batteries, se déploient à leur tour au sud de Tchegouantouen, s'avancent jusqu'à 3 kilomètres de Youhountouen, puis, à 3h 45, estimant en avoir assez fait, s'en retournent avec leur artillerie. Cinq autres batteries, rassemblées à Landiountouen, ne font même pas un mouvement.

Pendant ce temps, vers 1h 45, les 123e et 124e régiments (Xe corps) débouchent de Lougountouen en masses profondes et compactes : sous les shrapnels ils perdent beaucoup d'hommes, mais reprennent les deux villages à 3 heures. La brigade Nambu évacue Youhountouen pendant la nuit, ayant perdu 4.000 hommes. Avec ses 6 bataillons et ses 36 canons, elle a tenu tête à 33 bataillons russes aidés de 120 pièces.

Par cette constatation nous terminons, sans le moindre commentaire, notre examen des causes de la défaite.

CONCLUSION

Après avoir vécu, pendant d'interminables heures, les angoisses des champs de bataille dévastés ; après avoir abordé audacieusement, — trop peut-être, en tout cas avec une absolue sincérité, — l'étude de certains problèmes actuels, on peut trouver quelque douceur à se retremper un instant dans la pure littérature. Et je me suis adressé à Rudyard Kipling.

Merveilleux écrivain, évocateur infatigable d'énergie et d'action, du fond des Indes britanniques il a su formuler de bien belles vérités applicables à notre Indo-Chine... Le conte où je me suis arrêté, s'intitule le *Navire qui s'y retrouve*.

C'est un joli cargo-boat, absolument neuf, tout à fait perfectionné, qu'on vient de baptiser *Dimbula*, en présence de la fille de l'armateur. « Le navire, dans tout le luisant du neuf — il « était peint couleur de plomb avec une cheminée rouge — avait « en vérité fort belle apparence. » Inutile d'ajouter que la jeune miss en est extrêmement fière. « Oh il n'est pas si mal, répliqua « sur un ton de réserve le capitaine, mais je dis que ce n'est pas « le baptême qui fait le navire. Tel qu'il est là, il est tout en « cornières, rivets et tôles, mis sous la forme de navire. Ce qu'il « lui faut encore, c'est s'y retrouver. — Je croyais avoir entendu « dire à papa qu'il était merveilleusement bien conditionné. — « Oui, il l'est. Mais voici ce qui arrive avec les navires, miss « Frazier. Pour celui-ci, par exemple, il n'y manque rien, mais « ses différentes parties n'ont pas encore appris à travailler « ensemble. » Et le digne capitaine explique qu'un navire « c'est « un ensemble extraordinairement complexe d'efforts variés et « en conflit ; ce sont toutes sortes de tissus, si l'on peut dire, qui « doivent se faire des concessions mutuelles ». Le chef mécanicien arrive à la rescousse : « Pas trop mal, — exact sous le rapport « de la règle et du compas ; mais cela manque encore de spon- « tanéité... Ce n'est pas parce qu'une jolie demoiselle a baptisé

« un bateau, qu'on peut dire que les hommes qui le font naviguer,
« se sentent avoir un bateau sous eux. »

Mais l'on part ; et voici le gros temps qui réveille « des centaines
« de petites voix perçantes, bourdonnantes, murmurantes, sou-
« daines, gazouillantes, entrecoupées, criardes ». La houle déferle,
les voix deviennent aigre-douces : « Est-ce que vous ne pouvez
« pas vous tenir tranquille, là-haut ? demandèrent les barrots
« de pont. Qu'est-ce que vous avez ? Un moment, vous pesez
« deux fois plus que vous ne devez, et tout de suite après, vous
« rentrez dans l'ordre ! — Ce n'est pas ma faute, répondit le
« cabestan. Il y a dehors une grosse brute verte qui vient me
« flanquer des gnons sur la tête. — Allez dire cela aux construc-
« teurs. Voilà des mois que vous êtes en place, et vous n'avez
« jamais encore gigotté comme cela ! Si vous ne faites pas atten-
« tion, vous allez nous forcer nous autres. — En parlant de forcer,
« dit une voix basse, râpeuse, déplaisante, est-ce qu'aucun de
« vous, mes gaillards, — vous, les barrots de pont, voulons-nous
« dire, — ne s'aperçoit que ces horribles cornières dont vous êtes
« pourvus, se trouvent rivetées dans notre structure, — oui, la
« nôtre, pas celle du voisin ? — Qui pourriez-vous bien être ?
« s'enquirent les barrots de pont. — Oh ! personne d'extraordi-
« naire. Nous sommes tout simplement les serres de bâbord et
« de tribord du pont supérieur... Nous serons forcés, bien qu'à
« contre-cœur, d'entrer en danse à notre tour. — Or les serres
« du navire sont, pour ainsi parler, de longues poutres de fer...
« qui se considèrent toujours comme on ne peut plus importantes,
« à cause qu'elles sont si longues. » Mais les rivets protestent :
« Vous entrerez en danse, vraiment ?... Nous pensons que vous
« éprouverez quelque difficulté à ce faire. » Les récriminations
continuent de plus belle, au milieu de la tempête : les machines
s'en mêlent, puis l'hélice, puis la vapeur ; il y a même une soupape
bien amusante : « Je me réjouis de penser que je suis une soupape
« Prince-Hyde. Je suis protégée par cinq brevets d'invention, je
« ne dis pas cela pour me vanter... Pour le moment, je suis vissée
« à bloc. M'ouvrirais-je, qu'immédiatement vous seriez submer-
« gés. C'est incontroversable. — Les articles brevetés emploient
« toujours les plus longs mots qu'ils peuvent. C'est une manie
« qu'ils prennent à leurs inventeurs. » La tempête redouble, et

les lamentations : « Soulagez, soulagez ! » crient tous ensemble
les serres, les barrots, la virure de gabord qui demande un huitième de pouce de jeu. « Autant que j'ai pu le sentir, dit le bor-
« dage du spardeck, il n'est pas un seul morceau de fer près de
« moi, qui n'ait poussé ou tiré dans une direction différente.
« Voyons, mes amis, un peu d'ensemble !... — Vous voyez
« bien, pleurnichèrent les rivets en chœur. Il n'y en a pas deux
« d'entre vous qui tireront jamais de la même façon, et vous nous
« mettez tout sur le dos. Nous ne savons, nous autres, que tra-
« verser une tôle et mordre des deux côtés, de telle sorte qu'elle
« ne puisse, qu'elle ne doive bouger, qu'elle ne bouge pas. — J'ai
« obtenu en tout cas une fraction de pouce de jeu, dit d'un air
« triomphant la virure de gabord. Elle y était parvenue en effet
« et toute la carène du navire semblait en éprouver le bien-être ».

Les rivets sont, du reste, infiniment mortifiés... Mais abrégeons : pendant seize jours, la *Dimbula* s'assouplit de la sorte
et finit par entrer au port, tout à fait satisfaite d'elle-même :
« Sa cheminée était gris sale ; elle avait perdu deux de ses embar-
« cations ; trois de ses manches à vent avaient pris l'aspect de
« chapeaux après une lutte avec la police. » Mais cette fierté
dure peu ; bientôt une « nouvelle et grosse voix dit lentement :
« J'ai la conviction de m'être conduit d'une façon ridicule. — La
« vapeur sut tout de suite ce dont il s'agissait ; attendu que, lors-
« qu'un navire s'y retrouve, le babil des différentes pièces prend
« fin et se résout en une voix unique, qui est l'âme du navire... »

En relisant ce conte, dans un coin de la brousse indo-chinoise,
je songeais involontairement à ces milliers de petites voix dis-
cordantes, qui, pendant la longue tourmente, se sont éveillées
en Russie, en attendant la bonne grosse voix de l'armée qui
aura retrouvé son âme, à toutes ces récriminations, sincères
sans doute, mais bruyantes toujours et quelquefois maladroites.
Ma pensée s'évadait alors vers ces plaines de Liaoyang, où la
victoire eût pu sourire aux soldats de Kouropatkine, s'ils l'avaient
regardée face à face... Il ne s'agissait point de refaire la bataille :
ce n'était qu'une rêverie, où se réalisaient les plans du généralissime.

Mais d'un généralissime conscient de la quasi-divinité de l'offensive, de la toute-puissance du lien tactique, secondé par deux

commandants d'armée pensant comme lui, choisis par lui, qui déjà ont su procurer à leurs différents corps l'unité, la personnalité.

Depuis le 28 août, tous les détachements inutiles ont fait retour à la bataille. En réserve, absolument intacts, les IVe et Ve sibériens. Le 30, les attaques furibondes des Japonais ont échoué sur toute la ligne; et le soir, on apprend que des fractions, vers l'est, passent le Taitseho. Le lendemain la nouvelle se confirme : il y a là deux divisions tout au plus, qu'on a pu dénombrer presque homme par homme; à deux jours de marche, vers Pensikou, Lioubavine contient une brigade de réserve; au sud, les attaques sont plus molles. Kouropatkine donne ses ordres.

A 8 heures du soir, les Ier et IIIe sibériens, le Xe corps, se replieront. Les IIe, IIIe et Ve sibériens, moins la division Orlov, constitueront l'armée du Sud, chargée de défendre à tout prix la « position principale »; à son chef, un opiniâtre — comme Zassoulitch a voulu l'être — le généralissime en personne confiera cette mission, en trouvant pour cela les paroles qu'il faut.

Les Ier et IVe sibériens, les Xe et XVIIe corps, formeront l'armée de l'Est, qui écrasera demain, 1er septembre, les deux divisions aventurées sur la rive droite du Taitseho. Bilderling est en position; Orlov se retranchera à Yentai et s'y maintiendra, quoi qu'il advienne, jusqu'à l'attaque décisive. Le mouvement des autres divisions commencera immédiatement sur Hankiapoutseu et Yentai.

Sur cette ligne, le 1er septembre, l'armée de l'Est est déployée. Sans compter le XVIIe corps déjà engagé, elle est forte de 84 bataillons, 57 sotnias, 118 pièces, contre les 26 bataillons, 6 escadrons, 72 pièces de Kuroki... Sans doute, celui-ci vient d'enlever le Manjouyama. Mais l'armée ne va pas s'engager dans un combat de nuit quelconque : elle laisse l'ennemi s'accrocher au piège, en donnant l'ordre à Bilderling de le fixer coûte que coûte. L'attaque décisive est organisée pour le 2 septembre, au petit jour : menée par le Xe corps, les IVe et Ier sibériens, les divisions Samsonov et Michtchenko.

Éclairée et flanquée par cette cavalerie, elle s'avance en ordre, posément, invinciblement. La marche dans le gaolian a été prévue et préparée : à droite, en liaison avec le XVIIe corps, le

X^e, Sloutchevski et sa fameuse voiture, qui dans cette atmosphère d'offensive fait vaguement songer à Fontenoy; à gauche, avec le Ier sibérien, Stackelberg, moins inquiet, puisqu'il se voit étroitement encadré, et qu'il y a précisément derrière lui tout le IVe sibérien.

Une courte fusillade : c'est le contact, dans le gaolian, avec une partie de la 12e division, déjà signalée par la cavalerie; prévenus, les vétérans du Ier sibérien foncent à la baïonnette. A l'extrême-gauche, les réservistes d'Orlov, presque accoutumés au feu, repoussent les dernières tentatives, et descendent crânement dans la plaine. Et les Xe et XVIIe corps, — qui ne vont pas tout laisser faire aux Sibériens, — sont en train de reprendre le Manjouyama. Les batteries russes font rage.

Et le commandant de l'armée de l'Est, — je voudrais que ce fût Linievitch, — montre à ses corps d'armée les deux malheureuses divisions encore cramponnées au sol, en retraite tout à l'heure, en attendant la déroute : « Tapez dans le tas, tapez fort, tapez tous ensemble ! » tandis que les Cosaques guettent l'instant de la curée... Mais Oyama, Oku, Nodzu? — Nodzu, Oku et Oyama, nous nous en... moquons : ce que nous voulons, c'est la peau de la Ire armée; nous avons décidé de l'avoir, et nous l'aurons — et nous l'avons...

Ce rêve aboutissant à la victoire, quelqu'un, dans sa retraite, a pu le faire plus d'une fois : c'est le général Kouropatkine.

Puis, de la Mandchourie perdue, ma pensée se reportait sur cette armée coloniale, qui, elle aussi, par la force des choses, est amenée à perdre de vue, quotidiennement, l'importance du lien tactique; sur ces pauvres compagnies, dont le capitaine commande des livres de détail, des livrets matricules, des imprimés de modèles variés, des « bonshommes de papier »; sur ces régiments de 600 hommes, que, plus ou moins involontairement, on oublie de « relever » pendant des mois, sur ces bandes de douze fois 50 hommes, qui ne valent pas quatre compagnies de 150 fusils; ces brigades-fantômes commandées par le colonel d'un de leurs régiments, et qu'on serait bien en peine de rassembler pour un assaut; sur ce métier d'officier de troupe, qui devrait être la préparation à la guerre, et qui baille en réalité dans le vide administratif des « chambres de détail », qui roule des conseils de régiment, d'administration, de discipline ou de guerre, en allant, par les visites des postes, aux commissions d'examen, de réception, d'emballage, et j'en passe. Je songeais à ces démoralisantes inégalités, à ces à-coups de l'avancement, qui rappellent involontairement les tentatives de gestes d'un malheureux ataxique...

Et je me prenais à souhaiter ardemment que, dans une guerre possible, nos divisions, battues par les vagues de la bataille, fussent, elles aussi, les divisions qui s'y retrouvent!

Des divisions qui s'y retrouvent... Des divisions qui sortent, le front haut, du labyrinthe des méthodes... Des mois et des mois s'écoulaient, ce pendant que je m'efforçais de percer les ténèbres du temps de paix. Puis, insensiblement, ma pensée s'en retournait encore en Mandchourie, vagabonder dans les rangs des vainqueurs. Ceux qui revenaient de là-bas, je me prenais à les interroger passionnément, pour surprendre le mot de l'énigme.

Et mon imagination revivait ces luttes ardentes (1). Pour attaquer, les chefs japonais viennent d'amener leurs troupes à pied d'œuvre. Jusqu'ici, il a été question de renseignements de sûreté, de liaisons; aujourd'hui, il ne s'agit plus que de se battre. Chacun fixe les objectifs de ses divisions, de ses brigades, de ses régiments, de ses bataillons; rien de plus : les ordres tiennent en quinze lignes. Toujours entre ces divisions, la plupart du temps entre ces brigades, parfois entre ces régiments, de larges intervalles, complètement inoccupés. En fait de réserves, les quelques unités qui n'ont pas trouvé de place pour se déployer en première ligne; aux ailes, peut-être, une ou deux compagnies. On ne se préoccupe guère de renseignements (2), de liaisons (3),

---

(1) Ces quelques traits sont empruntés principalement aux études du colonel GERTSCH dont, en la résumant, nous nous sommes efforcé de respecter la pensée, et les expressions mêmes dans la mesure du possible.

(2) « Avec quelles forces les Russes occupaient-ils cette position ? Les Japonais n'en savaient rien. Les renseignements étaient maigres, et, le 10, dans cette zone, il n'y avait pas eu d'infanterie engagée. Seule, l'artillerie avait tiré; on connaissait donc l'emplacement des batteries russes..... Mais sur l'infanterie on ne savait que peu de chose. Le 10, on avait pu observer l'établissement de tranchées; on les voyait et, çà et là, des isolés remuant alentour. Et voilà tout. » (Colonel GERTSCH.)

(3) « La chaîne mène toujours le combat à elle seule. Jamais de réserves pour foncer en ordre serré, alimenter, renforcer cette chaîne, la pousser vers l'avant. L'ordre de

de manœuvre, mais seulement de choc brutal. Le commandement reste responsable et se tait. La parole est aux chefs de peloton.

Ceux-ci ne s'embarrassent point d'un encombrant bagage scientifique; ils ignorent les beaux dispositifs d'une complication raffinée, les correctes épures, les solutions élégantes. Une seule doctrine, maintenir un ordre inflexible, afin d'aborder l'ennemi. Une seule formation, pour le feu comme pour l'assaut, en tirailleurs à deux pas. Pour le mouvement, chaque peloton se ploie, s'il est nécessaire, toujours sous la conduite de son chef, en colonne de route, en colonne par deux ou par un, en essaim momentanément compact, afin d'utiliser les masques en s'adaptant au terrain; les circonstances commandent l'allure; on ne rampe jamais, on se couche le moins possible. Une fois le bond terminé, on se remet rigoureusement en ordre, en tirailleurs, chacun serrant pour combler les vides; point de serre-files, tout le monde au feu. Ces gestes usuels, les hommes rompus, dès le temps de paix, à une exacte discipline, les exécutent avec une admirable précision, imperturbablement, automatiquement.

Chaque peloton a reçu son point de direction; ceux d'un même régiment se sont ébranlés à peu près simultanément. Ils serpentent le long des couloirs du terrain, pénétrant sans hésitation dans le secteur des pelotons voisins, s'échelonnant les uns derrière les autres à la volonté de leurs chefs, ne s'occupant que de l'ennemi et ne regardant que le but, s'alignant seulement à peu près, pour tirer, sur les groupes déjà postés.

L'ennemi ouvre-t-il le feu à 1.500 mètres par exemple? On continue à avancer; on ne ripostera qu'à 1.000 mètres, ou plus près encore, une fois que cet ennemi sera nettement visible, quand son tir deviendra gênant. Les réserves s'engagent dès que le terrain le permet, en occupant les vides du front; jamais les pelotons ne se mêlent. Constamment l'on avance. Le feu devient de plus en plus intense. Ce sont maintenant des bonds de courte amplitude, entrecoupés de feux rapides... jusqu'à ce que, finalement, un lieutenant, un capitaine, ou plusieurs

---

l'assaut ne vient pas de l'arrière. La chaîne ne se relie pas avec l'arrière au moyen de signaux; elle ne s'occupe que de l'ennemi. Ce n'est qu'une fois la position conquise, qu'on agite les fanions pour rétablir la liaison avec les troupes voisines et le commandement. » (Colonel GERTSCH.)

simultanément, jugent l'heure venue, et se lancent à l'assaut, suivis de tous leurs hommes. Chacun sait que, la brèche une fois ouverte, les voisins l'élargiront, et que tout le monde y passera.

Quant à l'artillerie, il ne semble pas qu'elle mette en œuvre des méthodes particulièrement subtiles : elle observe le mouvement de l'infanterie, le facilite le plus possible, se règle sur lui spontanément, tire d'une manière générale sur tout ce qui s'offre à ses coups sans distinction de secteurs.

Les exemples ne manquent pas : « En fait de tir de précision, « l'on ne saurait rien imaginer de mieux que celui dirigé par « les deux batteries d'Orroua sur le sommet 65. La crête que les « Russes occupaient sur cette hauteur était d'un bout à l'autre « continuellement criblée de shrapnels. Et tous, sans exception, « éclataient si exactement sur cette crête, qu'ils semblaient « devoir balayer le mouvement de terrain. Là-haut les Russes « étaient bien mal en point. Mais quelle bravoure ! Pour entre- « tenir le feu contre les Japonais d'en bas, il leur fallait se dresser « sur la crête. Tout le temps on les voyait surgir, lâcher leur « coup, puis s'aplatir. Mais un tel tir est fatalement mauvais... « Vers 5 heures, les compagnies du 16e régiment marchèrent sur « la cote 65. En bon ordre, déployés sur un rang, les pelotons, « l'un derrière l'autre, gravirent lentement les pentes abruptes. « Ils voulaient en finir. L'ennemi les dominait d'une trentaine « de mètres. La pente occidentale était flanquée du contrefort « déjà mentionné, et battue du sommet 60. L'air devait s'y « trouver saturé de projectiles : on les voyait pleuvoir dru. « Beaucoup d'hommes tombaient. Au-dessus de leurs têtes, tout « près, plus près encore, éclataient leurs propres shrapnels. « D'en haut, il fallait s'y attendre, l'ennemi allait, au dernier « moment, se ruer à la baïonnette, afin de se donner de l'air. « Mais, comme si de rien n'était, ces vaillants grimpaient tran- « quillement, et progressaient toujours en ordre. Un peloton « précède les autres à une certaine distance. A 5ʰ 05, il est juste « en dessous de la crête, et les shrapnels venus de l'arrière rasent « littéralement les têtes. Un temps d'arrêt : il faut d'abord que « l'artillerie se taise. C'est fait. D'un bond, le peloton est en haut, « et c'est le corps-à-corps. Quelques secondes, et le voici rejeté

« sur la pente, réduit de moitié, le reste tombé sous les baïonnettes
« russes. Et ces débris du vaillant peloton dégringolent les flancs
« abrupts? Attention! Les braves gens restent juste sous la
« crête : on a pu briser leur élan, mais ils ne reculeront point.
« Ils appuient à gauche, car voici venir un deuxième peloton
« qui les suivait de près; il faut lui faire place; il est d'un bond
« sur la position. A ses côtés, le reste du premier fait irruption
« de nouveau. Victoire! Ils y demeurent et, sur l'étroit sommet,
« le feu et la baïonnette font rage. Bientôt arrive un troisième
« peloton, l'une après l'autre des compagnies. Les Russes sont
« précipités en bas. » (Colonel GERTSCH.)

«... Des avant-postes japonais, un peloton groupé marcha sur
« le mamelon, jusqu'au bois dominé par les pentes, puis se
« déploya la gauche à travers ce bois. Comme il arrivait à mi-
« pente, les Russes ouvrirent le feu, à 200 mètres ou 300 mètres.
« Les Japonais se jetèrent à bas et ripostèrent. Quelques minutes
« après, ils firent un bond de faible amplitude, se couchèrent et
« tirèrent de nouveau. Ils recommencèrent encore une fois.
« Puis le feu cessa : les Russes avaient évacué leur excellente
« position, qu'occupa le peloton japonais... Le chef de ce peloton
« se serait laissé écraser de feux plutôt que de ne pas accomplir
« sa mission. En ses hommes il pouvait avoir foi. L'officier russe
« au contraire, après quelques pertes subies, avait dû juger la
« position « intenable », ou cru devoir réserver sa troupe pour des
« exploits plus sérieux... Après tous ceux que j'ai vus et vécus
« pendant cette guerre, cet épisode, insignifiant en soi, me paraît
« bien représentatif de la doctrine des deux adversaires et des
« caractéristiques de leurs troupes. L'attitude de ces deux pelo-
« tons fut constamment, à la bataille, celle des corps d'armée et
« celle des armées. » (Colonel GERTSCH.)

Dans tout cela je ne voyais, en fait de liaison, que la liaison
vers l'avant, sur l'ennemi; en fait de doctrine, que le mépris
de la mort. Et je me demandais si nous n'avions pas fait de la
guerre quelque chose de trop compliqué; par delà la pénombre
de procédés peut-être contestables, j'entrevoyais l'éblouissement des indiscutables principes. Sus à l'ennemi, coûte que
coûte! comme dit le major von Tettau : « *Stets aber wurden die*
« *Angriffe mit der grössten energie ausgeführt, mit dem festen Bes-*

« *treben : Vorwärts, auf den Feind, koste es was es wolle!* » Il me
semblait qu'à cette lumière, la doctrine se simplifiait, se puri-
fiait. Je craignais de m'être parfois laissé entraîner à savourer,
avec une coupable sensualité, les fruits de l'Arbre de science. Je
m'accusais d'avoir proféré des paroles que j'avais crues généreuses, et qui n'étaient probablement qu'impies ; d'avoir écrit
que « la haine est stérile » et « qu'il faut aimer les vaincus ! » Je
voulais revenir aux choses simples — les seules dont s'accom-
mode l'action.

Alors le doute m'oppressait, les scrupules m'assiégeaient.
Comment réaliser ce geste de sereine brutalité? Comment conduire sous les balles de malheureux enfants gâtés qui, depuis
des années, n'ont entendu qu'une parole : « Prends bien garde
de t'enrhumer? » Comment conduire sous les balles des gastro-
nomes épris de bien-être, dont retentissent les imprécations,
lorsque, par aventure, la viande est coriace, les haricots mal
cuits, la sauce un peu trop claire, le menu monotone? Comment
conduire sous les balles des gaillards qui grognent immodérément, dès qu'on les fait marcher trois heures sous la pluie, —
des grognards... qui ne suivent plus? Comment conduire sous
les balles des êtres délicats et fragiles, dont la moindre entorse
réclame impérieusement des enquêtes, des responsables, des
sanctions expiatoires? Comment déclancher cet effort vers le
sacrifice, sans le faire prudemment précéder de tout le cortège
scientifique des précautions oratoires? — Tu as peur? Donc
nous allons te cuirasser d'une armure tellement épaisse de renseignements, de sûretés, de liaisons, de manœuvres, que tu seras
invulnérable!

Et, si la cuirasse se fausse, tu n'as qu'à t'en prendre à ton
chef... Prête plutôt l'oreille à ses discours : « Mieux vaut une
« armée de moutons conduite par un lion, qu'une armée de lions
« conduite par un mouton. » — « A la guerre, les hommes ne sont
« rien ; c'est un homme qui est tout. » — « Ce sont les généraux
« qui perdent ou qui gagnent les batailles, et non les troupes. »

Paroles orgueilleuses, paroles dangereuses, semences d'erreur ;
soit qu'elles fassent partie de l'héritage, tombé en quenouille,
de quelque génie disparu ; soit qu'elles nous viennent d'une élite,
qui se flatte de suppléer, par son intelligence, à l'insuffisance de

tous. Les plus belles conceptions ne valent que par l'exécution ;
l'inébranlable décision du chef ne se traduit, en définitive, que
par l'inflexible volonté des soldats. Et nous savons de reste
comment le bon Panurge en usait avec les moutons : « Aussy
« le dict Aristoteles estre le plus sot et inepte animal du monde. »
— « Lesquels touts feurent pareillement en mer portez et noyez
« misérablement », les bergers par-dessus le marché !

En vérité, ne vous semble-t-il pas que l'on abuse étrangement
de ce qualificatif de lion, pour en décorer des vaincus? On abuse
de la « promenade du cadavre » des quelques justes trop peu
nombreux pour sauver la cité condamnée. On abuse des monu-
ments à la défaite, des légendes de tout acabit, des épithètes
grandiloquentes, des « résistances désespérées », des « défenses
« aussi héroïques » que vaines, des « admirables retraites ». —
Une retraite est toujours vilaine. Une « position intenable », —
elles finissent toutes par le devenir ! — c'est une position sur
laquelle on ne veut plus tenir, parce qu'on a peur d'y mourir...
A défaut de victoire, on se grise de mots ; et l'on n'ose pas formuler
sans ambages cet aveu, d'une éloquence autrement fière que tous
les plaidoyers du monde : « Si nous avons été vaincus, c'est parce
« que nous avons été lâches (1). »

Il faut donc en finir. La lumière resplendit sur ce champ de
bataille : aveugle qui ne la voit pas !

Le colonel Gertsch l'a vue : « Encore de nos jours, les Japonais
« s'exercent à peu près constamment à supporter stoïquement
« la douleur physique et morale, opposant aux pires souffrances,
« non seulement des traits impassibles, mais même un visage
« joyeux. Dès l'enfance, on les accoutume à subir sans une parole
« les contrariétés et les maux. »

« Sans cesse, ajoute-t-il, on amène les troupes à songer à la
« mort au combat, non pas en leur parlant à l'occasion, durant
« les exercices, d'effets des feux, de blessés, de tués ; mais en
« assignant à l'éducation, comme un de ses objets les plus élevés,
« de familiariser le soldat avec cette idée de la mort, et d'entretenir
« en lui la conviction que sa mission consiste, pour faire son
« devoir, à périr sur le champ de bataille. »

---

(1) Lieutenant-colonel Montaigne, *Études sur la Guerre*. Introduction.

Ludovic Naudeau l'a vue (1) : « Quelle vilaine chose c'est que
« de se rendre à l'ennemi, quand on est valide! A leur place,
« nous eussions préféré mourir. Ces gens-là ne redoutent donc
« pas l'opinion de leurs concitoyens? Des Japonais ainsi avilis
« ne pourraient jamais plus retourner dans leur village. Désho-
« norés, reniés par leurs proches, repoussés, bannis, ils devien-
« draient des parias. La mort vaut mieux que tant d'ignominie... »

« Présentement, les Japonais songent à ceux des Européens
« sentimentaux qui déblatèrent contre la guerre, avec le même
« mépris qu'inspiraient naguère aux Européens les Chinois du
« temps passé, les Chinois veules, flasques et auxquels répugnaient
« si fortement les choses militaires. »

Le général Kouropatkine l'a vue : « La cause principale de
« la victoire des Japonais, ce fut leur haute valeur morale. »

La verrai-je à mon tour?...

L'ennemi est là, devant moi : je le tiens enfin ! Je m'en vais
le détruire, — sans phrases.

Il peut me détruire, dites-vous?

C'est l'épouvantail de la Mort que vous agitez devant moi?

Mais ce n'est qu'un fantôme, une apparence vaine :

Parce que je ne crains pas la souffrance;

Parce que mon sacrifice est fait longtemps d'avance;

Parce que je sais qu'il n'existe point de sacrifice stérile;

Parce que je regarde votre Mort face à face;

Parce que je la méprise.

La force morale, — c'est cela.

---

(1) Ludovic NAUDEAU, *Le Japon moderne.*

ANNEXES

ANNEXES

1° Marche du général Keller sur Salmatseu (Major von Tettau)

Le 31 mai au soir parut l'ordre d'opérations : 6 bataillons et 2 batteries, que le général Keller tenait à diriger en personne, étaient destinés à attaquer Saimatseu, puis Haiyangyamen, si l'ennemi ne résistait pas ; 2 bataillons devaient suivre pour être poussés vers Fenghoangtcheng en flanc-gardes de droite, dans les vallées du Tsaoho et du Badaoho. Enfin, le général Romanov, chef de la 6e division de tirailleurs, avec 6 bataillons, 1 batterie, 5 sotnias, reçut l'ordre de maintenir ouverte la porte de retraite du détachement.

..... D'après la carte, de Tsaohokeou à Saimatseu, il devait y avoir environ 30 kilomètres; en réalité, on en fit au moins 42, principalement parce que le chemin suivait les nombreux méandres des cours d'eau et des vallons. Le comte Keller avait l'intention de s'avancer, le 1er juin, jusqu'à 8 kilomètres de Saimatseu, et d'y attaquer, le 2, les Japonais qu'on y signalait ; le 23e tirailleurs coopérerait à l'attaque en marchant par la route de Sikouyang à Saimatseu.

La journée du 31 fut consacrée aux préparatifs. Les 10e, 11e et 12e tirailleurs vinrent, par Lianchankouan, se rassembler à Tsaohokeou.... Le 1er, à 6 heures du matin, l'état-major devait quitter à cheval Lianchankouan. Déjà, pendant la nuit, la pluie tombait à verse, fouettant d'inquiétante manière les carreaux de papier des fenêtres; au matin, d'épais nuages planaient sur les vallées, et des torrents de pluie continuaient sans interruption.....

A notre arrivée à Tsaohokeou, le gros était encore au point de rassemblement. Comme des unités isolées, parties de Taouan la veille au matin seulement, étaient arrivées fort tard après une étape de plus de 40 kilomètres, le départ de l'avant-garde avait été retardé de une heure et demie, celui du gros d'une heure. Primitivement, ce gros devait suivre à deux heures de l'avant-garde, soit environ 8 kilomètres, cette avant-garde n'ayant pas plus de 2 kilomètres de profondeur; ce qui correspondait aux règles en vigueur dans l'armée russe, ou plutôt au schéma du Service en campagne; ici, ce schéma ne fut pas appliqué. Le comte Keller salua les troupes, leur adressa ses vœux pour l'opération, leur expliqua la mission du détachement : « Cogner « sur le nez des Japonais, puis, peut-être, se replier; car le général « Kouropatkine n'avait pas encore assez de monde pour pouvoir pren- « dre l'offensive sur toute la ligne. Mais cela viendrait sous peu !...... »

Nous chevauchâmes d'abord avec le gros, puis nous poussâmes à l'avant-garde. Le premier col fut franchi sans difficulté. Vers midi, nous nous arrêtâmes pour déjeuner dans la vallée du Tsaoho..... Il pleuvait toujours; les troupes étaient fatiguées, surtout par les interminables passages de gués au lit caillouteux; les hommes avaient souvent de l'eau jusqu'au ventre; elle dégouttait dans les bottes; une partie d'entre eux les retirèrent pour marcher pieds nus.

Après l'arrivée du gros dans la vallée du Tsaoho, le bataillon du 22e fut poussé en flanc-garde vers le sud. Nous avions déjà repris la marche, quand le lieutenant-colonel Khrostitzki rendit compte qu'il avait atteint Saimatseu au sud, par la vallée du Badaoho, et l'avait trouvé inoccupé; il n'avait vu qu'un petit poste qui s'était replié; il en avait avisé le général Rennenkampf et le colonel Kartzov (1er d'Argoun). Cela ne faisait point l'éloge de l'activité des cosaques en fait d'exploration : cette nouvelle leur venait d'un groupe d'éclaireurs d'infanterie. Le général Keller résolut alors de porter, le jour même, tout son détachement jusqu'à Saimatseu, et même l'avant-garde au delà, et de poursuivre le lendemain sur Haiyangyamen, où, d'après les comptes rendus antérieurs, l'ennemi devait avoir des forces importantes.

Vers 4h 30, le gros atteignit le col à l'est du Tsaoho : le chemin, assez raide, l'escaladait brutalement. Au premier abord, il nous parut impossible d'y faire passer les pièces, d'autant que de grosses roches faisaient saillie hors du sol, trop hautes pour que les essieux pussent les franchir; aidées par l'infanterie, les deux batteries passèrent au bout d'une heure et demie. Les pièces, déjà lourdes par elles-mêmes, et les caissons, portaient chacun, par surcroît, 115 kilos d'avoine et divers accessoires. Si la colonne avait été assaillie en cours de route, l'artillerie n'eût pas été prête à combattre.

A 6 heures, nous quittâmes le col pour rattraper l'avant-garde, qui, pendant cet arrêt du gros, avait tranquillement continué sa marche, et avait ainsi une avance d'au moins 12 kilomètres. Jusqu'à Saimatseu, il restait encore 20 kilomètres. Cependant la nuit tombait, l'état-major allait tout seul, on ne voyait point l'avant-garde. La situation n'était pas gaie : bien qu'il n'y eût pas d'ennemi à Saimatseu, le 1er d'Argoun venait justement de rendre compte que la veille, aux environs, une demi-sotnia, occupée à faire le thé, avait été assaillie par les Japonais : 57 chevaux avaient été tués. L'ennemi devait donc s'être glissé par là, et l'on pouvait s'attendre à chaque instant à recevoir des coups de feu des flancs abrupts et boisés de la vallée..... Graduellement l'obscurité s'épaississait; il tombait encore une pluie fine; deux cosaques précédaient, cherchant la piste souvent perdue. Il fallait franchir de nombreux gués pierreux. A la lettre, on ne distinguait pas ses propres mains..... Enfin, vers 10 heures du soir, nous reconnûmes, en dépassant de nombreux traînards, que nous approchions de l'avant-garde, c'est-à-dire de Saimatseu déjà atteint par celle-ci. Déjà nous pensions toucher au but lorsque, dans la nuit noire, subitement, nous perdîmes le général et le guide venu à notre rencontre. Pendant deux heures encore nous errâmes... Nous trouvâmes le général Keller de fort mauvaise humeur : il venait de recevoir un télégramme du général Kouropatkine, qui désapprouvait la marche sur Haiyangyamen, l'exploration dans cette direction étant l'affaire de la cavalerie; le comte Keller devait, en conséquence, retourner au plus vite occuper les cols, les Japonais ayant l'intention de marcher sur le Motouling et plus à l'ouest. Conformément à cet ordre, on commencerait, le lendemain de bonne heure, la retraite que l'on exécuterait en deux étapes.

Le général nous apprit ensuite que le gros avait fait halte à 9 kilomètres à l'ouest de Saimatseu, car les hommes étaient fatigués par la marche de la veille, les 40 kilomètres de la journée, les mauvais chemins raboteux, la traversée des nombreux cours d'eau, l'obligation de pousser les canons. On ne voyait rien; on n'entendait point parler du 1er régiment d'Argoun. Par contre, les deux régiments de la division Rennenkampf étaient arrivés le soir à Saimatseu : à 2 kilomètres de cette localité, ils ignoraient encore si les Japonais l'occupaient ou non.....

Un peu avant le départ, nous rencontrâmes le général Keller. Le général Rennenkampf retournait sur Haiyangyamen. On n'était pas encore arrivé à savoir si, comme on le supposait, les Japonais étaient en marche sur Moukden.

Le retour s'effectua dans de meilleures conditions que l'aller : la pluie avait cessé; les pièces étaient allégées de l'avoine. Le détachement bivouaqua à Tsaohotseu.

2° Les combats du Manjouyama

1° *L'engagement vu du côté japonais* (Général HAMILTON et Colonel GERTSCH). — *1er septembre*. — .....Kuroki spécifiait, dans son ordre d'opérations : la 12e division, rompant à 5 heures du matin, s'avancera avec son aile gauche sur Chahoyintai ; la 2e, rompant à 6 heures, attaquera le Manjouyama, puis la hauteur 131, en se réglant sur la 12e division. Le terrain d'attaque était partout couvert de gaolian, sérieux obstacle aux vues et aux liaisons, et le mouvement s'en trouva ralenti. La 12e division garda en réserve le 47e. Son artillerie également dut, au début, rester en arrière, jusqu'à l'enlèvement des hauteurs les plus proches. Le régiment de cavalerie couvrait le flanc droit. La 2e laissa son artillerie sur la position organisée dès la veille, à l'est et près de Kouankoufeng. La 15e brigade disposa pour l'attaque ses deux régiments l'un à côté de l'autre, conservant en réserve un bataillon de chacun d'eux.

L'infanterie de la 12e division, dès qu'elle commença à avancer, fut canonnée par l'artillerie russe du sud de Chahoyintai, et subit des pertes assez considérables. La 15e brigade eut affaire à l'artillerie de Sikouantouen, mais sans beaucoup souffrir, car cette artillerie était en même temps prise à partie par les batteries de la 2e division. Un avant-poste russe d'environ un bataillon, établi au nord-ouest de Kouankoufeng, se replia après une courte résistance.

L'attaque, qui ne progressait que lentement, fut complètement suspendue à la 12e division, celle-ci ayant été avisée qu'une colonne ennemie d'au moins une brigade arrivait des Mines, et que, vers 10 heures, sa tête devait avoir atteint Taÿaopou. Le commandant de la division remit donc le 47e à la disposition de la 12e brigade, lui envoya 2 batteries, et lui prescrivit d'occuper le Gochosan. Kuroki ordonna à la brigade Matsunaga, sur le Taisekimonling, de rejoindre, et fit rallier également les compagnies laissées à Souanmiaotseu et à Seutsouitseu. Il prescrivit aussi à la brigade Oumezawa de marcher sur les mines de Yentai.

La brigade Okasaki était arrivée à midi au pied du Manjouyama, où elle se trouvait partiellement en angle mort devant la position russe, et partout ailleurs masquée par le gaolian. Elle fit halte, conformément aux ordres reçus, pour attendre les progrès de la 12e division. Vers 1 heure, Okasaki fut avisé que, la situation de l'ennemi s'étant modifiée, cette division remettait son mouvement au lendemain. Il estima qu'on avait tort de ne pas attaquer immédiatement, et qu'il était particulièrement urgent d'enlever le Manjouyama. Il résolut donc de continuer l'attaque à lui seul, et en avisa la 12e division et son chef, en leur fournissant les explications suivantes :

L'artillerie de la 2e division et les batteries de la 12e les plus voisines, indépendamment de leur lutte contre l'artillerie ennemie, devraient entretenir un feu violent contre les positions d'infanterie du Manjouyama. Protégée par ce feu, la brigade gravirait la hauteur et donnerait l'assaut dès que les effets en seraient suffisants. Le bataillon Miyakawa, de la réserve de la brigade, ferait retour au 30e régiment, qui aurait à couvrir fortement le flanc droit. Malgré l'arrêt de la 12e division, il fallait espérer qu'à son aile gauche la brigade Kigoshi exécuterait l'attaque le jour même, « faute de quoi ma brigade, après l'en- « lèvement du Manjouyama, courrait le risque d'être enveloppée par « l'ennemi. Le quartier général de l'armée en sera informé avec prière « de donner les instructions nécessaires ».

Vers 3 heures, Okasaki fut avisé par la 12e division que la brigade Kigoshi renonçait ce jour-là à poursuivre son mouvement en avant. Par contre, pour appuyer la 15e brigade, on faisait avancer trois bataillons vers sa droite. Il se déclara satisfait et attendit le bombardement, qui, selon toute apparence, serait sans doute accompli peu avant la tombée de la nuit.

Pendant ce temps continuait la lutte d'artillerie. A 6 heures, Okasaki fut avisé par son divisionnaire que Kuroki avait prescrit à la

brigade Kigoshi d'exécuter de concert avec lui l'attaque du Manjouyama. Presque aussitôt l'aide de camp de cette brigade arriva
auprès d'Okasaki, afin de s'entendre avec lui à ce sujet. Apparemment
froissé du refus qu'avait subi sa proposition, Okasaki lui répondit :
« Mes dispositions sont déjà prises pour l'attaque, et je n'attends plus
« que le feu de l'artillerie. Je puis bien mener l'affaire à moi tout seul,
« sans déranger votre brigade. Je vous prie seulement de couvrir mon
« flanc droit. »

A 7 heures, au crépuscule, commença le bombardement du Manjouyama par les quatre batteries de la 2ᵉ division, en arrière de Kouankoufeng, et les 2ᵉ et 3ᵉ batteries de montagne de la 12ᵉ en position
à 1 kilomètre au nord de cette localité. L'artillerie russe du Manjouyama riposta vigoureusement (Colonel GERTSCH).

Il est clair qu'Okasaki est l'âme de cette attaque..... Je pense que
Kuroki, Inouye et Fujii auraient préféré refuser leur gauche et leur
centre jusqu'à ce que le voile eût été déchiré à droite; mais le chef
audacieux de la 15ᵉ brigade, ne voyant que l'ennemi qui lui barre
l'accès de la voie ferrée, a jeté par-dessus les moulins leur prudence
et la sienne en même temps. Plus ou moins engagés par le calcul à la
Nelson de l'impétueux Okasaki, Kuroki et son état-major ont répondu
au sourire de la fortune et font tout leur possible pour assurer le
succès.....

Il y avait peu de chances pour que la 15ᵉ brigade pût réussir l'assaut
en plein jour. Deux ou trois officiers s'écrièrent sur un ton moitié
anxieux, moitié indigné : « La Garde devrait être ici! Jamais nous
« n'aurions dû passer sans elle! » On n'envisageait plus du tout la
situation au travers de lunettes roses; mais Kuroki, toujours rempli
d'espoir, fait, pour réussir à percer cette nuit, tout ce qu'il est possible
de faire (Général HAMILTON).

L'obscurité devint bientôt complète et la 15ᵉ brigade commença
à avancer. Mais il parut bientôt que, par une telle obscurité, dans un
semblable terrain, l'attaque était inexécutable. Sans doute, les pentes
n'étaient pas très raides, mais un grand nombre de rides et de plis de
terrain, et brochant sur le tout le gaolian, les rendaient difficilement
praticables et empêchaient de maintenir l'ordre et la cohésion. Okasaki fit donc halte et prescrivit de ne reprendre le mouvement qu'au
lever de la lune. L'infanterie russe avait ouvert le feu et continuait
à l'entretenir bien qu'il fît noir comme dans un four. Les Japonais ne
ripostaient pas et ne subissaient presque aucune perte.

Le chef de la 2ᵉ division avait rappelé, dès le 31 août, deux bataillons de la brigade Matsunaga. Ces bataillons (le 1ᵉʳ du 4ᵉ et le 2ᵉ du
29ᵉ) arrivèrent dans la soirée du 1ᵉʳ à Kaolitsoui, où se trouvait
l'état-major de la division.

Un peu après 10 heures, la lune se leva et, sans autre ordre d'Okasaki, les deux régiments s'ébranlèrent. A ce moment vinrent à lui
trois compagnies du 1ᵉʳ bataillon du 4ᵉ, envoyées comme renfort par

le divisionnaire. La canonnade avait depuis longtemps cessé; il semble que son résultat ait été médiocre : car des salves nourries et continuelles s'abattaient sur les lignes japonaises et les essaims qui, silencieusement, se glissaient le long des pentes. Vers 11 heures, Okasaki voulait se rendre, avec le 1er bataillon du 4e, à l'aile droite, où il songeait à le faire entrer en ligne, quand il distingua là-bas les clameurs d'assaut japonaises : « Oua-oua! »

Il savait maintenant que le 30e régiment avait fait irruption sur la position ennemie; et il se porta à l'aile gauche avec le 1er bataillon du 4e. Il envoya un aide de camp dire au 16e de tout mettre en œuvre pour attaquer simultanément, en liaison avec le 30e. Aussitôt après, le 16e lui rendit compte qu'il avait enlevé la position, et qu'il était désirable que le 30e accélérât son attaque. La brigade était en possession du Manjouyama et commençait immédiatement à s'y organiser. Peu après, sur son aile droite, les Russes entreprirent une contre-attaque; elle fut repoussée après un combat violent et ils abandonnèrent de nombreux morts et blessés : parmi les morts, le commandant du régiment. A présent l'on aménageait les tranchées, organisant des toits contre le tir des shrapnells, avec les matériaux que, dans le même but, les Russes avaient apportés sur la hauteur. C'est ainsi que la brigade attendit le matin (Colonel GERTSCH).

Les Russes n'y étaient ni très nombreux, ni très fortifiés, mais c'étaient de rudes gars, peu disposés à répondre *Amen* aux banzaï des Japonais. De 10 heures à minuit, ce fut une mêlée, un corps-à-corps passionné..... Les Japonais, maîtres de la place, ne pouvaient encore en croire leurs yeux, quand deux bataillons contre-attaquèrent à fond..... S'ils étaient venus renforcer, quelques minutes plus tôt, ceux qui tenaient encore, cramponnés au sommet du mamelon, les résultats de cette nuit de luttes eussent été bien différents! (Général HAMILTON.)

2 septembre. — A 2 heures du matin, Kuroki fut avisé par la IIe armée qu'elle atteindrait probablement le Taitseho dans la journée. Il en conclut que la résistance des Russes à Liaoyang pouvait être considérée comme brisée, et estima que son armée se trouvait dans l'obligation de seconder l'attaque de toutes ses forces..... Au petit jour, l'artillerie russe ouvrit un feu violent sur les 2e et 12e divisions. L'artillerie japonaise ne pouvait riposter, se trouvant trop en arrière et n'ayant point vers l'avant de positions convenables.

..... A 8 heures du matin, le général Kuroki envoya à la Garde l'ordre suivant : « La Ire armée s'avancera, après l'enlèvement de la hauteur « 131, sur le front Sandopa—Lotatai. Cherchez à passer le Taitseho à « Kaotchangtseu, et à vous emparer de la hauteur 151. » La Garde resta toute la journée sur la rive gauche, sans faire aucune tentative pour traverser.

Contre le Manjouyama, le feu de quarante pièces, établies à Sakoutouen et sur la hauteur au sud, et de huit pièces lourdes au nord de

Tsaofankeou, était particulièrement énergique et persistant. La position de la 15ᵉ brigade était spécialement exposée aux coups. Par endroits, les parapets furent bouleversés, les toits démolis. La brigade subit des pertes sérieuses, mais tint opiniâtrément. Comme, depuis huit jours, les troupes n'avaient pas eu de repos réel, et qu'aucune entreprise immédiate n'était à prévoir, le général Okasaki donna l'ordre suivant : « Sur tous les points convenables on installera des postes « d'observation occupés par des officiers. La troupe cherchera à s'abri- « ter le mieux possible du feu de l'ennemi et dormira. On doit admettre « la certitude d'une attaque d'infanterie au bout d'un certain temps, « lorsque cette infanterie se sera rapprochée de nous, son artillerie « cessera le feu pour ne pas l'atteindre. C'est alors qu'on se portera « sur la position, qu'on ouvrira un feu énergique sur l'assaillant, et « qu'on marchera à sa rencontre à la baïonnette. La victoire est à ce « prix. »

La 2ᵉ division avait reçu l'ordre d'occuper également la hauteur 131. Dans ce but, elle y envoya de grand matin les trois compagnies du 1ᵉʳ bataillon du 4ᵉ et deux compagnies du 16ᵉ. Les pentes sur lesquelles devait s'avancer ce détachement s'étagent en trois paliers jusqu'au sommet; les Russes occupaient le palier supérieur. Le détachement parvint jusqu'au deuxième, et, à 800 ou 1.000 mètres, riposta au feu de l'ennemi. A 10 heures, deux bataillons russes attaquèrent. Le 1ᵉʳ bataillon du 4ᵉ avait l'ordre de ne pas s'exposer à de grosses pertes, et, contre une attaque de forces supérieures, de ne pas tenir jusqu'à la dernière extrémité. Il se replia donc lentement; les Russes ne poursuivirent que jusqu'au deuxième palier.

Peu après 10 heures, la canonnade contre le Manjouyama fut suspendue. Vers 11 heures, elle reprit et, bientôt, une nombreuse infanterie marcha à l'attaque en longeant les pentes nord de la hauteur 131; les Japonais l'évaluèrent à deux régiments. Okasaki avait repris sa réserve en main; il se précipita avec elle vers le 16ᵉ régiment. Mais les Russes ne poussèrent point à fond, prirent seulement position à 1.000 mètres de la gauche japonaise et exécutèrent des salves. Les Japonais ne répondirent pas. Voyant que les Russes n'avaient point l'intention d'attaquer, ils se recouchèrent pour dormir. Okasaki dit dans son rapport : « Au milieu du grondement des pièces ennemies, on entendait « ronfler de tous côtés. » On résolut de renouveler dans la soirée la tentative sur la hauteur 131. Jusque-là les troupes eurent repos.....

A 9ʰ 30, la brigade Matsunaga arriva à la 2ᵉ division. A l'aile gauche la 12ᵉ brigade Kigoshi, pendant la journée du 2, n'eut rien d'autre à faire qu'à se couvrir, comme la 15ᵉ brigade, contre le feu violent de l'artillerie ennemie, et à se tenir prête à repousser une attaque éventuelle. Par contre, à droite, à la brigade Sasaki incombait la tâche d'enlever les hauteurs au sud des mines; trois batteries de montagne lui étaient adjointes..... Dans un temps relativement court, Sasaki délogea l'ennemi..... (Colonel GERTSCH).

Du Manjouyama à la colline de Gochosan, première position de la brigade Sasaki, il y a une distance de 4 kilomètres où le sol est entièrement couvert de moissons géantes. Cette trouée entre les 15e et 12e brigades est garnie par trois bataillons de Kigoshi, tout ce qui lui reste, car l'un de ses deux régiments a été entraîné dans le maelström de la lutte du Manjouyama. Trois compagnies par kilomètre, c'est plutôt faible! Une de ces attaques que les Russes ont fait retomber, avec une force de marteau-pilon, sur les tranchées du Manjouyama, guidée par un officier habile, à 800 mètres plus au nord à travers le gaolian, eût fatalement percé cette ligne de défense; actuellement, ce soir encore, s'ils voulaient pousser hardiment, n'importe où, entre le Gochosan et le Manjouyama, ils écraseraient tout, droit devant eux, dès le premier effort (Général HAMILTON).

Les Japonais évaluèrent les forces russes engagées le 2, ou prêtes à s'engager contre les 12e et 2e divisions, à trois divisions derrière lesquelles, sur différents points, on pouvait voir au loin des masses considérables. L'artillerie qui prit part à la lutte comprenait, outre les 48 pièces déjà mentionnées de Sakoutouen et de Tsaofankeou, 40 à 50 pièces aux environs de Lilienkéou.

A 6 heures du soir, toute cette artillerie ouvrit subitement un feu très violent sur les positions de la 2e division et de l'aile gauche de la 12e, et le continua sans interruption jusqu'à la tombée de la nuit. Puis le feu cessa et, contre toute la position japonaise, des masses considérables se lancèrent à l'attaque. Ce fut une tentative énergique, violente, où l'assaillant mit en œuvre toute sa vigueur, toute sa bravoure; mais elle ne put triompher de l'héroïque opiniâtreté japonaise et, après plusieurs heures de fusillade rapprochée, les Russes se replièrent encore. Je ne sais rien de plus sur cet engagement, sauf en ce qui concerne le secteur de la 15e brigade, où se produisit l'attaque principale. Je dois les détails ci-après à l'obligeance du général Okasaki.

Les Russes attaquèrent avec des forces très supérieures, et sur un front si étendu que les deux flancs de la 15e brigade furent menacés d'enveloppement. En arrière du front d'attaque, on entendait les musiques et les chanteurs. Quand les Russes, sur quelques points, furent à 200 mètres, les Japonais ouvrirent le feu, et alors éclata un furieux combat, tandis que les assaillants progressaient encore çà et là. L'assaut fut particulièrement acharné au point culminant du Manjouyama, où se tenait l'aile droite du 30e régiment. Les Russes étaient munis de sortes de grenades à main qu'ils lançaient sur les défenseurs, auxquels ils causèrent ainsi des pertes sensibles. Après une lutte très longue ils durent se replier, mais restèrent couchés à quelques centaines de mètres et continuèrent le feu.

Cependant la nuit s'était épaissie. Partout crépitait une violente fusillade, et il était difficile, à la seule lueur des coups de feu, de reconnaître l'emplacement des deux lignes adverses. Pour y arriver, et aussi pour empêcher les troupes de tirer sans viser dans l'obscurité, Okasaki fit faire par un clairon la sonnerie « Cessez le feu ! ». Le signal se transmit rapidement sur tout le front et la fusillade s'arrêta instantanément.

Okasaki racontait qu'en présence d'une telle discipline il avait bondi de joie en s'écriant : « Maintenant nous vaincrons. Contre ces troupes, « l'ennemi peut venir avec les forces qu'il voudra : nous le battrons ! » Des officiers lui demandèrent s'il ne fallait pas reprendre le feu. Il répondit : « C'est inutile. Certainement l'ennemi va renouveler l'as- « saut, alors on tirera ; mais seulement quand il sera tout près ; et après « une fusillade courte et violente, tout le monde se lancera à la baïon- « nette. » Les Russes recevaient coup sur coup des renforts et, là où ceux-ci arrivaient, l'attaque se renouvelait : deux fois, par exemple, après 10 heures, à l'aile droite du 16e ; mais chaque fois ils furent repoussés. La dernière de ces attaques, menée par trois ou quatre bataillons, fut particulièrement rude. Le feu japonais, portant à très courte distance dans ces masses compactes, produisait des effets meurtriers. Là fut tué le colonel Mirkov, commandant le 123e. Peu après, le 30e subit un nouvel assaut, exécuté avec une égale énergie, par des forces considérables, et semblablement repoussé. Puis le calme se rétablit graduellement, mais les Russes restèrent sur la hauteur : sans tirer, les deux adversaires demeuraient couchés face à face (Colonel GERTSCH).

L'artillerie russe ouvrit un feu d'enfer sur le Manjouyama : du nord, du sud, de l'ouest, les projectiles pleuvaient sur les hommes d'Okasaki.....

Je soupçonne véhémentement qu'après les canonnades des sept dernières journées, il n'y a pas pléthore de munitions dans les coffres des Japonais.....

Le quartier général considère comme une chance merveilleuse que, de ce côté où la menace était si formidable, l'instrument se soit révélé de qualité si inférieure. On pense qu'Orlov n'avait que des réservistes.....

Les pièces japonaises sont silencieuses, ou peu s'en faut, soit que l'artillerie ennemie les domine, soit qu'elles risquent de se trouver à court de munitions. Les batteries russes sont donc libres de se consacrer entièrement au Manjouyama..... L'artillerie japonaise garde un silence de mort.....

Si la facile défaite d'Orlov a porté les Japonais à mépriser leur adversaire, les combats de la nuit dernière ont donné aux Russes un prestige qu'ils n'avaient jamais eu depuis le Yalu.....

Cela semble incroyable, mais les liaisons de la Ire armée avec Oyama et les autres armées ont été complètement coupées depuis hier soir jusqu'à maintenant : les fils étaient rompus, ce qui était à prévoir..... Une douzaine de soldats anglais, avec une paire d'héliographes, auraient épargné aujourd'hui aux Japonais plusieurs centaines d'existences humaines, gaspillées à tenter l'impossible (Général HAMILTON).

3 septembre. — A 2 heures du matin, le général Okasaki fut avisé par le colonel Baba, du 30e régiment, que, devant lui, l'ennemi s'était encore renforcé et se préparait à attaquer de nouveau. Okasaki s'y rendit, avec sa réserve, et prescrivit au commandant du 16e d'y envoyer aussi la sienne. A son arrivée le colonel Baba lui rendit compte de la situation : le colonel était d'avis que l'attaque prévue s'exécuterait avec une supériorité numérique considérable, contre laquelle une parade frontale serait insuffisante; il fallait simultanément lancer un gros détachement sur le flanc gauche de l'ennemi. Okasaki se rangea à cette opinion, et chargea de l'attaque de flanc Baba avec une partie de son régiment, tandis qu'il prenait en personne le commandement du front. Il plaça les réserves de la brigade et du 16e en arrière de la ligne de feu et prit ses dispositions pour se lancer à la baïonnette sur tout le front, dès que l'on entendrait l'attaque de flanc. Les Russes avaient avancé très lentement. A 2h 30 seulement, ils furent assez près pour que les Japonais pussent ouvrir le feu. Les assaillants hésitèrent, puis se mirent à tirer également. A 2h 30, le colonel s'était dirigé vers la droite. Il parvint à déborder le flanc gauche ennemi et se prépara à l'attaque. Mais alors les Russes battirent en retraite poursuivis par le feu japonais. Okasaki défendit qu'on se lançât sur leurs talons. A 8 heures ils avaient complètement évacué le Manjouyama.

A l'état-major de Kuroki l'on raconta, par la suite, que la défaite des Russes n'avait été rendue possible que par l'arrivée de la brigade Matsunaga.... Mais Okasaki déclare que cette brigade n'est venue le soutenir que tout à fait au dernier moment, et que les Russes avaient déjà été repoussés sans son aide.....

A l'aube, l'artillerie russe rouvrit le feu sur les 2e et 12e divisions. Pendant la nuit, les batteries japonaises avaient été amenées sur les hauteurs occupées par l'infanterie : elles pouvaient maintenant riposter. La journée s'écoula dans un long duel d'artillerie. Aucune tentative ne fut faite pour enlever aux Russes la hauteur 131 qu'ils occupaient encore.

A la 2e division, la brigade Okasaki fut relevée par Matsunaga et ramenée sur Kouankoufeng, où elle put se reposer dans un bois de pagode et se pourvoir du nécessaire. Le régiment de cavalerie, qu'on ne pouvait employer à rien au point de vue tactique, fit, comme le 2 septembre, cuire le riz de l'infanterie et le lui apporta.

La Garde était encore sur la rive gauche : à 7 heures du matin, Kuroki insista pour qu'elle exécutât les ordres reçus. La liaison télégraphique avec le grand quartier général était coupée depuis la matinée du 2, de sorte que Kuroki ne pouvait rien savoir de l'état des affaires à Liaoyang. Il entendait seulement que, là-bas, la lutte était toujours violente..... Ignorant absolument la situation générale, il devait trouver la sienne propre quelque peu critique : séparé, avec deux divisions, du reste de l'armée, en face d'un ennemi numériquement supérieur.

Dans le cours de la journée, à plusieurs reprises, il renouvela encore à la Garde l'ordre de passer le Taitseho et d'attaquer la hauteur 151. Ce fut en vain. Le commandant de la Garde jugea l'ordre inexécutable et ne bougea point. Il repoussa la demande du général Watanabe qui voulait traverser le fleuve avec sa brigade pour enlever les batteries ennemies..... La liaison télégraphique avec le grand quartier général ne fut rétablie qu'à 11 heures du soir..... (Colonel GERTSCH).

2° *L'engagement vu du côté russe* (Major von TETTAU). — *2 septembre.* — ..... La veille au soir, le commandant en chef avait fait savoir par téléphone qu'on recevrait dans la nuit un ordre général d'après lequel, le 2 à 5 heures du matin, le Xe corps aurait à avancer dans la direction Tsaotchintseu—Sakoutouen, et qu'il eût à se préparer en conséquence. On avait donc fait paraître, dès la soirée du 1er, un ordre d'opérations du corps d'armée : le général Vassiliev, avec l'avant-garde, partirait à 5 heures pour Sakoutouen; le gros suivrait à 6 heures, sous les ordres du général Gerschelmann. Faute de l'arrivée de l'ordre général, on ne connaissait ni les intentions du commandant en chef, ni la situation d'ensemble : on motiva donc le mouvement par la nécessité de soutenir le XVIIe corps, engagé le 1er septembre à l'est de Sakoutouen. Cette conception se trouva justifiée par un télégramme du commandant du XVIIe corps, arrivé le 2 au matin, et ainsi conçu : « La 35e division a subi une rude attaque de « nuit. Mes réserves étant épuisées, je vous demande de me faire « promptement soutenir par un régiment, dans la direction de Sakou-« touen. »

Ce que l'on entendait par cette rude « attaque de nuit », nous l'apprimes du colonel comte Bobrinski, aide de camp du commandant en chef. Vers minuit, les Japonais s'étaient rués sur la « position avancée » du XVIIe corps, à l'assaut du mamelon au nord de Sikouantouen; après une lutte acharnée à la baïonnette, les Russes avaient été délogés; les tentatives pour reprendre le mamelon avaient échoué; l'ennemi s'y était accroché, tout contre la « position principale » de la 35e division, située à l'ouest de Sikouantouen.

Le Xe corps était depuis longtemps en mouvement, quand, à 6^h 40 du matin, arriva au quartier général l'ordre d'opérations n° 4 de l'armée; et la lumière se fit ainsi sur les projets du commandant en chef. Le général Kouropatkine avait décidé de garder la défensive sur la position fortifiée de Liaoyang avec une partie de l'armée, 64 bataillons et environ 130 pièces; et, avec la majeure partie, sur la rive droite du Taitseho, « de marcher contre les troupes ennemies qui « avaient franchi le fleuve et de les attaquer. »

Enfin! le moral abattu se releva, et les troupes saluèrent cet ordre joyeusement. Il était bien clair aujourd'hui que les résolutions du commandant en chef pouvaient conduire au succès. Nous applaudîmes.

Cette fois, les Japonais avaient compté sans leur hôte : ils s'étaient grossièrement mépris en se fiant à l'irrésolution de leur adversaire.

Le général Kouropatkine avait concentré sur la rive nord 116 bataillons, une centaine d'escadrons, 436 pièces, pour châtier de sa témérité l'ennemi passé sur cette rive. Sans doute un cinquième de l'infanterie, un quart de l'artillerie étaient employés à couvrir les flancs et les derrières; la nécessité de maintenir 16 bataillons et 76 pièces sur les hauteurs au nord de Moutchan et de Tchandiapou pouvait paraître discutable; une force moindre, surtout en infanterie, eût été suffisante pour arrêter net toute offensive de l'ennemi vers le Taitseho, sur le front Siaotouentseu—Soumiaotsouen. Toujours est-il que ces flancs-gardes remplirent leur mission, puisque la Garde, en face des fortes positions de la 3e division, n'osa point franchir le fleuve. Mais ce qui semble injustifié, c'est le renvoi à Lioutsiatchouan d'une arrière-garde de 6 bataillons et 8 pièces; ces troupes furent absolument perdues pour la lutte décisive.

Malgré cette inquiétude exagérée pour l'arrière et les flancs, il restait encore 93 bataillons, 77 escadrons, 330 pièces, disponibles pour l'offensive; effectifs tout à fait respectables et qui permettaient d'escompter les plus brillants succès. Que pouvaient nous opposer les Japonais? Tout au plus 60 bataillons, pensait-on à l'état-major du Xe corps. Et cette évaluation exagérait au moins du double : il n'y avait pas plus de 30 bataillons japonais rassemblés au nord du Taitseho.

L'offensive devait avoir d'autant plus de succès qu'elle serait conduite avec plus de vitesse et d'énergie. On n'avait déjà laissé que trop de temps à l'ennemi pour prendre ses contre-dispositions et se renforcer. Mais cette vitesse, l'idée surtout d'un plan d'offensive énergique, ne se laissaient guère prévoir. En lisant le texte de cet ordre, qui nous était encore inconnu, on s'aperçoit que, sauf la conception d'attaque générale exprimée au début, aucune colonne ne reçoit l'ordre formel d'attaquer. Le général Bilderling « contiendra l'ennemi »; le Ier Sibérien et le Xe corps « s'avanceront jusqu'à hauteur de Sakoutouen »; le général Orlov « réglera sa marche » sur celle du général Stackelberg; le IIIe Sibérien à Tchansoutouen « attendra de nouveaux ordres ».

Ce qu'il y a de plus typique, ce sont les instructions données à la cavalerie, spécialement à la division Michtchenko. Au lieu de lancer cette masse de près de cent sotnias sur le flanc droit et les derrières de l'ennemi, où elle avait un magnifique champ d'action, où elle pouvait coopérer au succès et le compléter par la destruction absolue de cet ennemi, on l'emploie en grande partie à la sécurité des flancs et des derrières. Quant à la division Michtchenko, elle doit « s'établir à Siaokiatouen et y attendre de nouveaux ordres ». On a presque l'impression que, dès le principe, le général Kouropatkine ne prend pas au sérieux cette offensive, ne s'y décide qu'à contre-cœur, et doute de la réussite.

Déjà, pendant notre chevauchée vers Tsaotchintseu, nous avions perçu du côté de Sikouantouen une fusillade et une canonnade très vives. Quand la tête du gros arriva, vers 9 heures, à l'intersection du chemin suivi et de celui de Tchansoutouen à Loukianfang, le commandant de corps reçut un ordre signé du chef d'état-major de l'armée, subordonnant pour la journée le Xe corps au général commandant le XVIIe corps.

Le commandant du Xe corps avisa immédiatement le général Bilderling de la réception de cet ordre, de l'effectif combattant, 12.000 fusils, et de l'emplacement du corps d'armée. Ce qui est caractéristique, c'est l'absence absolue de liaison entre les états-majors durant cette journée : le général Sloutchevski resta jusqu'à 1^h 15 sans un ordre du général Bilderling; à ce moment, ce dernier lui fit savoir que le Xe corps lui était subordonné, en lui demandant où il se trouvait. Il n'avait donc pas reçu l'avis qui lui avait été envoyé. (Cet ordre, envoyé du XVIIe corps à 11^h 10 du matin, mit par conséquent 2 heures pour parvenir au général Sloutchevski, à 4 kilomètres environ.) D'ailleurs, l'envoi d'un ordre eût été sans conséquences; car, au moment où le Xe corps était touché par la communication du général Bilderling, il y avait longtemps que sa situation était modifiée au point de vue du commandement.

En effet, lorsque, à 9^h 30, la tête du gros dépassa le chemin de Tchansoutouen à Loukiafang, le général Kouropatkine arrivait avec son état-major sur la hauteur à l'ouest du premier de ces villages. Il fit appeler le général Sloutchevski, et lui prescrivit de soutenir le général Bilderling avec son avant-garde seulement, commandée par le général Vassiliev, et de laisser le gros en réserve à la disposition du commandant de l'armée.

Le général Vassiliev fut invité à continuer à cet effet sa marche sur Sikouantouen, et, à 9^h 50, le général Bilderling fut avisé du contre-ordre; à 11 heures, la communication ne l'avait pas encore touché. Le général Gerschelmann reçut l'ordre de rassembler le gros du corps d'armée en réserve au sud de la hauteur de Fankiatouen, sans le masser, pour ne pas attirer le feu de l'ennemi; plus tard, il fut prescrit de dételer les cuisines de campagne et de laisser les hommes au repos.

L'offensive du Xe corps était donc arrêtée, et les troupes enlevées au commandement de leur général.

L'état-major du Xe corps resta d'abord auprès du commandant en chef sur la hauteur à l'ouest de Fankiatouen. De ce mamelon, nous voyions admirablement tout le champ de bataille, surtout au nord-est, dans la direction de Fanchen, où se trouvait engagé le détachement Orlov, et où l'on attendait l'intervention du Ier sibérien.

A l'est précisément de cet observatoire, à 6 kilomètres environ, se trouvait le mamelon que les Japonais avaient, pendant la nuit, arraché au XVIIe corps : monticule allongé émergeant du sol; les pentes en étaient, comme en général la majeure partie du champ de bataille, couvertes d'un gaolian de 3 mètres de haut, de sorte que la hauteur semblait inoccupée. L'artillerie du XVIIe corps, postée sur la crête à l'ouest de Sikouantouen et dans la vallée au nord d'Orrtaokeou, tirait à shrapnells, sans interruption, sur cette hauteur; les batteries de la plaine furent renforcées par celles du général Vassiliev, qui soutint, avec son avant-garde, l'aile gauche de la 35e division. L'artillerie japonaise, vraisemblablement masquée à l'est du mamelon, ne ripostait que faiblement. Il n'y eut pas à proprement parler d'attaque d'infanterie du côté russe : à la note communiquée au Xe corps à 1^h 15, le général Bilderling avait ajouté que la « brigade combinée » Eck occuperait la crête orientale de la hauteur 131 et tiendrait sous un feu violent Sikouantouen et la hauteur au nord-est de cette localité; et que, vers le soir, il donnerait en personne l'assaut au mamelon avec la 35e division.

Vers 1 heure du soir, le IIIe sibérien arriva également à Tchansoutouen et s'établit au sud du village, comme réserve du commandant en chef. Naturellement on ne lui donna point l'ordre d'attaquer !

Tandis qu'il y avait là deux corps d'armée et demi en quelque sorte hypnotisés par le mamelon, un violent combat faisait rage vers le nord-est, au sud des mines de charbon. Le général Orlov attaquait l'aile droite de l'ennemi. Dans la matinée tout semblait aller bien : nous croyions distinguer nettement les progrès de son détachement; par moments, sans doute, sous une pluie de shrapnells, il paraissait forcé de s'arrêter. Mais le Ier sibérien n'était pas encore intervenu : son entrée en ligne, attendue d'une minute à l'autre, devait enlever la décision.

Au grand quartier général, on était également rempli de confiance; y était-on absolument fixé sur la tournure du combat? voilà qui me semble douteux : j'avais l'impression qu'entre ce quartier général et les corps d'armée, les liaisons étaient extrêmement précaires; en tout cas, on y resta, jusque dans l'après-midi, dans l'obscurité la plus complète au sujet de l'état des affaires au XVIIe corps. Par instants, on y affirmait avec assurance que les Japonais avaient évacué le mamelon au nord de Sikouantouen; puis on retombait dans le doute; on inclinait à penser finalement que l'ennemi l'occupait encore.

En général, on se montrait très optimiste; on n'avait, du reste, aucun motif d'inquiétude, puisque deux corps d'armée et demi n'étaient pas encore entrés en ligne. De Liaoyang également arrivaient d'excellentes nouvelles..... Plus tard, le bruit courut au quartier général, que l'ennemi était en retraite sur Haitcheng : sans doute, cette rumeur trouva peu de créance; mais le fait seul montrait combien l'on voyait la situation en rose.....

Vers midi, comme d'habitude, l'action subit un temps d'arrêt; l'artillerie ennemie ripostait à peine au feu des batteries russes; au nord-est seulement la canonnade continuait. On reçut avis que le

1er sibérien avait fini par arriver aux environs de Siaomiaotseu, et intervenait pour soutenir le détachement Orlov. Donc, tout allait bien : il n'y avait plus, pour anéantir l'ennemi, qu'à lancer vigoureusement à l'attaque la 9e division et le IIIe sibérien, qui lui couperaient la retraite sur le Taitseho.

La cuisine roulante et la voiture-buffet de l'état-major du Xe corps avaient été amenées, ainsi que celles du grand quartier général. Le buffet fut recouvert d'une nappe, des assiettes, des fourchettes, des couteaux installés, et jusqu'à des serviettes ; un repas chaud fut pris sur le champ de bataille ; on puisait du thé au samovar. Comme la chaleur devenait insupportable, sur ce monticule sans ombre, avec des tiges de gaolian on organisa des abris contre le soleil.....

A notre aile droite, la situation restait la même. L'ordre d'attaque, tant attendu, n'arrivait point. Sans doute, à 2 heures, sur l'ordre direct du général Kouropatkine, le 33e régiment d'Ieletz, puis le 1er groupe de la 9e brigade d'artillerie, avaient été envoyés de la réserve du Xe corps pour soutenir le général Vassiliev ; mais on ne songeait guère à une vigoureuse offensive. On entrait en ligne goutte à goutte : il y avait encore en réserve, à ne rien faire, le reste de la 9e division et trois brigades du IIIe sibérien, un corps d'armée au bas mot, sans compter la division cosaque Michtchenko, près de nous à gauche, à Siaokiatouen. (Vers midi, le général Michtchenko était venu sur notre mamelon se joindre au grand quartier général.)

Dix batteries environ se tenaient encore en avant de nous, dans la plaine au nord d'Orrtaokeou, dirigeant leur feu sur la crête du mamelon et le terrain en arrière. Des milliers de shrapnells furent tirés sur ce monticule : il nous semblait impossible que l'ennemi pût y tenir, d'autant qu'il ripostait à peine. A cet égard, le général Kouropatkine et son chef d'état-major étaient toujours dans le doute. Comme me le disait plus tard le général Sloutchevski, à 3 heures le commandant en chef était encore dans l'incertitude la plus absolue sur la situation devant le front de la 35e division.

Ainsi, jusqu'à la fin de l'après-midi, 62 bataillons, avec environ 230 pièces et une division de cavalerie, restèrent comme pétrifiés en face de ce mamelon, sans pouvoir se décider à attaquer. Évidemment les forces de l'ennemi étaient inconnues, mais il n'était pas douteux qu'elles ne fussent notablement inférieures. La faible intensité du feu de leur artillerie en était déjà une preuve. En admettant même que l'armée de Kuroki tout entière eût déjà franchi le Taitseho, on savait une grande partie de son effectif engagé au nord contre le général Orlov ; l'arrivée du 1er sibérien devait encore attirer beaucoup de monde de ce côté. Quelque fort que l'on pût supposer cet ennemi, on lui était encore de beaucoup supérieur sous tous les rapports ! En fait, à l'offensive de ces soixante-deux bataillons, les Japonais ne pouvaient opposer que leur 2e division, soutenue peut-être par de faibles fractions de la 12e.

A 4 heures, le commandant en chef apprit que le général Orlov se repliait sur Yentai : ce « détachement combiné », formé principalement de réservistes récemment appelés, avait lâché pied, deux bataillons de son avant-garde s'étant heurtés dans le gaolian à l'ennemi, qui les avait mis en désordre et bousculés.....

Maintenant, après la déroute du détachement Orlov et la faillite du Ier sibérien, il était à craindre que les Japonais ne débordassent l'aile gauche de l'armée, en la coupant de sa ligne de retraite. Mais rien encore n'était perdu : le commandant en chef disposait encore d'une forte réserve; c'était le moment de la mettre enfin en ligne, pour rattraper le temps perdu et, par une vigoureuse offensive de toutes les forces disponibles, ramener la victoire du côté des Russes.

Cette intention, le commandant en chef semble l'avoir eue confusément; mais, cette fois encore, pour atteindre son but, il ne prit que des demi-mesures. On n'osait point lancer toutes ses forces à l'assaut pour violenter la fortune!

A 5 heures du soir, le général Kouropatkine avait été avisé que le mamelon était toujours aux mains des Japonais; en même temps, paraît-il, le général Bilderling avait rendu compte de son intention d'attaquer à ce moment même; car, peu après 5 heures, le commandant de l'armée prescrivit au général Gerschelmann de se porter sur Sikouantouen avec le reste de ses troupes (2e brigade de la 9e division et un bataillon du 34e de Sievsk, soit neuf bataillons), pour soutenir, en cas de nécessité, l'attaque dirigée contre le mamelon au nord du village.

A peine le général Gerschelmann avait-il reçu cet ordre, que le général Kouropatkine faisait passer la direction de l'attaque du mamelon aux mains du commandant du Xe corps : toutes les unités déjà engagées (trois régiments de la 35e division et les trois régiments du général Vassiliev : 33e, 121e, 123e), et le reste de la division Gerschelmann, étaient mis sous les ordres du général Sloutchevski. On songeait si peu sérieusement à pousser cette offensive à fond, que le commandant de l'armée prescrivait à celui-ci de ramener le Xe corps en arrière à l'issue du combat, car il devait rester en réserve le lendemain. Le seul but de l'opération était de se donner de l'air sur le front, pour pouvoir se retirer sans être inquiété par l'ennemi. Le IIIe sibérien demeurait en réserve.

Le chef du Xe corps disposait donc de trente-trois bataillons : chiffre imposant sans doute, si l'attaque avait été exécutée avec ensemble. Mais qu'arriva-t-il? Toutes les troupes engagées avaient été subordonnées jusque-là au général Bilderling; subitement le général Sloutchevski, lequel se trouvait à 5 kilomètres en arrière de la ligne de combat, devait assumer la direction de l'attaque; de plus, il était 5ʰ 30; le soleil déclinait, puis allait se coucher; et depuis 5 heures l'attaque aurait dû être entamée. Tous ces changements dans le commandement suscitaient fatalement de nouvelles difficultés, de nouveaux frottements dans cette direction du combat, qui déjà, par elle-même, laissait à désirer au point de vue de l'ensemble.

Le commandant du XVIIe corps reçut avis de l'ordre du général en chef. Cet avis montre bien quelle confusion régnait dans le commandement du champ de bataille : le général Sloutchevski précise quelles sont les troupes, précédemment subordonnées au général Bilderling, qui doivent rester à sa disposition immédiate; il fixe même une mission au XVIIe corps; puis il termine en se plaçant lui-même, pour l'accomplissement de cette mission, sous les ordres du chef de ce corps d'armée, plus ancien de grade.

Le lieutenant-colonel Papadopov et moi nous joignîmes au général Sloutchevski, lequel partit à cheval avec son état-major pour Orrtaokeou par Toutaokeou, en longeant les pentes septentrionales; là, nous changeâmes de direction vers le nord-est, par le chemin de Sakoutouen. Comme nous arrivions à mi-pente, escortés d'une suite nombreuse, les Japonais durent nous voir : à peine quittions-nous Orrtaokeou, en allant vers le nord, que des obus brisants vinrent tomber à la place que nous quittions..... Il commençait à faire sombre quand notre état-major atteignit la bifurcation au nord-est d'Orrtaokeou. La 9e division arrivait en chantant par le chemin de Tsaotchintseu.

Cependant, avant même que le général Sloutchevski eût été à même d'éclaircir la situation et de donner ses instructions aux généraux Dobrjinski et Vassiliev, qui avaient la direction immédiate du combat, l'attaque du mamelon commençait. Comme le général était hors d'état, dans ces conditions, d'exercer une influence quelconque sur le développement de l'action, il prescrivit au général Gerschelmann de faire halte sur le front Orrtaokeou—Sakoutouen; lui-même resta, avec l'état-major, à la bifurcation au nord-est d'Orrtaokeou et envoya des officiers d'ordonnance à la recherche de ses deux généraux, afin d'avoir par eux des nouvelles du combat. Pendant ce temps, la nuit était venue; on entendait toujours distinctement une vive fusillade et des salves. On ne trouva pas le général Dobrjinski; le général Vassiliev rendit compte que l'attaque n'avait pas réussi : son échec était dû à l'absence d'une direction d'ensemble. Il n'y avait point d'unité de commandement, point de liaison entre les troupes du XVIIe corps et celles du général Vassiliev.

C'est ainsi qu'au moment où la 35e division marchait à l'assaut, l'artillerie du Xe corps canonnait les hauteurs au delà, menaçant de son feu sa propre infanterie.

Parmi le haut gaolian, sur les pentes occidentales du mamelon et dans les profondes tranchées qu'elle avait creusées pendant la nuit, l'infanterie japonaise s'était tenue masquée jusqu'au soir sans tirer, et, malgré le feu continu d'un nombre de pièces russes variant de 40 à 80, n'avait subi que des pertes minimes. A courte portée, elle avait accueilli par des feux rapides les premières lignes des assaillants.

Après que l'attaque de la 35e division eut échoué devant ce feu à courte portée exécuté par l'ennemi qui s'était porté à sa rencontre, les régiments du général Vassiliev donnèrent l'assaut. L'obscurité était complète; dans le gaolian, ils perdirent la direction et se dispersèrent; assaillis à l'improviste sur certains points, ils eurent à soutenir une lutte acharnée à la baïonnette. Ils réussirent finalement à gravir les pentes au prix de pertes considérables. Mais, arrivées au sommet, les troupes furent accueillies, à quelques pas, par un feu terrible provenant des tranchées-abris. Le gaolian exerçait une action absolument dissolvante, tous les liens étaient détruits, les chefs perdaient toute autorité sur leurs hommes. Prise en flanc par l'ennemi, la colonne Vassiliev recula en désordre; seul, le 33e d'Ieletz tint encore quelque temps, mais dut suivre bientôt la reculade générale.

De cette influence dissolvante de l'engagement, nous ne tardâmes pas à être témoins, de notre observatoire au nord-est d'Orrtaokeou. Dès la tombée de la nuit, par le chemin de Sakoutouen, revinrent les premiers blessés, d'abord isolément, puis de plus en plus nombreux, finalement par bandes entières. Le même spectacle précédemment décrit à Hanping se renouvela ici : chaque blessé était flanqué de quatre, cinq, six hommes valides qui le portaient, lui et son fusil. Il semblait qu'aucune mesure n'eût été prise pour organiser un poste de pansement à proximité du lieu du combat : à plusieurs kilomètres refluaient ainsi les blessés et les non-blessés, — sans surveillance ni direction.

Vers 9 heures du soir, le général Vassiliev arriva à notre observatoire et rendit compte au commandant du Xe corps que, malgré une série d'attaques énergiques, le mamelon était resté aux mains des Japonais; ses régiments avaient subi de grosses pertes et se retiraient.

Dans ces conjonctures, le général Sloutchevski ne jugea pas à propos d'engager sa dernière réserve, la 2e brigade de la 9e division; il envoya donc son chef d'état-major à Tchansoutouen exposer la situation au commandant en chef et demander de nouveaux ordres.

Cependant, les troupes se disloquaient de plus en plus complètement. Des bandes entières d'hommes sans la moindre blessure se retiraient vers l'ouest, dans l'obscurité. Elles furent bientôt suivies de compagnies en retraite, puis de bataillons complets des 121e et 123e régiments, dont les colonels étaient blessés, ainsi que de fractions du XVIIe corps. D'abord le général Sloutchevski tenta de les arrêter : à ces colonnes qui s'en allaient silencieusement dans la nuit, il fit demander, par des aides de camp, le nom de leurs chefs, et prescrivit aux officiers les plus anciens d'arrêter le mouvement. Mais il dut reconnaître bien vite l'inutilité de ses efforts : il se rendit compte qu'il était impossible, avec ces troupes, de revenir à la charge pendant la nuit. Il leur prescrivit de se replier jusqu'à Tsaotchintseu et de s'y rassembler. Il était minuit quand il donna au général Gerschelmann l'ordre de couvrir, avec la 2e brigade de la 9e division, la retraite des troupes qui avaient participé à l'attaque.

Sur ces entrefaites, le chef d'état-major était revenu avec de nouvelles instructions du commandant en chef. Le général Sloutchevski se rendit avec lui à Tsaotchintseu, afin de s'entendre avec le chef du XVIIe corps, relativement aux opérations ultérieures (Major von Tettau).

3° L'aile gauche du groupe de l'est le 11 octobre 1904 (Général Kouropatkine).

Au groupe de l'Est parut, le 11 octobre, l'ordre suivant : « J'or-
« donne d'attaquer, demain 11 octobre, l'ennemi sur ses positions
« avancées, afin de l'en déloger et d'enlever les cols à tout prix : A) Le
« Ier sibérien chassera l'ennemi du Tchenkouling et du Touminling
« (est et ouest) et s'y retranchera; B) le IIIe sibérien chassera l'en-
« nemi des trois cols du chemin de Iogou à Pensikou et s'y retran-
« chera; C) le détachement de cavalerie du général Samsonov et le
« détachement du général Rennenkampf appuieront l'attaque des
« cols, en s'avançant le long de la rive gauche du Taitseho, et me-
« naceront les derrières de la position de Pensikou; sur le chemin
« d'Hoeling laisser un fort détachement, pour assurer la liaison avec
« le Ier sibérien; D) le IIe sibérien marchera sur Siatchitchantsa. »
Les détachements Samsonov et Rennenkampf étaient placés sous
le commandement du chef du IIIe sibérien.

Celui-ci ne partageait point, au sujet de la mission attribuée par
cet ordre au détachement Rennenkampf, la manière de voir du commandant du groupe de l'Est; il demanda à laisser les troupes du général Rennenkampf sur la rive droite du Taitseho, ce qui lui fut accordé.
Pourtant le général Rennenkampf lui-même comptait mieux réussir
en faisant marcher sa colonne le long de la rive gauche du fleuve, ce
qui lui permettait d'agir simultanément sur le flanc et les derrières de
la position ennemie; en outre, de ce côté, le chemin était plus praticable à l'artillerie de campagne.

Après avoir arrêté sur la rive droite le général Rennenkampf, le
chef du IIIe sibérien élabora son plan d'attaque : comme les Japonais
faisaient face au nord, il voulait évidemment les faire écraser par son
artillerie, tandis que son infanterie et sa cavalerie les presseraient
vivement vers l'est. On estimait qu'un puissant déploiement d'artillerie sur le front nous aiderait à faire tomber l'une après l'autre les
positions japonaises.

En ce qui concerne l'attaque du mont Laouthalasa, clef tactique
de ces positions, d'après l'expérience du lieutenant-colonel Nekrassov,
qui pendant l'attaque avait subi le feu de notre propre artillerie, le
chef de la 6e division de tirailleurs assurait qu'il fallait, pour enlever
ce point : 1° ou bien faire reculer notre infanterie, contraindre par
une canonnade intense l'ennemi à abandonner le mont, puis prendre

l'offensive; 2° ou bien faire cerner la montagne par une chaîne d'infanterie coude à coude, et donner l'assaut en renonçant à la coopération de l'artillerie. Croyant fermement à la toute-puissance de l'artillerie, le chef du IIIᵉ sibérien s'arrêta au premier parti. Mais en fait, l'artillerie ne brisa nullement la résistance de l'ennemi. La préparation de l'attaque par nos batteries nous coûta beaucoup de temps et une masse innombrable de projectiles; puis, quand notre infanterie se porta en avant, les fusils et les mitrailleuses des Japonais l'accueillirent par une véritable pluie de balles.

Le 11 octobre, le commandant du IIIᵉ sibérien donna l'ordre suivant pour l'attaque des positions ennemies : « La colonne de droite, 9 ba-« taillons et demi, 4 pièces, 1 compagnie de sapeurs, sous les ordres « du général Danilov, enlèvera le mont Laouthalasa, clef tactique « de la position. La colonne de gauche, 10 bataillons et demi, 25 piè-« ces, 1 compagnie de sapeurs, sous les ordres du général Rennen-« kampf, s'emparera des cols entre Hodikeou et Pensikou, en atta-« quant dans la même direction que le 9 octobre. Le 24ᵉ tirailleurs « restera en position pour couvrir le flanc droit et assurer la liaison « avec le Iᵉʳ sibérien. La préparation sera exécutée par 12 pièces de « la 3ᵉ brigade d'artillerie de la Sibérie orientale, en position à Kao-« taitseu. Le détachement du général Samsonov, 12 sotnias, 1 batterie « et 2 pièces, opérant sur la rive gauche du Taitseho, soutiendra le « détachement de cavalerie du général Lioubavine, couvrira les ponts « et poussera des reconnaissances au loin vers le sud et en amont dans « la vallée. »

A la préparation d'artillerie participèrent 24 pièces de campagne et 14 de montagne. On ouvrit le feu à 9 heures du matin. On voulait contraindre l'ennemi à évacuer les crêtes. La canonnade dura jusqu'à 1 heure du soir. D'après le rapport du régiment de Krasnoiarsk, ce feu ne causa aux Japonais que point ou très peu de dommage. L'explosion de nos shrapnells couvrait la hauteur tout entière d'un nuage de fumée. Mais on s'aperçut par la suite qu'il n'y avait là que quelques postes.

A droite, la colonne Danilov se divisait à son tour en trois groupes : 2 bataillons à droite, 2 également au centre, 4 environ à gauche.

La colonne de droite s'avança jusqu'au pied de la position, à quelques centaines de pas de l'ennemi, et s'y abrita. Le feu était extraordinairement violent. Pour donner l'assaut, on devait attendre la tombée de la nuit; mais, quand vint celle-ci, les troupes furent rappelées en arrière. Pendant la nuit, une attaque fut tentée par deux compagnies seulement; étant donnée l'insuffisance de ces forces, elle n'obtint aucun succès.

Le général Danilov, qui payait de sa personne au premier rang, fut blessé à 1.000 pas de la position ennemie, mais demeura au feu.

La colonne de gauche, sous les ordres d'un distingué officier d'état-major, le colonel Stanislavov, commandant le régiment d'Iénisséi, se

mit en mouvement vers 11 heures du matin : « Le chemin n'avait pas
« été reconnu, et l'on n'avait fait aucune reconnaissance préliminaire. »
(Rapport du 7e régiment de Krasnoiarsk.) Les troupes progressèrent,
en dépit de pertes considérables ; à 400 ou 500 pas de la position, elles
allèrent donner à l'improviste sur une crevasse aux pentes escarpées ;
elles y dégringolèrent en partie et l'on ne continua point l'attaque.
Un bataillon de tirailleurs, envoyé de la réserve du corps d'armée,
revint à la charge, mais sans plus de succès. Après un arrêt qui se
prolongea jusqu'à l'entrée de la nuit, les fractions de la colonne de
gauche se replièrent. Le colonel Stanislavov restait sur le champ de
bataille.

La colonne du centre, 1er et 2e bataillons du 21e tirailleurs, sous
les ordres du lieutenant-colonel Nekrassov, commença son mouvement
vers midi, dans la même direction que la veille, et atteignit le pied de
la position ennemie, difficilement accessible (un rocher à peu près à
pic, haut de 15 pieds). Après avoir attendu quelque temps l'attaque
des secteurs voisins, le lieutenant-colonel Nekrassov voulut essayer
d'enlever, à lui seul, le mont Laouthalasa. Les compagnies du 1er bataillon du 21e et les éclaireurs à pied se hissèrent encore plus haut,
jusqu'à une sorte d'étroite terrasse, à quelques pas seulement des
Japonais. Pendant toute la journée les deux bataillons, pour ainsi
dire accrochés aux rochers juste en dessous de la position, certains de
la victoire, attendirent l'obscurité pour se lancer tous ensemble à
l'attaque. Une demi-compagnie de sapeurs-mineurs montés arriva à
pied, pour les aider avec des bombes à la pyroxiline ; on résolut de
placer les sapeurs munis d'explosifs en tête des deux colonnes d'assaut. Tout était prêt, les bombes chargées et amorcées, les colonnes
formées à leurs places, quand arriva un ordre bien inattendu du chef
de la 6e division de tirailleurs, ordre basé sur des motifs inconnus,
mais qui portait à l'entreprise un coup fatal : « On se repliera dans la
« nuit sur une position d'où il soit possible de battre en retraite quand
« viendra le jour. » On obéit. C'est ainsi que cette journée décisive ne
nous apporta aucun succès.

Les troupes du général Rennenkampf étaient divisées en deux
colonnes :

La brigade du général Kretchinski (2 bataillons du 22e et 2 bataillons trois quarts du 23e) étaient sous le commandement du général
Eck. En dépit des difficultés du terrain, ces bataillons s'avancèrent
courageusement, subirent des pertes considérables, arrivèrent au
voisinage immédiat de l'ennemi, mais, à la tombée de la nuit, se replièrent sur leur position antérieure, au lieu de progresser dans un
dernier effort.

La colonne de droite, sous les ordres du général Petrov, poussa
jusqu'aux pentes rocheuses de la position ennemie, délogea les Japonais de leur avant-ligne, mais ne put la dépasser et se replia.

La cavalerie du général Samsonov opéra en liaison avec celle du

général Lioubavine, sur la rive gauche du Taitseho, où elle prit une
position extraordinairement avantageuse. Bien qu'elle ne fût soutenue
par aucune infanterie, elle se maintint longtemps à proximité de Pensikou. Mais les Japonais, ayant reçu des renforts, l'attaquèrent et la
repoussèrent.

Le commandant du IIIe sibérien fit renforcer la colonne Rennenkampf par une brigade (5 bataillons) de la 3e division de tirailleurs, sous
les ordres du général Mordanov. Rennenkampf résolut de renouveler
l'attaque vers 8 heures du soir. Après entente avec le chef du Ier sibérien, celui-ci fixa la même heure pour l'attaque générale de son corps
d'armée contre la position ennemie. Malheureusement, l'opération fut
remise d'abord à 2 heures, puis à 4 heures du matin (nuit du 11 au
12 octobre). Sur ces entrefaites, le commandant du IIIe sibérien apprit
que notre cavalerie avait été repoussée : contrairement aux instructions du commandant du groupe de l'Est, et bien qu'il disposât de
réserves considérables, il se décida à différer l'attaque de nuit et donna
ses ordres en conséquence à 2h 30 du matin : mais, quand ceux-ci
arrivèrent, les colonnes d'attaque étaient déjà en mouvement; le
général Rennenkampf n'estima pas possible de les rappeler en arrière.
Pendant la nuit du 11 au 12, le détachement Rennenkampf opéra
seul contre l'ennemi.

L'attaque fut exécutée par la brigade Kretchinski (troupes de la
6e division de tirailleurs) et par la brigade de renfort Mordanov, de la
3e division de tirailleurs. Malgré les grosses pertes subies par les deux
bataillons du 22e, ces bataillons, fondus en quatre compagnies comme
ceux du 23e, attaquèrent vigoureusement les Japonais, sous les ordres
du brave lieutenant-colonel Tourov, et, après un corps-à-corps, enlevèrent les tranchées ennemies. Mais les unités voisines ne soutenant
pas la colonne Kretchinski, celle-ci, quand vint l'aube, se trouva
fusillée de front et sur ses deux flancs; elle souffrit énormément : dans
les cinq compagnies du 23e, par exemple, il n'y avait plus que deux
officiers vivants. Le lieutenant-colonel Tourov, qui, des premiers,
s'était lancé sur les Japonais, était grièvement blessé.

Le 12, à 6h 35 du matin, au lieu d'être soutenue par une offensive
des fractions voisines des colonnes Danilov et Rennenkampf, la
colonne Kretchinski reçut du général Eck l'ordre « d'évacuer les
« positions enlevées dans la soirée ».

Pour attaquer les Japonais, la brigade Mordanov devait suivre un
itinéraire compliqué : franchir d'abord le Taitseho et longer sa rive
gauche, puis repasser sur la rive droite et attaquer les trois sommets
« sur lesquels l'ennemi s'était solidement retranché ». Les bataillons
du général Mordanov étaient divisés en deux fractions : la ligne de
combat formée par 3 bataillons du 9e tirailleurs et la réserve par
2 bataillons du 10e.

La ligne de combat se divisait à son tour en trois colonnes d'un
bataillon chacune. Un bataillon devait se rendre sur les positions du

régiment de Tchita, un autre sur celles du régiment de Tchernoiarsk, un troisième sur celles du 23e tirailleurs.

C'étaient les hommes du 9e tirailleurs qui devaient attaquer en liaison avec le détachement Rennenkampf. Dans la nuit, les guides s'égarèrent, et tous les bataillons du 9e se rassemblèrent sur la position des Tchernoiarsk.

A 4h 30 du matin arriva un officier d'état-major, envoyé par le chef du IIIe sibérien, apportant le contre-ordre et prescrivant à la 1re brigade de la 3e division de se replier au petit jour sur Kaotaitseu. Mais la colonne était déjà en mouvement. Sans doute l'ordre en question ne fut pas exécuté; mais il arriva dans un moment qui exigeait une résolution particulièrement énergique, et ne put qu'affaiblir la vigueur du commandement. Impossible de compter sur une attaque opiniâtre, quand on sait que le chef a déjà renoncé à l'offensive. En pareil cas la retraite semble n'être que l'exécution des ordres reçus.

La nuit était épaisse. Nous ne connaissions point ce terrain, sur lequel nous opérions pourtant depuis le 9 octobre. Néanmoins, les tirailleurs et les Tchernoiarsk s'emparèrent du sommet boisé, en prenant beaucoup de fusils japonais, de caisses et de sacs de cartouches et de bandes de mitrailleuses.

Les généraux Petrov et Mordanov ne savaient rien de la situation. C'est ainsi que le premier prescrivit de faire poursuivre les Japonais par un bataillon du 10e : on croyait les trois sommets en notre pouvoir. Puis, le matin, se produisit encore le triste phénomène que j'ai déjà décrit plusieurs fois : nous n'exploitâmes point notre succès; tandis que les Japonais se reprirent, et revinrent à l'attaque en débordant les deux flancs de notre position sur le sommet conquis. Le fossé intérieur des tranchées que nous avions prises était si profond qu'il ne nous permettait point de tirer sur l'ennemi en retraite; nos tirailleurs devaient donc se coucher à découvert. Néanmoins, ceux du 9e tinrent encore bon très bravement, en perdant 11 officiers et environ 400 hommes; ils furent renforcés par un bataillon du 10e régiment.

Mais, vers 11 heures du matin, quelques bataillons ennemis, avec de l'artillerie et des mitrailleuses, surgirent sur la rive gauche du Taitseho, repoussèrent les troupes des généraux Lioubavine et Samsonov, puis, de leur feu, prirent à dos les régiments de tirailleurs. A cette nouvelle, le général Rennenkampf prescrivit de se replier sur la position primitive (Général KOUROPATKINE, *Memoiren*).

4° La retraite de Moukden (Major von Tettau).

On le sait, je ne me doutais guère, en m'endormant le 9 au soir, que l'ordre de retraite fût déjà donné. J'ignorais également que, cette nuit, les officiers étrangers logés en ville recevaient du quartier général l'ordre de partir à cheval pour Tieling. Je reposais insoucieux,

avec l'idée de retourner le lendemain sur le champ de bataille, pour
y suivre les péripéties de l'action.

Quand je m'éveillai, il faisait encore nuit noire et pouvait être
5ʰ 30..... Je ne fis qu'un saut. A travers la petite fenêtre de la hutte,
le ciel rougeoyait d'une lueur d'incendie et, sur tout cela, grondait
une rumeur confuse : des cris, des appels, un roulement de voitures
et en même temps, très distinct, un crépitement de fusillade. Je
courus dehors et demeurai saisi devant un tableau que je n'oublierai
jamais. Les immenses magasins, tous les approvisionnements, qui,
pour l'entretien de l'armée entière, avaient été amoncelés, flambaient :
on les brûlait pour ne point les abandonner à l'ennemi. Le quartier
des boutiques russes, où les marchands hier débitaient encore leurs
denrées, brûlait également, et au-dessus de la gare montait une épaisse
fumée. Partout jaillissaient les flammes, et au milieu d'elles, sur la
large route venant du sud et conduisant aux Étapes, se pressait
interminablement un flot compact de véhicules et de troupes, roulant
sans interruption vers le nord. Les commandements, les ordres, les
jurons, retentissaient pêle-mêle, dominés par un furieux crépitement
de cartouches d'infanterie. Je crus de prime abord que les Japonais
envahissaient déjà Moukden, mais je reconnus bientôt que l'on avait
livré aux flammes les dépôts de munitions. J'appris des troupes qui
passaient que la tête de pont était évacuée, qu'on avait fait sauter
le pont du chemin de fer, et qu'on battait en retraite sur Tieling. Les
Japonais ne pouvaient être bien loin, car, au sud des Étapes, on entendait çà et là, et semblait-il dans leur voisinage immédiat, des explosions
d'obus brisants. De l'autre côté de la ville, apparemment vers l'angle
nord-ouest, s'allumaient les lueurs de coups de canon dirigés vers
le sud.

Il ne me restait plus qu'à m'abandonner au reflux. Je courus à
ma voiture de bagages, que Plotnikov et le Chinois Tchefou avaient
déjà sommairement attelée, et voulus dire à Nikitine de seller. Mais
impossible de trouver mon cosaque : on lui avait volé son cheval
cette nuit; il était parti à sa recherche. Il fallait donc attendre : le
jour commençait à poindre; interminablement, sur de nombreuses
files juxtaposées, le flot des voitures roulait vers le nord. Pendant
les continuels à-coups, chacun peinait à se bousculer et, brutalement,
les puissants attelages des colonnes de munitions cherchaient à
s'ouvrir un chemin. Au sud, grondait toujours une violente canonnade.

Enfin arriva Nikitine, se lamentant de n'avoir pu retrouver sa
monture. Que faire? De plus longues recherches eussent été superflues : je lui donnai mon cheval gris dont le paquetage fut casé dans
la voiture. Et monté sur « Kitt », mon cosaque devant ainsi que la
voiture, que je ne pouvais quitter sous peine de la voir submerger
par le flot des véhicules, et sur laquelle se hissèrent Plotnikov et le
Chinois, nous partîmes.

Se faufiler parmi les attelages n'était pas une petite affaire, mais les bandes rouges de ma culotte finirent par m'ouvrir un passage. Lentement nous avancions entre les magasins en feu; à chaque instant des à-coups. ...J'aperçus alors un échelon de charrettes à deux roues qui venaient, au dernier moment, de charger à l'ambulance les blessés grièvement atteints, pour ne pas les abandonner à l'ennemi. Voyant que partout on faisait place à ce convoi, je m'y glissai prestement avec mon chariot, et dès lors nous continuâmes avec une aisance relative.

Heureusement, l'ouragan de la veille était complètement tombé; le soleil se levait splendide. Du sud au nord grondait la canonnade; vers la Tombe Impériale, on percevait par instants des feux roulants; mais en somme on avait l'impression que l'ennemi ne harcelait pas sérieusement. A l'angle nord-ouest de la ville, il y eut un nouvel arrêt plus prolongé : le flot des véhicules s'y trouvait endigué entre le mur d'enceinte et la voie ferrée. Il pouvait être 9 heures; derrière nous, la gare et le quartier disparaissaient dans les nuages d'une épaisse fumée. Enfin, en longeant la lisière nord, on atteignit la route mandarine. Là, au flot des voitures venait s'en réunir un autre qui, par l'est, avait contourné Moukden; des troupes également, infanterie et artillerie de différents corps des IIIe et Ire armées, débouchaient de ce côté; et cet exode se déroulait, en une masse compacte et désordonnée, vers le nord, le long de la route mandarine.

De part et d'autre de cette route, les champs étaient praticables : le flot pouvait donc s'étaler, et maintenant on avançait plus vite. Enchevêtrés pêle-mêle s'en allaient à perte de vue troupes, colonnes de munitions, trains, véhicules de toutes sortes, fantassins, cavaliers, marchands russes en fuite, Chinois, bétail même, poussant sans arrêt vers le nord.

Ils enduraient d'affreuses souffrances, ces pauvres blessés que l'on « sauvait », au lieu de les confier aux soins des Japonais, sans doute pour diminuer le nombre des prisonniers. Leurs gémissements, leurs cris étaient impressionnants, quand leurs charrettes sans ressorts cahotaient dans les sillons gelés des champs de gaolian : j'en vis un qui, de désespoir, se précipita hors du véhicule. Révolté, j'interpellai le personnel sanitaire d'escorte : un haussement d'épaules plein d'indifférence fut la seule réponse.

Bien d'autres spectacles attristants se déroulaient sous nos yeux : les bidons de vodka de l'intendance circulaient à la ronde, sauvés de la destruction des magasins abandonnés, peut-être même distribués; ces hommes abattus par les fatigues et les privations subissaient vite l'influence diabolique de l'alcool. Mais mieux vaut laisser retomber un voile sur ces tableaux..... Je ne me doutais toujours point qu'un danger quelconque fût à craindre vers l'est. Au contraire, avec ma voiture, j'appuyais toujours le plus possible à droite de la route, y trouvant plus de place pour avancer.

Il était midi passé quand j'approchai de Taoua. Ce village est situé dans une dépression suivie par un cours d'eau coulant de l'est à l'ouest; au sud, la route y descend. Devant la lisière orientale s'étale un boqueteau, derrière lequel, parallèlement à la route, prend naissance une chaîne de hauteurs. Depuis quelques instants déjà, j'avais cru remarquer derrière ces collines, à 1 ou 2 kilomètres à l'est du village, des éclatements de shrapnells. Phénomène inexplicable : je savais bien, pourtant, que là-bas nous devions avoir la Ire armée, dont sans doute l'artillerie occupait ces hauteurs. A mon avis, il ne pouvait y avoir là de péril quel qu'il fût. En arrivant à Taoua, il me sembla que, sur les collines, la canonnade avait cessé.

Ce ruisseau, aux berges escarpées, n'était franchissable que sur la route : il y avait donc, dans la dépression au sud, des milliers de voitures assemblées; plus bas encore plusieurs batteries, attendant leur tour de prendre la file. Sur la lisière orientale, je vis une fontaine; je m'y rendis pour prendre un peu de repos, abreuver les animaux, les laisser manger. Plotnikov et le Chinois leur avaient porté du gaolian, s'occupant en même temps de puiser de l'eau, quand, de l'épaisseur du bois voisin, déboucha en désordre une ligne de tirailleurs qui se replia sur le village. M'informant, j'appris que le régiment de ces hommes avait été, avec un autre, placé en flanc-garde à l'est de Taoua, mais que l'ennemi les avait délogés et dispersés. Rien ne nous couvrait plus sur ce flanc. Les shrapnells que j'avais vus tomber une heure auparavant étaient adressés par l'artillerie japonaise aux tirailleurs en retraite. L'ennemi pouvait donc, d'un moment à l'autre, atteindre Ta-oua. Perspective tout à fait imprévue! Il était 1 heure du soir. J'ordonnais à mes gens de finir vite d'abreuver les chevaux, quand, subitement, sur la hauteur à l'est du bois, retentit un coup de canon : le ronflement bien connu traversa l'air, passa sur nos têtes, et un obus brisant vint tomber avec fracas dans le tas d'équipages pelotonnés au sud de la dépression; un deuxième, un troisième, un quatrième suivirent.

Ce qui advint alors est bien difficile à décrire. Ce fut la panique : hâtivement, furieusement, tout se rua vers le nord. Comme j'atteignais, avec mon chariot, la route au nord de Taoua, l'artillerie ennemie, qui semblait peu nombreuse, commençait à tenir sous son feu ce torrent furibond de voitures. Et ce fut une course sauvage. Impitoyablement on s'écrasait vers l'avant. Le danger d'être atteint par les projectiles japonais était minime, mais non celui d'être jeté à terre par ces attelages lancés à fond de train.

Dans ce tohu-bohu, je perdis de vue mon chariot englouti dans la cohue. Moi-même, comment me retrouvai-je, avec mon cosaque, parmi ces milliers d'attelages emportés? Je ne saurais le dire. Finalement, nous atteignîmes Pouho : graduellement, depuis que nous étions hors de portée du feu japonais, le calme renaissait. Là encore, le flot venait, au sud du village, se heurter à un passage de cours d'eau. Je mis pied à terre pour le laisser passer, dans l'espoir de retrouver ma voiture. Espoir qu'il me fallut bien vite abandonner, car, toujours plus nombreux, affluaient les convois et les troupes : si bien que cela s'étendait sur une largeur de 1 kilomètre et plus. Le chariot, Plotnikov, le brave Chinois, il fallait les considérer comme perdus.....

Je poussai de l'avant, me dirigeant, pour sortir de la cohue, vers le nord-ouest et la voie ferrée; j'y fus dans la soirée. Là aussi marchaient, à l'est de la voie, des files juxtaposées de voitures; mais le plus grand ordre régnait. Sur le remblai cheminait l'infanterie. Je rencontrai encore deux officiers américains et les bagages de notre groupe conduits par un des officiers russes détachés près de nous.....

Nous approchions de la station de Sintaitseu, à 34 kilomètres de Moukden. Tout semblait calme et paisible, et je résolus de continuer à cheval, de nuit, dans la direction de Tieling. N'ayant pas mangé de la journée, j'avais mis pied à terre pour partager avec mon cosaque le corned-beef et le chocolat de mes sacoches. C'était un coucher de soleil splendide. Une partie des attelages, arrêtés, se reposaient également.

Tout à coup, un appel, des cris : « Debout! Sauve qui peut! Les Kounghouses! La cavalerie japonaise! » A une allure folle, des cavaliers nous chargeaient. Les conducteurs détachaient les chevaux ou coupaient les cordes, sautaient en selle, fuyaient. Avant que je pusse me rendre compte de ce qui s'était au juste produit, du remblai l'infanterie ouvrait un feu insensé, tirant de tous côtés, comme en démence, même sur les convois. Une indescriptible panique se déchaîna. Le personnel de ces convois, les hommes d'escorte, abandonnant du coup les équipages, se lançaient par centaines vers l'est, dans une fuite frénétique, sur les chevaux détachés. Je ne pouvais que me joindre à cette horde. Une cohue de cavaliers, de chevaux échappés, tourbillonnait à une vitesse folle, vers l'est et la route mandarine. Je suivis sur mon petit « Kitt »; les balles bourdonnaient derrière nous, de droite et de gauche, sifflant à nos oreilles; un cavalier me dépassait, criant : « Les Kounghouses sont derrière nous! ».....

Sur ces entrefaites, la nuit était venue, la fusillade avait cessé; devant moi, la horde galopait sur le chemin qui menait vers le nord, entre la voie ferrée et la route mandarine. Là aussi cheminaient des colonnes : entendant la fusillade du remblai, et prenant pour des Japonais ces cavaliers chargeant à toute vitesse, elles les reçurent à coups de fusil. Le malentendu s'expliqua, la galopade s'arrêta; mais toujours arrivaient de nouveaux flots de cavaliers, car la panique s'était propagée sur un parcours considérable, le long de la voie ferrée.

A quelques centaines de mètres à notre gauche, il y avait un village, vraisemblablement Yeltaitseu, que le chemin traversait pour continuer vers le nord; sur la lisière septentrionale éclata un incendie, puis quelques coups de feu : on le crut aux mains des Japonais. Il y avait là rassemblés plusieurs centaines de cavaliers, des parcs, etc., personne ne voulait avancer.

Je me tenais à l'écart, redoutant une nouvelle panique, installé sur le tertre d'une tombe chinoise, en attendant les événements. Il faisait une nuit claire, étoilée, mais froide. Je cherchais à me rendre compte de ce qui avait pu se produire exactement, mais sans y parvenir : ç'avait été l'affaire d'un instant, sans que l'on pût avoir le temps de la réflexion. Moi aussi, à ce moment, j'avais cru à une attaque de Kounghouses, ou de cavalerie japonaise, car on ne pouvait admettre que des centaines, des milliers d'hommes, sans un motif quelconque, se fussent abandonnés à cette fuite éperdue. Mais aujourd'hui, je doute fort qu'un seul Japonais ou Kounghouse se soit trouvé dans les environs ; et la cause de cette panique, je ne saurais me l'expliquer.....

Vers 10 heures du soir, il arriva de l'infanterie et une chaîne de tirailleurs se déploya face au village devant lequel, depuis deux heures au moins, nous étions arrêtés : il était absolument inoccupé. J'y pénétrai avec mon cosaque, pour donner à manger aux chevaux. Dans une fanza où je vis de la lumière, je trouvai deux officiers russes qui m'avaient précédé..... Sur un coffre, avec ma selle pour oreiller, je dormis jusqu'au grand jour. Vers 2 heures du matin, il y avait eu une fusillade du côté de la station de Sintaitseu, mais elle s'était tue rapidement.

Le 11, je poursuivis sur Tieling à cheval, sans encombre. Comme la veille, tout l'espace compris entre la route mandarine et le chemin de fer était couvert de troupes et de convois en retraite. J'arrivai à 1 heure du soir..... (Major von Tettau).

TABLE DES MATIÈRES

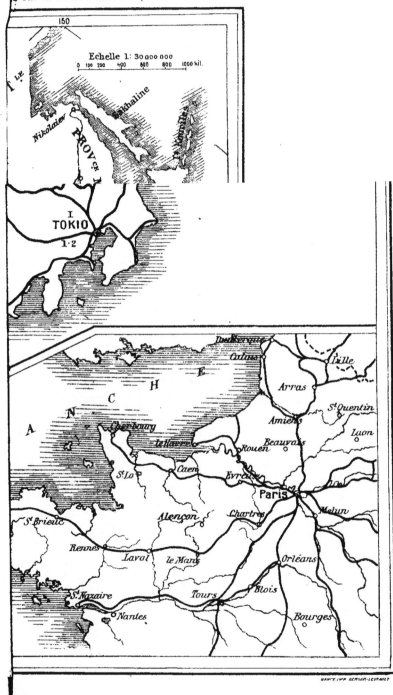

Echelle 1: 30 000 000

LIVRE III

LES CAUSES DE LA DÉFAITE

NANCY-PARIS, IMPRIMERIE BERGER-LEVRAULT

ASIE ORIENTALE

LIBRAIRIE MILITAIRE BERGER-LEVRAULT

PARIS, 5-7, RUE DES BEAUX-ARTS — RUE DES GLACIS, 18, NANCY

Les Campagnes d'Extrême-Orient. *Leurs résultats au point de vue tactique et stratégique,* d'après le lieutenant-colonel YODA, de l'armée japonaise, par le commandant MINART. 1912. Brochure grand in-8 de 23 pages . . . . **75 c.**

La Guerre avec le Japon. *Déclarations nécessaires.* Réponse à l'ouvrage du général Kouropatkine, par le comte WITTE, ancien ministre des Finances de Russie. Traduction de E. DUCHESNE, spécialement autorisée par l'auteur. 1911. Un volume in-8, broché. **2 fr. 50**

Journal de route d'un Officier d'état-major pendant la Guerre russo-japonaise, par le lieutenant-colonel Sir Ian HAMILTON. Traduit de l'anglais par le lieutenant VERDET, du 66ᵉ régiment d'infanterie. Préface de M. le général LANGLOIS, ancien membre du Conseil supérieur de la Guerre. 1909. Deux volumes in-8, 700 pages, avec, hors texte, 32 photographies, 15 cartes et 27 vues panoramiques, brochés. . . . . **20 fr.**

Étude sur les caractères généraux de la Guerre d'Extrême-Orient, par le capitaine breveté F. CULMANN, commandant la 9ᵉ batterie à cheval du 12ᵉ régiment d'artillerie. 1909. Un vol. grand in-8 de 106 pages, avec 5 planches hors texte, br. **3 fr. 50**

Études sur la Guerre russo-japonaise. *Du Yalou à Liao-yang,* par le lieutenant-colonel BARDONNAUT. Introduction de M. le général LANGLOIS. 1908. Un volume grand in-8, avec 20 croquis et cartes hors texte, broché . . . . **6 fr.**

La Guerre russo-japonaise. *Enseignements tactiques et stratégiques,* par le major LOEFFLER, de l'État-major royal saxon. Traduit par le lieutenant C. OLIVARI, du 144ᵉ régiment d'infanterie. 1907. Un volume in-8 de 342 pages, avec 10 planches hors texte et 3 tableaux annexes, broché. . . . . **8 fr.**

Les Détachements de contact dans la Guerre russo-japonaise, par le lieutenant-colonel R. MEUNIER. 1908. Grand in-8, avec 3 planches, broché . . . . . **2 fr.**

Les Prodromes de Moukden. *Une situation stratégique vécue,* par le commandant MORDACQ, de l'École supérieure de guerre. 1912. Brochure grand in-8, avec carte. **2 fr.**

La Cavalerie russe en Mandchourie, par le capitaine breveté BOULLAIRE, de l'état-major de la 8ᵉ division de cavalerie. 1911. Brochure grand in-8, avec 3 planches. **2 fr.**

La Bataille du Cha-ho, par le lieutenant ESCALLE, du 4ᵉ régiment d'infanterie, en collaboration avec le lieutenant GUÉRARD et M. L. RIVET, officier interprète de réserve. 1911. Un volume grand in-8, avec 6 planches, broché. . . . . **3 fr. 50**

Règlement sur le Service en campagne dans l'armée japonaise, du 14 octobre 1907. Suivi des *Prescriptions pour les Manœuvres.* Traduit du japonais et annoté par le colonel CORVISART, commandant le 20ᵉ régiment de dragons, ancien attaché militaire à l'ambassade de la République Française au Japon. 1909. Un volume in-12, avec 19 fig. ou tableaux, broché . . . . **2 fr. 75**

L'Artillerie japonaise, par M. C. COREY, capitaine d'artillerie. 2ᵉ édition. Avec une préface du général de division LEBON, commandant le 1ᵉʳ corps d'armée. 1906. Un volume in-8 de 183 pages, avec 75 figures, 2 cartes et 3 plauches, broché . . . . **5 fr.**

La Défense de Port-Arthur, par les colonels A. VON SCHWARZ et G. ROMANOVSKI. Traduit par J. LEPOIVRE, chef d'escadron d'artillerie.

    — PREMIÈRE PARTIE. 1912. Un volume grand in-8 de 459 pages, avec 73 figures dans le texte et 11 planches hors texte, en noir et en couleurs, broché . . . . **12 fr.**

    — DEUXIÈME PARTIE. 1913. Un volume grand in-8 de 651 pages, avec 81 figures dans le texte, 2 planches hors texte et un grand panorama (longueur 2ᵐ35), broché. **13 fr. 50**

    — Le *Panorama,* séparément . . . . **1 fr. 50**

De l'Influence des combats livrés sous Port-Arthur sur la construction des forts. D'après le lieutenant-colonel du génie russe VON SCHWARZ, par A. PIÉRART, chef de bataillon du génie. 1908. Un volume in-8 de 181 pages, avec 8 figures et 5 planches hors texte, dont une en couleurs, broché . . . . **5 fr.**

L'Attaque brusquée des Places fortes et la tentative de vive force des Japonais contre Port-Arthur, par le commandant P. DEFRASSE. 1909. Brochure grand in-8, avec 2 planches. . . . . **2 fr.**

LIBRAIRIE MILITAIRE BERGER-LEVRAULT

PARIS, 5-7, RUE DES BEAUX-ARTS — RUE DES GLACIS, 18, NANCY

Vers la Victoire avec les Armées Bulgares, par le lieutenant H. WAGNER, de l'armée austro-hongroise, correspondant de guerre de la *Reichspost*. Préface de M. GESCHOW, président du Conseil des ministres de Bulgarie. Traduit de l'allemand par le commandant MINART. 1913. Un volume in-8 de 251 pages, avec 24 gravures et 4 cartes hors texte, broché. . . . . **5 fr.**

Au Feu avec les Turcs. *Journal d'opérations (Campagne de Thrace, 12 octobre-14 novembre 1912)*, par G. von HOCHWÆCHTER, major dans l'armée ottomane, attaché à l'état-major de Mahmoud-Mouktar-Pacha. Traduit de l'allemand par le commandant MINART. 1913. Un volume in-8 de 128 pages, avec 4 cartes hors texte, broché. . . . . **3 fr.**

La Guerre des Balkans. *Quelques enseignements sur l'emploi de l'artillerie,* par le général HERR. 1913. In-8, avec 2 planches hors texte, broché . . . . **1 fr.**

Histoire de la Guerre Italo-Turque, 1911-1912, par UN TÉMOIN. 1912. Un volume in-8 de 142 pages, broché. . . . . **2 fr. 50**

L'Anabase de Xénophon ou la Retraite des Dix-Mille. *Avec un Commentaire historique et militaire,* par le colonel Arthur BOUCHER. 1913. Un volume in-4 de 406 pages, avec 48 cartes, plans et croquis, broché . . . . **25 fr.**

Guide Rappel de Commandement. *Organisation. Avant-postes. Marches. Combat,* par le colonel J.-B. DUMAS, breveté d'état-major, commandant le 34e régiment d'infanterie. 1911. Un volume in-8 étroit, avec figures et une planche, cartonné . . . . . **2 fr. 50**

Préceptes et Jugements de Napoléon, recueillis et classés par le lieutenant-colonel Ernest PICARD. 1913. Un volume grand in-8 de 615 pages, broché . . . . . . **10 fr.**

Napoléon en Campagne, par le lieutenant-colonel VACHÉE. 1913. Un volume grand in-8 de 222 pages, avec 3 cartes hors texte, broché. . . . . **4 fr.**

Vaincre. *Esquisse d'une doctrine de la Guerre basée sur la Connaissance de l'homme et sur la Morale,* par le colonel MONTAIGNE :

    I. **Préparation à l'étude de la Guerre.** 1913. Un volume grand in-8 de 268 pages, broché. . . . . **6 fr.**

    II. **Étude de la Guerre.** 1913. Un volume grand in-8 de 268 pages, broché . **6 fr.**

    III. **La Guerre,** 1913. Un volume grand in-8 de 200 pages, broché . . . . . **4 fr.**

La Guerre par le général KESSLER. 1909. Un volume in-8 de 151 pages, avec une carte hors texte, broché. . . . . **2 fr.**

Des Principes de la Guerre. *1re série des Conférences faites à l'École supérieure de guerre,* par le général F. FOCH, commandant l'École supérieure de guerre. 3e édition. 1911. Un volume grand in-8 de 357 pages, avec 25 cartes et croquis, broché. . **10 fr.**

    — **De la Conduite de la Guerre. La Manœuvre pour la bataille.** *2e série des Conférences faites à l'École supérieure de guerre,* par le même. 2e édition. 1909. Un volume grand in-8 de 505 pages, avec 13 cartes et croquis, broché . . . . . . **10 fr.**

Vers la bataille. *Réunion des forces. Évolutions stratégiques,* par le capitaine G. BECKER, breveté d'état-major. 1910. Un volume in-8, avec 15 cartes hors texte et 1 croquis, broché. . . . . **7 fr. 50**

La Bataille. *Conduite stratégique. Exécution tactique,* par le même. 1912. Un volume in-8, avec 8 cartes hors texte et 6 croquis, broché. . . . . **7 fr. 50**

Le Thème tactique. *Méthode de raisonnement,* par le capitaine d'infanterie breveté E. DOSSE. 3e édition entièrement remaniée et augmentée. 1913. Un volume in-8, avec 7 croquis et 2 planches hors texte, broché. . . . . **3 fr.**

Procédés de Combat du Bataillon et de la Compagnie d'infanterie. *Cinq conférences,* par le lieutenant-colonel STIRN. 2e tirage. 1912. Un volume in-8 de 388 pages, avec 24 figures broché . . . . **4 fr.**

Les Missions à la guerre d'un chef de section, par le lieutenant A. MASSACRIER, du 96e régiment d'infanterie. 1910. Un volume in-8 étroit, avec une planche, cartonné . . . . **1 fr. 25**

Les Missions à la guerre d'un commandant de compagnie, par le même. 1913. Un volume in-8 étroit, broché. . . . . **75 c.**

NANCY-PARIS, IMPRIMERIE BERGER-LEVRAULT

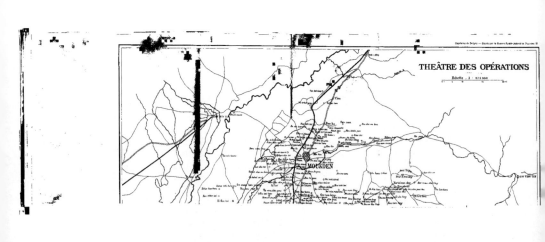

THEÂTRE DES OPÉRATIONS

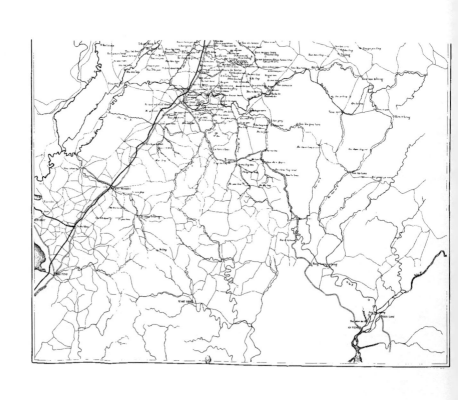

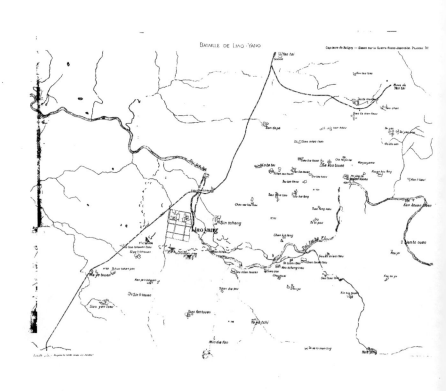

BATAILLE DE LIAO-YANG — Capitaine de Satigny — Essais sur la Guerre Russo-Japonaise. Planche III

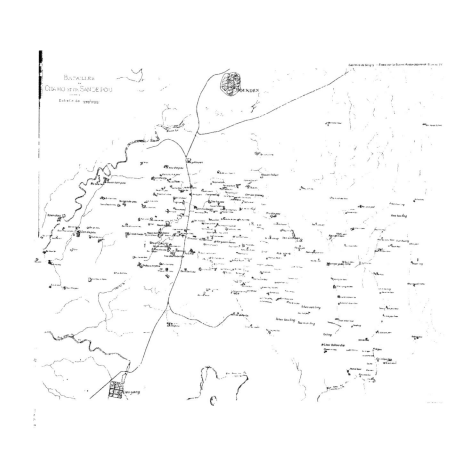

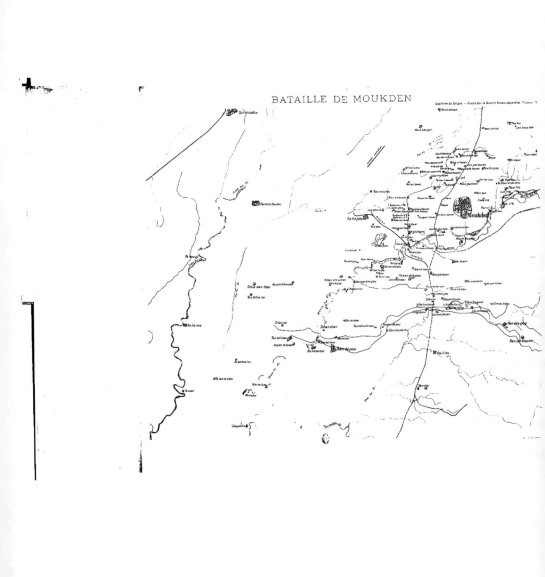

BATAILLE DE MOUKDEN

Imprimé en France
FROC031901200120
23227FR00013B/117/P

9 782329 363028